机械设计制造及其自动化专业系列教材

液压与气压传动

Yeya yu Qiya Chuandong

第四版

主　编　姜继海　郑莉芳　宋锦春

副主编　杨庆俊　周晓敏　王长周

参　编（以姓氏笔画排序）　石运序

刘　庆　张　彪　陈建文

袁立鹏　童桂英　蔡腾飞

中国教育出版传媒集团

高等教育出版社·北京

内容简介

　　本书是普通高等教育"十一五"国家级规划教材，2011 年度普通高等教育精品教材，机械设计制造及其自动化专业系列教材之一，是在第三版的基础上结合一些使用院校的意见和液压气动技术的最新发展修订而成的。

　　本书以流体力学和热力学为基础，以液压与气压传动系统为主线，以液压与气压传动回路为基本框架，以能初步设计液压与气压传动系统为目的，以习题巩固所学内容为手段，使学生全面了解液压与气压传动方面的基础知识，掌握重点内容，达到所要求的教学目的。

　　全书共分 11 章。第 1 章概述液压与气压传动系统的工作原理、组成、特点、概况、图形符号以及工作介质的性质、选择、污染及控制等；第 2 章介绍液体静力学和动力学、压力损失、孔口和缝隙流量、气体热力学和动力学、空穴和液压冲击；第 3 章 ~ 第 6 章分别介绍液压与气压传动系统所用的动力元件、执行元件、控制调节元件和辅助元件；第 7 章介绍液压与气压传动回路；第 8 章介绍典型的液压与气动传动系统；第 9 章介绍液压与气压传动系统设计计算；第 10 章简单介绍液压与气压伺服系统；第 11 章介绍气压逻辑回路与控制系统。每章附有思考题和习题，并在书后给出了部分思考题和习题的参考答案。附录中给出了 GB/T 786.1—2021 中规定的部分常用液压与气动图形符号。

　　本书可以作为高等学校机械类专业液压与气压传动课程的教材，也可供有关工程技术人员参考。

图书在版编目（CIP）数据

　　液压与气压传动／姜继海，郑莉芳，宋锦春主编．
4 版 ．--北京：高等教育出版社，2025．4．-- ISBN
978-7-04-064280-3

　　Ⅰ．TH137；TH138

　　中国国家版本馆 CIP 数据核字第 2025S5B518 号

| 策划编辑　卢　广 | 责任编辑　卢　广 | 封面设计　李卫青 | 版式设计　童　丹 |
| 责任绘图　于　博 | 责任校对　刘丽娴 | 责任印制　张益豪 | |

出版发行	高等教育出版社	网　　址	http://www.hep.edu.cn
社　　址	北京市西城区德外大街 4 号		http://www.hep.com.cn
邮政编码	100120	网上订购	http://www.hepmall.com.cn
印　　刷	唐山嘉德印刷有限公司		http://www.hepmall.com
开　　本	787mm×1092mm　1/16		http://www.hepmall.cn
印　　张	27.75	版　　次	2002 年 1 月第 1 版
字　　数	660 千字		2025 年 4 月第 4 版
购书热线	010-58581118	印　　次	2025 年 4 月第 1 次印刷
咨询电话	400-810-0598	定　　价	61.00 元

本书如有缺页、倒页、脱页等质量问题，请到所购图书销售部门联系调换

新形态教材网使用说明

液压与气压传动
第四版

主编
姜继海 郑莉芳 宋锦春

1 计算机访问 https://abooks.hep.com.cn/12273477 或手机微信扫描下方二维码进入新形态教材网。

2 注册并登录后，计算机端进入"个人中心"，点击"绑定防伪码"，输入图书封底防伪码（20位密码，刮开涂层可见），完成课程绑定；或手机端点击"扫码"按钮，使用"扫码绑图书"功能，完成课程绑定。

3 在"个人中心"→"我的学习"或"我的图书"中选择本书，开始学习。

液压与气压传动 第四版

主编 姜继海 郑莉芳 宋锦春

出版单位 高等教育出版社

开始学习　收藏

受硬件限制，部分内容可能无法在手机端显示，请按照提示通过计算机访问学习。

如有使用问题，请直接在页面点击答疑图标进行咨询。

https://abooks.hep.com.cn/12273477

前　言

本书自 2002 年第一版出版以来,先后被评为普通高等教育"十五""十一五"国家级规划教材,2011 年度普通高等教育精品教材。本书是高等学校机械设计制造及其自动化专业系列教材之一,也是教育部新世纪网络课程建设工程项目"液压与气压传动网络课程"主要参考书,是在第三版的基础上,结合使用院校的意见和液压气动技术的最新发展修订而成的。

本书以液压与气压传动系统为主线,以设计液压与气压传动系统为目的,以液压与气压传动回路为基本框架,以流体力学和热力学为基础,以习题、实验来巩固所学内容为手段,注重理论与实际紧密结合,强调实践性教学环节,以期实现以下教学目标:培养学生正确的设计思想、理论联系实际的学习方法和创新精神;掌握液压与气压传动的基本理论和基础知识;具有分析和维护液压与气压传动系统的能力;具有设计一般液压与气压传动系统的能力;了解液压与气压传动的新理论、新方法、发展动态和趋势。

本书是新形态教材,以纸质版为基础,辅以视频、爆炸图、动画等多种教学资源,以拓展教材内容,提高教学效果。本书强化信息技术与教育教学深度融合,探索"智能+"背景下教材的使用模式,依托新一代信息技术和新形态教材建设经验,创新教材建设形式,打造精品教材,促进经典教材的可持续发展,切实提高教材建设水平。

为了能在减少课堂教学学时的同时拓宽学生的知识面,本书将流体力学、液压传动和气压传动三门课的教学内容根据实际教学需要进行整合,特别是将液压传动和气压传动两门课的教学内容进行了深度融合,可以使学生掌握液压与气压传动相关的流体力学基础知识、液压与气压传动方面的专业知识,为后续的课程学习、设计训练和毕业后从事相关工作奠定基础。

本书适合于液压与气压传动课程学时数为 45 左右的机械类专业使用,其他专业可根据具体情况进行调整。

本次修订从目前教学改革的实际出发,进一步精简内容,加强系统性,更加注重知识的应用与能力的培养,深化信息技术和教育教学内容的融合,具体做了以下几方面的工作:

(1) 对教材中的名词术语、符号、量纲、图形符号以及不规范的参数符号根据国家有关最新标准进行修订;

(2) 对教材中的文字、插图进行了修订,在必要之处增加了液压元件实物图;

(3) 根据目前科技发展水平以及液压与气压传动技术的最新成果对教材中的部分内容进行充实、调整和补充;

(4) 为了适应教学的需要,帮助读者有效理解相关内容,以二维码链接的形式提供配套数字资源,包括液压元件拆装视频、实验视频、实物展示视频、实物操作视频,并融入液压元件爆炸图、动画和实物图,以此来加深学习者在液压与气压元件和液压与气压传动系统方面的实践认知,进一步理解和巩固课堂所学知识。

本书由哈尔滨工业大学、北京科技大学、东北大学和烟台大学联合编写,参加本书修订工作的有:哈尔滨工业大学姜继海、杨庆俊、张彪、袁立鹏(第 3、8、10、11 章和附录 2),北京科技大学郑莉芳、周晓敏、蔡腾飞、刘庆(第 1、5、7 章和附录 1),东北大学宋锦春、陈建文、王长周(第 2、6、9 章)和烟台大学童桂英、石运序(第 4 章)。本书由姜继海、郑莉芳、宋锦春任主编,杨庆俊、周晓敏、王长周任副主编。哈尔滨工业大学姜继海、张彪、李松晶、许宏光、叶正茂、袁立鹏、董彦良、张辉、李欢欢,东北大学王长周、林君哲、周生浩、周娜和北京科技大学郑莉芳、周晓敏、冯明、肖会芳、巩宪锋参与了视频、爆炸图等相关资源的制作。本书气压传动部分由杨庆俊审定;视频部分由郑莉芳、周晓敏剪辑,由姜继海修改定稿。

由于编者水平有限,书中难免有疏漏和不当之处,敬请广大读者予以批评指正,联系邮箱:jjhlxw@ hit.edu.cn。

编　者

2025 年 1 月

主要符号表

英文字母符号

A 面积，m^2

a 实验常数；加速度，m^2/s

$°B$ 巴氏度

B 齿轮宽度，m；叶片宽度，m

b 叶片厚度，m

C 由孔口的形状、尺寸和液体性质决定的系数，节流阀系数

C_c 收缩系数

C_q 流量系数

C_v 速度系数

c 流体介质声速或局部声速，m/s

D 齿轮节圆直径，m；柱塞分布圆直径，m；定子直径，m；缸径，mm

D_a 齿轮齿顶圆直径，m

D_f 齿轮分度圆直径，m

d 质量含湿量；活塞杆直径，mm

E 材料的弹性模量，Pa

$°E$ 恩氏黏度

e 偏心距，m

F 力，N

ΔF 力变化量，N

f_a 静摩擦系数

f_k 动摩擦系数

g 重力加速度，m/s^2

h 深度，高度，m；冷却器的表面散热系数，$kW/(m^2 \cdot ℃)$

h_w 能量损耗，J

I 液体的动量，$N \cdot m/s$

i 电流，A

J 惯性矩，$N \cdot m$

K 体积弹性模量，Pa

k 绝热指数；增压比

k_h 液压弹簧刚度，N/m

k_q 泵的流量系数，m^2/s

k_s 弹簧刚度，N/m

k_l	泵的泄漏系数，$\mathrm{m^3/(s \cdot Pa)}$
k_v	回路速度刚度
l, L	长度，m；行程，mm
ΔL	长度变化量，m
m	质量，kg；齿轮模数，mm；柔性系数
Ma	马赫数
n	转速，r/min；多变指数；安全系数
P	功率，W
p	压力，Pa
p_0	绝对压力，Pa；滞止压力，Pa
p_a	大气压力，$\mathrm{Pa}(p_a = 1.013 \times 10^5 \, \mathrm{Pa})$
Δp	压力变化量，压力损失，Pa
q	体积流量（简称流量），$\mathrm{m^3/s}$
q_m	质量流量，$\mathrm{m^3/s}$
R	理想气体常数；$\mathrm{N \cdot m/(kg \cdot K)}$；半径，m
$\mathrm{R_1S}$	雷氏秒
Re	雷诺数
r	半径，m
S	有效截面面积，$\mathrm{m^2}$
SUS	赛氏黏度
s	叶片厚度，m；逻辑函数
T	气体热力学温度，K；循环周期，s；转矩，$\mathrm{N \cdot m}$
t	时间，s；摄氏温度，℃
u	电压信号，V；速度，m/s
V	体积，$\mathrm{m^3}$；排量，$\mathrm{m^3/r}$
v	平均流速，m/s
x_s	开口量，m
z	齿轮齿数；叶片数；柱塞数

希腊字母符号

α	动能修正系数；齿轮压力角，（°）；过渡曲线的中心角，（°）
β	动量修正系数；夹角，（°）
γ	斜盘倾角，（°）
Δ	绝对粗糙度
Δ/d	相对粗糙度
δ	节流缝隙，mm；薄壁筒壁厚，mm
δ_q	流量脉动率
ε	绝对粗糙度，收缩系数；相对偏心率；齿轮重合度；夹角，（°）

η	效率
η_{Ci}	回路效率
η_{cm}	液压缸的机械效率
η_{cv}	液压缸的容积效率
η_{mm}	液压马达的机械效率
η_{mv}	液压马达的容积效率
η_{pm}	液压泵的机械效率
η_{pv}	液压泵的容积效率
θ	角度,(°)
κ	体积压缩系数,m^2/N
λ	沿程阻力系数;变压比
μ	黏度系数或动力黏度,$Pa \cdot s$
ν	运动黏度,m^2/s
ζ	局部阻力系数
ρ	密度,kg/m^3;极半径,m
σ_b	材料的抗拉强度,Pa
$[\sigma]$	材料的许用应力,Pa
τ	液体的内摩擦切应力,Pa
φ	相对湿度;由孔口长径比决定的指数;柱塞的瞬时方位角,(°);节流阀指数;发热量,W
χ	湿空气的绝对湿度,kg/m^3;湿周,即有效截面的管壁周长,m
ψ	气压设备利用系数
ω	角速度,rad/s

其他符号

A,B	液压阀连接液压执行元件的油口
P	液压阀进油口
K	液压阀控制口
O/T	通油箱的回油口
VI	黏度指数
M	电动机

目　　录

I

第1章 绪论

传动有多种类型,有机械传动、电力传动、液体传动、气压传动以及它们的组合——复合传动等。一部完整的设备由原动机、传动部分、控制部分和工作机构等组成,其传动部分是一个中间环节,它的作用是把原动机(电动机、内燃机等)的输出功率传送给工作机构并控制其对外做功。

用液体作为工作介质进行能量传递的传动方式称为液体传动。按照其工作原理的不同,液体传动又可分为液压传动和液力传动两种形式。液压传动主要利用液体的压力能来传递能量;而液力传动则主要利用液体的动能来传递能量。根据液压传动的工作特点它又可称为容积式液压传动。

用气体作为工作介质进行能量传递的传动方式称为气压传动。气压传动是利用压缩气体的压力能来实现能量传递的一种传动方式,其工作介质主要是空气,也包括燃气和蒸气。

本书主要介绍以液体作为工作介质的液压传动技术和以压缩空气作为工作介质的气压传动技术。

1.1 液压与气压传动系统的工作原理和组成

微视频 1-1:
机床液压传动系统

1.1.1 液压与气压传动系统的工作原理

1. 液压传动系统的工作原理

图 1.1 所示为一台用半结构式(形象化)图形绘制的驱动机床工作台作直线往复运动的液压传动系统工作原理图。这个液压传动系统由液压泵、液压缸、液压阀、过滤器和油箱等辅助元件以及液压油组成,其中液压泵由电动机驱动旋转,通过液压阀控制输入给液压缸的压力能来驱动活塞的往复运动、克服各种阻力和调节工作机构的运动速度,使工作机构作直线往复运动。通过图 1.1 可以了解液压传动系统的工作原理。

微视频 1-2:
液压千斤顶的工作原理

在图 1.1a 中,液压泵 4 由电动机驱动旋转,从油箱 1 中吸油,油液经过滤器 2 进入液压泵,液压泵将液压油转变成可以供液压传动系统对外做功的压力油液。当油液从液压泵输出进入压力管 10 后,通过开停(换向)阀 9、节流阀 13、换向阀 15 进入液压缸 18 的左腔,利用压力油液的压力能推动活塞 17 和工作台 19 向右移动。这时,液压缸 18 右腔的油液经换向阀 15 和回油管 14 排回油箱 1。

如果将换向阀手柄 16 转换成如图 1.1 b 所示的状态,则压力管 10 中的油液将经过开停(换向)阀 9、节流阀 13 和换向阀 15 进入液压缸 18 的右腔,推动活塞 17 和工作台 19 向左移动,并使液压缸 18 左腔的油液经换向阀 15 和回油管 14 排回油箱 1。

工作台的移动速度是由节流阀 13 来调节的。当节流阀口开大时，单位时间进入液压缸 18 的油液增多，工作台的移动速度增大；当节流阀口关小时，单位时间进入液压缸 18 的油液减少，工作台 19 的移动速度减小。

为了克服移动工作台 19 所受到的各种阻力，液压缸 18 必须产生一个足够大的推力，这个推力是由液压缸 18 中的油液压力产生的。要克服的阻力越大，液压缸 18 中的油液压力越高；反之油液压力就越低。液压泵 4 输出的多余油液经溢流阀 7 和回油管 3 排回油箱 1，只有在压力支管 8 中的油液压力对溢流阀钢球 6 的作用力等于或略大于溢流阀中弹簧 5 的预紧力时，油液才能顶开溢流阀中的钢球 6 流回油箱 1。所以，在图示液压系统中，液压泵 4 出口处的油液压力是由溢流阀 7 调定的，它和液压缸 18 中的压力不一样。

如果将换向阀手柄 16 转换成图 1.1c 所示的状态，压力管中的油液将经溢流阀 7 和回油管 3 排回油箱 1，不进入液压缸 18，这时工作台 19 停止运动，而系统保持溢流阀 7 调定的压力。

如果将开停（换向）阀手柄 11 转换成图 1.1d 所示的状态，压力管 10 中的油液将经开停（换向）阀 9 和回油管 12 排回油箱 1，不进入液压缸 18，这时工作台 19 就停止运动，而液压泵 4 输出的油液直接流回油箱 1，使液压系统卸荷。

图 1.2 给出了用流体传动系统及元件图形符号绘制的相应于图 1.1 的液压传动系统工作原理图。

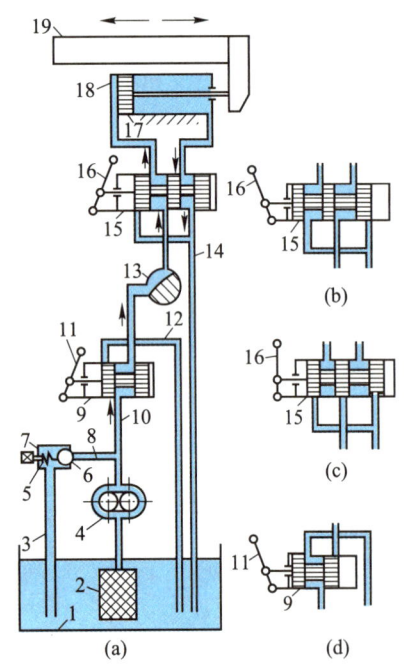

1—油箱；2—过滤器；3、12、14—回油管；4—液压泵；5—弹簧；
6—钢球；7—溢流阀；8—压力支管；9—开停（换向）阀；
10—压力管；11—开停（换向）阀手柄；13—节流阀；15—换向阀；
16—换向阀手柄；17—活塞；18—液压缸；19—工作台

图 1.1　液压传动系统工作原理图

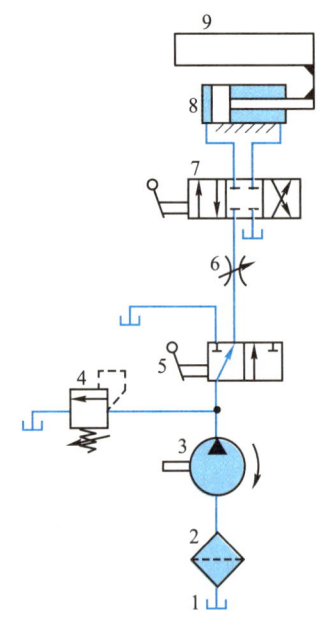

1—油箱；2—过滤器；3—液压泵；
4—溢流阀；5—开停（换向）阀；6—节流阀；
7—换向阀；8—液压缸；9—工作台

**图 1.2　用流体传动系统及元件图形符号
绘制的液压传动系统工作原理图**

2. 气压传动系统的工作原理

图 1.3 所示为一个气压传动系统的工作原理图,其中部分元件用图形符号绘制。在图 1.3 中,原动机驱动空气压缩机 1,空气压缩机 1 将原动机的机械能转换为气体的压力能,受压缩后的空气经后冷却器 2、除油器 3、干燥器 4,进入储气罐 5。储气罐 5 用于储存压缩空气并稳定气体压力。这里除空气压缩机外的其他气动元件都是气源处理元件。储气罐 5 中有一定压力的气体要先经过气动三联件的处理才能接到气压传动系统上使用。气动三联件由过滤器 6、减压阀 7 和油雾器 9 三部分组成,过滤器 6 主要负责过滤压缩空气中的杂质,减压阀 7 主要负责控制系统压力,油雾器 9 负责后端元件的给油润滑。即三联件中的调压(减压)阀 7 将气体压力调节到气压传动系统所需的工作压力,并保持稳定,油雾器 9 将润滑油喷成雾状,悬浮于压缩空气中,使控制阀及气缸得到润滑。经过处理的压缩空气,通过气动控制元件 10、11、12、14 和 15 的控制进入气动执行元件——气缸 13,推动活塞带动负载工作。

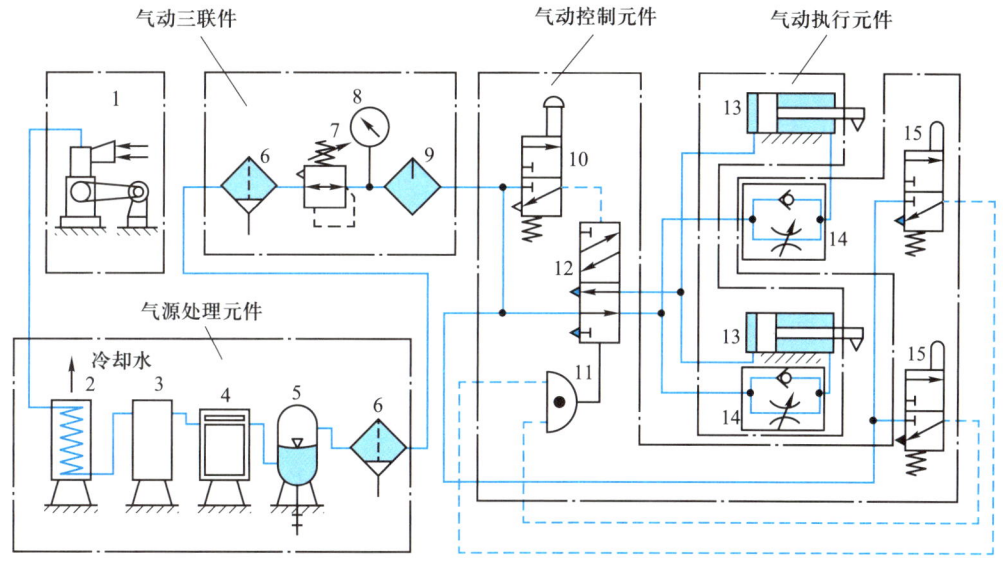

1—空气压缩机;2—后冷却器;3—除油器;4—干燥器;5—储气罐;6—过滤器;7—调压(减压)阀;8—压力表;
9—油雾器;10、12—气动控制阀;11—气动逻辑元件;13—气缸;14—可调单向节流阀;15—行程阀

图 1.3 气压传动系统工作原理图

气压传动系统的能源装置[包括气压发生装置(空气压缩机)和气源处理元件(气动辅件)]一般都设在距控制气动执行元件较远的空气压缩机站内,用管道将压缩空气输送给气动执行元件。而气动三联件一般都集中安装在气压传动工作机构附近,气动执行元件和各种控制元件按要求组合后构成具有不同功能的气压传动系统。

从流体压力能的传动方式上来讲,将液压传动系统中的工作介质置换为气体,液压传动系统则就变为气压传动系统。但由于这两种传动系统的工作介质及其特性有很大区别,因此这两种系统的工作特性有较大不同,所应用的场合也不一样。尽管这两种系统所采用元器件的结构原理相似,但很多元件不能互换,液压传动元件和气动元件是分别由不同的专业生产厂家加工制造的,因此在学习上和具体使用上都要给予充分的重视。

从液压传动系统和气压传动系统这两个例子可以看出：

（1）液压与气压传动是分别以液体和气体作为工作介质来进行能量传递和转换的；

（2）液压与气压传动是分别以液体和气体的压力能来传递动力和运动的；

（3）液压与气压传动中的工作介质是在受控、受调节的状态下进行工作的。

1.1.2　液压与气压传动系统组成

尽管液压传动系统和气压传动系统的各自特点不尽相同，但其组成形式类似，下面简述它们的组成。

从上述液压和气压传动系统的工作原理图可以看出，液压与气压传动系统大体上由以下五部分组成。

（1）动力元件　动力元件即流体压力产生的元件，是指能将原动机的机械能转换成为液压能或气压能的元件，它是液压与气压传动系统的动力源。对液压传动系统来说是液压泵，其作用是为液压传动系统提供压力油液；对气压传动系统来说是空气压缩机，但是空气压缩机必须辅以冷却器、过滤器、储气罐等气源处理元件构成的气源装置，其作用是为气压传动系统提供洁净干燥的压缩空气。

（2）控制调节元件　它包括各种阀类元件，其作用是控制工作介质的流动方向、压力和流量的大小，以保证执行元件和工作机构按要求工作。

（3）执行元件　执行元件指缸或马达，是将压力能转换成机械能的元件，其作用是在工作介质的作用下输出力和运动（或转矩和转速），以驱动工作机构做功。

（4）辅助元件　除以上元件外的其他元器件都被称为辅助元件，如液压蓄能器、过滤器、油箱、冷却器、分水滤气器、油雾气、消声器、管件、管接头以及各种信号转换器等。它们是一些对完成主运动起辅助作用的元件，但在系统中也是必不可少的，对保证系统正常工作有着重要的作用。

（5）工作介质　工作介质指传动液体或传动气体，其作用是传递能量和信号，在液压传动中通常称为液压油液，在气压传动系统中通常指压缩空气。

液压与气压传动系统在工作过程中的能量传递和转换情况见图1.4。

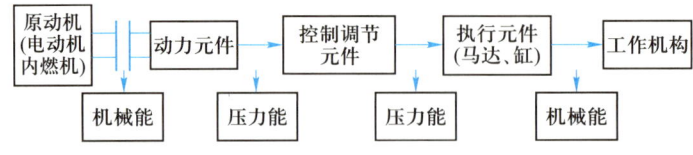

图1.4　液压与气压传动系统能量传递和转换图

1.2　液压与气压传动的特点

液压与气压传动虽然都是以流体作为工作介质来进行能量的传递和转换，其系统的组成又基本相同，但由于所使用的工作介质不同，使这两种系统有各自不同的特点。

1.2.1　液压传动的特点

微视频1-4：液压传动系统特点和应用

液压传动的特点主要有以下几方面。

（1）与电动机相比，在同等体积下，液压装置能产生更大的动力，也就是说，在同等功率下，液压装置的体积小、重量轻、结构紧凑，即液压传动具有大的功率密度或力密度。力密度在这里指工作压力。

（2）液压传动容易做到对速度的无级调节，调速范围大，并且对速度的调节还可以在工作过程中进行。

（3）液压传动工作平稳，反应快，换向冲击小，易实现快速启动、制动和频繁换向。

（4）液压传动易于实现过载保护，能实现自润滑，使用寿命长。

（5）液压传动易于实现自动化，可以很方便地对液体的流动方向、压力和流量进行调节和控制，并能很容易地和电气、电子控制或气压传动控制结合起来，实现复杂的运动和操作。

（6）液压元件易于实现系列化、标准化和通用化，便于设计、制造和推广使用。

（7）由于液压传动中的泄漏和液体的可压缩性，液压传动无法保证严格的传动比。

（8）液压传动有较多的能量损失（泄漏损失、摩擦损失、压力损失等），因此传动效率相对较低。

（9）液压传动对油液温度的变化和油液的污染比较敏感，不宜在较高或较低的温度下工作，且需要注意油液的污染处理。

（10）液压传动在出现故障时不易诊断。

1.2.2　气压传动的特点

微视频1-5：气压传动系统的优缺点

气压传动的特点主要有以下几方面。

（1）气压传动的工作介质是压缩后的空气，它取之不尽用之不竭，用后的空气可以排到大气中去，基本不会污染环境。

（2）气压传动的工作介质黏度很低，所以流动阻力很小，压力损失小，便于集中供气和较远距离输送。

（3）气压传动对工作环境适应性好，在易燃、易爆、多尘埃、强辐射和振动等恶劣工作环境下，仍能可靠地工作。

（4）气压传动动作速度和反应快。液压油在管道中的流动速度一般为 $1\sim5$ m/s，而气体流速可以大于 10 m/s，甚至接近声速，因此在 $0.02\sim0.03$ s 内即可以达到所要求的工作压力及速度。

（5）气压传动有较好的自保持能力。即使空气压缩机停止工作，气阀关闭，气压传动系统仍可维持一个稳定压力。而液压传动要维持一定的压力，需要能量源工作或在系统中加液压蓄能器。

（6）气压传动在一定的超负载工况下运行也能保证系统安全工作，并不易发生过热现象。

（7）气压传动系统的工作压力低，因此气压传动装置的推力一般不宜大于 $10\sim40$ kN，仅适用于小功率的场合。在相同输出力的情况下，气压传动装置比液压传动装置尺寸大。

（8）由于空气的可压缩性强，气压传动系统的速度稳定性差，对系统的位置和速度控制精度影响很大。

（9）气压传动系统的噪声大，尤其是排气时，需加消声器。

（10）气压传动的工作介质本身没有润滑性，如采用无给油气动元件，则需另加油雾器进行润滑，而液压传动无此问题。

1.3 液压与气压传动的概况

1.3.1 液压与气压传动的现状

液压传动和气压传动统称为流体传动，是根据 17 世纪帕斯卡提出的液体静压传动原理而发展起来的一门新兴技术，是目前工农业生产中广为应用的一门传动技术。如今，流体传动技术的水平已成为一个国家工业发展水平的标志。

液压传动技术具有独特的优点，借助于现代科学技术的支持及相关学科的研究成果，液压传动技术的缺点逐步被克服，性能不断提高，应用领域不断扩大，从民用到国防，从一般传动到精度很高的伺服控制系统，都得到了广泛的应用。目前，液压传动技术主要应用在以下几个领域。

（1）工业机械　液压传动技术在工业机械领域的应用包括各类机床、机械加工中心、矿山机械、冶金机械、包装机械、锻压机械、机器人及其他生产设备，一般称为工业液压技术。常见的实例有电弧炼钢炉、钢材轧制设备、采煤机、液压支架、掘进机、钻装机等。

（2）行走机械　液压传动技术在行走机械领域的应用包括工程机械、建筑机械、农业机械及其他可移动设备，一般称为行走液压技术。常见的实例有自卸汽车、汽车起重机、挖掘机、推土机、装载机、盾构机、联合收割机等。

（3）航空航天　液压传动技术在航空航天领域的应用包括飞机、宇宙飞船及卫星发射装置等，一般称为航空航天液压技术。典型的例子有飞机的主飞行控制系统、起落架收放系统、主起落架刹车系统、飞机增升（机翼）控制系统、卫星和火箭发射台架等。

（4）船舶　液压传动技术在船舶领域的应用包括船舶中的甲板机械、操纵系统及货物装卸设备等，一般称为船舶液压技术。典型的例子有船舶的舵机控制系统、舣锚机液压系统、甲板起重机械、船舶减摇液压系统等。

（5）海洋工程　液压传动技术在海洋工程领域的应用包括海洋开发平台、海底钻探设备、海洋工作机械、水下作业工具等，一般称为海洋工程液压技术。典型的例子有海洋石油开采平台、海洋调查船采样和提升装置、打桩船和起重船的吊装设备等。

（6）兵器装备　液压传动技术在兵器装备领域的应用包括车辆、飞机、舰艇等陆、海、空作战武器，一般称为兵器工业液压技术。典型的例子有自行高炮、自行地面火炮、坦克、装甲车、导弹和鱼雷发射装置等。

（7）液压机具　液压机具具有重量轻、结构小巧、输出力大的特点，广泛用于工程施工、交通运输、抢险救灾、维修等方面。典型的例子有液压千斤顶、液压扳手、液压钳、液压镐等。

随着计算机技术的进一步发展，液压传动元件正向着数字液压元件和嵌入式芯片液压元件方向发展，如步进电动机、伺服电动机、高速开关阀等，整个液压行业开始向着数字智能化发展。

近年来,我国液压气动密封行业坚持技术进步,加快新产品开发,取得良好成效,并涌现出一批各具特色的高新技术产品。

气压传动主要应用于机械制造生产线上零件的加工、组装、冷却和润滑的控制等;汽车制造业中的焊接生产线、输送设备、组装线等;电子行业中元器件的插装与锡焊、家电的装配、硅片的搬运等;食品包装业中各种半自动和全自动的包装生产线等;石油、化工行业的自动化流程,如石油提炼加工、气体加工、化肥生产等。此外,气动技术还应用在钢铁、橡胶、纺织、印刷和烟草等许多行业。在尖端技术领域,如核工业和航空宇航,气压传动技术也占据着重要的地位。

1.3.2　液压与气压传动的发展

液压传动相对于机械传动是一门新学科,但相对于计算机等技术,它又是一门较老的技术。只是由于在早期没有成熟的液压传动技术和液压元件,使它没有得到普遍的应用。随着科学技术的不断发展,各行各业对传动技术有了不断的需求,特别是在第二次世界大战期间,由于军事上迫切需要反应快、重量轻、功率大的各种武器装备,而液压传动技术适应这一要求,所以使液压传动技术获得了发展。液压传动技术在"二战"后迅速地转向其他各个领域,并得到了广泛的应用。20 世纪 60 年代以来,随着原子能技术、空间技术、计算机技术的发展,液压技术得到了很大的发展,并渗透到各个工业领域。当前,液压技术正向高压、高速、大功率、高效、低噪声、高可靠性、高度集成化的方向发展。同时,新型液压元件和液压传动系统的计算机辅助设计、计算机辅助测试、计算机直线控制、计算机实时控制、机电一体化技术、计算机仿真和优化设计技术、可靠性技术以及污染控制技术等方面也是当前液压传动及控制技术发展和研究的方向。

液压传动技术未来的发展方向取决于社会的需求,减少能耗、提高效率、安全环保、方便智能是液压传动技术发展的目标,也是液压产品参与市场竞争的关键,其主要的发展趋势将集中在以下几个方面。

(1)减少能耗,高效利用资源。虽然近年来液压技术的能量利用率显著提升,但是仍然存在较大的损耗,目前行业中多采用变量泵、静液压、二次调节等一系列节能技术。在节能降耗方面,液压传动技术的发展方向是减少液压控制本身的参与度,采用微处理器的感知与运算功能,使需要的能量与提供的能量一致,从而达到效率最大化。

(2)变被动维护为主动维护。当前液压传动系统普遍存在被动维护的现象,这种情况降低了生产效率,故未来液压传动系统要向主动维护转变。因此,必须逐步建立并完善液压传动系统故障数据库,利用计算机快速高效地诊断故障,从而制订合理准确的维修方案,并采取相应的主动维护预防措施。

(3)发展纯水液压传动。水本身固有的清洁性和阻燃性,能够满足现代社会对工程提出的环保和安全要求,同时纯水液压传动具有价格低廉、系统响应快、稳定性好和传递效率高等特点。随着新材料技术的发展以及高精度加工技术的进步,纯水液压技术有望实现进一步的发展与应用。

(4)电液结合,扩大应用领域。电子技术和液压传动技术结合可以提高工作可靠性,实现液压传动系统柔性化、智能化,消除液压传动系统效率低、漏油、维修性差等缺点,充分发挥出液压传动输出力大、惯性小、响应快等优点。目前电液结合发展的应用越来越广泛,但基于其对液压传动系统的良好改善作用以及目前液压技术现状,电液技术仍有巨大的发展空间。

(5)提高液压元件的智能性。智能液压元件是在原有元件的基础上,将传感器、检测与控制电路、保护电路及故障自诊断电路集成为一体并具有功率输出的元件。采用智能液压元件可获得更符合工况要求的功能,有利于提高控制精度、效率和安全可靠性,降低额外故障产生的概率,易于实现远程诊断与维护,使用、维修更方便。

气压传动的应用历史悠久。早在公元前,古埃及人就开始用风箱产生的压缩空气助燃,这是最初气动技术的应用。从18世纪的工业革命开始,气压传动逐渐被应用于各类行业中。随着工业的发展,气动技术的应用领域已从汽车、采矿、钢铁、机械等行业迅速扩展到化工、轻工、食品、军事工业等。目前世界各国都把气压传动作为一种低成本的工业自动化手段。自20世纪60年代以来,气压传动发展十分迅速,目前气动元件的发展速度已超过了液压元件,气压传动已成为一个独立的专门技术领域。气动元件当前发展的特点和研究方向主要是节能化、小型化、轻量化、位置控制的高精度化,以及与电子技术相结合的综合控制技术。

近年来,随着微电子和计算机技术的引入,新材料、新技术、新工艺的开发与应用,气动技术已经突破了传统的设计、制造理念,在各个领域创新发展。气压传动技术的发展趋势主要集中在以下几个方面。

(1)小型化、集成化。气动元件在有些使用场合中工作空间有限,要求气动元件外形尺寸尽量小,小型化是主要发展趋势。

(2)组合化、模块化。最常见的气动元件组合是带阀、带开关气缸。在物料搬运设备中,常用到由气缸、摆动气缸、气动夹头和真空吸盘组成,且配有电磁阀、远程遥控器的组合体。模块化元件设计使气压传动系统结构紧凑、占用空间小、行程可调,可应对复杂多变的工作场景,成为气压传动系统设计中的重要一环。

(3)精密化。使用传感器、比例阀等进行反馈控制,可使气缸的定位精度达0.01 mm。在精密气缸方面已开发了0.3 mm/s的低速气缸和0.01 N的微小载荷气缸。在精密仪器、自动化生产线、医疗设备等领域中,对气动元件的使用提出了更高的要求,越来越高的精度要求及越来越严格的工作环境都将促使气动元件向着精密化方向发展。

(4)高速化。为了提高生产率,加快实现自动化,气缸的活塞速度范围需要由现在的50~750 mm/s提高到5~10 m/s,相应的,阀的响应速度也要求由现在的1/100秒级提高到1/1 000秒级。

(5)智能化。与数字技术融合,气压传动系统的运行将更具安全性、高效性和稳定性。通过传感器对各类元件进行实时监测,可严格保证气压传动系统各参数的稳定性,出现问题时能够及时发出报警信息并进行维护。

(6)无线控制。为满足自动化所要求的执行机构气动系统控制信号的灵活、快速和准确,需采用无线通信阀岛,以解决配线干扰问题,有效提高信号传输精度及效率。

(7)低能耗、无污染。为促进经济、环境的可持续发展,需降低气动元件生产以及使用过程中的能耗,降低成本。同时,人类对环境的要求越来越高,而气动元件排放的含油雾废气会污染环境,因此气动元件的发展将朝着无油、无菌、无味等方向发展。

(8)应用新技术、新工艺、新材料。目前,型材挤压、铸件浸渗、模块拼装和压铸新技术等已在气动元件制造中广泛应用。未来,压电技术、总线技术、新型软磁材料、透析滤膜等新技术和新材料的发展将推动气动技术的进一步发展和应用。

1.4　液压与气压传动的图形符号

在图1.1中组成液压传动系统的各个元件是用半结构式(形象化)图形绘制出来的,在图1.2中组成液压传动系统的元件和在图1.3中组成气压传动系统的部分元件是用国家标准GB/T 786.1—2021所规定的图形符号绘制的。用半结构式(形象化)图形绘制的原理图直观性强,容易理解,但绘制起来比较麻烦,特别是在系统中的元件数量比较多时更是如此。所以,在工程实际中,除某些特殊情况外,一般都是用国家标准规定的图形符号来绘制液压与气压传动系统原理图。在用图形符号绘制系统原理图时,图中的符号只表示元(辅)件的功能、操作(控制)方法及外部连接口,不表示元(辅)件的具体结构和参数,也不表示连接口的实际位置和元(辅)件的安装位置。在用图形符号绘图时,除非特别说明,图中所示状态均表示元(辅)件的静止位置或零位置,并且除特别注明的符号或有方向性的元(辅)件符号外,它们在图中可根据具体情况水平或竖直绘制。使用这些图形符号后,可使系统图简单明了,便于绘制。当有些元件无法用图形符号表达或在国家标准中未列入时,可根据标准中规定的符号绘制规则和所给出的符号进行派生。当无法用标准直接引用或派生,或有必要特别说明系统中某一元(辅)件的结构和工作原理时,可采用局部结构简图或采用它们的结构或半结构示意图来表示。在用图形符号绘图时,符号的大小尽量符合国家标准GB/T 786.1—2021中的规定,需要放大或缩小时应以清晰美观为原则,绘制时可根据图纸幅面的大小酌情处理,但应保持图形本身的适当比例。

1.5　液压与气压传动工作介质的性质和选择

液压与气压传动是用流体作为工作介质来传递能量的。在液压与气压传动系统中,工作介质用来传递动力和信号。对于液压传动系统来说,液压油还起到润滑、冷却和防锈等作用。液压与气压传动系统,特别液压传动系统能否可靠、有效地工作,在很大程度上取决于系统中所使用的工作介质。因此,必须对工作介质有一清晰的了解。

1.5.1　液压传动工作介质的种类

在液压传动系统中所使用的工作介质大多数是石油基液压油,但也有合成液体、水包油乳化液(也称为高水基)和油包水乳化液等。液压传动系统工作介质的符号由其品种代号和后面的数字组成,代号中L表示润滑剂、工业用油和有关产品,H表示液压系统用的工作介质,数字表示为该工作介质的某个黏度等级。近些年来,水压传动的研究又有上升的趋势,水压传动包括纯水传动和海水传动等。这里主要介绍液压传动的工作介质,它们的种类如表1.1所示。

表 1.1　液压传动工作介质的种类(摘自 GB 11118.1—2011、ISO 12922:2012)

		无添加剂的精制矿物油(L-HH)	
工作介质	石油基液压油	专用液压油	L-HH+抗氧化剂、防锈剂(L-HL)——抗氧防锈液压油 L-HL+抗磨剂(L-HM)——抗磨液压油 L-HL+增黏剂(L-HR)——高黏度指数液压油 L-HM+增黏剂(L-HV)——低温液压油 合成烃型油+增黏剂(L-HS)——超低温液压油 L-HM+防爬剂(L-HG)——液压导轨油
	难燃液压液	含水液压液	高含水液压液(L-HFA) 水包油乳化液(L-HFAE)
			水的化学溶液(L-HFAS)
			油包水乳化液(L-HFB)
			含聚合物水溶液(水-乙二醇)(L-HFC)
		合成液压液	磷酸酯无水合成液(L-HFDR) 其他成分的无水合成液(L-HFDU)

石油基液压油以精炼后的机械油为基料,按需要加入适当的添加剂而制成。所加入的添加剂大致有两类:一类是用来改善油液化学性质的,如抗氧化剂、防锈剂等;另一类是用来改善油液物理性质的,如增黏剂、抗磨剂等。石油基液压油的润滑性好,但抗燃性差。为此又研制出难燃型液压液(乳化型、合成型等)用于轧钢机、压铸机或挤压机等来满足耐高温、热稳定、不腐蚀、无毒、不挥发、防火等要求。

1.5.2　液压传动工作介质的性质

微视频 1-8:液压传动工作介质特性

在液压传动技术中,液压油液最重要的特性是它的密度、可压缩性和膨胀性以及黏性。

1. 密度

单位体积的液体质量称为密度。矿物油型液压油在 15 ℃时的密度为 900 kg/m³左右,在实际使用中可认为它们不受温度和压力的影响。

2. 可压缩性和膨胀性

液体受压力的作用而使体积发生变化的性质称为液体的可压缩性。液体受温度的影响而使体积发生变化的性质称为液体的膨胀性。

体积为 V 的液体,当压力变化量为 Δp 时,体积的绝对变化量为 ΔV,液体在单位压力变化时的体积相对变化量为:

$$\kappa = -\frac{1}{\Delta p}\frac{\Delta V}{V} \tag{1.1}$$

式中,κ 称为液体的体积压缩系数。因为压力增大时液体的体积减小,所以上式的右边加一负号,以便使液体的体积压缩系数 κ 为正值。

液体体积压缩系数的倒数称为液体的体积弹性模量,简称体积模量,用 K 表示。即:

$$K = \frac{1}{\kappa} = -\frac{V}{\Delta V}\Delta p \tag{1.2}$$

体积弹性模量 K 表示液体产生单位体积相对变化量时所需要的压力增量。在使用中,可用 K 值来说明液体抵抗压缩能力的大小。一般矿物油型液压油的体积弹性模量 $K = (1.4 \sim 2) \times 10^3$ MPa。它的可压缩性是钢的 $100 \sim 150$ 倍。但在实际使用中,由于在液体内不可避免地会混入空气等原因,其抗压缩能力显著降低,这会影响液压传动的工作性能。因此,在有较高要求或压力变化较大的液压传动系统中,应尽量减少液体中混入的气体及其他易挥发物质(如煤油、汽油等)的含量。由于液体中的气体难以完全排除,在工程计算中常取液压油的体积弹性模量 $K \approx 0.7 \times 10^3$ MPa。

液压油液的体积弹性模量 K 与温度、压力有关。温度升高时,K 值降低,在液压油液正常的工作温度范围内,K 值会有 $5\% \sim 25\%$ 的变化。压力增大时,K 值增大;反之则减小,但这种变化不呈线性关系。当压力大于 3 MPa 时,K 值基本上不再增大。

封闭在容器内的液体在外力作用下的情况极像一根弹簧,外力增大,体积减小;外力减小,体积增大。在液体承压面积 A 不变时(见图 1.5),可以通过压力变化量 $\Delta p = \Delta F/A$(ΔF 为外力变化值)、体积变化量 $\Delta V = A\Delta l$(Δl 为液柱长度变化量)和式(1.2)求出它的液压弹簧刚度 k_h,即:

$$k_h = -\frac{\Delta F}{\Delta l} = \frac{A^2 K}{V} \tag{1.3}$$

液压油液的可压缩性对液压传动系统的动态性能影响较大,但当液压传动系统在静态(稳态)下工作时,一般可以不予考虑。

3. 黏性及其表示方法

液体在外力作用下流动或有流动趋势时,液体内分子间的内聚力要阻止液体分子的相对运动,由此产生一种内摩擦力,这种现象称为液体的黏性。

液体流动时,由于液体的黏性以及液体和固体壁面间的附着力,会使液体内部各液层间的流动速度大小不等。如图 1.6 所示,设两平行平板间充满液体,下平板不动,上平板以速度 u_0 向右平移。由于液体的黏性作用,紧贴下平板液体层的速度为零,紧贴上平板液体层的速度为 u_0,而中间各液层的速度则视它距下平板距离的大小按线性规律或曲线规律变化。实验表明,液体流动时相邻液层间的内摩擦力 F_f 与液层接触面积 A 和液层间的速度梯度 du/dy 成正比,即:

$$F_f \propto A\frac{du}{dy}$$

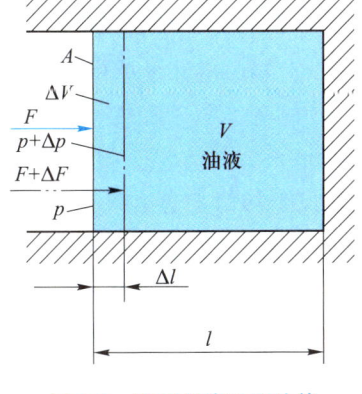

图 1.5　液压弹簧刚度计算

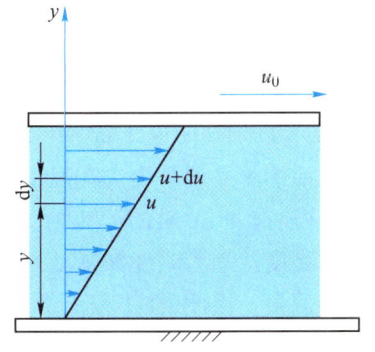

图 1.6　液体黏性示意图

设 μ 为比例常数,则有

$$F_{\mathrm{f}} = \mu A \frac{\mathrm{d}u}{\mathrm{d}y} \tag{1.4}$$

式中的比例常数也被称为黏性系数或动力黏度。如以 τ 表示液体的内摩擦切应力,即液层间单位面积上的内摩擦力,则有:

$$\tau = \frac{F_{\mathrm{f}}}{A} = \mu \frac{\mathrm{d}u}{\mathrm{d}y} \tag{1.5}$$

这就是牛顿液体内摩擦定律。牛顿液体是指其动力黏度只与液体种类有关,而与速度梯度无关,否则为非牛顿液体。石油基液压油一般为牛顿液体。

由式(1.5)可知,在静止液体中,因速度梯度 $\mathrm{d}u/\mathrm{d}y = 0$,内摩擦切应力 τ 也为零,所以液体在静止状态下不呈现黏性。

实际上流体的黏性都是由于工作介质内部作用力而引起的工作介质质量相互位移产生阻力的介质特性。从分子理论的观点来看,黏度可以用分子运动或存在分子内力进行解释。

液体黏性的大小用黏度来表示。常用的液体黏度表示方法有三种,即动力黏度、运动黏度和相对黏度。

(1)动力黏度 μ 动力黏度又称为绝对黏度,由式(1.5)可得:

$$\mu = \frac{F_{\mathrm{f}}}{A \frac{\mathrm{d}u}{\mathrm{d}y}} \tag{1.6}$$

式(1.6)液体动力黏度的物理意义是:液体在单位速度梯度下流动或有流动趋势时,相接触的液层间单位面积上产生的内摩擦力。动力黏度的法定计量单位为 Pa·s($1\ \mathrm{Pa \cdot s} = 1\ \mathrm{N \cdot s/m^2}$),以前沿用的单位为 P(泊,$\mathrm{dyn \cdot s/cm^2}$),它们之间的关系是 $1\ \mathrm{Pa \cdot s} = 10\ \mathrm{P} = 10^3 \mathrm{cP}$(厘泊)。

(2)运动黏度 ν 液体的动力黏度 μ 与其密度 ρ 的比值称为液体的运动黏度,即:

$$\nu = \frac{\mu}{\rho} \tag{1.7}$$

液体的运动黏度没有明确的物理意义,但它在工程实际中经常用到。因为它的单位只有长度和时间的量纲,类似于运动学的量,所以被称为运动黏度。它的法定计量单位为 $\mathrm{m^2/s}$,以前沿用的单位为 St(斯),它们之间的关系是:

$$1\ \mathrm{m^2/s} = 10^4 \mathrm{St} = 10^6 \mathrm{cSt}(\text{厘斯,mm}^2/\mathrm{s})$$

我国液压油的牌号就是用它在温度为 40 ℃时的运动黏度平均值来表示的。例如 32 号液压油,就是指这种油在 40 ℃时的运动黏度平均值为 32 $\mathrm{mm^2/s}$。

(3)相对黏度 动力黏度和运动黏度是理论分析、计算和实际使用时经常用到的黏度,但它们都难以直接测量。因此,在工程上常常使用相对黏度。相对黏度又称为条件黏度,它是采用特定的黏度计在规定的条件下测量出来的黏度。用相对黏度计测量出它的相对黏度后,再根据相应的关系式换算出运动黏度或动力黏度,以便于使用。中国、德国等采用恩氏度°E,美国、英国等采用通用赛氏秒 SSU 和商用雷氏秒 R_1S,法国等用巴氏度 °B,等等。

用恩氏黏度计测定液压油液恩氏黏度的方法是:把 200 mL 温度为 t(℃)的被测液体装入恩氏黏度计的容器内,测出液体经容器底部直径为 2.8 mm 的小孔流尽所需时间 t_1(s),并将它和同体积的蒸馏水在 20 ℃ 时流过同一小孔所需时间 t_2(s)(通常 $t_2=51$ s)相比,其比值即被测液体在温度 t(℃)下的恩氏黏度,即 $°E_t=t_1/t_2$。一般以 20 ℃、40 ℃ 及 100 ℃ 作为被测液体恩氏黏度的标准温度,由此得到被测液体的恩氏黏度分别用 $°E_{20}$、$°E_{40}$ 和 $°E_{100}$ 来标记。

恩氏黏度与运动黏度之间的换算关系式为:

$$\nu=\left(7.31°E-\frac{6.31}{°E}\right)\times10^{-6} \tag{1.8}$$

式中,ν 的单位为 m^2/s。

事实上,液体的黏度是随着液体的压力和温度变化而变化的。对液压油液来说,压力增大时,黏度增大。但在一般液压传动系统使用的压力范围内,黏度增大的数值很小,可以忽略不计。但是液压油液的黏度对温度的变化十分敏感。液体随着温度升高活性增强,分子之间作用力减小,所以黏度减小。液体的黏性是分子之间的吸引力,是分子之间的力,是微观的力。而液体的黏度随温度的升高而降低是因为液体的黏度一方面是由分子间的吸引力所引起的,同时也因分子不规则的热运动而改变动量的结果。

如图 1.7 所示,温度升高,黏度显著下降,这种变化将直接影响液压油液的正常使用和液压传动系统的性能。液压油液的这种性质称为液压油液的黏温特性。不同种类的液压油液有着不同的黏温特性。黏温特性好的液压油液,黏度随温度的变化较小。黏温特性通常用黏度指数表示。液压油液的黏度指数(VI)表示该油液的黏度随温度变化的程度与标准油液的黏度变化程度的比值。黏度指数高,即表示黏-温曲线平缓,黏温特性好。一般液压油液的黏度指数要求在 90 以上,优异的在 100 以上。

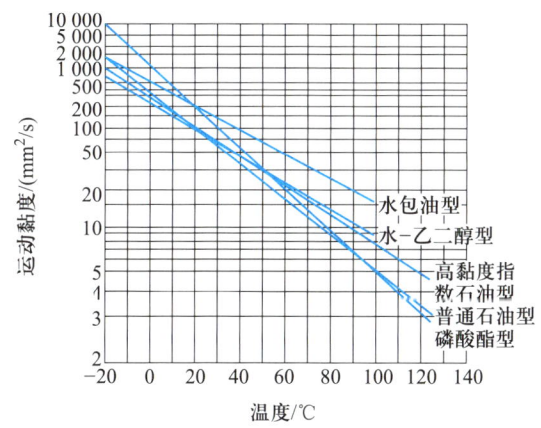

图 1.7 液压油液黏度和温度之间的关系

1.5.3 对液压传动工作介质的要求

不同的液压传动系统、不同的使用条件对液压传动工作介质的要求也不相同,

微视频 1-9:
对液压传动
工作介质的
要求

为了更好地传递动力和运动,液压传动系统所使用的工作介质(液压油液)应具备以下基本性能:

(1) 合适的黏度,润滑性能好,并具有较好的黏温特性;

(2) 质地纯净、杂质少,并对金属和密封件有良好的相容性;

(3) 对热、氧化、水解和剪切有良好的稳定性。在温度低于 57 ℃时,液压油液的氧化进程很慢,此后温度每增加 10 ℃,氧化的程度增加一倍,所以控制液压传动工作介质的温度特别重要;

(4) 抗泡沫性、抗乳化性和防锈性好,腐蚀性小;

(5) 体膨胀系数小,比热容大,流动点和凝固点低,闪点和燃点高;

(6) 对人体无害,对环境污染小,成本低,价格低廉;

(7) 与产品和环境相容。一方面液压传动系统不可能完全避免泄漏,泄漏的工作介质与液压设备所生产的产品应具有良好的相容性,不应对产品造成严重的污染与损坏;另一方面,目前国际上对保护生态环境的要求越来越高,在保护环境立法越来越严格的情况下,要求液压传动的工作介质与环境相容,泄漏后不会对环境造成污染。

1.5.4 液压传动工作介质的选择

微视频 1-10:
液压传动工作介质的选择

正确合理地选择液压油液,对保证液压传动系统正常工作、延长液压传动系统和液压元件的使用寿命以及提高液压传动系统的工作可靠性等都有重要影响。

液压油液的选用,首先应根据液压传动系统的工作环境和工作条件来选择合适的液压油液类型,然后再选择液压油液的黏度。

1. 选择液压油液类型

在选择液压油液类型时,首选的是专用液压油。最主要的是考虑液压传动系统的工作环境和工作条件,若系统靠近 300 ℃以上的高温热源或有明火场所,就要选择如表 1.1 所示的难燃型液压液。对液压液用量大的液压传动系统建议选用乳化型液压液;用量小的选用合成型液压液。当选用了矿物油型液压油后,在客观条件受到限制时或对简单的液压传动系统,也可选用普通液压油或汽轮机油。

2. 选择液压油液的黏度

液压油液的类型选定后,再选择液压油的黏度,即牌号。黏度太大,液流的压力损失和发热大,使系统的效率降低;黏度太小,泄漏增大,也会使液压传动系统的效率降低。因此,应选择使系统能正常、高效和可靠工作的油液黏度。

在液压传动系统中,液压泵的工作条件最为不利。它不但压力大、转速和温度高,而且液压油液被泵吸入和被泵压出时要受到剪切作用,所以一般根据液压泵的要求来确定液压油液的黏度。同时,因温度对油液的黏度影响极大,过高的温度不仅改变了油液的黏度,而且还会使常温下平和、稳定的油液变得具有腐蚀性,分解出不利于使用的成分,或因过量的汽化而使液压泵吸空,无法正常工作。所以,应根据具体情况控制油液温度,使液压泵和液压传动系统在油液的最佳黏度范围内工作。对各种不同的液压泵,在不同的工作压力和工作温度下,液压泵用液压油黏度范围及用油见表 1.2。

表 1.2　液压泵用液压油黏度范围及推荐用油

名称		黏度范围/(mm²/s)		工作压力/MPa	工作温度/℃	推荐用油
		允许	最佳			
叶片泵	转速 1 200 r/min 时	16~220	26~54	7	5~40	L-HH32,L-HH46
					40~80	L-HH46,L-HH68
	转速 1 800 r/min 时	20~220	25~54	14 以上	5~40	L-HL32,L-HL46
					40~80	L-HL46,L-HL68
齿轮泵		4~220	25~54	12.5 以下	5~40	L-HL32,L-HL46
					40~80	L-HL46,L-HL68
				10~20	5~40	L-HL46,L-HL68
					40~80	L-HM46,L-HM68
				16~32	5~40	L-HM32,L-HM68
					40~80	L-HM46,L-HM68
柱塞泵	径向柱塞泵	10~65	16~48	14~35	5~40	L-HM32,L-HM46
					40~80	L-HM46,L-HM68
	轴向柱塞泵	4~76	16~47	35 以上	5~40	L-HM32,L-HM68
					40~80	L-HM68,L-HM100
螺杆泵		19~49		10.5 以上	5~40	L-HL32,L-HL46
					40~80	L-HL46,L-HL68

1.5.5　气压传动工作介质

气压传动工作介质主要是压缩空气。空气由若干种气体混合组成,主要有氮气(N_2)、氧气(O_2)及少量的氩气(Ar)和二氧化碳(CO_2)等。此外,空气中常含有一定量的水蒸气。完全不含水蒸气的空气称为干空气,含水蒸气的空气称为湿空气。

干空气在标准状态(温度 $t=0$ ℃,压力 $p=1.013\times10^5$ Pa)下的主要组成成分如表 1.3 所示。

表 1.3　干空气在标准状态下主要组成成分

	氮气(N_2)	氧气(O_2)	氩气(Ar)	二氧化碳(CO_2)
体积分数/%	78.09	20.05	0.93	0.03
质量分数/%	75.3	23.14	1.28	0.05

氮气和氧气是空气中含量最大的两种气体,它们的体积比近似于 4:1,因为氮气是惰性气

体,具有稳定性、不会自燃等特点,所以用空气作为工作介质的气压传动系统可以用在易燃、易爆场所。

1.5.6 空气的性质

这里所提到的空气性质也是仅与气压传动技术相关的性质。

1. 密度

单位体积的空气质量称为密度。在热力学温度为 273.15 K、绝对压力为 1.013×10^5 Pa 时空气的密度为 1.293 kg/m³ 左右。空气的密度随温度和压力的变化而变化,它与温度和压力的关系式如下:

$$\rho = \rho_0 \frac{273.15}{273.15+t} \frac{p}{p_0} \tag{1.9}$$

式中:ρ_0——空气在热力学温度 273.15 K、标准大气压力 $p_0 = 1.013 \times 10^5$ Pa 时的密度,kg/m³;

t——摄氏温度,℃;

p——绝对压力,Pa。

2. 可压缩性和膨胀性

气体受压力的作用而使体积发生变化的性质称为气体的可压缩性。气体受温度的影响而使体积发生变化的性质称为气体的膨胀性。

气体的可压缩性和膨胀性比液体大得多,其主要原因在于气体分子之间的距离大,吸引力小,分子的平均自由路径大。当压力、温度发生变化时,分子间距离、平均自由路径及吸引力的变化范围大。当压力降低或温度升高时,分子间距离增大,吸引力减小,平均自由路径加大,因此体积增大。反之亦然。

液压传动与气压传动有许多不同的特点。液压油液在温度不变的情况下,当压力为 0.2 MPa 时,压力每变化 0.1 MPa,其体积变化为 1/20 000,而在同样情况下,气体的体积变化为 1/2。即空气的可压缩性是油液的 10 000 倍。水在压力不变的情况下,温度每变化 1 ℃时,体积变化为 1/20 000,而在同样条件下,空气体积却只改变 1/273,即空气的膨胀性约是水的 73 倍。

空气的可压缩性及膨胀性大,造成了气压传动的软特性,即气缸活塞的运动速度受负载变化影响很大,因此很难得到稳定的速度和精确的位移。这些都是气压传动的缺点。但同时又可利用这种软特性来适应某些生产要求。

3. 黏性

空气的黏性也是由于分子间的内聚力,在分子间相对运动时产生内摩擦力而表现出的性质。由于气体分子间距离大,内聚力小,因此与液体相比,气体的黏度要小得多。

空气的黏度仅与温度有关,而压力对黏度的影响小到可以忽略不计。与液体不同的是,气体的黏度随温度的升高而增加。这是因为在气体中各个分子之间的距离比液体中大,所以气体黏度主要是由分子运动来决定的。当相邻的气体层彼此相对移动时,气体分子在紊乱热运动过程中不断地由一层渗入到另一层,由于动量转移而产生内摩擦,这样就阻碍它们相互移动。因此,气体的黏度是随着温度升高而增加的。由于气体分子之间的吸引力很小,温度升高而体积膨胀,对分子间吸引力影响很小,但增大了气体分子的运动速度,于是气体层间相对运动产生的内摩擦力增大,造成黏度增大。气体之间的力是范德瓦耳斯力,这个力在小分子间的距离大,所产生的是宏观的力。气体分子间作用力影响极弱,但是温度升高分子活性增强,碰撞概率增大才使其黏度反而增加。

4. 湿度、含湿量和露点

大气中的空气或多或少总含有水蒸气,在气体中不仅有游离态的水蒸气,还有溶入式水蒸气。在一定的温度和压力下,空气中的水蒸气的含量并不是无限的,当水蒸气的含量达到一定值时,再加入水蒸气,就会有水滴析出,此时水蒸气的含量达到最大值,即饱和状态,这种湿空气称为饱和湿空气。当空气中所含的水蒸气未达到饱和状态时,称此时的水蒸气是过热状态,这种湿空气称为未饱和湿空气。根据道尔顿定理,湿空气的压力 p 应为干空气的分压力 p_{da} 与水蒸气分压力 p_v 之和,即:

$$p = p_{da} + p_v \tag{1.10}$$

湿空气中所含水蒸气的程度用湿度和含湿量来表示。湿空气不仅会腐蚀元件,还会对系统的工作稳定性带来不良影响,因此各种气动元件对压缩空气的含水量有明确的规定,而且常采用相应的措施去除压缩空气中的水分,控制其湿度和含湿量。

（1）湿度

湿度的表示方法有两种:绝对湿度和相对湿度。

1）绝对湿度

1 m³ 湿空气中含有的水蒸气质量称为湿空气的绝对湿度,用 χ 表示:

$$\chi = \frac{m_v}{V} \tag{1.11}$$

式中:m_v——水蒸气的质量,kg;

V——湿空气的体积,m³。

在一定温度下,湿空气达到饱和状态时的绝对湿度称为饱和绝对湿度,用 χ_s 表示。当 $\chi < \chi_s$ 时,湿空气是未饱和的;当 $\chi = \chi_s$ 时,湿空气是饱和的。绝对湿度只能说明湿空气中实际所含水蒸气的多少,而不能说明湿空气吸收水蒸气能力的大小,因此引入相对湿度的概念。

2）相对湿度

在相同温度和压力下,绝对湿度与饱和绝对湿度之比称为该温度下的相对湿度,用 φ 表示:

$$\varphi = \frac{\chi}{\chi_s} \times 100\% = \frac{p_v}{p_s} \times 100\% \tag{1.12}$$

式中:p_s——饱和湿空气中水蒸气分压力,N/m²。

相对湿度表示湿空气中水蒸气含量接近饱和的程度,故也称为饱和度。它同时反映了湿空气吸收水蒸气的能力。φ 值越小,湿空气吸收水蒸气的能力越强;φ 值越大,湿空气吸收水蒸气的能力越弱。通常,当 $\varphi = 60\% \sim 70\%$ 时,人体感到舒适。气压传动技术中规定,各种阀内空气相对湿度不得大于 90%。

（2）含湿量

1 kg 干空气中所混合的水蒸气的质量称为质量含湿量,用 d 表示:

$$d = \frac{m_{\mathrm{v}}}{m_{\mathrm{da}}} \tag{1.13}$$

式中：m_{da}——干空气的质量，kg。

含湿量也可以用容积含湿量来表示，其定义是 1 m³ 干空气中含有的水蒸气的质量。

（3）露点

湿空气的饱和绝对湿度与湿空气的温度和压力有关，饱和绝对湿度随温度的升高而增加，随压力的升高而降低。在一定温度和压力条件下的未饱和湿空气，当降低其温度时，也可成为饱和湿空气。未饱和湿空气保持水蒸气压力不变而降低温度，达到饱和状态时的温度称为露点。当温度降至露点温度以下时，湿空气中便有水滴析出。降温法清除湿空气中的水分，就是利用此原理。

1.6　液压与气压传动工作介质的污染及控制

微视频 1-11：液压传动工作介质的污染及控制

　　一般来说，液压油液的污染是液压传动系统发生故障的主要原因，它严重地影响着液压传动系统工作的可靠性及液压元件的寿命。因此，液压油液的正确使用、管理以及污染控制是提高液压传动系统的可靠性及延长液压元件使用寿命的重要手段。

　　对于气压传动系统来说，理论上只要能满足对压缩空气的要求和进行必要的净化和干燥，气压传动系统就正常工作。压缩气体的洁净和干燥是气源的重要组成部分，必须给予重视，但是这里不予以介绍。这里着重介绍液压传动工作介质的污染和控制。

1.6.1　工作介质污染的原因

液压油液被污染的原因是很复杂的，但大体上有以下几个方面。

（1）残留物的污染　主要指液压元件以及管道、油箱在制造、储存、运输、安装和维修过程中带入了一些砂粒、铁屑、磨料、焊渣、锈片、棉纱和灰尘等，虽然经过清洗，但未清洗干净而残留下来的残留物所造成的液压油液污染。

（2）侵入物的污染　主要指周围环境中的污染物（如空气、尘埃、水滴等）通过一切可能的侵入点，如外露的活塞杆、油箱的通气孔和注油孔等侵入系统所造成的液压油液污染。

（3）生成物的污染　主要指液压传动系统在工作过程中所产生的金属微粒、密封材料磨损颗粒、涂料剥离片、水分、气泡及油液变质后的胶状物等所造成的液压油液污染。

工作介质的污染用污染度等级来表示。污染度等级是指单位体积工作介质中固体颗粒污染物的含量，即工作介质中所含固体颗粒的浓度。为了定量地描述和评定工作介质的污染程度，国家标准 GB/T 14039—2002（ISO 4406）中已经给出了污染度等级标准（表 1.4）。污染度等级用三组代码表示，第一组代码代表 1 mL 工作介质中颗粒尺寸不小于 4 μm 的颗粒数，第二组代码代表 1 mL 工作介质中颗粒尺寸不小于 6 μm 的颗粒数，第三组代码代表 1 mL 工作介质中颗粒尺寸不小于 14 μm 的颗粒数，三组代码之间用一斜线分隔。例如，污染度等级代号为 22/18/13 的液压油，表示它在每毫升内不小于 4 μm 的颗粒数为 20 000~40 000，不小于 6 μm 的颗粒数为 1 300~2 500，不小于 14 μm 的颗粒数为 40~80（均包括范围上限）。

GB/T 14039—2002(ISO 4406)规定的污染度根据颗粒浓度的大小共分为 30 个代码,颗粒浓度越大,代表等级的代码越大,见表 1.4。

表 1.4　GB/T 14039—2002(ISO 4406)污染度等级

每毫升颗粒数		等级代码	每毫升颗粒数		等级代码
大于	小于等于		大于	小于等于	
2 500 000		>28	80	160	14
1 300 000	2 500 000	28	40	80	13
640 000	1 300 000	27	20	40	12
320 000	640 000	26	10	20	11
160 000	320 000	25	5	10	10
80 000	160 000	24	2.5	5	9
40 000	80 000	23	1.3	2.5	8
20 000	40 000	22	0.64	1.3	7
10 000	20 000	21	0.32	0.64	6
5 000	10 000	20	0.16	0.32	5
2 500	5 000	19	0.08	0.16	4
1 300	2 500	18	0.04	0.08	3
640	1 300	17	0.02	0.04	2
320	640	16	0.01	0.02	1
160	320	15	0.00	0.01	0

1.6.2　工作介质污染的危害

液压油液被污染后对液压传动系统造成如下主要危害。

(1) 固体颗粒和胶状生成物堵塞过滤器,使液压泵吸油不畅、运转困难,产生噪声;堵塞阀类元件的小孔或缝隙,使阀类元件动作失灵。

(2) 微小固体颗粒会加速有相对滑动零件表面的磨损,使液压元件不能正常工作;同时,它也会划伤密封件,使泄漏流量增加。

(3) 水分和空气的混入会降低液压油液的润滑性,并加速其氧化变质;产生气蚀,使液压元件加速损坏;使液压传动系统出现振动、爬行等现象。

1.6.3　工作介质污染的控制

由于液压油液被污染的原因比较复杂,液压传动系统在工作过程中液压油液又在不断地产生污染物,因此要彻底地防止污染是很困难的。为了延长液压元件的使用寿命,保证液压传动系统的正常工作,应将液压油液的污染程度控制在一定的范围内。一般常采取如下措施来控制污染。

(1) 减少外来的污染　液压传动系统在装配前必须严格清洗,用机械的方法除去残渣和表面氧化物,然后进行酸洗。液压传动系统在组装后也要进行全面清洗,最好用系统工作时使用的油液清洗,特别是液压伺服系统最好要经过几次清洗来保证清洁。油箱通气孔要加空气滤清器,给油箱加油要用滤油车,对外露件应装防尘密封,并经常检查,定期更换。液压传动系统的维修,液压元件的更换、拆卸应在无尘区进行。

(2)滤除系统产生的杂质　应在系统的相应部位安装适当精度的过滤器,并且要定期检查、清洗或更换滤芯。

(3)控制液压油液的工作温度　液压油液的工作温度过高会加速其氧化变质,产生各种生成物,缩短它的使用期限。所以,要限制油液的最高使用温度。

(4)定期检查更换液压油液　应根据液压设备使用说明书的要求和维护保养规程的有关规定,定期检查更换液压油液。更换液压油液时要清洗油箱,冲洗系统管道及液压元件。

为了有效地控制液压系统的污染,以保证液压传动系统的工作可靠性和液压元件的使用寿命,国家制定的典型液压元件和液压传动系统清洁度等级见表1.5和表1.6。

表 1.5　典型液压元件清洁度等级

液压元件类型	优等品	一等品	合格品	液压元件类型	优等品	一等品	合格品
各种类型液压泵	16/13	18/15	19/16	活塞缸和柱塞缸	16/13	18/15	19/16
一般液压阀	16/13	18/15	19/16	摆动缸	17/14	19/16	20/17
伺服阀	13/10	14/11	15/12	液压蓄能器	16/13	18/15	19/16
比例控制阀	14/11	15/12	16/13	过滤器壳体	15/12	16/13	17/14
液压马达	16/13	18/15	19/16				

表 1.6　典型液压系统清洁度等级

液压系统类型	12/9	13/10	14/11	15/12	16/13	17/14	18/15	19/16	20/17	21/18	22/19
对污染敏感的系统	■	■	■	■	■						
伺服系统		■	■	■	■	■					
高压系统			■	■	■	■	■				
中压系统				■	■	■	■	■			
低压系统					■	■	■	■	■		
低敏感系统							■	■	■	■	■
数控机床液压系统		■	■	■	■	■					
机床液压系统					■	■	■	■			
一般机械液压系统					■	■	■	■	■		
行走机械液压系统				■	■	■	■	■			
重型机械液压系统					■	■	■	■	■	■	
重型和行走设备液压系统					■	■	■	■	■	■	
冶金轧钢设备液压系统					■	■	■	■	■	■	■

思考题和习题

1-1 液体传动有哪两种形式？它们的主要区别是什么？

1-2 液压传动系统由哪几部分组成？各组成部分的作用是什么？

1-3 液压传动的主要优缺点是什么？

1-4 气压传动系统和液压传动系统都有哪些优缺点？

1-5 液压油液的黏度有几种表示方法？它们各用什么符号表示？各用什么单位？

1-6 国家标准规定的液压油液牌号是在多少温度下的哪种黏度的平均值？

1-7 液压油的选用应考虑哪几个方面？

1-8 为什么气体的可压缩性大？

1-9 什么是空气的相对湿度？对气压传动系统来说,多大的相对湿度合适？

1-10 液压传动工作介质污染的原因主要来自哪几个方面？应该怎样控制工作介质的污染？

1-11 对压缩空气有哪些净化要求？

1-12 密闭容器内液压油的体积压缩系数 κ 为 1.5×10^{-3}/MPa,压力在 1 MPa 时的容积为 2 L。求在压力升高到 10 MPa 时液压油的容积。

1-13 某液压油的运动黏度为 68 mm²/s,密度为 900 kg/m³,求其动力黏度和恩氏黏度。

1-14 20 ℃时 200 mL 蒸馏水从恩氏黏度计中流尽的时间为 51 s,如果 200 mL 的某液压油在 40 ℃时从恩氏黏度计中流尽的时间为 232 s,已知该液压油的密度为 900 kg/m³,求该液压油在 40 ℃时的恩氏黏度、运动黏度和动力黏度。

第2章　液压与气压传动流体力学基础

流体力学是研究流体(液体和气体)在外力作用下平衡和运动规律的一门学科,它涉及许多方面的内容,这里主要介绍和液压与气压传动有关的流体力学基本内容,为以后学习、分析、使用及设计液压与气压传动系统打下必要的理论基础。

2.1　液体静力学

液体静力学主要讨论液体在静止时的平衡规律以及这些规律在工程上的应用。所谓液体静止,是指液体内部质点间没有相对运动。盛装液体的容器可以是静止的或是运动的。

2.1.1　液体压力

作用在液体上的力有两种,即质量力和表面力。所有液体质点均受到的与质量成正比的力称为质量力,如重力、惯性力等,单位质量液体所受的力称为单位质量力,它在数值上就等于重力加速度;所有液体表面均受到的与液体外表面成正比的力称为表面力,单位面积上作用的表面力称为应力。应力分为法向应力和切向应力两种。当液体静止时,由于液体质点之间没有相对运动,不存在切向摩擦力,所以静止液体的表面力只有法向应力。由于液体质点间的凝聚力很小,不能受拉,因此法向应力只能总是沿着液体表面的内法线方向作用。液体在单位面积上所受的内法向力,在物理学中称为压强,但在液压与气压传动中则称为压力,通常用 p 来表示。

静止液体的压力有如下重要性质:

(1) 液体的压力沿着内法线方向作用于承压面;

(2) 静止液体内任一点处的压力在各个方向上都相等。

由此可知,静止液体总处于受压状态,并且其内部的任何质点都受平衡压力的作用。

2.1.2　静止液体中的压力分布

在重力作用下,密度为 ρ 的液体在容器中处于静止状态,其外加压力为 p_0,它的受力情况如图 2.1a 所示。为了求出在容器内任意深度 h 处的压力 p,可以假想从液面往下切取一个竖直小液柱作为研究体。设液柱的底面积为 ΔA,高为 h,如图 2.1b 所示。由于液柱处于平衡状态,在竖直方向上列出它的静力平衡方程有:

$$p\Delta A = p_0\Delta A + F_g \tag{2.1}$$

这里,F_g 是液柱重力,且 $F_g = \rho g h \Delta A$,则又有:

$$p\Delta A = p_0\Delta A + \rho g h\Delta A \qquad (2.2)$$

将上式各项分别除以底面积 ΔA，由此有：

$$p = p_0 + \rho g h \qquad (2.3)$$

式（2.3）是液体静力学基本方程式。由此可知，在重力作用下的静止液体，其压力分布有如下特点。

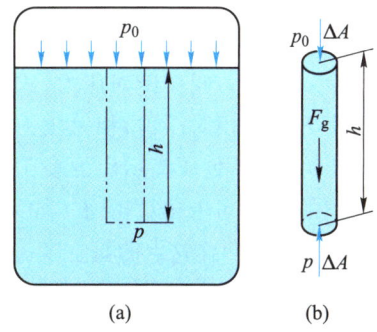

（1）静止液体内任一点处的压力都由两部分组成：一部分是液面上的压力 p_0，另一部分是该点以上液体自重所形成的压力，即 ρg 与该点离液面深度 h 的乘积。当液面上只受大气压力 p_a 作用时，液体内任一点处的压力为 $p = p_a + \rho g h$。

（2）静止液体内的压力 p 沿液体深度 h 呈直线规律分布。

（3）距液面深度 h 相同的各点组成了等压面，液体仅受重力作用时，这个等压面为一水平面。

图 2.1 重力作用下的静止液体

例 2.1 图 2.2 所示的容器内充满液压油。已知液压油的密度 $\rho = 900\ \text{kg/m}^3$，活塞上的作用力 $F = 10\ 000\ \text{N}$，活塞直径 $d = 2 \times 10^{-1}\ \text{m}$，活塞厚度 $H = 5 \times 10^{-2}\ \text{m}$，活塞材料为钢，其密度为 $7\ 800\ \text{kg/m}^3$。试求活塞下方深度为 $h = 0.5\ \text{m}$ 处的液体压力。

解 活塞的重力为：

$$F_G = 密度 \times 体积 \times 重力加速度$$

$$= 7\ 800 \times \frac{\pi}{4} \times (2 \times 10^{-1})^2 \times 5 \times 10^{-2} \times 9.81\ \text{N} = 120.2\ \text{N}$$

由活塞重力所产生的表面压力为：

$$p_G = \frac{F_G}{A} = \frac{120.2}{\frac{\pi}{4} \times (2 \times 10^{-1})^2}\text{Pa} = 3\ 826.1\ \text{Pa}$$

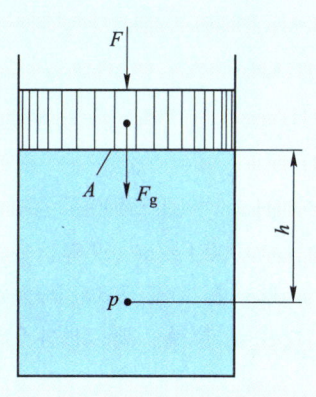

由大气压力产生的表面压力为

$$p_a = 101\ 325\ \text{Pa}$$

图 2.2 例 2.1 附图

由作用力 F 所产生的表面压力为：

$$p_f = \frac{F}{A} = \frac{10\ 000}{\frac{\pi}{4} \times (2 \times 10^{-1})^2}\text{Pa} = 318\ 309.9\ \text{Pa}$$

由液体重力所产生的质量压力为：

$$p_g = \rho g h = 900 \times 9.81 \times 5 \times 10^{-1}\ \text{Pa} = 4\ 414.5\ \text{Pa}$$

根据式（2.3），且 $p_0 = p_g + p_a + p_f$，则深度为 h 处的压力为：

$$p = p_0 + \rho g h = p_G + p_a + p_f + p_g$$

$$= (3\ 826.1 + 101\ 325 + 318\ 309.9 + 4\ 414.5)\ \text{Pa} = 427\ 875.5\ \text{Pa} = 4.279 \times 10^5\ \text{Pa}$$

由这个例子可以看出，在液体受外力作用的情况下，外力作用产生的压力与由外加重物和液体自重所产生的压力相比，后者很小，在液压传动系统中可以忽略不计，可以近似地认为在整个液体内部的压力是相等的，但在气压传动系统中要根据实际情况处理。以后在分析液压传动系统压力时,一般都采用此结论。

2.1.3　压力的表示方法和单位

根据度量基准的不同,压力有两种表示方法,即绝对压力和相对压力。以绝对真空为基准来进行度量的压力叫作绝对压力,式(2.3)表示的压力就是绝对压力;以大气压力为基准来进行度量的压力叫作相对压力,相对压力又称表压力,是由压力表的原理引入的。大多数测压仪表都受大气压力的作用,所指示出的表压力都是相对压力。在液压与气压传动技术中,如不特别说明,所提到的压力均指相对压力。如果液体中某点处的绝对压力小于大气压力,这时,比大气压力小的那部分数值叫作这点的真空度。由图2.3可知,以大气压力为基准计算压力值时,基准以上的正值是表压力;基准以下的负值就是真空度。真空度是指被测点处于真空状态下的气体稀薄程度。若所测处的压力低于大气压力,其压力测量就需要真空表。从真空表所读得的数值称为真空度。

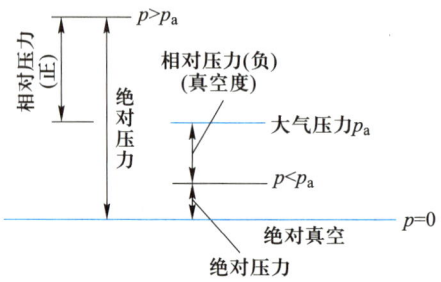

图 2.3　绝对压力、相对压力和真空度

例 2.2　图 2.4 所示的容器内充入 10 m 高的水。已知水的密度 $\rho = 1\ 000\ \text{kg/m}^3$,求容器底部的相对压力。

解　根据式(2.3),因为水的表面只受大气压力的作用,所以 p_0 可由 p_a 替换。所以所求的相对压力 p_r 为

$$p_r = p - p_a = \rho g h$$

$$= 1\ 000 \times 9.81 \times 10\ \text{Pa} = 98\ 100\ \text{Pa}$$

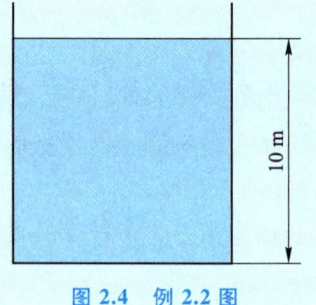

图 2.4　例 2.2 图

例 2.3　在某一容器内装有液体,当液体内部某点的绝对压力为 0.4×10^5 Pa 时,求其真空度(取大气压近似为 $p_a = 1 \times 10^5$ Pa)。

解　其相对压力为:

$$p_r = p - p_a = (0.4 \times 10^5 - 1 \times 10^5)\ \text{Pa} = -0.6 \times 10^5\ \text{Pa}$$

则该点的真空度为 0.6×10^5 Pa。

压力的法定计量单位是 Pa(帕),$1\ \text{Pa} = 1\ \text{N/m}^2$,$1 \times 10^6$ Pa $= 1$ MPa(兆帕)。以前沿用过的和有些部门惯用的一些压力单位还有 bar(巴)、at(工程大气压,即 kgf/cm^2)、atm(标准大气压)、mmH_2O(约定毫米水柱)或 mmHg(约定毫米汞柱)等。各种压力单位的换算关系见表2.1,当要求不严格时,可认为 $1\ \text{kgf/cm}^2 \approx 1$ bar。

表 2.1　各种压力单位的换算关系　　　　　　　　　　　　　　　　Pa

Pa	bar	at	lbf/in^2	atm	mmH$_2$O	mmHg
1×10^5	1	1.019 72	1.45×10	0.986 923	1.019 72×10^4	7.500 62×10^2

2.1.4　静止液体中的压力传递

如图 2.2 所示密闭容器内的静止液体,当外力 F 变化引起外加压力 p_f 发生变化时,液体内任一点的压力将发生同样大小的变化。即在密闭容器内,施加于静止液体上的压力可以等值传递到液体内各点。这就是静压传递原理,也称为帕斯卡定律。

在图 2.2 中,活塞上的作用力 F 是外加负载,A 为活塞截面的面积,根据静压传递原理,密闭容器内的压力将随负载的变化而变化,并且各点处压力的变化值相等。在不考虑活塞和液体重力引起的压力变化的情况下,液体中的压力为:

$$p=\frac{F}{A}　　　　　　　　　　　　　　　　　　　　　　　(2.4)$$

由此可见,作用在活塞上的外负载力 F 越大,缸筒(容器)内的压力 p 就越高。若负载力 F 恒定不变,则压力 p 不再增高,这说明缸筒中的压力 p 是由外界负载力 F 决定的,这是液压传动中的一个基本概念。

例 2.4　如图 2.5 所示的两个相互连通的液压缸,已知大缸内径 $D=100$ mm,小缸内径 $d=20$ mm,大活塞上放置的物体所产生的重力为 $F_2=50\ 000$ N。求在小活塞上应施加多大的力 F_1 才能使大活塞顶起重物。

解　根据静压传递原理(帕斯卡定律),由外力产生的压力在两缸中相等,即:

$$\frac{F_1}{\frac{\pi d^2}{4}}=\frac{F_2}{\frac{\pi D^2}{4}}$$

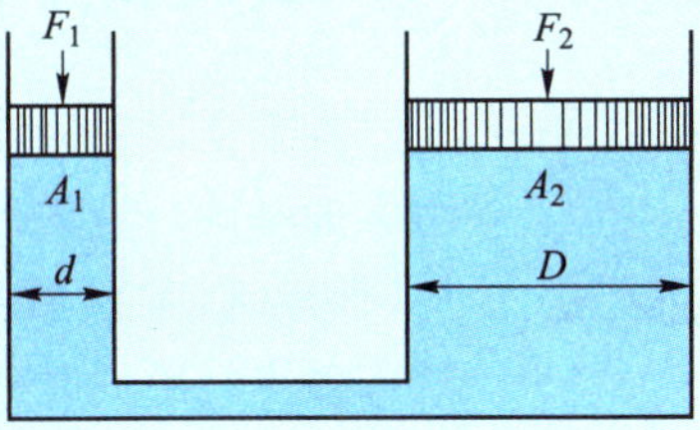

图 2.5　例 2.4 附图

因此,顶起重物应在小活塞上施加的力为:

$$F_1=\frac{d^2}{D^2}F_2=\frac{20^2}{100^2}\times50\ 000\ \text{N}=2\ 000\ \text{N}$$

这里也说明了压力决定于负载这一概念。作用在大活塞上的外负载 F_2 越大,施加于小活塞上的力 F_1 也必须增大,则在密闭容器内的压力 p 也就越高。但压力只增高到相应于活塞面积能克服负载的程度为止。若负载恒定不变,则压力不再增高。由此说明了液压千斤顶等液压起重机械的工作原理,它体现了液压装置的力放大作用。

2.1.5　液体静压力作用在固体壁面上的力

静止液体和固体壁面相接触时,固体壁面上各点在某一方向上所受静压作用力的总和,就是液体在该方向上作用于固体壁面上的力。

固体壁面为一平面时,如不计重力作用[即忽略式(2.3)中的 ρgh 项],平面上各点处的静压

力大小相等。作用在固体壁面上的力 F 等于静压力 p 与承压面积 A 的乘积,其作用力方向垂直于壁面,即:

$$F = pA \qquad (2.5)$$

当固体壁面为图 2.6 中所示的曲面时,为求压力为 p 的液体对液压缸右半部缸筒内壁在 x 方向上的作用力 F_x,这时在内壁上取一微小面积 $\mathrm{d}A = l\mathrm{d}s = lr\mathrm{d}\theta$(其中 l 和 r 分别为缸筒的长度和半径),则液体作用在该面积上的力 $\mathrm{d}F$ 的水平分量 $\mathrm{d}F_x$ 为:

$$\mathrm{d}F_x = \mathrm{d}F\cos\theta = p\mathrm{d}A\cos\theta = plr\cos\theta\mathrm{d}\theta$$

由此得液体对缸筒内壁在 x 方向上的作用力为:

$$F_x = \int_{-\frac{\pi}{2}}^{\frac{\pi}{2}} \mathrm{d}F_x = \int_{-\frac{\pi}{2}}^{\frac{\pi}{2}} plr\cos\theta\mathrm{d}\theta = 2plr = pA_x$$

式中 A_x 为缸筒右半部内壁在 x 方向上的投影面积,$A_x = 2lr$。

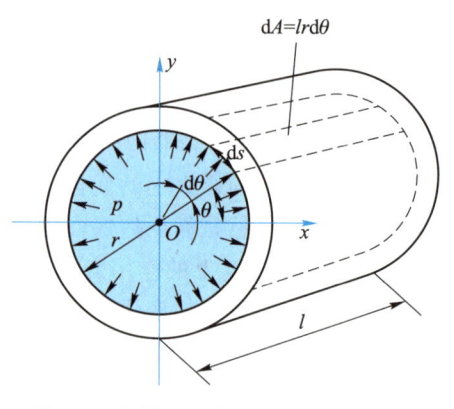

图 2.6　液体作用在缸体内壁面上的力

由此可得曲面上液体作用力在 x 方向上的总作用力 F_x 等于液体压力 p 和曲面在该方向投影面积 A_x 的乘积,即:

$$F_x = pA_x \qquad (2.6)$$

2.2　液体动力学

微视频 2-1:
流体基本知识

　　本节主要讨论液体的流动状态、运动规律及能量转换等问题,这些都是液体动力学的基础及液压传动中分析问题和设计计算的理论依据。液体流动时,由于重力、惯性力、黏性摩擦力等因素影响,其内部各处质点的运动状态是各不相同的。这些质点在不同时间、不同空间处的运动变化对液体的能量损耗有所影响。但对液压技术来说,人们感兴趣的只是整个液体在空间某特定点处或特定区域内的平均运动情况。此外,流动液体的运动状态还与液体的温度、黏度等参数有关。为了简化条件便于分析,一般都假定在等温条件下(此时可以把黏度看作常量,密度只与压力有关)来讨论液体的流动情况。

2.2.1　基本概念

1. 理想液体、定常流动和一维流动

研究液体流动时必须考虑其黏性的影响,但由于这个问题相当复杂,所以在开始分析时,可以假设液体没有黏性,寻找出液体流动的基本规律后,再考虑黏性作用的影响,并通过实验验证的方法对所得出的结论进行补充或修正。对液体的可压缩性问题也可以用这种方法处理。一般把既无黏性又不可压缩的假想液体称为理想液体。

液体流动时,如果液体中任一空间点处的压力、速度和密度等都不随时间变化,则称这种流动为定常流动(或稳定流动、恒定流动);反之,则称为非定常流动。

按运动流体的物理量与几个空间坐标有关,可分为一维流动、二维流动和三维流动。运动流体的物理量只与一个空间坐标有关的流动称为一维流动。通常认为,速度只与一个空间坐标有关便是一维流动。

一般情况下液体在管道中的流动,同一过流截面上各点的运动参数实际上是不等的,它是三个空间坐标的函数。如果引入截面平均速度,可以将这种管流看作一维流动。

当流体整个作线形流动时,称为一维流动;当作平面或空间流动时,称为二维或三维流动。

一维流动最简单,但是从严格意义来讲,一维流动要求液流截面上各点处的速度矢量完全相同,这在现实中极为少见。一般把封闭容器内的液体流动按一维流动处理,再用实验数据修正其结果,本书中对工作介质的运动分析就是这样进行的。

一般情况下,流体都是在空间内流动,虽然随着计算机的飞速发展和应用,对一些复杂流体力学问题的求解已成为可能,但是对于运动参数随空间三个坐标方向变化的大多数流体力学工程实际问题,研究分析通常十分困难复杂,几乎不可能精确求解。因此,在流体力学的研究和实际工程技术中,在可能的条件下,尽量将三维流动简化为二维流动甚至一维流动求解。

2. 流线、流管和流束

流线是流场中一条一条假想的曲线,它表示同一瞬时流场中各质点的运动状态。流线上每一质点的速度矢量与这条曲线相切,因此,流线代表了在某一瞬时许多流体质点的流动方向,如图2.7a所示。在非恒定流动时,由于液流通过空间点的速度随时间变化,因此流线形状也随时间变化;在恒定流动时,流线的形状不随时间变化。由于流场中每一质点在每一瞬时只能有一个速度,所以流线之间不可能相交,流线也不可能突然转折,它只能是一条光滑的曲线。

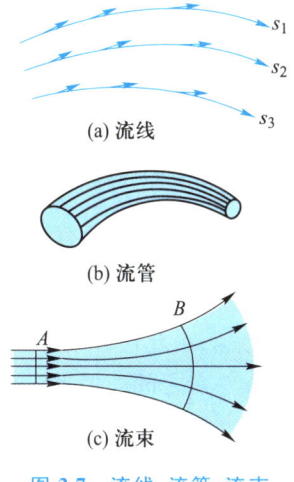

图2.7 流线、流管、流束

在流场中给出一条不属于流线的任意封闭曲线,沿该封闭曲线上的每一点作流线,由这些流线组成的表面称为流管(图2.7b);流管内的流线群称为流束,如图2.7c所示。根据流线不会相交的性质,流管内外的流线均不会穿越流管,故流管与真实管道相似。将流管截面无限缩小趋近于零,便获得微小流管和微小流束。微小流管截面上各点处的流速可以认为是相等的。

流线彼此平行的流动称为平行流动。流线间夹角很小,或流线曲率半径很大的流动称为缓变流动。平行流动和缓变流动都可认为是一维流动。

3. 通流截面、流量和平均流速

在流束中与所有流线正交的截面称为通流截面。在液压传动系统中,液体在管道中流动时,垂直于流动方向的截面即为通流截面,也称为过流截面。在单位时间内流过某一通流截面的液体体积称为体积流量,简称为流量。流量以 q 来表示,单位为 m^3/s 或 L/min。由流量定义得,$q = \dfrac{V}{t}$,其中 V 是液体的体积,t 是时间。

当液流通过如图2.8a所示的微小通流截面 dA 时,液体在该截面上各点的速度 u 可以认为是相等的,所以流过该微小通流截面的流量为:

$$dq = u\,dA$$

则流过整个通流截面 A 的流量为:

$$q = \int_A u\,dA$$

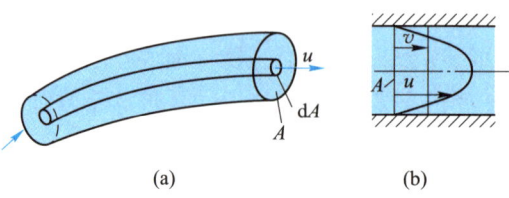

图 2.8 液体流量和平均流速

实际上,对于流动的液体,由于黏性力的作用,在整个通流截面上各点处的流速 u 是不相等的,其分布规律也比较复杂,不易确定,如图 2.8b 所示的抛物线形曲线,壁面速度为零。在工程实际使用中,可以采用平均流速 v 来简化分析计算。平均流速 v 是假设液体通过某一通流截面上各点的流速 v 相同,以此流速 v 流过此通流截面的流量等于以实际流速 u 流过的流量,即:

$$q = \int_A u\,dA = vA$$

由此可得出通流截面 A 上的平均流速为:

$$v = \frac{q}{A} \tag{2.7}$$

在工程实际中,人们所关心的往往是整个液体在某特定空间或特定区域内的平均运动情况,因此平均流速 v 有实际应用价值。例如,在液压缸工作时,活塞的运动速度就等于缸体内液体的平均流速,由此可以根据式(2.7)建立起活塞运动速度 v、液压缸有效作用面积(即通流截面) A 和流量 q 三者之间的关系。当液压缸的有效作用面积 A 不变时,活塞运动速度 v 取决于输入液压缸的流量 q。

2.2.2 连续性方程

连续性方程是质量守恒定律在流体力学中的一种具体表现形式。如图 2.9 所示的液体在具有不同通流截面的任意形状管道中作定常流动时,可任取 1、2 两个不同的通流截面,其面积分别为 A_1 和 A_2,在这两个截面处的液体密度和平均流速分别为 ρ_1、v_1 和 ρ_2、v_2,根据质量守恒定律,在单位时间内流过这两个截面的液体质量相等,即:

$$\rho_1 v_1 A_1 = \rho_2 v_2 A_2 \tag{2.8}$$

当忽略液体的可压缩性时,即 $\rho_1 = \rho_2$,则有:

$$v_1 A_1 = v_2 A_2 \tag{2.9}$$

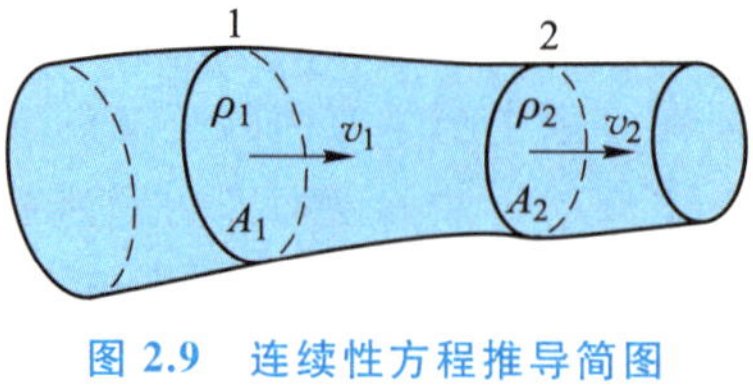

由此得:

图 2.9 连续性方程推导简图

$$q_1 = q_2 \quad 或 \quad q = vA = \text{const}(常数)$$

这就是液体在同一连通管道中作定常流动的连续性方程。它说明液体在管道中作定常流动时(忽略管道变形),对不可压缩液体,流过各截面液体的体积流量是相等的(即液流是连续的)。

因此在管道中流动的液体,其流速 v 和通流截面面积 A 成反比。

例 2.5　如图 2.10 所示,已知流量 $q_1 = 25$ L/min,小活塞杆直径 $d_1 = 20$ mm,小活塞直径 $D_1 = 75$ mm,大活塞杆直径 $d_2 = 40$ mm,大活塞直径 $D_2 = 125$ mm,假设没有泄漏流量,求大小活塞的运动速度 v_1 和 v_2。

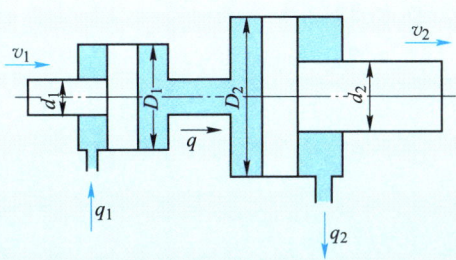

图 2.10　例 2.5 附图

解　根据液流连续性方程 $q = vA$,求小活塞与大活塞的运动速度 v_1 和 v_2 分别为:

$$v_1 = \frac{q_1}{A_1} = \frac{q_1}{\frac{\pi}{4}D_1^2 - \frac{\pi}{4}d_1^2} = \frac{25 \times 10^{-3}}{60 \times \left[\frac{\pi}{4}(0.075^2 - 0.020^2)\right]} \text{ m/s} = 0.102 \text{ m/s}$$

$$v_2 = \frac{q}{A_2} = \frac{\frac{\pi}{4}D_1^2 v_1}{\frac{\pi}{4}D_2^2} = \frac{0.075^2 \times 0.102}{0.125^2} \text{ m/s} = 0.036\ 72 \text{ m/s}$$

2.2.3　能量方程

能量方程是能量守恒定律在流体力学中的一种具体表现形式。为了研究方便,先讨论理想液体的能量方程,然后再对它进行修正,最后给出实际液体的能量方程。

1. 理想液体的运动微分方程

在液流的微小流束上取出一段通流截面面积为 dA、长度为 ds 的微元体,如图 2.11 所示。采用欧拉法对其进行分析,在一维流动情况下,理想液体在微元体上作用有以下两种外力。

（1）压力在微元体两端面上所产生的作用力

$$p\mathrm{d}A - \left(p + \frac{\partial p}{\partial s}\mathrm{d}s\right)\mathrm{d}A = -\frac{\partial p}{\partial s}\mathrm{d}s\mathrm{d}A$$

式中: $\dfrac{\partial p}{\partial s}$——沿流线方向的压力梯度。

（2）作用在微元体上的重力

$$-\rho g \mathrm{d}s\mathrm{d}A$$

（3）恒定流动下微元体的惯性力

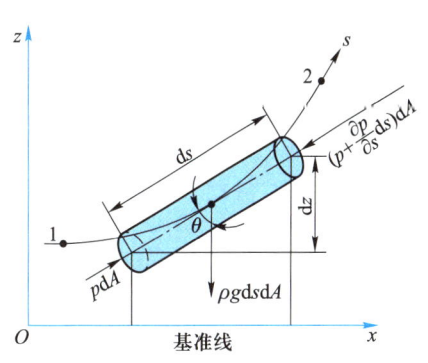

图 2.11　理想液体一维流动能量方程推导简图

$$ma=\rho \mathrm{d}s\mathrm{d}A\frac{\mathrm{d}u}{\mathrm{d}t}=\rho \mathrm{d}s\mathrm{d}A\left(u\frac{\partial u}{\partial s}\right)$$

式中: u——微元体沿流线的运动速度, $u=\dfrac{\mathrm{d}s}{\mathrm{d}t}$;

$\dfrac{\partial u}{\partial s}$——沿流线方向的速度梯度。

根据牛顿第二定律 $\sum F=ma$ 有:

$$-\frac{\partial p}{\partial s}\mathrm{d}s\mathrm{d}A-\rho g\mathrm{d}s\mathrm{d}A\cos\theta=\rho \mathrm{d}s\mathrm{d}A\left(u\frac{\partial u}{\partial s}\right) \tag{2.10}$$

由于 $\cos\theta=\dfrac{\partial z}{\partial s}$, 代入上式, 整理后可得:

$$-\frac{1}{\rho}\frac{\partial p}{\partial s}-g\frac{\partial z}{\partial s}=u\frac{\partial u}{\partial s} \tag{2.11}$$

这就是理想液体沿流线作恒定流动时的运动微分方程。它表示了单位质量液体的力平衡方程。

2. 理想液体的能量方程

将式(2.11)沿流线 s 从截面 1 积分到截面 2(图 2.11), 便可得到微元体流动时的能量关系式, 即:

$$\int_1^2\left(-\frac{1}{\rho}\frac{\partial p}{\partial s}-g\frac{\partial z}{\partial s}\right)\mathrm{d}s=\int_1^2\frac{\partial}{\partial s}\left(\frac{u^2}{2}\right)\mathrm{d}s$$

上式两边同除以 g, 移项后整理得:

$$\frac{p_1}{\rho g}+z_1+\frac{u_1^2}{2g}=\frac{p_2}{\rho g}+z_2+\frac{u_2^2}{2g} \tag{2.12}$$

由于截面 1、2 是任意取的, 所以上式也可写成:

$$\frac{p}{\rho g}+z+\frac{u^2}{2g}=常数 \tag{2.13}$$

式(2.12)或式(2.13)就是理想液体微小流束作恒定流动时的能量方程。

理想液体能量方程的物理意义是:理想液体作恒定流动时具有压力能、势能和动能三种能量形式,在任一截面上这三种能量形式之间可以相互转换,但三者之和为一定值,即能量守恒。

3. 实际液体的能量方程

实际液体在流动时,由于液体存在黏性,会产生内摩擦力,消耗能量;同时,管道局部形状和尺寸的骤然变化,使液体产生扰动,也消耗能量。因此,实际液体在流时有能量损失,这里可设图 2.11 中微元体从截面 1 流到截面 2 损耗的能量为 h'_w,则实际液体微小流束作恒定流动时的能量方程为:

$$\frac{p_1}{\rho g}+z_1+\frac{u_1^2}{2g}=\frac{p_2}{\rho g}+z_2+\frac{u_2^2}{2g}+h'_w \tag{2.14}$$

为了得出实际液体的能量方程,图 2.12 给出了一段流管中的液流。在流管中,两端的通流截面面积分别为 A_1 和 A_2。在此液流中取出一微小流束,两端的通流截面面积各为 dA_1 和 dA_2。其相应的压力、流速和高度分别为 p_1、u_1、z_1 和 p_2、u_2、z_2。这一微小流束的能量方程是式(2.14)。将式(2.14)的两端乘以相应的微小流量 dq($dq = u_1 dA_1 = u_2 dA_2$),然后各自对液流的通流截面面积 A_1 和 A_2 进行积分,得:

$$\int_{A_1}\left(\frac{p_1}{\rho g} + z_1\right) u_1 dA_1 + \int_{A_1} \frac{u_1^2}{2g} u_1 dA_1$$

$$= \int_{A_2}\left(\frac{p_2}{\rho g} + z_2\right) u_2 dA_2 + \int_{A_2} \frac{u_2^2}{2g} u_2 dA_2 + \int_q h_w' dq \qquad (2.15)$$

上式左端及右端的前两项积分分别表示单位时间内流过通流截面 A_1 和 A_2 的流量所具有的总能量,而右端最后一项则表示流管内的液体从通流截面 A_1 流到 A_2 损耗的能量。

为使式(2.15)便于实用,首先将图 2.12 中通流截面 A_1 和 A_2 处的流动限于平行流动(或缓变流动),这样,通流截面 A_1 和 A_2 可视为平面,在通流截面上除重力外无其他质量力,因此通流截面上各点处的压力具有与液体静压力相同的分布规律。

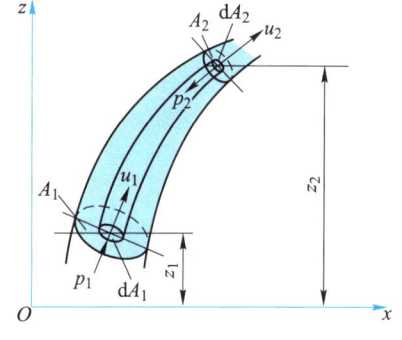

图 2.12　实际液体能量方程推导简图

其次,用平均流速 v 代替通流截面 A_1 和 A_2 上各点处不等的流速 u,且令单位时间内截面 A 处液流的实际动能和按平均流速计算出的动能之比为动能修正系数 α,即:

$$\alpha = \frac{\int_A \rho \frac{u^2}{2} u dA}{\frac{1}{2}\rho A v^2} = \frac{\int u^3 dA}{v^3 A} \qquad (2.16)$$

此外,对液体在流管中流动时产生的能量损耗,也用平均能量损耗的概念来处理,即令:

$$h_w = \frac{\int_q h_w' dq}{q}$$

将上述关系式代入式(2.15),整理后可得:

$$\frac{p_1}{\rho g} + z_1 + \frac{\alpha_1 v_1^2}{2g} = \frac{p_2}{\rho g} + z_2 + \frac{\alpha_2 v_2^2}{2g} + h_w \qquad (2.17)$$

式中,α_1 和 α_2 分别为截面 A_1 和 A_2 上的动能修正系数。

式(2.17)就是仅受重力作用的实际液体在流管中作平行(或缓变)流动时的能量方程。它的物理意义是单位重力液体的能量守恒。其中 h_w 为单位重力液体从通流截面 A_1 流到通流截面 A_2 过程中的能量损耗。

在应用式(2.17)时,必须注意 p 和 z 应为通流截面的同一点上的两个参数,特别是压力参数 p 的度量基准应该一致,如用绝对压力都用绝对压力,用相对压力都用相对压力,为方便起见,通常把这两个参数都取在通流截面的中心处。

在液压传动系统的计算中,通常将式(2.17)写成另外一种形式,即:

$$p_1+\rho gh_1+\frac{1}{2}\rho\alpha_1v_1^2=p_2+\rho gh_2+\frac{1}{2}\rho\alpha_2v_2^2+\Delta p_w \tag{2.18}$$

式中,h_1 和 h_2 分别为液体在流动时的不同高度;Δp_w 为液体流动时的压力损失。

能量方程揭示了液体流动过程中的能量变化规律。它表明,对于流动的液体来说,如果没有能量的输入和输出,液体内的总能量是不变的。它是流体力学中一个重要的基本方程,不仅是进行液压传动系统分析的基础,而且还可以对多种液压问题进行分析和计算。

例 2.6 如图 2.13 所示,油液从竖直安放的圆管流出,管的直径 $d_1=10$ cm,管口处平均流速 $v_1=1.4$ m/s,求圆管竖直下方 $l=1.5$ m 处油液的流速 v_2 和油柱的直径 d_2。

解 在液体自由流下时,可不考虑液柱与空气之间摩擦能量损失 Δp_w 的影响,设管口处为原点,对管口处 1—1 截面和 $l=1.5$ m 处的 2—2 截面建立理想液体的能量方程为:

$$p_1+\rho gh_1+\frac{1}{2}\rho v_1^2=p_2+\rho gh_2+\frac{1}{2}\rho v_2^2$$

式中 $h_1=0$,$h_2=l=1.5$ m,$p_1=p_2$,将各参数代入上式,则可导出:

$$\frac{v_1^2}{2g}=\frac{v_2^2}{2g}+(-h_2)$$

这时,油液流速 $v_2=\sqrt{2gh_2+v_1^2}$,即:

$$v_2=\sqrt{2\times9.81\times1.5+1.4^2}\text{ m/s}=5.603\text{ m/s}\approx5.6\text{ m/s}$$

由连续性方程得:

$$q_1=q_2=\frac{\pi}{4}d_1^2v_1=\frac{\pi}{4}d_2^2v_2$$

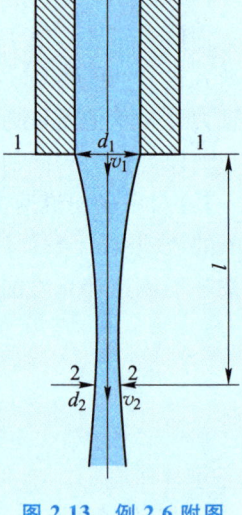

图 2.13 例 2.6 附图

因此,油柱直径 $d_2=\sqrt{\dfrac{v_1d_1^2}{v_2}}=\sqrt{\dfrac{1.4\times0.1^2}{5.6}}$ m $=0.050$ m

例 2.7 计算图 2.14 所示的液压泵吸油口处的真空度。

设油箱液面压力为 p_1,液压泵吸油口处的绝对压力为 p_2,泵吸油口距油箱液面的高度为 h。

解 以油箱液面为基准,并定为 1—1 截面,泵的吸油口处为 2—2 截面。对 1—1 截面和 2—2 截面建立实际液体的能量方程,则有:

$$p_1+\rho gh_1+\frac{1}{2}\rho\alpha_1v_1^2=p_2+\rho gh_2+\frac{1}{2}\rho\alpha_2v_2^2+\Delta p_w$$

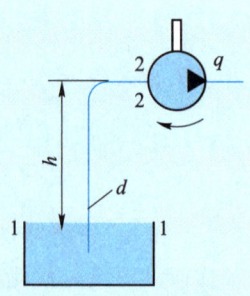

图 2.14 例 2.7 附图

图 2.14 所示油箱液面与大气接触,故 p_1 为大气压力,即 $p_1=p_a$;v_1 为油箱液面下降的速度,由于油箱较大,即通流截面面积 A_1 较大,因此 $v_1\ll v_2$,故 v_1 可近似为零;$h_1=0$,$h_2=h$;v_2 为泵吸油口处液体的流速,它等于液体在吸油管内的流速;Δp_w 为吸油管路的压力损失。因此,上式可简化为:

$$p_a = p_2 + \rho g h + \frac{1}{2}\rho \alpha_2 v_2^2 + \Delta p_w$$

所以液压泵吸油口处的真空度为：

$$p_a - p_2 = \rho g h + \frac{1}{2}\rho \alpha_2 v_2^2 + \Delta p_w$$

由此可见，液压泵吸油口处的真空度由三部分组成：把油液提升到高度 h 所需的压力，将静止液体加速到 v_2 所需的压力，吸油管路的压力损失 Δp_w。

2.2.4 动量方程

动量方程是动量定律在流体力学中的具体应用。在液压传动中，要计算液流作用在固体壁面上的力时，应用动量方程求解比较方便。

刚体力学动量定律指出，作用在物体上的外合力等于物体在力作用方向上单位时间内动量的变化量，即：

$$\sum \boldsymbol{F} = \frac{\mathrm{d}\boldsymbol{I}}{\mathrm{d}t} = \frac{\mathrm{d}(m\boldsymbol{v})}{\mathrm{d}t} \tag{2.19}$$

式中：$\sum \boldsymbol{F}$——作用在液体上所有外力的矢量和，N；

$\boldsymbol{I}$——液体的动量，kg·m/s；

$\boldsymbol{v}$——液流的平均流速矢量，m/s。

将动量定律应用于流体时，必须在任意时刻 t 时从流管中取出一个由通流截面 A_1 和 A_2 围起来的液体控制体积，如图2.15所示。这里，通流截面 A_1 和 A_2 是控制表面。在此控制体积内取一微小流束，其在 A_1 和 A_2 上的通流截面为 $\mathrm{d}A_1$ 和 $\mathrm{d}A_2$，流速为 $\boldsymbol{u}_1$ 和 $\boldsymbol{u}_2$。假定控制体积经过 $\mathrm{d}t$ 时间后流到新的位置 A_1'—A_2'，则在 $\mathrm{d}t$ 时间内控制体积中液体质量的动量变化为：

$$\mathrm{d}\left(\sum \boldsymbol{I}\right) = \boldsymbol{I}_{\text{III}_{t+\mathrm{d}t}} - \boldsymbol{I}_{\text{III}_t} + \boldsymbol{I}_{\text{II}_{t+\mathrm{d}t}} - \boldsymbol{I}_t \tag{2.20}$$

体积 V_II 中液体在 $t+\mathrm{d}t$ 时的动量为：

$$\boldsymbol{I}_{\text{II}_{t+\mathrm{d}t}} = \int_{V_\text{II}} \rho \boldsymbol{u}_2 \mathrm{d}V_\text{II} = \int_{A_2} \rho \boldsymbol{u}_2 \mathrm{d}A_2 \boldsymbol{u}_2 \mathrm{d}t$$

式中：ρ——液体的密度，kg/m³。

同样可推得体积 V_I 中液体在 t 时的动量为：

$$\boldsymbol{I}_{\text{I}_t} = \int_{V_\text{I}} \rho \boldsymbol{u}_1 \mathrm{d}V_\text{I} = \int_{A_1} \rho \boldsymbol{u}_1 \mathrm{d}A_1 \boldsymbol{u}_1 \mathrm{d}t$$

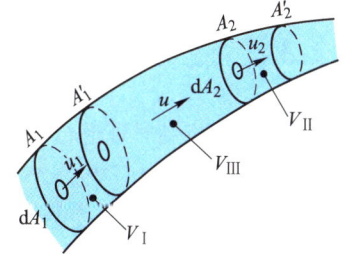

图 2.15　动量方程推导简图

式（2.20）中右边的第1和第2项为：

$$\boldsymbol{I}_{\text{III}_{t+\mathrm{d}t}} - \boldsymbol{I}_{\text{III}_t} = \frac{\mathrm{d}}{\mathrm{d}t}\left(\int_{V_\text{III}} \rho \boldsymbol{u} \mathrm{d}V_\text{III}\right)\mathrm{d}t$$

当 $\mathrm{d}t \to 0$ 时，体积 $V_\text{III} \approx V$，将以上关系代入式（2.19）和式（2.20），得：

$$\sum \boldsymbol{F} = \frac{\mathrm{d}}{\mathrm{d}t}\left(\int_V \rho \boldsymbol{u}\mathrm{d}V\right) + \int_{A_2}\rho \boldsymbol{u}_2 \boldsymbol{u}_2 \mathrm{d}A_2 - \int_{A_1}\rho \boldsymbol{u}_1 \boldsymbol{u}_1 \mathrm{d}A_1$$

若用流管内液体的平均流速 $\boldsymbol{v}$ 代替截面上的实际流速 $\boldsymbol{u}$,其误差用动量修正系数 β 予以修正,且不考虑液体的可压缩性,即 $A_1 v_1 = A_2 v_2 = q$,而 $q = \int_A u\mathrm{d}A$,则上式经整理后可得:

$$\sum \boldsymbol{F} = \frac{\mathrm{d}}{\mathrm{d}t}\left(\int_V \rho \boldsymbol{u}\mathrm{d}V\right) + \rho q(\beta_2 \boldsymbol{v}_2 - \beta_1 \boldsymbol{v}_1) \tag{2.21}$$

式中动量修正系数 β 等于实际动量与按平均流速计算出的动量之比,即:

$$\beta = \frac{\int_A \boldsymbol{u}\mathrm{d}m}{m\boldsymbol{v}} = \frac{\int_A \boldsymbol{u}(\rho \boldsymbol{u}\mathrm{d}A)}{(\rho \boldsymbol{v}A)\boldsymbol{v}} = \frac{\int_A \boldsymbol{u}^2 \mathrm{d}A}{\boldsymbol{v}^2 A} \tag{2.22}$$

式(2.21)即流体力学中的动量定律。等式左边 $\sum \boldsymbol{F}$ 为作用于控制体积内液体上外力的矢量和;而等式右边第一项是使控制体积内的液体加速(或减速)所需的力,称为瞬态液动力,等式右边第二项是由于液体在不同控制表面上具有不同速度所引起的力,称为稳态液动力。

对于作恒定流动的液体,式(2.21)右边第一项等于零,于是有:

$$\sum \boldsymbol{F} = \rho q(\beta_2 \boldsymbol{v}_2 - \beta_1 \boldsymbol{v}_1) \tag{2.23}$$

必须注意,式(2.21)和式(2.23)均为矢量方程式,在应用时可根据具体要求向指定方向投影,列出该方向上的动量方程,然后再进行求解。例如在指定 x 方向上的动量方程可写成如下形式:

$$\sum F_x = \rho q(\beta_2 v_{2x} - \beta_1 v_{1x}) \tag{2.24}$$

在工程实际问题中,往往要求出液流对通道固体壁面的作用力,即动量方程中 $\sum \boldsymbol{F}$ 的反作用力 $\boldsymbol{F}'$ 在指定 x 方向上的稳态液动力计算公式为:

$$F_x' = -\sum F_x = \rho q(\beta_1 v_{1x} - \beta_2 v_{2x}) \tag{2.25}$$

根据上式可求得作用在滑阀阀芯上的稳态液动力,同时可以证明该稳态液动力总是企图关闭阀口。当液流反方向通过同一阀时,可得相同结论。

2.3　液体流动时的压力损失

实际液体流动时管道会产生阻力。为了克服阻力,流动的液体需要损耗一部分能量,这种能量损失可归纳为式(2.18)中的 Δp_w 项。Δp_w 具有压力的量纲,通常称为压力损失。在液压传动系统中,压力损失使液压能转变为热能,将导致系统的温度升高。因此,在设计液压传动系统时,要尽量减少压力损失,这种压力损失与液体的流动状态有关。本节介绍液体流经圆管、接头和阻尼孔时的流动状态,进而分析液体流动时所产生的能量损失,即压力损失。压力损失可分为两类:沿程压力损失和局部压力损失。

2.3.1　液体的流动状态

19 世纪末,雷诺首先通过实验观察了水在圆管内的流动情况,并发现液体在管道中流动时有两种流动状态:层流和紊流(湍流)。这个实验称为雷诺实验。实验结果表明,在层流时,液体质点互不干扰,液体的流动呈线形或层状,且平行于管道轴线;而在紊流时,液体质点的运动杂乱无章,在沿管道流动时,除平行于管道轴线的运动外,还存在着剧烈的横向运动,液体质点在流动中互相干扰。

层流和紊流是两种不同的流态。层流时,液体的流速低,液体质点受黏性约束,不能随意运动,黏性力起主导作用,液体的能量主要消耗在液体之间的摩擦损失上;紊流时,液体的流速较高,黏性的制约作用减弱,惯性力起主导作用,液体的能量主要消耗在动能损失上。

雷诺实验还可以证明,液体在圆形管道中的流动状态不仅与管内的平均流速 v 有关,还与管道的直径 d、液体的运动黏度 ν 有关。实际上,液体流动状态是由上述三个参数所确定的雷诺数 Re(量纲为一)来确定,即:

$$Re = \frac{vd}{\nu} \tag{2.26}$$

对于非圆形截面管道,雷诺数 Re 可用下式表示:

$$Re = \frac{vd_{\mathrm{H}}}{\nu} \tag{2.27}$$

水力直径 d_{H} 可用下式计算:

$$d_{\mathrm{H}} = \frac{4A}{\chi} \tag{2.28}$$

式中:A——通流截面面积,m;

χ——湿周,即有效截面上与液体接触的管壁周长,m。

由式(2.28)可知,面积相等但形状不同的通流截面,其水力直径是不同的。由计算可知,圆形截面的水力直径最大,同心环状截面的水力直径最小(图 2.16)。水力直径的大小对通流能力有很大的影响。水力直径大,液流和管壁接触的周长短,管壁对液流的阻力小,通流能力大。这时,即使通流截面面积小,也不容易阻塞。

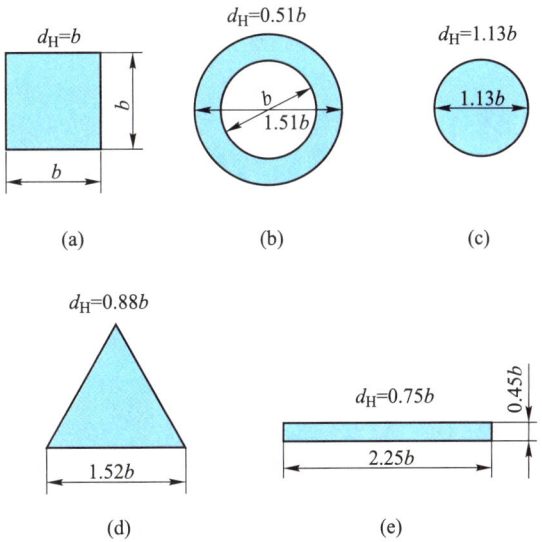

图 2.16　几种面积相等形状不同通流截面的水力直径

雷诺数是液体在管道中流动状态的判别数。对于不同情况下的液体流动状态,如果液体流动时的雷诺数 Re 相同,它的流动状态也就相同。液流由层流转变为紊流时的雷诺数和由紊流转变为层流时的雷诺数是不相同的,后者的数值要小,所以一般都用后者作为判断液流流动状态的依据,称为临界雷诺数,记作 Re_{cr}。当液流的实际雷诺数 Re 小于临界雷诺数 Re_{cr} 时,液流为层流;反之,为紊流。在式(2.17)或式(2.18)给出的实际液体能量方程和式(2.21)给出的动量定律中,其动能修正系数 α 和动量修正系数 β 值与液体的流动状态有关,当液体紊流时取 $\alpha = 1$,$\beta = 1$;层流时取 $\alpha = 2$,$\beta = 4/3$。常见液流管道的临界雷诺数由实验确定,如表 2.2 所示。

表 2.2　常见液流管道的临界雷诺数

管　道	Re_{cr}	管　道	Re_{cr}
光滑金属圆管	2 320	带环槽的同心环状缝隙	700
橡胶软管	1 600~2 000	带环槽的偏心环状缝隙	400
光滑的同心环状缝隙	1 100	圆柱形滑阀阀口	260
光滑的偏心环状缝隙	1 000	锥阀阀口	20~100

雷诺数的物理意义:雷诺数是液流的惯性力对黏滞力的比。当雷诺数较大时,说明惯性力起主导作用,这时液体流动处于紊流状态;当雷诺数较小时,说明黏滞力起主导作用,这时液体流动处于层流状态。

2.3.2　沿程压力损失

液体在等径直管中流动时,因摩擦和质点的相互扰动而产生的压力损失被称为沿程压力损失。液体的流动状态不同,所产生的沿程压力损失也有所不同。

1. 层流时的沿程压力损失

层流时液体质点作有规则的流动,是液压传动中最常见的现象。在设计和使用液压传动系统时,都希望管道中的液流保持这种流动状态。这里,先讨论其流动状况,然后再推导圆管层流沿程压力损失计算公式。

图 2.17 所示为液体在等径水平直管中作层流流动的情况。

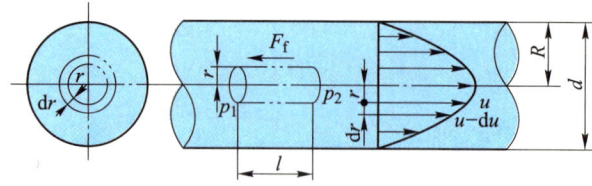

图 2.17　液体在等径水平直管中作层流的运动分析

在液流中取一段轴线与管轴重合的微小圆柱体作为研究对象,设它的半径为 r,长度为 l,作用在两端面的压力分别为 p_1 和 p_2,作用在侧面的内摩擦力为 F_f。液流在作匀速运动时处于受力平衡状态,故有:

$$(p_1 - p_2)\pi r^2 = F_f$$

根据式(1.4)可知,$F_f = -2\pi r l \mu \mathrm{d}u/\mathrm{d}r$(其中的负号表示流速 u 随半径 r 的增大而减小),若令 $\Delta p = p_1 - p_2$,并将 F_f 代入上式,整理可得:

$$\mathrm{d}u = -\frac{\Delta p}{2\mu l}r\mathrm{d}r$$

对上式进行积分,并代入相应的边界条件,即当 $r=R$ 时,$u=0$,得:

$$u = \frac{\Delta p}{4\mu l}(R^2 - r^2) \tag{2.29}$$

可见管内液体质点的流速在半径方向上按抛物线规律分布。最小流速在管壁 $r=R$ 处,其值为 $u_{min} = 0$;最大流速在管轴 $r=0$ 处,其值为:

$$u_{max} = \frac{\Delta p}{4\mu l}R^2 = \frac{\Delta p}{16\mu l}d^2$$

对于微小环形通流截面面积 $\mathrm{d}A = 2\pi r\mathrm{d}r$,所通过的流量为:

$$\mathrm{d}q = u\mathrm{d}A = 2\pi u r\mathrm{d}r = 2\pi\frac{\Delta p}{4\mu l}(R^2 - r^2)r\mathrm{d}r$$

于是积分可得:

$$q = \int_0^R 2\pi\frac{\Delta p}{4\mu l}(R^2 - r^2)r\mathrm{d}r = \frac{\pi R^4}{8\mu l}\Delta p = \frac{\pi d^4}{128\mu l}\Delta p \tag{2.30}$$

根据平均流速的定义,在管道内液体的平均流速是:

$$v = \frac{q}{A} = \frac{1}{\frac{\pi}{4}d^2}\frac{\pi d^4}{128\mu l}\Delta p = \frac{d^2}{32\mu l}\Delta p \tag{2.31}$$

将式(2.31)与 u_{max} 值比较可知,平均流速 v 为最大流速 u_{max} 的 $1/2$。

由式(2.31)整理后,得沿程压力损失为:

$$\Delta p_\lambda = \Delta p = \frac{32\mu l v}{d^2} \tag{2.32}$$

从式(2.32)可以看出,当直管中的液流为层流时,其沿程压力损失与液体黏度、管长、流速成正比,而与管径的平方成反比。可将沿程压力损失计算公式[式(2.32)]改写成如下形式:

$$\Delta p_\lambda = \frac{64\nu}{dv}\frac{l}{d}\frac{\rho v^2}{2} = \frac{64}{Re}\frac{l}{d}\frac{\rho v^2}{2} = \lambda\frac{l}{d}\frac{\rho v^2}{2} \tag{2.33}$$

式中,λ 为沿程阻力系数。对于圆管层流,理论值 $\lambda = 64/Re$。考虑到实际圆管截面可能有变形,以及靠近管壁处的液层可能被冷却等因素,在实际计算时,可对金属管中油液的层流运动,取 $\lambda = 75/Re$;对橡胶软管中油液的层流运动,取 $\lambda = 80/Re$。

2. 紊流时的沿程压力损失

液体在等径直管中作紊流流动时的压力损失要比层流时大得多。这是因为液体不仅要克服液层间的内摩擦,还要克服由于液体横向脉动所引起的紊流摩擦,而后者要远远大于前者。

由于液体具有黏性,即使在紊流运动条件下,壁面处的速度依然为零,因此在紊流管子靠近壁面附近总是有一薄层液体呈层流状态,称为层流边层。层流边层的厚度极小,一般只有十几分之一毫米,但是其对某些流动现象却有极大的影响。层流边层越厚,管道的散热效果越差,但其阻力越小。

紊流时计算沿程压力损失的公式在形式上同于层流,即:

$$\Delta p_\lambda = \lambda \frac{l}{d} \frac{\rho v^2}{2} \tag{2.34}$$

但式中的沿程阻力系数 λ 除与雷诺数有关外,还与管壁的粗糙度有关,即 $\lambda = f(Re, \varepsilon/d)$,这里的 ε 为管壁的绝对粗糙度,它与管径 d 的比值 ε/d 称为相对粗糙度。管壁的绝对粗糙度与管壁材料有关,表 2.3 中给出了几种常用管的 ε 值。

表 2.3 几种常用管的 ε 值

管壁材料	ε/mm	管壁材料	ε/mm
无缝钢管	0.04~0.17	冷拔铜管及黄铜管	0.001 5~0.01
铸铁管	0.25~0.42	旧钢管	0.6~0.67
镀锌钢管	0.25~0.39	玻璃管	0.001 5~0.01
冷拔铝管及铝合金管	0.001 5~0.06	橡胶软管	0.01~0.03

由于雷诺数 Re 和相对粗糙度 ε/d 都是无因次数,因此紊流时的沿程阻力系数 λ 也是一个无因次数,至于沿程阻力系数与雷诺数、相对粗糙度的关系 $\lambda = f(Re, \varepsilon/d)$ 只能从实验中求出。图 2.18 是表示三者之间关系 $\lambda = f(Re, \varepsilon/d)$ 的实验曲线。

根据图 2.18 的特点,可以分成以下几个区域。

（1）层流区

在图 2.18 中雷诺数 $Re<2\ 300$ 的范围内,沿程阻力系数 λ 与相对粗糙度无关,仅是雷诺数 Re 的函数。

（2）临界区

在图 2.18 中雷诺数 $2\ 300<Re<4\ 000$ 的范围内,这是层流与紊流的临界区。在这一范围内流态很不稳定。工程上应避免在这一范围内使用。

当雷诺数 $Re>4\ 000$ 以后的范围都是紊流区。在这一范围内根据阻力特性的不同又可分为几个区域。

（3）光滑管区

在图 2.18 中最下部一条曲线代表光滑管区,在这条曲线上,沿程阻力系数 λ 也只是雷诺数 Re 的函数,与相对粗糙度无关,即沿程阻力系数 $\lambda = f(Re)$。

光滑管区就是层流边层厚度大于粗糙度的区域。

（4）过渡区

在光滑管与阻力平方区之间的范围称为"过渡区"。在这一范围内相对粗糙度已经凸出到层流边层之外,但还没有全部凸出来。因此,雷诺数 Re 与相对粗糙度 ε/d 同时发挥作用,即沿程

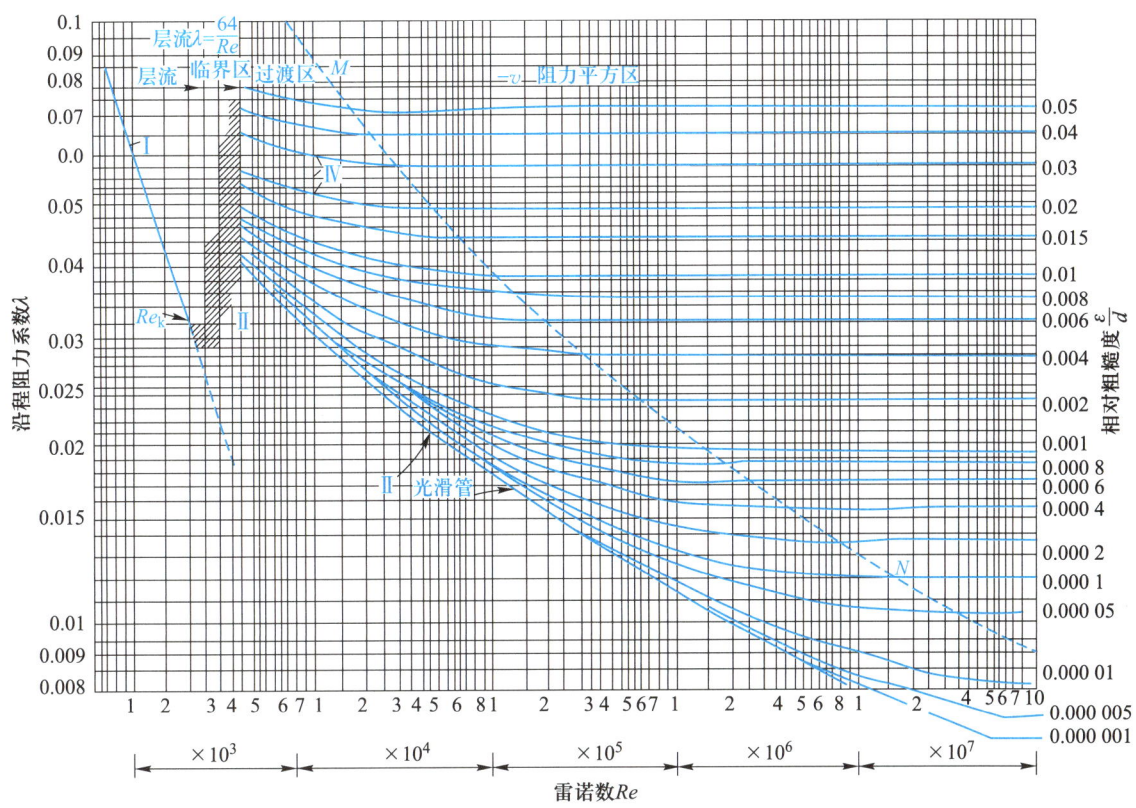

横坐标为雷诺数 Re 的数值,纵坐标为沿程阻力系数 λ,相对粗糙度 ε/d 为参量;

右边所标的数字分别代表每一条线的相对粗糙度。

图 2.18 沿程阻力系数与雷诺数、相对粗糙度之间关系 $\lambda = f(Re, \varepsilon/d)$ 的实验曲线

阻力系数 $\lambda = f(Re, \varepsilon/d)$。

（5）阻力平方区

在图 2.18 中虚线 MN 右边这一范围内,所有的曲线都变成直线,说明在这一范围内雷诺数 Re 对沿程阻力系数 λ 不起作用,即沿程阻力系数 $\lambda = f(\varepsilon/d)$。其原因是在这一范围内层流边层厚度很小,相对粗糙度完全凸出在层流边层之外,对紊流阻力产生充分的影响。由式（2.34）可以看出,当沿程阻力系数 λ 与雷诺数 Re 无关时,阻力损失 Δp_λ 与速度 v^2 成正比。因此,该区域称为"阻力平方区"。

一般压力损失计算可以用图 2.18 来决定 λ 值,计算步骤如下:

① 根据管径 d、流速 v 及运动黏度 ν,计算出雷诺数 Re;

② 根据管子的相对粗糙度 ε/d,从图 2.18 右边找出与计算的相对粗糙度 ε/d 相应的一条曲线,再根据计算出的雷诺数 Re 查出 λ 值。

2.3.3 局部压力损失

液体流经管道的弯头、接头、突变截面以及阀口、滤网等局部装置时,液流方向和流速发生变化,在这些地方形成漩涡、气穴,并发生强烈的撞击现象,由此而造成的压力损失称为局部压力损

失。当液体流过上述各种局部装置时,流动状况极为复杂,影响因素较多,局部压力损失值不易从理论上进行分析计算。因此,局部压力损失的阻力系数,一般要依靠实验来确定。局部压力损失 Δp_ζ 的计算公式有如下形式:

$$\Delta p_\zeta = \zeta \frac{\rho v^2}{2} \tag{2.35}$$

式中: ζ ——局部阻力系数。

各种局部装置结构的 ζ 值可查有关手册。

液体流过各种阀类的局部压力损失亦服从式(2.35),但因阀内的通道结构复杂,按此公式计算比较困难,故阀类元件局部压力损失 Δp_v 的实际计算常用公式为:

$$\Delta p_v = \Delta p_n \left(\frac{q}{q_n} \right)^2 \tag{2.36}$$

式中: Δp_n ——阀在额定流量 q_n 下的压力损失(可以从阀的产品样本或设计手册中查出),N/m^2 ;

   q ——通过阀的实际流量,m^3/s ;

   q_n ——阀的额定流量,m^3/s 。

2.3.4 管路系统总压力损失

整个管路系统的总压力损失应为所有沿程压力损失和所有局部压力损失之和,即:

$$\sum \Delta p = \sum \Delta p_\lambda + \sum \Delta p_\zeta = \sum \lambda \frac{l}{d} \frac{\rho v^2}{2} + \sum \zeta \frac{\rho v^2}{2} \tag{2.37}$$

其沿程压力损失 Δp_λ 和局部压力损失 Δp_ζ 的计算公式见 2.3.2 节和 2.3.3 节。在液压传动系统中,绝大多数压力损失转变为热能,造成系统温度升高,泄漏增大,影响系统的工作性能。从计算压力损失的公式可以看出,减小流速,缩短管道长度,减少管道截面突变,提高管道内壁的加工质量等,都可使压力损失减小。其中流速的影响最大,故液体在管路中的流速不应过高。但流速太低,也会使管路和阀类元件的尺寸加大,并使成本增加,因此要综合考虑确定液体在管道中的流速。

例 2.8 如图 2.19 所示,某液压泵安装在油箱液面以下。液压泵的流量 $q = 25$ L/min,所用液压油液的运动黏度 $\nu = 20$ mm²/s,油液密度 $\rho = 900$ kg/m³,吸油管为光滑圆管,管道直径 $d = 20$ mm,过滤器的压力损失为 0.2×10^5 Pa,求液压泵入口处的绝对压力。

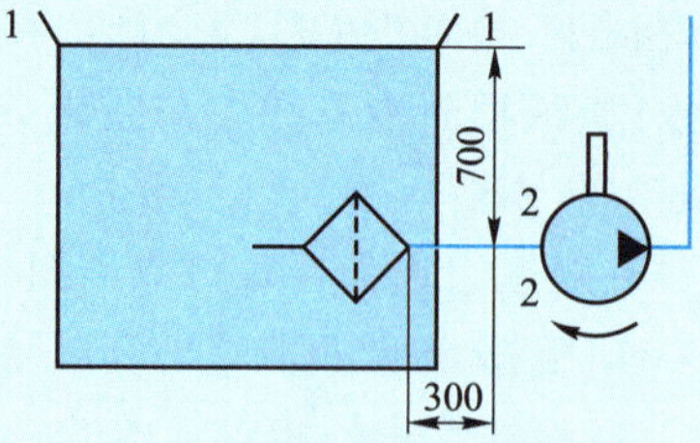

解 取泵吸油管的管轴为基准面,列出油箱液面 1—1 和泵吸油腔截面 2—2 的能量方程为:

$$p_1 + \rho g h_1 + \frac{1}{2}\rho \alpha_1 v_1^2 = p_2 + \rho g h_2 + \frac{1}{2}\rho \alpha_2 v_2^2 + \Delta p_w$$

其中两截面上的参数为,$p_1 = p_a = 1.013 \times 10^5$ Pa,$h_1 = 0.7$ m,$h_2 = 0$,其流速为:

图 2.19 例 2.8 附图

$$v_2 = \frac{q}{A_2} = \frac{q}{\frac{\pi}{4} d_2^2} = \frac{4 \times 25 \times 10^{-3}}{\pi \times 2^2 \times 10^{-4} \times 60} \text{ m/s} = 1.326 \text{ m/s}$$

因油箱液面面积较大,所以 $v_1 \ll v_2$,因此可认为 $v_1 = 0$。由截面 1—1 到截面 2—2 的总能量损失 $\Delta p_w = \Delta p_\lambda + \Delta p_\xi$。为确定动能修正系数 α_2 和沿程损失 Δp_λ,需要先判定流态。由雷诺数公式得:

$$Re = \frac{v_2 d_2}{\nu} = \frac{1.326 \times 0.02}{20 \times 10^{-6}} = 1\,326 < 2\,320 \text{（层流）}$$

由此可知 $\alpha_2 = 2$,则沿程压力损失为:

$$\Delta p_\lambda = \frac{32\mu l v}{d^2} = \frac{32 \times 900 \times 20 \times 10^{-6} \times 0.3 \times 1.326}{0.02^2} \text{ Pa} = 573 \text{ Pa}$$

将上述得到的数值代入到能量方程中,可得液压泵入口处的绝对压力为:

$$p_2 = p_1 + \rho g h_1 - \frac{1}{2}\rho\alpha_2 v_2^2 - \Delta p_w$$

$$= \left(101\,300 + 900 \times 9.81 \times 0.7 - \frac{1}{2} \times 900 \times 2 \times 1.326^2 - 0.2 \times 10^5 - 573\right) \text{ Pa}$$

$$= 85\,325 \text{ Pa}$$

2.4 孔口和缝隙流量

液体经孔口或缝隙流动的问题在液压传动系统中会经常遇到。在液压传动中常利用液体流经阀的小孔或缝隙来控制系统的压力和流量,以此来达到调压或调速的目的。同时,液压元件(如液压缸)的泄漏也属于缝隙流动。因此,研究液体在孔口和缝隙中的流动规律,了解影响它们的因素,才能为正确地分析液压元件和系统的工作性能,合理地设计液压传动系统提供依据。

2.4.1 孔口流量

孔口根据其长径比可分为三种:当孔口的长径比 $l/d \leqslant 0.5$ 时,称为薄壁孔;当 $0.5 < l/d \leqslant 4$ 时,称为短孔;当 $l/d > 4$ 时,称为细长孔。

1. 薄壁孔口流量

图 2.20 所示为进口边做成刃口形的典型薄壁小孔液流。由于液体的惯性作用,液流通过孔口时要发生收缩现象,在靠近孔口的后方出现收缩最大的通流截面。对于薄壁圆孔,当孔前通道直径与小孔直径之比 $d_1/d \geqslant 7$ 时,流束的收缩作用不受孔前通道内壁的影响,这时的收缩称为完全收缩;反之,当 $d_1/d < 7$ 时,孔前通道对液流进入小孔起导向作用,这时的收缩称为不完全收缩。

现对孔前通流截面 1—1 和收缩截面 2—2 之间的液体列出能量方程:

$$p_1 + \rho g h_1 + \frac{1}{2}\rho\alpha_1 v_1^2 = p_2 + \rho g h_2 + \frac{1}{2}\rho\alpha_2 v_2^2 + \Delta p_w$$

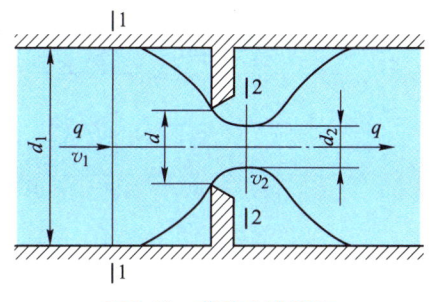

图 2.20 薄壁小孔液流

式中，$h_1=h_2$；因 $v_1 \ll v_2$，则 v_1 可以忽略不计，认为是零；因为收缩截面的流动是紊流，则 $\alpha_2=1$；而 Δp_w 仅为局部损失，即 $\Delta p_w = \zeta \dfrac{\rho v_2^2}{2}$，代入上式后可得：

$$v_2 = \frac{1}{\sqrt{1+\zeta}} \sqrt{\frac{2}{\rho}(p_1-p_2)} = C_v \sqrt{\frac{2}{\rho}\Delta p} \qquad (2.38)$$

式中：C_v——速度系数，$C_v = \dfrac{1}{\sqrt{1+\zeta}}$；

Δp——孔口前后的压力差，$\Delta p = p_1-p_2$，N/m^2。

由此可得通过薄壁孔口的流量公式为：

$$q = A_2 v_2 = C_v C_c A_T \sqrt{\frac{2}{\rho}\Delta p} = C_q A_T \sqrt{\frac{2}{\rho}\Delta p} \qquad (2.39)$$

式中：A_2——收缩截面的面积，m^2；

C_c——收缩系数，$C_c = A_2/A_T = d_2^2/d^2$；

A_T——孔口的通流截面面积，$A_T = \pi d^2/4$，m^2；

C_q——流量系数，$C_q = C_v C_c$。

C_v、C_c 和 C_q 的数值可由实验确定。在液流完全收缩的情况下，当 $Re \leqslant 10^5$ 时，C_v 及 C_c、C_q 与 Re 之间的关系如图 2.21 所示，或 C_q 按下列关系计算：

$$C_q = 0.964 Re^{-0.05} \ (Re = 800 \sim 5\,000) \qquad (2.40)$$

当雷诺数 $Re > 10^5$ 时，它们可被认为是不变的常数，计算时可取平均值 $C_v = 0.97 \sim 0.98$，$C_c = 0.61 \sim 0.63$，$C_q = 0.6 \sim 0.62$。当液流不完全收缩（$d_1/d < 7$）时，流量系数可增大到 $C_q = 0.7 \sim 0.8$。当孔口不是薄刃式而是带棱边或小倒角时，C_q 值将更大。薄壁孔口由于流程短，只有局部损失，流量对油温的变化不敏感，因此流量稳定，适合做节流器。但薄壁孔口加工困难，因此实际应用较多的是短孔。

2. 短孔、细长孔口流量

短孔的流量公式仍然是式（2.39），但流量系数 C_q 应由图 2.22 中查出。而当 $dRe/l > 10\,000$ 时，一般可取 $C_q = 0.82$。短孔比薄壁孔口容易制作，因此特别适合用于作固定节流器。

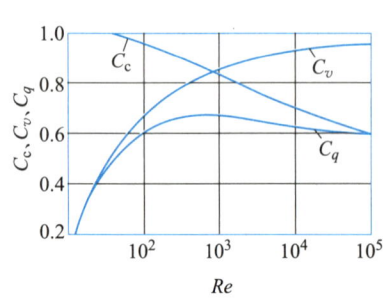

图 2.21　小孔的 C_v-Re、C_c-Re、C_q-Re 曲线

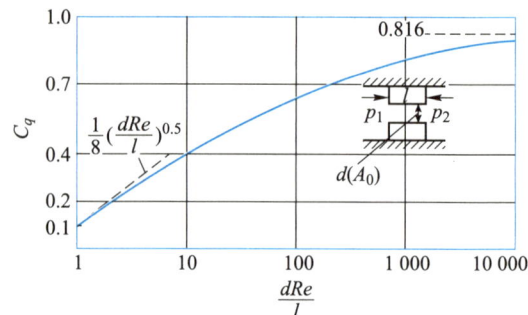

图 2.22　短孔流量系数

流经细长孔的液流,由于黏性而流动不畅,流速低,故多为层流,所以其流量计算可以应用前面推出的圆管层流流量公式:

$$q = \frac{\pi d^4}{128 \mu l} \Delta p \tag{2.41}$$

在这里,液体流经细长孔的流量 q 和孔前后的压差 Δp 成正比,而和液体的黏度 μ 成反比。可见细长孔的流量与液压油的黏度有关。这一点是和薄壁孔口的特性大不相同的。

综合各孔口的流量公式,可以归纳出一个流量通用公式:

$$q = C A_T \Delta p^\varphi \tag{2.42}$$

式中:C——由孔口的形状、尺寸和液体性质决定的系数(对于细长孔,$C = d^2/(32\mu l)$;对于薄壁孔和短孔,$C = C_q \sqrt{2/\rho}$);

　　A_T——孔口的通流截面面积,m^2;

　　Δp——孔口的两端压力差,N/m^2;

　　φ——由孔口的长径比决定的指数(薄壁孔 $\varphi = 0.5$,细长孔 $\varphi = 1$,其他孔 φ 值为 $0.5 \sim 1$)。

这个孔口的流量通用公式经常用于分析孔口的流量压力特性。

2.4.2　缝隙流量

液压元件的各零件之间,特别是有相对运动的各零件之间,一般存在缝隙(或称为间隙)。流过缝隙的液体流量就是缝隙泄漏流量。由于缝隙通道狭窄,液流受壁面的影响较大,流速低,因此缝隙液流的流态均为层流。

通常来讲,缝隙流动有三种状况:一种是由缝隙两端压力差造成的流动,称为压差流动;另一种是形成缝隙的两壁面作相对运动所造成的流动,称为剪切流动;还有这两种流动的组合——压差剪切流动。

1. 平行平板缝隙流量

图 2.23 所示为平行平板缝隙间的液体流动情况。设缝隙高度为 h,宽度为 b,长度为 l,一般有 $b \gg h$ 和 $l \gg h$,设两端的压力分别为 p_1 和 p_2,其压差为 $\Delta p = p_1 - p_2$。从缝隙中取出一微小的平行六面体 $b\mathrm{d}x\mathrm{d}y$,其左右两端面所受的压力分别为 p 和 $p+\mathrm{d}p$,上下两侧面所受的摩擦切应力分别为 $\tau + \mathrm{d}\tau$ 和 τ,则在水平方向上的力平衡方程为:

$$pb\mathrm{d}y + (\tau + \mathrm{d}\tau)b\mathrm{d}x = (p+\mathrm{d}p)b\mathrm{d}y + \tau b\mathrm{d}x$$

经过整理并将式(1.5)代入后得:

$$\frac{\mathrm{d}^2 u}{\mathrm{d}y^2} = \frac{1}{\mu} \frac{\mathrm{d}p}{\mathrm{d}x}$$

对 y 积分两次得:

$$u = \frac{1}{2\mu} \frac{\mathrm{d}p}{\mathrm{d}x} y^2 + C_1 y + C_2 \tag{2.43}$$

式中,C_1、C_2 为积分常数。当平行平板间的相对运动速度为 u_0 时,利用边界条件:当 $y = 0$ 时,$u = 0$;当 $y = h$ 时,$u = u_0$,得

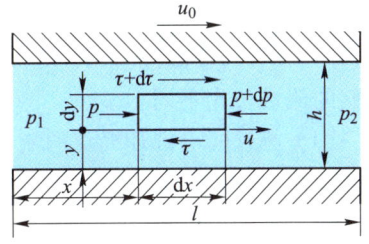

图 2.23　平行平板缝隙液流

$C_1 = -\dfrac{h}{2\mu}\dfrac{\mathrm{d}p}{\mathrm{d}x}, C_2 = 0$。此外,液流作层流时压力 p 只是 x 的线性函数,即:

$$\frac{\mathrm{d}p}{\mathrm{d}x} = \frac{p_2 - p_1}{l} = -\frac{p_1 - p_2}{l} = -\frac{\Delta p}{l}$$

把这些关系分别代入式(2.43)并考虑到运动平板有可能反方向运动情况,可得:

$$u = \frac{\Delta p}{2\mu l}(h - y)y \pm \frac{u_0}{h}y \tag{2.44}$$

由此得液体在平行平板缝隙中的流量为:

$$q = \int_0^h bu\mathrm{d}y = \int_0^h \left[\frac{\Delta p}{2\mu l}(h - y)y \pm \frac{u_0}{h}y \right] b\mathrm{d}y = \frac{bh^3}{12\mu l}\Delta p \pm \frac{u_0}{2}bh \tag{2.45}$$

很明显,只有在 $u_0 = -h^2 \Delta p / (6l)$ 时,平行平板缝隙间才不会有液流通过。对于式(2.45)中的"$\pm$"号的确定方法如下:当动平板移动的方向和压差方向相同时,取"$+$"号;方向相反时,取"$-$"号。

当平行平板间没有相对运动($u_0 = 0$)时,为压差流动,其值为:

$$q = \frac{bh^3 \Delta p}{12\mu l} \tag{2.46}$$

当平行平板两端没有压差($\Delta p = 0$)时,为剪切流动,其值为:

$$q = \frac{u_0}{2}bh \tag{2.47}$$

如果将上面这些流量理解为液压元件缝隙中的泄漏流量,则可以看到,在压差流动中,通过缝隙的泄漏量与缝隙值的三次方成正比,这说明液压元件内缝隙的大小对其泄漏量的影响是很大的。此外,如果将泄漏所造成的功率损失写成:

$$P_1 = \Delta p q = \Delta p \left(\frac{bh^3}{12\mu l}\Delta p \pm \frac{u_0}{2}bh \right) \tag{2.48}$$

由此,便可得出如下结论:缝隙 h 越小,泄漏功率损失也越小。但是,并不是 h 越小越好。h 的减小会使液压元件中的摩擦功率损失增大,缝隙 h 有一个使这两种功率损失之和达到最小的最佳值。

2. 圆环缝隙流量

在液压缸的活塞和缸筒之间、液压阀的阀芯和阀孔之间,都存在着圆环缝隙。圆环缝隙有同心和偏心两种情况,它们的流量公式不同。

(1)流过同心圆环缝隙的流量 如图 2.24 所示的同心圆环缝隙,其内径为 d,缝隙值为 h,缝隙长度为 l。如果将圆环缝隙沿圆周方向展开,就相当于一个平行平板缝隙。因此,只要用 πd 来替代式(2.45)中的 b,就可以得到内、外

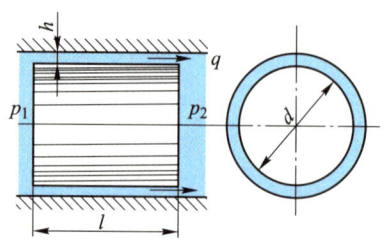

图 2.24 同心圆环缝隙间液流

表面之间有相对运动的同心圆环缝隙流量：

$$q = \frac{\pi dh^3}{12\mu l}\Delta p \pm \frac{u_0}{2}\pi dh \tag{2.49}$$

当相对运动速度 $u_0 = 0$ 时，即压差流动，内、外表面之间无相对运动的同心圆环缝隙流量为：

$$q = \frac{\pi dh^3}{12\mu l}\Delta p \tag{2.50}$$

例 2.9　如图 2.25 所示，柱塞直径 $d = 19.9$ mm，缸筒直径 $D = 20$ mm，缸筒长 $l = 70$ mm，柱塞在力 $F = 40$ N 的作用下向下运动，并将油液从缝隙中挤出。若柱塞与缸筒同心，油液的黏度 $\mu = 0.784 \times 10^{-3}$ Pa·s，求柱塞下落 $H = 0.1$ m 所需的时间（忽略油液自重所产生的压力）。

解　根据柱塞运动状态和式（2.49）有：

$$q = \frac{V}{t} = \frac{\pi dh^3}{12\mu l}\Delta p - \frac{u_0}{2}\pi dh$$

式中，$V = \frac{\pi}{4}d^2 H$ 是柱塞下降 0.1 m 排出的液体体积；$\Delta p = \frac{F}{\pi d^2/4}$；$u_0$ 是柱塞下降的运动速度，$u_0 = H/t$；$h = (D-d)/2$，将上述各参数代入上式并整理可得：

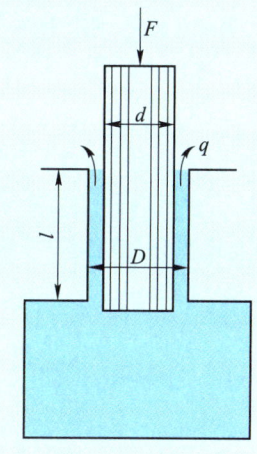

图 2.25　例 2.9 附图

$$t = \frac{\dfrac{\pi}{4}d^2 H + \dfrac{1}{2}\pi d\left(\dfrac{D-d}{2}\right)H}{\dfrac{\pi d^2\left(\dfrac{D-d}{2}\right)^3 \Delta p}{12\mu l}} = \frac{3\pi\mu l d^2 H}{4Fh^3}(d+2h)$$

$$= \frac{3\times\pi\times 0.784\times 70\times 10^{-6}\times 0.019\,9^2\times 0.1}{4\times 40\times(5\times 10^{-5})^3}\times(0.019\,9 + 2\times 5\times 10^{-5})\ \text{s} = 20.5\ \text{s}$$

（2）流过偏心圆环缝隙的流量　若内、外圆不同心，且偏心距为 e，则形成偏心圆环缝隙，如图 2.26 所示。其流量公式为：

$$q = \frac{\pi dh^3}{12\mu l}\Delta p(1+1.5\varepsilon^2) \pm \frac{u_0}{2}\pi dh \tag{2.51}$$

式中：h——内、外圆同心时的缝隙值，m；

　　　ε——相对偏心率，$\varepsilon = e/h$。

当内、外圆表面没有相对运动，即 $u_0 = 0$ 时，其流量公式为：

$$q = \frac{\pi dh^3}{12\mu l}\Delta p(1+1.5\varepsilon^2)$$

由上式可以看出，当 $\varepsilon = 0$ 时，它就是同心圆环缝隙的流量公式；当 $\varepsilon = 1$ 时，即在最大偏心情况下，理论上其压差流量为同心圆环缝隙压差流量的 2.5 倍，在实用中可按 2 倍左右计算。可见在液

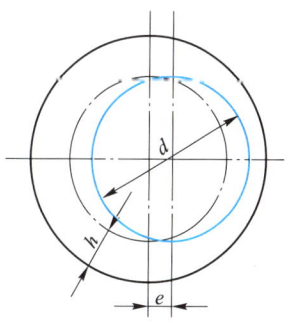

图 2.26　偏心圆环缝隙间液流

压元件中,为了减小圆环缝隙的泄漏,应使相互配合的零件尽量处于同心状态,例如在滑阀阀芯上加工一些压力平衡槽就能达到使阀芯和阀套同心配合的目的。

3. 圆环平面缝隙流量

图 2.27 所示为液体在圆环平面缝隙间的流动。这里,圆环与平面缝隙之间无相对运动,液体自圆环中心向外辐射流出。设圆环的大、小半径分别为 r_1 和 r_2,它与平面间的缝隙值为 h,则由式(2.44),并令 $u_0=0$,可得在半径为 r、距离下平面 z 处的液体流动径向速度为:

$$u_r = -\frac{1}{2\mu}(h-z)z\frac{\mathrm{d}p}{\mathrm{d}r}$$

通过的流量为:

$$q = \int_0^h u_r 2\pi r \mathrm{d}z = -\frac{\pi r h^3}{6\mu}\frac{\mathrm{d}p}{\mathrm{d}r}$$

即:

$$\frac{\mathrm{d}p}{\mathrm{d}r} = -\frac{6\mu q}{\pi r h^3}$$

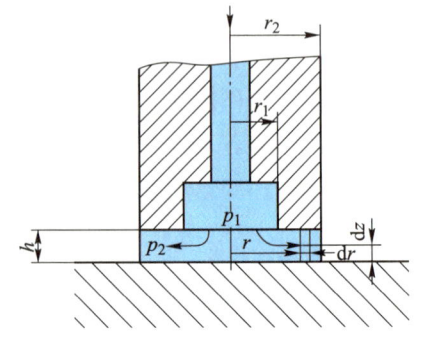

图 2.27 圆环平面缝隙间液流

对上式积分,得:

$$p = -\frac{6\mu q}{\pi h^3}\ln r + C$$

当 $r=r_2$ 时,$p=p_2$,求出 C,代入上式得:

$$p = -\frac{6\mu q}{\pi h^3}\ln \frac{r_2}{r} + p_2$$

又当 $r=r_1$ 时,$p=p_1$,所以圆环平面缝隙的流量为:

$$q = \frac{\pi h^3}{6\mu\ln \dfrac{r_2}{r_1}}\Delta p \tag{2.52}$$

2.5　气体热力学

气体的平衡规律与液体相同,静力学基本方程式(2.3)完全适用于气体。但是,由于气体的密度 ρ 很小,因此式(2.3)中 $\rho g h$ 项很小,常可忽略不计,则有 $p=p_0$。就是说,在平衡的气体中,各点压力都相等。但是当高度差 h 比较大(例如大于几百米)或气压较大(例如在大于几十兆帕时),$\rho g h$ 就不能忽略了,此时平衡气体中不同高度的压差就应当考虑了。

2.5.1　理想气体状态方程

热力系统在某瞬时呈现的宏观物理状态称为热力状态。它反映的是系统内大量气体分子热运动的平均特性。用来描述系统所处状态的宏观物理量称为状态参数,如压力、温度、质量、体积等。

与外界只有热交换的简单系统在热平衡状态下,三个基本状态参数:绝对压力 p、质量体积 V 和热力学温度 T 之间的函数关系称为气体的状态方程,可表示成

$$F(p, V, T) = 0$$

理想气体是一种假想的气体,它的分子是一些弹性的、不占有体积的质点,分子间除相互碰撞外,没有相互作用力,即分子之间的碰撞符合弹性碰撞的规律,而且它即使在冷却到绝对零度(摄氏度−273 ℃)以下时也不会冷凝,这种理想状况在现实中并不存在,但在这种情况下可以简化对气体的理论分析。

在很多情况下完全可以把实际气体当作理想气体来看待,实际气体有一个冷凝点,在冷凝点附近其性能与理想气体有很大的区别,但冷凝点是在很低的温度、很高的压力达到的,而将压缩空气当作理想气体使用的环境下不会出现这种状态。

对于理想气体,三个基本状态参数之间保持着一个简单的关系,称为理想气体的状态方程,即:

$$pV = RT \tag{2.53}$$

式中:p——气体绝对压力,N/m^2(Pa);

 V——气体体积,m^3;

 R——理想气体常数,$J/(kg \cdot K)$;

 T——气体热力学温度,K。

理想气体的状态方程也可写成:

$$p = \rho RT = \frac{m}{V} RT \tag{2.54}$$

式中:ρ——气体密度,kg/m^3;

 m——理想气体质量,kg。

对一定质量的气体,状态方程也可写成

$$\frac{p_1 V_1}{T_1} = \frac{p_2 V_2}{T_2} \tag{2.55}$$

该公式表达了系统两个状态的状态参数之间的关系。

2.5.2　热力学第一定律

热力学第一定律是能量守恒定律在热力学中的表现形式。在气体状态发生变化时,热能作为一种能量形式可以与其他形式的能量相互转化。热力学第一定律指出:在任一过程中,系统所吸收的热量,在数值上等于该过程中系统内能的增量与对外界作功的总和。

2.5.3　静止气体状态变化

1. 等容过程

等容过程是指在气体体积保持不变的情况下气体的状态变化过程。理想气体等容过程遵循下述方程:

$$\frac{p}{T} = \frac{p_1}{T_1} = \frac{p_2}{T_2} = 常数 \tag{2.56}$$

式中：p_1、p_2——起始状态和终止状态下的气体绝对压力，N/m^2；

T_1、T_2——起始状态和终止状态下的气体热力学温度，K。

在等容过程中，气体对外不作功。因此，气体随着温度的升高，其压力和热力学能（即内能）均增加。例如，密闭气罐中的气体，在加热或冷却时，气体的状态变化过程就可以看成等容过程。

2. 等压过程

等压过程是指在气体压力保持不变的情况下气体的状态变化过程。理想气体等压过程遵循下述方程：

$$\frac{V}{T} = \frac{V_1}{T_1} = \frac{V_2}{T_2} = 常数 \tag{2.57}$$

式中：V_1、V_2——起始状态和终止状态下的单位质量体积，m^3/kg。

在等压过程中，气体的热力学能发生变化，气体温度升高，体积膨胀，对外作功。

3. 等温过程

等温过程是指在气体温度保持不变的情况下气体的状态变化过程。理想气体等温过程遵循下述方程：

$$pV = p_1V_1 = p_2V_2 = 常数 \tag{2.58}$$

在等温过程中，气体的热力学能不发生变化，加入气体的热量全部转化为膨胀功。

4. 等熵过程

等熵过程是指气体在状态变化时不与外界发生热交换，理想气体等熵过程遵循下述方程：

$$pV^k = p_1V_1^k = p_2V_2^k = 常数 \tag{2.59}$$

式中：k——等熵指数（对空气，$k = 1.4$；对饱和蒸汽，$k = 1.3$）。

在等熵过程中，气体靠消耗自身的热能对外作功，其压力、温度和体积这三个参数均为变量。例如空气压缩机气缸活塞压缩速度极快，气缸内被压缩的气体来不及与外界交换热量，因此可看作是等熵过程。

5. 多变过程

在没有任何制约条件下，一定质量气体所进行的状态变化过程，称为多变过程。严格地讲，气体状态变化过程大多属于多变过程，等容、等压、等温和等熵这四种变化过程都是多变过程的特例。理想气体的多变过程遵循下述方程：

$$pV^n = p_1V_1^n = p_2V_2^n = 常数 \tag{2.60}$$

式中：n——多变指数，对于空气 $1 < n < 1.4$。

2.6 气体动力学

2.6.1 气体流动的基本概念

气体的体积只有在其温度和压力都相同时才具有可比性，因此人们定义了一个统一的标准状态，这样利用通常状态下的气体状态方程就可以将气体的状态换算成统一的标准状态。

常用的标准状态如下：

（1）物理标准状态（也称为基准状态）

$p = 1.013$ bar，$T = 273.15$ K（0 ℃），$R = 287$ N·m/（kg·K），干空气，0%空气相对湿度。

（2）工程标准状态

$p = 1$ bar，$T = 293.15$ K（20 ℃），$R = 288$ N·m/（kg·K），潮湿空气，65%空气相对湿度。工程标准状态下的单位后面可标注"（ANR）"。

可以通过下式计算标准体积流量 q_N：

$$q_N = q\frac{pT_N}{p_N T} \tag{2.61}$$

2.6.2　气体流动的基本方程

当气体流速较低时，流体运动学和动力学的三个基本方程，对于气体和液体是完全相同的。如按流动中流体密度是否变化来分类，可分为不可压缩流动和可压缩流动。气体流动速度小于70 m/s 时，气体密度的相对变化小于2%。工程上，常将流动时流体密度的变化可以忽略不计的流动称为不可压缩流动，不能忽略密度变化的流动称为可压缩流动。通常认为，气体流速大于70 m/s 的流动，就必须考虑密度的变化。

根据质量守恒定律，气体在管道内作恒定流动时，单位时间内流过管道任一通流截面的气体质量都相等，其可压缩气体的流量方程形式同于式（2.8）。

图 2.28 所示为一段气体管道，在上面任取一段微小长度 ds，左边的通流截面面积为 A_1，右边的通流截面面积为 A_2。A_1 处的压力、速度、密度和温度分别用 p_1、u_1、ρ_1 及 T_1 表示，而 A_2 截面上则用 p_2、u_2、ρ_2 及 T_2 表示，由于 A_1 和 A_2 之间距离是微小长度 ds，各参数的变化也很微小，故：

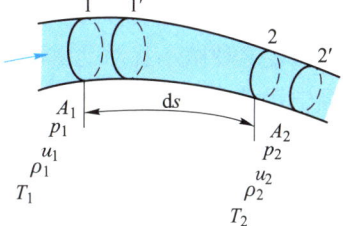

$$p_2 = p_1 + \mathrm{d}p$$

$$u_2 = u_1 + \mathrm{d}u$$

$$\rho_2 = \rho_1 + \mathrm{d}\rho$$

$$T_2 = T_1 + \mathrm{d}T$$

图 2.28　气体流动基本方程简图

与 2.2.3 节中的分析方法相同，可得出能量方程式：

$$\int \frac{\mathrm{d}p}{\rho} + \frac{u^2}{2} = C \tag{2.62}$$

式中，C 为常数。

1. 等温过程能量方程

根据式（2.54）有 $\frac{p}{\rho} = C_1$，则 $\rho = C_1^{-1}p$。

所以：

$$\int \frac{\mathrm{d}p}{\rho} = \int C_1\frac{\mathrm{d}p}{p} = C_1 \ln p = \frac{p}{\rho}\ln p$$

因此,等温过程可压缩气体的能量方程式为:

$$\frac{p}{\rho}\ln p + \frac{v^2}{2} = C \qquad (2.63)$$

2. 等熵过程能量方程

根据式(2.54)和式(2.59)有:

$$\frac{p}{\rho^k} = C_2, \quad \rho = \frac{p^{1/k}}{C_2^{1/k}}$$

$$\int \frac{\mathrm{d}p}{\rho} = \int C_2^{1/k} \frac{\mathrm{d}p}{p^{1/k}} = C_2^{1/k} \frac{1}{1 - \frac{1}{k}} p^{(1-1/k)} = \frac{k}{k-1} \frac{p}{\rho}$$

所以,等熵过程可压缩流体的能量方程为:

$$\frac{k}{k-1} \frac{p}{\rho} + \frac{v^2}{2} = C \qquad (2.64)$$

2.6.3　声速和气体在管道中的流动特性

1. 声速

声音是由于物体的振动引起周围介质(如空气、液体)的密度和压力的微小变化而产生的。声速就是这种微弱压力波的传递速度。实验证明,一切微小扰动的传播速度都与声速一致。

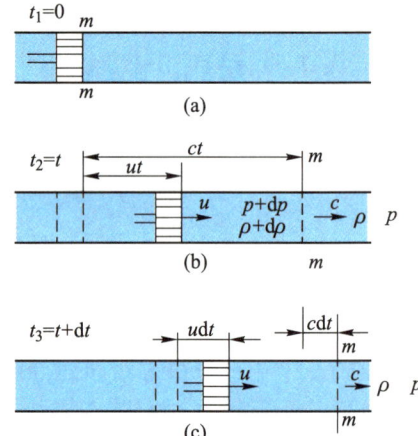

图 2.29　压力扰动面推进示意图

假定这种微小扰动是由面积为 A 的小活塞在充气的直管中运动产生的,如图 2.29a 所示,在 $t_1 = 0$ 的起始情况下,充满空气的管道中空气的压力为 p,密度为 ρ。令活塞以微小速度 u 向右推进,则紧靠活塞右边的空气受到压缩,压力增加为 $p+\mathrm{d}p$,相应地密度也增加为 $\rho+\mathrm{d}\rho$。这种压缩波的传播速度就是声速 c,受压缩的气体与未受压缩的气体分界为 m—m,则 m—m 面就以声速 c 向右移动。在活塞开始运动后经过 t 时段后,活塞移动距离为 ut。m—m 面移动距离为 ct,如图 2.29b 所示。在 m—m 面右边的流体,压力和密度增加为 $p+\mathrm{d}p$ 和 $\rho+\mathrm{d}\rho$,而 m—m 面左边的流体则仍维持为未扰动前的 p 和 ρ。

再经过 $\mathrm{d}t$ 时段,则活塞又向前移动 $u\mathrm{d}t$,m—m 面移动 $c\mathrm{d}t$,如图 2.29c 所示。显然,在 $\mathrm{d}t$ 时段内 m—m 所掠过的静止气体的质量为:

$$\Delta m = \rho A c \mathrm{d}t$$

在 $\mathrm{d}t$ 时间后,这部分气体被压缩,其体积变为 $A(c-u)\mathrm{d}t$,密度变化为 $\rho+\mathrm{d}\rho$,故:

$$\Delta m = (\rho+\mathrm{d}\rho) A(c-u) \mathrm{d}t$$

根据质量守恒定理,dt 前后流体质量 Δm 应相等,故可得:

$$u = \frac{c\,d\rho}{\rho + d\rho} \tag{2.65}$$

质量 Δm 在 dt 时间前是静止的,故其动量为零。在 dt 时间后速度变为与活塞运动速度相同,故其动量增加为 $\Delta m \cdot u = \rho A c\,dt \cdot u$。而作用在 Δm 左边的力为 $(p+dp)A$,右边为 pA,故其冲量为 $\left[(p+dp)A - pA\right]dt = dp A\,dt$。根据动量定理可得:

$$A\,dp\,dt = \rho A c u\,dt$$

$$dp = \rho c u \tag{2.66}$$

联立式(2.65)和式(2.66)可得:

$$dp = c^2 \frac{d\rho}{1 + \dfrac{d\rho}{\rho}}$$

在微小扰动下 $\dfrac{d\rho}{\rho}$ 比 1 小得多,可忽略不计,故上式简化为:

$$c^2 = \frac{dp}{d\rho} \quad \text{或} \quad c = \sqrt{\frac{dp}{d\rho}} \tag{2.67}$$

实践和研究证明,微小扰动是以可逆绝热过程即等熵过程的形式传播的,这是因为传播的速度很快,来不及进行热交换,故符合式(2.59)。即:

$$\frac{p}{\rho^k} = C_1$$

所以 $dp = C_1 k \rho^{k-1} d\rho$,由此得:

$$\frac{dp}{d\rho} = C_1 k \rho^{k-1} = \frac{p}{\rho^k} k \rho^{k-1} = k\frac{p}{\rho}$$

代入式(2.67)并考虑到气体状态方程[式(2.54)],可得:

$$c = \sqrt{k\frac{p}{\rho}} = \sqrt{kRT} \tag{2.68}$$

将介质运动速度为零时(即静止情况)的各种参数称为滞止参数。滞止情况下的压力、温度和密度分别以 p_0、T_0、ρ_0 表示。例如,空气由大容器通过喷嘴喷出,在大容器中的速度很小,可认为是滞止情况,大容器中的各种参数就是滞止参数。如果流动是等熵运动,应用能量方程[式(2.64)],并且把一个截面选在滞止情况中,则有 $v=0, p=p_0, \rho=\rho_0$,可得:

$$\frac{k}{k-1}\frac{p_0}{\rho_0} = \frac{k}{k-1}\frac{p}{\rho} + \frac{v^2}{2} \tag{2.69}$$

以式(2.54)代入,则有:

$$\frac{k}{k-1}RT_0 = \frac{k}{k-1}RT + \frac{v^2}{2} \tag{2.70}$$

$$\frac{c_0^2}{k-1} = \frac{c^2}{k-1} + \frac{v^2}{2} \tag{2.71}$$

式中：c_0——滞止声速，m/s，$c_0 = \sqrt{k\dfrac{p_0}{\rho_0}}$；

c——流动介质声速或局部声速，m/s，$c = \sqrt{k\dfrac{p}{\rho}}$。

2. 马赫数

在气体力学中，压缩性起着重要作用，判定压缩性对气流运动的影响最常用的是"马赫数"。马赫数是气流速度 v 与该速度下的局部声速 c 之比，以 Ma 表示：

$$Ma = \frac{v}{c} \tag{2.72}$$

由式（2.68）和式（2.70）可得：

$$\frac{T_0}{T} = 1 + \frac{k-1}{2}\frac{v^2}{kRT} = 1 + \frac{k-1}{2}\frac{v^2}{c^2}$$

以式（2.72）代入可得：

$$\frac{T_0}{T} = 1 + \frac{k-1}{2}Ma^2 \tag{2.73}$$

利用式（2.54）及式（2.59），可算出等熵过程时：

$$\frac{p_0}{p} = \left(\frac{T_0}{T}\right)^{k/(k-1)}$$

$$\frac{\rho}{\rho_0} = \left(\frac{T_0}{T}\right)^{1/(k-1)}$$

把式（2.73）代入以上两式可得

$$\frac{p_0}{p} = \left(1 + \frac{k-1}{2}Ma^2\right)^{k/(k-1)} \tag{2.74}$$

$$\frac{\rho_0}{\rho} = \left(1 + \frac{k-1}{2}Ma^2\right)^{1/(k-1)} \tag{2.75}$$

式（2.74）及式（2.75）说明，随着 Ma 数加大，气流的压力及密度都减少。所以，Ma 数是反映压缩性影响的指标，Ma 数越大，压缩性的影响越大。

3. 气体在变截面管道中的亚声速和超声速流动

流体在流过变截面管道、节流口时，由于流体黏性和流动惯性的作用，会产生收缩，流体收缩后的最小截面面积称为有效截面面积 S，它反映了变截面管道（节流口）的实际通流能力。对可

压缩性流体来说,应该满足连续性方程[式(2.8)],对有效截面面积 S 进行微分可得:

$$\rho v \frac{\mathrm{d}A}{\mathrm{d}S} + \rho A \frac{\mathrm{d}v}{\mathrm{d}S} + Av \frac{\mathrm{d}\rho}{\mathrm{d}S} = 0$$

由式(2.62)可得:

$$\mathrm{d}p = -\rho v \mathrm{d}v$$

又由式(2.67)$c^2 = \dfrac{\mathrm{d}p}{\mathrm{d}\rho}$,得:

$$\mathrm{d}\rho = \frac{\mathrm{d}p}{c^2} = -\frac{\rho v \mathrm{d}v}{c^2}$$

代入连续性条件得:

$$\rho v \frac{\mathrm{d}A}{\mathrm{d}S} + \rho A \frac{\mathrm{d}v}{\mathrm{d}S} - Av \frac{\rho v}{c^2} \frac{\mathrm{d}v}{\mathrm{d}S} = 0$$

将式(2.72)代入上式并以 ρAv 除全式得:

$$\frac{1}{A} \frac{\mathrm{d}A}{\mathrm{d}S} = (Ma^2 - 1) \frac{1}{v} \frac{\mathrm{d}v}{\mathrm{d}S} \tag{2.76}$$

根据式(2.76),可以分析可压缩流体在管嘴中运动时的三种基本情况。

（1）$Ma < 1$　即 $v < c$,这种流动称为亚声速流动。由式(2.76)可看出,当 $Ma < 1$ 时,$\mathrm{d}A/\mathrm{d}S$ 的符号与 $\mathrm{d}v/\mathrm{d}S$ 相反,即气流速度与截面面积成反比。这种规律与不可压缩流体的流动是一致的。

（2）$Ma > 1$　即 $v > c$,这种流动称为超声速流动。此时,$\mathrm{d}A/\mathrm{d}S$ 的符号与 $\mathrm{d}v/\mathrm{d}S$ 的符号相同,即气流速度与截面面积成正比,截面面积越大,气流速度越大。这种规律与不可压缩流体的规律完全相反。

（3）$Ma = 1$　即 $v = c$,这种流动称为临界流动,其速度为临界流速。此时,$\mathrm{d}A/\mathrm{d}S = 0$,即流速等于临界流速(即局部声速)时其截面为最小截面。因此,喷嘴只有在最小截面处达到声速,如图 2.30 所示的1—1截面,称为临界截面。

根据上述分析,可以得出结论:单纯的收缩管嘴最多只能得到临界速度——声速,要得到超声速,必须在临界截面之后具有扩张管,在扩张管段内的流速可以达到超声速。图 2.30 所示的这种先收缩后扩张的管称为拉瓦尔管。

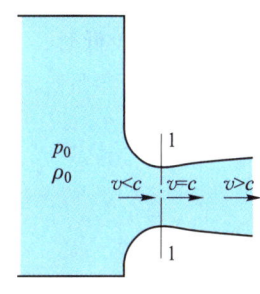

图 2.30　拉瓦尔管

2.6.4　气体管道的阻力计算

空气管道中由于流速不大,流动过程中能及时地与外界进行热交换,因此温度比较均匀,一般作为等温过程处理。

由于低压气体管道中流体是当作不可压缩流体处理的,因此前面所介绍的一些阻力计算公式都可以适用,沿程阻力计算的基本公式仍为式(2.32)或式(2.33),但在工程上气体流量常以质量流量(单位时间内流过某有效截面的气体质量)q_m 来计算更方便,则每米管长的气体压力损失为：

$$\Delta p = \frac{8\lambda q_m^2}{\pi^2 \rho d^5}$$

式中：λ——沿程阻力系数，可用 2.3.2 中的有关公式或由图 2.18 查得；

q_m——质量流量，kg/s，$q_m = \rho v A \left(A = \frac{\pi}{4} d^2 \right)$；

d——管径，m。

2.6.5　气体的通流能力

1. 有效截面面积

空气在等截面直管道内作不可压缩流动，通过管内的实际体积流量应等于管截面积 $\frac{\pi}{4} d^2$ 乘以管内实际的平均流速。若不考虑黏性作用产生的沿程压力损失，在等截面直管道两端压力差的作用下，可求得管内的理想流速。实际的体积流量除以理想流速，所得的面积称为不可压缩流动条件下直管道的有效截面面积，记为 A_e，则有：

$$A_e = \frac{\frac{\pi}{4} d^2}{\sqrt{1 + \lambda \frac{l}{d}}} \tag{2.77}$$

式中：d——管内径，m；

λ——沿程压力损失系数；

l——管长，m。

2. 流量

气体流速较低时，可按不可压缩流体计算流量，计算公式可根据前面所介绍的选用。需考虑压缩性影响时，参照气流速度的高低，选用下述公式：

$$q = 0.227 S \sqrt{p_2 \Delta p} \sqrt{\frac{273}{T_1}}, 1 \geqslant \frac{p_2}{p_1} \geqslant 0.528 \tag{2.78}$$

$$q = 0.112 S p_1 \sqrt{\frac{273}{T_1}}, \frac{p_2}{p_1} \leqslant 0.528 \tag{2.79}$$

式中：S——有效截面面积，m^2；

p_2——气动元件下游管道内的绝对压力，kPa；

p_1——气动元件上游管道内的绝对压力，kPa；

T_1——气动元件上游管道内的温度，K；

Δp——节流口两端压差，kPa。

3. 气动元件的流动特性

1）收缩喷嘴的流动特性

气体流过收缩喷嘴时（图 2.31），时间很短，来不及发生热交换，故等效为等熵流动。

令 $\sigma = \dfrac{p_2}{p_1}$ 为下游、上游压力比,则流过喷嘴的气体质量流量为:

$$q_m = C_q p_1 A \sqrt{\dfrac{2k}{k-1} \dfrac{1}{RT_1} \left(\sigma^{\frac{2}{k}} - \sigma^{\frac{k+1}{k}} \right)} \tag{2.80}$$

式中:q_m——气体质量流量,kg/s;

  C_q——流量系数;

  p_1——喷嘴上游绝对压力,Pa;

  p_2——喷嘴下游绝对压力,Pa;

  A——喷嘴的流通面积,m²;

  k——比热比;

  R——气体常数,J/(kg·K);

  T_1——上游温度,K;

  σ——压力比。

当 $\sigma = \left(\dfrac{2}{k+1} \right)^{\frac{k}{k-1}}$ 时,气体流量达到最大值,即

$$q_m^* = \left(\dfrac{2}{k+1} \right)^{\frac{k+1}{2(k-1)}} \sqrt{\dfrac{k}{R}} \dfrac{p_1}{\sqrt{T_1}} C_q A \tag{2.81}$$

式中:q_m^*——最大气体质量流量,kg/s。

此后,当 σ 继续减小时,气体流量不再增加,称为壅塞。称此时的压力比 σ 为临界压力比,记为 b。质量流量随 σ 变化的曲线如图 2.32 所示。

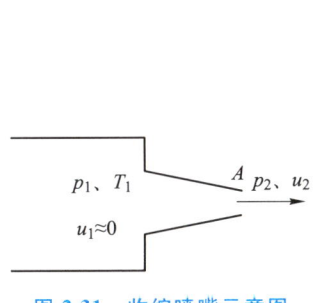

图 2.31 收缩喷嘴示意图

图 2.32 收缩喷嘴流动特性

对于空气或氮气而言,$k = 1.4$,则 $b = 0.528$。

2)桑维尔流量公式

式(2.80)比较复杂,工程上不便应用,且实际气动元件节流口的临界压力比也往往与理论值有所偏离,故工程上常用桑维尔(F.E.Sanville)提出的 1/4 椭圆规律作为近似,即:

$$q_m = q_m^* \phi(\sigma) = \dfrac{C_q p_1 A}{\sqrt{RT_1}} \sqrt{1-b} \, \phi(\sigma) \tag{2.82}$$

其中，
$$\begin{cases} \phi(\sigma) = \sqrt{1-\left(\dfrac{\sigma-b}{1-b}\right)^2} & \sigma > b \\ \phi(\sigma) = 1 & \sigma \leq b \end{cases} \tag{2.83}$$

式（2.83）即为桑维尔流量公式。

3）声速流导法

由于实际气动元件（如气动阀）的通流面积往往难以获得，ISO 在桑维尔流量公式基础上进一步提出了采用声速流导法计算气动元件流量。生产厂商通常会提供气动元件的声速流导值和临界压力比。对于一般气动元件，临界压力比为 $0.2 \sim 0.5$，节流阀的 b 值可大于等于 0.5，气压回路的 b 值一般都小于 0.2。声速流导法气动元件流量计算公式为：

$$q_m^* = c\rho_0 p_1 \sqrt{\frac{239.15}{T_1}} \tag{2.84}$$

$$q_m = q_m^* \phi(\sigma) \tag{2.85}$$

式中：c——声速流导，$\mathrm{m^3/(s \cdot Pa)}$；

ρ_0——标准状态下气体密度，$\mathrm{kg/m^3}$。

2.6.6　充放气参数的计算

气压传动系统向气罐、气缸、管道及其他执行元件充气或排气所需的时间及温度变化是正确使用气压技术的重要问题，所以这里简要介绍气罐的充、放气温度、时间等参数的变化规律。

1. 恒压气源向定容容器充气后的温度和充气时间

如图 2.33a 所示的恒压气源向定容容器充气。设恒压气源的温度为 T_s，充气时，气罐内的压力从 p_1 升高到 p_2，由于充气过程较快，可按等熵状态过程考虑，气罐内的温度从室温 T_1 升高到 T_2，则充气后的温度为：

$$T_2 = \frac{kT_s}{1+\dfrac{p_1}{p_2}\left(k\dfrac{T_s}{T_1}-1\right)} \tag{2.86}$$

式中的 k 为等熵指数，温度单位为 K。

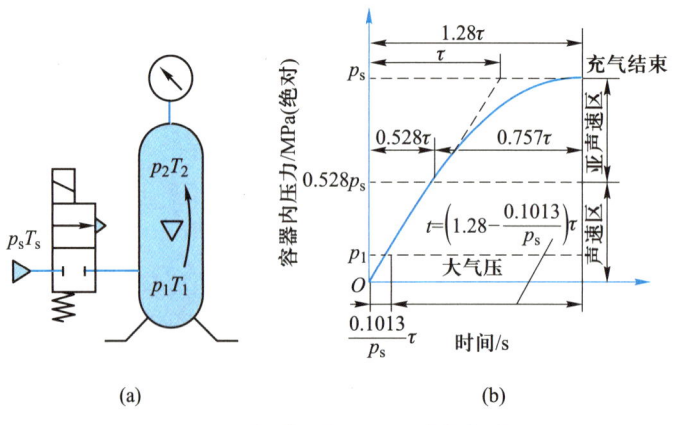

(a)　　　　　　　(b)

图 2.33　气罐充气及压力变化曲线

如果在充气前气源与被充气的气罐均为室温，即 $T_s = T_1$，则得：

$$T_2 = \cfrac{kT_1}{1 + \cfrac{p_1}{p_2}(k-1)} \qquad (2.87)$$

由式 (2.86) 可以看出，在等熵充气过程中，无论充气压力多高，气罐中气体的温度不会超过气源温度的 1.4 倍。

在充气过程中，气罐内的压力逐渐上升，但只要气罐内的压力 $p \le 0.528\, p_s$，则充气气流流速为声速，气体流量也保持常数，其充气压力随时间呈线性变化；当气罐内的压力大于临界压力后，则充气压力随时间呈非线性变化。因此，充气时间应分段考虑。

当 $p \le 0.528\, p_s$ 时，充气时间 $t = t_1$，则有：

$$t_1 = (p - p_1)\,\tau / p_s \qquad (2.88)$$

式中：p_1——气罐内初始绝对压力，N/m^2；

$\qquad p_s$——气源绝对压力，N/m^2；

$\qquad \tau$——充放气时间常数[表示以声速流量向容积为 V 的气罐充气（或放气），使其从绝对真空充气到压力 p_s（或从压力 p_s 放气到绝对真空）所需的时间]。

其中

$$\tau = 5.22 \times 10^{-3} \frac{V}{kS}\sqrt{\frac{273}{T_s}} \qquad (2.89)$$

式中：V——气罐容积，m^3；

$\qquad S$——充气通道有效截面面积，m^2。

当 $p > 0.528\, p_s$ 时，充气时间 $t = t_1 + t_2$。其中 t_1 是从初值 p_1 充到 $p = 0.528\, p_s$ 的时间；t_2 则是从临界值充到当前值 p 的时间。即：

$$t_1 = (0.528 - p_1/p_2)\tau \qquad (2.90)$$

$$t_2 = (1 - 0.528)\tau\left(\arcsin\frac{p/p_s - 0.528}{1 - 0.528}\right) \qquad (2.91)$$

式 (2.91) 是把充气流量随压力比 p/p_s 的变化按 1/4 椭圆曲线考虑时得到的。整个充气压力与充气时间之间的变化曲线如图 2.33b 所示。

2. 由定积容器放气后的温度及放气时间

如图 2.34a 所示，气罐内空气的初始温度为 T_1、压力为 p_1，经快速等熵放气后，其温度下降到 T_2，压力下降到 p_2，则放气温度为：

$$T_2 = T_1\left(\frac{p_2}{p_1}\right)^{\frac{k-1}{k}} \qquad (2.92)$$

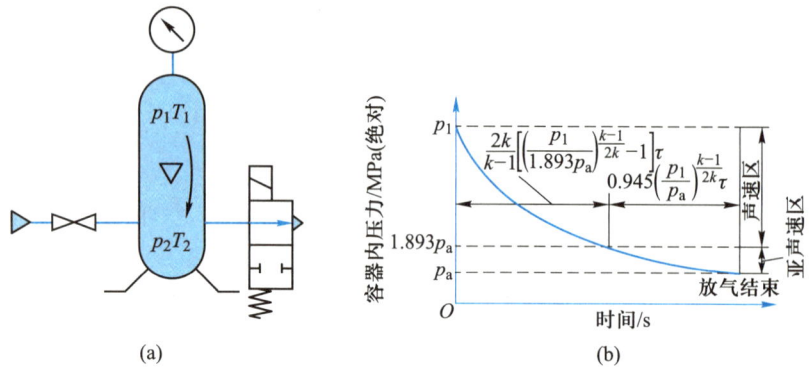

图 2.34 气罐放气及压力变化曲线

式(2.92)说明,在放气过程中,气罐里的温度 T_2 随压力的下降而下降,放气时气罐内的温度可能降得很低。

若放气到 p_2 后关闭阀门停止放气,气罐内的温度将回升到 T_1,此时罐内压力也要上升到 p,p 值的大小按下式(等熵放气、等温回升过程)计算:

$$p = p_2 \frac{T_1}{T_2} = p_2 \left(\frac{p_2}{p_1} \right)^{\frac{k-1}{k}} \tag{2.93}$$

气罐放气时间(从 $p_1 \rightarrow p_2 = p_a$ 时)由下式确定:

$$t = \left\{ \frac{2k}{k-1} \left[\left(\frac{p_1}{1.893\,p_a} \right)^{\frac{k-1}{2k}} - 1 \right] + 0.945 \left(\frac{p_1}{p_a} \right)^{\frac{k-1}{2k}} \right\} \tau \tag{2.94}$$

式中:p_a——大气压力,N/m^2。

气罐放气时的压力-时间特性曲线如图 2.34b 所示。从图中可以看出,当气罐内的压力 $p > 1.893\,p_a$ 时,放气气流速度为声速,但由于气罐内压力、温度的变化,该流速也随之变化,所以放气流量也是个变量,其曲线为非线性变化。当气罐内压力 $p < 1.893\,p_a$ 后,放气流动属于亚声速流动,由于流速、流量减小,其曲线仍按非线性变化。

例 2.10 如图 2.34a 所示,通过总有效截面面积 50 mm^2 的气路(含元件)、容积为 100 L 的气罐,内压力由 0.5 MPa(表压)放气成大气压。求放气时间(气罐内原始温度为 20 ℃)。

解 按式(2.89)计算时间常数为:

$$\tau = 5.22 \times 10^{-3} \frac{V}{kS} \sqrt{\frac{273}{T_s}} = 5.22 \times 10^{-3} \times \frac{100 \times 10^{-3}}{1.4 \times 50 \times 10^{-6}} \sqrt{\frac{273}{273 + 20}} \text{ s} = 7.2 \text{ s}$$

因 $p_1 = (0.5 + 0.101\,3) \text{MPa} = 0.601\,3 \text{ MPa}$(绝对压力),由式(2.94)计算放气时间为:

$$t = \left\{ \frac{2 \times 1.4}{1.4 - 1} \times \left[\left(\frac{0.601\,3}{1.893 \times 0.101\,3} \right)^{\frac{1.4-1}{2 \times 1.4}} - 1 \right] + 0.945 \times \left(\frac{0.601\,3}{0.101\,3} \right)^{\frac{1.4-1}{2 \times 1.4}} \right\} \times 7.2 \text{ s} = 17.7 \text{ s}$$

58

2.7　液压冲击和空穴

在液压传动系统中，液压冲击和空穴会给系统带来不利影响，因此需要了解这些现象产生的原因，并采取措施加以防止。

2.7.1　液压冲击

在液压传动系统中，常常由于一些原因而使液体压力突然急剧上升，形成很高的压力峰值，这种现象称为液压冲击。

1. 液压冲击的危害

系统中出现液压冲击时，液体瞬时压力峰值可以比正常工作压力大好几倍。液压冲击会损坏密封装置、管道或液压元件，还会引起设备振动，产生很大噪声。有时冲击会使某些液压元件（如压力继电器、顺序阀等）产生误动作，影响系统正常工作。

2. 液压冲击产生的原因

在阀门突然关闭或运动部件快速制动等情况下，液体在系统中的流动会突然受阻。这时，由于液流的惯性作用，液体就从受阻端开始，迅速将动能逐层转换为液压能，因而产生了压力冲击波；此后，这个压力波又从该端开始反向传递，将压力能逐层转化为动能，这使液体又反向流动；然后，在另一端又再次将动能转化为压力能，如此反复地进行能量转换。由于这种压力波的迅速往复传播，便在系统内形成压力振荡。这一振荡过程，由于液体受到摩擦力以及液体和管壁的弹性作用不断地消耗能量，才会逐渐衰减而趋向稳定，产生液压冲击的本质是动量变化。

3. 冲击压力

假设系统正常工作的压力为 p，产生压力冲击时的最大压力为：

$$p_{\max} = p + \Delta p \tag{2.95}$$

式中：Δp——冲击压力的最大升高值，N/m^2。

由于液压冲击是一种非定常流动，动态过程非常复杂，影响因素很多，故精确计算 Δp 值是很困难的。这里给出两种液压冲击情况下 Δp 值的近似计算公式。

（1）管道阀门关闭时的液压冲击　设管道截面面积为 A，产生冲击的管道长为 l，压力冲击波第一波在 l 长度内传播的时间为 t_1，液体的密度为 ρ，管道中液体的流速为 v，阀门关闭后的流速为零，则由动量方程得：

$$\Delta p A = \rho A l \frac{v}{t_1}$$

整理后得：

$$\Delta p = \rho l \frac{v}{t_1} = \rho c v \tag{2.96}$$

式中，$c = l/t_1$，为压力冲击波在管道中的传播速度。

应用式（2.96）时，需要先知道 c 值的大小，而 c 值不仅与液体的体积弹性模量 K 有关，而且还与管道材料的弹性模量 E、管道的内径 d 及壁厚 δ 有关。在液压传动中，c 值一般在 $900 \sim 1\,400$ m/s

之间。

若液体流速 v 不是突然降为零，而是降为 v_1，则式（2.96）可写成：

$$\Delta p = \rho c (v - v_1) \tag{2.97}$$

设压力冲击波在管中往复一次的时间为 t_c，$t_c = 2l/c$。当阀门关闭时间 $t < t_c$ 时称为突然关闭，此时压力峰值很大，这时的冲击称为直接冲击，其值可按式（2.96）或式（2.97）计算；当 $t > t_c$ 时，阀门不是突然关闭，此时压力峰值较小，这时的冲击称为间接冲击，其 Δp 值可按下式计算：

$$\Delta p = \rho c (v - v_1) \frac{t_c}{t} \tag{2.98}$$

（2）运动部件制动时的液压冲击　设总质量为 $\sum m$ 的运动部件在制动时的减速时间为 Δt，速度减小值为 Δv，液压缸有效作用面积为 A，则根据动量定理得：

$$\Delta p = \frac{\sum m \Delta v}{A \Delta t} \tag{2.99}$$

式（2.99）中忽略了阻尼和泄漏等因素的影响，计算结果偏大，但比较安全。

4. 减小液压冲击的措施

分析式（2.96）、式（2.97）、式（2.98）和式（2.99）中 Δp 的影响因素，可以归纳出减小液压冲击的主要措施。

（1）尽可能延长阀门关闭和运动部件的制动换向时间。在液压传动系统中采用换向时间可调的换向阀就可做到这一点。

（2）正确设计阀口，限制管道流速及运动部件速度，使运动部件制动时速度变化比较均匀。例如在机床液压传动系统中，通常将管道流速限制在 4.5 m/s 以下，液压缸驱动的运动部件速度一般不宜超过 10 m/min 等。

（3）在某些精度要求不高的工作机械上，使液压缸两腔油路在换向阀回到中位时瞬时互通。

（4）适当加大管道直径，尽量缩短管道长度。加大管道直径不仅可以降低流速，而且可以减小压力冲击波速度 c 值；缩短管道长度的目的是减小压力冲击波的传播时间 t_c；必要时，还可在冲击区附近设置卸荷阀和安装液压蓄能器等缓冲装置来达到此目的。

（5）采用软管，增加系统的弹性，以减少压力的冲击。

2.7.2　空穴

在流动的液体中，如果某处的压力低于空气分离压，原先溶解在液体中的空气就会分离出来，从而导致液体中出现大量的气泡，这种现象称为空穴；如果液体中的压力进一步降低到饱和蒸气压，液体将迅速汽化，产生大量蒸气泡，使空穴更加严重。

空穴多发生在阀口和液压泵的进口处。由于阀口的通道狭窄，液流的速度增大，压力则下降，容易产生空穴；当泵的安装高度过高、吸油管直径太小、吸油管阻力太大或泵的转速过高时，都会造成泵进口处真空度过大，而产生空穴。

空穴是一种有害的状况，它主要有以下几方面的危害。

（1）液体在低压部分产生空穴后，到高压部分气泡又重新溶解于液体中，周围的高压液体迅速填补原来的空间,形成无数微小范围内的液压冲击,这将引起噪声、振动等有害现象。

(2)液压传动系统受到空穴引起的液压冲击会造成零件的损坏。另外由于析出的空气中有游离氧,对零件具有很强的氧化作用,会引起元件的腐蚀,其称之为气蚀。

(3)空穴使液体中带有一定量的气泡,从而引起流量的不连续及压力的波动。严重时甚至断流,使液压传动系统不能正常工作。

为减少空穴和气蚀的危害,通常采取下列措施。

(1)减小孔口或缝隙前后的压力降。一般希望孔口或缝隙前后的压力比 $p_1/p_2 < 3.5$。

(2)降低泵的吸油高度,适当加大吸油管直径,限制吸油管的流速,尽量减小吸油管路中的压力损失(如及时清洗过滤器或更换滤芯等)。对于自吸能力差的泵要安装辅助泵供油。

(3)管路要有良好的密封,防止空气进入。

(4)提高液压零件的抗气蚀能力,采用抗腐蚀能力强的金属材料,减小零件表面粗糙度值等。

思考题和习题

2-1 什么叫压力? 压力有几种表示方式? 液压传动系统的压力与外界负载有什么关系?

2-2 解释下述概念:理想流体、定常流动、通流截面、流量、平均流速、层流、紊流和雷诺数。

2-3 连续性方程的本质是什么? 它的物理意义是什么?

2-4 说明能量方程的物理意义并指出理想液体能量方程和实际液体能量方程的区别。

2-5 如图 2.35 所示,已知测压计水银面高度,计算 M 点处的压力。

2-6 如图 2.36 所示的液压千斤顶,小柱塞直径 $d = 10$ mm,行程 $S_1 = 25$mm,大柱塞直径 $D = 50$mm,重物产生的力 $F_2 = 50\,000$N,手压杠杆比 $L : l = 500 : 25$,求:(1)此时密封容积中的液体压力 p;(2)杠杆端施加力 F 为多少时,才能举起重物;(3)杠杆上下动作一次,重物的上升高度 S。(不计摩擦力)

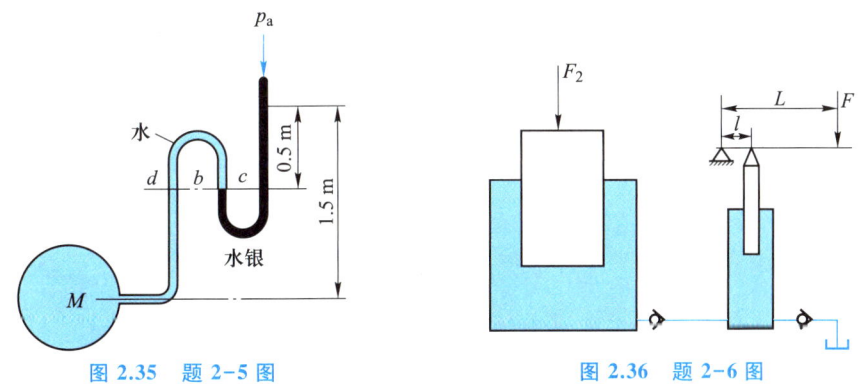

图 2.35 题 2-5 图 图 2.36 题 2-6 图

2-7 一个压力水箱与两个 U 形水银测压计连接,如图 2.37 所示,a、b、c、d 和 e 分别为各液面相对于某基准面的高度值,求压力水箱上部的气体压力 p。

2-8 如图 2.38 所示的连通器中,装有两种液体,其中一种为水,已知水的密度 $\rho_1 = 1\,000$ kg/m³,$h_1 = 60$ cm,$h_2 = 75$ cm,求另一种液体的密度 ρ_2。

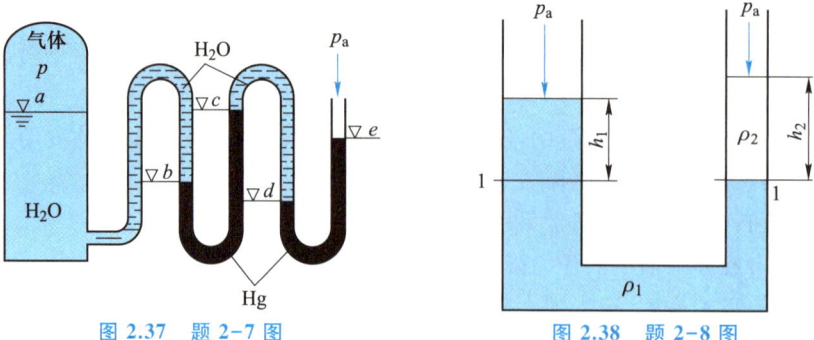

图 2.37 题 2-7 图

图 2.38 题 2-8 图

2-9 如图 2.39 所示水池侧壁排水管为 0.5 m×0.5 m 的正方形截面,已知,$h=2$ m,$\alpha=45°$,不计盖板自重及铰链处摩擦影响,计算打开盖板的力 F。

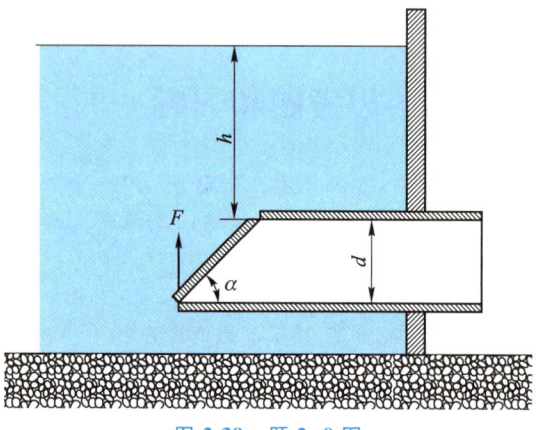

图 2.39 题 2-9 图

2-10 如图 2.40 所示的渐扩水管,已知 $d=15$ cm,$D=30$ cm,$p_A=6.86\times10^4$ Pa,$p_B=5.88\times10^4$ Pa,$h=1$ m,$v_B=1.5$ m/s。求(1) A 点流速 v_A;(2)水流的方向;(3) A 和 B 两点之间的压力损失。

2-11 如图 2.41 中,柱塞缸筒直径 $D=150$ mm,柱塞直径 $d=100$ mm,负载 $F=5\times10^4$ N。若不计液压油液自重及柱塞或缸体重量,求图示两种情况下柱塞缸内的液体压力。

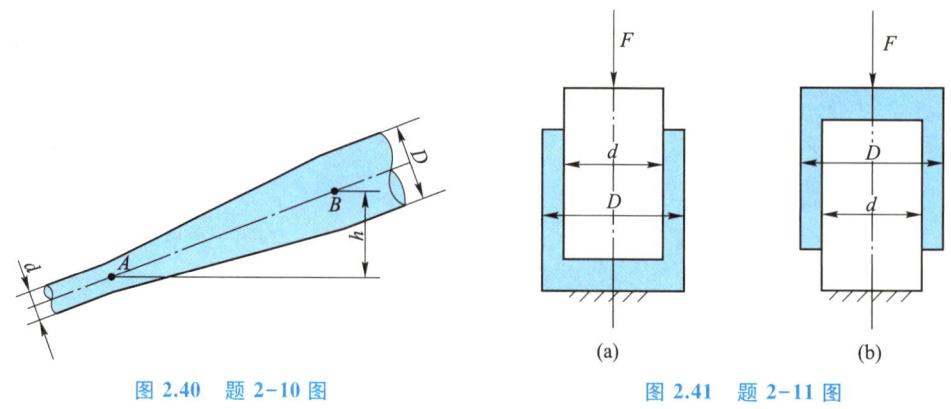

图 2.40 题 2-10 图

(a)   (b)

图 2.41 题 2-11 图

2-12 消防水龙软管如图 2.42 所示,已知水龙出口直径 $d=5$ cm,水流流量 $q=2.36$ m³/min,水管直径 $D=$

10 cm，为保持消防水管不致后退，确定消防员的握持力。

2-13 如图 2.43 中所示的压力阀，当 $p_1 = 6$ MPa 时，液压阀动作。若 $d_1 = 10$ mm，$d_2 = 15$ mm，$p_2 = 0.5$ MPa。求：（1）弹簧的预压力 F_s；（2）当弹簧刚度 $k = 10$ N/mm 时的弹簧预压缩量 x_0。

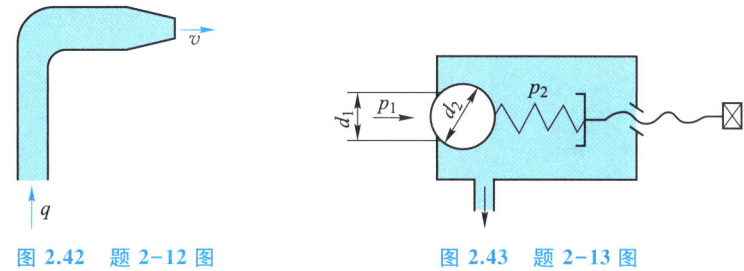

图 2.42　题 2-12 图　　　　　图 2.43　题 2-13 图

2-14 虹吸管道如图 2.44 所示，已知水管直径 $d = 10$ cm，水管总长 $L = 1\,000$ m，$h_0 = 3$ m，求流量 q。（局部阻力系数：入口 $\zeta = 0.5$，出口 $\zeta = 1.0$，弯头 $\zeta = 0.3$；沿程阻力系数 $\lambda = 0.06$）

2-15 压力表校正装置原理如图 2.45 所示，表 1 为标准压力表，表 2 是被校正压力表。已知活塞直径 $d = 10$ mm，丝杠导程 $S = 2$ mm，装置内油液的体积弹性模量 $K = 1.2 \times 10^3$ MPa。当压力为 1 个大气压（$p_a \approx 0.1$ MPa）时，装置内油液的体积为 200 mL。若要在装置内形成 21 MPa 的压力，求手轮 3 要转的圈数。

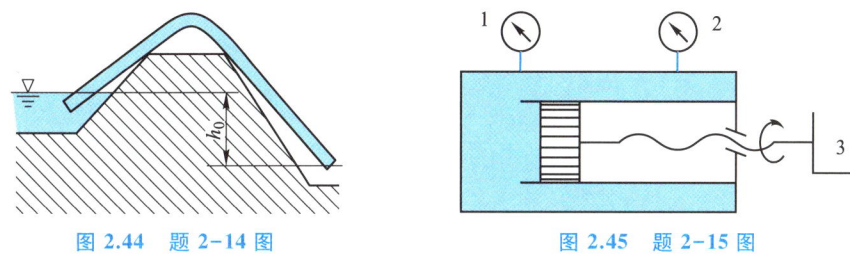

图 2.44　题 2-14 图　　　　　图 2.45　题 2-15 图

2-16 如图 2.46 所示，液压泵的流量 $q = 25$ L/min，吸油管直径 $d = 25$ mm，泵入口比油箱液面高出 400 mm，管长 $l = 600$ mm。如果只考虑吸油管中的沿程压力损失 Δp_λ，当用 32 号液压油，并且油温为 40 ℃时，液压油的密度 $\rho = 900$ kg/m³，试求液压泵入口处的真空度。

2-17 沿直径 $d = 200$ mm、长度 $l = 3\,000$ m 的钢管（绝对粗糙度 $\Delta = 0.1$ mm），输送密度为 $\rho = 900$ kg/m³ 的油液，流量为 $q = 9 \times 10^4$ kg/h，若其黏度为 $\nu = 1.092$ cm²/s，求沿程损失。

2-18 如图 2.47 所示的管路，已知：$d_1 = 300$ mm，$l_1 = 500$ m；$d_2 = 250$ mm，$l_2 = 300$ m；$d_3 = 400$ mm，$l_3 = 800$ m；$d_{AB} = 500$ mm，$l_{AB} = 800$ m；$d_{CD} = 500$ mm，$l_{CD} = 400$ m。B 点流量为 $q = 300$ L/s，计算全程压力损失。

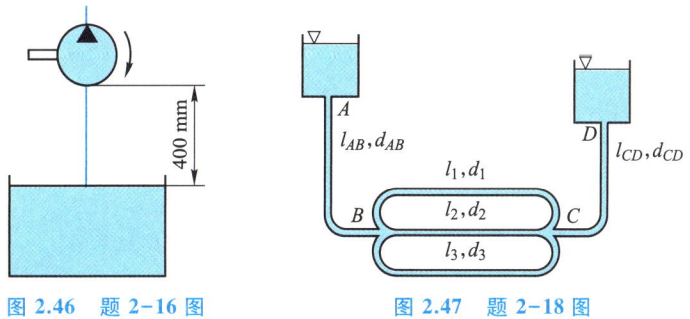

图 2.46　题 2-16 图　　　　　图 2.47　题 2-18 图

2-19 如图 2.48 所示，液压泵从一个大容积的油箱中抽吸润滑油，流量为 $q = 1.2$ L/s，油液的黏度为 40 °E，

密度 $\rho = 900$ kg/m³,假设液压油的空气分离压为 2.8×10^3 mmH₂O,吸油管长度 $l = 10$ m,直径 $d = 40$ mm,如果只考虑管中的摩擦损失,求液压泵在油箱液面以上的最大允许安装高度。

2−20 管路系统如图 2.49 所示,A 点的标高为 10 m,B 点的标高为 12 m,管径 $d = 250$ mm,从 A 到 B 的管长 $l = 1\,000$ m,求管路中的流量 q。(沿程阻力系数 $\lambda = 0.03$;局部阻力系数:入口 $\zeta_1 = 0.5$,弯管 $\zeta_2 = 0.2$,出口 $\zeta_3 = 1.0$)

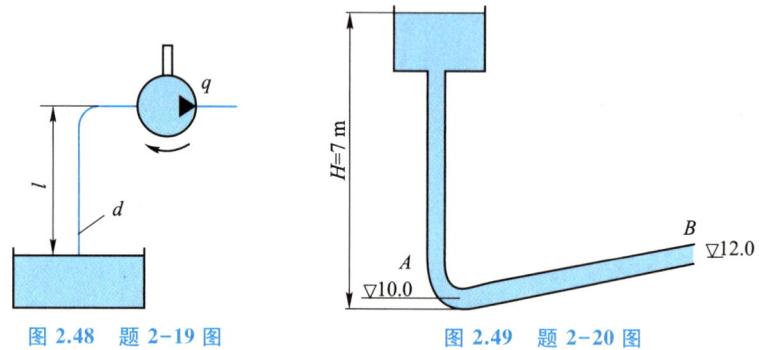

图 2.48 题 2−19 图   图 2.49 题 2−20 图

2−21 已知容器中空气的压力为 $1.170\,5 \times 10^5$ Pa(绝对压力),空气的温度为 0 ℃,经管嘴喷入压力为 $1.013\,6 \times 10^5$ Pa 的大气中,计算喷嘴出口处气流的速度。

第3章 液压与气压传动动力元件

3.1 概述

液压泵和气源装置是液压和气压传动系统中的动力元件,是能量转换元件。它们由原动机(电动机或内燃机等)驱动,把输入的机械能转换成为液体或气体的压力能再输出到系统中去,为执行元件提供动力。它们是液压和气压传动系统的核心元件,其性能将直接影响系统的工作能力。下面分别介绍液压和气压传动的动力元件。

3.1.1 液压泵的工作原理

微视频 3-1:液压泵的工作原理和分类

液压泵是靠密封容腔容积的变化来工作的。图 3.1a 所示为容积式液压泵的工作原理图。当偏心轮 1 由原动机带动旋转时,柱塞 2 便在偏心轮 1 和弹簧 4 的作用下在泵体 3 内往复运动。泵体内孔与柱塞外圆之间有良好的配合精度,使柱塞在泵体内孔中作往复运动时基本没有油液泄漏。柱塞右移时,缸体中密封工作腔 a 的容积变大,产生真空,油箱中的油液便在大气压力作用下通过吸油阀 5 吸入泵内,实现吸油;柱塞左移时,缸体中密封工作腔 a 的容积变小,油液受挤压,通过压油阀 6 输出到系统中去,实现压油。如果偏心轮不断地旋转,液压泵就会不断地完成吸油和压油动作,因此就会持续不断地向液压传动系统供油。

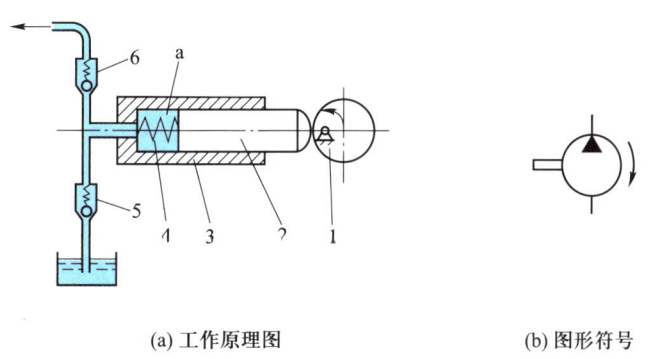

(a) 工作原理图　　　　　(b) 图形符号

1—偏心轮;2—柱塞;3—泵体;4—弹簧;5—吸油(单向)阀;6—压油(单向)阀

图 3.1　容积式液压泵的工作原理图和图形符号

从上述液压泵的工作原理可以看出,其基本的工作条件如下。

(1)它必须构成密封容积,并且这个密封容积在不断地变化中能完成吸油和压油过程。凡是利用密封容积的变化来工作的液压泵都称为容积式液压泵,液压传动中所用的泵一般是容积式液压泵。

(2)在密封容积增大的吸油过程中,油箱必须与大气相通(或保持一定的压力)。这样,液压泵在大气压力的作用下将油液吸入泵内,这是液压泵的吸油条件。在密封容积减小的压油过程中,液压泵的压力取决于油液排出时所遇到的阻力,即液压泵的压力由外负载来决定,这是形成压力的条件。

(3)吸、压油腔要互相分开并且有良好的密封性。如图 3.1a 所示,如果没有吸油阀 5,密封容积增大时可以吸油,但减小时又会将吸来的油再压回油箱;若没有压油阀 6,压出去的油在吸油时又会倒流回来。吸油阀和压油阀是配油装置,其作用是将吸、压油腔分开,保证吸油时,油腔与油箱相通且切断压油通道;压油时,油腔与压油管道相通且与油箱切断。各种泵的配油装置形式各异,它们是泵工作必不可少的部分。

容积式液压泵的种类很多。按照结构形式的不同,液压泵可分为齿轮式、叶片式、柱塞式和螺杆式等类型;按照在单位时间内所输出油液体积能否调节,液压泵又可分为定量式和变量式两类。

液压泵的一般图形符号如图 3.1b 所示。

3.1.2　液压泵的性能参数

微视频 3-2：
液压泵的性
能参数

液压泵的性能参数主要有液压泵的压力、排量、流量、功率和效率等。

1. 压力

液压泵压力参数主要是工作压力和额定压力。

(1)工作压力 p　它是指液压泵在实际工作时输出油液的压力值,即泵出油口处压力值,也称为系统压力。此压力取决于系统中阻碍液体流动的阻力。阻力(负载)增大,工作压力升高;反之则工作压力降低。液压泵的最大工作压力是由其部分组成零件的结构强度和密封好坏来决定的,随着泵工作压力的提高,它的泄漏量增大,效率降低。

(2)额定压力 p_n　它是指在保证液压泵的容积效率、使用寿命和额定转速的前提下,泵连续长期运转时允许使用的压力最大限定值。它是泵在正常工作的条件下,按实验标准规定能连续运转的最高压力。当泵的工作压力超过额定压力时,就会过载。

除此之外还有最高允许压力和吸入压力。最高允许压力是指泵在短时间内所允许超载使用的极限压力,它受泵本身零件强度和密封性能等因素的限制;吸入压力是指泵的吸油口处压力。

由于液压传动的用途不同,液压传动系统所需要的压力也不同,为了便于液压元件的设计、生产和使用,通常将压力分为五个等级,列于表 3.1 中。值得注意的是,随着科学技术的不断发展和人们对液压传动系统要求的不断提高,压力分级也在不断地变化,压力分级的原则也不是一成不变的。

表 3.1　压 力 分 级

压力分级	低压	中压	中高压	高压	超高压
压力/MPa	≤2.5	>2.5~8	>8~16	>16~32	>32

2. 排量 V

它是由泵密封容腔的变化计算而得到的泵每转排出液体的体积。在工程上,它可以用在无泄漏的情况下,以泵每转所排出的液体体积来表示,常用的单位为 mL/r。

3. 流量

流量是指单位时间内泵输出油液的体积,其常用单位为 m³/s 和 L/min。

(1)理论流量 q_t　它是由泵密封容腔的变化计算而得到的泵在单位时间内排出液体的体积,它等于液压泵的排量 V 和液压泵的转速 n 的乘积,测试中常以零压下的流量表示,即:

$$q_t = Vn \tag{3.1}$$

(2)实际流量 q　它是泵工作时的输出流量,此时的流量必须考虑泵的泄漏。它等于泵理论流量 q_t 减去因泄漏损失的流量 Δq,即:

$$q = q_t - \Delta q \tag{3.2}$$

通常,Δq 称为泵的容积损失,它随着泵工作压力的升高而增大。

(3)额定流量 q_n　它是泵在额定转速和额定压力下的输出流量。由于泵存在泄漏,所以泵实际流量 q 和额定流量 q_n 都小于理论流量 q_t。

(4)瞬时流量 q_{in}　它是泵在某一瞬时的流量,一般指泵瞬时理论(几何)流量,瞬时流量具有脉动性。

4. 功率

液压泵的输入能量为机械能,其表现为液压泵的输入转矩 T 和转速 ω;液压泵的输出能量为液压能,表现为液压泵的输出压力 p 和流量 q。

(1)理论功率 P_t　它用泵的进出口压差 Δp(N/m²)与泵的理论流量 q_t(m³/s)的乘积来表示,即

$$P_t = \Delta p q_t \tag{3.3}$$

由于泵的进口压力很小,近似为零,所以在很多情况下,泵进出口压差可用其出口压力来代替。

(2)输入功率 P_i　它是实际驱动泵轴所需要的机械功率,即:

$$P_i = \omega T = 2\pi n T \tag{3.4}$$

式中:ω——液压泵的转动角速度,rad/s;

　　T——液压泵的实际驱动转矩,N·m;

　　n——液压泵的转速,r/min。

(3)输出功率 P_o　它是用泵进出口压差 Δp 与泵实际输出流量 q 的乘积来表示,即:

$$P_o = \Delta p q \tag{3.5}$$

当忽略能量转换及传递过程中的损失时,液压泵的输出功率应该等于输入功率,即泵的理论功率为:

$$P_t = \Delta p q_t = \Delta p V n = \omega T_t = 2\pi n T_t \tag{3.6}$$

式中:T_t——液压泵的理论转矩,N·m。

5. 效率

实际上,液压泵在工作中是有能量损失的,因泄漏而产生的损失是容积损失,因摩擦而产生

的损失是机械损失。

（1）容积效率 η_{pv}　它是液压泵实际流量与理论流量之比,即:

$$\eta_{pv} = \frac{q}{q_t} = \frac{q_t - \Delta q}{q_t} = 1 - \frac{\Delta q}{q_t} = 1 - \frac{\Delta q}{Vn} \tag{3.7}$$

由于泵内零件之间间隙很小,泄漏油液的流态可以看作层流,所以泄漏量 Δq 和泵工作压力 p 成正比关系,即:

$$\Delta q = k_1 p \tag{3.8}$$

式中: k_1——泵的泄漏系数,$(m^3/s)/(N/m^2)$。

故又有:

$$\eta_{pv} = 1 - \frac{k_1 p}{Vn} \tag{3.9}$$

（2）机械效率 η_{pm}　液体在泵内流动时,液体黏性会引起转矩损失,此外泵内零件相对运动时,机械摩擦也会引起转矩损失。机械效率 η_{pm} 是泵所需要的理论转矩 T_t 与实际转矩 T 之比,即:

$$\eta_{pm} = \frac{T_t}{T} = \frac{nT_t}{2\pi nT} = \frac{q_t \Delta p}{P_i} = \frac{P_t}{P_i} \tag{3.10}$$

（3）总效率 η_p　泵的总效率是泵输出功率 P_o 与输入功率 P_i 之比。即

$$\eta_p = \frac{P_o}{P_i} = \frac{q \Delta p}{P_i} = \frac{q \Delta p \eta_{pm}}{q_t \Delta p} = \eta_{pv} \eta_{pm} \tag{3.11}$$

液压泵的总效率 η_p,在数值上等于容积效率和机械效率的乘积。液压泵的总效率、容积效率和机械效率可以通过实验测得。

液压泵的容积效率 η_{pv}、机械效率 η_{pm}、总效率 η_p、理论流量 q_t、实际流量 q 和实际输入功率 P_i 与工作压力 p 的关系曲线如图 3.2 所示。它是液压泵在特定的工作介质、转速和油温等条件下通过实验得出的。由图 3.2 可知,液压泵在零压时的流量即为 q_t。由于泵的泄漏量随压力的升高而增大,所以泵的容积效率 η_{pv} 及实际流量 q 随泵的工作压力的升高而降低,压力为零时的容积效率 $\eta_{pv} = 100\%$,这时的实际流量 q 等于理论流量 q_t。总效率 η_p 开始随压力 p 的增大很快上升,接近液压泵的额定压力时总效率 η_p 最大,达到最大值后,又逐步降低。由容积效率和总效率这两条曲线的变化,可以看出机械效率的变化情况。泵在低压时,机械摩擦损失在总损失中所占的比重较大,所以机械效率 η_{pm} 很低。随着工作压力的提高,机械效率很快上升,在达到某一值后,机械效率大致保持不变,从而表现出总效率曲线几乎和容积效率曲线平行下降的变化规律。

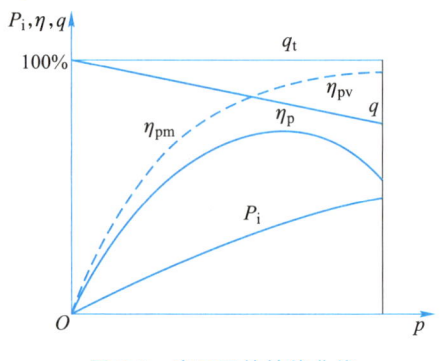

图 3.2　液压泵的性能曲线

例 3.1 某液压泵的输出压力 $p = 10$ MPa,泵转速 $n = 1\,450$ r/min,排量 $V = 46.2$ mL/r,容积效率 $\eta_{pv} = 0.95$,总效率 $\eta_p = 0.9$。求液压泵的输出功率和驱动泵的电动机功率。

解 (1)液压泵的输出功率

液压泵输出的实际流量为:

$$q = q_t \eta_{pv} = V n \eta_{pv} = 46.2 \times 10^{-3} \times 1\,450 \times 0.95 \text{ L/min} = 63.641 \text{ L/min}$$

则液压泵的输出功率为:

$$P_o = pq = \frac{10 \times 10^6 \times 63.641 \times 10^{-3}}{60} \text{ W} = 10.6 \text{ kW}$$

(2)电动机的功率

电动机功率即泵的输入功率为:

$$P_i = \frac{P_o}{\eta_p} = \frac{10.6}{0.9} \text{ kW} = 11.8 \text{ kW}$$

3.2 齿轮泵

齿轮泵是一种常用的液压泵。它的主要特点是结构简单,制造方便,成本低,价格低廉,体积小,重量轻,自吸性能好,对液体污染不敏感和工作可靠等。其主要缺点是流量和压力脉动大,噪声大,排量不可调节(是定量泵)。它广泛应用于各种中、低压液压传动系统中。但随着齿轮泵在结构上的不断改进完善,它也用于采矿、冶金、建筑、航空、航海、农林等机械的中、高压液压传动系统中。

齿轮泵按齿形的不同可分为渐开线齿轮泵和非渐开线齿轮泵两种;按齿轮啮合形式的不同可分为外啮合齿轮泵和内啮合齿轮泵两种。外啮合齿轮泵应用较广,本章着重介绍它的工作原理、结构特点和性能。

3.2.1 外啮合齿轮泵的工作原理

图 3.3 所示为 CB-B 型外啮合渐开线齿轮泵的结构简图和实物图。外啮合渐开线齿轮泵主要由一对几何参数完全相同的主、从动齿轮 4 和 8,传动轴 6,泵体 3,前、后泵盖 5 和 1 等主要零件组成。图 3.4 为其工作原理图。一对互相啮合的齿轮,由于齿轮两端面与泵盖的间隙以及齿轮的齿顶与泵体内表面的间隙很小,因此将齿轮泵的壳体内部分隔成左、右两个密封容积。当齿轮按图示方向旋转时,右侧的轮齿逐渐脱离啮合,露出齿间,其密封容积逐渐增大,形成局部真空,油箱中的油液在大气压力的作用下经泵的吸油口进入这个密封容积——吸油腔。随着齿轮的转动,每个齿轮的齿间把油液从右侧带到左侧密封容积中,轮齿在左侧进入啮合时,使左侧密封容积逐渐减小,把齿间油液挤出,油液从压油口输出,左侧的密封容积是压油腔。这就是齿轮泵的吸油和压油过程。当齿轮泵不断地旋转时,齿轮泵的吸、压油口不断地吸油和压油。由于在齿轮啮合过程中,啮合点沿啮合线移动,把左、右两密封容积分开,起到配油作用,因此在齿轮泵中没有单独的配油装置。

微视频 3-3:
齿轮泵工作原理

微视频 3-4:
CB-B4 型外啮合齿轮泵

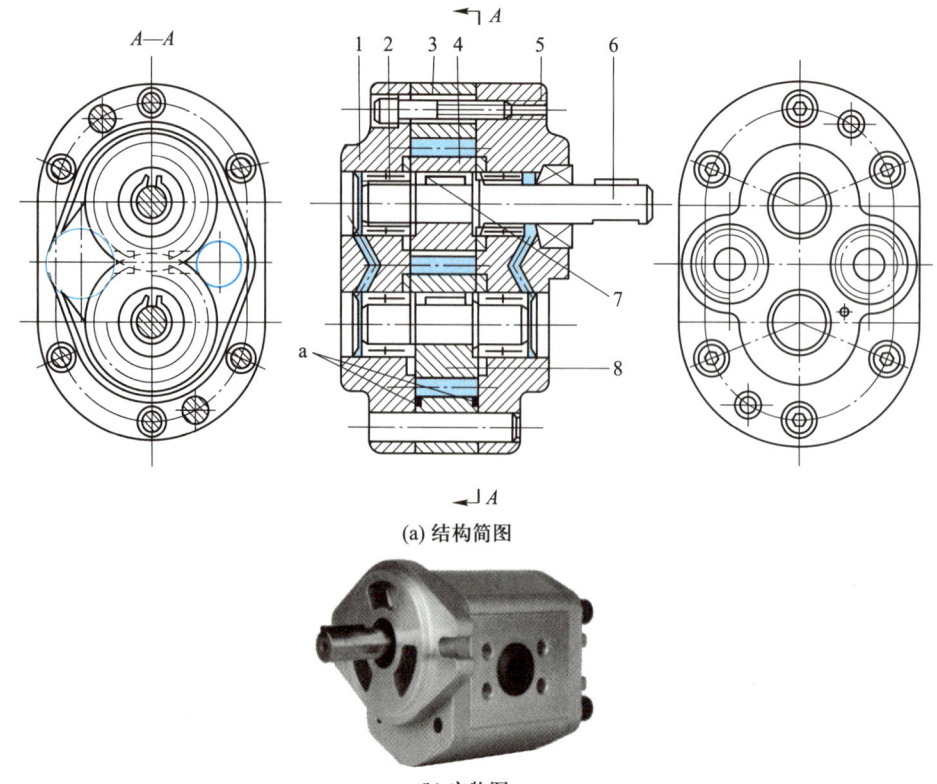

(a) 结构简图

(b) 实物图

1—后泵盖;2—滚针轴承;3—泵体;4—主动齿轮;5—前泵盖;6—传动轴;7—键;8—从动齿轮

图 3.3　CB-B 型外啮合渐开线齿轮泵结构简图和实物图

3.2.2　外啮合齿轮泵的排量和流量

1. 排量

排量 V 是齿轮每转一转,泵所排出的液体体积,它近似地等于两个齿轮的齿间容积之和。设齿间槽的容积等于轮齿体积,可得出齿轮泵排量为:

$$V = \pi DhB = 2\pi zm^2B \qquad (3.12)$$

式中:D——齿轮节圆直径,$D = mz$,m;

h——齿轮齿高,$h = 2m$,m;

B——齿轮齿宽,m;

z——齿轮齿数;

m——齿轮模数。

由于齿间容积比轮齿的体积稍大,并且齿数越少其差值越大,考虑到这一因素,将 2π 用 6.66 来替代比较符合实际情况。因此,齿轮泵实际排量为:

$$V = 6.66zm^2B \qquad (3.13)$$

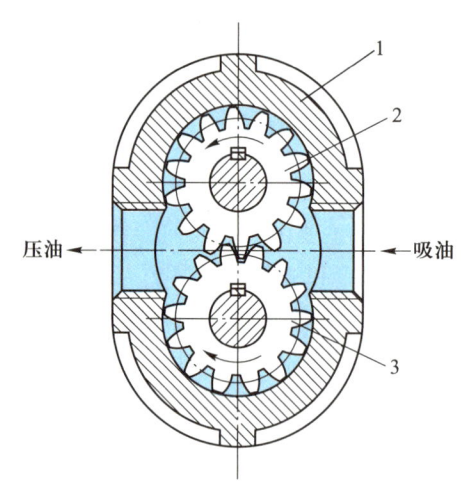

1—泵体;2—主动齿轮;3—从动齿轮

图 3.4　外啮合齿轮泵的工作原理图

2. 流量

齿轮泵实际流量 q 为：

$$q = Vn\eta_{pv} = 6.66zm^2Bn\eta_{pv} \tag{3.14}$$

式中：n——齿轮泵的转速，r/min；

η_{pv}——齿轮泵的容积效率。

式（3.14）中的 q 是齿轮泵的平均流量。根据齿轮啮合原理可知，齿轮在啮合过程中由于啮合点位置不断变化，吸、压油腔在每一瞬时的容积变化率是不均匀的，所以齿轮泵的瞬时流量是脉动的。设 $(q_{max})_{sh}$ 和 $(q_{min})_{sh}$ 分别表示齿轮泵的最大和最小瞬时流量，则其流量的脉动率 δ_q 为：

$$\delta_q = \frac{(q_{max})_{sh} - (q_{min})_{sh}}{q} \times 100\% \tag{3.15}$$

通过研究可知，齿轮泵的齿数越少，脉动率 δ_q 就越大。表3.2给出了不同齿数外啮合齿轮泵的流量脉动率。在相同情况下，内啮合齿轮泵的流量脉动率要小得多。

表 3.2　不同齿数外啮合齿轮泵的流量脉动率

z	6	8	10	12	14	16	20
$\delta_q/\%$	34.7	26.3	21.2	17.8	15.3	13.4	10.7

例 3.2　如图3.5所示的外啮合齿轮泵：（1）确定该泵有几个吸油口和压油口。（2）若三个齿轮的结构参数相同，其齿顶圆直径 $D_a = 48$ mm，齿宽 $B = 25$ mm，齿数 $z = 14$，转速 $n = 1\ 450$ r/min，容积效率 $\eta_{pv} = 0.9$，求该泵的理论流量和实际流量。

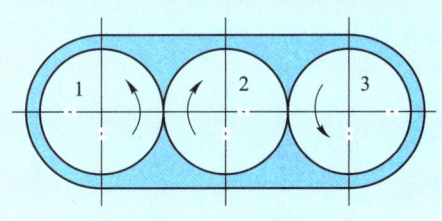

图 3.5　例 3.2 附图

解　（1）根据齿轮泵的工作原理可以确定该泵有两个吸油口，两个压油口。根据各啮合齿轮的旋转方向可以知道，齿轮1和齿轮2的上部是吸油口，下部是压油口；齿轮2和齿轮3的下部是吸油口，上部是压油口。

（2）计算流量

理论流量：$q_t = 2Vn = 2\pi DhBn = 4\pi zm^2Bn$

其中，模数 $m = \dfrac{D_a}{z+2} = \dfrac{48}{16}$ mm $= 3$ mm

则所得到的理论流量为：

$$q_t = 2 \times 6.66zm^2Bn = [2 \times 6.66 \times 14 \times (3 \times 10^{-3})^2 \times 25 \times 10^{-3} \times 1\ 450/60]\ \text{m}^3/\text{s}$$

$$= 10.140 \times 10^{-4}\ \text{m}^3/\text{s}$$

实际流量：$q = q_t\eta_{pv} = 10.140 \times 10^{-4} \times 0.9\ \text{m}^3/\text{s} = 9.126 \times 10^{-4}\text{m}^3/\text{s}$

3.2.3　外啮合齿轮泵的结构特点

1. 泄漏

液压泵中组成密封工作容积的零件作相对运动,其间隙产生的泄漏影响液压泵的性能。外啮合齿轮泵压油腔(高压腔)的压力油主要通过三条途径泄漏到吸油腔(低压腔)中去。

(1)泵体内表面和齿顶径向间隙的泄漏

由于齿轮转动方向与泄漏方向相反,压油腔到吸油腔通道较长,所以其泄漏量相对较小,占总泄漏量的 10%~15%。

(2)齿面啮合处间隙的泄漏

由于齿形误差会造成沿齿宽方向接触不好而产生间隙,使压油腔与吸油腔之间造成泄漏,但这部分泄漏量很少。

(3)齿轮端面间隙的泄漏

齿轮端面与前后泵盖之间的间隙较大,此间隙封油长度又短,所以泄漏量最大,可占总泄漏量的 70%~75%。

从上述可知,齿轮泵由于泄漏量较大,其额定工作压力不高,要想提高齿轮泵的额定压力并保证有较高的容积效率,首先要减少沿齿轮端面间隙的泄漏问题。

2. 液压径向不平衡力

在外啮合齿轮泵中,由于在压油腔和吸油腔之间存在着压差,又因泵体内表面与齿轮齿顶之间存在着径向间隙,可以认为压油腔压力逐渐分级下降到吸油腔压力,如图 3.6 所示。这些液体压力的合力就是作用在齿轮轴上的径向不平衡力 F,其大小为:

$$F = K\Delta p B D_a \tag{3.16}$$

式中:K——系数(对于主动齿轮,$K = 0.75$;对从动齿轮,$K = 0.85$);

Δp——泵进出口压力差,Pa;

D_a——齿顶圆直径,m。

作用在泵轴上的径向力能使轴弯曲,由此引起齿顶与泵体相接触,从而降低了轴承的寿命,这种危害会随着齿轮泵压力的提高而加剧,所以应采取措施尽量减小径向不平衡力,其方法如下。

(1)缩小压油口的直径,使压力油仅作用在一个齿到两个齿上,这样压力油作用于齿轮上的面积减小,因而径向不平衡力也就相应地减小。

(2)增大泵体内表面与齿轮齿顶圆的间隙,使齿轮在径向不平衡力的作用下,齿顶不能和泵体相接触。

(3)开压力平衡槽,如图 3.7 所示,开两个压力平衡槽 1 和 2 分别与低、高压油腔相通,这样吸油腔与压油腔相对应的径向力得到平衡,使作用在轴承上的径向力大大地减小。但此种方法会使泵的内泄漏增加,容积效率降低,所以很少使用此种方法。

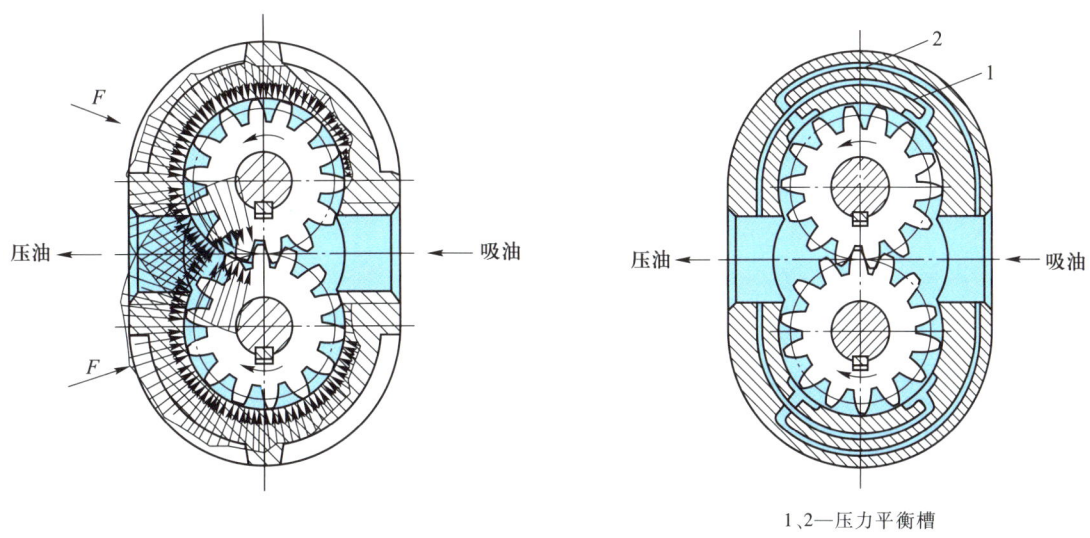

图 3.6 外啮合齿轮泵的径向不平衡力

1、2—压力平衡槽

图 3.7 外啮合齿轮泵的压力平衡槽

3. 困油现象

为了使齿轮平稳地啮合运转,吸、压油腔应严格地密封以及连续均匀地供油,根据齿轮的啮合原理,要使啮合齿轮平稳地运转,必须使齿轮的重合度 ε 大于 1(一般取 $\varepsilon=1.05\sim1.3$),即在齿轮泵工作时总有两对轮齿同时啮合。因此,就有一部分油液困在两对轮齿所形成的封闭容腔之内,此封闭容腔与吸、压油腔互不相通,如图 3.8 所示。这个封闭容积先随齿轮转动逐渐减小(由图 3.8a 到图 3.8b),以后又逐渐增大(由图 3.8b 到图 3.8c)。封闭容积的减小会使被困油液受挤压而产生高压,并从缝隙中流出,导致油液发热,轴承等零件也受到附加的不平衡负载作用;封闭容积的增大又会造成局部真空,使溶于油液中的气体分离出来,产生空穴,这就是齿轮泵的困油现象。其封闭容积的变化如图 3.9 所示。困油现象使齿轮泵产生强烈的噪声并引起振动和气蚀,降低泵的容积效率,影响工作平稳性,缩短使用寿命。

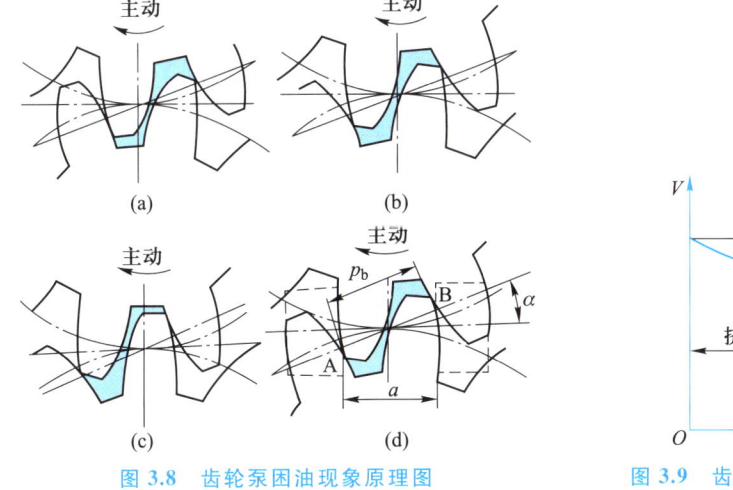

图 3.8 齿轮泵困油现象原理图

图 3.9 齿轮泵困油密封容积变化曲线

消除困油的方法通常是在前、后泵盖上开一对矩形卸荷槽(A、B),如图 3.8d 中的虚线所示。

开卸荷槽的原则是:当封闭容积减小时,使压油腔与卸荷槽相通以便将封闭容积的油液排到压油腔;当封闭容积增大时,使吸油腔与卸荷槽相通,这时吸油腔的油液补入,避免产生真空,这样使困油现象得以消除。在开卸荷槽时,必须保证齿轮泵吸、压油腔任何时候不能通过卸荷槽直接相通,否则齿轮泵的容积效率会降低;若卸荷槽间距过大,则困油现象不能彻底消除,所以当两齿轮为无变位的标准啮合时,两卸荷槽之间的距离应为:

$$a = t_0 \cos \alpha = \pi m \cos^2 \alpha \tag{3.17}$$

式中:α——齿轮压力角,(°);

t_0——标准齿轮的基圆齿距,mm。

3.2.4　提高外啮合齿轮泵压力的措施

微视频 3-6:
提高外啮合
齿轮泵压力
的措施

　　要提高齿轮泵的压力,必须减小端面泄漏。但是,即使把间隙做得很小,随着时间的推移,由于端面磨损而增大的间隙不能补偿,容积效率又很快下降,压力仍不能提高。目前提高齿轮泵压力的方法是用齿轮端面间隙自动补偿装置,即采用浮动轴套或弹性侧板两种自动补偿端面间隙装置,其工作原理是把泵内压油腔的压力油引到轴套外侧或侧板上,产生液压力,使轴套内侧或侧板紧压在齿轮的端面上,从而自动地补偿了由于端面磨损而产生的间隙。压力越高,压得越紧,效果越好。

　　图 3.10 所示为采用浮动轴套的中高压齿轮泵的一种典型结构简图,图中浮动轴套右侧的空腔均与泵的压油腔相通。当泵工作时,轴套受右侧压力油的作用而向左移动,将齿轮两侧面压紧,从而自动地补偿了端面间隙,齿轮泵的额定压力可提高到 10~16 MPa,其容积效率不低于 0.9。

微视频 3-7:
液压泵实验台

微视频 3-8:
定量液压泵
性能实验

微视频 3-9:
内啮合齿轮
泵工作原理

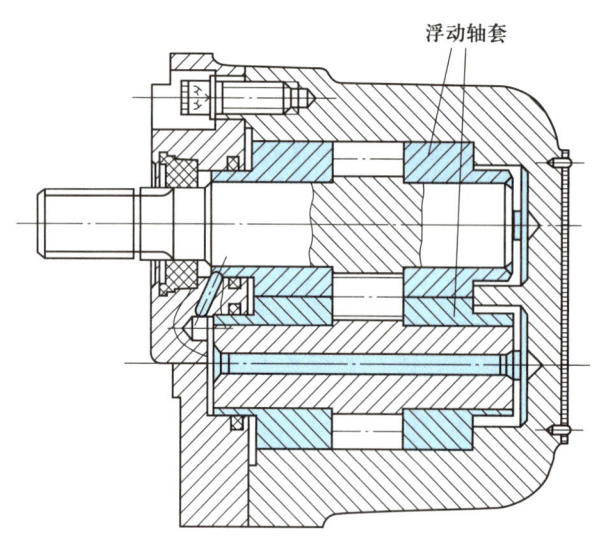

浮动轴套

图 3.10　采用浮动轴套的中高压齿轮泵结构简图

3.2.5　内啮合齿轮泵

内啮合齿轮泵中的齿轮也有渐开线齿形和摆线齿形两种类型。

图 3.11 所示为内啮合渐开线齿轮泵结构简图和内部结构实物图。相互啮合的小(外)齿轮 1 和大(内)齿轮 2 与侧板围成的密封容积被月牙板 3 和齿轮的啮合线分隔成两部分,即形成吸油

腔和压油腔。当传动轴带动小齿轮按图示方向旋转时,大齿轮同向旋转,图中上半部轮齿脱开啮合,密封容积逐渐增大,是吸油腔;下半部轮齿进入啮合,使其密封容积逐渐减小,是压油腔。

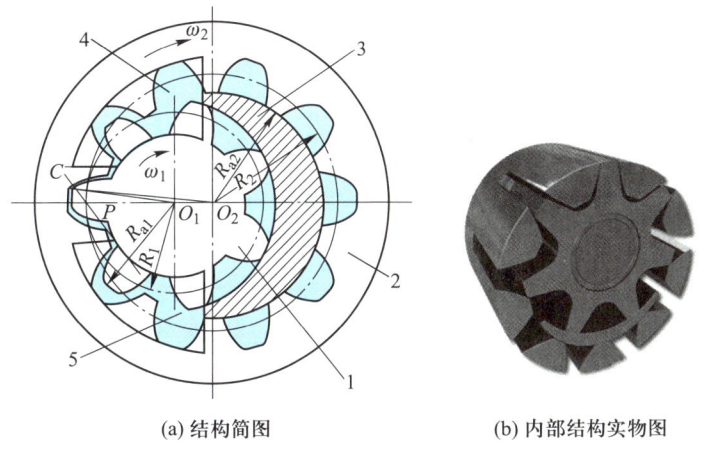

(a) 结构简图　　　　　(b) 内部结构实物图

1—小(外)齿轮(主动齿轮);2—大(内)齿轮(从动齿轮);3—月牙板;4—吸油腔;5—压油腔

图 3.11　内啮合渐开线齿轮泵的结构简图和内部结构实物图

　　内啮合渐开线齿轮泵与外啮合齿轮泵相比其流量脉动小,仅是外啮合齿轮泵流量脉动率的 $1/10\sim1/20$。此外,其具有结构紧凑,重量轻,噪声小,效率高,无困油现象等一系列优点。它的不足之处是齿形复杂,需专门的高精度加工设备,但随着科技水平的提高,内啮合齿轮泵将会有更广阔的应用前景。

　　图 3.12 所示为内啮合摆线齿轮泵结构简图和内部结构实物图。在内啮合摆线齿轮泵中,外齿轮 1 和内齿轮 2 只差一个齿,没有中间月牙板,内、外齿轮的轴心线有一偏心量 e,外齿轮为主动轮,内、外齿轮与两侧配油板间形成密封容积,内、外齿轮的啮合线又将密封容积分为吸油腔和压油腔。当外齿轮按图示方向转动时,左侧密封容积逐渐变大,是吸油腔;右侧密封容积逐渐变小,是压油腔。

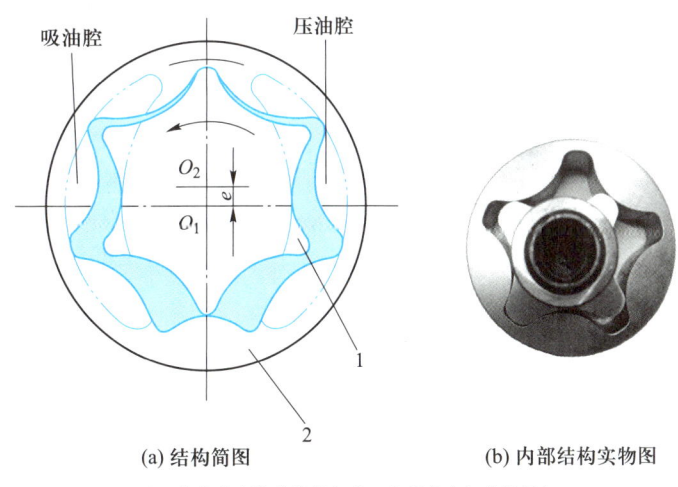

(a) 结构简图　　　　　(b) 内部结构实物图

1—外齿轮(从动齿轮);2—内齿轮(主动齿轮)

图 3.12　内啮合摆线齿轮泵工作原理图和内部结构实物图

内啮合摆线齿轮泵的优点是结构紧凑,零件少,工作容积大,转速高,运动平稳,噪声低。由于齿数较少(一般为4~7个),其流量脉动比较大,啮合处间隙泄漏大,所以这种泵的工作压力一般为2.5~7 MPa,通常作为润滑、补油等辅助泵使用。

3.2.6 螺杆泵

螺杆泵实质上是一种外啮合摆线齿轮泵,按其螺杆根数有单螺杆泵、双螺杆泵、三螺杆泵、四螺杆泵和五螺杆泵等;按螺杆横截面的不同有摆线齿形、摆线-渐开线齿形和圆形齿形三种不同形式的螺杆泵。

图3.13a为三螺杆泵的结构简图,图3.13b为剖视图,图3.13c为实物图。在三螺杆泵壳体2内平行地安装着三根互为啮合的双线螺杆,主动螺杆为中间凸螺杆3,上、下两根凹螺杆4和5为从动螺杆。三根螺杆的外圆与壳体对应弧面保持着良好的配合,螺杆的啮合线将主动螺杆和从动螺杆的螺旋槽分割成多个相互隔离的、互不相通的密封工作腔。当传动轴(与凸螺杆为一整体)如图示方向旋转时,这些密封工作腔随着螺杆的转动一个接一个地在左端形成,并不断地从左向右移动,在右端消失。主动螺杆每转一周,每个密封工作腔便移动一个导程。密封工作腔在左端形成时逐渐增大,将油液吸入来完成吸油工作,最右面的工作腔逐渐减小直至消失,因而将油液压出完成压油工作。螺杆直径越大,螺旋槽越深,螺杆泵的排量越大;螺杆越长,吸、压油口之间的密封层次越多,密封就越好,螺杆泵的额定压力就越高。

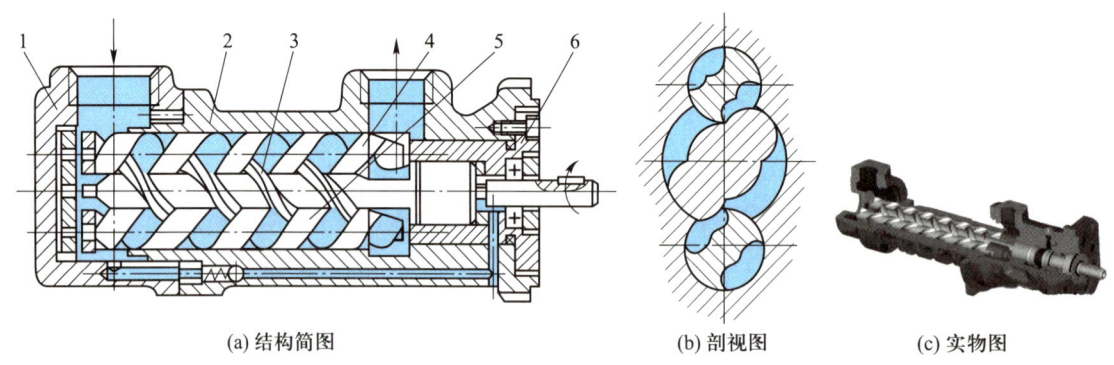

(a) 结构简图　　　　　　　　　　(b) 剖视图　　　　　　　　(c) 实物图

1—后泵盖;2—壳体;3—主动螺杆(凸螺杆);4、5—从动螺杆(凹螺杆);6—前泵盖

图3.13　螺杆泵结构简图、剖视图和实物图

螺杆泵与其他容积式液压泵相比,具有结构紧凑,体积小,重量轻,自吸能力强,运转平稳,流量无脉动,噪声小,对油液污染不敏感,工作寿命长等优点。螺杆泵的缺点是其加工工艺复杂,加工精度高,所以应用受到限制。目前,螺杆泵常用在精密机床上和用来输送黏度大或含有颗粒物质的液体。

3.3　叶片泵

微视频3-10:
叶片泵

叶片泵具有结构紧凑、流量均匀、噪声小、运转平稳等优点,因而被广泛地应用于中、低压液压传动系统中。但它也存在着结构复杂、吸油能力差、对油液污染比较敏感等缺点。

叶片泵按其结构来分有单作用式和双作用式两大类。单作用式主要用作变量泵;

双作用式用作定量泵,双作用式叶片泵的径向力平衡,流量均匀,寿命长,有其独特的优点。

3.3.1 双作用叶片泵

1. 双作用叶片泵的工作原理

图 3.14 为双作用叶片泵的结构简图和实物图。该泵主要有前、后泵体 8 和 6,在泵体中装有配流盘 2 和 7,用长定位销将配流盘 2、7 和定子 5 定位,固定在泵体 8、6 上,以保证配流盘上吸、压油窗口位置与定子内表面相对应。转子 4 上均匀地开有叶片槽(图中为 12 条,在实际使用中具体数目由叶片泵的性能决定),叶片 12 可以在槽内沿径向方向滑动。配流盘 7 上开有与压油腔相通的环槽,将压力油引入叶片底部。传动轴 3 支承在滚针轴承 1 和滚动轴承 9 上,传动轴通过花键带动转子在配流盘之间转动。泵的左侧为吸油口,右侧(靠近伸出轴一端)为压油口。

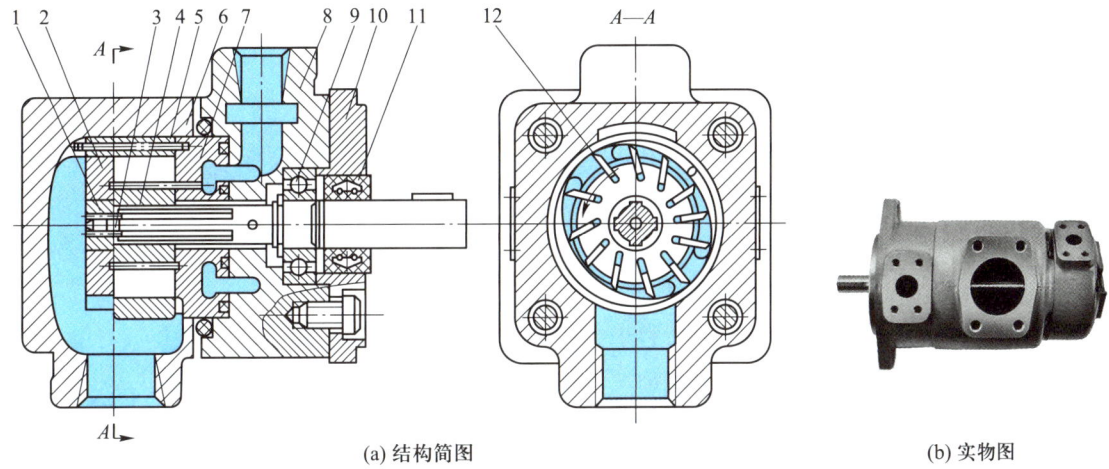

(a) 结构简图   (b) 实物图

1、9—滚针(动)轴承;2、7—配流盘;3—传动轴;4—转子;5—定子;6、8—泵体;10—盖板;11—密封圈;12—叶片

图 3.14　双作用叶片泵结构简图和实物图

图 3.15 所示为双作用叶片泵工作原理图。转子 3 和定子 2 是同心的,定子内表面由两段大半径为 R 的圆弧面、两段小半径为 r 的圆弧面以及连接四段圆弧面的四段过渡曲面组成。当转子沿图示方向转动时,叶片受通过配流盘小孔进入叶片底部压力油的作用,使叶片伸出并紧贴在定子的内表面上,在每相邻两叶片之间形成密封容积。当相邻两叶片从定子小半径 r 的圆弧面经过渡曲面向定子大半径 R 的圆弧面滑动时,叶片向外伸,使两叶片之间的密封容积变大形成真空,油箱中的油液从配流盘吸油窗口 a 进入并充满密封容积,这是叶片泵的吸油过程;当转子继续转动,两叶片从定子大半径 R 的圆弧面经过渡曲面向定子小半径 r 的圆弧面滑动时,叶片受定子内表面的作用缩回转子槽内,使两叶片之间的密封容积变小,油液受到挤压,并从配流盘的压油窗口 b 压出进入到液压传动系统中,这是叶片泵的压油过程。

叶片泵的转子每转一周,两相邻叶片之间的密封容积吸油和压油两次,因此这种泵称为双作用叶片泵。又因吸、压油口对称分布,转子和轴承所受的径向液压力基本平衡,使泵轴及轴承的寿命长,所以该泵又称为卸荷式叶片泵。这种泵的流量均匀,噪声低。但是这种泵的输出流量不可调,一般只能做成定量泵。

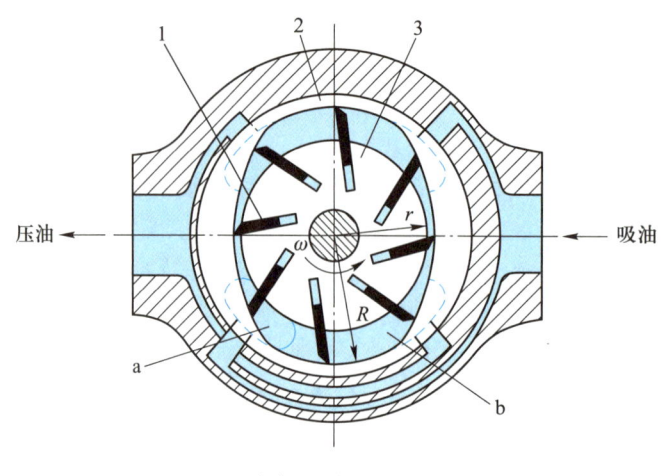

1—叶片;2—定子;3—转子

图 3.15 双作用叶片泵工作原理图

微视频 3-12:
双作用叶片
泵特性分析

2. 双作用叶片泵的排量和流量

如图 3.16 所示,当不考虑叶片厚度时,双作用叶片泵排量 V_0 等于两叶片间最大容积 V_1 与最小容积 V_2 之差和叶片数 z 乘积后再乘以 2,即:

$$V_0 = 2\pi B(R^2 - r^2)z \qquad (3.18)$$

式中:B——叶片宽度,m;

R、r——定子的大半径和小半径,m。

实际上叶片有一定厚度,叶片所占的空间不起吸油和压油作用,转子每转因叶片所占的体积会造成排量损失 V',即:

$$V' = \frac{2b(R-r)}{\cos\theta}Bz \qquad (3.19)$$

式中:b——叶片厚度,m;

θ——叶片倾角,(°);

z——叶片数。

双作用叶片泵的实际排量 V 为:

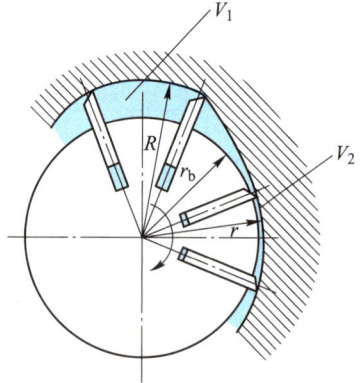

图 3.16 双作用叶片泵流量计算图

$$V = V_0 - V' = 2B\left[\pi(R^2 - r^2) - \frac{R-r}{\cos\theta}bz\right] \qquad (3.20)$$

双作用叶片泵的流量 q 为:

$$q = 2B\left[\pi(R^2 - r^2) - \frac{R-r}{\cos\theta}bz\right]n\eta_{pv} \qquad (3.21)$$

式中:n——叶片泵的转速,r/min;

η_{pv}——叶片泵的容积效率。

如果不考虑叶片的厚度,则理论上双作用叶片泵无流量脉动。实际上,由于制造工艺误差,两大圆弧和小圆弧有不圆度,也不可能完全同心,该泵的瞬时流量仍有少量的流量脉动,但其脉动率除螺杆泵外是各类泵中最小的。通过理论分析还可知,叶片数为 4 的倍数时流量脉动率最小,所以双作用叶片泵的叶片数一般取 12 或 16。

此外,从双作用叶片泵的排量及流量公式可以看出,这种泵的排量和流量与定子的宽度和定子长短半径之差成比例,在一定范围内改变这两个尺寸,可在保持外形(径向)尺寸不变的前提下改变排量和流量,形成不同规格的泵,便于产品的系列化生产。

3. 双作用叶片泵结构特点

（1）定子工作表面

定子工作表面如图 3.17 所示。它是由两段大半径为 R 的圆弧面 b_1b_2 和两段小半径为 r 的圆弧面 a_1a_2,以及圆弧间的四段过渡曲面 b_1a_2 和 a_1b_2 组成。理想的过渡曲面应保证叶片在转子槽中滑动时径向速度和加速度变化均匀,并且应使叶片在过渡曲面和圆弧交接点处的加速度突变较小,叶片顶部与定子内表面不产生脱空(叶片顶部短时间与定子内表面不接触),从而保证叶片对定子表面的冲击尽可能地小,对定子的磨损小,瞬时流量脉动小。

目前定子的过渡曲面的线形有阿基米德螺线、等加速-等减速曲线等。

当采用阿基米德螺线时,由于叶片滑过过渡曲面的径向速度为常量,径向加速度为零,因此泵的瞬时流量脉动很小,但在过渡曲面与圆弧面连接处速度发生突然变化,从理论上认为加速度 a 趋于无穷大,因此叶片会造成对定子的很大冲击——硬性冲击,使在连接处产生严重磨损和噪声,故近些年来很少采用。

双作用叶片泵的定子过渡曲面的线形采用等加速-等减速曲线时,如图 3.18 所示,曲线的极坐标方程为:

$$
\left.
\begin{array}{ll}
\rho = r + \dfrac{2(R-r)}{\alpha^2}\theta^2 & \left(0 \leqslant \theta < \dfrac{\alpha}{2}\right) \\[3mm]
\rho = 2r - R + \dfrac{4(R-r)}{\alpha}\left(\theta - \dfrac{\theta^2}{2\alpha}\right) & \left(\dfrac{\alpha}{2} \leqslant \theta \leqslant \alpha\right)
\end{array}
\right\}
\tag{3.22}
$$

式中:ρ——过渡曲面的极半径,m;

R、r——圆弧部分的大半径和小半径,m;

θ——极径的坐标极角,(°);

α——过渡曲面的中心角,(°)。

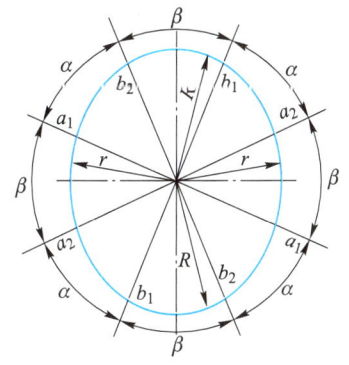

图 3.17　双作用叶片泵定子工作表面

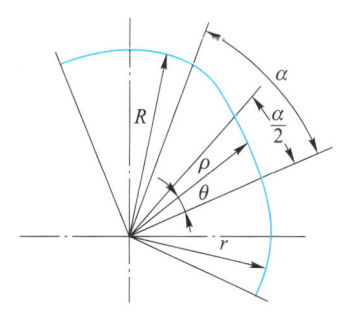

图 3.18　定子的过渡曲面

由式(3.22)得出叶片的径向速度$\dfrac{d\rho}{dt}$和径向加速度$\dfrac{d^2\rho}{dt^2}$,如图3.19所示。从图3.19可以看出,当$0\leqslant\theta<\dfrac{\alpha}{2}$时,叶片的径向运动为等加速;当$\dfrac{\alpha}{2}\leqslant\theta\leqslant\alpha$时,叶片的径向运动为等减速。在$\theta=0$、$\theta=\dfrac{\alpha}{2}$和$\theta=\alpha$处叶片运动的加速度仍有突变,但突变值远比采用阿基米德螺线小,所产生的是柔性冲击。柔性冲击所引起的惯性力和造成定子的磨损比硬性冲击小得多。所以,我国设计的YB型双作用叶片泵定子过渡曲面线形采用等加速-等减速曲线。目前,在国外有些叶片泵的定子采用高次曲面线形,它能充分满足叶片泵对定子曲线径向速度、加速度和加速度变化率特性的要求,为高性能、低噪声、高寿命的叶片泵广泛采用。

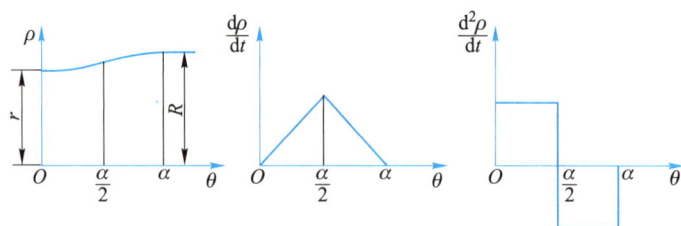

图3.19　采用等加速-等减速过渡曲线时,叶片的径向运动特征

（2）配流盘

配流盘的作用是给泵进行配流。为了保证配流盘的吸、压油窗口在工作中能隔开,就必须使配流盘上封油区夹角ε（即吸油窗口和压油窗口之间的夹角）大于或等于两个相邻叶片间的夹角,如图3.20所示,即:

$$\varepsilon\geqslant\dfrac{2\pi}{z}\tag{3.23}$$

式中:z——叶片数。

若夹角ε小于$\dfrac{2\pi}{z}$,就会使吸油窗口和压油窗口相通,使泵的容积效率降低。此外,定子圆弧部分的夹角β应当等于或大于配流盘上封油区夹角ε,以免产生困油和空穴现象。

此外,当两相邻叶片之间的油液从定子封油区（即定子圆弧部分）突然转入压油窗口时,其油液压力迅速达到泵的输出压力,油液瞬间被压缩,使压油腔中的油液倒流进来,泵的瞬时流量减少,引起流量脉动和噪声。为了避免产生这种现象,在配流盘上叶片从封油区进入压油窗口一边开卸荷三角槽,如图3.20所示,这样使相邻叶片间的密封容积逐渐地进入压油窗口,压力逐渐上升,从而减弱困油现象和由于压力突变而引起的瞬时流量脉动和噪声。卸荷三角槽的尺寸通常由实验来确定。

图3.21所示为YB型双作用叶片泵右配流盘的结构简图。图中的小孔b为配流盘定位孔;图中B—B剖面表示压油窗口一部分油通过a与配流盘端面环形槽相连,而环形槽又与叶片泵转子上叶片槽底部相对,使压力油通至叶片槽底部,以便增大叶片对定子表面的压紧力来防止漏油,这样提高了泵的容积效率。

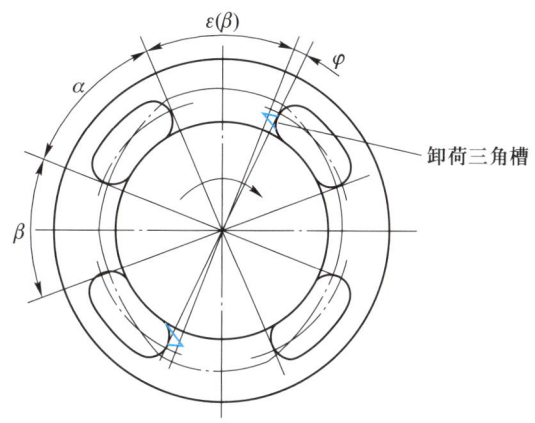

图 3.20   定子曲线圆弧部分夹角和配流盘封油区夹角关系

（3）叶片倾角

叶片在转子中放置时应当有利于叶片在转子的槽中滑动,并且叶片对定子及转子槽的磨损要小。叶片在工作过程中,受到离心力和叶片底部压力油的作用,使叶片紧密地与定子接触。设当叶片转至压油区时,定子内表面给叶片顶部反作用力为 F_N ,其方向沿定子内表面曲线的法向方向,该力可分解为两个力,即与叶片垂直的力 F_T 和沿叶片槽方向的力 F ,如图 3.22 所示。其中力 F_T 的作用使叶片与转子槽侧壁产生很大的摩擦力,并且容易使叶片折断。力 F_T 的大小取决于压力角 β (即作用力 F_N 方向与叶片运动方向的夹角) 的大小,压力角越大则力 F_T 越大。当转子槽沿旋转方向倾斜 α 角时,可使原径向排列叶片的压力角 β 减少为 β' ,这样就可以减小与叶片垂直的力 F_T ,使叶片在转子槽中移动灵活,减少磨损。由于不同转角处的定子曲线的法线方向不同,由理论和实践得出,一般叶片倾角 α 为 $10° \sim 14°$ 。

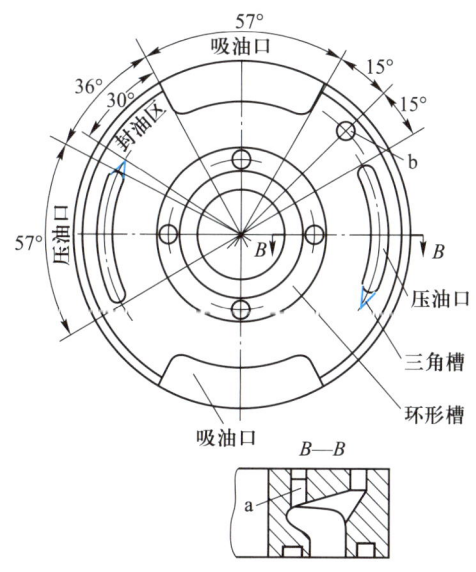

图 3.21   YB 型双作用叶片泵右配流盘结构简图

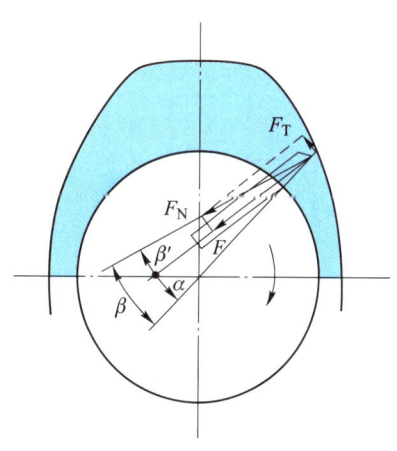

图 3.22   叶片的倾角

4. 高压双作用叶片泵结构特点

提高双作用叶片泵压力,需要采取以下措施。

(1) 端面间隙自动补偿

这种方法是将配流盘的一侧与压油腔连通,使配流盘在液压推力作用下压向定子端面,这样配流盘就会自动压紧定子,同时配流盘产生适量的弹性变形,使转子与配流盘间隙进行自动补偿,从而提高双作用叶片泵输出压力。该方法与提高齿轮泵压力方法中的齿轮端面间隙自动补偿相类似。

(2) 减小叶片对定子作用力

前已阐述,为保证叶片顶部与定子内表面紧密接触,所有叶片底部都与压油腔相通。当叶片在吸油腔时,叶片底部作用着压油腔的压力,而顶部却作用着吸油腔的压力,这一压力差使叶片以很大的力压向定子内表面,在叶片和定子之间产生强烈的摩擦和磨损,使泵的寿命降低。这个问题对高压双作用叶片泵尤为突出,因此高压双作用叶片泵必须在结构上采取相应的措施,常用的措施如下。

1) 减小作用在叶片底部的液压力。将泵压油腔的油液通过阻尼孔或内装式小减压阀进入处于吸油腔的叶片底部,这样使叶片经过吸油腔时,叶片压向定子内表面的作用力不至于过大。

2) 减小叶片底部受压力油作用的面积。可以用减小叶片厚度的办法来减小液压力对叶片底部的作用力,但受目前材料工艺条件的限制,叶片不能做得太薄,一般厚度为 1.8~2.5 mm。

3) 采取双叶片结构,如图 3.23 所示。在转子 2 的叶片槽中装有两个叶片 1,它们之间可以相对自由滑动,在叶片顶端和两侧面倒角之间构成 V 形通道,使叶片底部的压力油经过通道进入叶片顶部,因此使叶片底部和顶部的压力相等,适当选择叶片顶部棱边的宽度,既可保证叶片顶部有一定的作用力压向定子 3,同时又不至于产生过大的作用力而引起定子的过度磨损。

4) 采用复合叶片结构,如图 3.24 所示。叶片由母叶片 1 和子叶片 4 组成,母叶片和子叶片能相对滑动,母叶片底部 L 腔经转子 2 上虚线所示的油孔始终与所在油腔相通,子叶片和母叶片之间的小腔 C 通过配流盘的环槽使 K 槽总是接通压力油。当叶片在吸油区工作时,母叶片 1 底部 L 腔不受高压油作用,推动母叶片压向定子的作用力仅为 C 腔的高压油的作用,这就相当于减小叶片底部承受压力油的作用面积,使该作用力较小,保证叶片与定子接触良好。这种方法用于额定压力达 21 MPa 的高压叶片泵上。

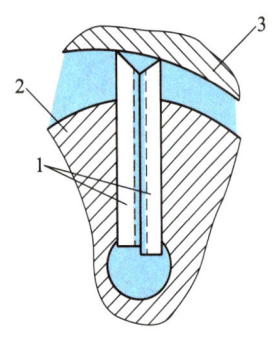

1—叶片;2—转子;3—定子

图 3.23 双叶片结构简图

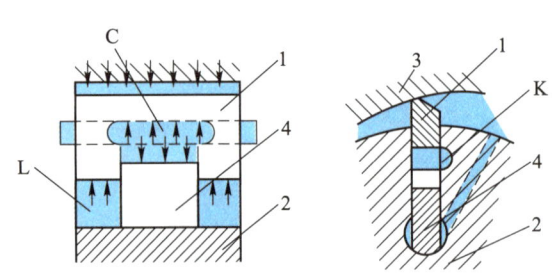

1—母叶片;2—转子;3—定子;4—子叶片

图 3.24 复合叶片结构简图

3.3.2 双联叶片泵

将两个双作用叶片泵的主要工作部件装在一个泵体内,同轴驱动,并在油路上实现两泵并联工作,就构成双联叶片泵。双联叶片泵有两个各自独立的出油口,在使用时,两泵的输出流量可以分开工作,也可以合并使用。

双联叶片泵(简称双联泵)多用于机床进给系统,这时的双联泵采用一小流量泵和一大流量泵进行组合。当执行元件带动工作部件作轻载快进或快退时,可以使两泵同时供给低压液压油;当重载慢速工进时,高压小流量泵单独供液压油,大流量泵输出的液压油在极低的压力下流回油箱,实现卸荷。系统中采用双联泵可以降低功率损耗,减少液压油发热。

3.3.3 单作用叶片泵

1. 单作用叶片泵工作原理

图 3.25 所示为单作用叶片泵结构简图和内部结构实物图。单作用叶片泵也是由转子1、定子2、叶片3 和配流盘(图中未画出)等零件组成。与双作用叶片泵的明显不同之处是,定子的内表面是圆形的,转子与定子之间有一偏心量 e,配流盘只开一个吸油窗口和一个压油窗口,叶片装在转子槽内沿径向可灵活地往复滑动。当转子转动时,由于离心力作用,叶片顶部将始终压在定子内圆表面上。这样,定子、转子、两相邻叶片和两侧配流盘间就形成密封容积。当转子按图示方向旋转时,图中右边两相邻叶片由于外伸,密封容积逐渐增大,产生真空,油箱中油液由吸油口经配流盘上吸油窗口(图中虚线所示弧形槽)进入密封容积空间,这是吸油过程。图中左侧相邻叶片被定子内表面压入转子槽内,使密封容积逐渐减小,油液经配流盘压油窗口被压出进入系统中去,这是压油过程。在吸油区与压油区之间各有一段封油区将它们相互隔开,以保证泵在转子每转一周的过程中,每个密封容积完成吸油和压油各一次,所以称为单作用叶片泵。由于转子上受有不平衡液压作用力,故这种泵又称为非卸荷式叶片泵。

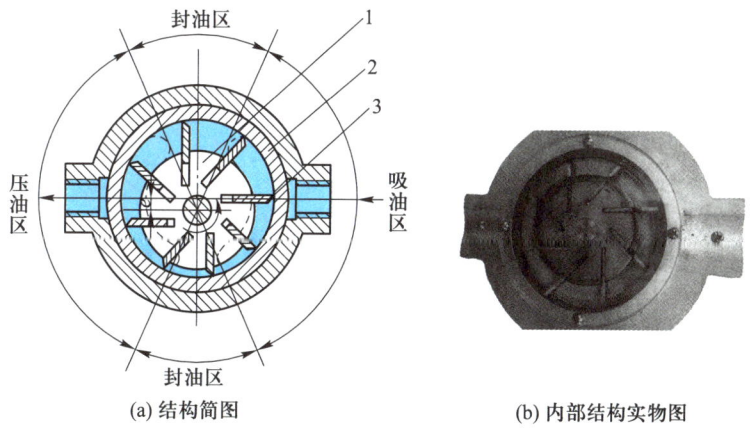

(a) 结构简图　　　　　　(b) 内部结构实物图

1—转子;2—定子;3—叶片

图 3.25　单作用叶片泵结构简图和内部结构实物图

从上述工作原理可以看出,当改变定子与转子偏心量的方向时,可以改变泵的吸、压油口,即原来的吸油口变成压油口,原来的压油口变成吸油口。

由于单作用叶片泵的偏心结构特点,使叶片在离心力的作用下其顶部始终压在定子内圆表面上,因此单作用叶片泵转子叶片底部的通油槽不需要像双作用叶片泵通油槽那样始终通压油腔。

单作用叶片泵配流盘上叶片底部的通油槽,通常做成高压腔和低压腔两部分,即高压腔通压油腔,低压腔通吸油腔。当叶片处于吸油腔时,叶片底部和配流盘低压腔相通也参加向内吸油;当叶片处于压油腔区时,叶片底部和配流盘高压腔相通也向外压油。叶片底部的吸油和压油作用,正好补偿了工作容积中叶片所占的体积,所以叶片体积对泵的瞬时流量无影响。为使叶片能顺利地向外运动并始终紧贴定子,必须使叶片所受的惯性力与叶片的离心力等的合力尽量与转子中叶片槽的方向一致,以免侧向分力使叶片与定子间产生摩擦力影响叶片的伸出,为此转子中叶片槽应向后倾斜一定角度 θ_i(一般后倾20°~30°)。图3.26所示为单作用叶片泵的转子和配流盘结构简图。

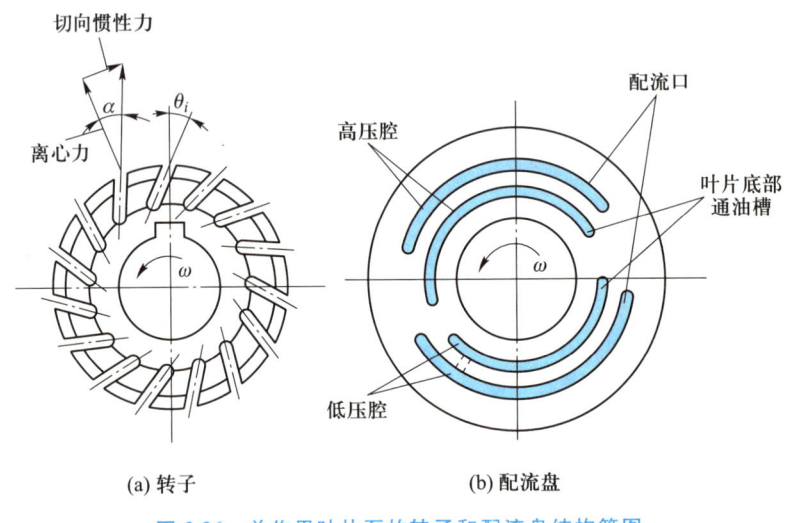

微视频3-16:
单作用叶片
泵特性分析

(a) 转子　　　　　　　(b) 配流盘

图3.26　单作用叶片泵的转子和配流盘结构简图

2. 单作用叶片泵排量和流量

图3.27所示为单作用叶片泵排量和流量计算简图。设定子直径为 D,转子直径为 d,宽度为 B,两叶片间夹角为 β,叶片数为 z,定子与转子的偏心量为 e。当单作用叶片泵的转子每转一转时,每两相邻叶片间的密封容积变化量为 $V_1 - V_2$。若近似把 AB 和 CD 看作中心 O_1 的圆弧,则有:

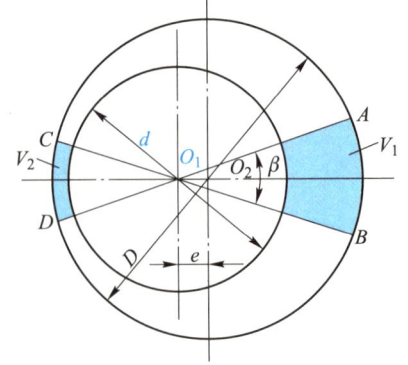

$$V_1 = \pi \left[\left(\frac{D}{2} + e \right)^2 - \left(\frac{d}{2} \right)^2 \right] \frac{\beta}{2\pi} B$$

$$V_2 = \pi \left[\left(\frac{D}{2} - e \right)^2 - \left(\frac{d}{2} \right)^2 \right] \frac{\beta}{2\pi} B$$

因叶片数为 z,所以在一转中应当有 z 个密封容积变化量,即排量 $V = (V_1 - V_2)z$,将上两式代入,并加以整理,其排量

图3.27　单作用叶片泵的排量计算简图

近似表达式为：

$$V = 2\pi DBe \tag{3.24}$$

泵的实际流量 q 为：

$$q = Vn\eta_{pv} = 2\pi DBen\eta_{pv} \tag{3.25}$$

式中：n——转子的转速，r/min；

η_{pv}——泵的容积效率。

从式（3.24）和式（3.25）看出，改变单作用叶片泵转子和定子的偏心量 e，便可改变泵的排量 V 和流量 q。根据理论分析，当叶片数为奇数时，单作用叶片泵瞬时流量脉动小，所以限压式变量叶片泵的叶片数通常为 15 片左右。

3.3.4　单作用变量叶片泵

单作用变量叶片泵按改变偏心方式的不同，有手动调节变量泵和自动调节变量泵两种。自动调节变量泵根据其压力–流量特性的不同，又可分恒压式变量叶片泵、稳流量式变量叶片泵和限压式变量叶片泵等多种形式。目前使用较多的是限压式变量叶片泵。

1. 限压式变量叶片泵的工作原理和特性

限压式变量叶片泵是利用负载的变化来实现自动变量的，根据控制方式的不同有内反馈和外反馈两种，下面分别说明它们的工作原理和特性。

（1）外反馈限压式变量叶片泵

图 3.28 所示为外反馈限压式变量叶片泵工作原理图、图形符号和实物图。转子的中心 O_1 是固定的，定子可以左右移动，在限压弹簧 3 的作用下，定子被推向左端，使定子中心 O_2 与转子中心 O_1 有一初始偏心量 e_0，e_0 的大小可用偏心调节螺钉 1 调节，它决定了泵的最大流量 q_{max}。该泵配流盘上的吸油窗口和压油窗口对泵的中心线是对称的。如图所示，泵工作时，液压泵出口压力 p 经泵内通道作用在小活塞面积 A 上，这样活塞上的作用力 $F = pA$ 与弹簧的作用力方向相反。当 $pA = k_s x_0$（k_s 为弹簧刚度，x_0 为偏心量，是 e_0 时弹簧的预压缩量）时，活塞上所受的液压力与弹簧初始力相平衡，此时的压力 p 称为泵的限定压力，用 p_b 表示，则有：

$$p_b A = k_s x_0 \tag{3.26}$$

当系统压力 $p < p_b$ 时，则：

$$pA < k_s x_0 \tag{3.27}$$

这表明定子不动，最大偏心量 e_0 保持不变，泵也保持最大流量 q_{max}。

当系统压力 $p > p_b$ 时，则：

$$pA > k_s x_0 \tag{3.28}$$

这表明压力油的作用力大于弹簧 3 的作用力，使定子向右移动，弹簧被压缩，偏心量 e_0 减小，泵的输出流量也随之减少。

当偏心量变化时弹簧增加的压缩量为 x，则偏心量 e 为：

$$e = e_0 - x \tag{3.29}$$

此时定子受力平衡方程为：

$$pA = k_s(x_0 + x) \tag{3.30}$$

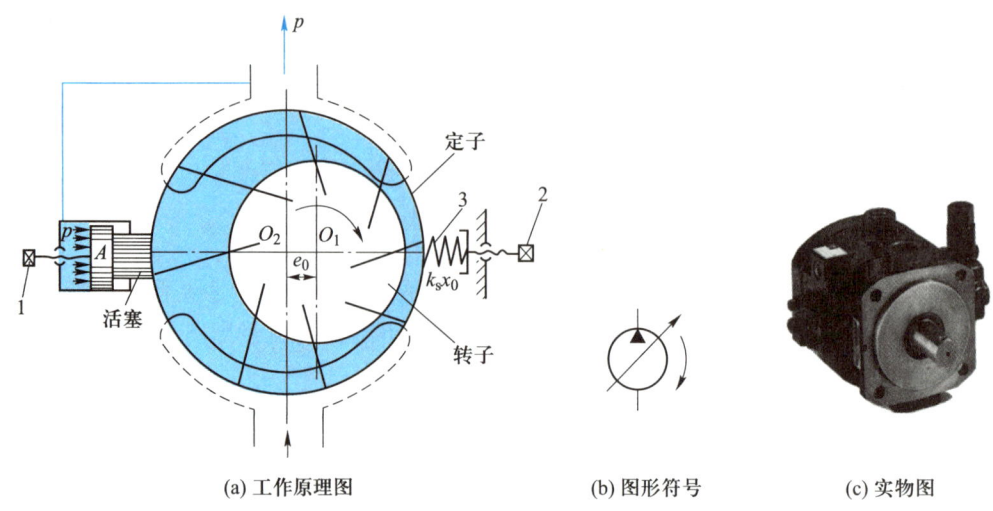

(a) 工作原理图   (b) 图形符号   (c) 实物图

1—偏心调节螺钉;2—预紧力调节螺钉;3—限压弹簧

图 3.28 外反馈限压式变量叶片泵工作原理图、图形符号和实物图

将式(3.26)代入式(3.30),化简后再代入式(3.29)得:

$$e=e_0-\frac{A(p-p_b)}{k_s} \quad （当\ p>p_b\ 时） \tag{3.31}$$

式(3.31)表明当液压传动系统压力 p 超过泵的限定压力 p_b 时偏心量 e 和泵的工作压力 p 之间的关系,即工作压力 p 越高,偏心量 e 越小,泵的流量也就越小。

微视频 3-18:
YBX 型变量
叶片泵

这种变量泵是由出油口引出的压力油作用在柱塞上来控制变量的,故称为外反馈限压式变量叶片泵。

图 3.29 所示为 YBX 型外反馈限压式变量叶片泵的结构简图。

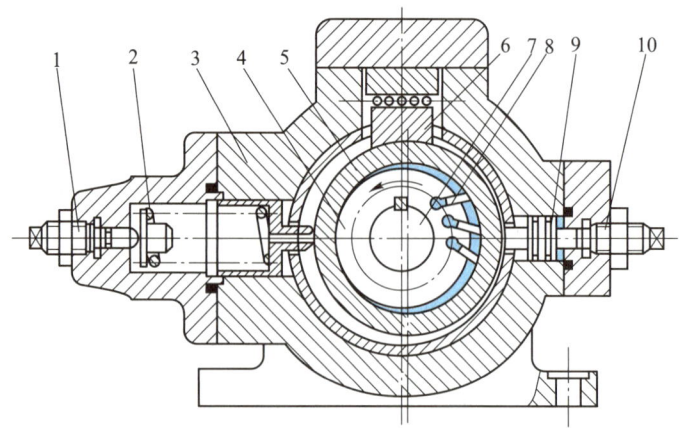

1—预紧力调节螺钉;2—限压弹簧;3—泵体;4—转子;5—定子;6—滑块;

7—泵轴;8—叶片;9—反馈柱塞;10—偏心调节螺钉

图 3.29 YBX 型外反馈限压式变量叶片泵的结构简图

（2）内反馈限压式变量叶片泵

内反馈限压式变量叶片泵的工作原理与外反馈限压式变量叶片泵相似。图3.30所示为内反馈限压式变量叶片泵的工作原理图。

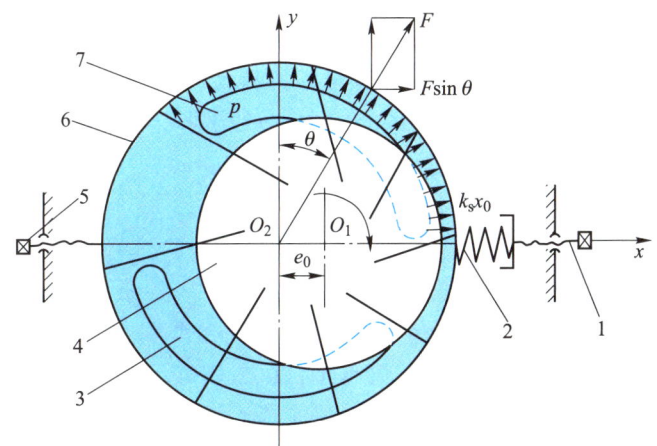

1—偏心调节螺钉;2—限压弹簧;3—吸油口;4—转子;5—预紧力调节螺钉;6—定子;7—压油口

图3.30　内反馈限压式变量叶片泵的工作原理图

从图中可以看出,由于内反馈限压式变量叶片泵配流盘的吸、压油窗口相对泵中心线 y 是不对称的,存在着偏角 θ,因此泵在工作时,压油区的压力油作用于定子的力 F 也偏一个 θ 角,这样力 F 在 x 轴方向的分力为 $F\sin\theta$,当分力 $F\sin\theta$ 超过限压弹簧限定作用力时,定子向右移动,定子与转子偏心量 e 减小,因而使泵的输出流量减小。

这种变量泵是依靠压油腔的压力直接作用在定子上来控制变量的,故称为内反馈限压式变量叶片泵。

2. 限压式变量叶片泵的压力-流量特性

对于限压式变量叶片泵,当泵压力 $p<p_b$ 时,有 $pA<k_s x_0$。其中 x_0 为偏心量 $e=e_0$ 时的弹簧初始压缩量,这时的流量为:

$$q=k_q e_0-k_1 p \tag{3.32}$$

式中:k_q——泵的流量系数,$(\text{m}^3/\text{s})/(\text{N}/\text{m}^2)$;

$\quad\quad k_1$——泵的泄漏系数,$(\text{m}^3/\text{s})/(\text{N}/\text{m}^2)$。

当泵压力 $p>p_b$ 时,即 $pA>k_s x_0$,定子移动了 x 距离,由 $pA=k_s(x_0+x)$ 得 $x=\dfrac{pA}{k_s}-x_0$。

偏心量为:

$$e=e_0-x=e_0+x_0-\frac{pA}{k_s}$$

将偏心量 e 代入式（3.32）,这时泵的流量为:

$$q=k_q(e_0+x_0)-\frac{pAk_q}{k_s}-k_1 p$$

由此得：

$$q = k_q(e_0 + x_0) - \frac{Ak_q}{k_s}\left(1 + \frac{k_s}{Ak_q}k_1\right)p \qquad (3.33)$$

图 3.31 所示为限压式变量叶片泵流量-压力特性曲线。该曲线表示了泵工作时流量与压力之间的关系。当泵的工作压力小于 p_b 时，其流量 q 按斜线 AB 变化，在该阶段变量泵相当一个定量泵，图中 B 点为曲线的拐点，其对应的压力就是限定压力 p_b。它表示泵在原始偏心量 e_0 时可达到的最大工作压力。当泵的工作压力 p 超过 p_b 时，偏心量 e 减小，输出流量随压力的升高而急剧减少，流量按 BC 段曲线变化，C 点所对应的压力 p_c 为截止压力（又称最大压力）。当更换不同刚度的限压弹簧时，可改变曲线 BC 段的斜率，弹簧刚度 k_s 值越小（越"软"），BC 段越陡，p_c 值越小；反之，弹簧刚度 k_s 值越大（越"硬"），曲线 BC 段越平缓，p_c 值亦越大。

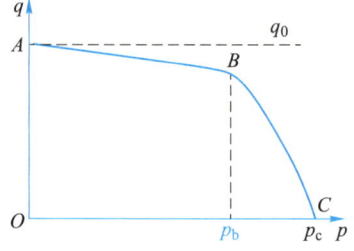

图 3.31　限压式变量叶片泵流量-压力特性曲线

限压式变量叶片泵的流量-压力特性曲线表明了它的静态特性。偏心调节螺钉 1（见图 3.30）可以改变泵的最大流量，使特性曲线 AB 段上下平移；预紧力调节螺钉 5 可改变限定压力 p_b 的大小，使特性曲线 BC 段左右平移。

3. 限压式变量叶片泵的应用

由于限压式变量叶片泵具有上述特点，因此它常用于执行机构需要快慢速的液压传动系统。例如用于组合机床动力滑台的进给系统（见 8.1 节），用来实现快进、工进、快退等工作循环；也可用于定位、夹紧系统。当执行机构快进或快退时，需要大流量和较小的工作压力，这时可利用限压式变量叶片泵流量-压力特性曲线（见图 3.31）中 AB 段；在工作进给时，需要较小流量和较大的工作压力，这时可利用 BC 段。在定位夹紧系统中，定位、夹紧部件移动时需要低压大流量，即可用 AB 段；当定位、夹紧后，仅需要维持较大的压力和补偿泄漏量的流量，则可以利用特性曲线 C 点的特性。

从上述液压传动系统中可以看出，限压式变量叶片泵功率利用合理，可减少功率损耗，减少油液发热，简化油路系统。但限压式变量叶片泵结构比较复杂，泄漏量比较大，从而导致执行机构运动速度不够平稳。

3.4　柱塞泵

微视频 3-19：
柱塞泵

柱塞泵是依靠柱塞在缸体中往复运动，使密封工作容积发生变化来实现吸油和压油的。与齿轮泵和叶片泵相比它有以下特点。

（1）工作压力高　由于密封容积是由缸体中的柱塞孔和柱塞构成的，其配合表面质量和尺寸精度容易达到要求，密封性好，结构紧凑，容积效率高。此外，柱塞泵的主要零件在工作中处于受压状态，零件材料的力学性能得到充分利用。基于上述两点，这类泵工作压力一般为 20~40 MPa，最高可达 1 000 MPa。

（2）易于实现变量　只要改变柱塞行程便可改变液压泵的流量，并且易于实现单向或双向变量。

（3）流量范围大　只要改变柱塞直径或数量，便可得到不同的流量。

但柱塞泵还存在着对油污染敏感、油液过滤精度要求高、结构复杂、加工精度高、价格较高等缺点。

从以上的特点可以看出，柱塞泵具有额定压力高，结构紧凑，效率高及流量调节方便等优点。所以柱塞泵常用于高压、大流量和流量需要调节的场合，如液压机、工程机械、龙门刨床、拉床、船舶等设备的液压传动系统。

柱塞泵按其柱塞排列方向与传动主轴相对位置的不同，可分为径向柱塞泵和轴向柱塞泵两大类。柱塞相对传动主轴径向排列的为径向柱塞泵；轴向排列的为轴向柱塞泵。

3.4.1　径向柱塞泵

1. 径向柱塞泵的工作原理

径向柱塞泵按其配流方式不同可分为轴配流式径向柱塞泵和阀配流式径向柱塞泵两种。图3.32 所示是轴配流式径向柱塞泵的结构简图和实物图。在转子（缸体）2 上径向均匀排列着柱塞孔，孔中装有柱塞 1，柱塞可在柱塞孔中自由滑动。衬套 3 固定在转子孔内并随转子一起旋转。配流轴 5 固定不动，配流轴的中心与定子中心有偏心量 e，定子能左右移动。转子顺时针方向转动时，柱塞在离心力（或在低压油）的作用下压紧在定子 4 的内壁上，当柱塞转到上右半周时向外伸出，径向孔内的密封工作容积不断增大，产生局部真空，使油箱中的油经配流轴上的 a 孔进入 b 腔；当柱塞转到下左半周时被定子的表面向里推入，密封工作容积不断减小，将 c 腔的油从配流轴上的 d 孔向外压出。转子每转一转，柱塞在每个径向孔内吸、压油各一次。改变定子与转子偏心量 e 的大小，就可以改变泵的排量；改变偏心量 e 的方向，即使偏心量 e 从正值变为负值时，泵的吸、压油方向发生变化。因此，径向柱塞泵可以作为单向或双向变量泵。

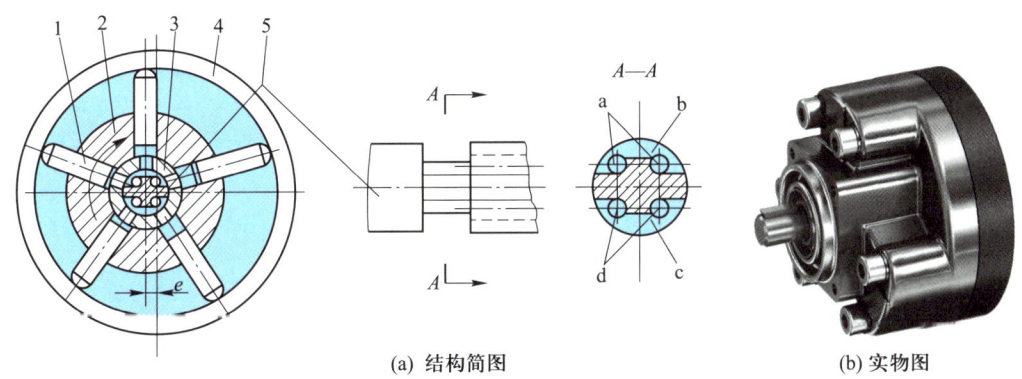

(a) 结构简图　　　　　　　　　　　　　　　(b) 实物图

1—柱塞；2—转子（缸体）；3—衬套；4—定子；5—配流轴

图 3.32　轴配流式径向柱塞泵结构简图和实物图

由于径向柱塞泵的径向尺寸大，柱塞布置不如后面介绍的轴向柱塞泵布置紧凑，结构复杂，自吸能力差，受径向不平衡液压力的作用，配流轴直径必须做得较大，以免变形过大，同时在配流轴与衬套之间磨损后的间隙不能自动补偿，泄漏量较大，这些原因限制了径向柱塞泵的转速和压力的进一步提高。

2. 径向柱塞泵排量和流量

当径向柱塞泵的转子和定子间的偏心量为 e 时,柱塞在缸体内孔的行程为 $2e$,若柱塞数为 z,柱塞直径为 d,则泵的排量为:

$$V = \frac{\pi}{4} d^2 \cdot 2ez \tag{3.34}$$

若泵的转速为 n,容积效率为 η_{pv},则泵的实际流量为:

$$q = \frac{\pi}{4} d^2 \cdot 2ezn\eta_{pv} \tag{3.35}$$

由于柱塞在缸体中径向移动速度是变化的,而各个柱塞在同一瞬时径向移动速度也不一样,所以径向柱塞泵的瞬时流量是脉动的,由于奇数柱塞要比偶数柱塞的瞬时流量脉动小得多,所以径向柱塞泵采用奇数柱塞。

3. 阀配流式径向柱塞泵的工作原理

在图 3.33 所示的阀配流式径向柱塞泵的结构简图中,柱塞 2 在弹簧 3 的作用下始终压紧在和主轴做成一体的偏心轮 1 上的滚动轴承 6 的外环上,主轴转一周,柱塞完成一个往复行程。根据容积式泵的特点,柱塞向下运动时,通过吸油阀 5 吸油;柱塞向上运动时,通过压油阀 4 压油。

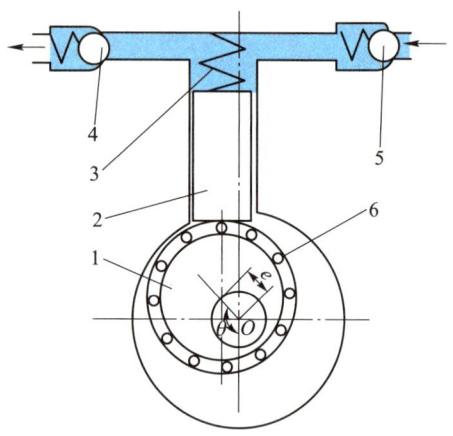

在该泵的吸、压油过程中,当柱塞从吸油过程转换到压油过程时,柱塞在开始往上运动的瞬间,吸油阀尚未关闭,压油阀还未打开,这时柱塞将油压到吸油腔。同理,当柱塞从压油过程转换到吸油过程时,在柱塞开始往下运动的瞬间,压油阀尚未关闭,吸油阀还未打开,这时柱塞将从压油腔吸油。因此,泵的吸、压油对柱塞的运动有一定的滞后,即阀配流径向柱塞泵的滞后现象使泵的实际排量比理论计算值要小。泵的转速越高,此滞后现象越严重。所以,此类泵的额定转速一般不高。

1—偏心轮;2—柱塞;3—弹簧;
4—压油阀;5—吸油阀;6—滚动轴承

图 3.33　阀配流式径向柱塞泵的结构简图

3.4.2　轴向柱塞泵

轴向柱塞泵的柱塞轴向排列。缸体轴线和传动轴轴线重合的轴向柱塞泵称为斜盘式轴向柱塞泵;缸体轴线和传动轴轴线成一个夹角 γ 的轴向柱塞泵称为斜轴式轴向柱塞泵。斜盘式轴向柱塞泵根据传动轴是否贯穿斜盘又分为通轴式轴向柱塞泵和非通轴式轴向柱塞泵两种。

轴向柱塞泵具有结构紧凑,功率密度大,重量轻,工作压力高,容易实现变量等优点。

1. 轴向柱塞泵的工作原理

图 3.34 所示为斜盘式轴向柱塞泵结构简图、内部结构实物图和双向变量泵图形符号。斜盘式轴向柱塞泵由斜盘 1、柱塞 2、缸体 3、配流盘 4 和传动轴 5 等主要零件组成。传动轴带动缸体旋转,斜盘和配流盘是固定不动的。柱塞均布于缸体内,并且柱塞头部靠机械装置或在低压油作用下紧压在斜盘上。斜盘的法线和缸体轴

微视频 3-20:
轴向柱塞泵
的工作原理

90

线交角为斜盘倾角 γ。当传动轴按图示方向旋转时,柱塞一方面随缸体转动,另一方面还在机械装置或低压油的作用下,在缸体内作往复运动,柱塞在其自其下而上的半圆周内旋转时逐渐向外伸出,使缸体内孔和柱塞形成的密封工作容积不断增大,产生局部真空,从而将油液经配流盘的吸油口 a 吸入;柱塞在其自上而下的半圆周内旋转时又逐渐压入缸体内,使密封容积不断减小,将油液从配流盘压油窗口 b 向外压出。缸体每转一周,每个柱塞往复运动一次,完成吸、压油各一次。如果改变斜盘倾角 γ 的大小,就能改变柱塞行程长度,也就改变了泵的排量;如果改变斜盘倾角 γ 的方向,就能改变吸、压油的方向,此时就成为双向变量轴向柱塞泵。

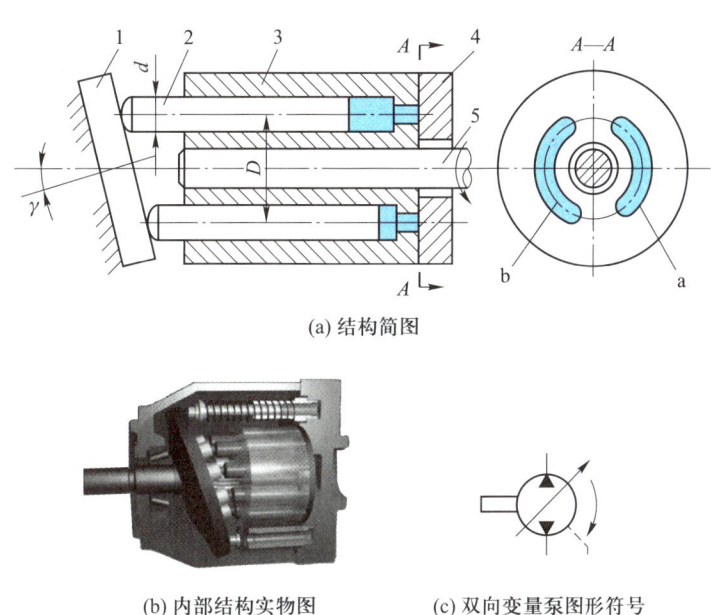

(a) 结构简图

(b) 内部结构实物图　　(c) 双向变量泵图形符号

1—斜盘;2—柱塞;3—缸体;4—配流盘;5—传动轴

图 3.34　斜盘式轴向柱塞泵的结构简图、内部结构实物图和双向变量泵图形符号

图 3.35 为斜轴式轴向柱塞泵的结构简图。斜轴式轴向柱塞泵当传动轴 1 在电动机的带动下转动时,连杆 2 推动柱塞 4 在缸体 3 中作往复运动,同时连杆的侧面带动柱塞连同缸体一同旋转。利用固定不动的配流盘 5 的吸油腔、压油腔进行吸油、压油。若改变缸体的倾斜角度 γ,就可改变泵的排量;若改变缸体的倾斜方向,就可成为双向变量轴向柱塞泵。

2. 轴向柱塞泵的排量和流量

图 3.36 为轴向柱塞泵的柱塞运动规律示意图。根据此图可求出轴向柱塞泵的排量和流量。设柱塞直径为 d,柱塞数为 z,柱塞中心分布圆直径为 D,斜盘倾角为 γ,则柱塞行程 h 为:

$$h = D\tan\gamma \tag{3.36}$$

缸体转一转时,泵的排量 V 为:

$$V = \frac{\pi}{4}d^2zh = \frac{\pi}{4}d^2zD\tan\gamma \tag{3.37}$$

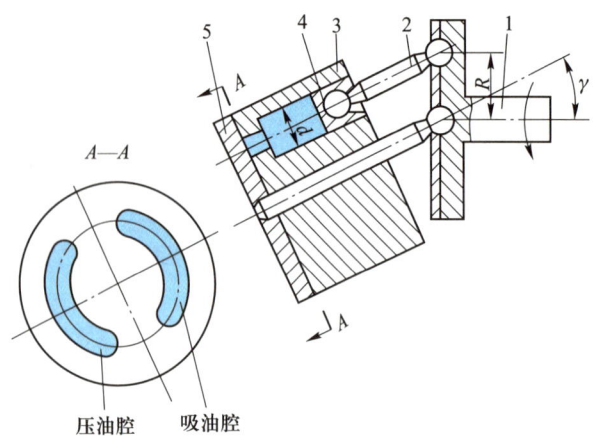

1—传动轴;2—连杆;3—缸体;4—柱塞;5—配流盘

图 3.35 斜轴式轴向柱塞泵的结构简图

泵的实际输出流量 q 为:

$$q = \frac{\pi}{4} d^2 z D \tan \gamma n \eta_{pv} \tag{3.38}$$

式中:n——泵的转速,r/min;

η_{pv}——泵的容积效率。

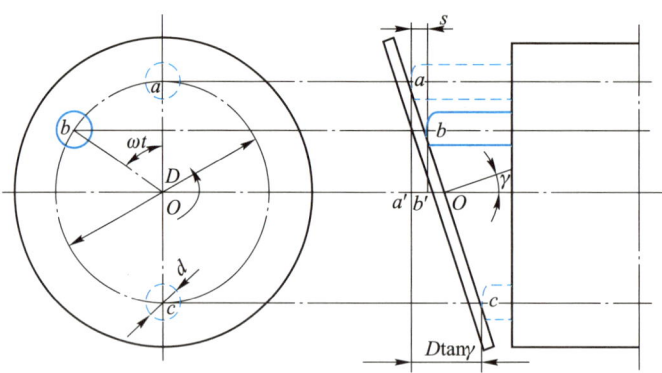

图 3.36 轴向柱塞泵柱塞运动规律示意图

下面分析该泵的瞬时流量。如图 3.36 所示,当缸体转过 ωt 角时,柱塞由 a 转至 b,则柱塞位移量 s 为:

$$s = a'b' = Oa' - Ob' = \frac{D}{2} \tan \gamma - \frac{D}{2} \cos \omega t \tan \gamma = \frac{D}{2} (1 - \cos \omega t) \tan \gamma$$

将上式对时间变量 t 求导数,得柱塞的瞬时移动速度 u 为:

$$u = \frac{\mathrm{d}s}{\mathrm{d}t} = \frac{D}{2} \omega \tan \gamma \sin \omega t \tag{3.39}$$

故单个柱塞的瞬时流量 q' 为：

$$q' = \frac{\pi d^2}{4} u = \frac{\pi d^2}{4} \cdot \frac{D}{2} \omega \tan \gamma \sin \omega t \qquad (3.40)$$

由此可知，单个柱塞的瞬时流量是按正弦规律变化的。整个泵的瞬时流量是处在压油区的几个柱塞瞬时流量的总和，因而也是脉动的。经推导，其流量的脉动率 δ_q（与齿轮泵流量脉动率概念相同）结果为：

$$\delta_q = \frac{\pi}{2z} \tan \frac{\pi}{4z} \qquad （当 z 为奇数时） \qquad (3.41)$$

$$\delta_q = \frac{\pi}{z} \tan \frac{\pi}{2z} \qquad （当 z 为偶数时） \qquad (3.42)$$

δ_q 与 z 的关系如表 3.3 所示。从表中看出，当柱塞数较多并为奇数时，流量脉动率 δ_q 较小。这就是柱塞泵的柱塞一般采用奇数的原因。从结构和工艺性考虑，多数采用 $z=7$ 或 $z=9$。

表 3.3　流量脉动率 δ_q 与柱塞数 z 的关系

z	5	6	7	8	9	10	11	12
$\delta_q/\%$	4.98	14.03	2.53	7.8	1.53	4.98	1.02	3.45

3. 轴向柱塞泵的结构

（1）斜盘式轴向柱塞泵

1）非通轴式轴向柱塞泵

① CY14-1 型轴向柱塞泵主体部分　CY14-1 型轴向柱塞泵是非通轴式柱塞泵，它由主体和变量机构两部分组成。相同流量的泵，其主体结构相同，配以不同的变量机构便派生出许多种类型，其额定工作压力多为 32 MPa。

图 3.37 所示为 SCY14-1 型手动变量轴向柱塞泵的结构简图和实物图，图中的中部和右半部为主体部分（零件 1~14）。中间泵体 1 和前泵体 8 组成泵体，传动轴 9 通过花键带动缸体 5 旋转，使轴向均匀分布在缸体上的七个柱塞 4 绕传动轴的轴线旋转。每个柱塞的头部都装有滑靴 3，滑靴与柱塞是球铰连接，可以任意转动（图 3.38）。定心弹簧 10 的作用力通过内套 11、钢球 13 和回程盘 14 将滑靴压靠在斜盘 20 的斜面上。当缸体转动时，该作用力使柱塞完成回程吸油动作。柱塞压油行程则是由斜盘斜面通过滑靴推动的。圆柱滚子轴承 2 用以承受缸体的径向力，缸体的轴向力由配流盘 7 来承受，配流盘上开有吸油、压油窗口，分别与前泵体上吸、压油口相通，前泵体上的吸、压油口分布在前泵体的左右两侧。通过上述结构的介绍，可知该泵的吸、压油过程与前面介绍的斜盘式轴向柱塞泵相同。

CY14-1 型轴向柱塞泵主体部分的主要结构和零件有以下特点。

a. 滑靴和斜盘

在斜盘式轴向柱塞泵中，当柱塞以球形头部直接在斜盘滑动进行工作时，由于柱塞头部与斜盘平面为点接触，因而接触应力大，柱塞及斜盘极易磨损，故只适用于低压。在柱塞泵的柱塞上装有滑靴，使二者之间为球面接触，而滑靴与斜盘之间又以平面接触，从而改善了柱塞工作受力状况。另外，为了减小滑靴与斜盘的滑动摩擦，利用流体力学中平面缝隙流动原理，采用静压支承结构。

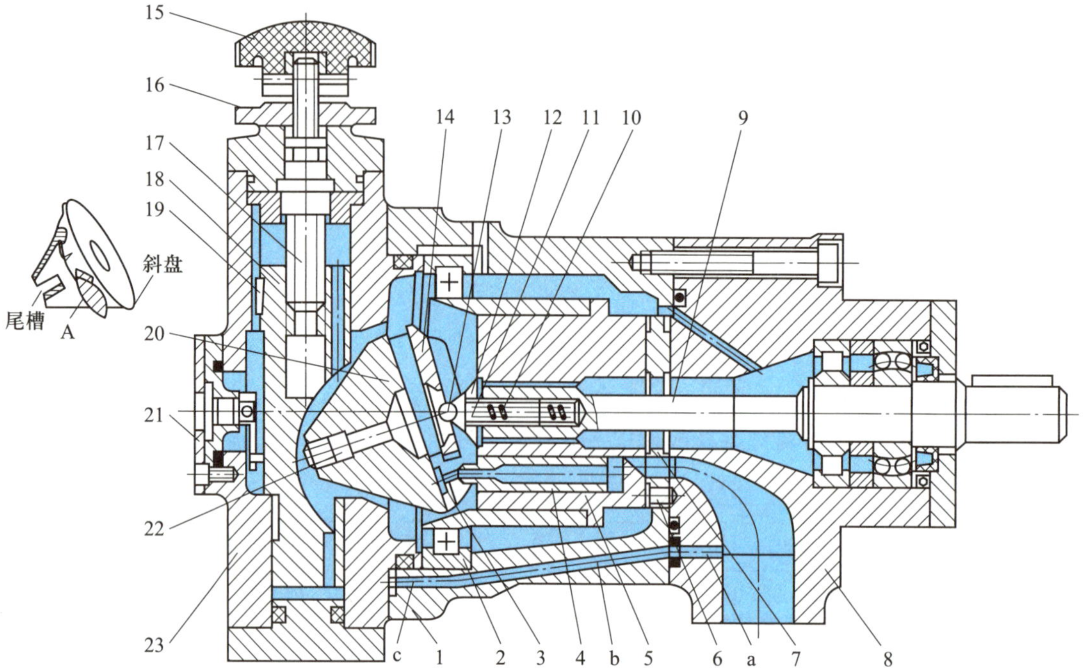

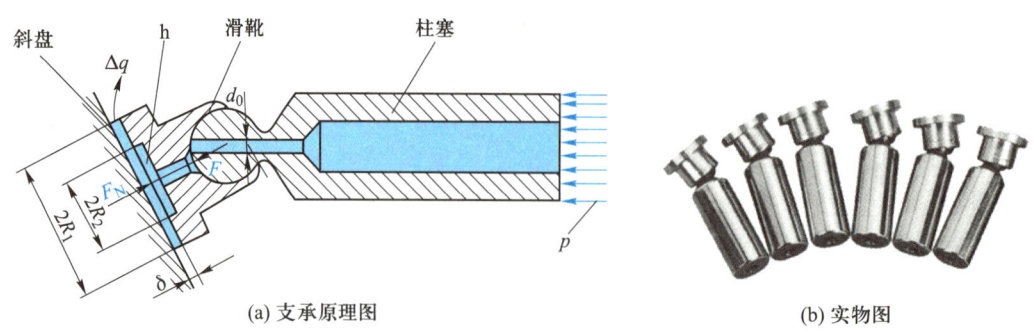

(a) 结构简图

(b) 实物图

1—中间泵体；2—圆柱滚子轴承；3—滑靴；4—柱塞；5—缸体；6—销；7—配流盘；8—前泵体；9—传动轴；10—定心弹簧；
11—内套；12—外套；13—钢球；14—回程盘；15—手轮；16—螺母；17—螺杆；18—变量活塞；
19—导向键；20—斜盘；21—刻度盘；22—销轴；23—变量壳体

图 3.37　SCY14-1 型手动变量轴向柱塞泵结构简图和实物图

(a) 支承原理图

(b) 实物图

图 3.38　滑靴静压支承原理图和实物图

图 3.38 所示为滑靴静压支承原理图,在柱塞中心有直径为 d_0 的轴向阻尼孔,将柱塞压油时产生的压力油中的一小部分通过阻尼孔引入到滑靴端面的油室 h,使 h 处及其周围圆环密封带上压力升高,从而产生一个垂直于滑靴端面的液压反推力 F_N,其大小与滑靴端面尺寸 R_1 和 R_2 有关,其方向与柱塞压油时产生的柱塞对滑靴端面产生的压紧力 F 相反。通常取压紧系数 $M_0 = \frac{F_N}{F} = 1.05 \sim 1.10$。这样,液压反推力 F_N 不仅抵消了压紧力 F,而且使滑靴与斜盘之间形成油膜,将金属隔开,使相对滑动变为液体摩擦,这有利于泵在高压下工作。

b. 柱塞和缸体

如图 3.38 所示,斜盘面通过滑靴作用给柱塞的液压反推力 F_N,可分别沿柱塞的轴向和径向分解成轴向力 $F_{Nx} = F_N \cos \gamma$ 和径向力 $F_{Ny} = F_N \sin \gamma$(γ 为斜盘倾角)。轴向力 F_{Nx} 是柱塞压油的作用力。而径向力 F_{Ny} 则通过柱塞传给缸体使缸体产生倾覆力矩,造成缸体的倾斜,这将使缸体和配流盘之间出现楔形间隙,密封表面局部接触,从而导致缸体与配流盘之间的表面烧伤及柱塞和缸体之间的磨损,影响泵的正常工作。所以在图 3.37 中合理地布置了圆柱滚子轴承 2,使径向力 F_{Ny} 的合力作用线在圆柱滚子轴承滚子的长度范围之内,从而避免了径向力 F_{Ny} 所产生的不良后果。另外,为了减小径向力 F_{Ny},斜盘的倾角一般不大于 20°。

② CY14-1 型变量机构 在变量轴向柱塞泵中均设有专门的变量机构,用来改变斜盘倾角 γ 的大小以调节泵的流量。轴向柱塞泵变量机构的结构形式是多种多样的。

a. 手动变量机构

SCY14-1 型轴向柱塞泵是手动变量泵。如图 3.37 左半部所示,变量时,先松开螺母 16,然后转动手轮 15,螺杆 17 便随之转动,因导向键 19 的作用,螺杆 17 的转动会使变量活塞 18 及活塞上的销轴 22 上下移动。斜盘 20 的左右两侧用耳轴支撑在变量壳体 23 的两块铜瓦上(图中未画出),通过销轴带动斜盘绕其耳轴中心转动,从而改变斜盘倾角 γ。γ 的变化范围为 0°~20°。流量调定后旋动螺母将螺杆锁紧,以防止松动。手动变量机构简单,但手动操纵力较大,通常只能在停机或泵压较低的情况下才能实现变量。

微视频 3-21:
柱塞泵的手动变量机构

b. 压力补偿变量机构

YCY14-1 型轴向柱塞泵是压力补偿变量泵,其主体部分同 SCY14-1 型轴向柱塞泵,只是变量部分是压力补偿变量机构,此机构使泵的流量随出口压力的升高而自动减少,压力和流量的关系近似地按双曲线变化,它使泵的功率基本保持不变。故这种机构也称为恒功率变量机构。

微视频 3-22:
柱塞泵的恒功率变量机构

图 3.39 所示为压力补偿变量机构。液压泵工作时,泵出口压力油的一部分经泵体上的孔道 a、b、c 流到变量机构(参见图 3.37),并顶开单向阀 9 进入变量壳体 7 的下油腔 d,再沿孔道 e 流到伺服阀阀芯的下端环形面处(见图 3.40)。当泵的出口压力不太高(即 $p < 30 \times 10^5 \sim 70 \times 10^5$ Pa)时,伺服阀阀芯环形面上的液压作用力小于外弹簧 3 对阀芯的作用力,则伺服阀阀芯处在最下方位置(见图 3.40a)。此时通道 f 的出口被打开,使 d 腔与 g 腔相通,油压相等。由于变量活塞 8 的两端面积不等,即上端大,下端小,因此变量活塞在推力差的作用下被压到最下方的位置,斜盘的倾角 γ 最大,泵的输出流量也最大。

当泵的出口压力升高(即 $p > 30 \times 10^5 \sim 70 \times 10^5$ Pa)时,阀芯环形面处的液压作用力超过外弹簧

3 对阀芯的预紧力时,使阀芯上移,通道 f 的出口被封闭,而通道 i 的出口被打开(见图 3.40b),g 腔的油液经过通道 i、阀芯上的小孔(图 3.40b 中虚线所示)与泵的内腔相通,油压下降(因泵的内腔经泵的泄油口与油箱相通),变量活塞便在 d 腔油压的作用下向上移动,斜盘的倾角 γ 减小,泵的流量下降。随着变量活塞的上升,孔道 i 被封闭,此时通道 f 仍被封闭(图 3.40c),g 腔被封死,d 腔内油压对变量活塞的作用力被 g 腔内油液的反作用力平衡,使变量活塞停止上移,斜盘便在这种新的位置下工作。泵的出口压力越大,阀芯就能上升到更大的高度,变量活塞也上升得越高,斜盘的倾角 γ 变得越小,泵输出的流量也就越小。当出口油压下降时,阀芯在弹簧力的作用下下移,孔道 f 被打开,g 腔油压与 d 腔相通,又恢复到图 3.40a 所示的位置,在压力差作用下,变量活塞下降,流量又重新增大。

泵开始变量的压力由外弹簧的预紧力来决定,当调节套 2(见图 3.39)调到最上位置时,外弹簧的预紧力较小,泵的出口压力大于 30×10^5 Pa 时才开始变量;当调节套 2 调到最下端位置时,外弹簧的预紧力增大,泵的出口压力达到 70×10^5 Pa 时才开始变量。

图 3.41 所示为压力补偿变量泵的调节特性曲线,它表示了流量-压力变化的关系。图中 A 点和 G 点表示调节套 2 调到最上方和最下方位置时的开始变量压力。阴影部分为泵的调节范围。AB 的斜率由外弹簧 3 的刚度决定。FE 的斜率由外弹簧 3 和内弹簧 4 的合成刚度决定,ED 的长度是由调节套 1 的位置决定。若调节套 2 调到最上方和最下方之间某一位置,则泵的流量与压力变化关系在图 3.41 所

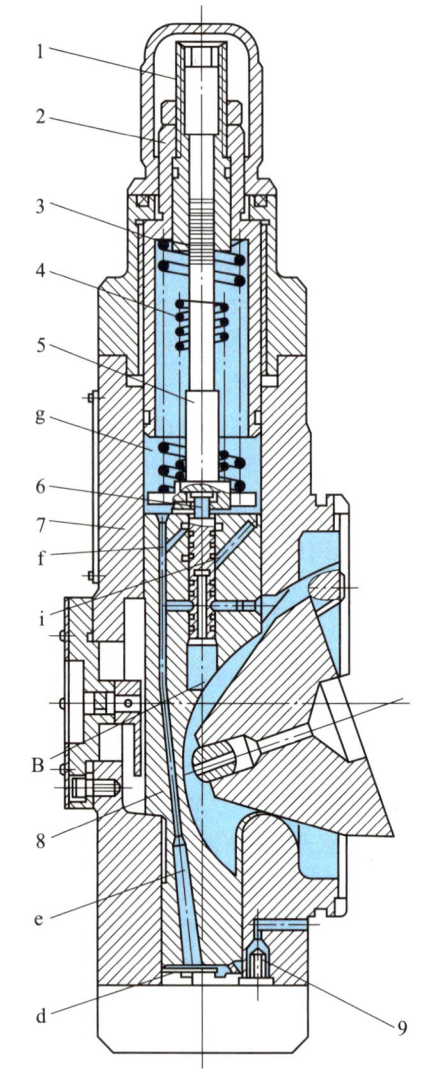

1、2—调节套;3—外弹簧;4—内弹簧;5—心轴;
6—伺服阀阀芯;7—变量壳体;8—变量活塞;9—单向阀

图 3.39　压力补偿变量机构

示阴影范围内,且为三条直线组成的折线,例如 G'F'E'D' 线。G' 点表示开始变量压力,当泵的出口压力低于 G' 对应的压力 p' 时,泵输出额定流量的 100%;当油压超过压力 p' 时,变量机构中只有外弹簧端面碰到调节套 2 端面逐渐被压缩,流量随压力升高沿斜线 G'F' 减小,G'F' 的斜率仅由外弹簧的刚度来决定,G'F' 与 AB 平行;当油压继续升高超过 F' 点所对应的压力 p'' 时,变量机构中外弹簧 3 和内弹簧 4 端面同时被调节套端面逐渐压缩,相当于弹簧刚度增加,流量随压力的升高沿斜线 F'E' 减少,F'E' 的斜率由内、外弹簧的组合刚度来决定,F'E' 与 FE 平行;E' 点表示心轴 5 的轴肩已碰到调节套 1 的端面,变量活塞已不能上升,此时不论油压如何升高,流量已不能再减少,保持在额定流量的一定比例范围内,所以 E'D' 为水平线,表示流量已不随压力改变。

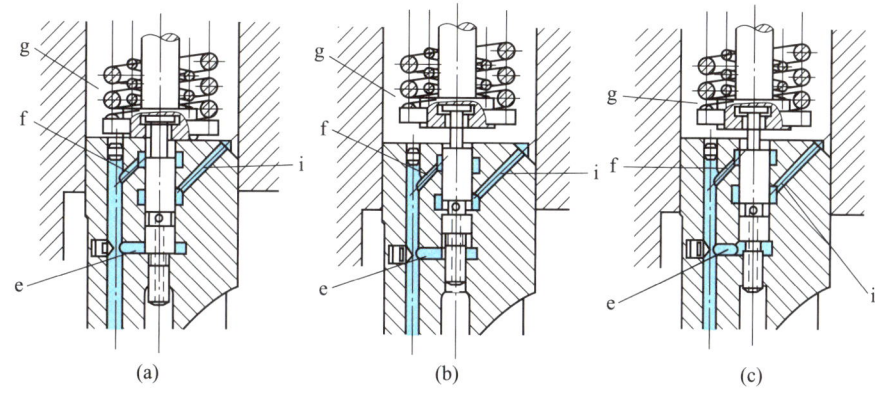

(a)   (b)   (c)

图 3.40   阀芯和变量活塞的位置变化图

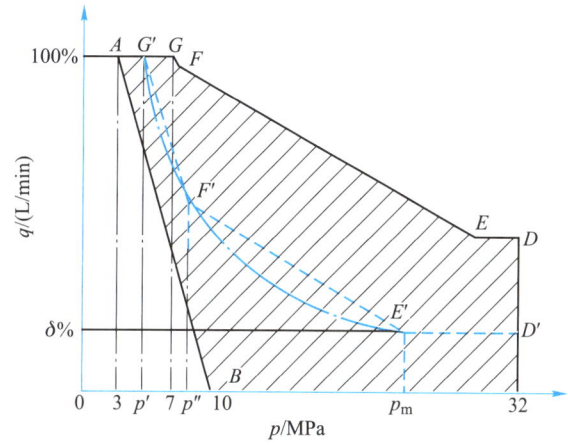

图 3.41   压力补偿变量泵调节特性曲线

从图 3.41 中看出,折线(虚线)$G'F'E'D'$ 与相临近的点画线表示的双曲线十分近似。泵的压力与流量的乘积近似等于常数,即泵的输出功率近似为恒定,所以这种泵又称为恒功率变量泵。这种泵可以使液压执行元件在空行程需用较低压力时获得最大流量,使空行程速度加快;而在工作行程时,由于压力升高,泵的输出流量减少,使工作行程速度减慢,这正符合许多机器设备动作要求,例如液压机、工程机械等,这样能够充分发挥设备的能力,使功率利用合理。

CY14-1 系列轴向柱塞泵除上述手动变量和压力补偿变量形式外,还有恒流变量、恒压变量、手动伺服变量、电液比例变量等多种变量形式,在此不一一列举。

2)通轴式轴向柱塞泵

图 3.42 所示为 TZ 型通轴式轴向柱塞泵结构简图。

通轴式轴向柱塞泵与非通轴式轴向柱塞泵(图 3.37)相比主要有以下不同点。

① 通轴式轴向柱塞泵的传动轴采用两端支承,斜盘对滑靴的反力通过柱塞作用在缸体上,并通过鼓形花键传给传动轴,因而取消了缸体外缘的大圆柱滚子轴承。另外,缸体可以绕传动轴上的鼓形花键作微小的摆动,以维持与配流盘端面的密封性能,使缸体具有一定的自动调位性能。

微视频 3-23:柱塞泵的伺服变量机构

微视频 3-24:柱塞泵的恒压变量机构

微视频 3-25:柱塞泵的恒流量变量机构

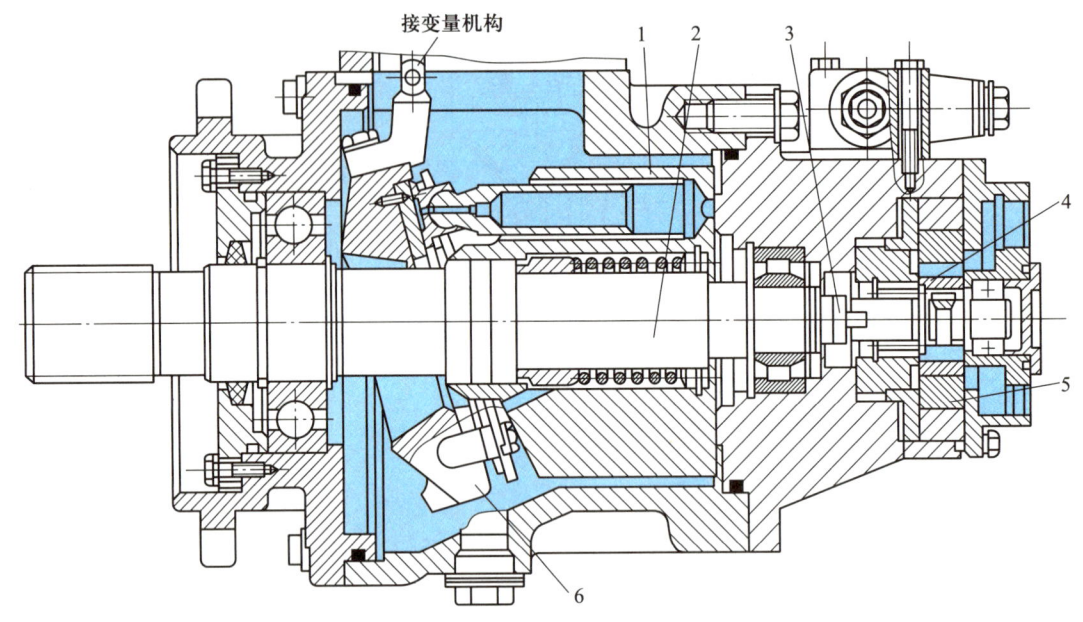

1—缸体；2—传动轴；3—联轴器；4、5—辅助泵内、外转子；6—斜盘

图 3.42 TZ 型通轴式轴向柱塞泵结构简图

② 通轴式轴向柱塞泵无单独的配流盘，而是通过缸体和后泵盖端面直接配油。缸体中孔内的弹簧将缸体压向右侧配流盘端面，以保证启动时密封。

③ 通轴式轴向柱塞泵的传动轴右端可以外伸，通过联轴器来驱动装在后泵盖上的辅助泵（通常为内啮合齿轮泵、摆线泵），供闭式系统补油用，因而可以简化系统油路和管路连接，有利于系统的集成化。

④ 变量机构的活塞与传动轴平行布置，并作用于斜盘外缘，既缩小了泵的径向尺寸，又可以减少变量机构的操纵力。

由于通轴式轴向柱塞泵具有以上特点，自 20 世纪 80 年代开始在国内外广泛地应用于起重运输机械、冶金机械、船舶、化工机械等领域，尤其是行走机械领域。因行走机械的特点是用发动机驱动泵，旋转速度和加速度变换范围大，而对传动轴和缸体通常采用花键连接的通轴式轴向柱塞泵来说，对加速度引起的振动具有相当好的刚性，因此几乎不存在问题。

（2）斜轴式轴向柱塞泵

图 3.43 所示为 A2F 型斜轴式定量轴向柱塞泵结构简图和实物图。该泵为定量泵，既可用作泵又可用作马达。它主要由主轴 1、轴承组 2、连杆柱塞副 3、缸体 4、壳体 5、配流盘 6、后盖 7、碟形弹簧 8 和中心轴 9 等组成。由于缸体相对于主轴有一倾角，故称斜轴式轴向柱塞泵。主轴支承在三个轴承上，靠右侧的轴承组 2 是既能承受较大的轴向力，也能承受一定的径向力的成对角接触球轴承，左侧的轴承为深沟球轴承，主要承受径向力。七个连杆的大球头和主轴端部圆周为球窝铰接，小端球头和柱塞球窝铰接。七个连杆柱塞副插入柱塞孔内。中心轴 9 一端球头和主轴中心孔铰接，另一端球头插入球面配流盘中心孔中，这样能够支承缸体，并且能保证缸体很好地绕着中心轴回转。套在中心轴上的碟形弹簧 8 的一端作用在中

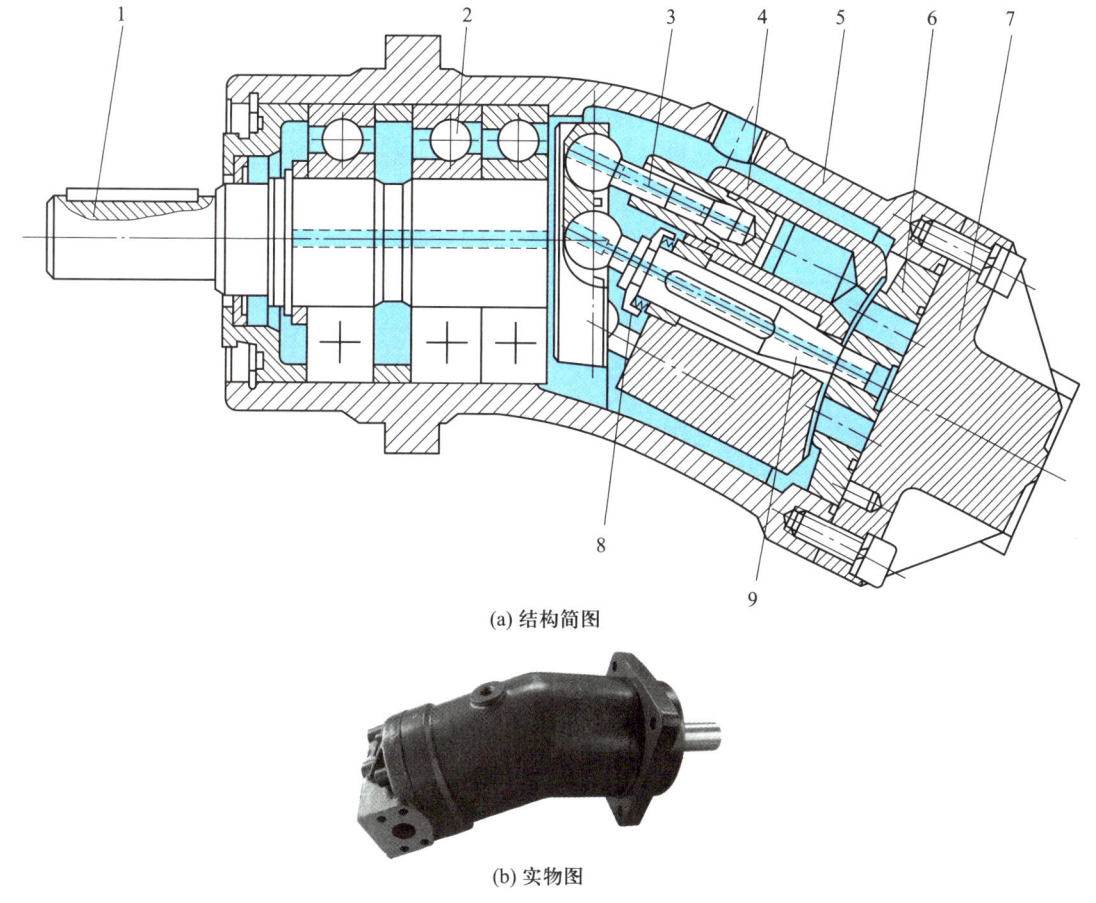

(a) 结构简图

(b) 实物图

1—主轴；2—轴承组；3—连杆柱塞副；4—缸体；5—壳体；6—配流盘；7—后盖；8—碟形弹簧；9—中心轴

图 3.43　A2F 型斜轴式定量轴向柱塞泵/马达结构简图和实物图

心轴的台阶上，另一端将缸体压在配流盘上，因而保证缸体在旋转时有良好的密封性和自位性。

当主轴旋转时，连杆与柱塞内壁接触，通过柱塞带动缸体旋转，同时连杆带动柱塞在缸体柱塞孔内作往复运动，使柱塞底部的密封容积发生周期性的增大和减小变化，通过配流盘的吸、压油窗口完成吸油和压油过程，其排量和流量公式与斜盘式轴向柱塞泵完全相同，只不过是用缸体轴线与主轴之间夹角来代替公式中的斜盘倾角。

与斜盘式轴向柱塞泵相比，斜轴式轴向柱塞泵因柱塞通过连杆拨动缸体，柱塞所受的液压径向力很小，受力状态好，故结构强度较高，耐冲击性能好，变量范围较大，主轴与缸体的轴线夹角最大可为 40°，所以斜轴式轴向柱塞泵更适合大排量场合。但是斜轴式轴向柱塞泵体积较大，重量大，结构复杂，变量的调节靠摆动缸体来改变 γ 角来实现，运动部分的转动惯量大，动态响应慢。斜轴式轴向柱塞泵适用于工作环境比较恶劣的矿山机械、冶金机械液压传动系统。

3.5　各类液压泵的性能比较及应用

在国民经济的各个领域中,液压泵的应用范围很广,但可以归纳为两大类:一类统称为固定液压设备,如各类机床、液压机、注塑机、轧钢机等;另一类统称为移动液压设备,如起重机、汽车、飞机等。这两类液压设备对液压泵的选用有较大的差异,它们的区别见表3.4。

表 3.4　两类不同液压设备的主要区别

固定液压设备	移动液压设备
原动机多为电动机,驱动转速较稳定,且多为 1 450 r/min左右	原动机多为内燃机,驱动转速变化范围较大,一般为 500~4 000 r/min
多采用中压范围(7~21 MPa,个别可达 25 MPa)	多采用中、高压范围(14~35 MPa,个别高达 40 MPa)
环境温度较稳定,液压装置工作温度一般为 50~70 ℃	环境温度变化大,液压装置工作温度一般为 -20~110 ℃
工作环境较清洁	工作环境较脏、尘埃多
因在室内工作,要求噪声低,应不超过 80 dB	因在室外工作,噪声可较大,允许达 90 dB
空间布置尺寸较宽裕,利于维修、保养	空间布置尺寸紧凑,不利于维修、保养

在了解固定设备和移动设备这两种液压设备不同的基础上,来选用前述各类液压泵。在选用各种液压泵时最主要的是应满足使用要求,其次要考虑的是价格、维修保养是否方便等因素。比较前述各类液压泵的性能,有利于在实际工作中的选用。按目前统计资料,将它们主要性能及应用场合列于表3.5中。

表 3.5　各类液压泵的性能及应用

性能参数	齿轮泵			叶片泵		螺杆泵	柱塞泵			
	内啮合		外啮合	单作用	双作用		轴向		径向	
	渐开线式	摆线式					斜盘式	斜轴式	轴配流式	阀配流式
压力范围/ MPa （低压型）	2.5	1.6	2.5	≤6.3	6.3	2.5				
（中、高压型）	≤30	16	≤30		≤32	10	≤40	≤40	35	≤70
排量范围/ （mL/r）	0.3~ 300	2.5~ 150	0.3~ 650	1~320	0.5~ 480	1~ 9 200	0.2~ 560	0.2~ 3 600	16~ 2 500	<4 200

性能参数	齿轮泵 内啮合 渐开线式	齿轮泵 内啮合 摆线式	齿轮泵 外啮合	叶片泵 单作用	叶片泵 双作用	螺杆泵	柱塞泵 轴向 斜盘式	柱塞泵 轴向 斜轴式	柱塞泵 径向 轴配流式	柱塞泵 径向 阀配流式
转速范围/(r/min)	300~4 000	1 000~4 500	3 000~7 000	500~2 000	500~4 000	1 000~18 000	600~6 000		700~4 000	≤1 800
容积效率/%	≤96	80~90	70~95	58~92	80~94	70~95	88~93		80~90	90~95
总效率/%	≤90	65~80	63~87	54~81	65~82	70~85	81~88		81~83	83~86
流量脉动	小	小	大	中等	小	很小	中等		中等	
功率质量比/(kW/kg)	大	中	中	小	中	小	大	中~大	小	大
噪声	小		大	较大	小	很小	大			
对油液污染敏感性	不敏感			敏感	敏感	不敏感	敏感			
流量调节	不能			能	不能		能			
自吸能力	好			中		好	差			
价格	较低	低	最低	中	中低	高				
应用范围	机床、农业机械、工程机械、飞机、船舶、一般机械			机床、注塑机、工程机械、液压机、飞机等		精密机床及机械,食品、化工、石油、纺织机械等	工程机械、运输机械、锻压机械、船舶和飞机、机床和液压机			

3.6 气源装置

气源装置与液压泵一样是动力源,其主体是空气压缩机。空气压缩机产生的压缩空气,还须经过降温、净化、减压、稳压等一系列的处理才能满足气压传动系统的要求。

3.6.1 气压传动系统对压缩空气的要求及净化

1. 对压缩空气的要求

(1) 要求压缩空气具有一定的压力和足够的流量,能满足气压传动系统的需求。

（2）对压缩空气具有一定的净化要求，不得含有水分、油分。所含灰尘等杂质颗粒平均直径一般不超过以下数值：

气缸、膜片和截止式气动元件，不大于 50 μm；

气动马达、硬配滑阀，不大于 25 μm；

射流元件，不大于 10 μm。

（3）有些气压传动系统和气压仪表还要求压缩空气的压力波动小，能稳定在一定的范围之内才能正常工作。

2. 压缩空气净化的原因

压缩空气是由大气压缩而成的。由于大气中混有灰尘和水蒸气等杂质，这些杂质也就混在压缩空气中。空气压缩机排出压缩空气的排气口温度可高达 140~170 ℃，在这样的高温下，用于润滑空气压缩机气缸的油通常会变为蒸气，一同混在压缩空气中。这样，混有灰尘、水分、油分的压缩空气将对气压传动系统的工作产生下列不利的影响：

（1）在一定的压力温度条件下，压缩空气中的水蒸气因饱和而凝结成水滴，并聚集在气动元件或气压传动系统的管道中。水分将导致元件腐蚀和生锈，将影响气压传动系统和气动元件的正常工作和寿命。若在寒冷地区还有使管道冻裂的危险。

（2）混在压缩空气中的油蒸气一方面可能聚集在储气罐、管道和气压传动系统的容腔中形成易燃物，有引起爆炸的危险；另一方面加速气压传动系统或气动元件结构中使用的橡胶、塑料等密封材料老化，影响元件的工作寿命，且排气对环境会产生一定的污染。

（3）压缩空气中含有灰尘等杂质，使气压传动系统中往复运动或转动的部件（如气缸、气动马达、气控阀等）会产生磨损，使气动元件产生漏气，效率降低，影响气动元件的工作寿命。

（4）压缩空气中混入灰尘、水分、油分等杂质后会混合形成一种胶体状杂质沉积在气动元件上，它们会堵塞节流口或气流管道，使气压信号不能正常传递，造成气动元件或气压传动系统工作不稳定或者失灵。

由此可见，空气压缩机排出的压缩空气必须经过降温、除油、除水、除尘和干燥等一系列净化处理后才能使用。

3.6.2　气源装置的组成和布置

微视频 3-26：
气源装置的
组成

气源装置为气压传动系统提供满足一定质量要求的压缩空气。图 3.44 所示为一般气源装置的组成和布置示意图。

通常由空气压缩机 1 产生压缩空气，其吸气口装有空气过滤器，以减少进入空气压缩机中气体的灰尘杂质。冷却器 2 用来冷却从空气压缩机中排出的高温压缩空气，将汽化的水、油凝结出来。油水分离器 3 可使降温后凝结出来的油滴、水滴和杂质等从压缩空气中分离出来，并从排污口排出。储气罐 4 和 7 用以储存压缩空气以便稳定压缩空气的压力，同时使压缩空气中的部分油分和水分沉积在储气罐底部以便于除去。干燥器 5 用于进一步吸收和排除压缩空气中的油分和水分，使之变为干燥空气。过滤器用以进一步过滤压缩空气中的灰尘、杂质和颗粒。

储气罐 4 中的压缩空气可用于一般要求的气压传动系统，储气罐 7 中的压缩空气可用于要求较高的气压传动系统（如气压仪表、射流元件等组成的系统）。

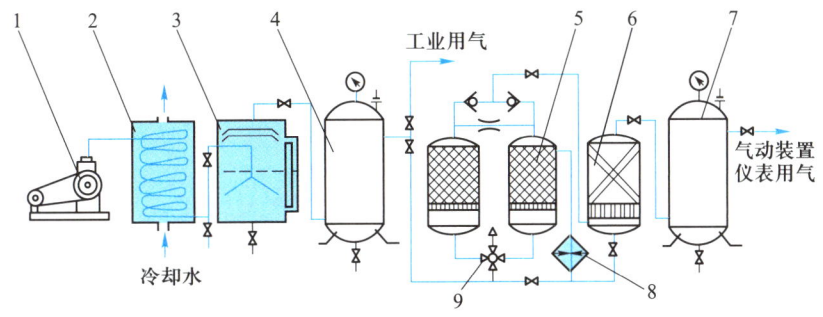

1—空气压缩机；2—冷却器；3—油水分离器；4、7—储气罐；5—干燥器；6—过滤器；8—加热器；9—四通阀

图 3.44　气源装置的组成和布置示意图

3.6.3　空气压缩机

微视频 3-27：
空气压缩机

气源装置中的主体是空气压缩机，它是将原动机的机械能转换成气体压力能的装置，是产生压缩空气的气压发生装置。

1. 空气压缩机的分类

空气压缩机（简称空压机）的种类很多，一般有以下几种分类方法。

（1）按工作原理来分类

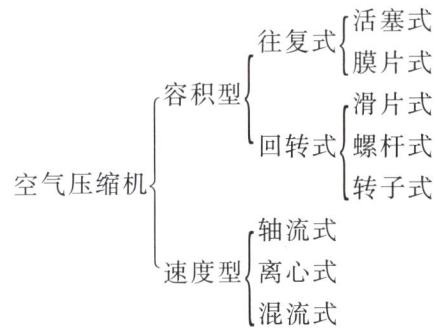

容积型空气压缩机是靠压缩空气的方法，使单位体积内空气分子密度增加，来提高空气压力的。

速度型空气压缩机是利用提高气体分子的运动速度的方法，使气体分子具有的动能转化成气体的压力能。

（2）按排气压力 p 来分类

鼓风机　　　　　　　　　　　$p \leqslant 0.2$ MPa

低压空压机　　　　　　0.2 MPa$< p \leqslant 1$ MPa

中压空压机　　　　　　　1 MPa$< p \leqslant 10$ MPa

高压空压机　　　　　　10 MPa$< p \leqslant 100$ MPa

（3）按输出流量 q_z（即铭牌流量或自由流量）来分类

微型空压机　　　　　　　　　$q_z \leqslant 0.017$ m³/s

103

小型空压机	$0.017 \ \mathrm{m^3/s} < q_z \leqslant 0.17 \ \mathrm{m^3/s}$
中型空压机	$0.17 \ \mathrm{m^3/s} < q_z \leqslant 1.7 \ \mathrm{m^3/s}$
大型空压机	$q_z > 1.7 \ \mathrm{m^3/s}$

2. 活塞式空压机的工作原理

在气压传动中,通常采用容积型活塞式空压机,该空压机按结构又可分立式和卧式两种。

（1）立式活塞式空压机的工作原理

图 3.45 所示为立式活塞式空压机结构简图与实物图。

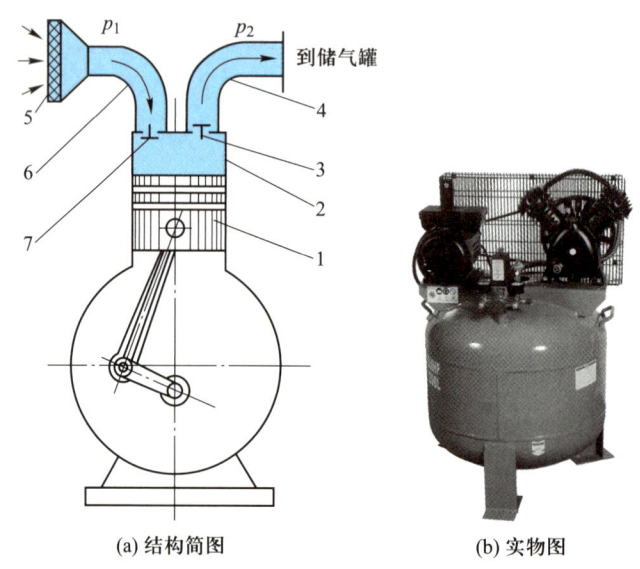

(a) 结构简图　　　　　　　　(b) 实物图

1—活塞;2—气缸;3—排气阀;4—排气管;5—空气滤清器;6—进气管;7—进气阀

图 3.45　立式活塞式空压机结构简图与实物图

立式活塞式空压机中的立式是指气缸中心线垂直于地面。它利用曲柄连杆机构,将原动机（电动机或内燃机等）的回转运动转变为活塞的往复直线运动,当活塞 1 向下运动时,气缸 2 内的容积逐渐增大,压力逐渐降低而产生真空,进气阀 7 打开,外界空气在大气压作用下,通过空气滤清器 5 和进气管 6 被吸入气缸内,该过程称为吸气过程。当活塞向上运动时,气缸的容积逐渐减小,空气受到压缩,压力逐渐升高而使进气阀关闭,压缩空气打开排气阀 3 经排气管 4 输入储气罐中,该过程称为排气过程。

（2）卧式活塞式空压机的工作原理

图 3.46 所示为卧式活塞式空压机结构简图、图形符号和实物图。

卧式活塞式空压机中的卧式是指气缸中心线平行于地面,其工作原理及工作过程与立式相同,故不再叙述。

上述两种空压机仅为单活塞和单气缸,多数空压机是多活塞和多气缸的组合。在单级压缩机中,若空气压力超过 0.6 MPa,产生过热将会大大地降低压缩机的效率。多级空压机中每级的压缩比较小,而且空气再次压缩前往往先进行冷却,因此输出压力较高时其效率也较高。

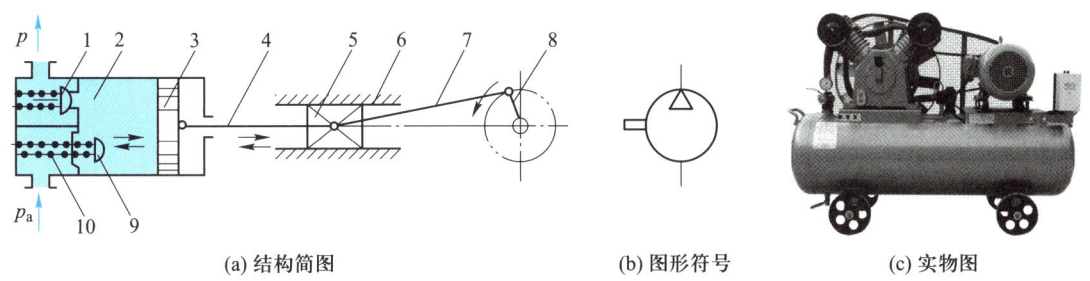

(a) 结构简图　　　　　(b) 图形符号　　　　　(c) 实物图

1—排气阀;2—气缸;3—活塞;4—活塞杆;5、6—十字头与滑道;7—连杆;8—曲柄;9—进气阀;10—弹簧

图 3.46　卧式活塞式空压机结构简图、图形符号和实物图

活塞式空压机具有结构简单,使用寿命长及能实现大容量高压输出的优点;缺点是噪声大,振动大,输出气体有压力脉动,因此需要设置储气罐。

3. 空压机的选择

选择空压机主要依据气压传动系统的工作压力和流量两个主要参数。

(1) 输出压力的选择　若整个气压传动系统中各执行元件对空压机的工作压力有不同要求,可按其中的最大压力来考虑。若气压传动系统中某些气压装置的工作压力要求较低,则可采用减压阀进行减压的方式供气。气源压力应考虑供气系统管道的沿程压力损失和局部压力损失。气源压力应高于设备中最高工作压力的 20% 左右,并以此压力来选空压机。目前,一般气压传动系统的工作压力为 0.5~0.8 MPa,这样可选用额定排气压力为 0.7~1 MPa 的低压空压机。特殊需要也可选用中压、高压甚至超高压的空压机。

(2) 空压机或空压站供气量的选择　可按下面经验公式计算空压机式空压站供气量:

$$q_a = \psi K_1 K_2 \sum q_f \tag{3.43}$$

式中:q_a——空压机供气量,L/min;

　　　ψ——气压设备利用系数;

　　　K_1——漏损系数;

　　　K_2——备用系数;

　　　q_f——单台设备的平均自由空气耗量,L/min。

气压设备利用系数 ψ 表示气压传动系统的设备较多时一般不会同时使用的情况,故尚需考虑同时使用的情况,其数值与气压设备多少有关,由图 3.47 来选取;漏损系数 K_1 表示考虑各管道、接头和元件等处的泄漏情况,尤其是风动工具等磨损泄漏,会使供气量增加 15%~50%,一般 $K_1 = 1.15~1.5$,有风动工具或管路复杂时取大值;备用系数 K_2 表示考虑各工作时间用气量不等以及今后增加气压装置还能满足供气需要的情况,通常 $K_2 = 1.3~1.6$。

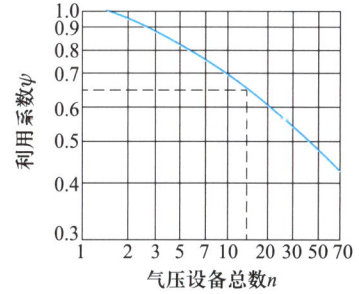

图 3.47　气压设备利用系数

由于每台气压设备工作压力不同,式(3.43)是将不同压力下的压缩空气的流量都转换成未经压缩的自由状态下的空气,即按自由空气流量来计算的。压缩空气流量与标准体积流量之间的换算关系为:

$$q_f = q_p \frac{p_p T_f}{p_f T_p}$$
(3.44)

式中:q_f——标准体积流量,L/min;

q_p——压缩空气流量,L/min;

p_p——压缩空气的绝对压力,Pa;

T_f——自由空气热力学温度,K;

p_f——自由空气的绝对压力,Pa;

T_p——压缩空气热力学温度,K。

根据以上计算并结合实际使用情况,可从产品样本上选择适当型号和规格的空压机。值得注意的是,空气压缩机铭牌上标明的空气流量是指自由空气流量(未经压缩的自由状态下的空气),因此在选择空气压缩机时应按自由空气流量来选择,需将压缩空气流量转换为自由空气流量。

思考题和习题

3-1 容积式液压泵的工作原理是什么?

3-2 液压泵安装在液压传动系统中之后,它的工作压力是否就是液压泵铭牌上的压力? 为什么?

3-3 液压泵在工作过程中会产生哪些能量损失? 产生损失的原因是什么?

3-4 外啮合齿轮泵为什么有较大的流量脉动? 流量脉动大会产生什么危害?

3-5 什么是齿轮泵的困油现象? 产生困油现象有何危害? 如何消除困油现象? 其他类型的液压泵是否有困油现象?

3-6 齿轮泵压力的提高主要受哪些因素的影响? 可以采取哪些措施来提高齿轮泵的压力?

3-7 渐开线内啮合齿轮泵与渐开线外啮合齿轮泵相比有哪些特点?

3-8 螺杆泵与其他泵相比的特点是什么?

3-9 双作用叶片泵和单作用叶片泵各自的优缺点是什么?

3-10 限压式变量叶片泵的拐点压力和最大流量是如何调节的? 调节时,泵的流量-压力特性曲线如何变化?

3-11 为什么从理论上讲柱塞泵比齿轮泵、叶片泵的额定压力高?

3-12 与斜盘式轴向柱塞泵相比,斜轴式轴向柱塞泵有哪些特点?

3-13 与斜盘式非通轴型轴向柱塞泵相比,斜盘式通轴型轴向柱塞泵有哪些特点?

3-14 YCY14-1柱塞泵的变量原理是什么?

3-15 在实际工作中应如何选用液压泵?

3-16 在设计气压传动系统中,应如何选择空气压缩机?

3-17 气压传动系统对其压缩空气有哪些要求?

3-18 某一液压泵额定压力 $p = 2.5$ MPa,机械效率 $\eta_{pm} = 0.9$,由实际测得:(1)当泵的转速 $n = 1\,450$ r/min,泵的出口压力为零时,其流量 $q_1 = 106$ L/min。当泵出口压力为 2.5 MPa 时,其流量 $q_2 = 100.7$ L/min。求泵在额定压力时的容积效率。(2)当泵的转速 $n = 500$ r/min,压力为额定压力时,泵的流量是多少? 容积效率又是多少? (3)以上两种情况时,泵的驱动功率分别是多少?

3-19 已知齿轮泵的齿轮模数 $m = 3$ mm,齿数 $z = 15$,齿宽 $B = 25$ mm,转速 $n = 1\,450$ r/min,在额定压力下输出流量 $q = 25$ L/min,求该泵的容积效率 η_{pv}。

3-20 如图 3.48 所示,某组合机床动力滑台采用双联叶片泵 YB-40/6,转速为 1 000 r/min。快速进给时两泵同时供油,工作压力为 $1×10^6$ Pa;工作进给时,大流量泵卸荷,其卸荷压力为 $0.3×10^6$ Pa,这时系统由小流量泵供油,其供油压力为 $4.5×10^6$ Pa。若泵的总效率为 $\eta_p=0.8$,求该双联泵所需电动机功率。

到系统

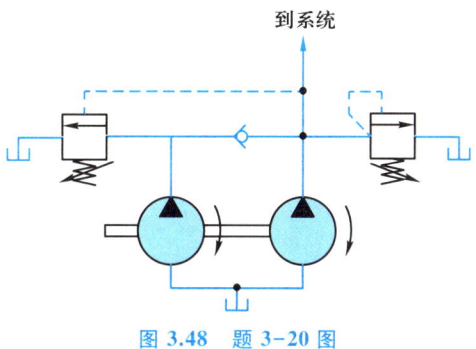

图 3.48　题 3-20 图

3-21 图 3.49 所示为某液压传动系统采用的限压式变量叶片泵的流量-压力特性曲线。已知泵的总效率为 0.7。当系统在工作进给时,泵的压力和流量分别为 $4.5×10^6$ Pa 和 2.5 L/min,在快速动作时,泵的压力和流量分别为 $2×10^6$ Pa 和 20 L/min(A 点处的流量为 28 L/min),问泵的特性曲线应调成何种形状? 泵所需的最大驱动功率为多少?

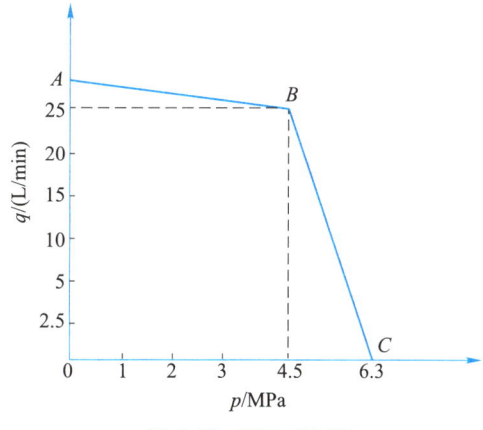

图 3.49　题 3-21 图

第4章 液压与气压传动执行元件

液压与气压传动执行元件包括各种缸和马达,它们的功能都是将液体或气体的压力能转换成机械能并输出运动和动力。缸主要输出直线往复运动和力,但有的缸输出往复摆动运动和转矩,马达则输出连续旋转运动和转矩。

用液体作为工作介质的缸和马达分别称为液压缸和液压马达。液体的工作压力高,因此液压缸和液压马达常用于需要获得大的输出力和转矩的场合。气缸和气动马达则用压缩空气作为工作介质,其工作压力低,所以输出力和转矩较小,但压缩空气不污染环境,并且气动元件反应迅速,动作快,因此在自动化生产中,尤其是在电子工业和食品工业中应用十分广泛。

由于结构强度、材质要求和密封条件的不同,液压缸和液压马达与气缸和气动马达不能互换使用。

4.1 缸的分类和特点

微视频4-1:液压缸种类和特点

缸的结构简单、工作可靠,与杠杆、连杆、齿轮齿条、棘轮棘爪、凸轮等机构配合使用还能实现多种机械运动,或与其他传动形式组合满足各种要求,因此在液压与气压传动系统中得到了广泛的应用。缸有多种形式,按照其结构特点的不同它可分为活塞缸、柱塞缸和摆动缸三大类;按照作用方式又可分为单作用缸和双作用缸两种。单作用缸只能使活塞(或柱塞)作单方向运动,即液体或气体只通向缸的一腔,而反方向运动则必须依靠外力(如弹簧力或自重等)来实现;双作用缸在两个方向上的运动都由液体或气体的推动来实现。

4.1.1 活塞缸

微视频4-2:活塞缸的原理和计算

活塞缸是液压和气压传动中最常用的一种执行元件。活塞缸可分为双杆和单杆两种结构形式,其固定方式有缸筒固定和活塞杆固定两种。

1. 双杆活塞缸

图4.1所示为双作用双杆活塞缸的工作原理图和图形符号。在活塞的两侧都有杆伸出,当两活塞杆直径相同、液体或气体的压力和流量不变时,活塞(或缸筒)在两个方向上的运动速度 v 和推力 F 都相等,即:

$$v = \frac{q}{A}\eta_{cv} = \frac{q}{\frac{\pi}{4}(D^2 - d^2)}\eta_{cv} \tag{4.1}$$

$$F = A(p_1 - p_2)\eta_{cm} = \frac{\pi}{4}(D^2 - d^2)(p_1 - p_2)\eta_{cm} \tag{4.2}$$

式中:q——缸的输入流量,L/min;

A——活塞有效作用面积,m^2;

η_{cv}——缸的容积效率;

D——活塞直径(即缸筒直径),m;

d——活塞杆直径,m;

p_1——缸的进口压力,Pa;

p_2——缸的出口压力,Pa;

η_{cm}——缸的机械效率。

这种缸常用于要求往返运动速度相同的场合,如磨床工作台往复运动液压缸等。

图 4.1a 所示为缸筒固定活塞杆移动方式安装,缸的左腔进液体或气体,推动活塞向右移动,右腔的液体或气体排出;反之,活塞反向移动。其运动范围约等于活塞有效行程 l 的三倍,一般用于中小型设备中。图 4.1b 所示为活塞杆固定缸筒移动方式安装,缸的左腔进液体或气体,推动缸筒向左移动,右腔的液体或气体排出;反之,缸筒反向移动。其运动范围约等于缸筒有效行程 l 的两倍,因此常用于大中型设备中。

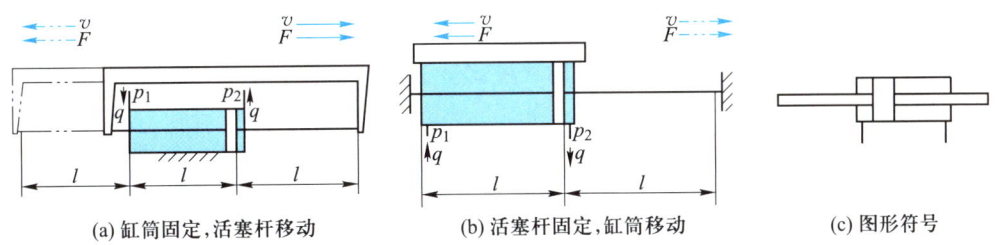

(a) 缸筒固定,活塞杆移动　　　　(b) 活塞杆固定,缸筒移动　　　　(c) 图形符号

图 4.1　双作用双杆活塞液压缸工作原理图和图形符号

2. 单杆活塞缸

图 4.2 所示为双作用单杆活塞缸结构简图、图形符号和实物图。其一端伸出活塞杆,两腔有效作用面积不相等,当向缸两腔分别供液体或气体,且压力和流量都不变时,活塞在两个方向上的运动速度和推力都不相等。如图 4.2a 所示,在无杆腔输入液体或气体时,活塞的运动速度 v_1 和推力 F_1 分别为:

$$v_1 = \frac{q}{A_1}\eta_{cv} = \frac{q}{\frac{\pi}{4}D^2}\eta_{cv} \tag{4.3}$$

$$F_1 = (p_1 A_1 - p_2 A_2)\eta_{cm} = \left[\frac{\pi}{4}D^2 p_1 - \frac{\pi}{4}(D^2 - d^2)p_2\right]\eta_{cm}$$

$$= \left[\frac{\pi}{4}D^2(p_1 - p_2) + \frac{\pi}{4}d^2 p_2\right]\eta_{cm} \tag{4.4}$$

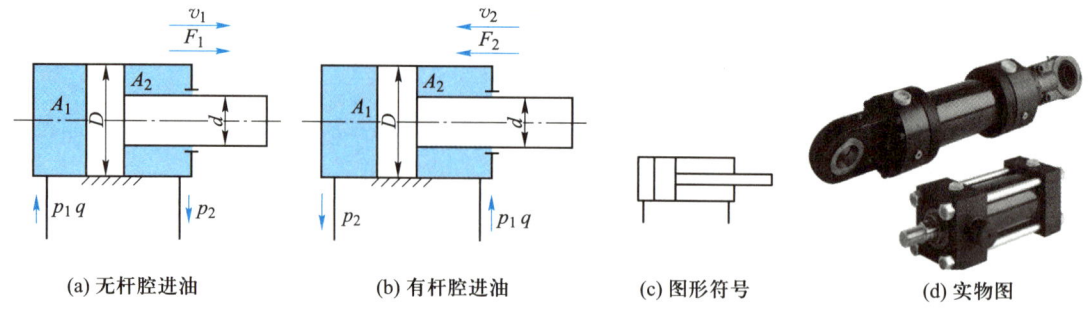

| (a) 无杆腔进油 | (b) 有杆腔进油 | (c) 图形符号 | (d) 实物图 |

图 4.2　双作用单杆活塞缸结构简图、图形符号和实物图

如图 4.2b 所示,在有杆腔输入液体或气体时,活塞运动速度 v_2 和推力 F_2 分别为:

$$v_2 = \frac{q}{A_2}\eta_{cv} = \frac{q}{\frac{\pi}{4}(D^2-d^2)}\eta_{cv} \tag{4.5}$$

$$F_2 = (p_1 A_2 - p_2 A_1)\eta_{cm} = \left[\frac{\pi}{4}(D^2-d^2)p_1 - \frac{\pi}{4}D^2 p_2\right]\eta_{cm}$$

$$= \left[\frac{\pi}{4}D^2(p_1-p_2) - \frac{\pi}{4}d^2 p_1\right]\eta_{cm} \tag{4.6}$$

式中:A_1——无杆腔的活塞有效作用面积,m^2;

$\quad A_2$——有杆腔的活塞有效作用面积,m^2。

比较上述各式,由于 $A_1 > A_2$,所以 $v_1 < v_2$,$F_1 > F_2$。

由式(4.3)和式(4.5)得缸往复运动时的速度比 φ 为:

$$\varphi = \frac{v_2}{v_1} = \frac{D^2}{D^2-d^2} \tag{4.7}$$

上式表明,当活塞杆直径越小时,速度比越接近 1,在两个方向上缸的运动速度差值就越小。

当单杆活塞缸两腔同时通入相同压力的液体或气体时,如图 4.3 所示,由于无杆腔受力面积大于有杆腔受力面积,使活塞向右的作用力大于向左的作用力,因此活塞杆作伸出运动,并将有杆腔的液体或气体挤出,流进无杆腔,加快了活塞杆的伸出速度,缸的这种连接方式称为差动连接。

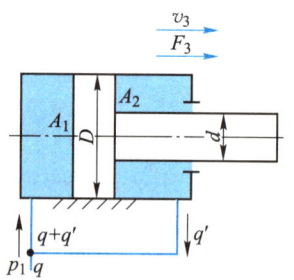

图 4.3　单杆活塞缸的差动连接

当差动连接时,有杆腔排出流量 $q' = v_3 A_2$,进入无杆腔,则有:

$$v_3 A_1 = q + v_3 A_2$$

在考虑了缸的容积效率 η_{cv} 后,活塞杆的伸出速度 v_3 为:

$$v_3 = \frac{q}{A_1 - A_2}\eta_{cv} = \frac{q}{\frac{\pi d^2}{4}}\eta_{cv} \tag{4.8}$$

欲使差动连接缸的往复运动速度相等,即 $v_3 = v_2$,则由式(4.5)和式(4.8)得 $D = \sqrt{2}\,d$。

差动连接在忽略两腔连通回路压力损失的情况下，$p_2 \approx p_1$，并考虑机械效率 η_{cm} 时，活塞的推力 F_3 为：

$$F_3 = (p_1 A_1 - p_2 A_2)\eta_{cm} = \left[\frac{\pi}{4}D^2 p_1 - \frac{\pi}{4}(D^2 - d^2)p_1 \right]\eta_{cm} = \frac{\pi}{4}d^2 p_1 \eta_{cm} \tag{4.9}$$

由式(4.8)和式(4.9)可知，差动连接时单杆液压缸的实际有效作用面积是活塞杆横截面的面积。与非差动连接无杆腔进液体或气体工况相比，在液体或气体压力和流量不变的条件下，活塞杆伸出速度较大而推力较小。在实际应用中，液压和气压传动系统常通过控制阀来改变单杆活塞缸的回路连接，使它有不同的工作方式，从而获得快进(差动连接)→工进(无杆腔进液体或气体)→快退(有杆腔进液体或气体)的工作循环。差动连接是在不增加液压泵流量的条件下，实现快速运动的有效办法，它的应用常见于组合机床和各类专用机床中。

单杆活塞缸往复运动范围是有效行程的两倍，其结构紧凑，应用广泛。

3. 活塞缸的安装形式和选用

活塞缸的安装形式见图 4.4。其中，图 4.4a 所示为脚座式，工作时脚座要承受较大的倾覆力矩，缸的输出力越大，脚座承受的力矩也越大，用于负载运动方向与活塞杆轴线一致的工作场合。图 4.4b 所示为法兰式，其安装螺钉承受较大的拉力(无杆腔液体或气体对活塞的作用力)，用于负载运动方向与活塞杆轴线一致的工作场合。此外，还有后法兰式(图中未给出)，其安装螺钉承受的拉力较小(仅为有杆腔液体或气体对活塞环形面积的作用力)。图 4.4c 所示为尾部耳环式，活塞缸可绕耳环摆动，活塞杆的挠曲大。图 4.4d 所示为耳轴式，活塞缸可绕轴销摆动，活塞杆的挠曲小。除尾部耳环式，还有尾部耳轴和中间耳轴等方式。在行程长或负载和活塞缸的运动方向不平行的工作场合，采用耳环式或耳轴式，但活塞杆上承受的横向载荷应限制在理论输出力的 1/20 以内。

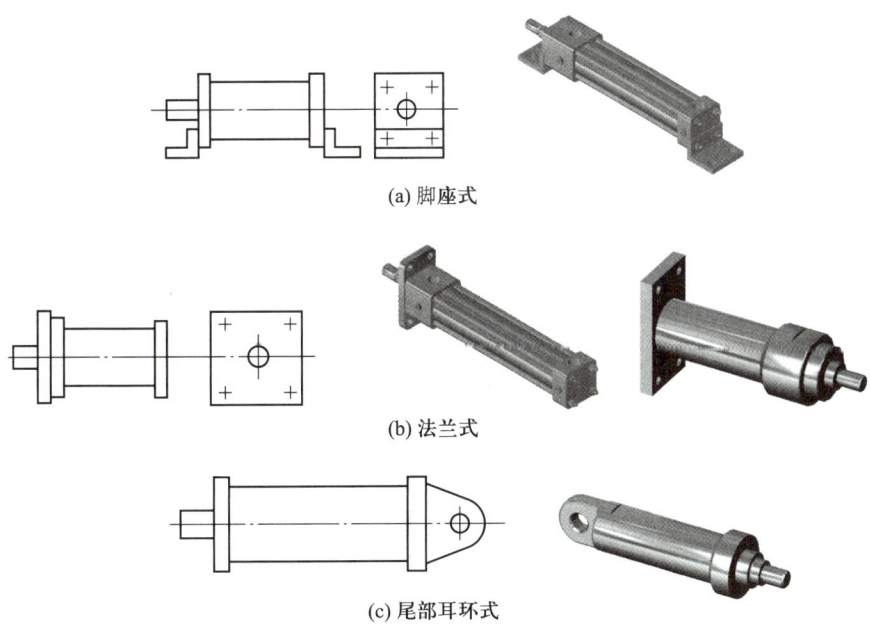

(a) 脚座式

(b) 法兰式

(c) 尾部耳环式

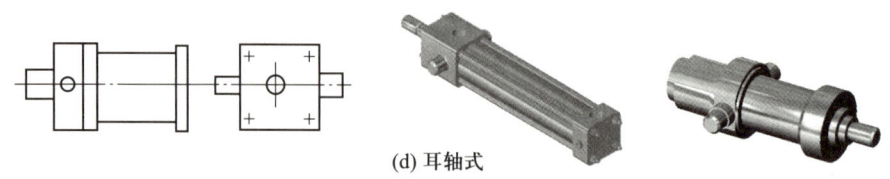

(d) 耳轴式

图 4.4 活塞缸的安装形式示意图和实物图

4.1.2 柱塞缸

活塞缸的缸筒内腔因有活塞及密封件在其中频繁地往复运动,其内孔形状和尺寸精度要求很高,并且要求表面光滑。这种要求对于大型的或超长行程的液压缸有时不易实现,在这种情况下可以采用柱塞缸。如图 4.5a 所示,柱塞缸由缸筒、柱塞、导向套、密封圈和压盖等零件组成,柱塞和缸筒内壁不接触,因此缸筒内孔不需精加工,工艺性好、成本低。

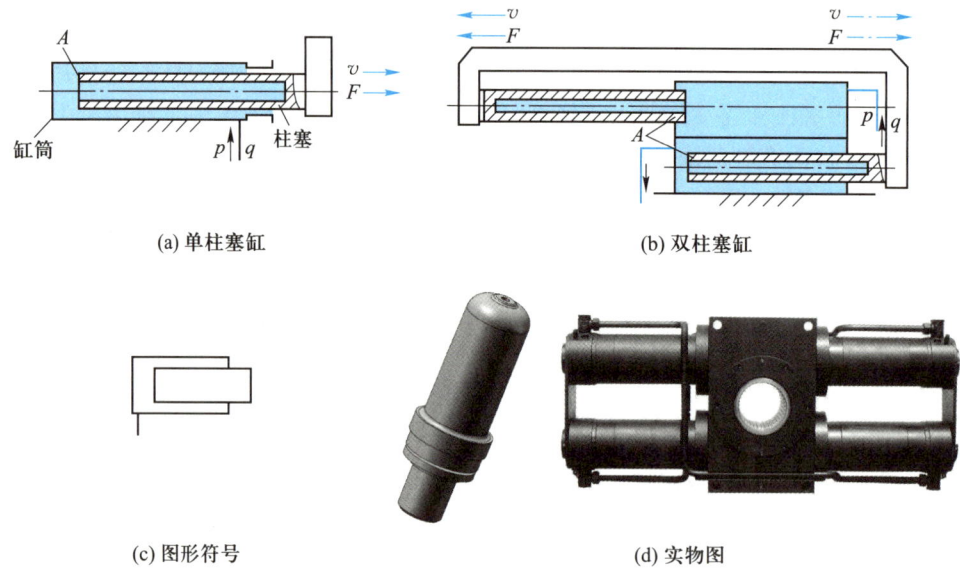

(a) 单柱塞缸   (b) 双柱塞缸

(c) 图形符号   (d) 实物图

图 4.5 柱塞缸结构简图、图形符号和实物图

微视频 4-3:
柱塞缸的原
理和计算

柱塞缸只能制成单作用缸。柱塞缸的回程可以用缸径较小的柱塞缸使主缸回程,或是竖直安放靠柱塞等活动部分的自重回程。在大行程设备中,为了得到双向运动,柱塞缸可设计成如图 4.5b 所示的成对使用形式。柱塞端面是受压面,其面积大小决定了柱塞缸运动的速度和推力。为保证柱塞缸有足够的推力和稳定性,一般柱塞较粗,重量较大,水平安装时易产生单边磨损,故柱塞缸适宜于竖直安装使用。水平安装使用时,为减轻重量,有时制成空心柱塞。为防止柱塞因自重下垂,通常要设置柱塞支承套和托架。

图 4.6 所示为一种柱塞缸的结构简图。柱塞 2 只与导向套 3 配合,故缸筒内壁只需粗加工,甚至在缸筒采用无缝钢管时可不加工,所以结构简单,制造容易,成本低廉,常用于长行程机床,如龙门刨床、导轨磨床、大型拉床等。水压机的缸筒以及液压电梯的长液压缸常采用这种结构。

柱塞缸的输出力 F 和运动速度 v 的计算公式如下:

$$F = \frac{\pi}{4} d^2 p \eta_{cm} \qquad (4.10)$$

$$v = \frac{q}{\frac{\pi}{4} d^2} \eta_{cv} \qquad (4.11)$$

式中:d——柱塞的直径,m;

$\quad\ p$——液体的工作压力,Pa;

$\quad\ q$——柱塞缸的输入流量,L/min。

1—缸筒;2—柱塞;3—导向套;4—密封装置;
5—压盖;6—压环;7—防尘圈

图 4.6 柱塞缸结构简图

4.1.3 摆动缸

摆动缸输出转矩并实现往复摆动运动,由于其可以直接输出转矩,又称为摆动液压马达。它有单叶片式、双叶片式或多叶片式等形式。其结构简图、图形符号和实物图如图 4.7 所示。图 4.7a 为单叶片式摆动缸,它由定子块 1、缸体 2、摆动轴 3、叶片 4、前后盖板等主要零件组成,定子块固定在缸体上,叶片和摆动轴连接在一起。其工作原理为:当工作介质从 A 口进入缸内时,叶片被推动并带动轴作逆时针方向转动,叶片另一侧的工作介质从 B 口排出;反之,工作介质从 B 口进入,叶片及轴作顺时针方向转动,A 口排出工作介质。

微视频 4-4:摆动缸的原理和计算

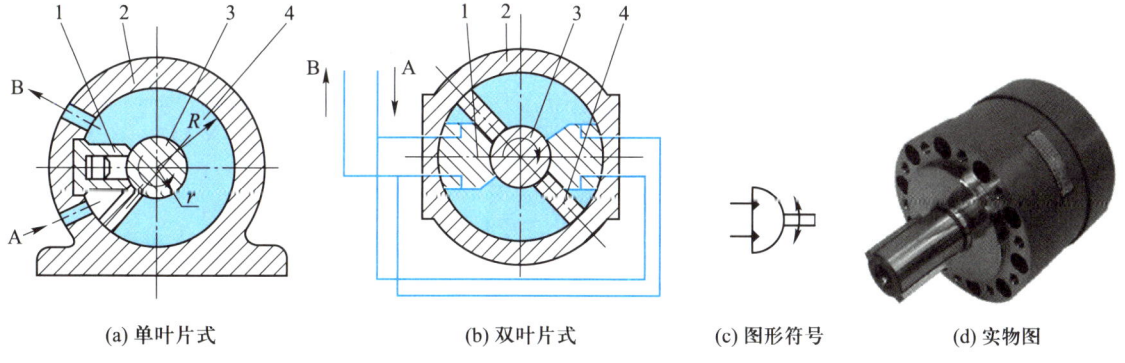

(a) 单叶片式　　　　(b) 双叶片式　　　　(c) 图形符号　　　　(d) 实物图

1—定子块;2—缸体;3—摆动轴;4—叶片

图 4.7 摆动缸结构简图、图形符号和实物图

当考虑容积效率 η_{cv} 和机械效率 η_{cm} 时,摆动缸的摆动轴输出角速度 ω 和转矩 T 分别为:

$$\omega = \frac{8q\eta_{cv}}{zB(D^2-d^2)} \tag{4.12}$$

$$T = \frac{zB}{8}(D^2-d^2)(p_1-p_2)\eta_{cm} \tag{4.13}$$

式中：z——叶片数；

 B——叶片宽度，m；

 D——缸体内孔直径，m；

 d——叶片轴直径，m；

 p_1——缸的进口压力，Pa；

 p_2——缸的背压力，Pa；

 q——缸的输入流量，L/min。

从图 4.7 中可看出，单叶片式摆动缸的最大摆动角度小于 360°，一般不超过 280°；双叶片式摆动缸则小于 180°，一般不超过 150°。当输入工作介质的流量和压力不变时，从图 4.7b 中可知双叶片式摆动缸摆动轴输出转矩是单叶片式摆动缸的两倍，而摆动角速度则是单叶片式摆动缸的一半。

摆动缸结构紧凑，输出转矩大，但密封困难，一般只用在低中压系统中作往复摆动、转位或间歇运动的工作场合。

例 4.1 如图 4.8 所示的单叶片式摆动缸，供油压力 $p_1 =$ 10 MPa，流量 $q = 25$ L/min，回油压力 $p_2 = 0.5$ MPa，$R = 100$ mm，$r =$ 40 mm，若输出轴的角速度 $\omega = 0.7$ rad/s，在不考虑摆动缸的容积效率和机械效率时，求摆动缸的叶片宽度和输出转矩。

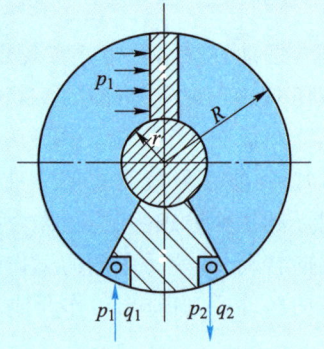

图 4.8 例 4.1 附图

解 （1）摆动缸叶片宽度 B

根据摆动缸角速度公式（4.12）可得：

$$B = \frac{8q}{z\omega(D^2-d^2)} = \frac{8\times25\times10^{-3}}{1\times0.7\left[(2\times0.1)^2-(2\times0.04)^2\right]\times60}\text{ m} = 0.142\text{ m}$$

（2）摆动缸输出转矩 T

根据公式（4.13）可得：

$$T = \frac{zB}{8}(D^2-d^2)(p_1-p_2) = \frac{1\times0.142}{8}\times(0.2^2-0.08^2)\times(10-0.5)\times10^6\text{ N·m}$$

$$= 5\ 666\text{ N·m}$$

4.2 其他形式的常用缸

为了满足特定的需要，可由上述缸的三种基本形式和机械传动机构或其他传动形式组合成特种缸来满足各种使用要求，下面分别介绍。

1. 增压缸

增压缸又称增压器。它能将输入的低压转变为高压供液压或气压传动系统中的高压支路使用,如图 4.9 所示。它由两个直径分别为 D_1 和 D_2 的压力缸筒和固定在同一根活塞杆上的两个活塞或直径不等的两个相连柱塞构成。设缸的入口压力为 p_1,出口压力为 p_2,若不计摩擦力,根据力平衡关系,可有如下等式:

$$A_1 p_1 = A_2 p_2$$

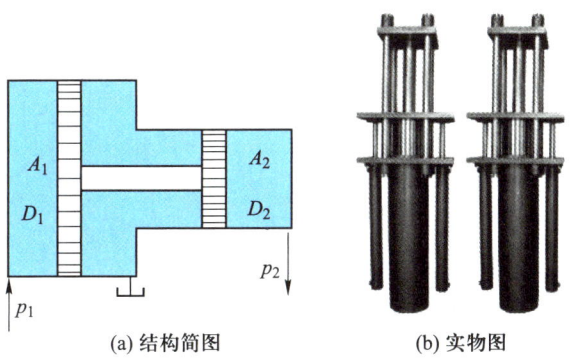

(a) 结构简图　　(b) 实物图

图 4.9　增压缸结构简图和实物图

整理得:

$$p_2 = \frac{A_1}{A_2} p_1 = k p_1 \tag{4.14}$$

式中:k——增压比,$k = A_1 / A_2$(或 $k = D_1^2 / D_2^2$)。

由式(4.14)可知,当 $D_1 = 2D_2$ 时,$p_2 = 4p_1$,即增压至原来的 4 倍。

此外,增压缸也可称为定变压比液压缸或液压变压器,其变压比 λ 为:

$$\lambda = \frac{p_2}{p_1} = \frac{A_1}{A_2} = \frac{D_1^2}{D_2^2} \tag{4.15}$$

增压缸常用于整个系统是低压,而局部需要高压或超高压的场合,以代替昂贵的高压或超高压泵和系统。推动增压缸大活塞的工作介质通常是压力较低的液压油、液压液或压缩空气等。图 4.10 所示是一种增压缸的结构简图和图形符号。

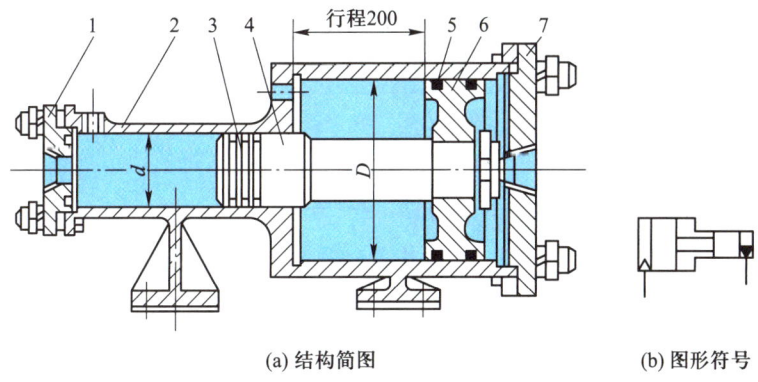

(a) 结构简图　　　　　　(b) 图形符号

1—前盖;2—小缸筒;3—活塞环;4—柱塞;5—O 形密封圈;6—大活塞;7—后盖

图 4.10　增压缸结构简图和图形符号

2. 增力缸

增力缸是由两个单杆活塞缸串接而成的,如图 4.11 所示,即两个单杆活塞缸的活塞杆连成一体,一起动作。当液压油液同时输入两个液压缸的左腔时,串联活塞杆右移,两缸的右腔同时排出油液,其推力 F 等于两个液压缸推力之和。其值为:

$$F = p\frac{\pi D^2}{4} + p\frac{\pi}{4}(D^2 - d^2) = p\frac{\pi}{4}(2D^2 - d^2) \qquad (4.16)$$

活塞杆的运动速度:

$$v = \frac{4q}{\pi(2D^2 - d^2)} \qquad (4.17)$$

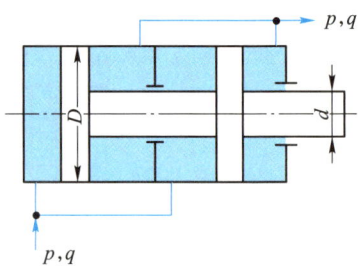

图 4.11 增力缸结构简图

式中:D——活塞直径,m;

d——活塞杆直径,m;

p——输入液压缸的压力,Pa;

q——输入液压缸的流量,L/min。

3. 多级缸

微视频4-6:
伸缩缸的原理和计算

多级缸又称伸缩套筒式缸,由两级或多级活塞缸套装而成。它的前一级缸的活塞是后一级缸的缸套,活塞伸出的顺序是从大活塞到小活塞,相应的推力也从大到小,而伸出的速度则由慢变快。空载缩回的顺序一般是从小活塞到大活塞,推力从小到大,伸出速度由快变慢。多级缸的级数可大于两级,其结构简图、图形符号和实物图见图 4.12,在工作过程中压力油从 A 口进入后,先推动一级套筒活塞 3 向右运动,由于一级活塞有效作用面积较大,故运动速度低,推力大。一级活塞运动到终点时,二级活塞 4 在压力油作用下继续向右运动,因其有效作用面积较小,所以运动速度快,推力小。此时套筒活塞 3 及缸体 5 工作腔内的油液均从 B 口回油。若压力油从 B 口进入,二级活塞 4 先退回到终点,然后一级活塞才退回,这时 A 口通回油。

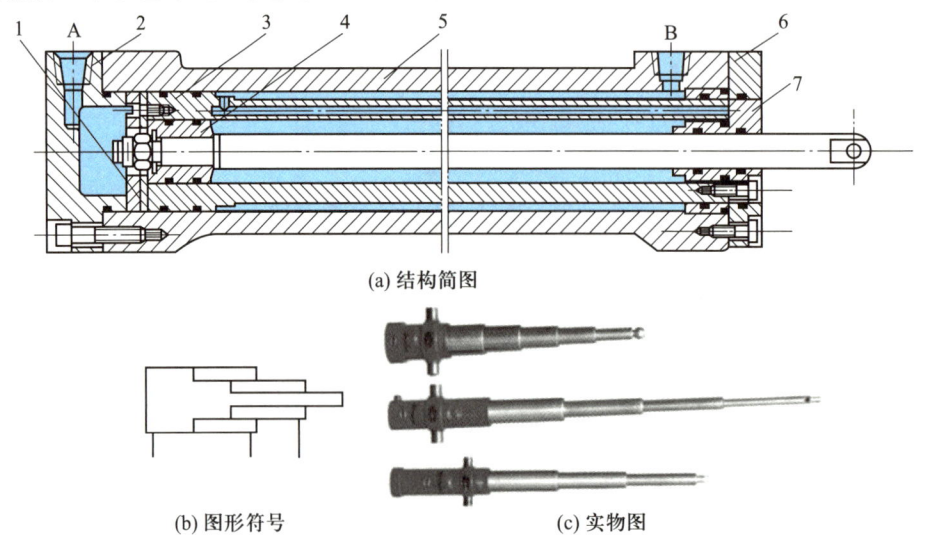

(a) 结构简图

(b) 图形符号　　　　　　(c) 实物图

1—压板;2、6—端盖;3—套筒活塞;4—活塞;5—缸体;7—套筒活塞端盖

图 4.12 多级缸结构简图、图形符号和实物图

多级液压缸的特点是活塞杆伸出的行程大,收缩后结构尺寸小,占用空间较小,结构紧凑。它适用于工程机械和其他行走机械,常用于起重机伸缩臂液压缸、翻斗汽车、拖拉机翻斗挂车和清洁车自卸系统举升液压缸、液压电梯以及其他装置。

4. 齿条活塞缸

齿条活塞缸是活塞缸与齿轮齿条机构联合组成的能量转换和输出装置,齿条活塞缸由带有齿条杆的双活塞缸和齿轮齿条机构组成。它将活塞的往复直线运动经齿轮齿条机构转换为齿轮轴的往复回转运动,它多用于自动生产线、组合机床等转位或分度机构中。

图 4.13 所示是一个齿条活塞液压缸结构简图,气压传动的齿条活塞缸结构与其相似。

齿条活塞缸工作时,齿轮轴输出的转矩 T 和回转角速度 ω 按下列公式计算:

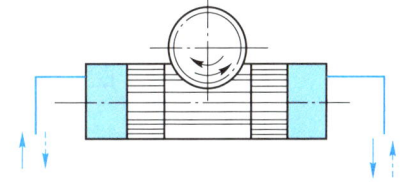

图 4.13 齿条活塞缸结构简图

$$T = p\,\frac{\pi D^2}{4}\,\frac{D_{\mathrm{f}}}{2}\,\eta_{\mathrm{cm}} \tag{4.18}$$

$$\omega = \frac{q}{\dfrac{\pi}{8}D^2 D_{\mathrm{f}}}\,\eta_{\mathrm{cv}} \tag{4.19}$$

式中:p——缸的工作压力,Pa;

$\quad D$——缸体内孔直径,m;

$\quad D_{\mathrm{f}}$——齿轮的分度圆直径,m;

$\quad q$——缸的输入流量,L/min。

5. 气-液阻尼缸

由于气体具有可压缩性,气缸会在外载荷发生变化时产生"爬行"或"自走"现象。在要求气缸运动速度平稳的场合,宜使用气-液阻尼缸。

气-液阻尼缸由气缸和液压缸组合而成,动力源为压缩空气,其中的液压缸利用液体压缩性小的特点,通过适当的调节和控制得到整个缸的运动速度,从而达到调速和稳速的目的。

图 4.14 为气-液阻尼缸的结构简图和实物图。它将液压缸和气缸串联成一个整体,两个活塞固定在一根活塞杆上。当气缸 5 右端供气时,活塞克服外载荷并带动液压缸 6 的活塞同时向左运动。此时液压缸左腔排液,单向阀 2 和 3 关闭,液体只能经节流阀 4 缓缓流入液压缸的右腔,对活塞的运动起到阻尼的作用。调节节流阀的开口面积,就能调节活塞的运动速度。当压缩空气从气缸的左腔进入时,液压缸的右腔排液,此时因单向阀 3 开启,活塞能够快速回程。

这种气-液阻尼缸的结构,一般是将双活塞杆缸作为液压缸,这样可使液压缸左右两腔的进排液量相等,此时油杯内的液体只用于补充因液压缸泄漏而减少的液量,其容积便可选小一些。

6. 气动液压缸

气动液压缸是一种使气压直接转换成液压的装置,它利用气压控制达到液压传动的目的,其结构简图和实物图如图 4.15 所示。压缩空气进入气动液压缸 2 后,直接作用在液压油的液面上,使缸内油液具有和压缩空气相同的压力,并通过管道将油液输送到工作液压缸 3 中推动活塞。因为液压油的压缩性极小,所以可以使工作液压缸获得平稳的运动速度,还可通过节流阀进行调速,当差压控制换向阀 1 切换气路后,工作液压缸的活塞因自重而下降,油液经单向阀流回气动液压缸,空气经换向阀排至大气。

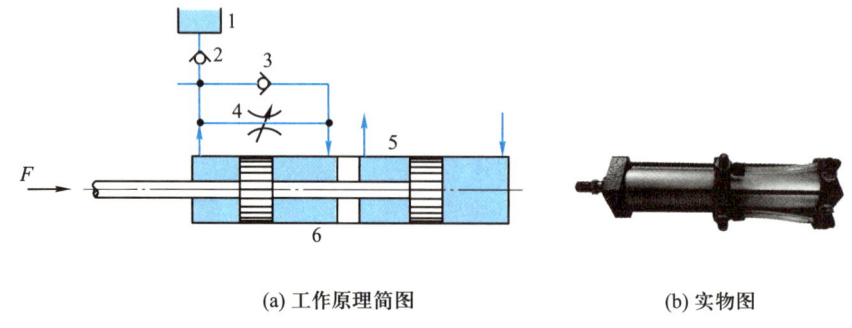

(a) 工作原理简图   (b) 实物图

1—油杯;2、3—单向阀;4—节流阀;5—气缸;6—液压缸

图 4.14　气-液阻尼缸结构简图和实物图

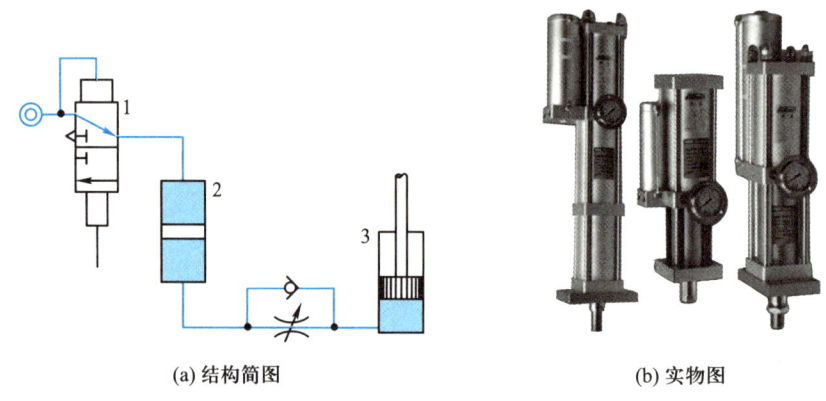

(a) 结构简图   (b) 实物图

1—差压控制换向阀;2—气动液压缸;3—工作液压缸

图 4.15　气动液压缸结构简图和实物图

由此可以看出,气动液压缸传动装置无须使用液压泵和驱动电动机,便可获得结构简单、价格低廉、速度平稳和可调的液压传动。但由于液压缸工作油液的压力等于压缩空气的压力,压力较低,故这种装置只适于传递功率较小的场合。

7. 多速缸

多速缸又称复合缸,是以单杆活塞缸为基础,在活塞杆上再加工出小缸筒形成的,即以较大活塞缸的活塞杆作为较小活塞缸的缸筒,再配以小活塞或柱塞组成,如图 4.16 所示。

在图 4.16 中,两个活塞在缸中的有效作用面积分别为 A_1、A_2 和 A_3,且 $A_1>A_2>A_3$。控制 X、Y 和 Z 三个进、出液口的进、排液组合,可使主活塞获得 6 种运动速度和输出力,如表 4.1 所示。其中,p 为液体的工作压力,q 为流量。当活塞向下运动时,由于重力作用会加速下行,使液压缸的内腔产生真空,充液阀被吸开,液体从充液油箱经充液阀 6 和 7(口 D) 吸入腔内。多速缸结构紧凑、体积小,但缸的制造技术要求高、难度大,常用于液压机、注塑机、机械手和某些数控机床的主轴等。

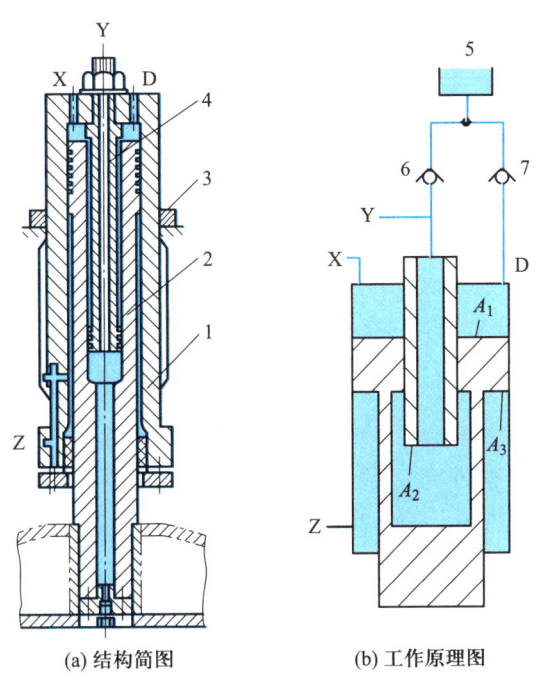

(a) 结构简图　　　　(b) 工作原理图

1—主缸体;2—主缸活塞;3—主缸锁紧螺母;4—小活塞;5—充液油箱;6、7—充液阀

图 4.16　双套多速缸结构简图和工作原理图

表 4.1　多速缸的运动速度及输出力计算

动作名称	X、Y、Z 口的进、排液组合	活塞杆的输出力	活塞杆的运动速度
大活塞杆外伸	X 进液,Y 进液,Z 排液	$F_1 = p(A_1 + A_2)$	$v_1 = \dfrac{q}{A_1 + A_2}$
	X 进液,Y 吸液,Z 排液	$F_2 = pA_1$	$v_2 = \dfrac{q}{A_1}$
	X 吸液,Y 进液,Z 排液	$F_3 = pA_2$	$v_3 = \dfrac{q}{A_2}$
	X、Z 差动连接,Y 吸液	$F_4 = p(A_1 - A_3)$	$v_4 = \dfrac{q}{A_1 - A_3}$
	Y、Z 差动连接,X 吸液	$F_5 = p(A_2 - A_3)$	$v_5 = \dfrac{q}{A_2 - A_3}$
回程	Z 进液,X、Y 排液	$F_6 - pA_3$	$v_6 = \dfrac{q}{A_3}$

8. 薄膜气缸

薄膜气缸是一种利用压缩空气通过膜片推动活塞杆作往复直线运动的气缸,它可应用在汽车刹车装置、调节阀和夹具等机构上。薄膜气缸由缸体、膜片、膜盘和活塞杆等主要零件组成,如图 4.17 所示。其中,图 4.17a 是单作用式,需借助弹簧力回程;图 4.17b 是双作用式,靠气压回程。

膜片的形状有盘形和平形两种,材料可以是夹物橡胶、钢片或磷青铜片,其中夹物橡胶较常

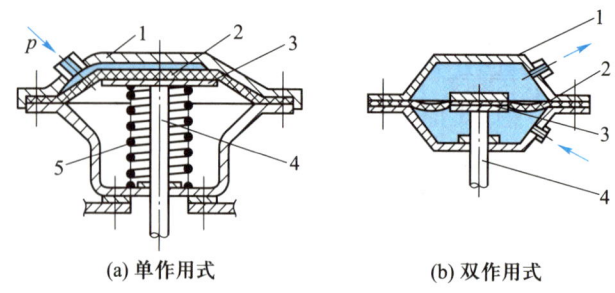

(a) 单作用式　　　　　　(b) 双作用式

1—缸体；2—膜片；3—膜盘；4—活塞杆；5—弹簧

图 4.17　薄膜气缸结构简图

用,厚度通常为 5~6 mm,有时也有用 1~3 mm 的。金属膜片只用于行程较小的气缸。

薄膜气缸具有结构紧凑和简单、制造容易、成本低、泄漏少、寿命长、效率高等优点,但是膜片的变形量有限,故其行程较短,一般不超过 40~50 mm。若为平膜片,有时可短到只有几毫米。此外,这种缸的活塞杆输出力随行程的加大而减小。

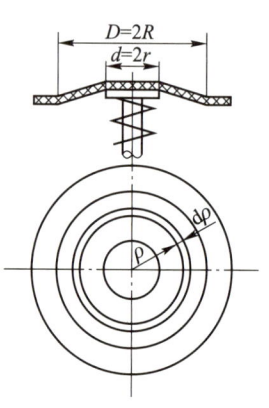

图 4.18　膜盘尺寸

薄膜气缸输出力的计算如图 4.18 所示,作用到活塞杆上的力有以下几个。

（1）作用在膜盘范围内的气体作用力 F_1

$$F_1 = \pi r^2 p \tag{4.20}$$

（2）通过未受膜盘支承部分的膜片作用的气体压力对膜盘和活塞杆产生的力 F_2（忽略膜片本身的弹性）

$$
\begin{aligned}
F_2 &= \int_r^R p\,\frac{R-\rho}{R-r}\,2\pi\rho\,\mathrm{d}\rho \\
&= \frac{2\pi p}{R-r}\int_r^R (R-\rho)\rho\,\mathrm{d}\rho \\
&= \frac{2\pi p}{R-r}\left[\frac{R}{2}(R^2-r^2)-\frac{1}{3}(R^3-r^3)\right] \\
&= \frac{\pi p}{3}\left[3R(R+r)-2(R^2+Rr+r^2)\right] \\
&= \frac{\pi p}{3}(R^2+Rr-2r^2)
\end{aligned}
\tag{4.21}
$$

（3）复位弹簧的反作用力 F_s

薄膜气缸活塞杆的输出力 F 为:

$$
\begin{aligned}
F &= F_1+F_2-F_s \\
&= \pi r^2 p+\frac{\pi p}{3}(R^2+Rr-2r^2)-F_s \\
&= \frac{\pi p}{12}(D^2+Dd+d^2)-F_s
\end{aligned}
\tag{4.22}
$$

式中：p——气体工作压力,Pa；

120

r——膜盘半径,m;

R——气缸半径,m;

d——膜盘直径,m;

D——气缸直径,m;

F_s——复位弹簧作用力,N。

9. 冲击气缸

冲击气缸是使压缩空气在缸内形成短时的高速气流,推动活塞等快速下行并产生很大的动能,以完成破碎、模锻等需要瞬时大能量的工作,如型材下料、打印、铆接、弯曲、冲孔、镦粗等。

冲击气缸与普通气缸相比增加了一个具有一定容积的储能腔和喷嘴,其结构简图如图4.19所示。冲击气缸的工作过程可分为三个阶段。第一阶段(图4.20a),气源由孔B供气,储能腔孔A排气,活塞上移处于上限位置(中盖固定在缸体上限位)并用密封垫封住喷嘴,气缸上腔成为密封的储气腔,中间的环形尾腔经小孔口与大气相通。第二阶段(图4.20b),气源改由孔B排气,孔A进气,这时储能腔压力逐渐上升,活塞杆腔压力逐渐降低。由于储能腔气压作用在喷嘴上面积较小,而活塞杆腔气压作用面积大(通常为1∶9),可使储能腔储存很多的能量。第三阶段(图4.20c),储能腔压力继续增大,活塞杆腔压力继续降低,当上下腔压力比大于喷嘴和活塞面积比时,活塞即离开喷嘴向下运动,在喷嘴打开的瞬间,储能腔的压

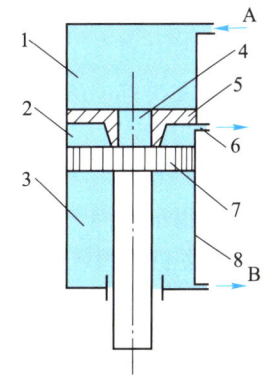

1—储能腔;2—活塞腔;3—活塞杆腔;4—喷嘴口;
5—中盖;6—泄排口;7—活塞;8—缸体;A、B—进、排气口

图 4.19　冲击气缸结构简图

力气体突然迅速充入整个中盖与活塞之间的全部空腔内,喷嘴口处的气流速度达到声速。喷入活塞腔的高速气流进一步膨胀,产生冲击波,波的阵面压力高于气源压力的几倍到几十倍,于是活塞在很大的压力作用下以很大的加速度向下运动,活塞与活塞杆等运动部件在瞬间达到很高的速度和加速度(一般为同样条件下普通气缸速度的10~15倍,加速度可达1 000 m/s^{2}以上),气体的压力能转换为动能,利用这个动能对工件冲击作功,产生很大的冲击力。

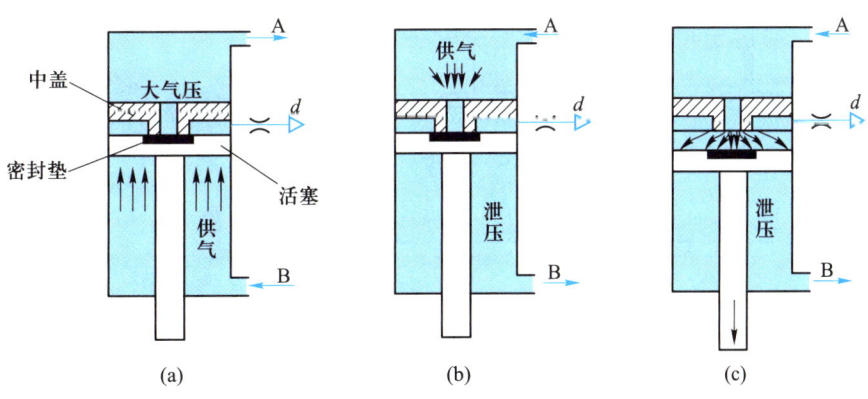

图 4.20　冲击气缸的三个工作阶段

冲击气缸泄排口(图 4.19 中的 6)的作用是在活塞开始冲击之前,使活塞腔 2(图 4.19)的压力接近于大气压,当活塞开始冲击后又最好能关闭,以免造成泄漏。比较理想的是采用低压排气阀(类似于单向阀),它的作用是在低压时排气,即与大气相通,而在高压时关闭,但这种阀需专门设计。通常冲击气缸的泄排口也可采用小型针阀,当活塞开始冲击时,活塞腔的压缩空气会通过泄排口的针阀与大气相通而造成一些泄漏,因此泄排口的环形节流通道不宜过大。泄排口的另一个作用是在必要时可作为控制信号孔使用。

根据有杆腔的气体能否在工作时迅速排出,冲击气缸分为快排型和非快排型两种。图 4.21 所示为非快排型冲击气缸的结构简图。

10. 磁性开关气缸

磁性开关气缸用于检测气缸行程的位置。由于它不需在行程两端设置机控阀或行程开关,不需在活塞杆端部设置撞块,所以使用方便,结构紧凑。另外,它的反应速度快,工作可靠性高,寿命长,因而得到广泛应用。

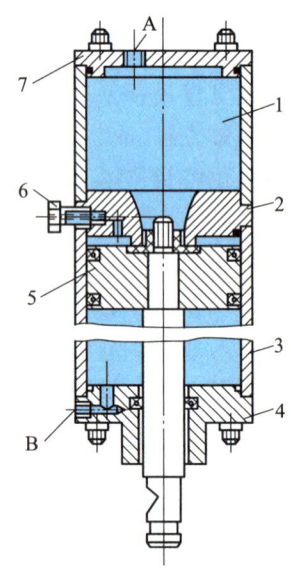

1—储能腔;2—中盖;3—缸筒;4—前盖;5—活塞;6—泄排装置;7—后盖;A、B—进、排气口

图 4.21　非快排型冲击气缸结构简图

磁性开关气缸的磁性开关装在气缸缸筒的外侧,但缸筒必须是导磁性弱、隔磁性强的材料,如硬铝、不锈钢、黄铜等。在非磁性体的活塞上安装有一个由永久磁铁(橡胶磁铁或塑料磁铁)制成的磁环。

图 4.22 所示为磁性开关气缸的结构简图和实物图。当随活塞移动的磁环靠近开关时,舌簧开关的两根簧片被磁化而相互吸引,触点闭合;当磁环离开开关后,簧片失磁,触点断开。触点闭合或断开时发出电信号(或使电信号消失),控制相应电磁阀完成切换动作。在磁性开关内部一般还带有开关动作指示灯和过电压保护电路,并用树脂塑封在壳体内。

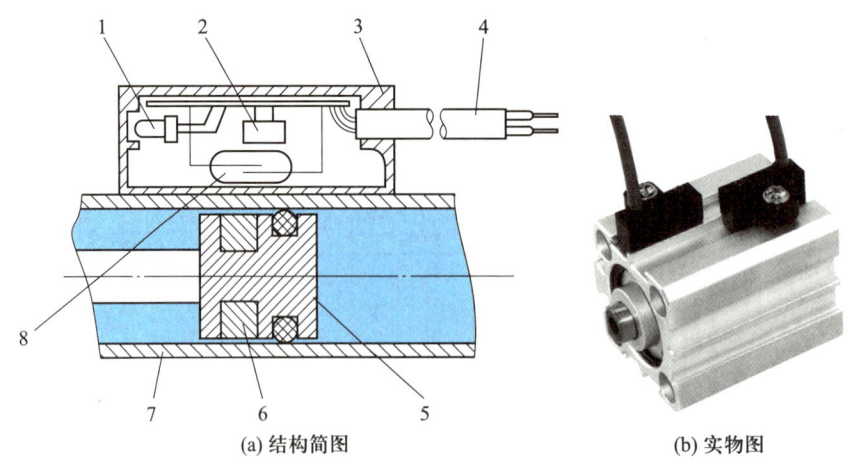

(a) 结构简图　　　　　　　　　(b) 实物图

1—动作指示灯;2—保护电路;3—开关外壳;4—导线;5—活塞;6—磁环(永久磁铁);7—缸筒;8—舌簧开关

图 4.22　磁性开关气缸的结构简图和实物图

11. 磁性无活塞杆气缸

图4.23是磁性无活塞杆气缸的结构简图和实物图。它由缸体、活塞组件和移动支架三部分组成。其中活塞组件由内磁环(永久磁铁)4、内导磁板5等组成。移动支架组件由套筒(移动支架)1、外磁环(永久磁铁)2等组成。两组件内的磁环形成的磁场产生很强的磁力,使移动支架组件跟随活塞组件同步移动。移动支架承受负载,其承受的最大负载力不仅取决于磁铁的性能和磁环的组数,还取决于气缸筒的材料和壁厚。

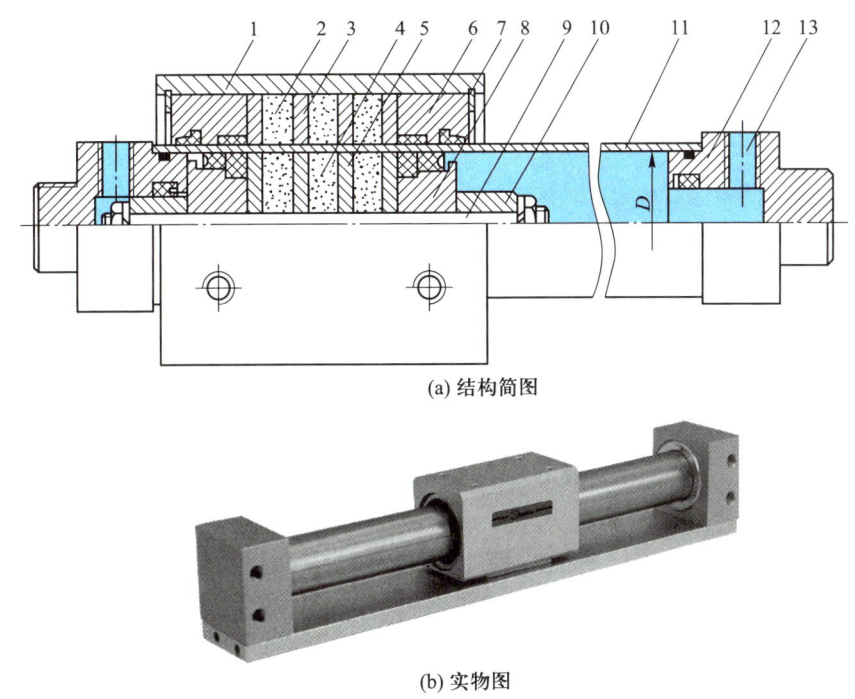

(a) 结构简图

(b) 实物图

1—套筒(移动支架);2—外磁环(永久磁铁);3—外磁导板;4—内磁环(永久磁铁);5—内导磁板;6—压盖;
7—卡环;8—活塞;9—活塞轴;10—缓冲柱塞;11—气缸筒;12—端盖;13—进、排气口

图 4.23　磁性无活塞杆气缸结构简图和实物图

它的特点是体积小、重量轻,无外部空气泄漏,维护保养方便。当速度快、负载大时,内外磁环不易吸住,且磁性耦合的无活塞杆气缸中间不可能增加支承点,因此最大行程受到限制。

4.3 缸的结构

微视频 4-7:
液压缸的结构

在液压与气压传动系统中,活塞缸比较常用和相对复杂,因此这里主要介绍活塞缸。

图4.24所示的是一个较常用的双作用双活塞杆液压缸。它由活塞杆2、缸筒组件11、缸盖4、活塞14、导向套7和密封装置等零件组成。缸筒两端通过内螺纹与前、后缸盖连接,两端设有油口 A 和 B。活塞14与活塞杆2焊接成一体,结构紧凑。活塞与缸孔之间、两端缸盖内孔与活塞杆之间采用密封圈和支承环的组合密封装置,活塞杆两端的伸出端装有防尘圈3,它们分别防

止油液外漏和灰尘进入缸内。活塞杆头部的连接方式采用双耳接杆通过螺纹连接。

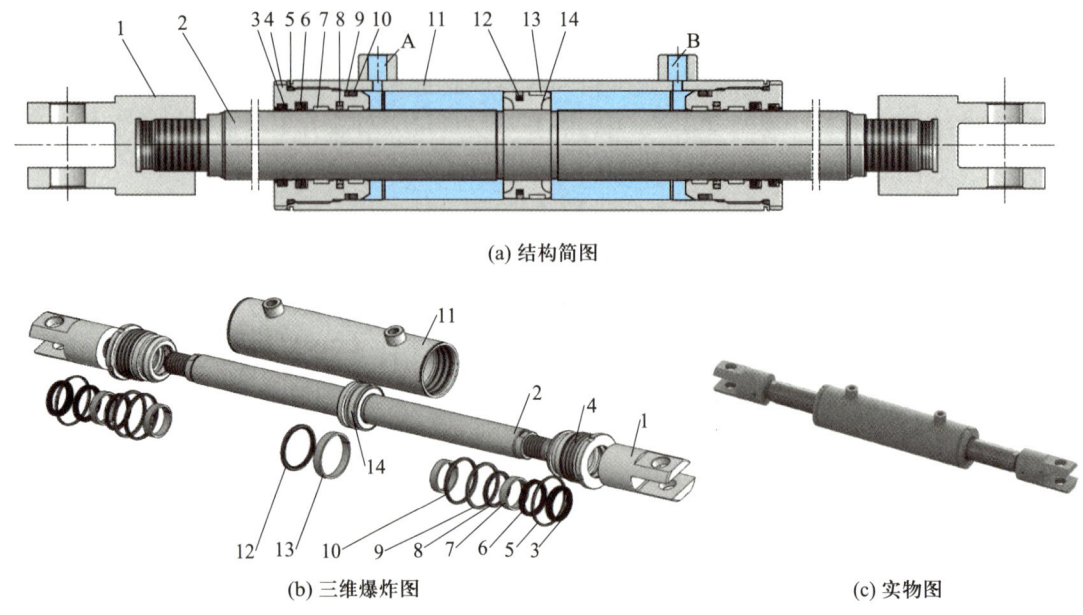

(a) 结构简图

(b) 三维爆炸图

(c) 实物图

1—双耳接杆;2—活塞杆;3—防尘圈;4—缸盖;5、6、8、10、12—密封圈;
7—导向套;9—挡圈;11—缸筒组件;13—支承环;14—活塞

图 4.24 双作用双活塞杆液压缸

由此可见,缸由缸体组件(缸筒、端盖等)、活塞组件(活塞、活塞杆等)、密封件和连接件等基本部分组成。此外,根据需要缸还设有缓冲装置和排气装置。在进行缸的设计时,根据工作压力、运动速度、工作条件、加工工艺及装拆检修等方面的要求综合考虑缸的各部分结构。

4.3.1 缸体组件

缸体组件通常由缸筒、缸底、缸盖、导向套和支承环等组成。缸体组件与活塞组件构成密封的容腔,承受压力。因此,缸体组件要有足够的强度、较高的表面精度和可靠的密封性。

常见的缸体组件连接形式如图 4.25 所示。

(1) 法兰式连接 这种连接结构简单,加工方便,连接可靠,但要求缸筒端部有直径足够大的凸缘,用以安装螺栓或旋入螺钉。缸筒端部一般用铸造、镦粗或焊接方式制成粗大的缸筒凸缘。它是一种常用的连接形式。

(2) 半环式连接 这种连接分为外半环连接和内半环连接两种形式。半环式连接工艺性好,连接可靠,结构紧凑,重量轻,但零件较多,加工也较复杂,并且安装槽削弱了缸筒强度。半环式连接也是一种应用十分普遍的连接形式,常用于无缝钢管缸筒与端盖的连接。

(3) 螺纹式连接 这种连接有外螺纹连接和内螺纹连接两种方式,其特点是体积小、重量轻、结构紧凑,但缸筒端部结构较复杂,组装过程中拧动端盖时有可能把 O 形密封圈拧扭,而且

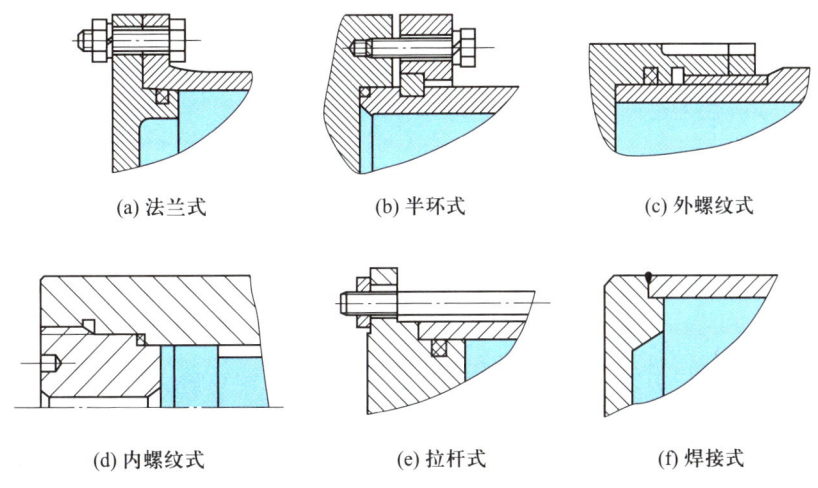

(a) 法兰式　　　　　(b) 半环式　　　　　(c) 外螺纹式

(d) 内螺纹式　　　　(e) 拉杆式　　　　　(f) 焊接式

图 4.25　缸体组件连接形式

一旦锈住,缸盖很难卸下。它一般用于要求外形尺寸小、重量轻的场合。

（4）拉杆式连接　这种连接结构简单,工艺性好,通用性强,易于拆装,但端盖的体积和重量较大,拉杆受力后会拉伸变长,影响密封效果,只适用于长度不大的中低压缸。

（5）焊接式连接　这种连接强度高,制造简单,但焊接时易引起缸筒变形。

缸筒是液压缸的主体,其内孔一般采用镗削、铰孔、滚压或珩磨等精密加工工艺制造,要求表面粗糙度 Ra 值为 $0.1 \sim 0.4\ \mu m$,以使活塞及其密封件、支承件能顺利滑动和保证密封效果,减少磨损。缸筒要承受很大的压力,因此应具有足够的强度和刚度。

端盖装在缸筒两端,与缸筒形成封闭容腔,同样承受很大的压力,因此它们及其连接部件都应有足够的强度。设计时既要考虑强度,又要选择工艺性较好的结构形式。

导向套对活塞杆或柱塞起导向和支承作用,有些缸不设导向套,直接用端盖孔导向,这种结构简单,但磨损后必须更换端盖。

缸筒、端盖和导向套的材料选择和技术要求可参考有关手册。

4.3.2　活塞组件

活塞组件由活塞、活塞杆和连接件等组成,活塞通常制成与杆分离的形式,目的是易于加工和选材,但也有制成一体的。随着缸的工作压力、安装方式和工作条件的不同,活塞组件有多种结构形式。

1. 活塞组件的连接形式

活塞与活塞杆的连接形式很多,除如图 4.26 所示的形式外还有整体式、焊接式连接结构和锥销式连接结构等,但无论何种连接方式,都必须保证连接可靠。

整体式和焊接式连接结构简单,轴向尺寸紧凑,但损坏后需整体更换。锥销式连接加工容易,装配简单,但承载能力小,且需有必要的防止脱落措施。螺纹式连接见图 4.26a,其结构简单,装拆方便,但一般需有螺母防松装置。半环式连接见图 4.26b,它强度高,但结构复杂,装拆不便。一般使用螺纹式连接;在轻载情况下可采用锥销式连接;高压和振动较大时多用半环式连接;活

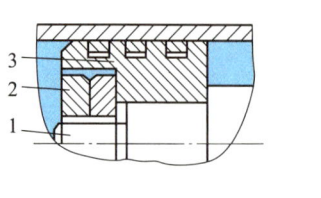
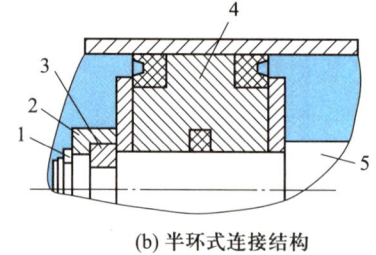

(a) 螺纹式连接结构　　　　　　　　　(b) 半环式连接结构

1—活塞杆;2—螺母;3—活塞　　　　1—弹簧卡圈;2—轴套;3—半环;4—活塞;5—活塞杆

图 4.26　活塞与活塞杆连接形式

塞直径与活塞杆直径比值 D/d 较小、行程较短或尺寸不大的液压缸,其活塞与活塞杆可采用整体式或焊接式连接。

2. 活塞和活塞杆

活塞受压力作用在缸筒内作往复运动,因此活塞必须具有一定的强度和良好的耐磨性。活塞一般用铸铁或钢制造。活塞的结构通常分为整体式和组合式两类。

活塞杆是连接活塞和工作部件的传力零件,它必须有足够的强度和刚度。活塞杆无论是实心还是空心,通常用钢制造。活塞杆在导向套内往复运动,其外圆表面应当耐磨并具有防锈性能,故活塞杆外圆表面有时需镀铬。活塞和活塞杆的技术要求可参考有关手册。

3. 活塞的密封形式

活塞的密封分为动密封(回转或往复运动的部件密封)和静密封(静止部分的密封)。对密封的要求是既能保证密封,滑动摩擦力又小。

活塞结构因所用的密封方法不同而异,如图 4.27 所示。

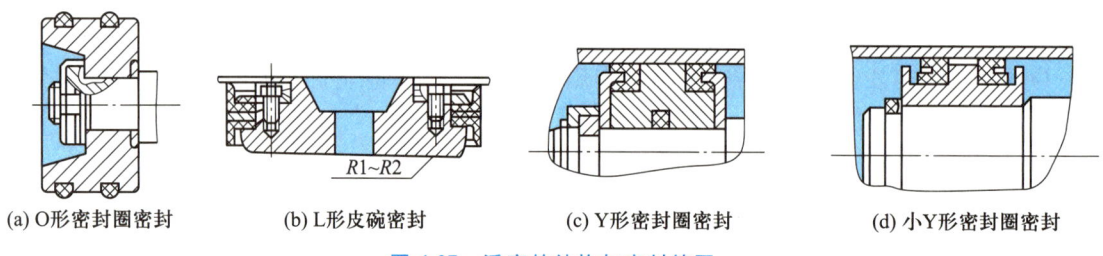

(a) O形密封圈密封　　(b) L形皮碗密封　　(c) Y形密封圈密封　　(d) 小Y形密封圈密封

图 4.27　活塞的结构与密封简图

(1) O形密封圈密封　　如图 4.27a 所示。其优点是结构简单,密封可靠,摩擦阻力小,但要求缸孔内壁十分光滑,O形密封圈磨损后无法补偿,多用于气缸。

(2) L形皮碗密封　　如图 4.27b 所示。其优点是密封可靠,皮碗使用寿命长。皮碗需压环,摩擦力较 O 形密封圈大,一般用于直径大于 100 mm 的气缸。

(3) Y形密封圈密封　　如图 4.27c 所示。其密封性能、弹性和强度都比较好。唇部富有弹性,能自封,磨损后能自行补偿。在压力变化较大、滑动速度较高的工况下工作时,要用支承环固定密封圈。这种密封形式液压缸和气缸都常用。

(4) 小Y形密封圈密封　　如图 4.27d 所示。除具有 Y 形密封圈的特点外,因其两唇不等高,选择短唇朝被密封的间隙安装,唇尖不可能被挤入间隙,故无需支承环,结构更简单,而且这种密封圈的截面长宽比大于 2,在活塞运动时不会翻滚,使用更可靠。这种密封形式液压缸和气缸都常用。

4. 活塞杆伸出端端盖结构

液压缸常用的活塞杆伸出端端盖结构如图 4.28 所示,它包括密封圈 1、导向套 2、压环 3、防尘圈 4 和防尘圈压环 5 等。图 4.28a 所示结构用于缸径与活塞杆直径相差较小的场合;图 4.28b 所示结构用于缸径与活塞杆直径相差较大的场合。

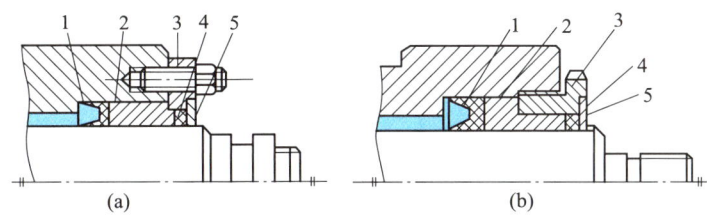

1—密封圈;2—导向套;3—压环;4—防尘圈;5—防尘圈压环

图 4.28　液压缸活塞杆伸出端端盖结构简图

气缸常用的活塞杆伸出端端盖结构如图 4.29 所示,在端盖的沟槽里放置唇形密封圈和导向套,或轴用组合密封圈和含油轴承等,保证活塞杆往复运动时的密封和防尘。

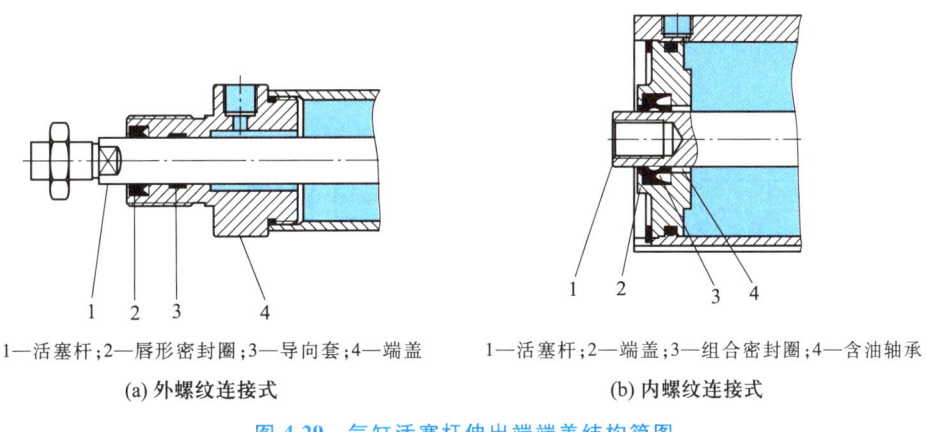

1—活塞杆;2—唇形密封圈;3—导向套;4—端盖　　1—活塞杆;2—端盖;3—组合密封圈;4—含油轴承

(a) 外螺纹连接式　　　　　　　　　　　　　(b) 内螺纹连接式

图 4.29　气缸活塞杆伸出端端盖结构简图

活塞杆头部的连接形式如图 4.30 所示。图 4.30a 所示为内螺纹连接,图 4.30b 所示为外螺纹连接,这两种连接方式通用性强,标准化的液压缸和气缸经常采用;图 4.30c 和图 4.30d 所示分别为双耳环和单耳环连接,它们多用于非标准化的缸上。图 4.30e 所示为单耳环中带球轴承连接,主要用在工程机械上。

4.3.3　缓冲装置

当缸拖动负载的质量较大、速度较高时,一般应在缸中设缓冲装置,必要时还需在液压和气压传动系统中设缓冲回路,以免在行程终端发生过大的机械碰撞,致使缸损坏。缓冲的原理是使活塞或缸筒在走向行程终端时,其出口腔内产生足够的缓冲压力,即增大工作介质出口阻力,从而降低缸的运动速度,避免活塞与缸盖相撞。

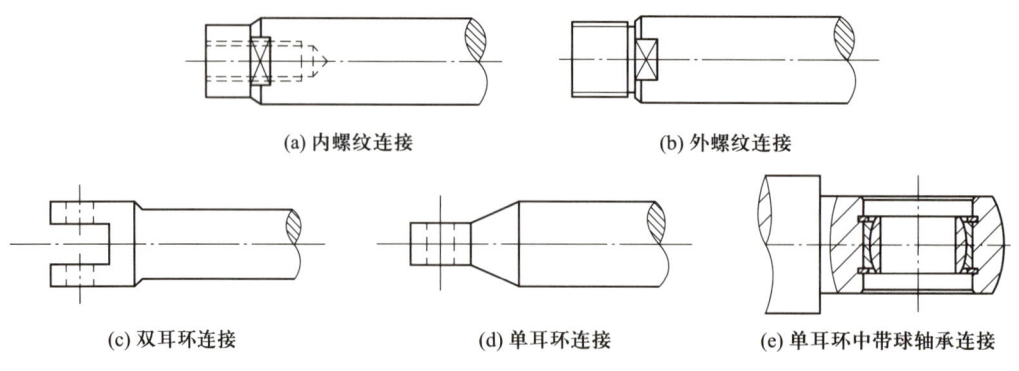

(a) 内螺纹连接   (b) 外螺纹连接

(c) 双耳环连接   (d) 单耳环连接   (e) 单耳环中带球轴承连接

图 4.30   活塞杆头部连接形式

1. 液压缸缓冲装置

常用的液压缸缓冲装置简图如图 4.31 所示。液压缸中多采用这些形式的缓冲装置。

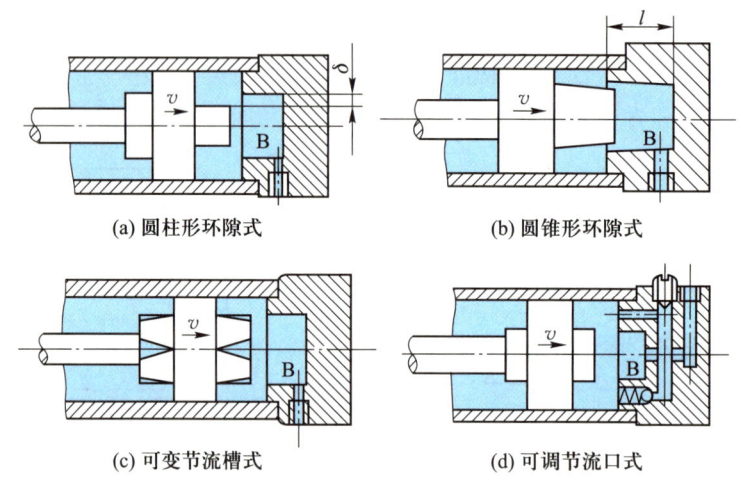

(a) 圆柱形环隙式   (b) 圆锥形环隙式

(c) 可变节流槽式   (d) 可调节流口式

图 4.31   液压缸缓冲装置简图

（1）圆柱形环隙式缓冲装置

如图 4.31a 所示,当缓冲柱塞进入缸盖上的内孔时,缸盖和活塞间形成缓冲油腔 B,被封闭油液只能从环形间隙 δ 排出,产生缓冲压力,从而实现减速缓冲。这种缓冲装置在缓冲过程中,由于其节流面积不变,故缓冲开始时产生的缓冲制动力很大,但很快就降低了,其缓冲效果较差,但这种装置结构简单,便于设计和降低制造成本,所以在一般系列化的成品液压缸中多采用这种缓冲装置。

（2）圆锥形环隙式缓冲装置

如图 4.31b 所示,由于缓冲柱塞为圆锥形,所以缓冲环形间隙随位移量 l 的变化而改变,即节流面积随缓冲行程的增大而减小,缓冲阻力逐渐增大,使机械能的吸收比较均匀,其缓冲效果较好。

（3）可变节流槽式缓冲装置

如图 4.31c 所示,可在缓冲柱塞上开由浅到深的三角节流沟槽,节流面积随着缓冲行程的增大而逐渐减小,缓冲压力变化平缓,但需要专门设计。

（4）可调节流口式缓冲装置

如图 4.31d 所示,在缓冲过程中,缓冲腔油液经针形节流阀形成的节流孔排出,调节针形节流阀节流口的大小,可控制缓冲腔内缓冲压力的大小,以适应液压缸不同的负载和速度工况对缓冲的要求,同时当活塞反向运动时,高压油从单向阀进入液压缸内,活塞也不会因推力不足而发生启动缓慢或启动困难等现象。

2. 气缸的缓冲装置

气缸活塞的缓冲可分为单侧(杆侧或无杆侧)缓冲和双侧缓冲,固定缓冲(如垫缓冲、固定节流口)和可调缓冲(如缓冲调节阀)。如图 4.32a 所示的垫缓冲是在活塞两侧设置聚氨酯橡胶垫吸收动能;气缓冲是将活塞运动动能转化成密闭气室的压力能。针形缓冲调节阀如图 4.32b 所示。

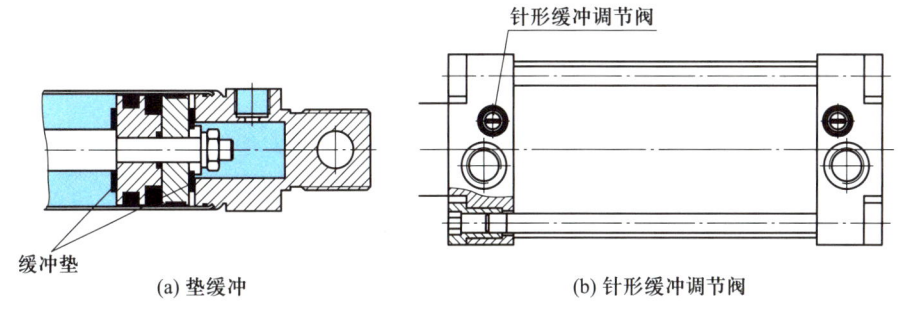

(a) 垫缓冲   (b) 针形缓冲调节阀

图 4.32 气缸的缓冲装置

4.3.4 排气装置

液压传动系统往往会混入空气,使系统工作不稳定,发生振动、爬行或前冲等现象,严重时会使系统不能正常工作,因此设计液压缸时必须考虑空气的排出。

对于要求不高的液压缸,往往不设计专门的排气装置,而是将油口布置在缸筒的最高处,这样也能使空气随油液排往油箱,再从油箱逸出。

对于速度稳定性要求较高的液压缸和大型液压缸,常在液压缸的最高处设置专门的排气装置,如排气塞、排气阀等。图 4.33 所示为排气装置结构简图,当打开排气塞、排气阀或排气油管后,在低压情况下,液压缸往复运动几次,带有气泡的油液就会排出,空气排完后拧紧螺钉,液压缸便可正常工作。

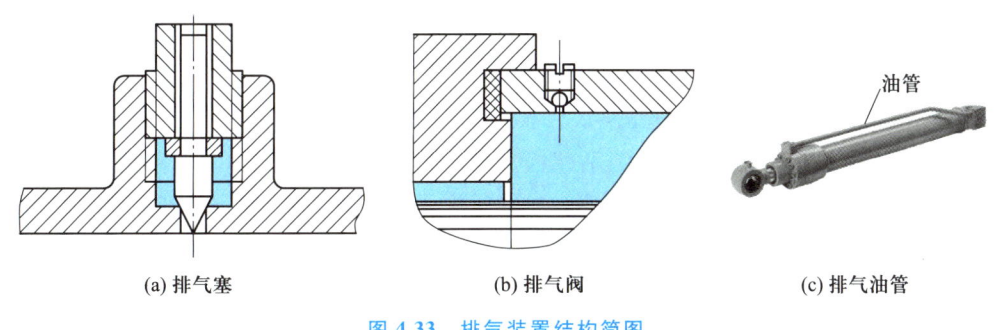

(a) 排气塞   (b) 排气阀   (c) 排气油管

图 4.33 排气装置结构简图

4.4 缸的设计计算

微视频 4-8:
液压缸的设
计计算

一般来说,缸是标准件,但有时必须根据需要自行设计。设计缸的时候首先要熟悉主机的用途和工作条件,工作机构的结构特点、负载状况、行程大小和动作要求,液压传动系统所选定的工作压力和流量,有关的国家标准和技术规范等;然后根据主机的动作要求选择液压缸的类型和结构形式;再按负载和运动要求确定缸的结构尺寸,必要时进行强度、刚度和三维验算;最后进行结构设计。

4.4.1 缸工作压力的选择

缸所承受的外部载荷有重力、外部机构运动摩擦力、惯性力和工作载荷等,缸的工作压力按负载确定,同时考虑设备的安装空间。液压缸根据不同的用途和工作条件,采用的工作压力范围也不同,设计时可参考表 4.2 确定。

表 4.2 液压缸工作压力与负载之间的关系

负载 F/N	<5 000	5 000~10 000	10 000~20 000	20 000~30 000	30 000~50 000	>50 000
缸工作压力 p_1/MPa	<0.8~1	1.5~2	2.5~3	3~4	4~5	≥5~7

4.4.2 缸主要尺寸的计算

对单杆缸,无杆腔进液体或气体,且不考虑机械效率时,由式(4.4)可得缸径为:

$$D = \sqrt{\frac{4F_1}{\pi(p_1-p_2)} - \frac{d^2 p_2}{p_1-p_2}} \qquad (4.23)$$

有杆腔进液体或气体且不考虑机械效率时,由式(4.6)可得缸径为:

$$D = \sqrt{\frac{4F_2}{\pi(p_1-p_2)} + \frac{d^2 p_1}{p_1-p_2}} \qquad (4.24)$$

式中:p_1——缸的工作压力,Pa;

F_1,F_2——最大负载,N;

D——缸径,m;

d——活塞杆直径,m;

p_2——背压,Pa,一般选取背压 $p_2=0$。

缸的结构尺寸主要有三个:缸径 D、活塞杆直径 d 和缸筒长度 L。缸径 D 和活塞杆直径 d 可根据最大总负载和选取的工作压力来确定。缸筒长度 L 根据最大工作行程确定。下面以活塞缸为例具体说明计算过程。

1. 缸径 D

工程上,计算缸径 D 通常有以下两种方法。

（1）根据负载和选定的工作压力来确定缸径 D

这时，上面两式便可简化，即无杆腔进液体或气体时：

$$D = \sqrt{\frac{4F_1}{\pi p_1}} \tag{4.25}$$

有杆腔进液体或气体时：

$$D = \sqrt{\frac{4F_2}{\pi p_1} + d^2} \tag{4.26}$$

若综合考虑排液或排气腔对活塞产生的背压、活塞和活塞杆处密封及导向套产生的摩擦力，以及运动件质量产生的惯性力等因素的影响，一般取机械效率 $\eta_{cm} = 0.8 \sim 0.9$。

从式（4.25）、式（4.26）可以看出，当缸的最大输出力 F 给定后，若 p 值取得大，则缸径 D 就小，结构紧凑，但对元件的性能和密封要求也要相应提高。反之，缸径 D 变大，结构庞大。

（2）根据执行机构的速度要求和选定的液压泵流量来计算缸径 D

$$D = 8.74 \sqrt{\frac{q}{v}}$$

式中：D——缸径，m；

q——进入（或流出）液压缸的流量，m^3/min；

v——液压缸的输出速度，m/min。

设计时，无论采用哪种方法，计算出的缸径均应按表 4.3 给出的缸径尺寸系列圆整成标准值。

表 4.3　液压缸缸径尺寸系列（摘自 GB/T 2348—2018）　　　　　　　　　　　mm

缸径 D	8	10	12	16	20	25	32	40
	50	63	80	90	100	（110）	125	（140）
	160	（180）	200	220	250	280	320	360
	400	（450）	500					

注：括号内为非优选值。

对于活塞缸来说，液压缸缸径和活塞直径的工程尺寸相同，因此计算出的液压缸的缸径即活塞的直径。

2. 活塞杆直径 d

计算活塞杆直径 d，通常也有两种方法。

（1）根据工作压力或设备类型选取活塞杆直径 d

式（4.26）中的杆径 d 可根据工作压力或设备类型选取，见表 4.4 和表 4.5。

表 4.4　液压缸工作压力与活塞杆直径

液压缸工作压力 p/MPa	<5	5~7	>7
推荐活塞杆直径 d	（0.5~0.55）D	（0.6~0.7）D	0.7D

表 4.5 设备类型与活塞杆直径

设备类型	磨床、珩磨及研磨机	插、拉、刨床	钻、镗、车、铣床
活塞杆直径 d	$(0.2\sim0.3)D$	$0.5D$	$0.7D$

（2）根据速度比计算活塞杆直径 d

当液压缸的往复速度比 φ 有一定要求时，由式（4.7）得杆径 d 为：

$$d = D\sqrt{\frac{\varphi-1}{\varphi}} \tag{4.27}$$

式中：D——缸径，m；

$\quad\quad d$——活塞杆直径，m；

$\quad\quad \varphi$——速度比。

活塞缸的速度比 φ 过大会使无杆腔产生过大的背压，速度比 φ 过小则活塞杆太细，弯曲稳定性不好。国家标准提供的速度比系列数为 1.06、1.12、1.25、1.32、1.4、1.6、2、2.5 和 5。常取 1.25~2。根据工作压力推荐液压缸的速度比 φ 如表 4.6 所示。

表 4.6 液压缸速度比推荐值

工作压力 p/MPa	$\leqslant 10$	$1.25\sim20$	>20
速度比 φ	1.33	1.46，2	2

不同速度比 φ 时活塞杆直径 d 和液压缸缸径 D 的关系如表 4.7 所示。

表 4.7 不同 φ 时 d 和 D 的关系

φ	1.12	1.25	1.33	1.46	2
d	$0.33D$	$0.45D$	$0.5D$	$0.56D$	$0.71D$

设计时，无论采用哪种方法，计算出的活塞杆直径 d 均应按表 4.8 给出的活塞杆外径尺寸系列圆整成标准值。

表 4.8 活塞杆直径尺寸系列（摘自 GB/T 2348—2018）　　　　　　　　　　　mm

活塞杆直径 d	4	5	6	8	10	12		14	16	18	20	22		25	28	（30）	32
	36	40	45	50	56	63	（60）	70	80	90	100	110	（120）	125	140	160	
	180	200	220	250	280	320		360	400	450							

注：括号内为非优先选用值。

3. 缸筒长度

缸的缸筒长度由活塞最大行程、活塞长度、活塞杆导向套长度、活塞杆密封长度和特殊要求的其他长度确定。其中活塞长度 $B=(0.6\sim1.0)D$；导向套长度 $A=(0.6\sim1.5)d$。为降低加工难度，一般液压缸缸筒长度不应大于内径的 20~30 倍。

缸的进出口直径 d_0 可用下式求得：

$$d_0 = \sqrt{\frac{4q}{\pi v}} \tag{4.28}$$

式中：q——液压缸管道内的流量，或在工作压力下向气缸输入空气的流量，L/min；

v——液压缸管道内液体的平均流速（一般取 $v = 4 \sim 5$ m/s）或空气流经进出口时的流速（一般取 $v = 10 \sim 15$ m/s），m/s。

计算得出的 d_0 数值也需按液压或气压的相关标准进行圆整。

4.4.3　气缸耗气量计算

气缸的耗气量通常用自由空气耗气量表示，以便于选择空气压缩机，它与缸径、活塞杆直径、气缸的运动速度和工作压力有关。对于一个单杆双作用气缸，全程往复一次的自由空气消耗量包括：

1. 活塞杆外伸行程的耗气量 q_1

$$q_1 = \frac{\pi D^2}{4} \frac{L}{t_1} \frac{p + p_a}{p_a} \tag{4.29}$$

式中：D——缸径，m；

L——气缸行程，m；

t_1——杆外伸行程的时间，s；

p——气缸工作压力（绝对压力），Pa；

p_a——大气压力（绝对压力），Pa。

2. 活塞杆内缩回程的耗气量 q_2

$$q_2 = \frac{\pi(D^2 - d^2)}{4} \frac{L}{t_2} \frac{p + p_a}{p_a} \tag{4.30}$$

式中：d——活塞杆直径，m；

t_2——杆内缩行程的时间，s。

考虑到换向阀至气缸之间的管路容积在气缸每次动作时要消耗空气，而且管路系统有泄漏损失，故实际耗气量 q_H 比上述两项之和要大，即：

$$q_H = k(q_1 + q_2) \tag{4.31}$$

一般取系数 $k = 1.3$。

4.4.4　缸的强度计算与校核

1. 缸筒壁厚 δ 的计算

缸筒是液压缸和气缸中最重要的零件，它承受液体或气体作用的压力，其壁厚需进行计算。活塞杆受轴向压缩负载时，为避免发生纵向弯曲，还要进行压杆稳定性验算。

校核时缸筒壁厚分薄壁和厚壁两种情况，当 $\frac{D}{\delta} \geq 10$ 时为薄壁筒，其最薄处的壁厚用材料力学薄壁圆筒公式计算，即：

$$\delta \geq \frac{p_{\max} D}{2[\sigma]} \tag{4.32}$$

式中：δ——薄壁筒壁厚，m；

$p_{\max}$——缸筒内液体或气体的最大工作压力，Pa；

$[\sigma]$——缸筒材料的许用应力，MPa，$[\sigma]=\dfrac{\sigma_b}{n}$（$\sigma_b$ 为材料的抗拉强度，n 为安全系数，当 $\dfrac{D}{\delta}\geqslant$ 10 时一般取 $n=5$）。

当缸筒的 $\dfrac{D}{\delta}<10$ 时为厚壁筒，高压缸的缸筒大都属于此类。它们的安装支承方式通常有台肩支承和缸底支承两种。两种支承方式的缸筒壁厚的计算方法是不同的，如表 4.9 所示。

对于气缸来说，所计算出来的缸筒壁厚一般较薄，为了加工方便通常要人为地加厚。

表 4.9　厚壁筒壁厚的计算

缸筒材料及支承方式		计算公式
塑性材料，按材料力学第四强度理论计算	台肩支承	$D_1=D\sqrt{\dfrac{[\sigma]}{[\sigma]-\sqrt{3}p}}$
	缸底支承	$D_1=D\sqrt{\dfrac{[\sigma]^2+p\sqrt{4[\sigma]^2-3p^2}}{[\sigma]^2-3p^2}}$
脆性材料，按材料力学第二强度理论计算	台肩支承	$D_1=D\sqrt{\dfrac{[\sigma]+0.4p}{[\sigma]-0.3p}}$
	缸底支承	$D_1=D\sqrt{\dfrac{[\sigma]+0.7p}{[\sigma]-1.3p}}$
符号说明		D_1——缸筒外径，m； D——缸筒内径，m； $[\sigma]$——缸筒材料的许用应力，MPa； p——缸筒内工作介质的工作压力，MPa； δ——缸筒壁厚，$\delta=\dfrac{D_1-D}{2}$，m。

2. 活塞杆的稳定性计算

活塞杆受轴向压力作用时，有可能产生弯曲，当此轴向力达到临界值 F_k 时，会出现压杆不稳定现象，临界值 F_k 的大小与活塞杆长度和直径，以及缸的安装方式等因素有关。只有当活塞杆计算长度 $l\geqslant 10d$ 时，才进行活塞杆的纵向稳定性计算。其计算按材料力学有关公式进行。

使缸保持稳定的条件为：

$$F\leqslant\frac{F_{cr}}{n_{cr}} \tag{4.33}$$

式中：F——缸承受的轴向力，N；

F_{cr}——活塞杆不产生弯曲变形的临界力，N；

n_{cr}——稳定性安全系数,一般取 $n_{cr}=2\sim6$。

F_{cr} 可根据细长比 $\dfrac{l}{k}$ 的范围按下述有关公式计算:

(1)当细长比 $\dfrac{l}{k}>m\sqrt{i}$ 时:

$$F_{cr}\leqslant\frac{i\pi^2 EJ}{l^2} \tag{4.34}$$

(2)当细长比 $\dfrac{l}{k}\leqslant m\sqrt{i}$,且 $m\sqrt{i}=20\sim120$ 时:

$$F_{cr}=\frac{fA}{1+\dfrac{a}{i}\dfrac{l}{k}} \tag{4.35}$$

式中:l——安装长度,m,其值与安装形式有关,见表4.10;

k——活塞杆最小截面的惯性半径,m,$k=\sqrt{\dfrac{J}{A}}$;

m——柔性系数,对钢取 $m=85$;

i——由缸支承方式决定的末端系数,其值见表4.10;

E——活塞杆材料的弹性模量,MPa,对钢取 $E=2.06\times10^5$ MPa;

J——活塞杆最小截面的惯性矩,N·m;

f——由材料强度决定的实验值,对钢取 $f\approx4.9\times10^8$ Pa;

A——活塞杆最小截面的截面积,m^2;

a——实验常数,对钢取 $a=\dfrac{1}{5\,000}$。

(3)当细长比 $\dfrac{l}{k}<20$ 时,缸具有足够的稳定性,不必校核。

表 4.10　缸的安装长度

安装形式	两端球铰	一端固定,一端球铰	两端固定	一端固定一端自由
l				
i	1	2	4	1/4

4.5 缸缓冲装置的设计计算

4.5.1 液压缸缓冲装置的设计计算

图 4.34 所示为液压缸常用的缓冲装置结构简图。缓冲过程开始于图示的缓冲柱塞前端刚进入孔 B 的一瞬间,在整个缓冲行程 l_1 中,缓冲室要吸收的能量包括:活塞连同负载等运动部件在刚进入缓冲过程一瞬间的动能 E_k、整个缓冲过程压力腔压力液体所作的功 E_p 以及整个缓冲过程消耗在摩擦上的功 E_f。它们分别为:

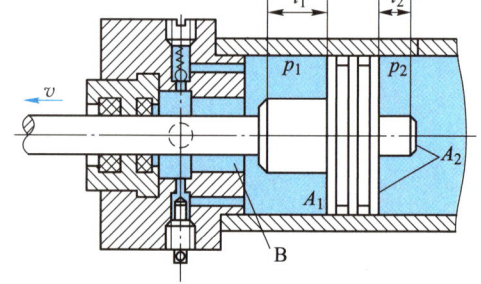

$$E_k = \frac{1}{2}mv^2 \qquad (4.36)$$

$$E_p = p_2 A_2 l_1 \qquad (4.37)$$

$$E_f = -F_f l_1 \qquad (4.38)$$

工作部件产生的机械能 E_2 为:

图 4.34 液压缸缓冲装置结构简图

$$E_2 = E_k + E_p + E_f = \frac{1}{2}mv^2 + p_2 A_2 l_1 - F_f l_1$$

缓冲室产生液压能 E_1 为:

$$E_1 = p_1 A_1 l_1$$

式中: m —— 活塞等运动部件的质量,kg;

v —— 活塞运动速度,m/s;

p_2 —— 缸的进口压力,Pa;

A_2 —— 活塞的有效作用面积,m^2;

A_1 —— 缓冲腔的有效作用面积,m^2;

l_1 —— 缓冲凸台长度,m;

F_f —— 摩擦力,N。

当 $E_1 = E_2$ 时,工作部件的机械能完全被缓冲室吸收为液压能,则活塞与缸盖无撞击。整个缓冲过程的平均缓冲压力可表示为:

$$p_c = \frac{E_p + E_k + E_f}{A_1 l_1} \qquad (4.39)$$

由于调节缓冲的节流阀开度调好之后其作用相当于一个固定阻尼,所以缓冲开始时缓冲腔中产生的压力最高,在缓冲过程中压力逐步降低,假定压力的降低是线性递减的,则最大缓冲压力即冲击压力,即:

$$p_{max} = p_c + \frac{E_k}{A_1 l_1} \qquad (4.40)$$

计算所得的 p_{max} 用以校核缸的强度。

（1）当液压缸的额定工作压力 $p_n \leqslant 16 \times 10^6$ Pa，而 $p_{max} > 1.5 p_n$ 时；

（2）当液压缸的额定工作压力 $p_n > 16 \times 10^6$ Pa，而 $p_{max} > 1.25 p_n$ 时；

这表明液压缸的冲击过大，必须采取必要的改进措施，可供选择的方法有：1）条件允许的话，可减小缸的额定工作压力；2）加大缓冲行程；3）在缓冲柱塞上开轴向三角槽，或采用锥角 $\theta = 5° \sim 15°$ 的锥面缓冲柱塞，以缓和最大缓冲压力；4）在油路上安装行程减速阀，使在进入缓冲之前先减速降低动能，从而减小最大冲击压力。

如果 $E_1 < E_2$，则工作部件的机械能没有完全被缓冲室吸收为液压能，一部分机械能以冲击力的形式传到液压缸的端盖上。

4.5.2　气缸缓冲装置的设计计算

气缸缓冲装置的设计计算主要是确定缓冲行程和缓冲柱塞直径，其研究和分析的基础是能量平衡原理。

缓冲气缸的结构前面已经介绍，参见图 4.32，当缓冲柱塞右移至图示位置堵住排气通道的一瞬间，气缸排气侧的容积为：

$$V_1 = \frac{\pi}{4} (D^2 - d^2) l_2 \tag{4.41}$$

式中：D——气缸直径，m；

　d——缓冲柱塞直径，m；

　l_2——缓冲行程（即缓冲柱塞长度），m。

活塞继续向右运动，气缸排气侧内的空气将受到压缩。气缸的运动速度很快，可以把这一压缩过程认为是绝热过程。在此受压过程中，压力由原来的 p_1 升高到 p_2 所需的能量为：

$$E_y = \frac{k}{k-1} p_1 V_1 \left[\left(\frac{p_2}{p_1} \right)^{\frac{k-1}{k}} - 1 \right] \tag{4.42}$$

式中：k——等熵指数，对空气 $k = 1.4$；

　p_1——压缩过程开始时排气侧空气的绝对压力（近似等于排气压力），Pa；

　p_2——压缩过程终止时排气侧空气的绝对压力（压力 p_2 不允许太高，以防止超过气缸强度能够承受的数值，一般限定 $p_2 \leqslant 5 p_1$），Pa。

活塞运动时，运动部件具有的惯性能量 E_i 为：

$$E_i = \frac{1}{2} \frac{m}{g} v^2 \tag{4.43}$$

式中：m——运动部件的质量，kg；

　g——重力加速度，m/s^2；

　v——活塞运动速度，m/s。

若要求气缸实现完全缓冲，必须满足下式：

$$E_y \geqslant E_i \tag{4.44}$$

将式（4.42）和式（4.43）中的 E_y 和 E_i 值代入式（4.44），得：

$$\frac{k}{k-1} p_1 V_1 \left[\left(\frac{p_2}{p_1} \right)^{\frac{k-1}{k}} - 1 \right] \geqslant \frac{1}{2} \frac{m}{g} v^2 \tag{4.45}$$

设 $\dfrac{p_2}{p_1}=5$，则上式可简化为：

$$4.09gp_1V_1 \geq mv^2$$

把式（4.41）的 V_1 值代入上式，并整理后得：

$$3.21gp_1(D^2-d^2)l_1 \geq mv^2 \tag{4.46}$$

根据式（4.46）便可确定缓冲行程 l_2 和缓冲柱塞直径 d。一般根据具体情况选定其中的一个参数，再按上式计算出另一个参数。

4.6　液压及气动马达

4.6.1　液压马达的分类、特点及应用

液压马达把压力能转化为机械能，输出转速和转矩。液压马达和液压泵在结构上基本相同，也是靠密封容积的变化来工作的。马达和泵在工作原理上是互逆的。当向泵输入液体或气体时，其轴输出转速和转矩即成为马达。但由于两者的任务和要求有所不同，故在实际结构上只有少数泵能作马达使用。

液压马达可分为高速液压马达和低速液压马达两大类。高速液压马达的转子转动惯量小，反应迅速，动作快，但输出的转矩相对较小。这类液压马达主要有齿轮式、叶片式和柱塞式等几种主要形式。相对于这几种形式的泵，除阀式配流外，从原理上讲，都可作液压马达使用。但实际上作为泵，其结构要考虑高压侧的压力平衡、间隙密封的自动补偿、降噪和吸收液压冲击等措施，以及在吸入侧尽可能扩大流道以减小流动阻力等，因此泵的吸排液两侧的结构多数是不对称的，只能单方向旋转。但作为液压马达，通常要求正反方向旋转，其结构要求对称，所以一般情况下齿轮式和叶片式泵不宜作液压马达使用。有些柱塞泵，例如 SCY14-1 轴向柱塞泵，其结构基本对称，按使用说明，将配流盘适当旋转安装后则可作液压马达使用。

高速液压马达低速运转时，其容积效率太低，不经济。因此常在高速马达上集成行星减速器等进行减速，使高速液压马达获得可调的低速，如图 4.35 所示。

低速大转矩液压马达可以在转速很低，甚至为零的情况下工作，其转矩很大，常用作船舶锚机，以及工程、矿山机械行走机构的驱动装置。

4.6.2　液压马达的工作原理

微视频 4-9：液压马达的工作原理及性能参数

如图 4.36 所示，当压力油输入给液压马达时，处于压力腔（进油腔）的柱塞 3 被顶出，压在斜盘 1 上。设斜盘作用在柱塞上的反力为 F_N。F_N 可分解为两个分力：轴向分力 F 和垂直于轴向的分力 F_T。其中，F 和作用在柱塞后端的液压力相平衡；F_T 作用点与缸体旋转中心有一偏移距离，使缸体产生转矩，缸体通过花键轴带动马达传动轴旋转，向外输出转速和转矩，从而带动外部设备进行旋转。当液压马达的进、出油口互换时，马达将反向转动。当改变马达斜盘倾角 γ 时，马达的排量便随之改变，从而可以调节输出转速或转矩。

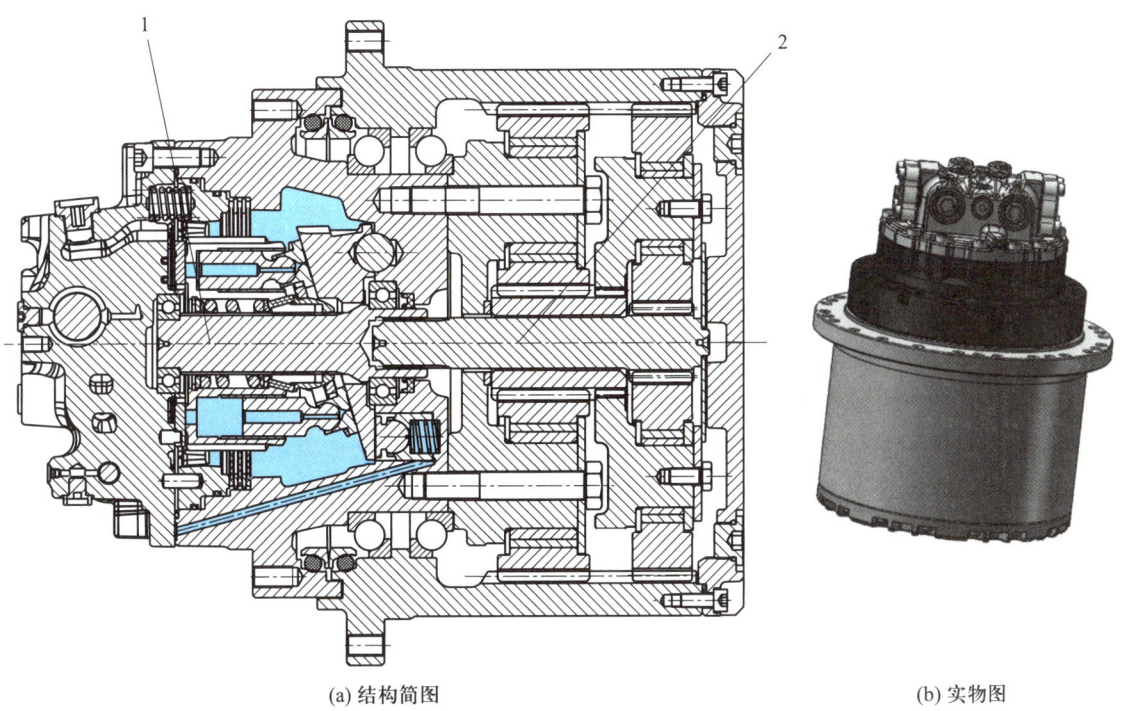

(a) 结构简图   (b) 实物图

1—马达部件；2—行星减速器部件

图 4.35　液压马达的结构简图和实物图

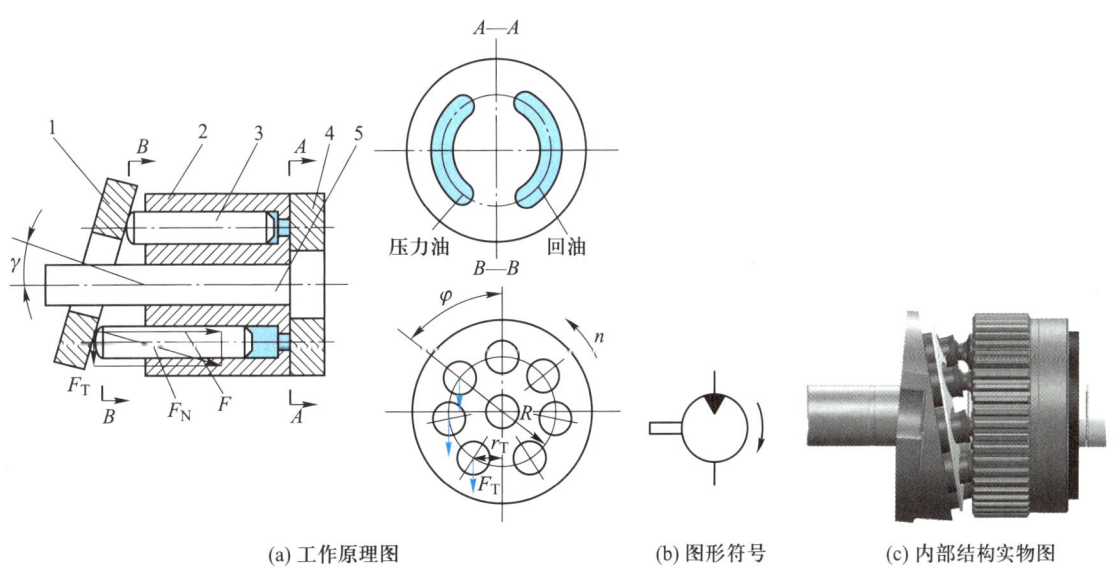

(a) 工作原理图   (b) 图形符号   (c) 内部结构实物图

1—斜盘；2—缸体；3—柱塞；4—配流盘；5—传动轴

图 4.36　轴向柱塞式液压马达工作原理、图形符号和内部结构实物图

4.6.3 液压马达的主要性能参数

1. 工作压力和额定压力

马达入口工作介质的实际压力称为马达的工作压力。马达入口压力和出口压力的差值称为马达的工作压差。在马达出口直接通油箱或大气的情况下，为便于定性分析问题，通常近似认为马达的工作压力就等于工作压差。

马达在正常工作条件下，按实验标准规定连续运转的最高压力称为马达的额定压力。与泵相同，马达的额定压力亦受泄漏和马达材料强度的制约，超过此值时就会过载。

2. 流量和排量

马达入口处的流量称为马达的实际流量。马达密封腔容积变化所需要的流量称为马达的理论流量。实际流量和理论流量之差即为马达的泄漏量。

马达轴每转一转，由其密封容腔几何尺寸变化计算而得到的液体体积称为马达的排量。

3. 转速和容积效率

马达的理论输出转速 n_t 等于输入马达的实际流量 q 与排量 V 的比值，即：

$$n_t = \frac{q}{V} \tag{4.47}$$

因马达实际工作时存在泄漏，在计算实际转速 n 时，应考虑马达的容积效率 η_{mv}。当液压马达的泄漏量为 q_1 时，马达的实际流量为 $q = q_t + q_1$。这时，液压马达的容积效率为：

$$\eta_{mv} = \frac{q_t}{q} = \frac{q - q_1}{q} = 1 - \frac{q_1}{q}$$

则马达的实际输出转速为：

$$n = \frac{q}{V} \eta_{mv} \tag{4.48}$$

4. 转矩和机械效率

设马达的出口压力为零，入口压力即工作压力为 p，排量为 V，则马达的理论输出转矩 T_t 为：

$$T_t = \frac{pV}{2\pi} \tag{4.49}$$

因马达实际上存在着机械摩擦，故在计算实际输出转矩时应考虑机械效率 η_{mm}。若液压马达的转矩损失为 T_1，则马达的实际转矩为 $T = T_t - T_1$。这时，液压马达的机械效率为：

$$\eta_{mm} = \frac{T}{T_t} = \frac{T_t - T_1}{T_t} = 1 - \frac{T_1}{T_t}$$

则马达的实际输出转矩为：

$$T = T_t \eta_{mm} = \frac{pV}{2\pi} \eta_{mm} \tag{4.50}$$

5. 功率和总效率

马达的输入功率 P_i 为：

$$P_i = pq \tag{4.51}$$

马达的输出功率 P_o 为：

$$P_o = 2\pi n T \tag{4.52}$$

马达的总效率 η_m 为:

$$\eta_m = \frac{P_o}{P_i} = \frac{2\pi n T}{pq} = \frac{2\pi n T}{p\dfrac{Vn}{\eta_{mv}}}$$

$$= \frac{T}{\dfrac{pV}{2\pi}}\eta_{mv} = \eta_{mm}\eta_{mv} \tag{4.53}$$

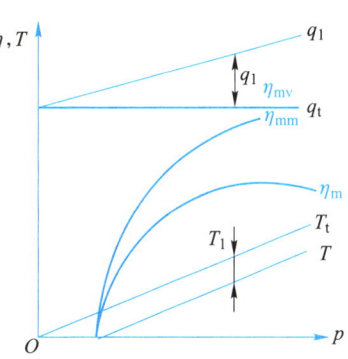

图 4.37　液压马达的特性曲线

由上式可见,液压马达的总效率等于机械效率与容积效率的乘积,这一点与液压泵相同。图 4.37 是液压马达的特性曲线。

从式(4.48)、式(4.50)可以看出,对于定量液压马达,V 为定值,在 q 和 p 不变的情况下,输出转速 n 和转矩 T 皆不可变;对于变量液压马达,V 的大小可以调节,因而它的输出转速 n 和转矩 T 是可以改变的,在 q 和 p 不变的情况下,若使 V 增大,则 n 减小,T 增大。

例 4.2　某齿轮液压马达的排量 $V = 10$ mL/r,供油压力 $p = 10$ MPa,供油流量 $q = 4 \times 10^{-4}$ m³/s,容积效率 $\eta_{mv} = 0.87$,机械效率 $\eta_{mm} = 0.87$,求马达的实际转速、理论转矩和实际输出功率。

解　(1) 马达的实际转速

$$n = \frac{q}{V}\eta_{mv} = \frac{4 \times 10^{-4}}{10 \times 10^{-6}} \times 0.87 \text{ r/s} = 34.8 \text{ r/s}$$

(2) 理论转矩

$$T_t = \frac{pV}{2\pi} = \frac{10 \times 10^6 \times 10 \times 10^{-6}}{2\pi} \text{ N} \cdot \text{m} = 16 \text{ N} \cdot \text{m}$$

(3) 实际输出功率

$$P_o = pq\eta_{mv}\eta_{mm} = 10 \times 10^6 \times 4 \times 10^{-4} \times 0.87 \times 0.87 \text{ W}$$
$$= 3\,028 \text{ W} \approx 3.0 \text{ kW}$$

4.6.4　高速液压马达

一般来说,额定转速高于 500 r/min 的液压马达属于高速液压马达,额定转速低于 500 r/min 的液压马达属于低速液压马达。

高速液压马达的基本形式有齿轮式、叶片式和轴向柱塞式等,它们的主要特点是转速高,转动惯量小,便于启动、制动、调速和换向。通常高速马达的输出转矩不大。

如图 4.36 所示,当压力油输入液压马达后,F_N 所产生的轴向分力 F 为:

$$F = \frac{\pi}{4}d^2 p$$

F_N 所产生的垂直于轴向的分力 F_T 使缸体 2 产生转矩,其值为:

$$F_T = F \tan \gamma = \frac{\pi}{4} d^2 p \tan \gamma$$

由此可知,一个柱塞产生的瞬时转矩为:

$$T_{in} = F_T r_T = F_T R \sin \varphi = \frac{\pi}{4} d^2 R p \tan \gamma \sin\varphi \qquad (4.54)$$

式中:r_T——柱塞距传动轴中心线的距离,m;

    R——柱塞在缸体中的分布圆半径,m;

    d——柱塞直径,Pa;

    p——马达的工作压力,Pa;

    γ——斜盘倾角,°;

    φ——柱塞的瞬时方位角,°。

马达输出的瞬时转矩等于处在马达压力腔半周内各柱塞瞬时转矩的总和。由于柱塞的瞬时方位角是变量,其值按正弦规律变化,所以液压马达输出的转矩是脉动的。

马达的平均转矩可按式(4.49)计算。当马达的进、出口互换时,马达将反向转动。当改变斜盘倾角时,可以调节输出转矩。

1. 齿轮式液压马达

齿轮式液压马达有低压、中压和高压等种类,也有单独的或双联式的结构形式,其结构与齿轮泵类似。齿轮式液压马达适用于负载转矩不大、速度平稳性要求不高、噪声限制不大的场合,例如钻床、风扇传动等。

2. 叶片式液压马达

叶片式液压马达的转速最高可达 2 000 r/min,最低一般不低于 100 r/min。其最大缺点是机械特性较差,即负载增加时,转速将迅速降低,故宜用于低转矩、高转速的场合。优点是运转均匀,脉动小,常用于磨床回转工作台的驱动,外圆和内圆磨床的工件驱动,以及木材加工机床的主运动和进给运动等。

3. 轴向柱塞式液压马达

微视频 4-10:LY-MY105KF 型斜盘式轴向柱塞马达

微视频 4-11:JH320 型摆线式液压马达

图 4.38 所示为高压大排量斜盘式轴向柱塞液压马达的结构。其主要由三大摩擦副组成:一是柱塞 5 在缸体 6 孔中作轴向往复直线运动,形成一对圆柱表面摩擦副;二是缸体 6 与配流盘 9 形成一对平面摩擦副;三是滑靴 4 与斜盘 3 表面形成一对平面摩擦副。这三大摩擦副的接触质量与抗磨性决定了液压马达的工作质量和使用寿命。该马达具有如下结构特点。

一是柱塞与斜盘表面不是如图 4.36 的点接触,而是通过滑靴的面接触。柱塞与滑靴通过球头铰接连接在一起,高压油对柱塞底面产生作用力,作用力通过柱塞传到滑靴,使滑靴底面与斜盘表面贴合在一起。有了滑靴后,就把柱塞对斜盘的点作用力变成了面作用力,大大减小了接触应力,提高了柱塞的使用寿命。

二是配流盘与缸体的接触表面做成球形的。如图 4.36 所示,缸体在切向力作用下会产生倾覆作用,造成缸体底面与平面配流盘表面楔形接触,泄漏量增大,输出转矩减小。配流盘做成球形后相当于球轴承,缸体倾斜时沿着球轴承表面摆动始终处于球面接触状态,提高了缸体的自位性,所以这种马达的容积效率和机械效率都比较高。

三是斜盘具有两个斜角,通过变量柱塞组件1实现大斜角到小斜角的转换,从而实现马达的低速向高速转换。高速为 2 388 m/min,低速为 1 619 m/min。

通过压盘13和球铰14组成的回程盘使9个柱塞滑靴组件同步与斜盘表面贴合。

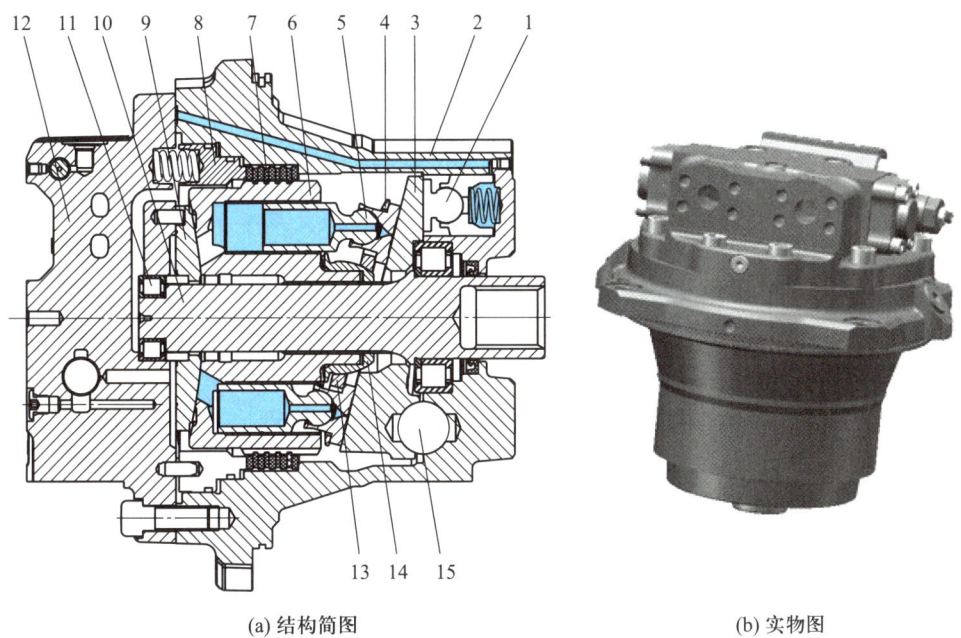

(a) 结构简图   (b) 实物图

1—变量柱塞组件;2—马达壳体;3—斜盘;4—滑靴;5—柱塞;6—缸体;7—动、静制动摩擦片;
8—制动活塞;9—配流盘;10—驱动轴;11—轴承;12—后法兰;13—压盘;14—球铰;15—斜盘支承球

图 4.38　轴向柱塞式液压马达结构简图和实物图

轴向柱塞式液压马达常用于起重机、绞车、铲车、内燃机车和数控机床等。

4.6.5　低速液压马达

低速液压马达的输出转矩通常都较大(可达数千至数万牛·米),所以又称为低速大转矩液压马达。低速大转矩液压马达的主要特点是转矩大,低速稳定性好(一般可在 10 r/min 以下平稳运转,有时可低于 0.5 r/min),因此可以直接与工作机构连接(如直接驱动车轮或绞车轴),不需要减速装置,使传动结构大为简化。低速大转矩液压马达广泛用于工程、运输、建筑和船舶等机械(如行走机械、卷扬机、搅拌机)上。

低速大转矩液压马达的基本结构是径向柱塞式,通常分为两种类型,即单作用曲轴型和多作用内曲线型。

1. 单作用曲轴连杆径向柱塞式液压马达

JMD 型曲轴连杆马达的结构简图如图 4.39 所示,它是单作用偏心曲轴连杆径向柱塞液压马达。壳体 1 内沿圆周均匀布置了五个液压缸,形成星形壳体。连杆 2 与柱塞 3 以球头铰接,并用卡环 10 锁紧。连杆 2 大端做成鞍形圆柱面,紧贴在曲轴 5 的偏心圆上,并用两个挡圈 4 夹持住。

曲轴5支承在两个滚子轴承6上,其一端外伸,即为输出轴,另一端通过十字联轴器9与配流轴7连接,使配流轴7和偏心曲轴5一起转动。柱塞上有两条密封环,保证密封良好,从而提高容积效率,降低加工精度要求。

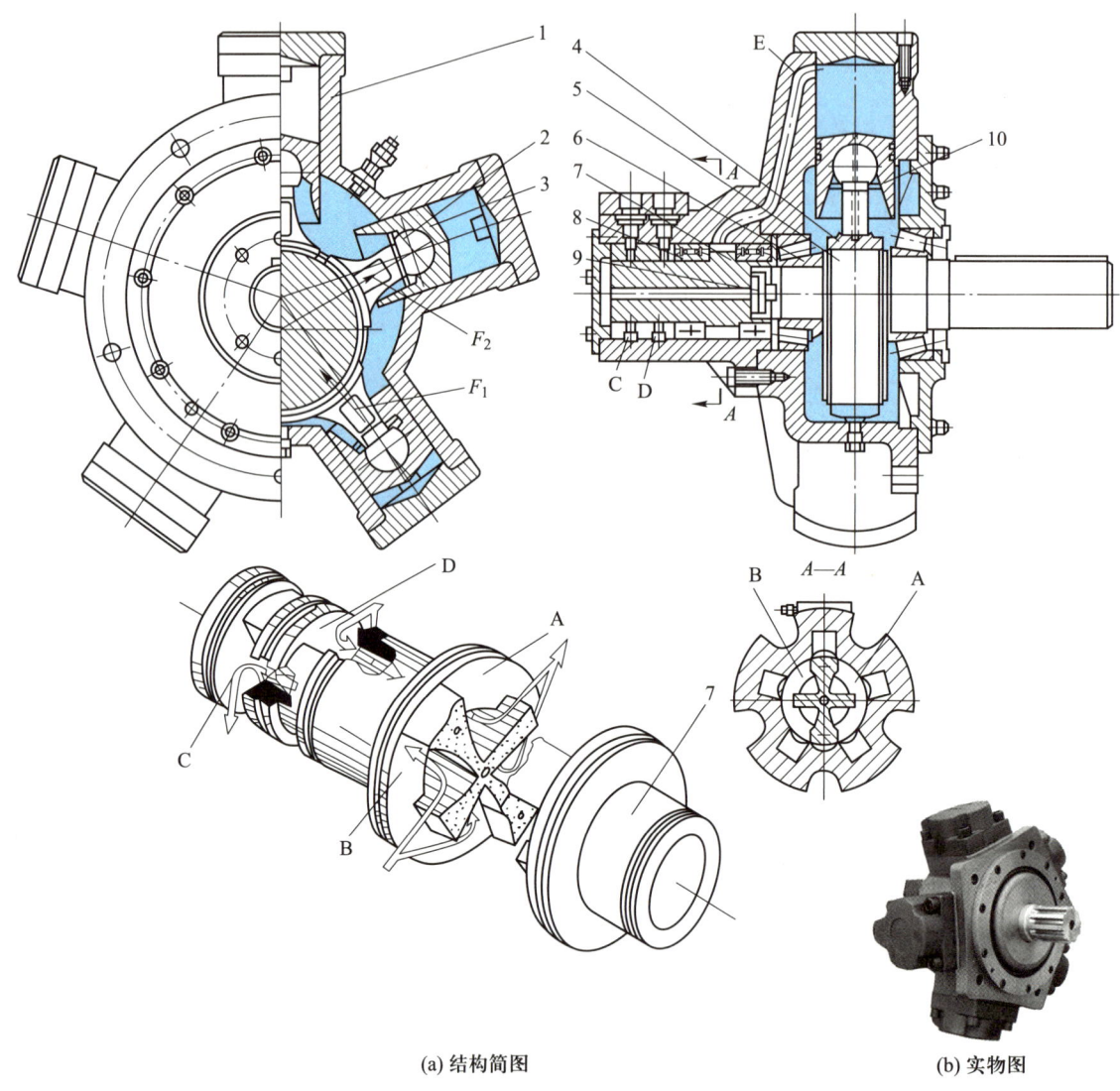

(a) 结构简图

(b) 实物图

1—壳体;2—连杆;3—柱塞;4—挡圈;5—曲轴;6—滚子轴承;7—配流轴;8—滚针轴承;9—十字联轴器;10—卡环

图 4.39　JMD 型曲轴连杆马达结构简图和实物图

配流轴7由两个滚针轴承8支承,配流轴的结构形状见图4.39中的立体图。轴上开有两条油槽 A、B(见图 4.40A—A 剖面),经轴向孔分别通到环形槽 D、C,然后通过轴套上的径向孔与马达壳体上的进、回油口相通。

该马达的工作原理如图4.40所示。压力油经油槽 A 进入柱塞液压缸Ⅰ、Ⅱ的顶部,柱塞Ⅰ、Ⅱ便受到高压油的作用,柱塞Ⅲ处于过渡状态,与高低压腔均不相通。柱塞Ⅳ、Ⅴ处于排油状态。受高压油作用的柱塞Ⅰ、Ⅱ通过连杆对偏心轮中心 O_1 各作用一个力 F,这两个力 F 分别对曲轴旋转中心产生转矩,推动曲轴旋转。随着曲轴旋转,配流轴也同步旋转,使配流状态发生变化。例如配流轴转到图 4.40b 位置时,柱塞Ⅰ、Ⅱ、Ⅲ处于高压状态,对曲轴中心 O 产生转矩,柱塞Ⅳ、Ⅴ处于排油状态。当配流轴转到图 4.40c 位置时,柱塞Ⅰ退出高压区处于过渡状态,只有柱塞Ⅱ、Ⅲ处于高压状态,柱塞Ⅳ、Ⅴ仍排油。若配流轴再转过一定角度,柱塞Ⅳ进入高压区,柱塞Ⅰ退入回油区,又形成三个柱塞处于高压状态,如此循环反复,推动曲轴连续转动。在曲轴旋转过程中,位于高压侧液压缸的容积逐渐增大,位于低压侧液压缸的容积逐渐缩小,因此工作时,高压油不断进入液压马达,然后由低压腔不断排出。若将进、出油口交换,马达就反转。

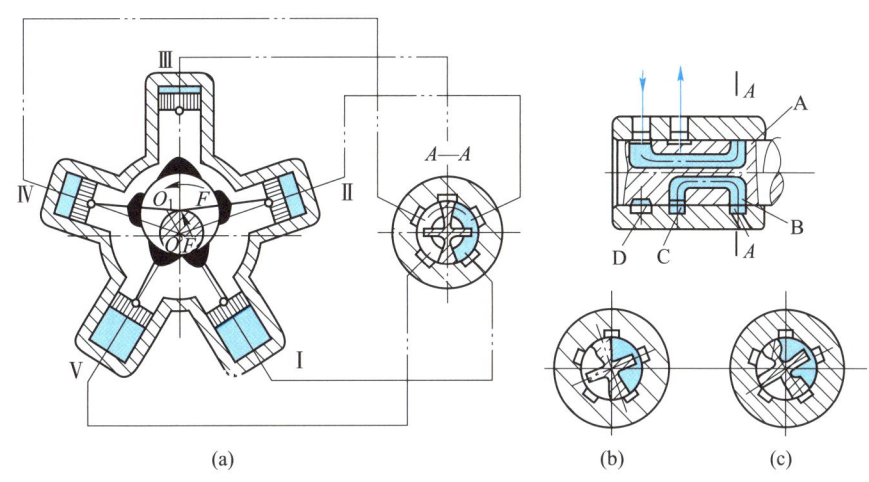

图 4.40   JMD 型曲轴连杆马达的工作原理图

这种马达问世较早,其优点是结构简单、工作可靠、品种规格多、价格低廉。其缺点是体积和重量较大,转矩脉动大。以往的产品低速稳定性较差,但近年来对其主要摩擦副采用静压支承或静压平衡结构,其性能有所提高,其低速稳定转速可达 3 r/min。几十年来,这种马达不仅没有被淘汰,反而保持着持续发展的势态。

2. 多作用内曲线径向柱塞式液压马达

图 4.41 所示为一多作用内曲线径向柱塞式液压马达的结构简图。图中的配流轴 1 是固定的,其上有进液口和排液口,压力液体从进液口进入,经配流窗口通到缸体 2 的柱塞孔中,并作用于柱塞 3 的端部,柱塞受液压力作用向外伸出,迫使柱塞顶部的横梁 4 两端处的滚轮 5 压向定子 6 的内壁。定子内壁由多段内曲面构成,滚轮每经过一段曲面,柱塞往复伸缩一次,故称多作用式。定子在滚子接触处的反作用力的分力对缸体产生转动力矩,使缸体转动。缸体又将此力矩和旋转运动传给主轴 7 并将其输出。

这种马达的转速范围为 0~100 r/min,适用于负载转矩很大,转速低,平稳性要求高的场合,例如挖掘机、拖拉机、起重机、采煤机牵引部件等。

图 4.42 所示为一种多作用内曲线径向柱塞式液压马达的三维结构图和三维外形图。图中的配流轴套 7 是固定的,其上有进油口和排油口,当压力液体从进油口进入,经配流窗口通到缸体 11 的柱塞孔中,并作用于柱塞 8 的端部,柱塞受液压力作用向外伸出,迫使柱塞顶部的滚子 9 压向定子 10 的内壁。

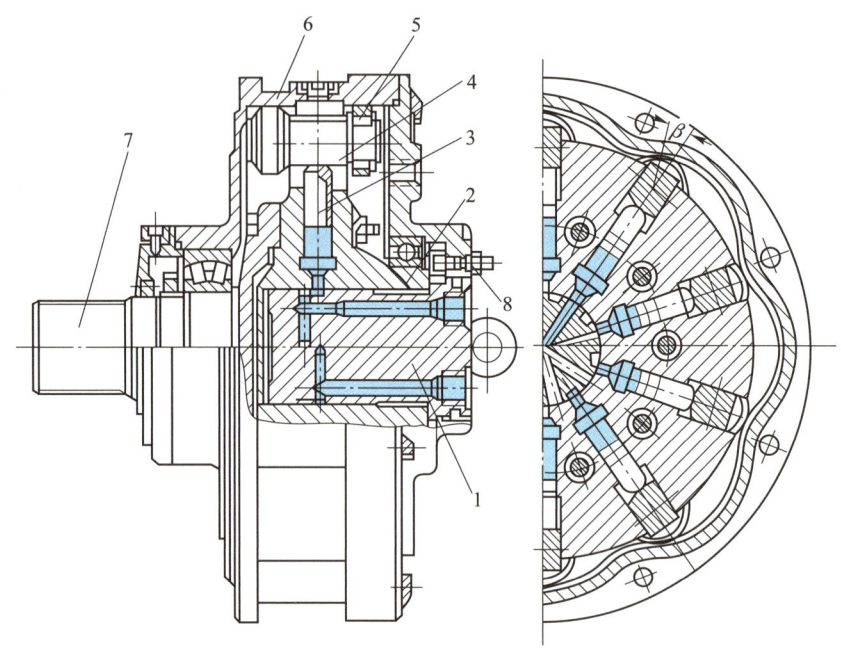

1—配流轴;2—缸体;3—柱塞;4—横梁;5—滚轮;6—定子;7—主轴;8—微调螺钉

图 4.41 多作用内曲线径向柱塞式液压马达结构简图

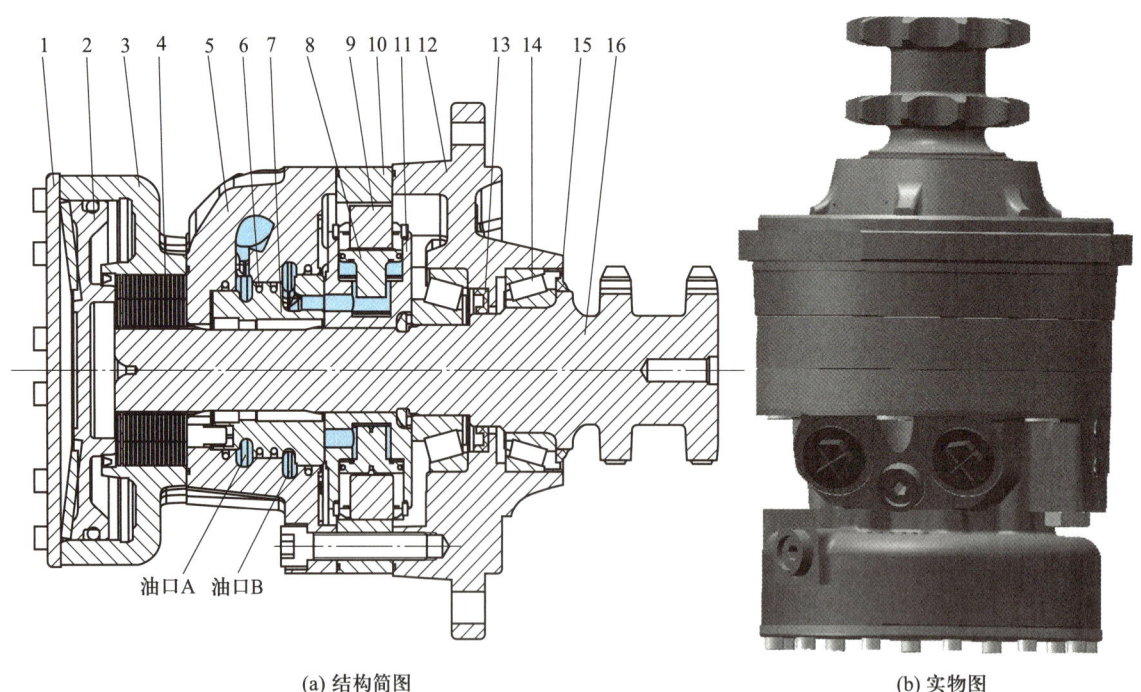

油口A 油口B

(a) 结构简图

(b) 实物图

1—端盖;2—制动活塞;3—制动器壳体;4—动、静制动片;5—后壳体;6—密封装置;7—配流轴套;8—柱塞;
9—滚子;10—定子;11—缸体;12—前壳体;13—骨架油封;14—圆柱滚子轴承;15—防尘盖;16—主轴

图 4.42 多作用内曲线径向柱塞式液压马达结构简图和实物图

4.6.6 气动马达的分类、特点及应用

气动马达常用的有叶片式和活塞式两种。它的特点是:1)可以无级调速;2)可正、反方向旋转;3)有过载保护作用;4)具有高的启动力矩,可以直接带负载启动等。此外,还有其独到之处:1)工作安全,在具有爆炸性瓦斯的工作场所,无引火爆炸的危险,同时能克服振动与高温的影响;2)功率范围,尤其是转速范围很宽,功率小至几百瓦;大至几千千瓦;转速则为 0 ~ 50 000 r/min。其缺点是转矩随转速的增大而降低,特性较软,耗气量较大,效率较低。

气动马达在矿山机械中用得较多,在机械制造厂、油田、化工厂、造纸厂、炼钢厂、开凿隧道及修建水电站等场合也有使用。

1. 叶片式气动马达

图 4.43 所示为一叶片式气动马达的结构简图和实物图,其原理类似于叶片式液压马达。马达的叶片数一般为 3~10 片。叶片 5 纵向安放在转子 6 的径向槽内。转子中心与定子的内壁是不同心的。当压缩空气从气口 1 进入,经机体上的孔道 2、3 从定子上的喷口 4 射进定子内腔时,气压迫使叶片带动转子 6 顺时针方向旋转,废气则从定子的排气口 7 和壳体上的排气口 8 排至大气,转子右半部的残余废气则通过孔道 9、10、11 和气口 12 处排出。需要改变马达的旋转方向时,将压缩空气由气口 12 处通入,如图中的虚线箭头所示,废气仍从排气口 7 和 8 处排出,此时转子左半部的残余废气则由孔道 4、3、2 和气口 1 排至大气。

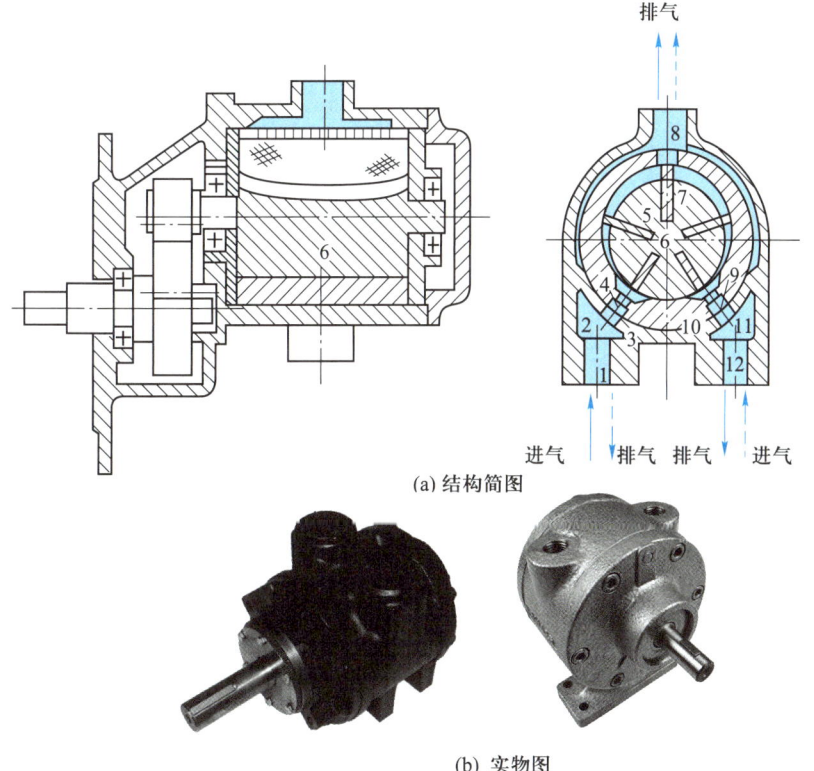

(a) 结构简图

(b) 实物图

1、12—气口;2、3、4、9、10、11—孔道;5—叶片;6—转子;7、8—排气口

图 4.43 叶片式气动马达结构简图和实物图

叶片式气动马达结构简单紧凑,制造容易,转速高,但低速启动转矩小,低速性能不好,适用于要求低或中等功率的机械。

2. 径向活塞式气动马达

常用的径向活塞式气动马达大多是径向连杆式。图4.44所示为这种马达的结构简图。如图所示,五个气缸呈星形布置,缸内的活塞4通过连杆组件与曲轴6的偏心圆柱面连接,圆柱面的几何中心为O_1,曲轴的回转中心为O。2是配气阀,它与曲轴6同轴连接并一起同步旋转。配气阀套1固定在星形气缸体3上。

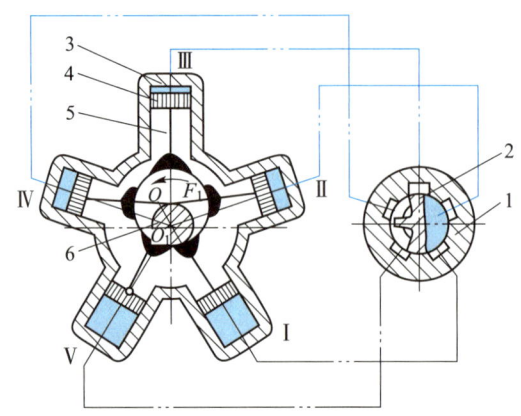

1—配气阀套;2—配气阀;3—气缸体;4—活塞;5—连杆组件;6—曲轴

图4.44 径向活塞式气动马达结构简图

配气阀2在图示位置正好把配气阀套1的内腔分隔成左右两个气室。右气室通过中心区附近的两个轴向孔与马达的进(排)气口相通,左气室则通过与之相应的另外两个轴向孔与马达的排(进)气口相通。在图示的情况下,右气室正在向缸Ⅰ和Ⅱ供气,这两缸的活塞在气压作用下通过各自的连杆推动偏心圆柱面驱动曲轴连同配气阀一起绕曲轴中心O作逆时针方向转动。同时,缸Ⅳ和Ⅴ内的活塞被偏心圆柱面通过连杆推向缸底,缸内的废气经配气阀套前的左气室和相应的两个轴向孔通到马达的排气口和大气。曲轴继续转动,配气阀也跟着转动,同时连续不断地依次向缸Ⅲ、Ⅳ、Ⅴ等供气,其余相应的气缸亦依次排气,维持曲轴继续旋转和输出转矩。改变进、排气口的供、排气状态,便可使马达反向转旋。

径向活塞式气动马达转速比叶片式的低,一般为100～1 300 r/min,最高为6 000 r/min,但输出的转矩要比叶片式的大得多。活塞式气动马达结构复杂,但维护与保养比叶片式的容易。

叶片式气动马达制造简单,结构紧凑,但低速启动转矩小,低速性能不好,适用于要求低或中等功率的机械,如手提工具、复合工具、传送带、升降机和拖拉机等。

径向活塞式气动马达在低速时有较大的功率输出和较好的转矩特性,启动准确,启动和停止特性都好于叶片式气动马达,适用于载荷较大和要求低速、转矩较大的机械,如手提工具、起重机、绞车、绞盘和拉管机等。

思考题和习题

4-1 从能量的观点看,液压泵和液压马达有什么区别和联系? 从结构上看,液压泵和液压马达又有什么区别和联系?

4-2 为什么气缸的主要件(如缸筒、缸盖等)用铝或铝合金制造,而液压缸的主要件则用钢铁制造?

4-3 在供油流量 q 不变的情况下,要使单杆活塞式液压缸的活塞杆伸出速度和回程速度相等,油路应该怎样连接,而且活塞杆的直径 d 与活塞直径 D 之间有何关系?

4-4 叶片式和齿条式摆动缸都是获得往复回转运动的液压缸,试比较它们的特点。

4-5 现有一个单活塞杆双作用活塞式气缸和一个双活塞杆双作用活塞式液压缸,两者应如何连接,需要用哪些液压元件组成回路,使它们组成一个正、反向运动都能独立调节的气-液阻尼缸? 绘图并说明所用元件的名称及作用。

4-6 已知单杆液压缸缸径 $D=100$ mm,活塞杆直径 $d=50$ mm,工作压力 $p_1=2$ MPa,流量 $q=10$ L/min,回油背压 $p_2=0.5$ MPa,求活塞往复运动时的推力和运动速度(不计各种损失)。

4-7 已知单杆液压缸缸径 $D=50$ mm,活塞杆直径 $d=35$ mm,泵供油流量 $q=10$ L/min。求:(1) 液压缸差动连接时的运动速度;(2) 若缸在差动阶段所能克服的外负载 $F=1\,000$ N,缸内油液压力有多大(不计管内压力损失)?

4-8 一柱塞缸柱塞固定,缸筒运动,压力油从空心柱塞中通入,压力为 p,流量为 q,缸筒直径为 D,柱塞外径为 d,内孔直径为 d_0,求柱塞缸所产生的推力和运动速度。

4-9 如图 4.45 所示三种液压缸,活塞和活塞杆直径分别为 D、d,如进入液压缸的流量为 q,压力为 p,若不计压力损失和泄漏,试分别计算各液压缸产生的推力、运动速度大小和运动方向。

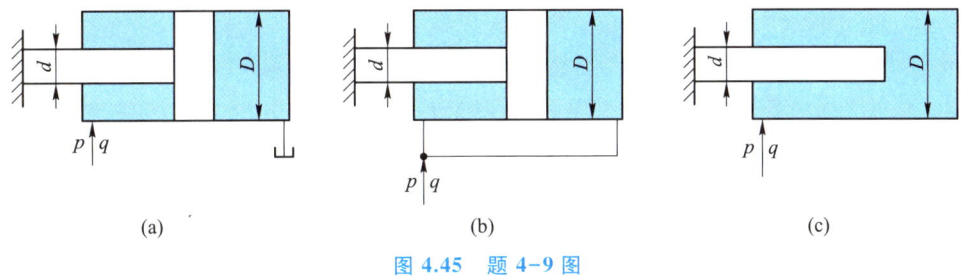

(a)　　　　　　　　　　(b)　　　　　　　　　　(c)

图 4.45　题 4-9 图

4-10 在如图 4.46 所示的液压传动系统中,液压泵的铭牌参数为 $q=18$ L/min,$p=6.3$ MPa,$p_2=2$ MPa 设活塞直径 $D=90$ mm,活塞杆直径 $d=60$ mm,在不计压力损失且 $F=28\,000$ N 时,求在各图示情况下压力表的指示压力。

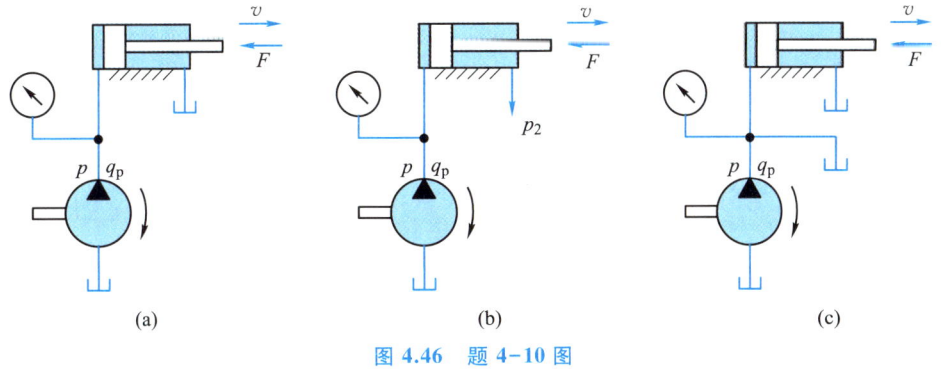

(a)　　　　　　　　　(b)　　　　　　　　　(c)

图 4.46　题 4-10 图

4-11 如图 4.47 所示的串联液压缸，A_1 和 A_2 为有效作用面积，F_1 和 F_2 是两活塞杆的外负载，在不计损失的情况下，求 p_1、p_2 和 v_1、v_2。

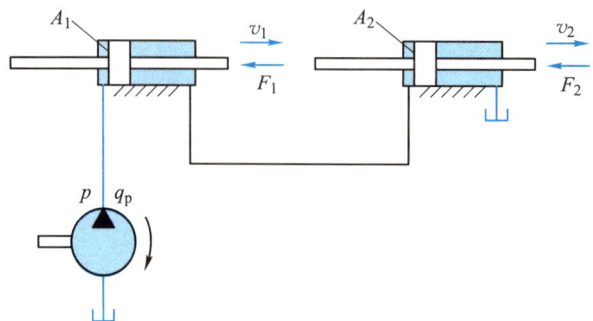

图 4.47 题 4-11 图

4-12 如图 4.48 所示的并联液压缸中，$A_1 = A_2$，$F_1 > F_2$，当液压缸 2 的活塞运动时，求 v_1、v_2 和液压泵的出口压力 p。

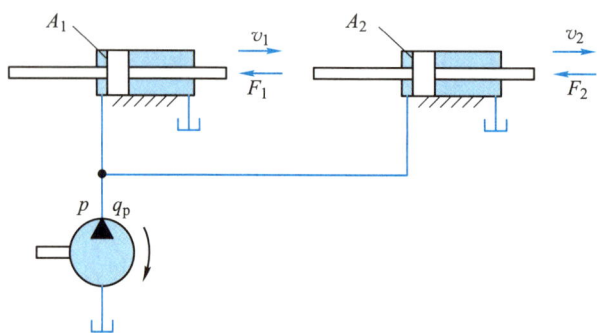

图 4.48 题 4-12 图

4-13 设计一单杆活塞式液压缸，要求快进时为差动连接，快进和快退（有杆腔进油）时的速度均为 6 m/min。工进时（无杆腔进油，非差动连接）可驱动的负载 $F = 25\ 000$ N，回油背压为 0.25 MPa，采用额定压力为6.3 MPa、额定流量为 25 L/min 的液压泵。确定：

（1）缸径和活塞杆直径；

（2）缸筒壁厚（缸筒材料选用无缝钢管）。

4-14 一个双叶片摆动式液压缸的缸径 $D = 200$ mm，叶片宽度 $B = 100$ mm，叶片轴的直径 $d = 40$ mm，系统供油压力 $p = 16$ MPa，流量 $q = 63$ L/min，工作时的回油背压不计，求该缸的输出转矩 T 和转动角速度 ω。

4-15 一个气缸的缸径 $D = 50$ mm，活塞杆直径 $d = 32$ mm，工作行程 $s = 500$ mm，工作行程外伸需时 $t_1 = 2$ s，回程需时 $t_2 = 1.5$ s，气源压力 $p = 0.7$ MPa，大气压力 $p_a = 0.103\ 3$ MPa，求该缸的耗气量（管路容积耗气量忽略不计）。

4-16 一个单作用薄膜式气缸，其缸径 $D = 60$ mm，膜盘直径 $d = 40$ mm。不考虑复位弹簧的作用力，当向该缸通入压力 $p = 0.7$ MPa 的压缩空气时，求其活塞杆的输出力。

4-17 如图 4.49 所示，已知液压泵的输出压力 $p_p = 15$ MPa，泵的排量 $V_p = 20$ mL/r，泵的转速 $n_p = 1\ 450$ r/min，容积效率 $\eta_{pv} = 0.95$，机械效率 $\eta_{pm} = 0.9$；液压马达的排量 $V_m = 20$ mL/r，容积效率 $\eta_{mv} = 0.9$，机械效率 $\eta_{mm} = 0.9$，泵出口和马达进油管路间的压力损失 0.3 MPa，其他损失不计，求：

（1）马达的输出转矩；

（2）马达的输出转速。

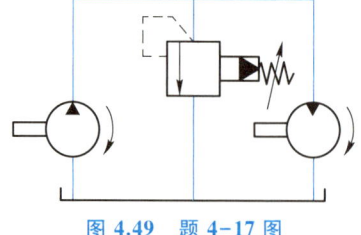

图 4.49 题 4-17 图

第5章 液压与气压传动控制调节元件

5.1 概述

液压与气压传动控制调节元件主要是指各类阀。它们的功能是控制和调节流体的流动方向、压力和流量,以满足执行元件所需要的启动、停止、运动方向、力或转矩、速度或转速、动作顺序和克服负载等要求,从而使系统按照指定的要求协调地工作。

无论是哪类阀,其基本要求都是动作灵敏,使用可靠,密封性能好,结构紧凑,安装调整、使用维护方便,通用性强等。

5.1.1 控制阀的分类

1. 按用途分类

（1）方向控制阀（如单向阀、换向阀等）。

（2）压力控制阀（如溢流阀、减压阀、顺序阀等）。

（3）流量控制阀（如节流阀、调速阀等）。

这三类阀还可根据需要组合成多功能阀,如单向顺序阀、单向节流阀、电磁溢流阀等,这样使得其结构紧凑,连接简单,使用方便,并提高了效率。

2. 按控制方式分类

（1）开关或定值控制阀　这种阀借助于手轮、手柄、凸轮、电磁铁、压缩气体、压力液体等来控制流体的通路,定值地控制流体的流动方向、压力和流量,它们统称为开关阀,多用于普通液压和气压传动系统。

（2）比例控制阀　这种阀用输入输出成比例的电信号来控制流体的通路,使其实现按一定的规律成比例地控制系统中流体的流动方向、压力和流量,它多用于开环程序控制系统。

（3）伺服控制阀　这种阀能将微小的电气信号转换成大的功率输出,以控制系统中流体的流动方向、压力和流量,它多用于高精度、快速响应的闭环控制系统。

（4）电液数字控制阀　这种阀是用数字信息直接控制的阀,它用以控制系统中流体的流动方向、压力和流量。

3. 按结构形式分类

（1）滑阀;

（2）锥阀;

微视频 5-1:
控制元件分类与性能参数

微视频 5-2:
液压控制阀实物展示

（3）球阀；

（4）转阀；

（5）喷嘴挡板阀；

（6）射流管阀。

4. 按安装连接形式分类

（1）螺纹式（管式）安装连接　这种连接方式的阀其连接口用螺纹管接头与管道及其他元件连接，适用于简单系统。

（2）板式安装连接　这种连接方式的阀其各连接口均布置在同一安装面上，并用螺钉固定在与阀有对应通路的连接板上，再用管接头和管道与其他元件连接。

（3）集成块式连接　这种连接方式是将几个板式安装的阀用螺钉固定在一个集成块的不同侧面上，通过集成块内的孔，沟通各阀的孔道以组成不同回路，由于拆卸阀时不用拆卸与它们相连的其他元件，因此这种安装连接方式应用较广。

（4）叠加式安装连接　这种连接方式阀的上下面为连接接合面，各通路分别布置在这两个面上，并且同规格阀的连接口连接尺寸相同，每个阀除其自身功能外，还起通道作用，阀相互叠装构成回路，不用管道连接，因此结构紧凑，沿程损失很小。

（5）法兰式安装连接　这种连接方式的阀和螺纹式连接相似，只是用法兰代替螺纹管接头。这种连接方式的强度高，连接可靠，通常用于通径 32 mm 以上的大流量系统。

（6）插装式安装连接　这种连接方式的阀设有单独的阀体，由阀芯、阀套等组成的单元体插装在插装块的预制孔中，用连接螺钉或盖板固定，并通过插装块内通道把各插装式阀连通组成回路，插装块起到阀体和管路的作用，它是适应系统集成化而发展起来的一种新型安装连接方式。

5.1.2　控制阀的性能参数

阀的性能参数是对阀进行评价和选用的依据，反映了阀的规格大小和工作特性。我国在液压与气压传动技术的发展过程中，开发了若干个不同压力等级和不同连接方式的阀系列。它们不但性能各有差异，而且参数的表达方式也不相同。

阀的规格大小用通径 D_g（单位 mm）表示。D_g 是阀连接口的名义尺寸，它和连接口的实际尺寸不一定一致，因后者还受流体流速等参数的影响。如通径同为 10 mm，某电磁换向阀连接口的实际直径为 11.2 mm，而直角单向阀却是 14.7 mm。有些系列阀的规格用额定流量来表示；也有的既用通径，又给出所对应的流量。但即使是在同一压力级别，对于不同的阀，同一通径所对应的流量也不一定相同。

阀主要有两个参数，即额定压力和额定流量。还有一些与具体阀有关的量，如通过额定流量时的额定压力损失、最小稳定流量、开启压力等。只要工作压力和流量不超过额定值，阀即可正常工作。目前对不同的阀也给出一些不同的数据，如最大工作压力、开启压力、允许背压、最大流量等。同时给出若干条特性曲线，如压力-流量曲线、压力损失-流量曲线、进口压力-出口压力曲线等，供使用者确定不同状态下的参数数据。这既便于使用，又比较确切地反映了阀的性能。

5.2 方向控制阀

微视频 5-3：单向阀

方向控制阀的主要作用是控制系统中流体的流动方向,其工作原理是利用阀芯和阀体之间相对位置的改变来实现通道的接通或断开,以满足系统对通道的不同要求。

方向控制阀可分为单向阀和换向阀两大类。

微视频 5-4：S10P1.0B 型普通单向阀

5.2.1 单向阀

单向阀控制流体只能向一个方向流动、反向截止或有控制的反向流动。单向阀按其功能分为普通单向阀、液控单向阀、梭阀、双压阀和其他阀等。

1. 普通单向阀

普通单向阀简称单向阀,它是控制流体只能正向流动,不允许反向流动的阀,因此又可称为逆止阀或止回阀。按进出流体流动方向的不同,可分为直通式和直角式两种结构。图 5.1 是单向阀的结构简图、图形符号和实物图。单向阀主要由阀芯 1、阀体 2 和弹簧 3 等组成。流体从 P_1 流入时,克服弹簧力推动阀芯 1,使通道接通,流体从 P_2 流出;当流体从反向流入时,流体的压力和弹簧力将阀芯 1 压紧在阀座上,使流体不能通过。图 5.1a 是管式连接的直通式液压单向阀结构简图,它只有螺纹连接形式,图 5.1b 是板式连接的液压单向阀结构简图,图 5.1c 是单向阀的图形符号,图 5.1d、e、f 和 g 分别为不同安装形式的单向阀实物图。

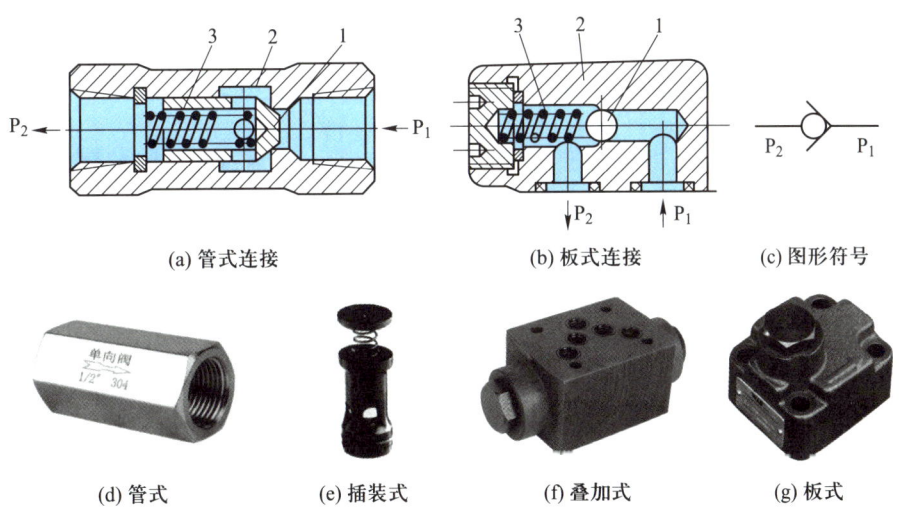

(a) 管式连接 　　　　(b) 板式连接 　　　　(c) 图形符号

(d) 管式 　　　(e) 插装式 　　　(f) 叠加式 　　　(g) 板式

1—阀芯(锥阀或球阀);2—阀体;3—弹簧

图 5.1 单向阀结构简图、图形符号和实物图

在单向阀中,通流的阻力应尽可能小,而反向应有良好的密封性。此外,单向阀的动作应灵敏,工作时不应有撞击和噪声。

单向阀中的弹簧仅用于使阀芯在阀座上就位,因此弹簧的刚度一般都选得较小,使阀的开启压力小,一般仅有 0.03 ~ 0.05 MPa。若当作背压阀用,可换上刚度较大的弹簧,其压力可达

0.2～0.6 MPa。没有弹簧的单向阀在系统中安装时必须竖直安置,阀芯通过本身的重量压在阀座上。

单向阀的主要性能是正向最小开启力、正向流动时的压力损失和反向泄漏量。

单向阀通常安装在泵的出口处,以防止系统中的流体反向冲击而影响泵的正常工作;还可用来分隔通道,防止管路间的压力相互干扰等。

2. 液控单向阀

微视频 5-5:
SL20GB 型
液控单向阀

液控单向阀是一种通入控制压力油后即允许流体双向流动的单向阀。它由单向阀和液控装置两部分组成,图 5.2a 是液控单向阀的结构简图,图 5.2b 是图形符号,图 5.2c 是实物图。当控制口 K 处不通入压力油(简称控制油)时,它的工作机能和普通单向阀一样,流体只能从 P_1 口(正向)流向 P_2 口,反向截止。当控制口 K 处有压力油通入时,活塞 1 右侧的 a 腔通泄油口(图中未画出),活塞右移,推动顶杆 2 顶开阀芯 3 离开阀座,使 P_1 口和 P_2 口接通,这时流体便可在两个方向自由流通。

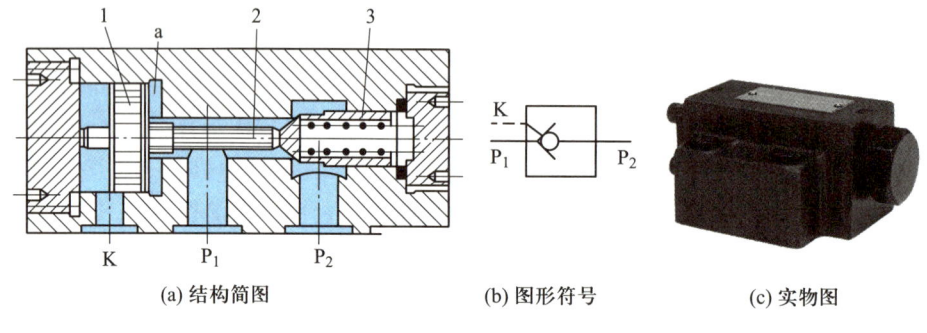

(a) 结构简图　　　　　(b) 图形符号　　　　　(c) 实物图

1—活塞;2—顶杆;3—阀芯

图 5.2　液控单向阀结构简图、图形符号和实物图

流体反向流动时,P_2 口压力相当于系统的工作压力,通常很高;而 P_1 口的压力也可能很高,这样都要求控制油的压力很大才能顶开阀芯,因而影响了液控单向阀的工作可靠性。解决的办法是:对于 P_1 口压力较高造成控制活塞背压较大的情况,可减小 P_1 口控制活塞的受压面积,并采用外泄口回油以降低背压,以便降低开启阀芯的阻力,达到控制目的。这种结构的阀称为外泄式液控单向阀。而对于 P_2 口压力很高的情况,可采用先导阀预先卸压。

液控单向阀的主要性能与单向阀差不多。当 $p_1 = 0$ 时,它反向开启的最小控制压力一般为 $(0.4～0.5)p_2$。液控单向阀具有良好的密封性能,其泄漏量可为零,因此这种阀也称为液压锁。

液控单向阀通常用于保压、锁紧和平衡等回路,用于对液压执行元件进行锁闭、保压,也用于防止立式液压缸停止时的自动下滑。

3. 梭阀、双压阀和快速排气阀

(1) 梭阀

梭阀相当于两个单向阀的组合,其作用相当于"或"门。梭阀常用于气压回路上,将控制信号有秩序地输入给执行元件,其结构简图、工作原理图、图形符号和实物图如图 5.3 所示。图5.3a为其结构简图,它有两个进口 P_1 和 P_2,一个出口 A。P_1 和 P_2 口都可与 A 口相通,但 P_1 和 P_2 不相通。无论是 P_1 有信号(见图 5.3b),还是 P_2 有信号(见图5.3c),A 口都有输出;在 P_1 和 P_2

都有信号输入,并且两侧压力相等时,阀芯可以停在左边或右边,这主要取决于压力输入的先后次序,先入者通道开通;若两边压力不等时,压力高的通道开通,A口有输出,图5.3d为该阀的图形符号。

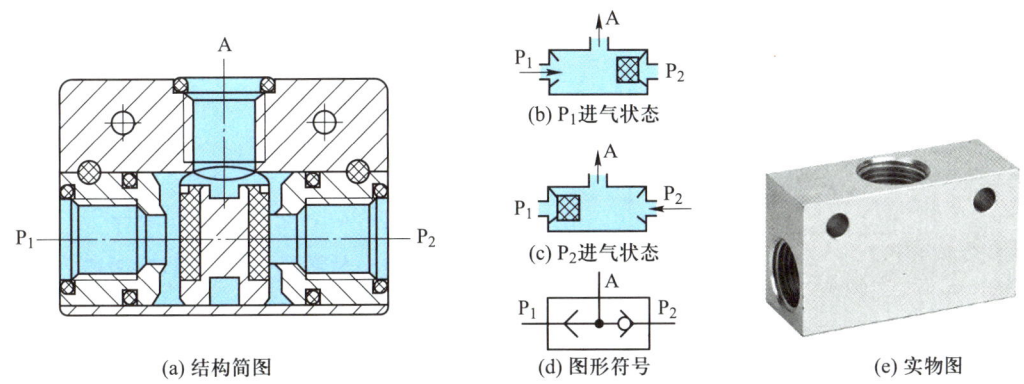

(a) 结构简图

(b) P_1进气状态

(c) P_2进气状态

(d) 图形符号

(e) 实物图

图 5.3　梭阀结构简图、工作原理图、图形符号和实物图

（2）双压阀

双压阀也相当于两个单向阀的组合结构,常用于气压回路中,其作用相当于"与"门。图5.4所示为其结构简图、工作原理图、图形符号和实物图。图5.4a为气动双压阀的结构简图。它有两个输入口 P_1 和 P_2,一个输出口A。当 P_1 口或 P_2 口单独有输入时阀芯被推向右端或左端,见图5.4b,输出口A无输出。只有当 P_1 与 P_2 同时有输入时,A口才有输出,见图5.4c。当 P_1 和 P_2 压力不等时,则压力低的通过A输出。图5.4d为该阀的图形符号。

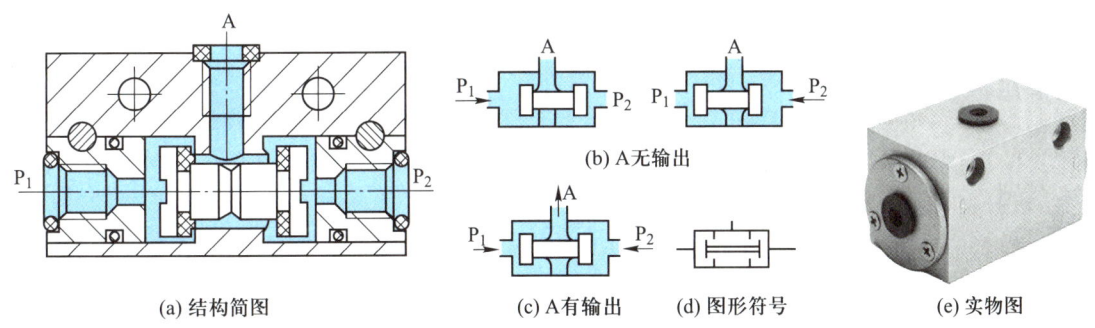

(a) 结构简图

(b) A无输出

(c) A有输出

(d) 图形符号

(e) 实物图

图 5.4　双压阀结构简图、工作原理图、图形符号和实物图

（3）快速排气阀

快速排气阀通常用于气压回路中的气缸快排回路,图5.5所示为快速排气阀结构简图、工作原理图和图形符号。

图5.5a为快速排气阀的一种结构形式。图5.5b中,由进气口P进压缩空气,将密封活塞向上推,开启阀口,同时关闭排气口O,使进气口P和工作口A相通;图5.5c中,进气口P不进压缩空气,在A口和P口的压差作用下,密封活塞快速下降,关闭阀口P,使A口通过O口快速排气。图5.5d为快速排气阀图形符号。

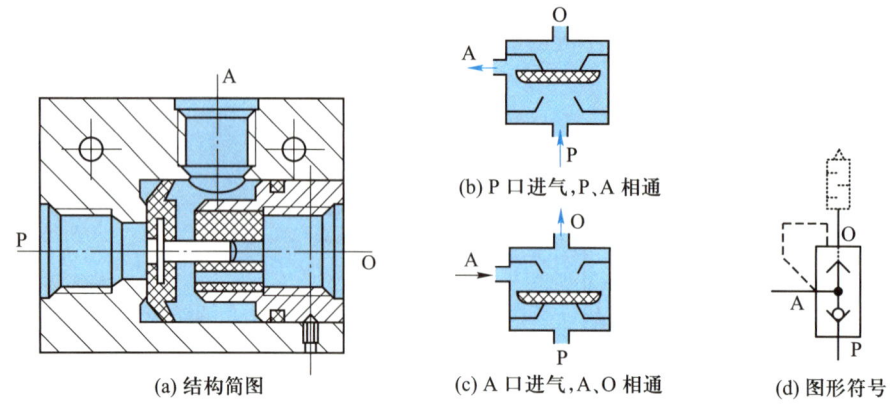

(a) 结构简图　　　(c) A 口进气,A、O 相通　　　(d) 图形符号

(b) P 口进气,P、A 相通

图 5.5　快速排气阀结构简图、工作原理图和图形符号

5.2.2　换向阀

换向阀是借助于阀芯与阀体之间的相对位置变化,使阀体相连的各通道之间实现接通或断开来改变流体流动方向的阀。

微视频 5-6:
换向阀工作
原理和分类

换向阀按其结构可分为座阀式换向阀(锥阀式、球阀式等)、滑阀式换向阀和转阀式换向阀三种。座阀式泄漏少,滑阀式由于在阀芯和阀体之间有配合间隙,泄漏是不可避免的,转阀式与滑阀式类似,仅是阀芯和阀体之间的动作是移动还是转动的区别。

1. 滑阀式换向阀

(1)换向阀的结构和工作原理

滑阀式换向阀是借助于滑阀阀芯在阀体内的轴向位置变化,使与阀体相连的各通道实现接通或断开来改变流体流动方向的阀。滑阀有许多优点,如结构简单、压力均衡、操纵力小和控制功能强等。

微视频 5-7:
换向阀

滑阀式换向阀的主体结构主要是阀芯和阀体,阀体是有多级沉割槽的圆柱孔,阀芯是一个具有多段环形槽的圆柱体。表 5.1 列举了滑阀常用的几种结构简图与图形符号。

按阀芯移动后可以停留的工作位置不同可分为:二位阀、三位阀和多位阀等。

按滑阀通道数的不同可分为:二通阀、三通阀、四通阀、五通阀和多路阀等。

微视频 5-8:
转阀式换
向阀

换向阀的名称按其工作位置和通道数称为几位几通换向阀。不同的位数和通道数是由阀体上的沉割槽和阀芯上台肩的不同组合形成的。将五通阀的两个回油口 O₁ 和 O₂ 沟通成一个回油口 O,即为四通阀。换向阀的名称见表 5.1 中名称一栏所示的二位二通换向阀、二位三通换向阀等。

按阀芯换位控制方式的不同可分为手动、机动、电动、气动、液动和电液动等类型。

滑阀式换向阀图形符号如表 5.1 所示。其代表的意义是:方框表示阀的工作位置,二框即二位,三框即三位;方框内的箭头↑、↓表示通道处于接通状态,但不一定表示流通的实际方向;方框内堵塞符号"┳"或"┴"表示该通道不通;一个方框外部的接口数有几个,就表示有几通;一般来说阀与系统提供流体通道连接的进口用字母 P 表示,阀与流体相连接的出口用 O 或 T 表示,本书用 O 表示,连接执行元件的接口用 A、B 等表示;换向阀通常有两个或两个以上的工作位置,其中一个为常态,即阀芯未受到操纵时所处的位置,通常三位阀的常态位是中间位置,二位阀的常态位是靠近弹簧的那个方框的位置。绘制系统图时,通道一般应连接在常态位上。

表 5.1　常用滑阀式换向阀的结构简图和图形符号

名称	结构简图	图形符号
二位二通	A P	A P
二位三通	A P B	A B P
二位四通	B P A O	A B P O
二位五通	O₁ A P B O₂	A B O₁ P O₂
三位四通	A P B O	A B P O
三位五通	O₁ A P B O₂	A B O₁ P O₂

（2）滑阀的中位机能

三位滑阀在中间位置时各通道的连接状态称为滑阀的中位机能。不同的滑阀中位机能可满足系统的不同要求。不同机能的阀,其阀体通用,仅阀芯台肩结构、尺寸及内部通孔情况有区别。表 5.2 列举了三位换向阀常用的中位机能代号、滑阀状态、图形符号及其特点。阀在非中间位置有时也兼有某种机能,如 OP、MP 等形

微视频 5-9:
三位换向阀
中位机能

157

式,这里不详细介绍。

在分析和选择阀的中位机能时,通常考虑以下几点。

1)系统保压 P 口关闭,系统保持压力,泵可以用于多缸系统,如 J、O、U、Y 型。当 P 口与 O 口连接不太畅通时,系统能保持一定的压力供控制部分使用,如 X 型。

2)系统卸荷 P 口与 O 口连通时,系统卸荷,可选 H、K、M 型。

表 5.2 三位换向阀的中位机能

机能代号	中间位置时的滑阀状态	中间位置的符号		中间位置时的滑阀状态
		三位四通	三位五通	
C	O(O₁) A P B O(O₂)	A B / P O	A B / O₁ P O₂	P 口与 A 口相通,B 口与 O 口封闭,执行元件处于停止位置
H	O(O₁) A P B O(O₂)	A B / P O	A B / O₁ P O₂	P 口、A 口、B 口、O 口相通,执行元件处于浮动状态,在外力(转矩)作用下可移动(转动),液压泵卸荷
J	O(O₁) A P B O(O₂)	A B / P O	A B / O₁ P O₂	P 口与 A 口封闭,B 口与 O 口相通,执行元件停止运动,但在外力(矩)作用下可向一边移(转)动,液压泵不卸荷
K	O(O₁) A P B O(O₂)	A B / P O	A B / O₁ P O₂	P 口、A 口、O 口相通,B 口封闭,执行元件处于闭锁状态,液压泵卸荷
M	O(O₁) A P B O(O₂)	A B / P O	A B / O₁ P O₂	P 口、O 口相通,A 口、B 口封闭,执行元件处于闭锁状态,液压泵卸荷,也可用多个 M 型换向阀并联工作
N	O(O₁) A P B O(O₂)	A B / P O	A B / O₁ P O₂	P 口与 B 口封闭,A 口与 O 口相通,与 J 型机能类似,只是 A 口与 B 口互换了,而且功能也类似
O	O(O₁) A P B O(O₂)	A B / P O	A B / O₁ P O₂	P 口、A 口、B 口、O 口封闭,液压泵不卸荷,执行元件闭锁,可用于多个换向阀的并联工作

机能代号	中间位置时的滑阀状态	中间位置的符号		中间位置时的滑阀状态
		三位四通	三位五通	
P	O(O$_1$)　A　P　B　O(O$_2$)	A B P O	A B O$_1$ P O$_2$	P 口、A 口、B 口相通，O 口封闭，液压泵与执行元件两腔相通，对单杆液压缸来说，可组成差动回路
U	O(O$_1$)　A　P　B　O(O$_2$)	A B P O	A B O$_1$ P O$_2$	P 口和 O 口封闭，A 口与 B 口相通；活塞浮动，在外力作用下可移动，液压泵不卸荷
X	O(O$_1$)　A　P　B　O(O$_2$)	A B P O	A B O$_1$ P O$_2$	P、A、B、O 四口处于半开启状态，液压泵基本卸荷，但仍然保持一定压力
Y	O(O$_1$)　A　P　B　O(O$_2$)	A B P O	A B O$_1$ P O$_2$	P 口封闭，A 口、B 口、O 口相通，执行元件浮动，在外力（转矩）作用下可移动（转动），液压泵不卸荷

3）执行机构换向精度与平稳性　当通往执行元件的 A 口和 B 口都堵塞时（如 M、O 型），换向过程中易产生冲击，使换向不平稳，但换向精度高；反之，A 口和 B 口都与 O 口相通时（如 Y 型），换向过程中工作部件不易制动，换向精度低，但换向冲击小、平稳。

4）启动平稳性　阀在中间位置时，液压缸某腔通油箱（A 口和 B 口或其一与 O 口相通），则启动时该腔内因无油液起缓冲作用，启动不太平稳（如 J、Y 型等）。

5）执行机构"浮动"和任意位置停止　阀在中间位置时，对非差动缸使 A 口和 B 口互通（如 U 型），或 A 口和 B 口与 P 口相通（如 P 型），或 A 口和 B 口都与 O 口相通，这样卧式安装的缸呈"浮动"状态，可利用其他机构调整其位置。当阀在中间位置时，A、B、P 三口之一堵死，或 A 口和 B 口都与 O 口相通，则执行元件可在任意位置停止。

（3）换向阀的主要性能

换向阀的主要性能包括以下几项。

1）工作可靠性　工作可靠性是指换向阀能否可靠地换向和可靠地复位。这一方面取决于换向阀的设计和制造，另一方面还和换向阀的使用有关。流体动力和卡紧力的大小对工作可靠性影响很大，而这两个力与通过阀的流量和压力有关，所以一定要使换向阀在换向界限内工作。

2）压力损失　由于阀工作时的开口较小，故流体流过阀口时会产生较大的压力损失。恰当地选择阀的通流量，以使其压力损失在允许的范围内。

3）内泄量　当换向阀在各个不同的工作位置时，在规定的工作压力下，流体从高压腔泄漏到低压腔的泄漏量称为内泄量。过大的内泄量不仅会降低系统的效率,还会影响执行元件的正常工作。

4）换向时间与复位时间　换向时间是指从收到换向信号到阀芯换向终止的时间;复位时间指从信号消失到阀芯复位终止的时间。减少这些时间都会提高系统的效率,但将引起压力冲击。

5）使用寿命　使用寿命是指换向阀用到某一零件损坏、不能进行正常的换向或复位动作。通常用换向次数来衡量换向阀的寿命。

（4）操作方式

根据推动换向阀阀芯移动方式可分为:手动换向阀、机动换向阀、电磁换向阀、液动换向阀、电液换向阀和气动换向阀等。

1）手动换向阀

用手操纵杠杆推动滑阀阀芯相对阀体移动,改变工作位置,从而改变通道的通断,这类阀统称为手动换向阀。按换向定位方式的不同,手动换向阀有钢球定位式和弹簧复位式两种。当操纵手柄的外力取消后,前者因钢球卡在定位沟槽中,可保持阀芯处于换向位置;后者则在弹簧力作用下使阀芯自动回复到初始位置。手动换向阀的结构简单,动作可靠,有的还可人为地控制阀口的大小,从而控制执行元件的速度。但由于需要人力操纵,故只适用于间歇动作且要求人工控制的小流量场合。使用中须注意的是:定位装置或弹簧腔的泄漏油需单独用油管接入油箱,否则泄漏油积聚会产生阻力,以至于不能换向,甚至造成事故。

图 5.6 所示为弹簧自动复位式三位四通手动换向阀结构简图、图形符号和实物图。图 5.7 所示为推拉式手动换向阀结构简图、图形符号和实物图。

微视频 5-10:
换向阀操纵
方式

微视频 5-11:
手动换向阀

微视频 5-12:
4WMM16G 型
手动换向阀

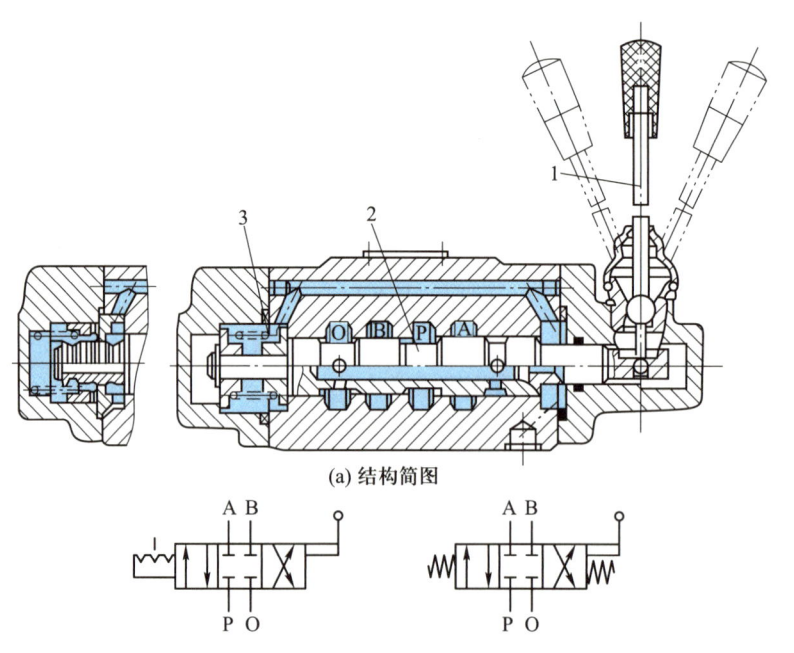

(a) 结构简图

(b) 弹簧钢球定位式换向阀符号　(c) 弹簧自动复位式换向阀符号

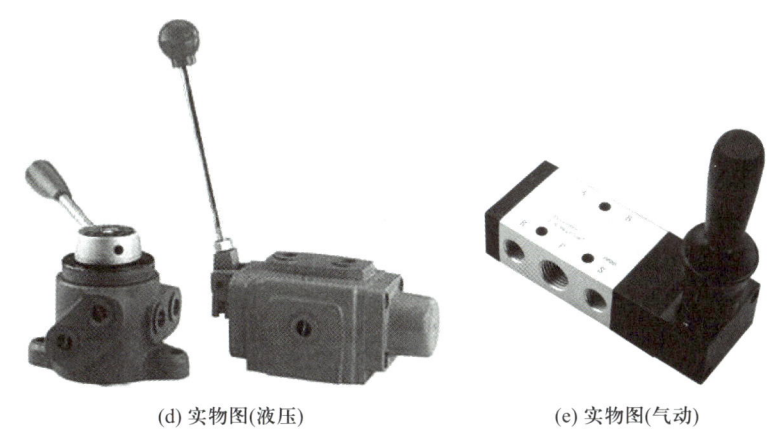

(d) 实物图(液压)　　　　　　　(e) 实物图(气动)

1—操纵杆；2—阀芯；3—复位弹簧

图 5.6　弹簧复位式三位四通手动换向阀结构简图、图形符号和实物图

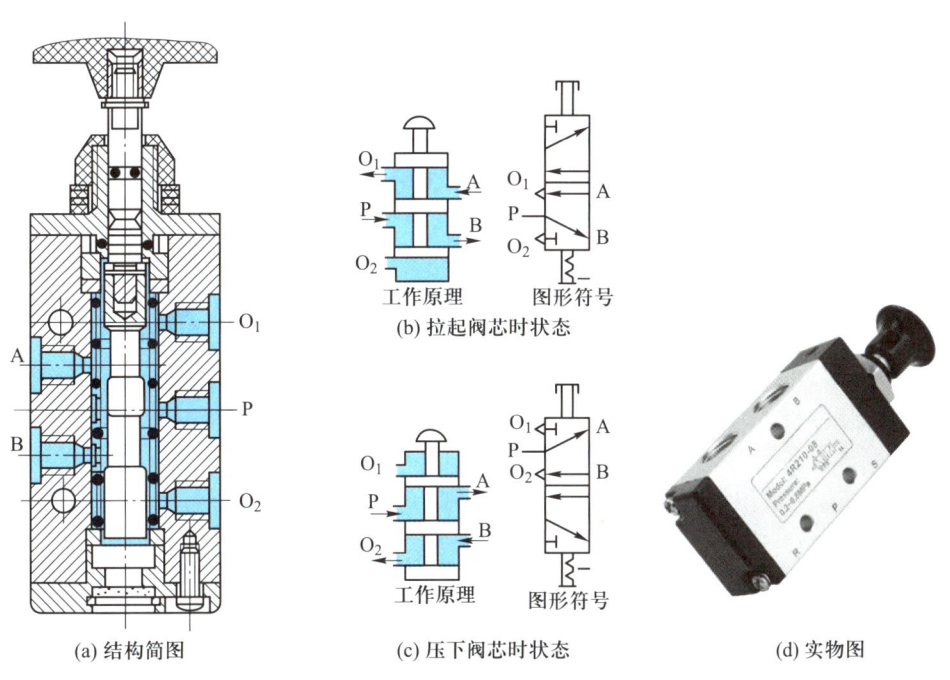

(a) 结构简图　　　　(c) 压下阀芯时状态　　　　(d) 实物图

图 5.7　推拉式手动换向阀结构简图、工作原理图、图形符号和实物图

　　在手动换向阀中有一种多路换向阀，它是一种集中布置的组合式手动换向阀，常用于工程机械等要求集中操纵多个执行元件的设备中。多路阀的组合方式有并联式、串联式和顺序单动式三种，如图 5.8 所示。

　　当多路阀如图 5.8a 所示的并联组合时，压力油并联地通向三个阀的进油口 P_1、P_2、P_3，液压泵可以同时对三个或单独对其中一个执行元件供油。在对三个执行元件同时供油的情况下，由于负载不同，三者将先后动作。当多路阀如图 5.8b 所示的串联式组合时，在阀 1 离开中间位置时，阀 2、阀 3 的进油口 P_2、P_3 与阀 1 的 A 口（或 B 口）相通，各执行元件可单独动作，也可以同时动作。在同时操纵几个执行元件工作时，它们之间的油路是串联的。各执行元件上的负载压力之和等于泵的供油压力。所以，在三个执行元件同时动作的情况下，三个负载压力之和不应超过泵压。当多路阀如图5.8c所示的顺序单动式组合时，液压泵按顺序向各执行元件供油。操作前面一个阀时，就切断了后面阀的油路，从而可以防止各执行元件之间的动作干扰。

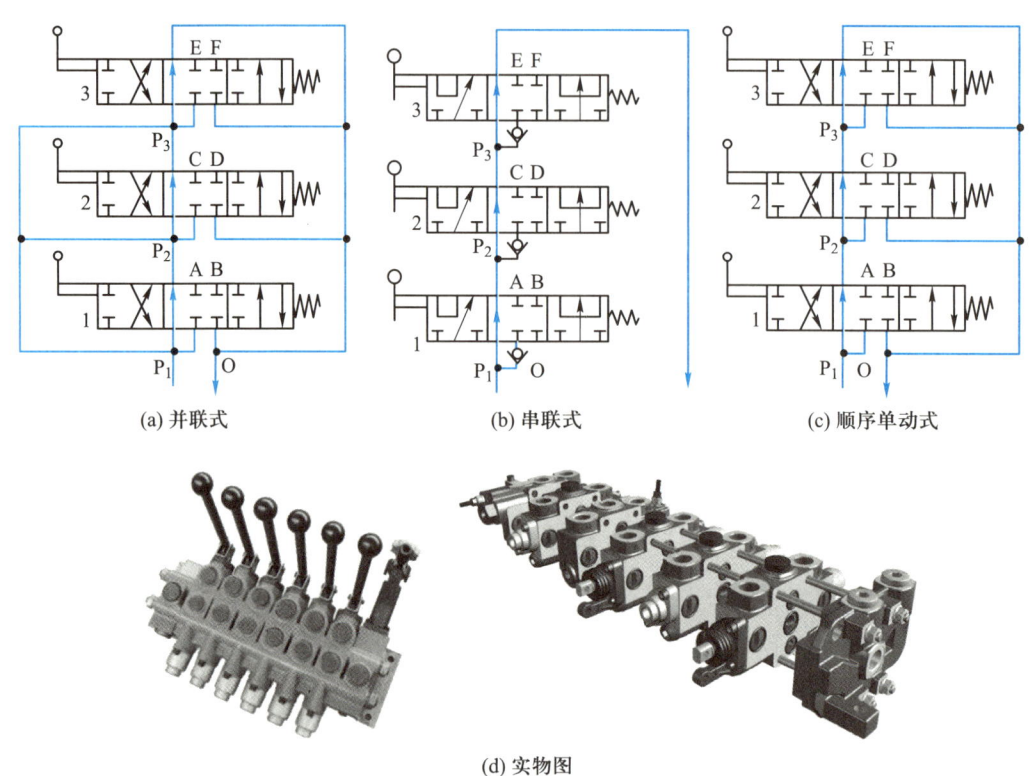

(a) 并联式　　　　　　　(b) 串联式　　　　　　　(c) 顺序单动式

(d) 实物图

图 5.8　多路换向阀的组合形式和实物图

2）机动换向阀

机动换向阀又称行程阀。图5.9所示为二位二通机动换向阀的结构简图、图形符号和实物图。这种阀必须安装在执行元件附近，在执行元件驱动工作部件的行程中，装在工作部件一侧的挡块或凸块移动到预定位置时就压下阀芯2，使阀换位。

机动换向阀通常是弹簧复位式的二位阀。它的结构简单，动作可靠，换向位置精度高，改变挡块的迎角或凸块外形，可使阀芯获得合适的换向速度，减小换向冲击。但这种阀不能安装在液压泵站上，因而连接管路较长，使整个液压装置不紧凑。

3）电磁换向阀

电磁换向阀是利用电磁铁吸力推动阀芯来改变阀的工作位置的。由于它可借助于按钮开关、行程开关、压力继电器等发出的信号进行控制，易于实现自动化，所以液压和气压传动系统常用这类阀。在二位电磁换向阀的一端有一个电磁铁，另一端有一个复位弹簧；在三位电磁换向阀的两端各有一个电磁铁和一个对中弹簧。

图 5.10 所示为二位三通电磁换向阀的结构简图、图形符号和实物图;图 5.11 所示为三位四通 O 型中位机能电磁换向阀的结构简图、图形符号和实物图。

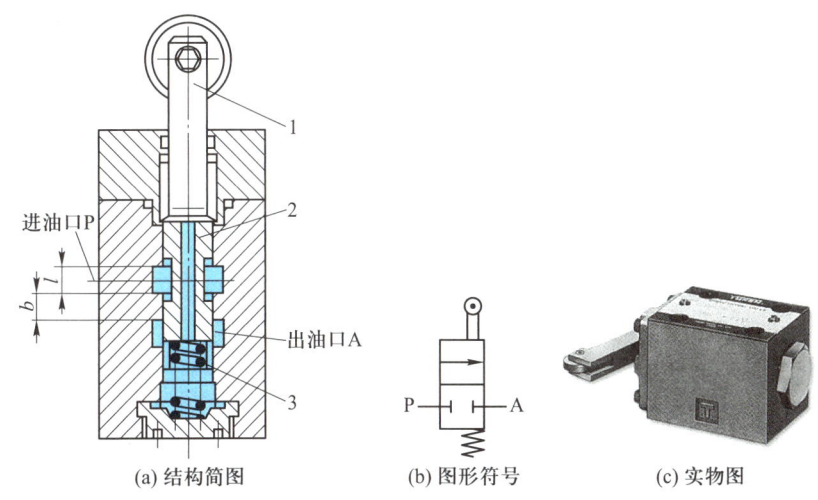

(a) 结构简图　　　　　(b) 图形符号　　　　　(c) 实物图

1—阀杆;2—阀芯;3—弹簧

图 5.9　二位二通机动换向阀结构简图、图形符号和实物图

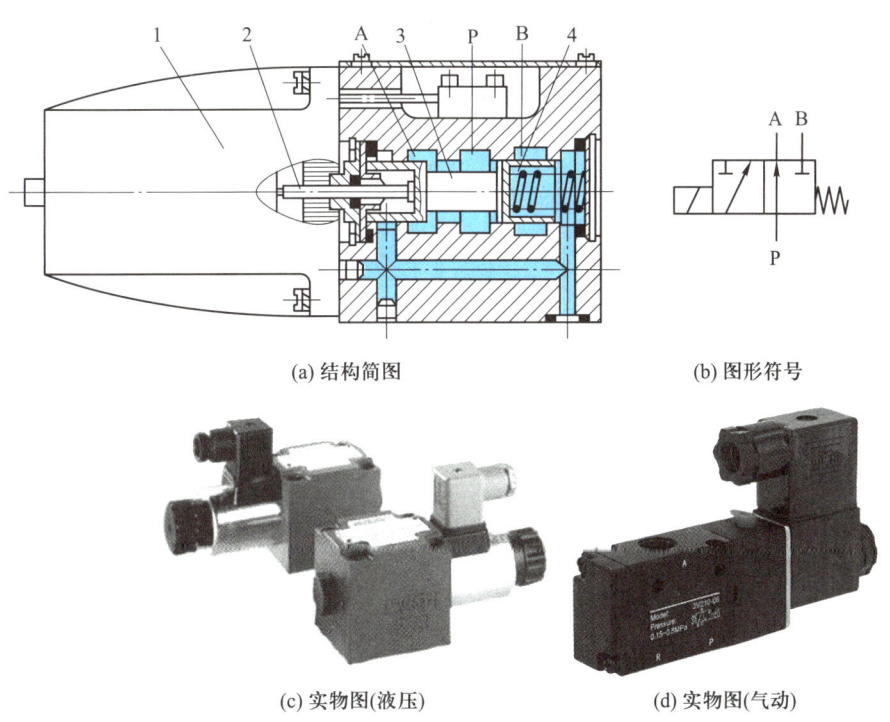

(a) 结构简图　　　　　　　　　(b) 图形符号

(c) 实物图(液压)　　　　　　　(d) 实物图(气动)

1—电磁铁;2—推杆;3—阀芯;4—复位弹簧

图 5.10　二位三通电磁换向阀结构简图、图形符号和实物图

163

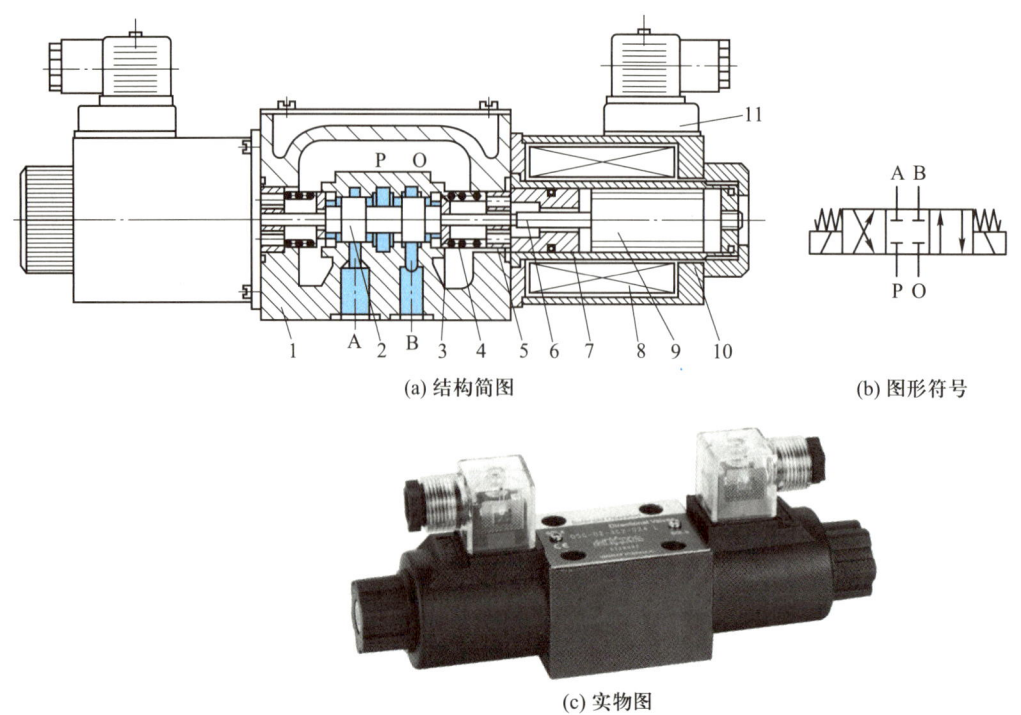

(a) 结构简图   (b) 图形符号

(c) 实物图

1—阀体;2—阀芯;3—定位套;4—对中弹簧;5—挡圈;6—推杆;7—环;8—线圈;9—衔铁;10—导套;11—插头组件

图 5.11　三位四通电磁换向阀结构简图、图形符号和实物图

在图 5.11 中,当两边的电磁铁都不通电时,阀芯 2 在两边的对中弹簧 4 的作用下处于中位, A 口、B 口、P 口都和 O 口不通;当右边的电磁铁通电时,推杆 6 将阀芯推向左端,P 口与 A 口相通,B 口与 O 口相通;当左边的电磁铁通电时,推杆将阀芯推向右端,P 口与 B 口相通,A 口与 O 口相通。

二位电磁阀一般由单电磁铁控制。但无复位弹簧而设有定位机构的双电磁铁二位阀,由于电磁铁断电后仍能保留通电时的状态,从而减少了电磁铁的通电时间,延长了电磁铁的使用寿命,节约了能源;此外,当电源因故中断时,电磁阀的工作状态仍能保留下来,可以避免系统失灵或出现事故,这种"记忆"功能对于一些连续作业的自动化机械和自动线来说,往往是十分需要的。

电磁铁按所接电源的不同,分为交流和直流两种基本类型。交流电磁阀使用方便,启动力大,但换向时间短(0.01~0.03 s),换向冲击大,噪声大,换向频率低,而且当阀芯被卡住或由于电压低等原因吸合不上时,线圈易烧坏。直流电磁阀需直流电源或整流装置,但换向时间长(0.05~0.08 s),换向冲击小,换向频率允许较高,而且有恒电流特性,当电磁铁吸合不上时,线圈不会烧坏,故工作可靠性高。还有一种整型(本机整流型)电磁铁,其上附有二极管整流电路和冲击电压吸收装置,能把接入的交流电整流后自用,因而兼具了前述两者的优点。

电磁换向阀的使用寿命在很大的程度上取决于电磁铁的寿命。干式电磁铁的使用寿命较短,湿式电磁铁的使用寿命较长;直流电磁铁比交流电磁铁的寿命长。此外,影响电磁阀使用寿命的因素还有复位弹簧的疲劳断裂,而电磁阀本体对其使用寿命的影响则主要是阀体孔和阀芯两配合面的磨损。

应该指出,由于电磁铁的吸力有限,因此电磁换向阀只适用于流量不太大的场合。当流量较大时,应该采用液动或电液控制。

4)液动换向阀

微视频 5-17:
液动换向阀

液动换向阀是利用控制油路的压力油来改变阀芯位置的换向阀。图 5.12 所示为三位四通液动换向阀的结构简图、图形符号和实物图。

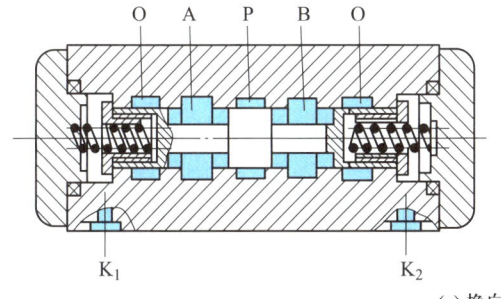

图形符号

(a) 换向时间不可调式

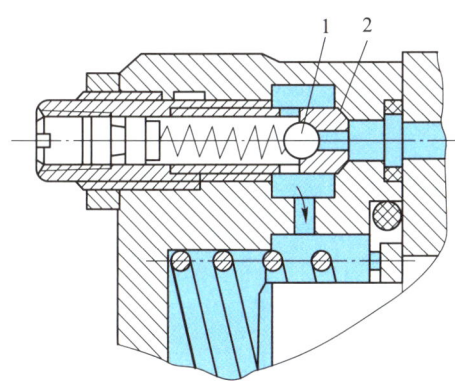
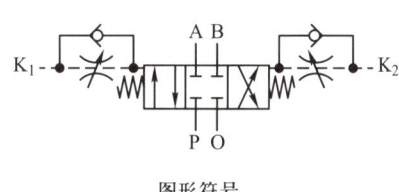

图形符号

(b) 换向时间可调式

(c) 实物图

1—单向阀;2—节流阀

图 5.12　三位四通液动换向阀(弹簧对中型)结构简图、图形符号和实物图

在图 5.12 中,阀芯两端分别接控制口 K_1 和 K_2,当控制压力油从控制口 K_1 进入时,推动阀芯右移,P 口与 A 口相通,B 口与 O 口相通;当控制压力油从控制口 K_2 进入时,则推动阀芯左移,P 口与 B 口相通,A 口与 O 口相通;当两控制口都不通压力油时,阀芯在对中弹簧的作用下处于中间位置。

液动换向阀对阀芯的操纵推力很大,因此适用于压力高、流量大、阀芯移动行程长的场合。

这种阀通过一些简单的装置可使阀芯的移动速度得到调节。

5）电液换向阀

电磁换向阀布置灵活,易于实现自动化,但电磁吸力有限,在液压传动系统处于高压和大流量的情况下难以切换。因此,当阀的通径大于 10 mm 时,常用控制压力油操纵阀芯换位,这就是上述的液动阀。但液动阀较少单独使用,因其阀芯换位首先要用另一个小换向阀来改变控制油的流向。小换向阀可以是手动阀、机动阀或电磁阀。标准元件通常采用灵活方便的电磁阀,并将大小两阀组合在一起,即电液换向阀。在电液换向阀中,电磁换向阀起先导作用,用来改变控制流体的方向,从而改变起主阀作用的液动换向阀的工作位置。由于操纵主阀的液压推力可以很大,所以主阀芯的尺寸可以做得很大,允许大流量通过。这样,用较小的电磁铁就可控制较大的阀。

图 5.13 所示为三位四通电液换向阀的结构简图、图形符号和实物图。在电液换向阀中,当先导电磁阀的 a 口通压力油时,主阀芯 1 推动差动活塞 3 和差动套筒 2 一起右移,P 口与 B 口相通,A 口与 O 口相通;当先导电磁阀 b 口通压力油时,活塞推动主阀芯和差动套筒一起左移,这时 P 口与 A 口相通,B 口与 O 口相通,从而实现换向。当 a、b 两口都接回油时,阀芯在两边弹簧和弹簧座的作用下处于中间位置。

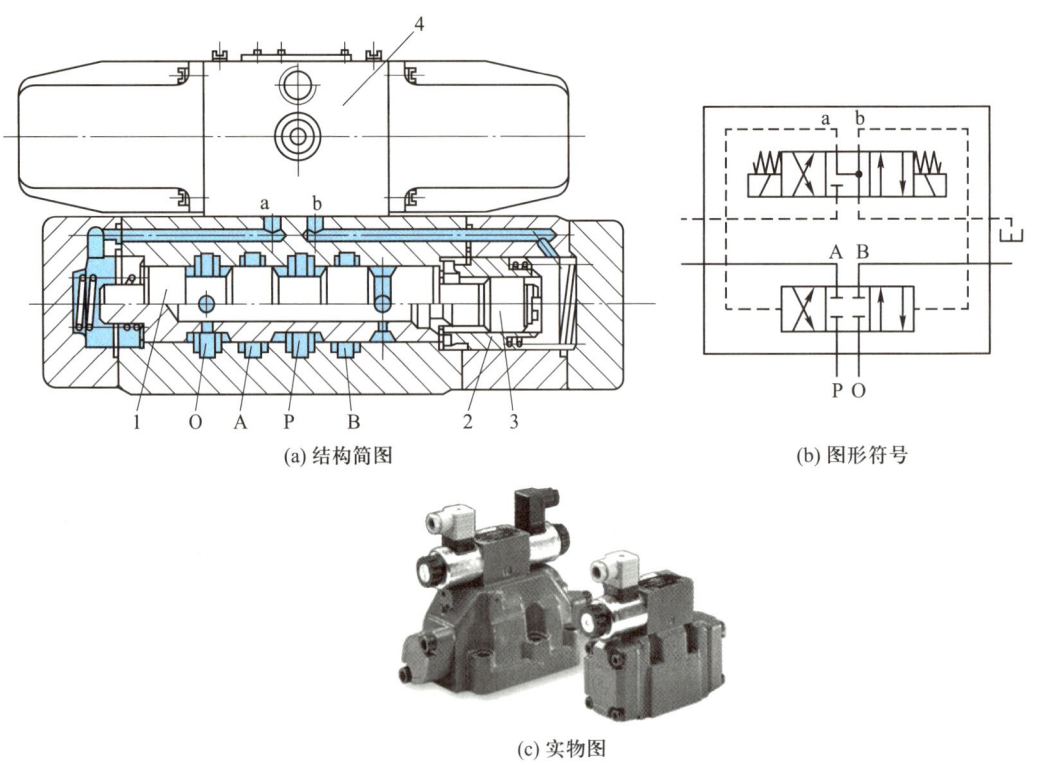

(a) 结构简图　　　　　　　　　　(b) 图形符号

(c) 实物图

1—主阀芯;2—差动套筒;3—差动活塞;4—先导电磁阀

图 5.13　三位四通电液换向阀结构简图、图形符号和实物图

在电液换向阀中,主阀芯的移动速度可由单向节流阀来调节,这使系统中的执行元件能够得到平稳无冲击的换向。这里的单向节流阀是换向时间调节器,也称为阻尼调节器。它可叠放在

先导阀与主阀之间。调节节流阀开口,即可调节主阀换向时间,从而消除执行元件的换向冲击。所以,这种操纵形式换向阀的换向性能是比较好的,它适用于高压、大流量的场合。

在电液换向阀中,如果进入先导电磁阀的压力油(即控制油)来自主阀的 P 腔,这种控制油的进油方式称为内部控制,即电磁阀的进油口与主阀的 P 腔沟通。其优点是油路简单,但因泵的工作压力通常较高,所以控制部分能耗大,只适用于在系统中电液换向阀较少的情况;如果进入先导电磁阀的压力油引自主阀 P 腔以外的油路,如专用的低压泵或系统的某一部分,则这种控制油的进油方式称为外部控制。

如果先导电磁阀的回油口单独接油箱,这种回油控制方式称为外部回油;如果先导电磁阀的回油口与主阀的 O 腔相通,则称为内部回油。内回式的优点是无需单设回油管路,但因先导阀回油允许背压较小,所以主回油背压必须小于它才能采用,而外部回油式不受此限制。

先导阀的进油和回油可以有外控外回、外控内回、内控外回、内控内回四种方式。在阀的具体使用中,四种控回方式如何调整转换详见产品说明书。

在电液换向阀上还可以设置主阀芯行程调节机构,它可在主阀两端盖加限位螺钉,这样主阀芯换位移动的行程和各阀口的开度即可改变,通过主阀的流量也随之变化,因而可对执行元件起粗略的速度调节作用。

如果电液换向阀采用内控方式供油,并且在常态位使泵卸荷(具有 H、K 和 M 型等中位机能),为克服阀在通电后因无控制油而使主阀不能动作的缺点,可在主阀的进油孔中插装一个预压阀(即装有硬弹簧的单向阀),使其在卸荷状态下仍有一定的控制压力,足以操纵主阀芯换向。

6)气动换向阀

气动换向阀是利用气体压力来改变阀芯位置的换向阀,通常用于气压传动系统中。图 5.14 所示为三位五通双气动控制换向阀的结构简图。

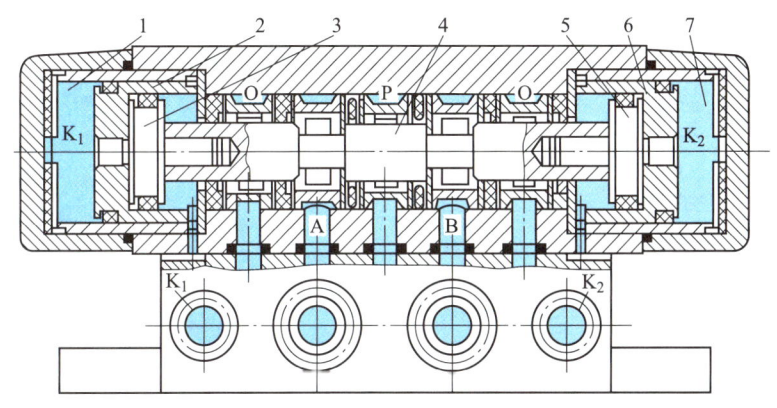

1—左控制腔;2—左对中活塞;3—左换向活塞;4—阀芯;5—右换向活塞;6—右对中活塞;7—右控制腔

图 5.14　三位五通气动换向阀(中位封闭式)结构简图

在图 5.14 中,换向活塞 3 和 5 只在对中活塞 2 和 6 内部运动。而对中活塞在控制腔 1 和 7 中运动。阀芯 4 在换向活塞的推动下可以左右移动。当控制口 K_1 和 K_2 都没有信号时,由于两端有对中活塞,两控制腔存在相同压力,使阀芯处于中间位置。当左控制腔的 K_1 口有卸压信号时,右换向活塞上的作用力将克服摩擦力推动阀芯,连同左换向活塞和左对中活塞一起向左运动,使 P 口与 B 口接通,B 腔进气;A 口与 O_1 口接通,A 腔排气。当 K_1 卸压信号消失时,阀芯复位至中间位置。当右控制腔 7 的 K_2 口有卸压信号时,阀芯右移,P 口与 A 口接通,A 腔进气;B 口与 O_2 口接通,B 腔排气。改变阀芯台肩尺寸,其中间位置可有不同机能。

2. 球阀式换向阀

微视频 5-19:
电磁球阀式
换向阀

微视频 5-20:
M-2SEW6P
3XB420 型电
磁球阀

球阀式换向阀是座阀式换向阀的一种。它通过变换钢球在阀体内的相对位置来使阀体各油口连通或断开。球阀式换向阀与滑阀式换向阀相比,有以下优点:阀芯不易卡死,换向和复位力小,可适用于高压(达到 63 MPa)场合,动作可靠性高;密封性能好;反应速度快;对油液污染不敏感;换向时间短;工作介质黏度范围大;阀芯球体可直接从轴承厂获得,精度高,价格低廉。所以,球阀式换向阀在小流量系统中可直接用于控制主油路,在大流量系统中可作为先导控制元件。球阀式换向阀的主要缺点是不像滑阀那样具备多种位通组合形式和多种中位机能,故目前使用范围还受到限制。

球阀式换向阀有手动、机动、电磁、液动和电液动等多种控制形式。

图 5.15a 为常开型二位三通电磁球阀式换向阀的结构简图,图 5.15b 为其图形符号,图 5.15c 为实物图。它主要由左右阀座 4 和 6、球阀 5、弹簧 7、推杆 2 和杠杆 3 等部分组成。图示为电磁铁断电状态,P 口的压力油一方面作用在球阀的右侧,另一方面经过通道 b 进入推杆的空腔作用在球阀的左侧,以保证球阀两侧承受的液压力平衡。球阀在弹簧的作用下压在左阀座上,P 口与 A 口相通,A 口与 O 口断开。当电磁铁通电时,衔铁推动杠杆,以 1 为支点推动推杆,克服弹簧力,使球阀压在右阀座上,实现换向,P 口与 A 口断开,A 口与 O 口相通。

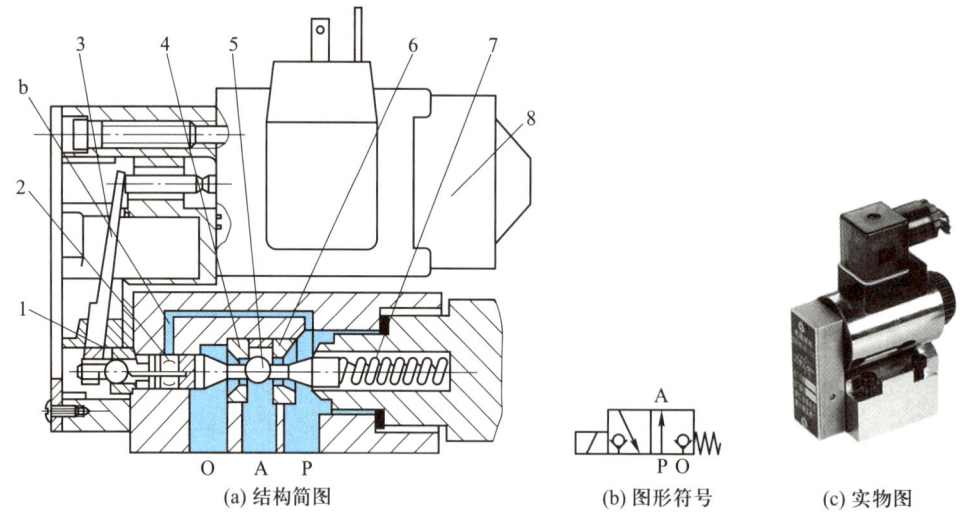

(a) 结构简图　　　　(b) 图形符号　　　　(c) 实物图

1—支点;2—推杆;3—杠杆;4—左阀座;5—球阀;6—右阀座;7—弹簧;8—电磁铁

图 5.15　常开型二位三通球阀式换向阀结构简图、图形符号和实物图

图 5.16 所示为二位四通球阀式换向阀的工作原理。它可以在图 5.15 所示的二位三通电磁球阀的下面加一活塞组件组成。在图 5.16 中,上部 1 表示二位三通球阀,下部 2 表示活塞组件。在图 5.16a 中的初始位置时,二位三通球阀的钢球在弹簧的作用下压在阀座上。油道 P 和油道 A 相通,油道 B 和油道 O 相通。在油道 A 上有一控制油道通向活塞组件的大活塞。该活塞左侧

面积大于右侧通油道 P 的活塞面积。在压力的作用下使右端锥阀右移压紧在阀座上。活塞组件使油道 B 和油道 P 切断。在图 5.16b 所示状态下,二位三通球阀在电磁力的作用下使钢球右移,这时油道 A 和 P 被切断,A 和 O 相通,由于活塞组件中大活塞左端的压力降低,活塞组件在右端锥阀上压力油的作用下左移,使油道 P 和 B 相通,来实现换向目的。

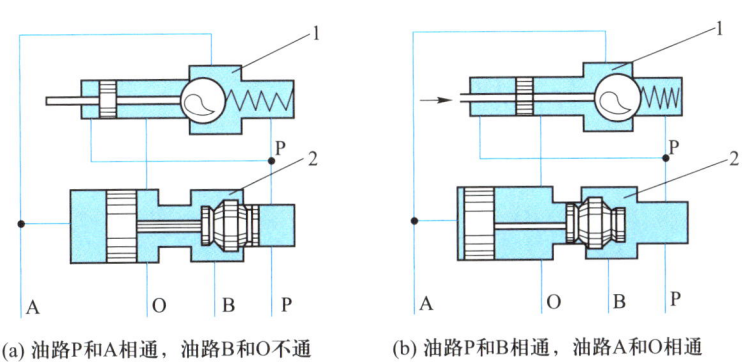

(a) 油路P和A相通,油路B和O不通　　(b) 油路P和B相通,油路A和O相通

1—二位三通球阀;2—活塞组件

图 5.16　二位四通球阀式换向阀工作原理图

3. 插装式换向阀

插装式换向阀是锥阀中的一类,详细内容见 5.5 节。

4. 截止式气动换向阀

截止式气动换向阀的开启和关闭是用大于管道直径的圆盘从端面进行控制的。图 5.17 所示为二位三通单气动控制截止式换向阀结构简图、工作原理图和图形符号。图 5.17a 为该阀的结构简图,图 5.17b 为控制口 K 没有控制信号时的状态,阀芯在弹簧与 P 腔压力的作用下,使 P 口与 A 口断开,A 口与 O 口相通,这时阀处于排气状态。图 5.17c 为控制口 K 有控制信号时的状态,这时阀芯下移,使 P 口与 A 口连通,A 口与 O 口断开。图 5.17d 为该阀的图形符号。

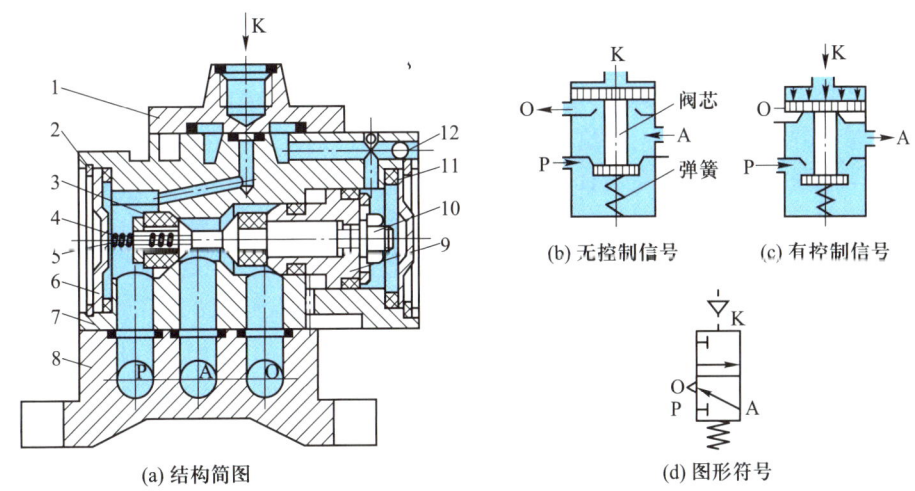

(a) 结构简图　　　　　(b) 无控制信号　　(c) 有控制信号　　　(d) 图形符号

1—气控接头;2—挡圈;3—密封面;4—弹簧;5—阀芯;6—端盖;7—阀体;8—阀板;9—活塞;10—螺母;11—Y 形密封圈;12—钢球

图 5.17　二位三通单气动控制截止式换向阀结构简图、工作原理图和图形符号

169

截止式换向阀和滑阀式换向阀一样,可组成二位三通、二位四通、三位五通等多种形式。与滑阀式结构相比,它的特点是:阀芯行程短,开启时间短,通流能力强,流量特性好,结构紧凑,适用于大流量场合;采用软密封,并且由于气流流动方向使阀口关闭后阀芯始终有压力,因此关闭时密封性好,泄漏量小,抗粉尘和污染能力强,但换向力和换向时冲击较大,不宜在灵敏度要求高的场合使用。

微视频 5-21:
方向控制阀
的应用

微视频 5-22:
换向阀控制
液压马达实
物操作

微视频 5-23:
溢流阀原理
和应用

微视频 5-24:
直动式溢
流阀

微视频 5-25:
先导式溢流
阀工作原理

5.3 压力控制阀

用于实现系统压力控制的阀统称为压力控制阀。常用的压力控制阀有溢流阀、减压阀、顺序阀和压力继电器等。它们都是利用流体的压力与阀内的弹簧力相平衡的原理来工作的。

5.3.1 溢流阀

溢流阀有多种用途,但其基本功用主要有两种:一是当系统压力超过或等于溢流阀的调定压力时,系统的液体或气体通过阀口溢出一部分,保证系统压力恒定,用于调压;二是在系统中作安全阀用,在系统正常工作时,溢流阀处于关闭状态,只有在系统压力大于或等于其调定压力时才开启溢流,对系统起过载保护作用。溢流阀按其结构原理分为直动式和先导式两种。

1. 溢流阀的结构和工作原理

(1) 直动式溢流阀

直动式溢流阀的阀芯有锥阀式、球阀式和滑阀式三种形式。

图 5.18 所示为用于液压传动系统中的低压直动式溢流阀结构简图、图形符号和实物图。其滑阀式阀芯的下端有轴向孔,压力油经阀芯下端的径向孔、轴向阻尼孔 a 进入滑阀的底部,产生一个向上的液压作用力。当进口压力较低时,阀芯在弹簧力的作用下被压在图示的最低位置。阀口(即进油口 P 和回油口 O 之间阀内通道)被阀芯封闭,阀不溢流。当阀的进口压力升高,阀芯下端的液压作用力足以克服弹簧力时,阀芯向上移动,使 P 口与 O 口相通。弹簧对阀芯的作用力可通过调节螺母调节,即调节溢流阀的入口压力。

这种溢流阀因压力油直接作用于阀芯,故称直动式溢流阀。直动式溢流阀的特点是结构简单,反应灵敏,但在工作时易产生振动和噪声,压力波动大,一般用于小流量、压力较低的场合。当控制较高压力或较大流量时,直动式溢流阀需要使用刚度较大的弹簧,这样不但手动调节困难,而且阀口开度(弹簧压缩量)略有变化,便引起较大的压力波动,因而不易稳定。系统压力较高时需要采用先导式溢流阀。

(2) 先导式溢流阀

先导式溢流阀是由先导调压阀和溢流主阀两部分组成。其中先导调压阀类似于直动式溢流阀,多为锥阀结构。

图 5.19 所示为先导式溢流阀的结构简图、图形符号和实物图。主阀芯 6 与阀盖 3、阀体 4 和主阀座 7 三处同心配合。压力油自阀体中部的进油口 P 进入,并通过主阀芯上的阻尼孔 5 进入

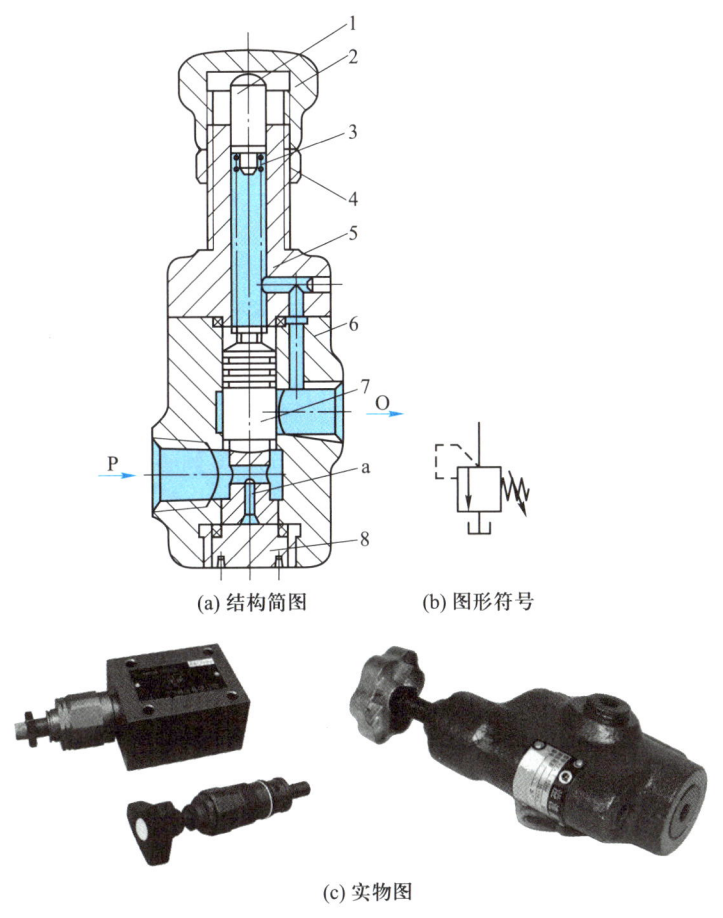

(a) 结构简图　　　　(b) 图形符号

(c) 实物图

1—推杆;2—调节螺母;3—弹簧;4—锁紧螺母;5—阀盖;6—阀体;7—阀芯;8—螺塞

图 5.18　直动式溢流阀结构简图、图形符号和实物图

主阀芯上腔,再由阀盖上的通道 a 和锥阀座 2 上的小孔作用于锥阀 1 上,当进液压力 p_1 小于先导阀调压弹簧 9 的调定值时,先导阀关闭,同时由于主阀芯上下两端有效面积比为 1.03～1.05,上端稍大,作用于主阀芯上的压力差和主阀弹簧力均使主阀口压紧,不溢流。当进油压力 p_1 超过先导阀调压弹簧的调定值时,先导阀打开,使进油口 P 的压力油经主阀芯阻尼孔 5、先导阀口、主阀芯中心孔至阀体下部出油口(溢流口)O 进行溢流。阻尼孔 5 处的压力损失使主阀芯上下腔中的油液产生一个随先导阀流量增加而增加的压力差,当它在主阀芯上下两端面上的作用力之差足以克服主阀弹簧力、主阀芯自重和摩擦力之和时,主阀芯开启,此时进油口 P 与出油口 O 直接相通,进行溢流,以保持阀前压力恒定。由于主阀芯的开启主要取决于阀芯上下两端的压力差,主阀弹簧只用来克服阀芯运动时的摩擦力和主阀芯重力,故其阀弹簧的刚度小,所以先导式溢流阀在溢流量发生大幅度变化时,被控腔压力 p 只有很小的变化。调节先导阀手轮便能调整溢流压力。更换不同刚度的调压弹簧,便能得到不同的调压范围。在阀体上有一个远程控制口 K,当将此口通过二位二通阀接通油箱时,主阀上端的压力接近于零,主阀芯在很小的压力下便可移到上端,阀口开得最大,这时系统的油液在很低的压力下通过阀口流回油箱,实现卸荷。如果将 K 口

接到另一个远程调压阀上（其结构和先导阀一样），当远程调压阀的调整压力小于先导阀的压力时，则主阀上端的压力（即溢流阀的溢流压力）就由远程调压阀来决定。使用远程调压阀后，便可对系统的溢流压力实行远程调节。

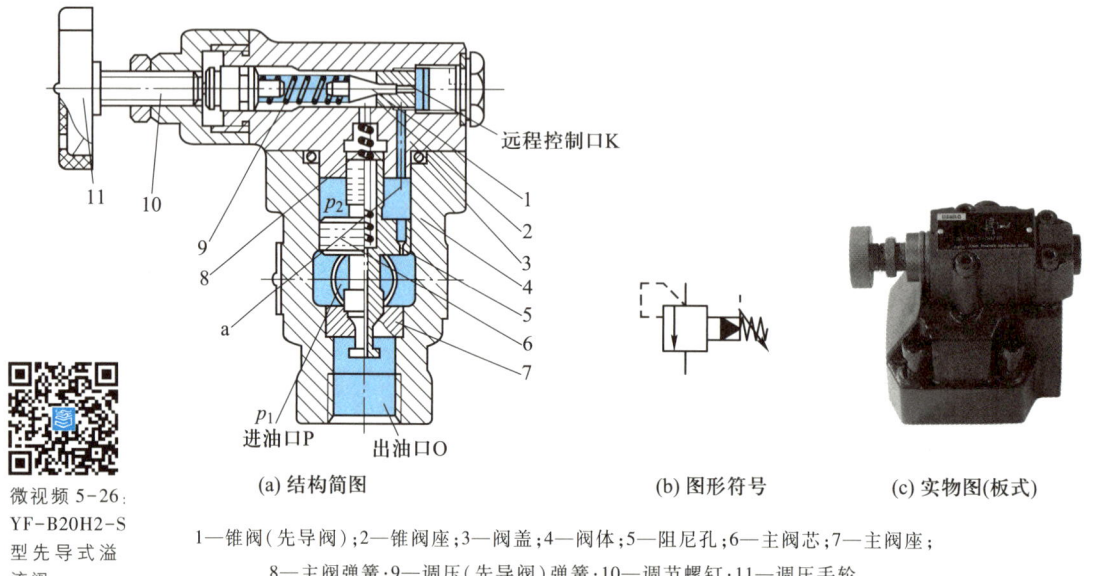

(a) 结构简图　　　　　　　(b) 图形符号　　　　　　　(c) 实物图（板式）

1—锥阀（先导阀）；2—锥阀座；3—阀盖；4—阀体；5—阻尼孔；6—主阀芯；7—主阀座；
8—主阀弹簧；9—调压（先导阀）弹簧；10—调节螺钉；11—调压手轮

图 5.19　YF 型三节同心先导式溢流阀（管式）结构简图、图形符号和实物图

流经阻尼孔 5 的流量即流出先导阀的流量。这一部分流量通常称为泄油量。阻尼孔 5 直径很小，泄油量只占全溢流量（额定流量）极小的一部分，约为 1%，绝大部分油液均经主阀口流回油箱。在先导式溢流阀中，先导阀的作用是控制和调节溢流压力，主阀的功能则在于溢流。先导阀阀口直径较小，即使在较高压力的情况下，作用在锥阀芯上的液压推力也不是很大，因此调压弹簧的刚度不必很大，压力调整也就比较轻便。主阀芯因两端均受油压作用，主阀弹簧只需很小的刚度，当溢流量变化引起弹簧压缩量变化时，进油口的压力变化不大，故先导式溢流阀恒定压力的性能优于直动式溢流阀，所以先导式溢流阀可被广泛地用于高压大流量场合。但先导式溢流阀是两级阀，其反应不如直动式溢流阀灵敏。

先导式溢流阀按照控制油的来源和泄油去向的不同，有内控内泄、内控外泄、外控内泄、外控外泄四种组合方式，控泄方式的四种组合方便了使用，并增加了灵活性。例如，泄油和主阀回油的汇流，在某些情况下系统压力冲击、背压等因素直接影响先导阀的启闭，导致溢流阀稳压性能下降，并激起振动和噪声，若改用外泄就能减轻这种现象。

图 5.20 所示为气动溢流阀的几种典型结构的结构简图和图形符号。气动溢流阀在系统中起安全保护作用。图 5.20a 所示为活塞式安全阀，阀芯是一平板，气源压力 p_s 作用在活塞 A 上，当压力超过由弹簧力调定的安全值时，活塞 A 被顶开，一部分压缩空气可从阀口排入大气；当气源压力低于安全值时，弹簧驱动活塞下降，关闭阀口。图 5.20b 和 5.20c 所示分别为球阀式安全阀和膜片式安全阀，其工作原理与活塞式完全相同。膜片式安全阀压力特性较好，动作灵敏，但最大开启量比较小，流量特性较差。这三种安全阀都是调节弹簧预紧力，便可改变安全值的大小，因此称为直动式安全阀。图 5.20d 所示为先导式安全阀，它用小型直动阀提供控制压力 p_c 作

用在膜片上，膜片上的硬心就是阀芯，它压在阀座上，当气源压力 p_s 大于安全压力时，阀芯开启，压缩空气从左侧输出孔排入大气。

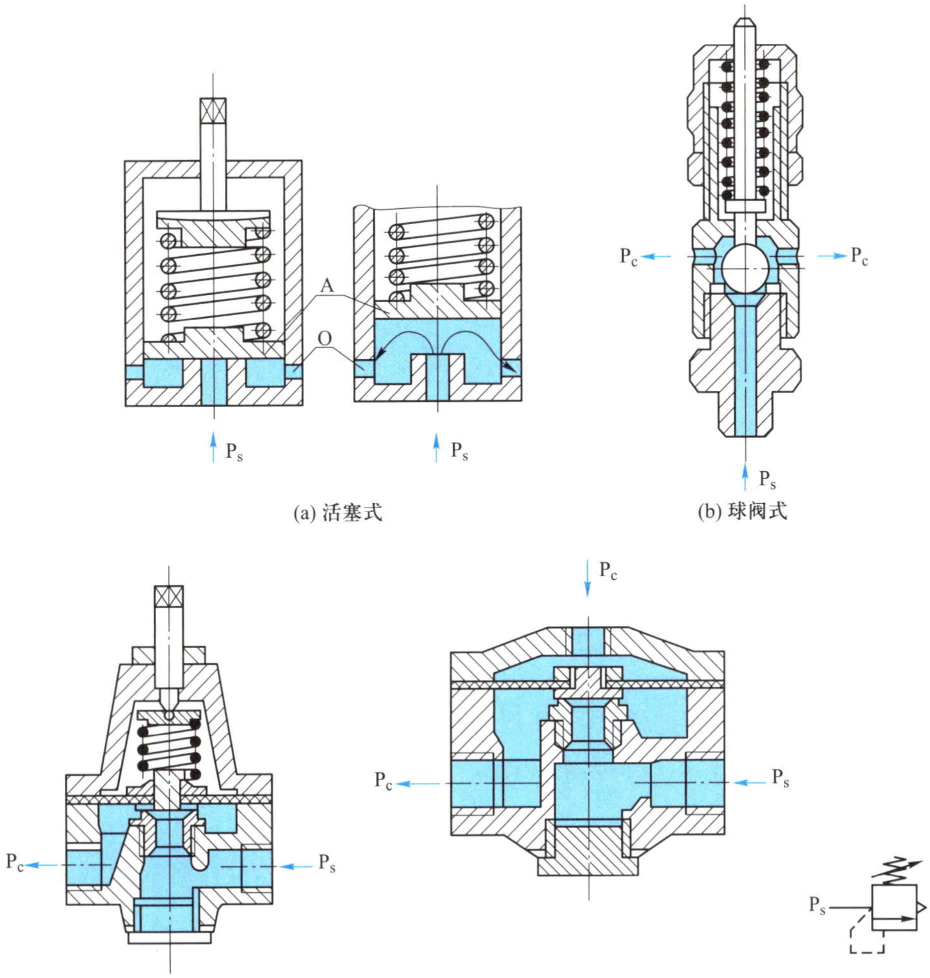

(a) 活塞式　(b) 球阀式　(c) 膜片式　(d) 先导式　(e) 图形符号

图 5.20　气动溢流阀几种典型结构的结构简图和图形符号

微视频 5-27：溢流阀性能分析

2. 溢流阀的主要性能

溢流阀是液压传动系统中的重要控制元件，其特性对系统的工作性能影响很大。溢流阀的静态特性主要是指压力调节范围、压力-流量特性和启闭特性。

(1) 压力调节范围

压力调节范围是指调压弹簧在规定的范围内调节时，系统压力平稳地上升或下降的最大和最小调定压力的差值。

(2) 压力-流量特性（p-q 特性）

压力-流量特性又称溢流特性（参见图 5.21）。它表征溢流量变化时溢流阀进口压力的变化情况，即稳压性能。理想的溢流特性曲线应是一条平行于流量坐标轴的直线，即进口压力达到调压弹簧所确定的压力后,立即溢流,且不管溢流量多少,压力始终保持恒定。但溢流量的变化引起了阀口开度变化,即弹簧压缩量的变化,进口压力不可能恒定。

图 5.21 所示为溢流阀的静态特性曲线。图 5.21a 中最下方的曲线为直动式溢流阀在压力 p 时的 $p\text{-}q$ 特性曲线。当流量 q 变化时,直动式溢流阀所控制的压力随之变化。上方的曲线为先导式溢流阀的 $p\text{-}q$ 特性曲线。

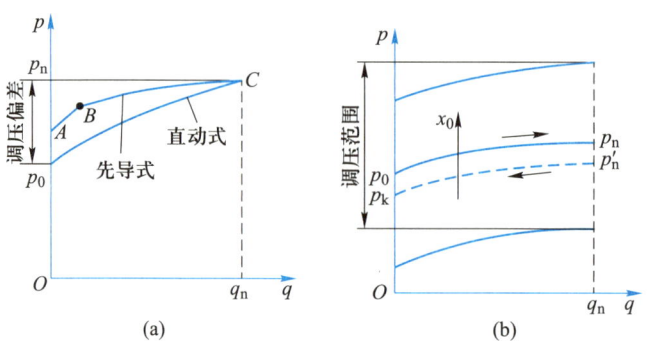

图 5.21　溢流阀的静态特性曲线

先导式溢流阀的 $p\text{-}q$ 特性曲线由两段组成,也示于图 5.21a 中。AB 段由先导阀的 $p\text{-}q$ 特性决定,这时先导阀刚开启而主阀芯仍关闭;BC 段由主阀的 $p\text{-}q$ 特性决定。即 A 点对应的压力是先导阀的开启压力,拐点 B 对应的压力为主阀的开启压力。从图中看出,先导式和直动式溢流阀相比,它的 $p\text{-}q$ 特性曲线要平缓得多。实际上,在以图 5.19 所示的先导式溢流阀的主阀芯为研究对象时,其受力情况与图 5.18 相似,不同之处是压力 p_2 不再为零。该处的压力值主要取决于先导阀弹簧调整时的预压缩量,工作中基本为一定值。若主阀芯直径为 d',则受力平衡方程式为:

$$(p_1 - p_2)\frac{\pi d'^2}{4} = k'_s(x'_0 + x)$$

式中,k'_s 和 x'_0 是主阀弹簧的弹簧刚度和预压缩量。由于主阀弹簧较软,k'_s 值较小,因此当溢流量 q(或开度 x)变化时,压力 p 值变化很小,故 $p\text{-}q$ 特性曲线变化平缓。

$p\text{-}q$ 特性曲线表明,阀的进出口压力随溢流量的增减而增减。与溢流量为额定值(全溢流量)时所对应的压力称为调定压力,以 p_n 表示。调定压力 p_n 与开启压力 p_0 之差称为调压偏差,即溢流量变化时溢流阀控制压力的变化范围。开启压力 p_0 与调定压力 p_n 之比称为开启比。先导式溢流阀的特性曲线较平缓,调压偏差小,开启比大,故稳压性能优于直动式溢流阀。

因此,先导式溢流阀宜用于系统溢流稳压,直动式溢流阀因灵敏度高宜用作安全阀。

图 5.21a 中的曲线是调compression弹簧在任一预压缩量 x_0 下得到的。通过调节手轮将 x_0 由松往紧调节,便可得到一组溢流特性曲线,如图 5.21b 所示。最小调定压力到最大调定压力之间的范围称为溢流阀的调压范围,在此范围内调节时,压力能平稳地升降,无突跳及延滞现象。

（3）启闭特性

启闭特性是指溢流阀从开启到闭合的过程中,被控压力与通过溢流阀的溢流量之间的关系。由于摩擦力的存在,开启和闭合时的 $p\text{-}q$ 特性曲线将不重合。在

图 5.19 中,先导式溢流阀的主阀芯开启时所受摩擦力和进口压力方向相反,而闭合时相同。因此在相同的溢流量下,开启压力大于闭合压力。如图 5.21b 所示的中间一对曲线,实线为开启曲线,虚线为闭合曲线。它是衡量溢流阀定压精度的一个重要指标。一般用溢流阀在额定流量、额定压力时,开始溢流的开启压力 p_0 及停止溢流的闭合压力 p_k 分别与系统压力 p_s 之比的百分数来衡量。前者称为开启压力比,后者称为闭合压力比。其比值越大即二者越接近,其启闭特性越好。在某溢流量下,两曲线压力坐标的差值(如 $p_n-p'_n$ 或 p_0-p_k)称为不灵敏区,因压力在此范围内升降时,阀口开度无变化。它的存在相当于加大了调压偏差,并加剧了压力波动。

为保证溢流阀具有良好的静态特性,一般规定开启比应不小于 90%,闭合比不小于 85%。

溢流阀除静态特性指标外还有动态特性指标,这里不多叙述。

3. 溢流阀的应用

(1)调压

利用溢流阀的溢流定压功能来调整系统或某部分压力恒定。在图 5.22 中,溢流阀与泵并联,泵输出的压力油只有一部分进入执行元件,多余的液压油经溢流阀流回油箱。溢流阀是常开的,由此使系统压力稳定在调定值附近,以保持系统压力恒定。

(2)远程调压

先导式溢流阀与直动式远程调压阀(实际就是一个小溢流量的直动式溢流阀)配合使用,可实现系统的远程调压。液压传动系统中的液压泵、液压阀通常都组装在液压站上,为使操作人员就近调压方便,在控制台上安装一远程调压阀,如图 5.23 所示。为了获得较好的远程控制效果,还需注意两阀之间的油管不宜太长(最好在 3 m 之内),要尽量减小管内的压力损失,并防止管道振动。

微视频 5-29:溢流阀应用

微视频 5-30:溢流阀实物操作

微视频 5-31:溢流阀拆装

微视频 5-32:溢流阀调压特性实验台

微视频 5-33:溢流阀调压特性实验

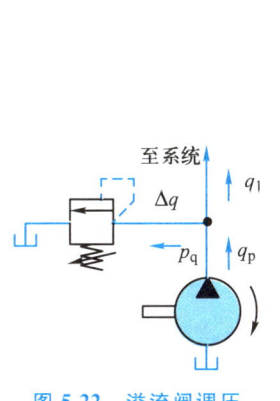

图 5.22　溢流阀调压

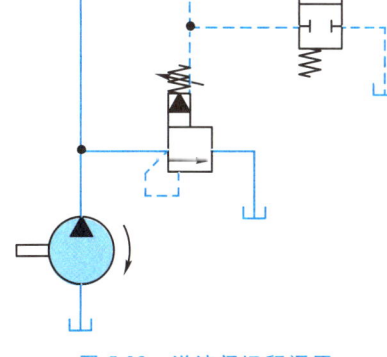

图 5.23　溢流阀远程调压

(3)安全保护

系统中安装作安全阀用的溢流阀,以限制系统的最高压力。当压力超过调定值时,溢流阀打开溢流,保证系统安全工作。图 5.24 所示的液压回路中的溢流阀在回路中作安全阀用;图 5.25 所示的气压回路中的阀 1 在回路中起安全阀作用。在正常工作时,作安全阀用的溢流阀是常闭的,故其调定值应比系统的最高工作压力高 10%~20%,以免其打开溢流时,影响系统正常工作。

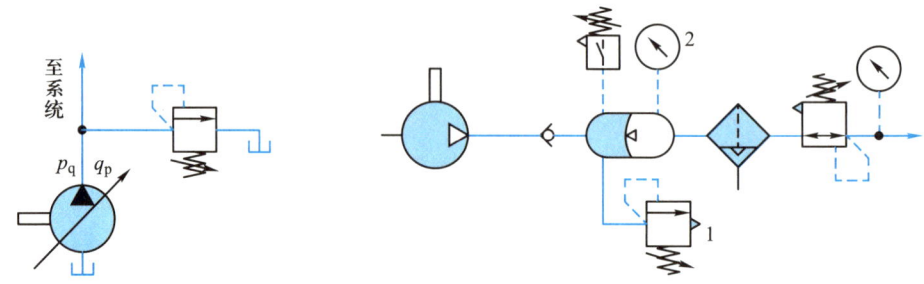

1—溢流阀;2—压力表

图 5.24　液压回路中溢流阀作安全阀用　　　　图 5.25　气压回路中溢流阀作安全阀用

（4）形成背压

将溢流阀安装在系统的回油路上,可对回油产生阻力,即形成执行元件的背压。回油路存在一定的背压,可以提高执行元件的运动稳定性。

（5）系统卸荷和多级调压

将先导式溢流阀的遥控口直接与油箱相通或通过二位二通电磁换向阀与油箱相通,可使泵和系统卸荷。在图 5.23 中,当二位二通电磁换向阀的 P 口和 O 口处于接通状态时,系统中的油液在压力很小时便可从溢流阀的主阀芯流回油箱,使系统卸荷,泵空负荷运转。这样组合起来的阀叫电磁溢流阀。这种卸荷方法所用的二位二通阀可以是通径很小的换向阀。

电磁溢流阀中的电磁换向阀可以是二位二通、二位四通或三位四通阀,并可具有不同的中位机能,由此形成了电磁溢流阀的多种功能。如电磁溢流阀中的换向阀是二位二通的则可使泵卸荷。如是二位四通的,除可使泵卸荷外,还能实现二级调压。如是三位四通阀并将 P 口与远控口相接,A、B 口分别与两个远程调压阀(各调节不同的压力数值)相接,当三位四通阀(如中位机能为 H 型)两端的电磁铁分别通电时,即可实现二级调压;当两电磁铁皆不通电时,则泵卸荷。如果采用 O 型中位机能的三位四通阀,则可实现三级调压功能,但不再有卸荷作用,这时先导式溢流阀本身的调定压力要高于两个外接的远程调压阀的调定压力。

5.3.2　减压阀

微视频 5-34:
减压阀

减压阀主要用于降低系统某一支路的油液压力,使同一系统能有两个或多个不同压力的回路。油液流经减压阀后能使压力降低,并保持恒定。只要减压阀的输入压力(一次压力)超过调定的数值,二次压力就不受一次压力变化的影响而保持不变。例如,当系统中的夹紧支路或润滑支路需要稳定的低压时,只需在该支路上串联一个减压阀即可。减压阀利用流体流过阀口产生压降的原理,使出口压力低于进口压力。按调节要求的不同可分为定值减压阀和定差减压阀。按照工作原理,减压阀也有直动式和先导式之分。直动式减压阀在液压传动系统中较少单独使用。采用直动式结构的定差减压阀仅作为调速阀的组成部分来使用。先导式减压阀应用较多。

1. 减压阀的结构和工作原理

（1）定值减压阀

定值减压阀的作用是使进入阀体的压力减低后输出，并保持输出的压力值恒定。

1）直动式减压阀

图 5.26 所示为用于气压传动系统的直动式减压阀的结构简图、图形符号和实物图。当阀处于工作状态时，压力气体从左端输入经进气阀口 10 的节流减压后从右端输出。输出口又经阻尼管 7 与膜片气室 6 相通，因此输出压力作用在膜片 5 向上的力与调压弹簧 2 和 3 对膜片向下的作用力相平衡。调压时，顺时针方向调节旋钮 1，压缩调压弹簧 2、3 使其膜片和阀芯 8 下移，增大阀口的开度，其减压能力变小，输出压力增大。逆时针方向调节旋钮，减小阀口的开度使输出压力减小。

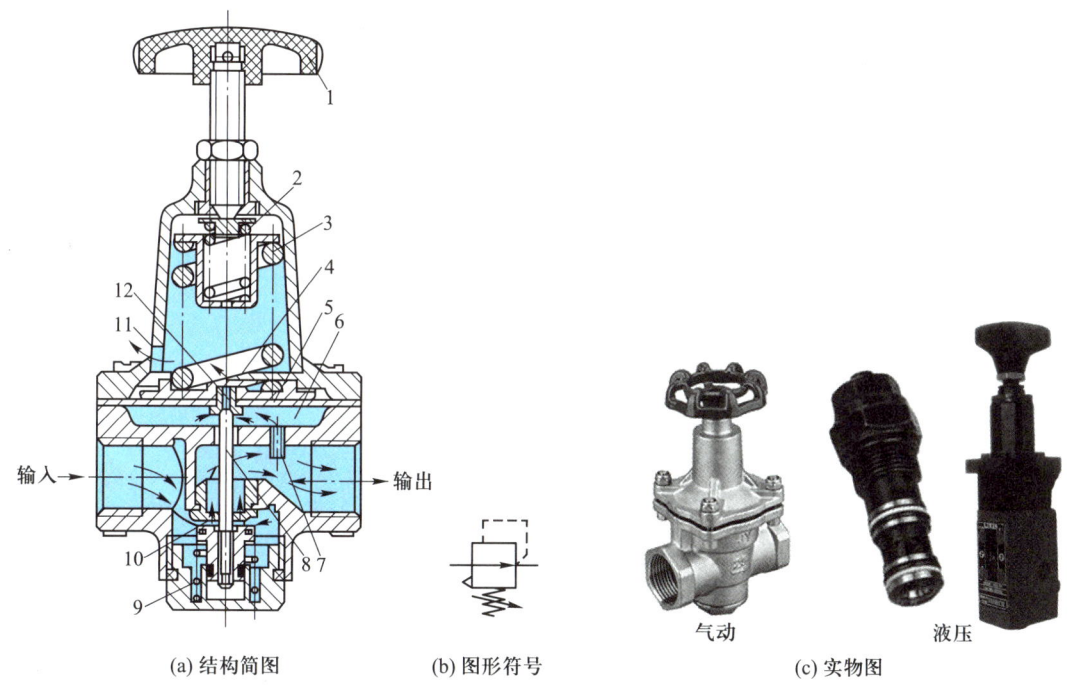

(a) 结构简图　　　　(b) 图形符号　　　　　　　　　(c) 实物图

1—调节旋钮；2、3—调压弹簧；4—溢流阀座；5—膜片；6—膜片气室；7—阻尼管；
8—阀芯；9—复位弹簧；10—进气阀口；11—排气孔；12—溢流口

图 5.26　OTY 型直动式减压阀结构简图、图形符号和实物图

当输入压力波动时，该减压阀靠膜片上力的平衡作用及溢流阀座 4 上溢流口 12 的溢流作用使输出压力稳定不变。当输入压力瞬时升高，经阀口后的输出压力随之升高，使膜片气室内的压力升高，在膜片上产生的推力相应增大，破坏了原来力的平衡，膜片向上移动，使阀芯瞬间脱离溢流阀座，将出口气体瞬时溢流，压力瞬降，因复位弹簧 9 的作用，阀芯向上移动，关小进气阀口，节流作用加大，输出压力下降，直至达到新的平衡为止，输出压力基本又回到原值。反之，当输入压力瞬时下降，输出压力也下降，膜片下移，阀芯随之下移，进气阀口开大，节流作用减小，输出压力也基本回到原值。

这种阀靠阀口的节流作用减压，靠膜片上力的平衡作用来输出稳定压力，调节旋钮可调节输出压力,它能使出口压力降低并保持恒定,故称为定值输出减压阀,通常称减压阀。

2) 先导式减压阀

图 5.27a 是用于液压传动系统的先导式减压阀的结构简图,图 5.27b 是先导式减压阀的图形符号。该阀由先导阀调压,主阀减压。进口压力 p_1 经减压口减压后变为 p_2(即出口压力),出口压力油通过阀体 6 下部和端盖 8 上的通道进入主阀 7 下腔,再经主阀上的阻尼孔 9 进入主阀上腔和先导阀前腔,然后通过锥阀座 4 中的孔,作用在锥阀 3 上。当出口压力低于调定压力时,先导阀口关闭,阻尼孔中没有液体流动,主阀上下两端的液压力相等,主阀在弹簧力作用下处于最下端位置,减压口全开,不起减压作用。当出口压力超过调定压力时,出油口部分液体经阻尼孔、先导阀口、阀盖 5 上的泄油口L 流回油箱。由于阻尼孔中有液体流动,使主阀上下腔产生压差,当此压差所产生的作用力大于主阀弹簧力时,主阀上移,使减压口关小,减压作用增强,直至出口压力 p_2 稳定在先导阀所调定的压力值。如果外来干扰使 p_1 升高(如流量瞬时增大),则 p_2 也升高,使主阀上移,减压口减小,p_2 又降低,使阀芯在新的位置上处于受力平衡状态,而出口压力 p_2 基本维持不变。

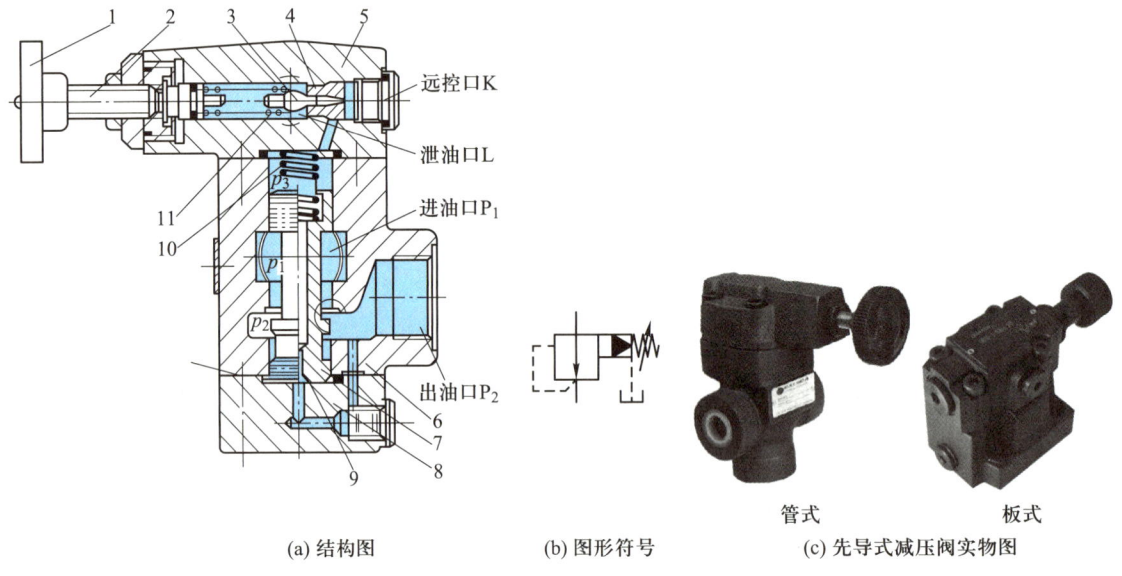

(a) 结构图　　　　(b) 图形符号　　　　(c) 先导式减压阀实物图

1—调压手轮;2—调节螺钉;3—锥阀;4—锥阀座;5—阀盖;6—阀体;
7—主阀;8—端盖;9—阻尼孔;10—主阀弹簧;11—调压(先导阀)弹簧

图 5.27　先导式减压阀结构简图、图形符号和实物图

在减压阀出口油路的油液不再流动的情况下(如所连的夹紧支路液压缸运动到终点后),由于先导阀泄油仍未停止,减压口仍有油液流动,阀就仍然处于工作状态,出口压力也就保持调定数值不变。

由此可以看出,与溢流阀比较,减压阀的主要特点是:阀口常开,从出口引压力油去控制阀口开度,使出口压力恒定,泄油单独接入油箱。这些特点在它们的图形符号上都有所反映。

3) 定值器

定值器是用在气压传动系统中的一种高精度减压阀。图 5.28a 是其结构简图,图 5.28b 为图形符号,图 5.28c 是工作原理图,图 5.28d 为其实物图。

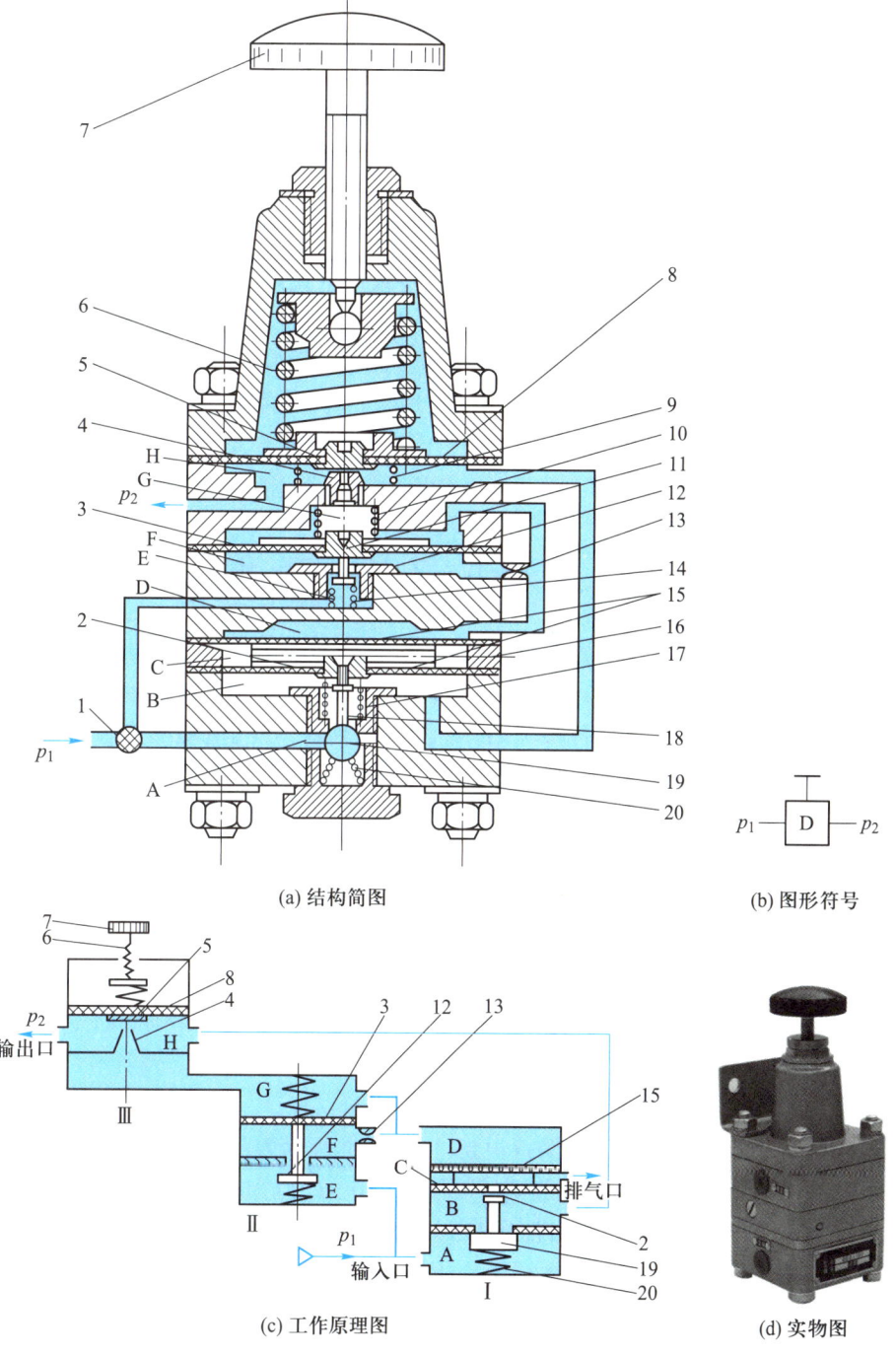

(a) 结构简图

(b) 图形符号

(c) 工作原理图

(d) 实物图

1—过滤器;2—溢流口;3、8、15—膜片;4—喷嘴;5—挡板;6、9、10、14、17、20—弹簧;7—调压手柄;
11—稳压阀芯;12—稳压阀口;13—恒节流口;16—排气口;18—阀杆;19—主阀芯

图 5.28 定值器结构简图、图形符号、工作原理图和实物图

从工作原理图中可看出,它由三部分组成:Ⅰ是直动式减压阀的主阀部分;Ⅱ是恒压降装置,它相当于一个定差减压阀,主要作用是使喷嘴得到稳定的气源流量;Ⅲ是喷嘴挡板装置和调压部分,起调压和压力放大作用。

定值器处于非工作状态时,气源输入的压缩空气进入 A 室和 E 室,主阀芯 19 在弹簧 20 和气源压力作用下压在阀座上,使 A 室和 B 室断开,进入 E 室的气流经由稳压阀口 12 至 F 室,再通过恒节流口 13 降压后,分别进入 G 室和 D 室,由于这时尚未对膜片 8 加力,挡板 5 与喷嘴 4 之间的间距较大,气体从喷嘴流出时的气流阻力较小,G 室和 D 室的气压较低,膜片 3 和 15 都保持原始位置,进入 H 室的微量空气主要经 B 室通过溢流口 2 从排气口 16 排出,另有一部分从输出口排空,此时输出口无气流输出,由喷嘴流出而排空的微量空气是维持喷嘴挡板装置工作所必需的,因其为无功耗气量,所以希望越小越好。

定值器处于工作状态时,转动手柄 7、压下弹簧 6 并推动膜片 8 连同挡板 5 一同下移,挡板与喷嘴的间距缩小,气流阻力增加,使 G 室和 D 室的气压升高,膜片 15 在 D 室的气压作用下下移,将溢流口 2 关闭,并向下推动主阀芯,打开阀口,压缩空气即经 B 室和 H 室的输出口输出,与此同时,H 室压力上升并反馈到膜片 8 上,当膜片 8 所受反馈作用力与弹簧力平衡时,定值器便输出一定压力的气体。

当输入压力波动时,如压力上升,B 室和 H 室气压瞬时增高,使膜片 8 上移,导致挡板与喷嘴的间距加大,G 室和 D 室的气压下降,由于 B 室压力增高,D 室压力下降,膜片 15 在压差的作用下向上移动,使主阀口减小,输出压力下降,直至稳定在调定压力上。此外,在输入压力上升时,E 室压力和 F 室的瞬时压力也上升,膜片 3 在上下压力差的作用下上移,关小稳压阀口 12,由于节流作用,F 室气压下降,始终保持恒节流口 13 的气体流量不变,使喷嘴挡板的灵敏度得到提高。当输入压力降低时,B 室和 H 室气压瞬时下降,膜片 8 连同挡板由于受力平衡破坏而下移,喷嘴与挡板间的间距减小,G 室和 D 室的气压上升,膜片 3 和 15 下移,膜片 15 下移使主阀口开度加大,使 B 室及 H 室气压回升,直到与调定压力平衡为止;而膜片 3 下降,使稳压阀口 12 开大,F 室气压上升,始终保持恒节流口 13 前后压差恒定。

同样,当输出压力波动时,始终保持恒节流口 13 前后压差恒定,系统得到同样的调节。

由于定值器利用输出压力的反馈作用和喷嘴挡板的放大作用控制主阀,使其能对较小的压力变化作出反应,从而使输出压力得到及时调节,保持出口压力基本稳定,即定值器稳压精度较高。

(2)定差减压阀

定差减压阀可使其进出口压力差保持恒定。图 5.29 所示为液压用定差减压阀的结构简图和图形符号。在压力为 p_1 的高压油经节流口减压后以压力为 p_2 的低压油流出,同时低压油经阀芯中心孔将压力传至阀芯左腔,其进出油压在阀芯有效作用面积上的压力差与弹簧力相平衡。只要尽量减小弹簧刚度并使其压缩量远小于预压缩量,便可使压力差近似保持为定值。

定差减压阀通常与节流阀组合构成调速阀,可使其节流阀两端压差保持恒定,使通过节流阀的流量基本不受外界负载变动的影响。

2. 减压阀的主要性能

(1)调压范围

调压范围是指减压阀输出压力的可调范围。在此范围内要求达到规定的精度。

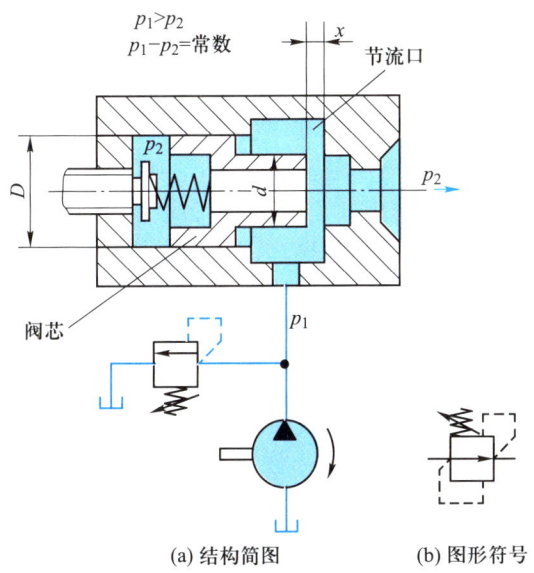

(a) 结构简图　　　　　(b) 图形符号

图 5.29　定差减压阀结构简图和图形符号

（2）压力特性

压力特性是指流量为定值时,减压阀输入压力波动而引起输出压力波动的特性。输出压力波动越小,减压阀的特性越好,输出压力比输入压力低于一定值时,才基本上不随输入压力的变化而变化。

（3）流量特性

流量特性是指输入压力为定值时,输出压力随输出流量的变化而变化的特性。当流量发生变化时,输出压力的变化越小越好,一般输出压力越低,它随输出流量的变化波动就越小。

3.减压阀的应用

减压阀一般用在需减压或稳压的工作场合。

定位、夹紧、分度、控制等支路往往需要稳定的低压,为此该支路需串接一个减压阀构成减压回路。通常,在减压阀后要设单向阀,以防止系统压力降低时(例如另一缸空载快进)流体倒流,并可短时保压。为使减压回路可靠地工作,减压阀的最高调整压力应比系统压力低一定的数值。例如,中、高压系列减压阀最高调整压力应比系统压力低约 1 MPa(中、低压系列减压阀低约 0.5 MPa),否则减压阀不能正常工作。

当减压支路的执行元件速度需要调节时,节流元件应装在减压阀出口,因为减压阀起作用时,有少量泄油从先导阀流回油箱,节流元件装在出口,可避免泄油对节流元件调定的流量产生影响。减压阀出口压力若比系统压力低得多,会增加功率损失和系统温升,必要时可用高低压双泵分别供油。

根据使用要求选定减压阀的类型、调压精度,再根据所通过的最大流量选择通径。

5.3.3　顺序阀

顺序阀在液压系统中犹如自动开关,用来控制多个执行元件的顺序动作。它以进口压力(内控式)或外来压力(外控式)为信号,当信号压力达到调定值时,阀口开启,使所在通道自动接通。通过改变控制方式、泄漏方式和二次通道的接法,顺序阀还可以构成其他功能的阀,如作背压阀、平衡阀或卸荷阀等。

1. 顺序阀的结构和工作原理

顺序阀的结构原理与溢流阀基本相同,唯一不同的是顺序阀的出口不是接油箱,而是接到系统中继续用油之处,其压力数值由出口负载决定。因此,顺序阀的内泄漏不能用通道直接引导到顺序阀的出口,而是由专门的泄漏口经阀外管道通到油箱。

顺序阀根据结构的不同有直动式和先导式两种。根据控制压力的来源不同有内控式和外控式两种。

直动式顺序阀需要设置控制活塞,其目的是缩小进口压力油的作用面积,以便采用较软的弹簧来提高阀的 p-q 性能。顺序阀的主要性能与溢流阀相似。另外,顺序阀为使执行元件准确地实现顺序动作,要求阀的调压偏差小,因此调压弹簧的刚度要小,阀在关闭状态下的内泄漏量也要小。直动式顺序阀的工作压力和通过阀的流量都有一定的限制,最高控制压力也不太高。对性能要求较高的高压大流量系统,需采用先导式顺序阀。

先导式顺序阀与先导式溢流阀的结构大体相似,其工作原理也基本相同。图 5.30 所示为先导式顺序阀的结构简图、图形符号和实物图,其中 P_1 为进油口,P_2 为出油口,其泄油口 L 须接油箱。外控式内泄顺序阀只用于出口接油箱的场合,常用于使泵卸荷,故又称卸荷阀。图 5.30b 所示为内控先导式顺序阀的结构简图,将其下盖旋转 90° 并打开螺堵,它则成为外控先导式顺序阀,如图 5.30a 所示。内控先导式顺序阀在压力未达到阀的调定压力之前,阀口一直是关闭的,达到调定压力之后,阀口才开启,使 P_1 压力油从油口 P_2 流出,去驱动阀后的执行元件。先导式顺序阀同样也有内控外泄、外控外泄和外控内泄等几种不同的控制方式以备选用。

图 5.30d 为 DZ 型顺序阀的结构简图,主阀芯 2 在原始位置时将进、出油口切断,进油口压力油 P_1 分为两路,一路经阻尼孔 1 进入主阀上腔并到达先导阀 3 中部环形腔,另一路直接作用在先导阀左端。当进口压力低于先导阀弹簧调定压力时,先导阀在弹簧的作用下处于图示位置,顺序阀关闭。当进口压力大于先导阀弹簧调定压力时,先导阀在左端油液压力的作用下右移,将先导阀中部环形腔与顺序阀泄油口的油路接通。于是顺序阀进口压力油经阻尼孔、主阀上腔、先导阀流向泄油口,由于存在阻尼,主阀上腔压力低于下端(即进口)压力,主阀芯开启,进油口与出油口接通。

2. 顺序阀的应用

(1) 顺序动作回路 为了使多缸液压传动系统中的各个液压缸严格地按规定的顺序动作,可设置图 5.31a 所示由顺序阀组成的顺序动作回路。在这个回路中,

当换向阀 2 左位接入回路且右顺序阀 6 的调定压力大于左液压缸 4 的最大工作压力时,压力油先进入左液压缸的左腔,实现缸的向右动作。当这个动作完成后,系统中压力升高,压力油打开右顺序阀进入右液压缸 5 的左腔,实现缸 5 的向右动作。同样,当换向阀右位接入回路且左顺序阀 3 的调定压力大于右液压缸的最大返回工作压力时,两液压缸按相反的顺序返回。这种顺序动作回路的可靠性,取决于顺序阀的性能及压力调定值,后一个动作

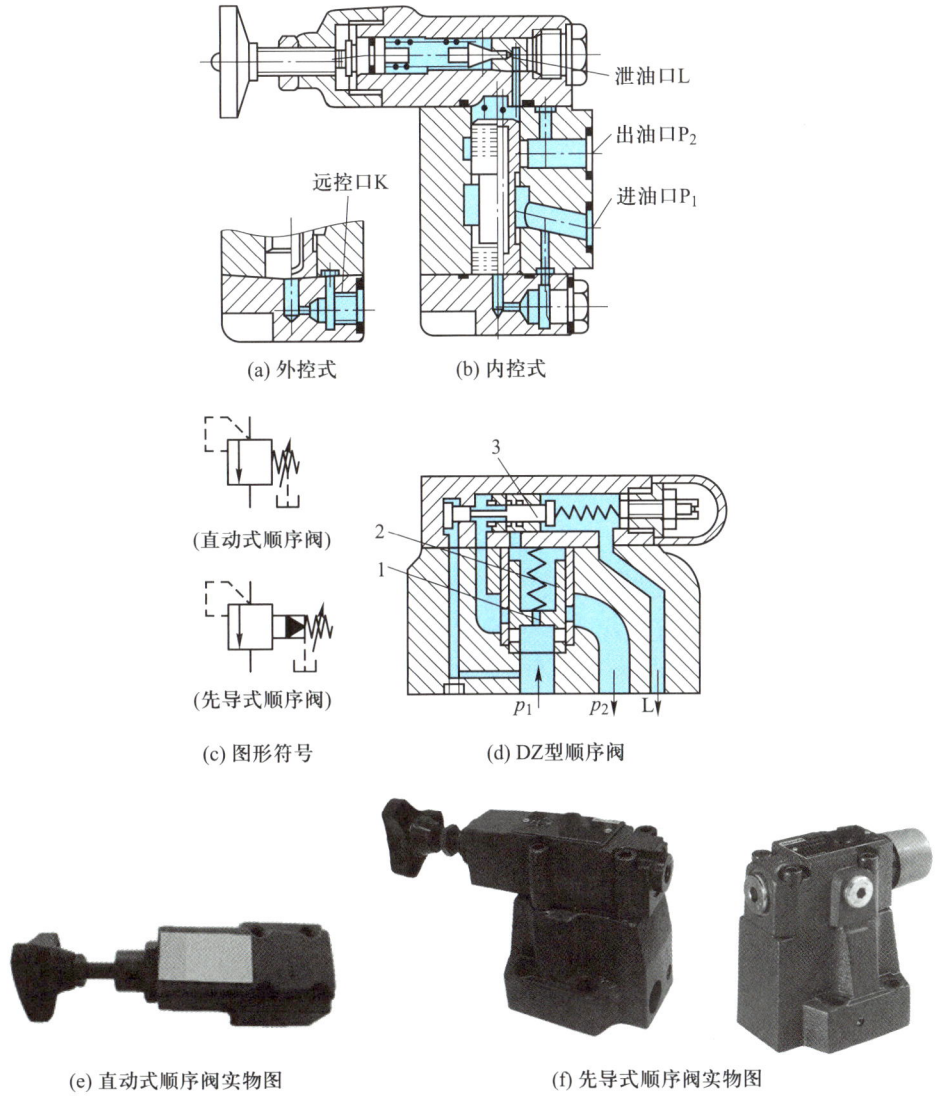

(a) 外控式　　(b) 内控式

(直动式顺序阀)

(先导式顺序阀)

(c) 图形符号　　(d) DZ型顺序阀

(e) 直动式顺序阀实物图　　(f) 先导式顺序阀实物图

图 5.30　顺序阀结构简图、图形符号和实物图

的压力必须比前一个动作的压力高出 0.8～1 MPa。顺序阀打开和关闭的压力差值不能过大,否则顺序阀会在系统压力波动时造成误动作,引起事故。因此,这种回路只适用于系统中液压缸数目不多、负载变化不大的场合。

（2）卸荷阀　把外控式顺序阀的出油口接通油箱,将内控改为外控,即可构成卸荷阀,见图 5.31b。即当系统压力低于顺序阀的调定压力时,顺序阀不打开;当系统压力升高超过顺序阀的调定压力时,顺序阀打开,定量泵压力油通过顺序阀卸荷。

（3）单向顺序阀　把单向阀与顺序阀并联,便成为单向顺序阀。其工作原理是:当油液自 P_1 口进入时,单向阀关闭,油液须打开顺序阀才能从出口 P_2 流出;而油液从出口 P_2 流进时,顺序阀关闭,但可顶开单向阀后从入口 P_1 流出（见图 5.31a）。

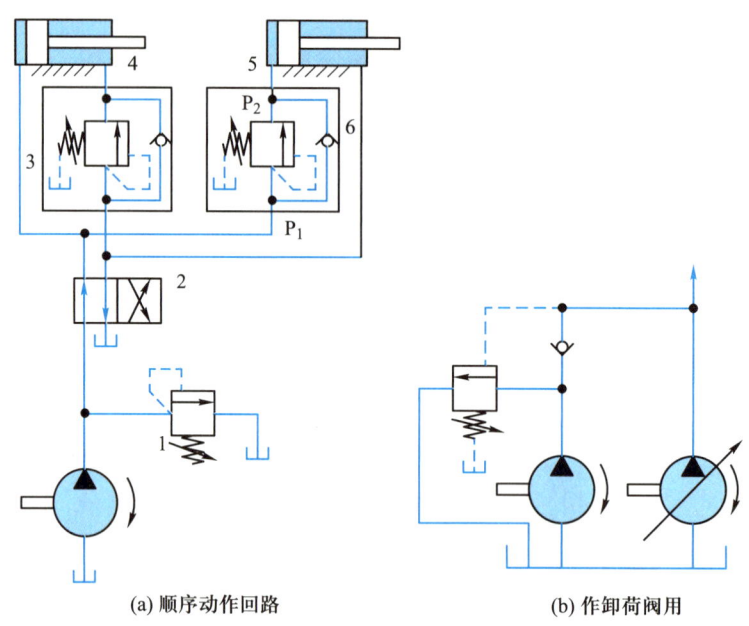

(a) 顺序动作回路　　　　　　　　　(b) 作卸荷阀用

1—溢流阀；2—换向阀；3、6—顺序阀；4、5—液压缸

图 5.31　顺序阀的应用

（4）平衡回路　为了防止立式液压缸及其工作部件在悬空停止期间因自重而自行下滑，可设置由顺序阀组成的平衡回路。图 5.32a 所示为采用单向顺序阀组成的平衡回路。顺序阀的开启压力要足以支承运动部件的自重。当换向阀处于中间位置时，液压缸即可悬停，但活塞下行时有较大的功率损失。为此可采用外控单向顺序阀，如图 5.32b 所示，下行时控制压力油打开顺序阀，背压较小，提高了回路的效率。但由于顺序阀的泄漏，悬停时运动部件总要缓缓下降。

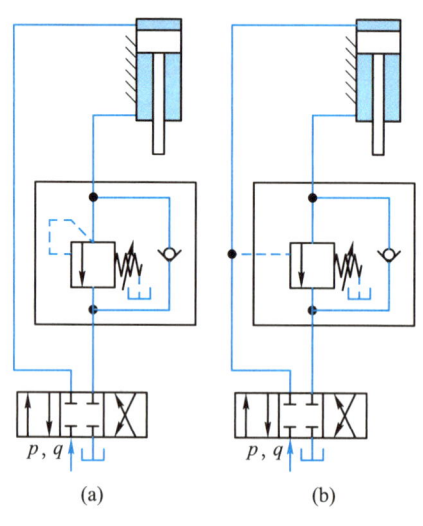

(a)　　　　　　　(b)

图 5.32　平衡回路

各种顺序阀的图形符号如表 5.3 所示。

表 5.3　顺序阀的图形符号

控制与泄油方式	内控外泄	外控外泄	内控内泄	外控内泄	内控外泄加单向阀	外控外泄加单向阀	内控内泄加单向阀	外控内泄加单向阀
名称	顺序阀	外控顺序阀	背压阀	卸荷阀	内控单向顺序阀	外控单向顺序阀	内控平衡阀	外控平衡阀
图形符号								

5.3.4　压力继电器

微视频 5-39：柱塞式压力继电器

压力继电器是一种液-电信号转换元件,它能将压力信号转换为电信号。当控制压力达到调定值时,便触动电气开关发出信号,控制电气元件(如电动机、电磁铁、电磁离合器等)动作,实现泵的加载或卸载、执行元件顺序动作、系统安全保护和元件动作连锁等。任何压力继电器都由压力-位移转换装置和微动开关两部分组成。

常用的压力继电器有柱塞式、膜片式、弹簧管式和波纹管式等几种结构形式,其中以柱塞式最常用。

图 5.33 是液压柱塞式压力继电器的结构简图、图形符号和实物图。当从压力继电器下端进油口进入的油液压力达到调定压力值时,推动柱塞 2 上移,此位移通过杠杆 3 放大后推动微动开关 4 动作,使其发出电信号控制相关元件动作。改变弹簧 1 的压缩量,就可以调节压力继电器的工作压力。

图 5.34 是用于气压传动系统中的膜片式压力继电器的结构简图。当从压力继电器下端 P 口进入的气体压力达到调定压力值时,膜片 5 受压变形,推动顶杆 2 克服弹簧 3 的压力向上移动,推动微动开关 1、4 动作,使其发出电信号控制相关元件动作。改变弹簧的压缩量,就可以调节压力继电器的工作压力。

压力继电器的性能指标主要有以下两项。

(1)调压范围　即发出电信号的最低和最高工作压力。拧动调节螺钉或螺母,即可调整工作压力。

(2)通断返回区间　压力继电器进口压力升高使其发出信号时的压力称为开启压力,当进口压力降低切断电信号时的压力称为闭合压力。开启时,柱塞、杠杆移动时所受的摩擦力方向与压力方向相反,闭合时则相同,故开启压力比闭合压力大。两者之差称为通断返回区间。

通断返回区间要有足够的数值,否则,系统有压力脉动时,压力继电器发出的电信号会时断

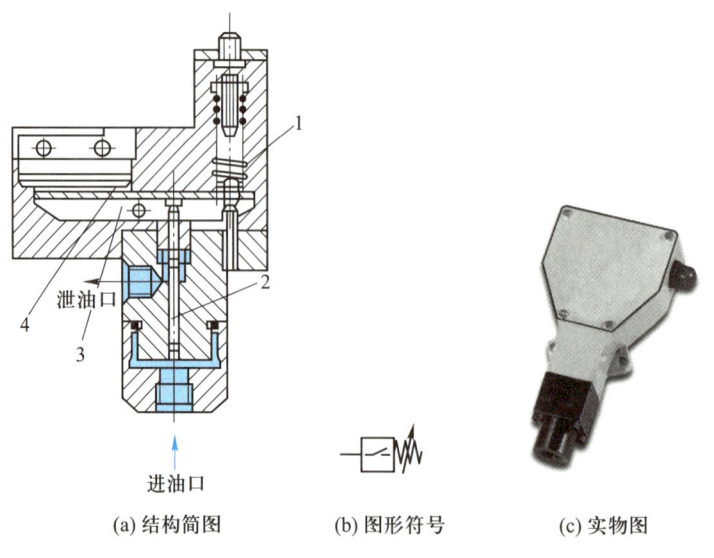

(a) 结构简图　　(b) 图形符号　　(c) 实物图

1—弹簧；2—柱塞；3—杠杆；4—微动开关

图 5.33　液压柱塞式压力继电器结构简图、图形符号和实物图

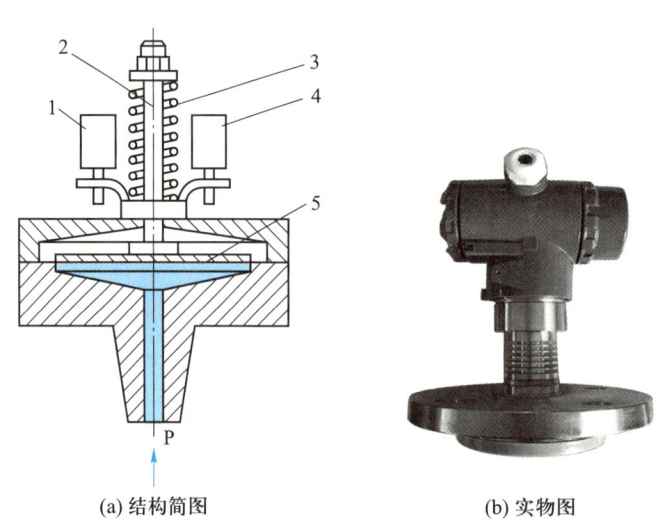

(a) 结构简图　　　　　　　　　(b) 实物图

1、4—微动开关；2—顶杆；3—弹簧；5—膜片

图 5.34　气压膜片式压力继电器结构简图和实物图

时续。为此,有的产品在结构上可人为地调整摩擦力的大小,使通断返回区间的数值可调。

微视频 5-40:
流量控制阀

5.4　流量控制阀

流量控制阀是通过改变节流口通流截面面积的大小或通流通道的长短来改变局部阻力的大小,从而实现对流量的控制。

186

常用的流量控制阀有节流阀、调速阀和分流集流阀等。

5.4.1 节流阀

1. 节流阀的工作原理

根据第 2 章中的流量通用公式［式（2.42）］可知，改变节流口通流截面面积，则可调节进入到液压传动系统中的流量。图 5.35a 所示为节流阀结构简图，图 5.35b 所示为节流阀流量压差特性曲线，图 5.35c 所示为节流阀的图形符号，图 5.35d 为节流阀的实物图。如图 5.35a 结构简图中所示，具有螺旋曲线开口的阀芯与阀套上的窗口相配合，构成了具有一定截面形状的节流口，转动手轮可使阀芯上的螺旋曲线相对于阀套窗口升高或降低，从而调节节流口面积的大小，实现对流量的控制。

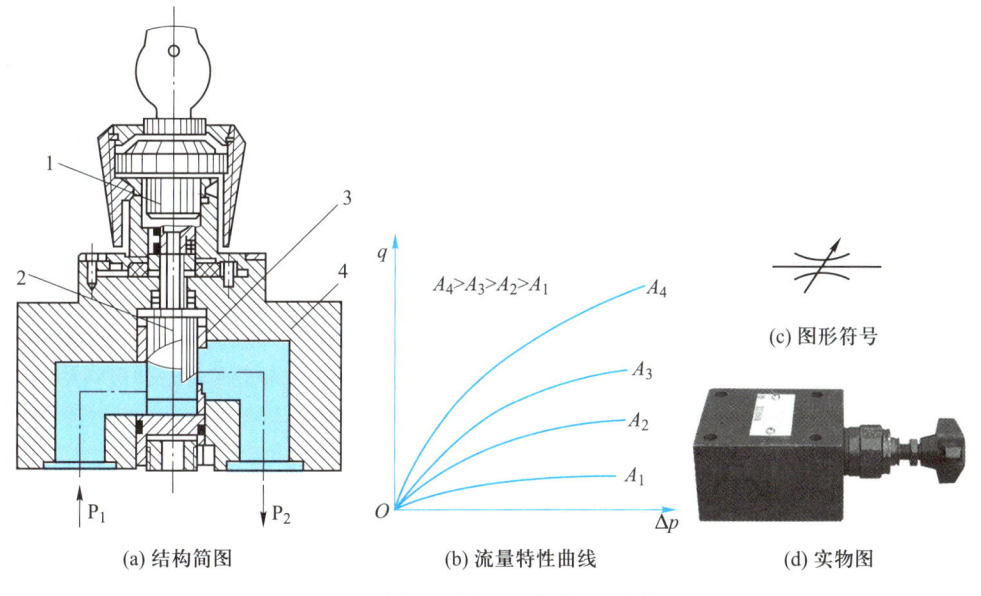

（a）结构简图　　　　（b）流量特性曲线　　　　（d）实物图

1—手轮；2—阀芯；3—阀套；4—阀体

图 5.35 节流阀结构简图、流量特性曲线、图形符号和实物图

2. 节流阀的流量特性

节流阀的输出流量与节流口的结构形式有关，实用的节流口都介于理想薄壁孔和细长孔之间，故其流量特性都可用流量通用公式来描述，其特性曲线见图 5.35b，图中 A_1、A_2、A_3 和 A_4 分别为节流阀口不同的通流截面面积，Δp 为节流阀的前后压差，q 为节流阀的出口流量，从图中可以看出节流阀的输出流量和节流阀前后压差之间的关系。

（1）节流阀的流量稳定性

节流阀的流量特性取决于它的节流口结构形式，通常希望节流阀阀口通流截面面积一经调定，通过节流阀的流量即不变化，以使执行元件运动速度稳定，但实际上做不到，其主要与下述因素有关。

1）压差 Δp　压差 Δp 的影响即负载变化的影响。节流阀的通流截面面积调整好后,若负载发生变化,执行元件工作压力随之变化,与执行元件相连的节流阀前后压差 Δp 发生变化,则通过阀的流量 q 也随之变化,即流量不稳定。薄壁孔 φ 值最小,故负载变化对薄壁孔流量的影响也最小。

2)温度的变化 温度变化时,流体的黏度发生变化。流量通用公式中的流量系数 C 值就发生变化,从而使流量发生变化。对于细长孔节流口,黏度变化会影响液流通过的流量。对于薄壁孔节流口,当雷诺数大于临界值时,流量系数不受温度影响,但当压差小、通流截面面积小时,流量系数 C 与雷诺数 Re 有关,通过节流口的流量也因温度的变化而变化。

3)节流口堵塞 在压差、油温和黏度等因素不变的情况下,当节流口的开度很小时,污染或流体中的极化分子与金属表面的吸附现象,使节流缝隙表面形成牢固的边界吸附层,改变了节流缝隙的几何形状和大小,造成了节流口堵塞现象,使通过节流口的流量出现周期性脉动,甚至造成断流,影响节流阀正常工作。

(2)节流阀的最小稳定流量

节流阀正常工作(指无断流且流量变化不大于 10%)的最小流量限制值,称为节流阀的最小稳定流量。节流阀的最小稳定流量与节流口的形状有很大关系,目前轴向三角槽式节流口的最小稳定流量为 $30 \sim 50$ mL/min,薄壁孔式节流口则可低至 $10 \sim 15$ mL/min(因流道短和水力半径大,减小了污染物附着的可能性)。

在实际应用中,可采取以下措施防止节流阀堵塞。

1)液压油液要精密过滤 实践证明,$5 \sim 10$ μm 的过滤精度能显著改善阻塞现象。为除去铁质污染,采用带磁性的过滤器效果更好。

2)节流阀两端压差要适当 压差大,节流口能量损失大,温度高;同等流量时,压差大对应的通流截面面积小,易引起阻塞。设计时一般取压差 $\Delta p = 0.2 \sim 0.3$ MPa。

3.节流阀口的结构形式

由上述可见,只要改变节流口的通流截面面积,便可达到对流量的控制。节流口的形式很多,常用的节流口形式如图 5.36 所示。

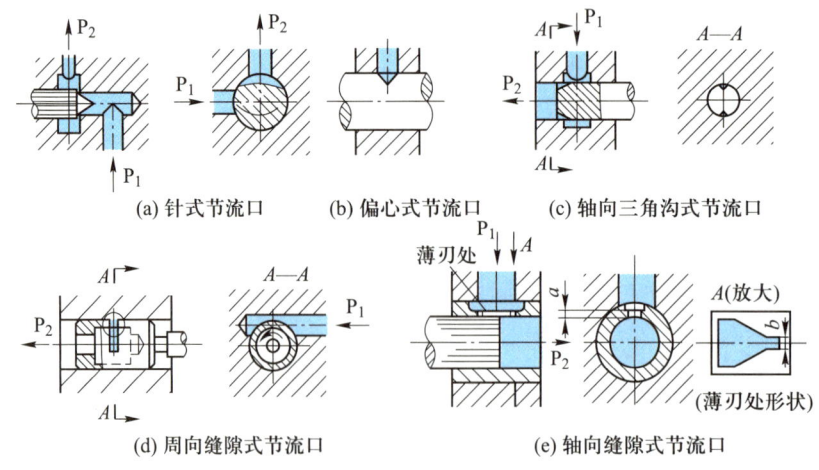

(a) 针式节流口　　(b) 偏心式节流口　　(c) 轴向三角沟式节流口

(d) 周向缝隙式节流口　　(e) 轴向缝隙式节流口

图 5.36　节流阀的节流口形式

在图 5.36 中,图 5.36a 所示为针式节流口,针阀作轴向移动,调节环形通道的大小以调节流量。图 5.36b 所示是偏心式节流口,在阀芯上开一个三角形截面(或矩形截面)的偏心槽,转动阀芯就可调节通道的大小以调节流量。图 5.36c 所示是轴向三角沟式节流口,在阀芯上开了一个或两个斜的三角沟,轴向移动阀芯时,就可改变三角沟通流截面面积的大小。图 5.36d 所示是周向缝隙式节流口,阀芯上开有狭缝,液体或气体可通过狭缝流入阀芯的内孔,再经左边的孔流出,转动阀芯就可改变缝隙通流截面面积的大小以调节流量。图 5.36e 所示是轴向缝隙式节流口,在套筒上开有狭缝,轴向移动阀芯就可改变缝隙通流截面面积的大小以调节流量。

4. 节流阀的典型结构

(1)节流阀

图 5.35a 所示为简式节流阀。它是通过旋转手轮来改变节流口开度的大小,从而调节通过节流阀的流量。这类阀受阀前后压差的影响较大,故用于流量调节要求不高的场合。

(2)单向节流阀

图 5.37a 所示为单向节流阀的一种结构形式,图 5.37b 所示为单向节流阀的图形符号,图 5.37c所示为单向节流阀实物图。当流体从 P_1 口进入时,阀芯保持在调节杆所限定的位置上,流体只能经过阀芯上的三角形沟槽流向 P_2,这时阀起节流作用;而当从 P_2 口流进时,单向阀的阀芯被压下,流体流向 P_1 口,这时阀起单向阀作用。通过调节调节杆的移动量来改变阀芯的位置,从而改变节流口的开度调节通过的流量。

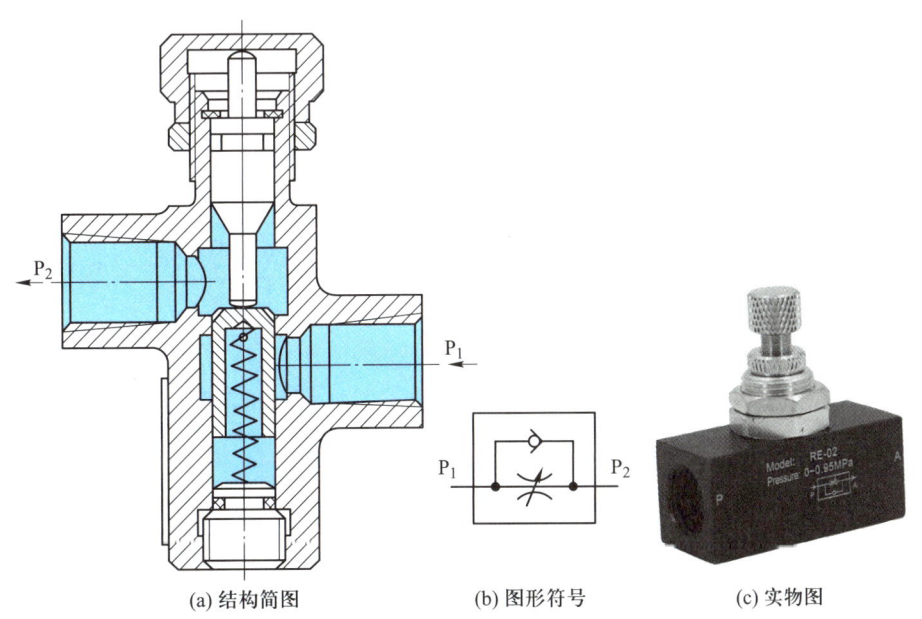

(a)结构简图　　　　(b)图形符号　　　　(c)实物图

图 5.37　单向节流阀结构简图、图形符号和实物图

(3)排气消声节流阀

图 5.38 所示为气压传动系统的排气消声节流阀的结构简图和实物图。它不仅能调节速度,还可降低排气噪声。调节旋钮可以改变阀芯左端节流口(三角沟槽型)的开度,即改变由左端来的排气量的大小。

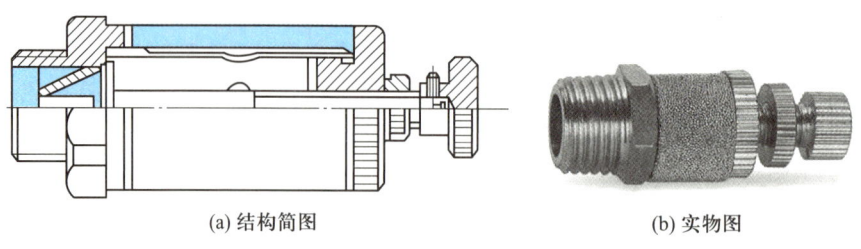

(a) 结构简图   (b) 实物图

图 5.38　排气消声节流阀结构简图和实物图

5.4.2　调速阀

调速阀是由定差减压阀与节流阀串联而成的组合阀。节流阀用来调节通过阀的流量,定差减压阀则自动补偿负载变化的影响,使节流阀前后的压差为定值,消除了负载变化对流量的影响。

1. 调速阀的工作原理

图 5.39a 是调速阀的结构简图,图 5.39b 是调速阀的图形符号,图 5.39c 是调速阀的简化图形符号,图 5.39d 是节流阀和调速阀的流量特性曲线,图 5.39e 是调速阀的实物图。其工作原理为:节流阀前后的压力 p_2 和 p_3 分别引到定差减压阀阀芯左、右两端,当负载压力 p_3 增大时,作用在定差减压阀阀芯左端的压力增大,阀芯右移,减压口增大,压降减小,使 p_2 也增大,从而使节流阀的压差 $\Delta p = p_2 - p_3$ 保持不变;反之亦然。这样就使调速阀的流量不受负载影响,流量恒定不变。

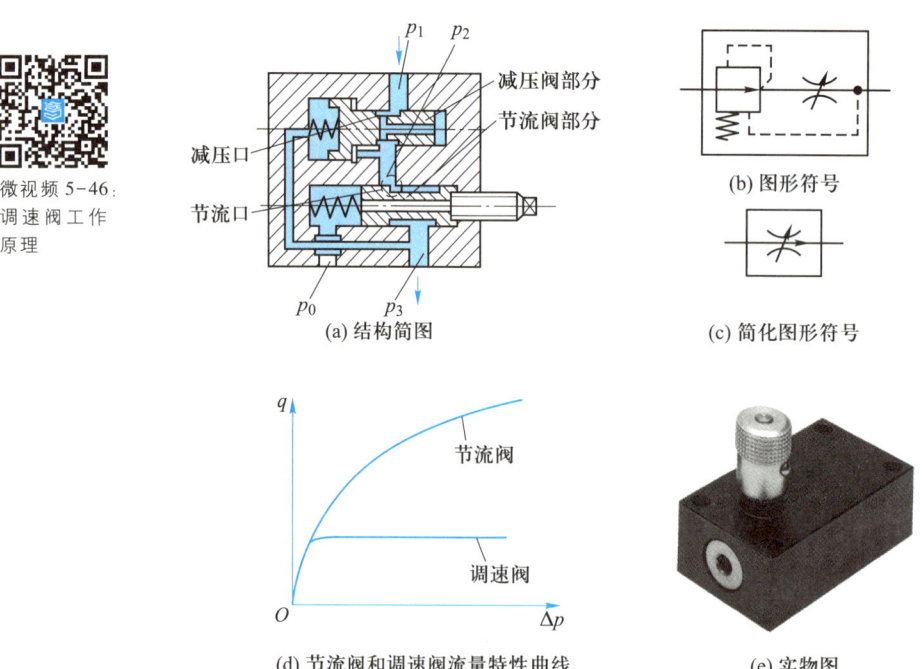

微视频 5-46:调速阀工作原理

(a) 结构简图

(b) 图形符号

(c) 简化图形符号

(d) 节流阀和调速阀流量特性曲线

(e) 实物图

图 5.39　调速阀结构简图、图形符号、流量特性曲线和实物图

上述调速阀是先减压后节流型的结构。调速阀也可以是先节流后减压型的,两者的工作原

理和作用情况基本相同。

2. 调速阀的流量特性

设定差减压阀和节流阀的阀口均为薄壁孔式,调速阀的流量特性如图 5.39d 所示。从曲线可以看出,当调速阀两端压差变化时其流量不变;当压差 Δp 很小时,调速阀和节流阀的性能相同。这是因为当压差很小时,减压阀在弹簧力的作用下,始终处于最右端位置,阀口全开,不起减压作用,调速阀就成了节流阀,所以调速阀正常工作时,定差减压阀最小压差与节流阀最小压差之和至少要有 0.4~0.5 MPa 的压差。

3. 温度补偿调速阀

调速阀消除了负载变化对流量的影响,但温度变化的影响依然存在。对速度稳定性要求高的系统,需用温度补偿调速阀。

温度补偿调速阀与普通调速阀的结构基本相似,主要区别在于前者的节流阀阀芯 4 上连接着一根温度补偿杆 2,如图 5.40a 所示。当温度变化时,流量会有变化,但由于温度补偿杆 2 的材料为温度膨胀系数大的聚氯乙烯塑料,温度高时长度增加,使阀口减小,反之则增大,故能维持流量基本不变(在 20~60 ℃ 范围内流量变化不超过 10%)。图 5.40a 所示阀芯 4 的节流口 3 采用薄壁孔形式时能减小温度变化对流量稳定性的影响,图 5.40b 为实物图。

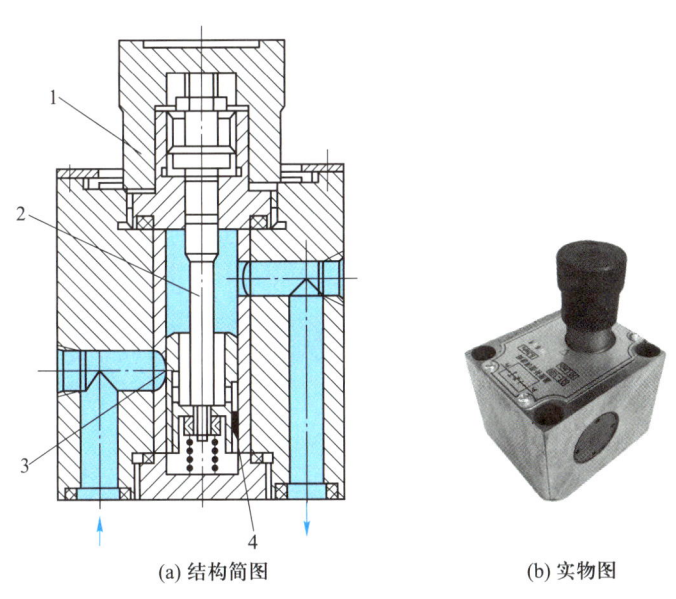

(a) 结构简图　　　　　　(b) 实物图

1—调节手轮;2—温度补偿杆;3—节流口;4—节流阀阀芯

图 5.40　温度补偿调速阀结构简图和实物图

微视频 5-47:
节流阀控制
液压马达转
速的实物操作

5.4.3　分流集流阀

分流集流阀是分流阀、集流阀和分流集流阀的总称。

分流阀使液压传动系统中由同一油源向两个执行元件供应相同的流量(等量分流),或按一定比例供应流量(比例分流),以实现两个执行元件的速度保持同步或定比关系。集流阀从两个执行元件收集等流量或成比例的回油量,以实现其相互之间的速度同步或定比关系。分流集流阀则具有分流阀和集流阀的功能。

1. 分流集流阀

图 5.41a 所示为等量分流集流阀的结构简图,图 5.41b 为其图形符号,图 5.41c 所示为分流时的工作原理,图 5.41d 所示为集流时的工作原理,图 5.41e 为实物图。阀芯 5、6 在各自弹簧力的作用下处于中间位置的平衡状态。若负载压力 $p_3 \neq p_4$,如果阀芯仍留在中间位置,必然使 $p_1 \neq p_2$,这时连成一体的阀芯将向压力小的一侧移动,相应的可变节流口减小,使压力上升,直至 $p_1 = p_2$,阀芯停止运动。由于两个固定节流口 1 和 2 的面积相等,所以通过两个固定节流口的流量 $q_1 = q_2$,而不受出口压力 p_3 及 p_4 变化的影响。

在分流工况时,如图 5.41c 所示,由于 p_0 大于 p_1 和 p_2,所以阀芯 5 和 6 处于相互分离状态,互相钩住。若负载压力 $p_3 < p_4$,如果阀芯仍留在中间位置,必然使 $p_1 < p_2$。这时连成一体的阀芯将左移,可变节流口 3 减小,使 p_1 上升,直至 $p_1 = p_2$,阀芯停止运动。由于两个固定节流口 1 和 2 的面积相等,所以通过两个固定节流口的流量 $q_1 = q_2$,而不受出口压力 p_3 及 p_4 变化的影响。

在集流工况时,如图 5.41d 所示,由于 p_0 小于 p_1 和 p_2,所以阀芯 5 和 6 处于相互压紧状态。设负载压力 $p_3 < p_4$,如果阀芯仍留在中间位置,必然使 $p_1 < p_2$。这时压紧成一体的阀芯将左移,可变节流口 4 减小,使 p_2 下降,直至 $p_1 = p_2$,阀芯停止运动,故 $q_1 = q_2$,而不受出口压力 p_3 及 p_4 变化的影响。

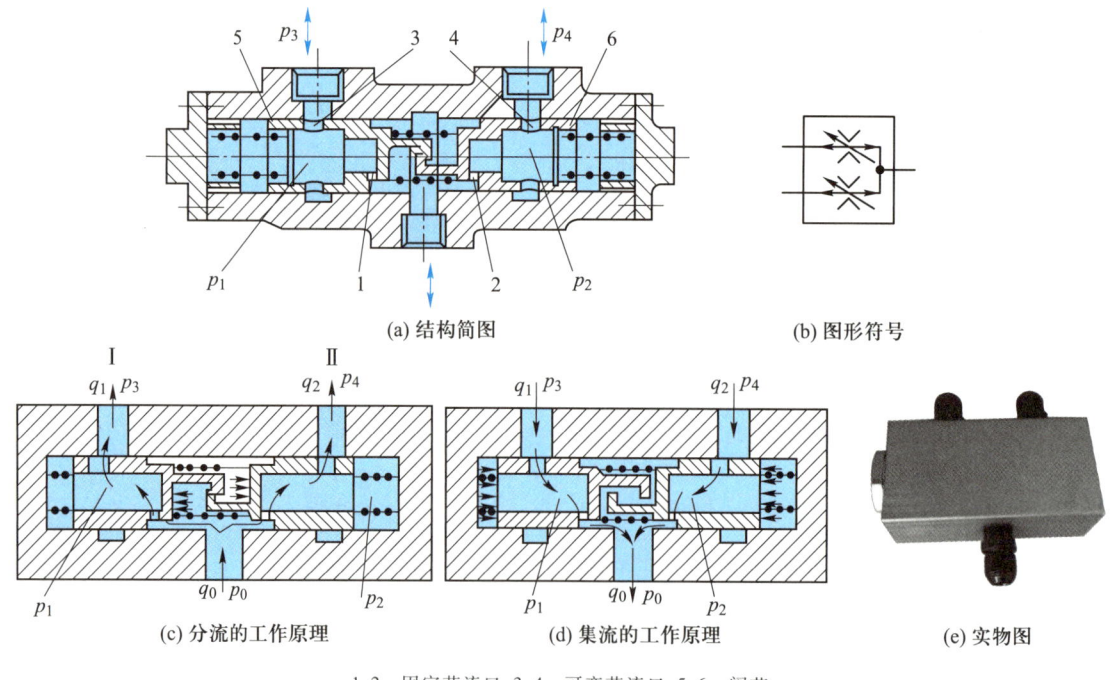

(a) 结构简图   (b) 图形符号

(c) 分流的工作原理   (d) 集流的工作原理   (e) 实物图

1、2—固定节流口;3、4—可变节流口;5、6—阀芯

图 5.41　分流集流阀结构简图、图形符号、工作原理图和实物图

2. 分流阀

图 5.42a 为等量分流阀的结构简图,图 5.42b 为等量分流阀的图形符号。进口压力为 p_0,流量为 q_0,进入阀后分为两路分别通过两个面积相等的固定节流口 1、2,并且分别进入油室 a 和 b

腔,然后由可变节流口 3 和 4 经出口通往两个执行元件。若两个执行元件负载相等则分流阀的出口压力 $p_3=p_4$,因为阀中两支流通道的尺寸完全对称,所以输出的流量亦对称,$q_1=q_2=\dfrac{q_0}{2}$,且 $p_1=p_2$。当由于负载不对称而出现 $p_3\neq p_4$,且设 $p_3>p_4$ 时,阀芯来不及运动而处于中间位置,必定使 $q_1<q_2$,进而有 $p_0-p_1<p_0-p_2$,则使 $p_1>p_2$。此时阀芯在不对称压力的作用下左移,使可变节流口 3 增大,可变节流口 4 减小,从而使 q_1 增大,q_2 减小,直至 $q_1=q_2$,$p_1=p_2$,阀芯才在一个新的平衡位置上稳定下来,输往两个执行元件中的流量相等,速度保持同步。

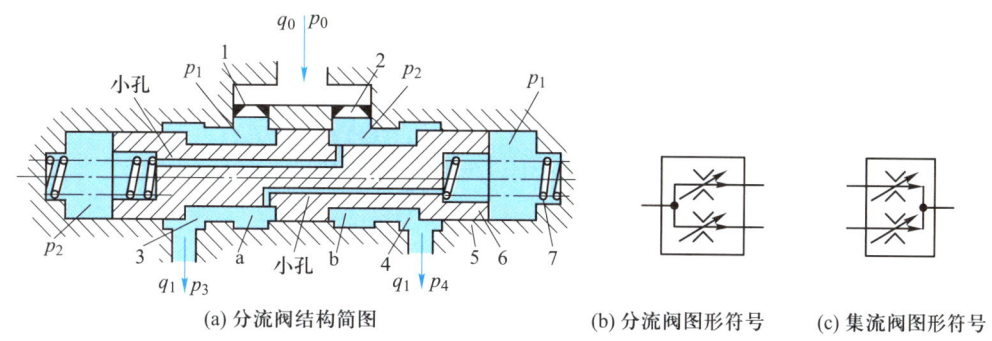

(a) 分流阀结构简图　　　　　(b) 分流阀图形符号　　　(c) 集流阀图形符号

1、2—固定节流口;3、4—可变节流口;5—阀体;6—阀芯;7—弹簧

图 5.42　等量分流阀结构简图和图形符号

3. 集流阀

集流阀是按固定比例将两股液流自动合成单一液流的流量控制阀。图 5.42c 所示为等量集流阀的图形符号。其工作原理类同于分流集流阀的集流工况,这里不再叙述。

分流阀通常用于同步精度要求不太高的同步系统中,但需要注意执行元件的加工误差及泄漏对其同步精度有影响。

5.5　插装阀

5.5.1　插装阀概述

1. 插装阀的组成

普通的阀在流量小于 $200\sim300$ L/min 的系统中性能良好,但用于大流量系统时并不一定具有良好的性能,特别是阀的集成更成为难题。20 世纪 70 年代初,插装阀的出现为此开辟了新途径,特别是近些年出现的螺纹插装阀更方便了应用。

插装阀(图 5.43)也称为插装式锥阀,它是以插装阀单元 3 为主阀,配以适当的控制盖板 2 和不同的先导控制阀 1 组合而成的具有一定控制功能的组件。它可以组成方向阀、压力阀和流量阀。

2. 插装阀(插装件)的结构和工作原理

插装阀单元结构简图如图 5.44a 所示,图 5.44b 为图形符号,图 5.44c 为实物图。它由阀套 1、阀芯 2、弹簧 3、盖板 4 和密封件等组成。主阀芯上腔作用着 K 口的液压力和弹簧力,A 口和 B

微视频 5-48:
二通插装阀

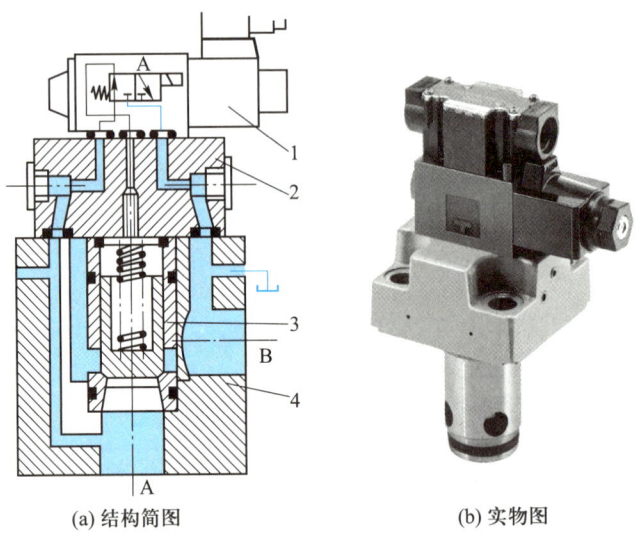

(a) 结构简图　　　　　　　　　　(b) 实物图

1—先导控制阀;2—控制盖板;3—插装阀单元(主阀);4—阀块体

图 5.43　插装阀结构简图和实物图

口的液压力作用在阀芯的下锥面上,用 K 口的控制压力控制主通道 A 和 B 间的通断。这是一个二通插装阀。盖板用来固定和密封插装阀单元,沟通控制油路和主阀控制腔之间的联系。在盖板 4 内可装嵌节流螺塞等微型控制元件(如单向阀、梭阀、流量控制器和先导压力阀等),还可安装位移传感器等电气附件,以便构成具有某种控制功能的组合阀。若干个不同控制功能的二通插装阀组装在一个或多个插装块体内,便组成液压回路。

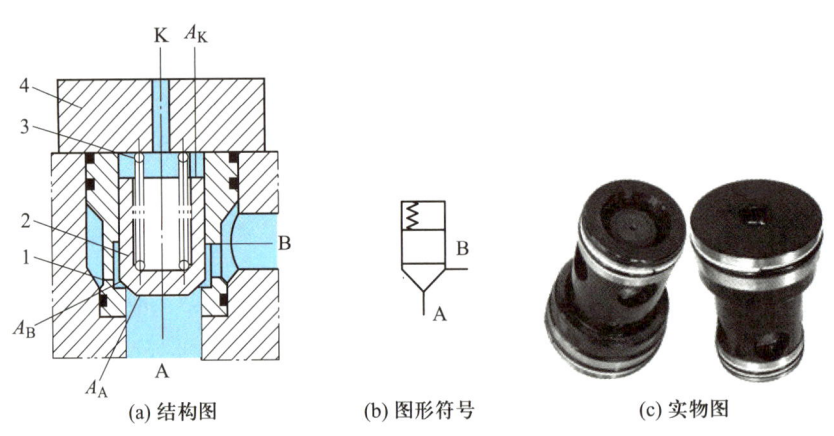

(a) 结构图　　　　　(b) 图形符号　　　　　(c) 实物图

1—阀套;2—阀芯;3—弹簧;4—盖板

图 5.44　插装阀单元结构简图、图形符号和实物图

就工作原理而言,二通插装阀相当于一个液控单向阀。A 和 B 为主油路的两个仅有的工作油口,所以称为二通阀,K 为控制口。通过控制口压力大小的控制,即可控制主阀芯的启闭和油口 A、B 的流向和压力。

5.5.2 插装方向阀

1. 插装单向阀

插装单向阀如图 5.45 所示,将插装单元的控制口 K 与 A 或 B 口连通,即成为普通单向阀;在其控制盖板上接一个二位三通换向阀作先导阀,便可成为液控单向阀。

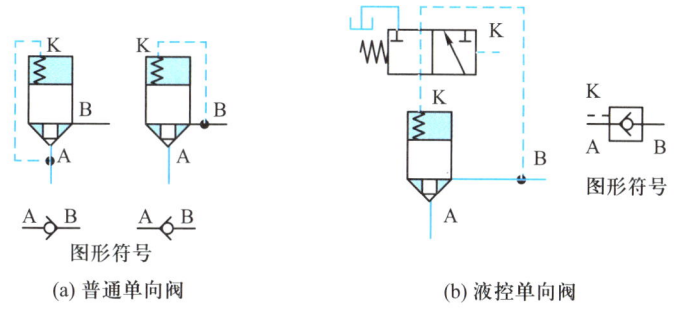

(a) 普通单向阀　　　　　　　　　　(b) 液控单向阀

图 5.45　插装单向阀和等效图形符号

2. 插装换向阀

每个插装单元都具有通断两种状态,若将几个插装单元组合起来,用电磁换向阀作先导阀,便可组成 m 位 n 通换向阀。图 5.46a 所示为二位三通插装换向阀。在该阀中,当电磁铁断电时,A 口与 O 口通,P 口封闭;当电磁铁通电时,A 口与 P 口通,O 口封闭,相当于一个二位三通电液换向阀。图 5.46b 所示为三位三通插装换向阀,当电磁铁处于中位时,A 口、O 口与 P 口均不通;当电磁铁 1YA 通电时,A 口与 O 口通,P 口封闭;当电磁铁 2YA 通电时,A 口与 P 口通,O 口封闭,相当于一个三位三通电液换向阀。图 5.46c 所示为四位三通插装换向阀。用多个先导阀(如上述各电磁阀)和多个主阀相配,可构成复杂的组合二通插装换向阀,这是普通换向阀做不到的。

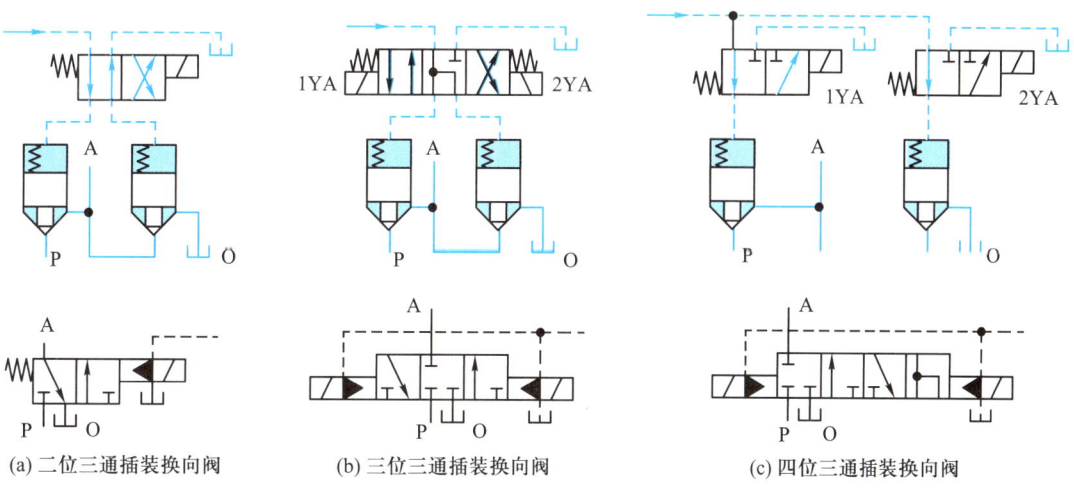

(a) 二位三通插装换向阀　　　(b) 三位三通插装换向阀　　　(c) 四位三通插装换向阀

图 5.46　三通插装换向阀和等效图形符号

5.5.3　插装压力阀

用直动式溢流阀作为先导阀来控制插装主阀,在不同的油路连接下便构成不同的压力阀。

图 5.47a 所示为插装溢流阀。当 B 口通油箱时,A 口的压力油经节流小孔进入控制腔,并与溢流阀接通,便成为先导式溢流阀;若 B 口不通油箱而接负载,便成为先导式顺序阀。

图 5.47b 所示为插装卸荷阀。在插装溢流阀的控制腔 K 上再接一个二位二通电磁换向阀,当电磁铁断电时,具有溢流阀功能;当电磁铁通电时,即为卸荷阀。

图 5.47c 所示为插装减压阀。将插装单元作为常开式滑阀结构,B 为一次压力 p_1 的进口,A 为出口,A 口的压力油经节流小孔与控制腔 K 相通,并与先导阀(溢流阀)进口相通,由于控制油取自 A 口,因而能得到恒定的二次压力 p_2,相当于定压输出减压阀。

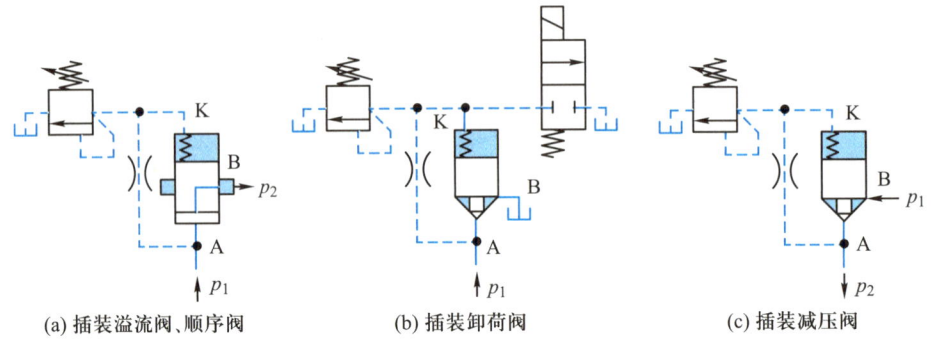

(a) 插装溢流阀、顺序阀　　(b) 插装卸荷阀　　(c) 插装减压阀

图 5.47　插装压力阀

5.5.4　插装流量阀

图 5.48a 所示为插装节流阀的结构简图,单元的锥阀尾部带节流口,锥阀的开启高度由行程调节器(或螺杆)来控制,从而控制流量,成为插装节流阀,其图形符号如图 5.48b 所示,图 5.48c 所示为插装调速阀。

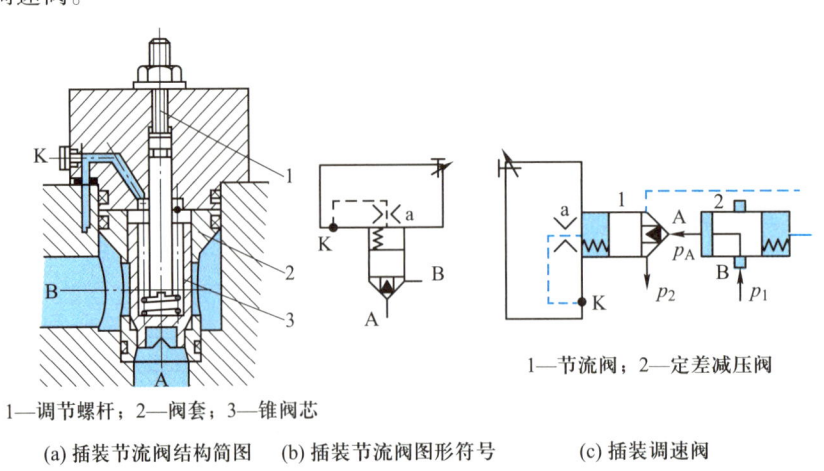

1—节流阀;2—定差减压阀

1—调节螺杆;2—阀套;3—锥阀芯

(a) 插装节流阀结构简图　　(b) 插装节流阀图形符号　　(c) 插装调速阀

图 5.48　插装流量阀结构简图和图形符号

在插装方向控制阀的盖板上增加阀芯行程调节器,以调节阀芯的开度,这个方向阀就兼具了可调节流阀的功能。阀芯上开有三角槽,以便使流量阀具有较低的最小稳定输出流量。若用比例电磁铁取代节流阀的手调装置,则可组成二通插装电液比例节流阀。若在二通插装节流阀前串联一个定差减压阀,就可组成二通插装调速阀,如图5.48c所示。

5.5.5 插装阀及其集成系统的特点

（1）插装阀结构简单,通流能力大,故用通径很小的先导阀与之配合便可构成通径很大的各种二通插装阀,最大流量可达10 000 L/min。

（2）不同的阀有相同的插装主阀,一阀多能,便于实现标准化。

（3）泄漏小,便于无管连接,先导阀功率小,具有明显的节能效果。

插装阀目前广泛用于冶金、船舶、塑料机械等大流量系统中。

微视频 5-49:
螺纹插装阀

5.5.6 螺纹插装阀

螺纹插装阀利用螺纹拧入集成块或阀块的安装孔后,能独立完成一个或多个液压功能,如溢流阀、电磁换向阀、流量控制阀、平衡阀等。它可以不拆卸管接头进行更换,在使用过程中可以完全避免外泄漏。

螺纹插装阀有多种应用方式,图5.49所示的螺纹插装阀作为插入元件使用。阀供货商通常能提供用于该使用方式的阀块。

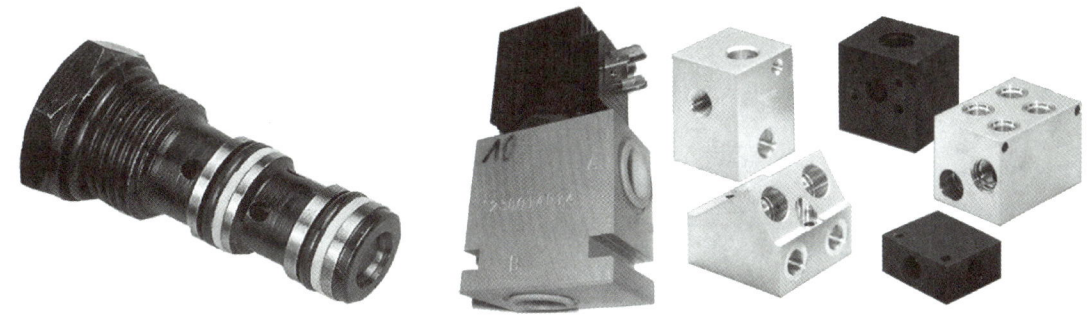

图 5.49 螺纹插装阀实物图

螺纹插装阀也可直接装在液压马达、液压泵或液压缸的接口处作为控制阀,如图5.50所示。

螺纹插装阀也可装入带标准板式接口的阀块,作为叠加阀使用,如图5.51所示。

螺纹插装阀还可作为二通插装阀的先导控制阀使用,如图5.52所示。图5.52a为结构简图,图5.52b为实物图。

一些国际知名公司还提供了许多种类的螺纹插装阀常用功能组合块可供直接选用,如图5.53所示。

螺纹插装阀由于具有使用灵活,加工方便,互换性强,批量生产成本低等优势,在很多领域已经逐步开始替代传统的管式、板式连接阀。然而,螺纹插装阀目前也存在一些缺点限制了其应用,如孔型缺乏统一的国际标准导致兼容性较差,加工安装孔需要专用刀具带来前期投入成本较高,集成块设计难度高于管路连接造成小批量生产周期长、成本高等问题,在使用时应根据具体设计任务合理选择方案。

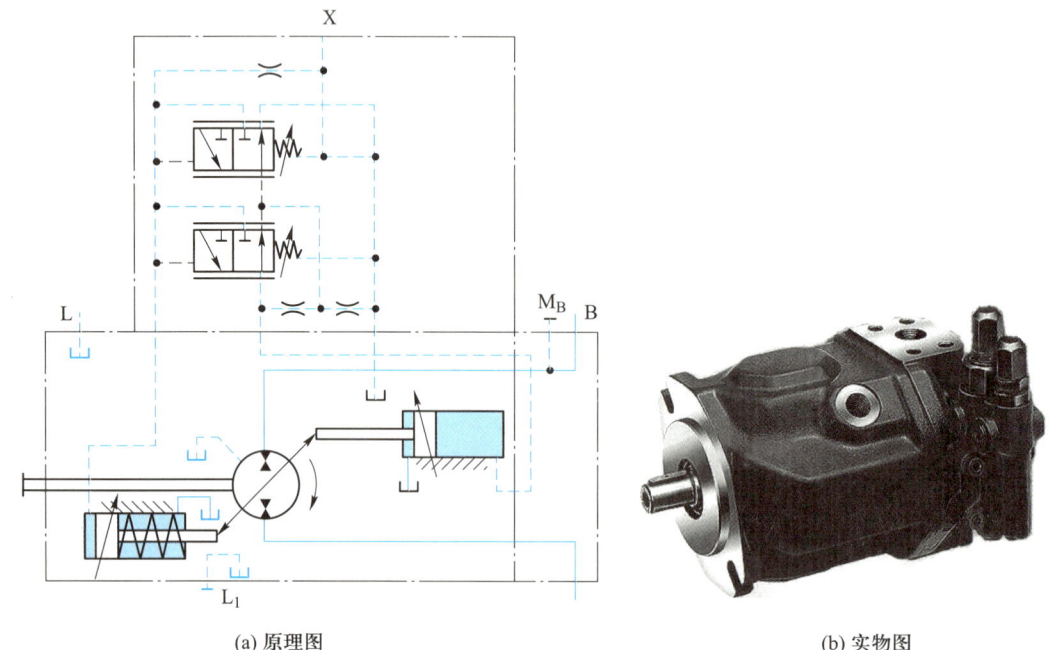

(a) 原理图　　　　　　　　　　　　(b) 实物图

图 5.50　螺纹插装阀安装在泵体上的原理图和实物图

图 5.51　螺纹插装阀作为叠加阀的实物图

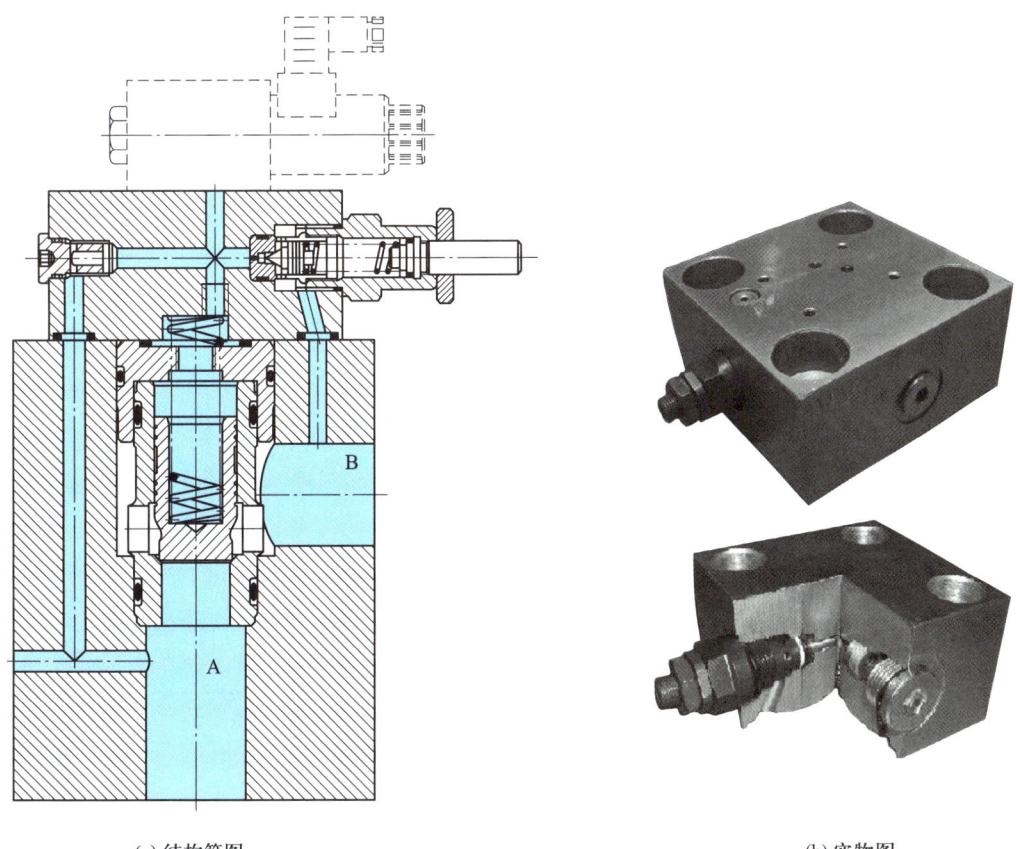

(a) 结构简图   (b) 实物图

图 5.52　螺纹插装阀作为二通插装阀的先导控制阀结构简图和实物图

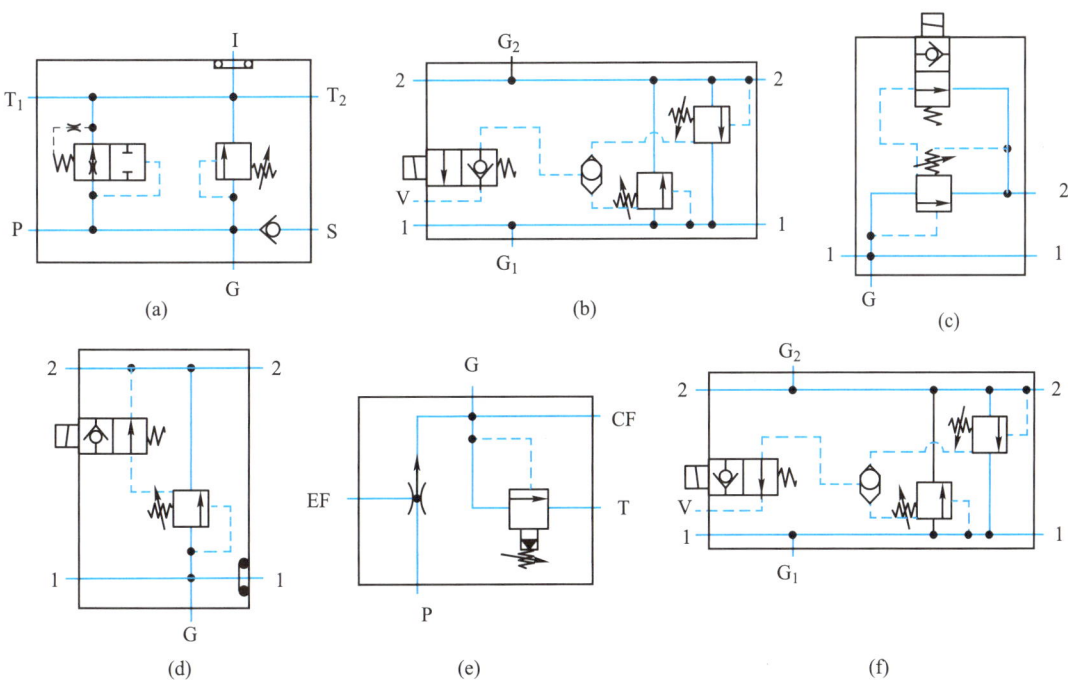

(a)　　　　　　　(b)　　　　　　　(c)

(d)　　　　　　　(e)　　　　　　　(f)

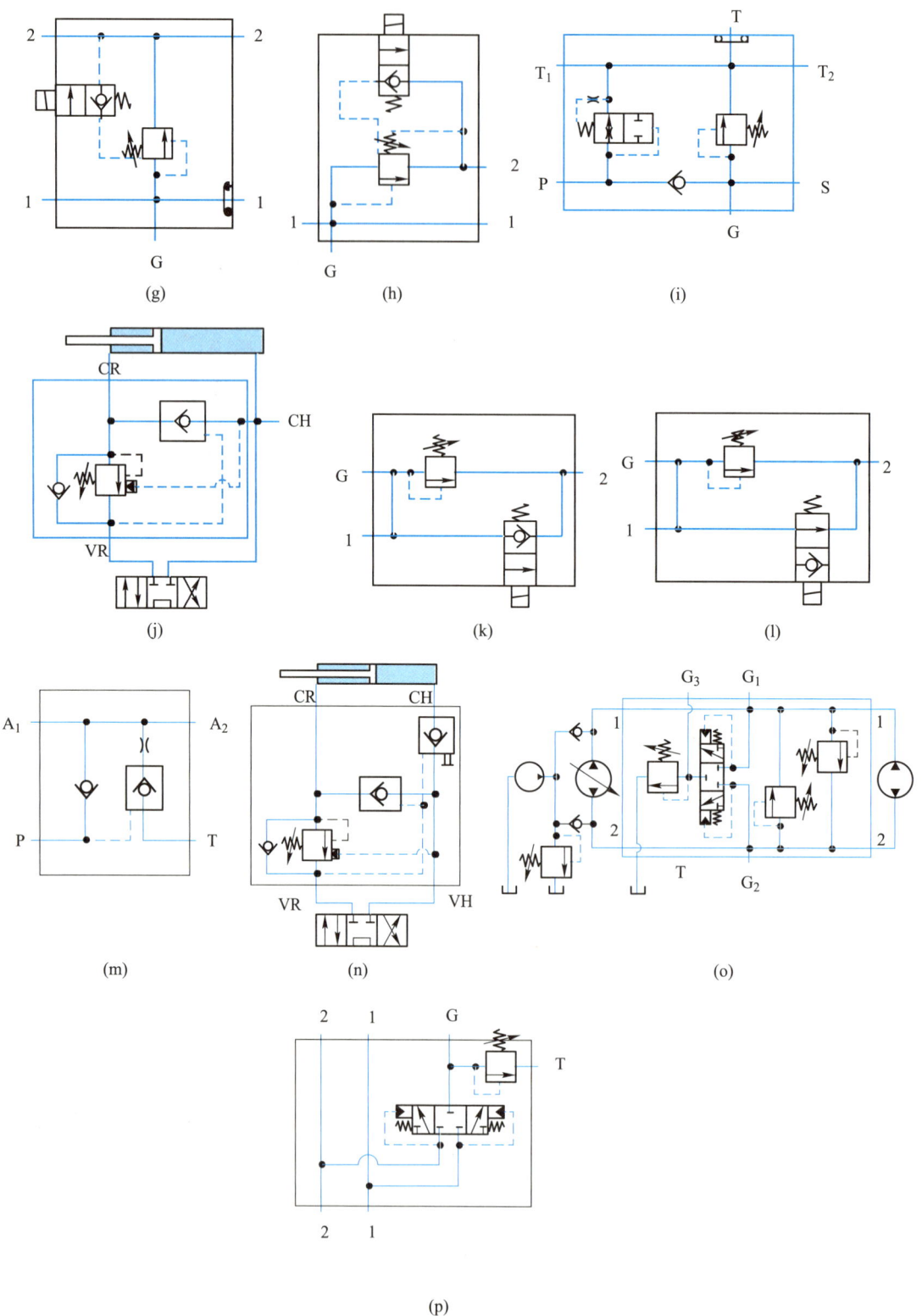

图 5.53　螺纹插装阀组成的功能组合块

5.6 电液数字控制阀

用计算机对液压或气压传动系统进行控制是技术发展的必然趋向。但电液比例阀或伺服阀能接收的模拟信号是连续变化的电压或电流,而计算机的指令是"开"或"关"的数字信息,要用计算机控制必须进行数/模转换,其结果是使设备复杂,成本提高,可靠性降低。在这种技术的要求下,20世纪80年代初期出现了电液数字控制阀。

用数字信息直接控制的阀称为电液数字控制阀,简称数字阀。它可直接与计算机接口相连,不需要进行数/模转换。数字阀与电液伺服阀、电液比例阀相比,其结构简单,工艺性好、价廉,抗污染能力强,重复性好,工作稳定可靠,功耗小。

接受计算机数字控制的方法有多种,目前常用的有增量控制法和脉宽调制法,相应的数字阀也分增量式数字阀和脉宽调制式数字阀两类。当今技术较成熟的是增量式数字阀,即用步进电动机驱动液压阀。目前已有数字流量阀、数字压力阀和数字方向流量阀等系列产品。

5.6.1 数字阀的结构

1. 增量式数字阀

增量式数字阀由步进电动机带动工作,步进电动机直接用数字量控制,其转角与输入的数字式信号脉冲数成正比,其转速随输入的脉冲频率的不同而变化。由于步进电动机是以增量控制的方式进行工作的,故此阀称为增量式数字阀。

增量式数字阀按其用途不同,有流量阀、压力阀和方向流量阀之分。

图5.54所示为步进电动机直接驱动的数字流量阀结构简图、图形符号和增量式数字流量阀实物图。在数字流量阀中,步进电动机按计算机的指令转动,通过滚珠丝杠5变为轴向位移,使节流阀芯6打开阀口,从而控制流量。此阀有两个面积梯度不同的节流口,阀芯移动时首先打开左节流口7,由于非全周边通流,故流量较小,继续移动时打开全周边通流的右节流口8,流量增大。由于液流从轴向流入,且流出阀芯时与轴线垂直,所以阀在开启时的液动力可以将向右作用的液压力部分抵消。阀从节流阀芯、阀套1和连杆2的相对热膨胀中获得温度补偿。

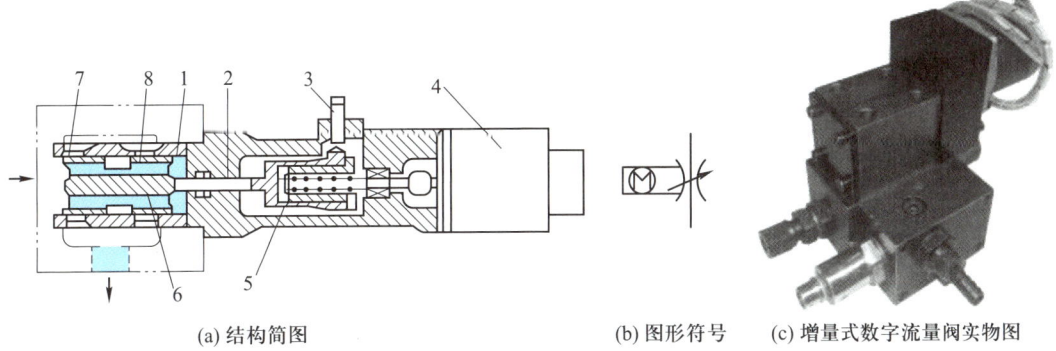

(a) 结构简图　　　　　　　　　(b) 图形符号　(c) 增量式数字流量阀实物图

1—阀套;2—连杆;3—位移传感器;4—步进电动机;

5—滚珠丝杠;6—节流阀芯;7、8—左、右节流口

图5.54　直控式数字节流阀结构简图、图形符号和增量式数字流量阀实物图

图 5.55 所示为先导式数字方向流量阀的图形符号,其结构与电液换向阀类似,只是用步进电动机取代了电磁先导阀中的电磁铁,通过控制步进电动机的旋转方向和角位移的大小,不仅可以改变阀的液流方向,还可以控制各油口的输出流量,这里不再详述。

将普通压力阀的手动机构改用步进电动机控制,即可构成数字压力阀。

2. 脉宽调制式数字阀

脉宽调制式数字阀可以直接用计算机进行控制,控制阀的开和关以及开和关的时间间隔(即脉宽),就可控制液流的方向、流量和压力。

这种阀的阀芯多为锥阀、球阀或喷嘴挡板阀,可快速切换,且只有开和关两个位置,故又称快速开关型数字阀。

图 5.56 所示为二位二通电磁锥阀式开关型数字阀结构简图。当电磁铁 3 不通电时,衔铁 2 在右端弹簧(图中未画出)的作用下使锥阀关闭;当电磁铁 3 有脉冲信号通过时,电磁吸力使衔铁带动左端的锥阀开启。

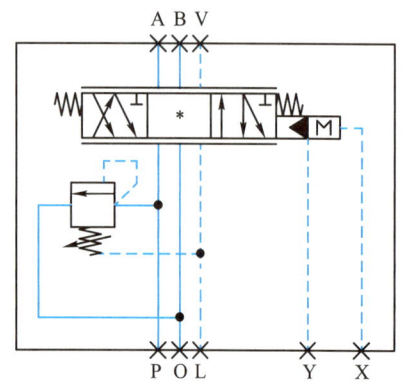

图 5.55 先导式数字方向流量阀的图形符号

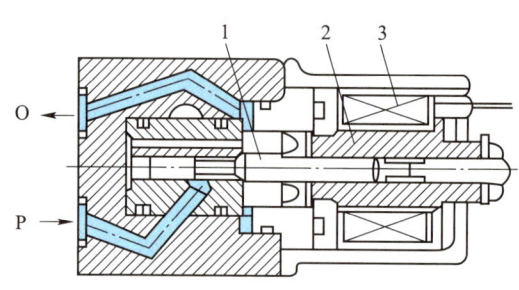

1—锥阀;2—衔铁;3—电磁铁

图 5.56 二位二通电磁锥阀式快速开关型数字阀结构简图

5.6.2 数字阀的应用

图 5.57 所示为增量式数字阀在数控系统中的工作原理框图。计算机发出需要的脉冲序列,经驱动电源放大后使步进电动机工作,每个脉冲使步进电动机沿给定方向转动一个固定的步距角,再通过凸轮或螺纹等机构使转角转换成位移量,带动阀芯移动一定的距离。因此,根据步进电动机原有的位置和实际走的步数,可使数字阀得到相应的开度。

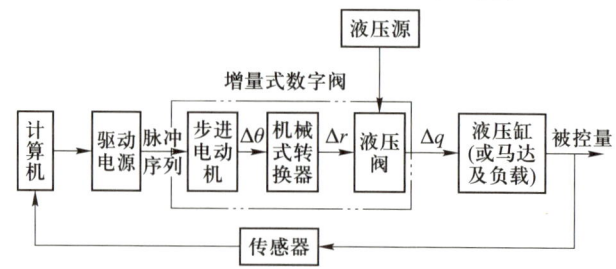

图 5.57 增量式数字阀在数控系统中的工作原理框图

图 5.58 所示为脉宽调制式数字阀在数控系统中的工作原理框图。计算机发出的脉冲信号，经脉宽调制放大器放大后进入快速开关数字阀中的电磁铁，通过控制开关阀开启时间的长短来控制流量，在需要作两个方向运动的系统中要有两个快速开关数字阀分别控制不同方向的运动。

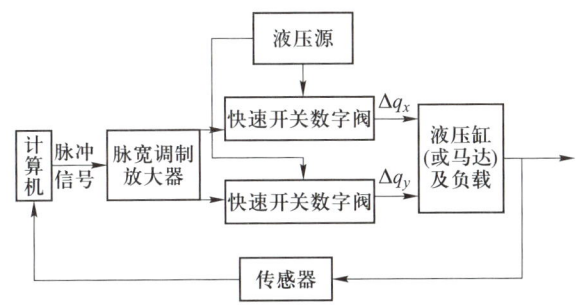

图 5.58　脉宽调制式数字阀在数控系统中的工作原理框图

5.7　电液比例控制阀

电液比例控制阀简称比例阀。前述各种阀类大多是手动调节和开关控制的。开关控制阀的输出参数，在阀处于工作状态下是不可调节的。但随着技术的进步，许多液压系统要求流量和压力能连续地或按比例地随输入信号的变化而变化。已有的液压伺服系统虽能满足要求，而且精度很高，但系统复杂，成本高，对污染敏感，维修困难，因而不宜普遍使用。20 世纪 60 年代末出现的电液比例阀较好地解决了这种需求。比例阀是一种输出量与输入信号（电压或电流）成比例的液压阀或气动阀，它可按给定的输入信号连续地按比例地控制流体的方向、压力和流量。

现在的比例阀一类是由电液伺服阀简化结构、降低精度发展起来的；另一类是用比例电磁铁取代普通液压阀的手调装置或电磁铁发展起来的。这里介绍的均指后者，它是当今比例阀的主流。按其输出信号和用途的不同，它也可以分为比例方向阀、比例压力阀和比例流量阀三大类。近年来又出现了功能复合化的趋势，即比例阀之间或比例阀与其他元件之间的复合。例如，比例阀与变量泵组成的比例复合泵能按比例地输出流量；比例方向阀与液压缸组成的比例复合缸能实现位移或速度的比例控制。

比例电磁铁的外形与普通电磁铁相似，但功能却不同，比例电磁铁的吸力与通过其线圈的电流强度成正比。输入信号在通入比例电磁铁前要先经放大电路处理和放大。放大电路多制成插接式装置与比例阀配套供应。

下面简单介绍三类比例阀的工作原理。

5.7.1　电-机械转换器

电-机械转换器是比例阀的控制部分，目前常用的形式有比例电磁铁、动圈式力马达、力矩马达、伺服电动机和步进电动机五种。

1. 比例电磁铁

比例电磁铁是一种直流电磁铁，但和普通电磁阀用的电磁铁不同，它要求吸力（或位移）与输入电流成比例，并在衔铁的全部工作位置上，磁路中要保持一定的气隙。按其输出位移的形式不同分单向移动式和双向移动式两种。图 5.59a 为单向移动式比例电磁铁结构简图。线圈 2 通电后形成的磁路经壳体 5、导向套 12 的右段、衔铁 10 后,分成两路:一路由导向套左段的锥端到轭铁 1 而产生斜面吸力;另一路直接由衔铁的左段端面到轭铁而产生表面吸力。其合力即为比例电磁铁的输出力(吸力),其特性曲线如图 5.59b 所示。

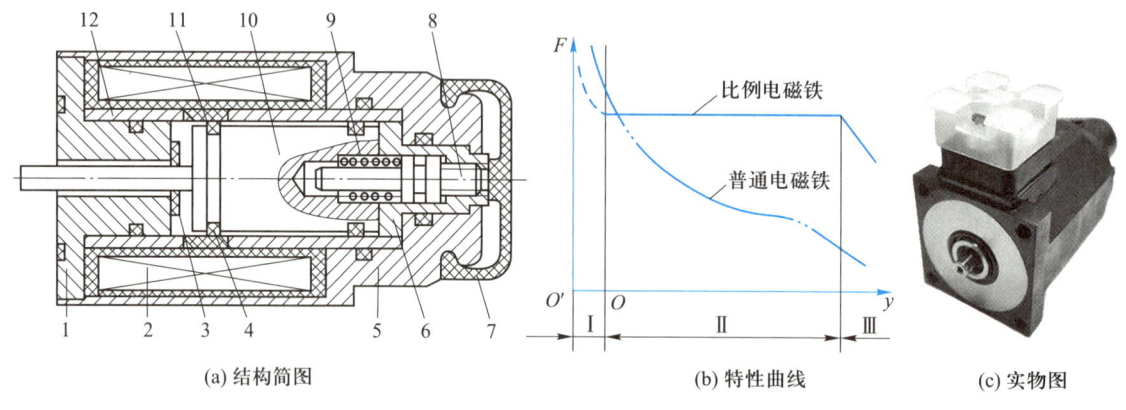

(a) 结构简图   (b) 特性曲线   (c) 实物图

1—轭铁;2—线圈;3—限位环;4—隔磁环;5—壳体;6—内盖;7—盖;
8—调节螺钉;9—弹簧;10—衔铁;11—(隔磁)支承环;12—导向套

图 5.59　单向移动式比例电磁铁结构简图、特性曲线和实物图

在图 5.59b 中,单向移动式比例电磁铁的特性曲线分为三段,在气隙很小的区段上,吸力虽大,但随位置的改变而急剧变化;而在气隙较大的区段上,吸力明显下降;吸力随位置变化较小的区段是比例电磁铁的工作区段。由于在此区段内具有基本水平的位移-力特性,所以改变线圈中的电流,即可在衔铁上得到与其成比例的吸力。如在衔铁右侧加一弹簧 9,便可得到与电流成正比的位移。

图 5.60 所示为双向移动式比例电磁铁结构简图和实物图。它由两个单向直流比例电磁铁相对组合而成。在壳体内对称地安放着两对线圈:一对为励磁线圈,它们极性相反互相串联或并联,

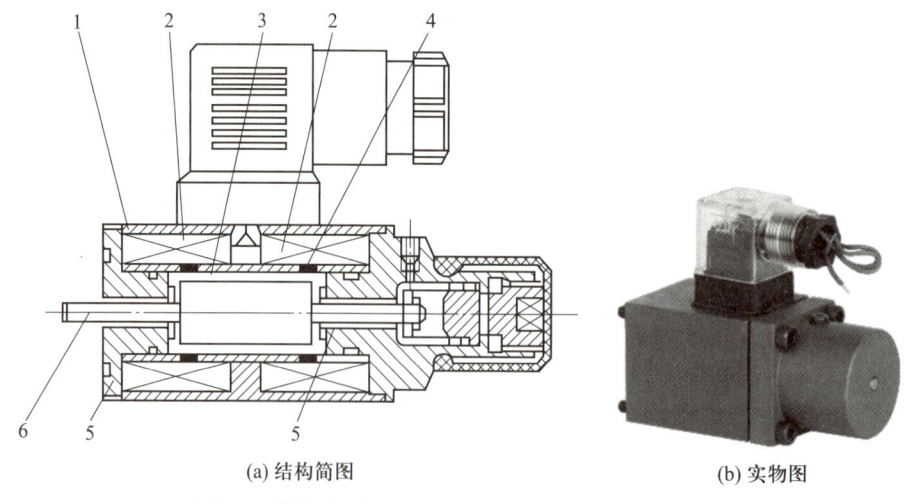

(a) 结构简图   (b) 实物图

1—壳体;2—线圈(左、右);3—导向套;4—隔磁环;5—轭铁;6—推杆

图 5.60　双向移动式比例电磁铁结构简图和实物图

由一恒流电源供给恒定的励磁电流,在磁路内形成初始磁通;另一对为控制线圈,它们极性相同互相串联。仅有励磁电流时,左右两端的电磁吸力大小相等,方向相反,衔铁处于平衡状态,输出力为零。当有控制电流通过时,两控制线圈分别在左右两半环形磁路内产生极性相同、大小相等的控制磁通,它们与原有初始磁通叠加,在左右工作气隙内产生差动效应,形成了与控制电流方向和大小相对应的输出力。由于采用了初始磁通,避开了铁磁材料磁化曲线起始段的影响,它不仅具有良好的位移-力特性,而且无零位死区,线性好,滞环小,动态响应较快。

2. 动圈式力马达

图 5.61 所示为动圈式力马达结构简图和实物图。动圈式力马达也是一种移动式电-机械转换器。运动件是线圈。当可动控制线圈 4 中通入控制电流时,线圈在磁场中受力而移动。此力的方向由电流方向及固定磁通方向按左手定则来确定。力的大小与磁场强度及电流大小成正比。

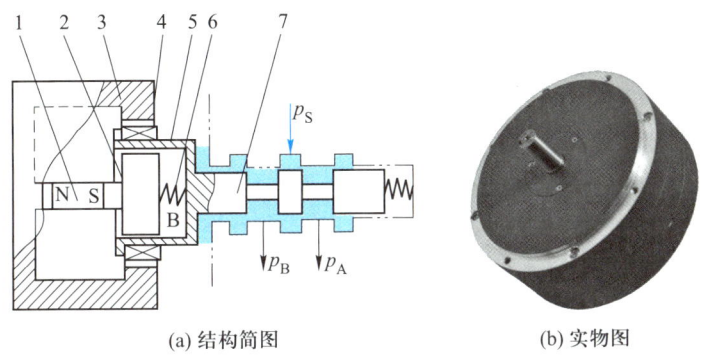

(a) 结构简图   (b) 实物图

1—永久磁铁;2—内导磁体;3—外导磁体;4—可动控制线圈;5—线圈骨架;6—对中弹簧;7—滑阀阀芯

图 5.61　动圈式力马达结构简图和实物图

动圈式力马达的线性行程范围大($\pm2\sim4$ mm),滞环小,可动件质量小,工作频率较宽,结构简单,但如采用湿式方案,动圈受油的阻尼较大,影响频宽,因此适合作为气动比例元件。

3. 力矩马达

图 5.62 所示为动圈式永磁力矩马达结构简图和实物图。力矩马达由上下两块导磁体,左右两块永久磁铁,带扭轴(弹簧管)的衔铁及套在衔铁上的两个控制线圈组成。衔铁悬挂在扭轴上,它可以绕扭轴在 a、b、c 和 d 四个气隙中摆动。当线圈控制电流为零时,四个气隙中均有永久磁铁所产生的固定磁场的磁通,因此作用在衔铁上的吸力相等,衔铁处于中位平衡状态。通入控制电流后,所产生的控制磁通与固定磁通叠加,两个气隙中的磁通增大,在另两个气隙中的磁通减小,因此作用在衔铁上吸力失去平衡,产生力矩而使衔铁偏转。当作用在衔铁上的电磁力矩与扭轴的弹性变形力矩及外负载力矩平衡时,衔铁在某一扭轴位置上处于平衡状态。

力矩马达输出力矩较小,适合控制喷嘴挡板类的先导级阀。其自振频率高,功率重量比大,抗加速度零漂性

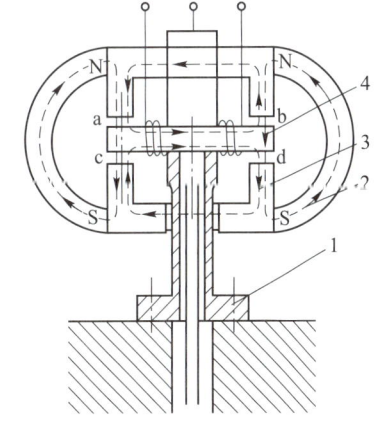

1—弹簧管;2—永久磁铁;3—导磁体;4—衔铁

图 5.62　动圈式永磁力矩马达结构简图

能好,但工作行程很小(小于 0.2 mm),制造精度要求高,抗干扰能力差一些。

4. 伺服电动机

伺服电动机是可以连续旋转的电-机械转换器。其输出转速与输入电压成正比,并能实现正反向速度控制。它属于功率很小的微特电动机,其输出转速与输入电压的传递函数可近似视为一阶延迟环节,机电时间常数一般在十几毫秒到几十毫秒之间,某些低惯量的直流伺服电动机仅为几毫秒到二十几毫秒。

伺服电动机具有启动转矩大,调速范围宽,机械特性和调节特性的线性度好,控制方便等优点。

5. 步进电动机

步进电动机是一种数字式旋转运动的电-机械转换器,它可将脉冲信号转换为相应的角位移。每输入一个脉冲信号,电动机就转过一个步距角,其转角与输入的数字式信号脉冲数成正比,转速随输入的脉冲频率而变化。当输入反向脉冲时,步进电动机将反向旋转。由于它直接用数字量控制,不需经过数/模转换就能与计算机联用,因此控制方便,调速范围宽,位置精度较高,工作时步数不易受电压波动和负载影响。

步进电动机需要专门的驱动电源,一般包括变频信号源、脉冲分配器和功率放大器。

5.7.2 比例阀

微视频 5-50:
比例阀

在普通液压阀上用电-机械转换器取代原有的控制部分,即成为比例阀,但在具体结构上有一定的区别。

1. 比例方向控制阀

把 5.5.2 节插装方向阀中的电磁铁换成比例电磁铁即构成比例方向控制阀。比例方向控制阀不仅用来改变液流方向,还可以控制流量大小。它和普通换向阀的外形相似,但阀芯的结构有区别,它可以实现不同的中位机能。在比例电磁铁的前端可附有位移传感器(或称差分变压器),这种电磁铁称为行程控制比例电磁铁。位移传感器能准确地测定比例电磁铁的行程,并向电放大器发出电反馈信号。电放大器将输入信号和反馈信号加以比较后,再向电磁铁发出纠正信号,以补偿误差,这样便能消除液动力等干扰因素,保持准确的阀芯位置或节流口面积。这是20 世纪 70 年代末比例阀进入成熟阶段的标志。80 年代以来,由于采用各种更加完善的反馈装置和优化设计,比例阀的动态性能虽仍低于伺服阀,但静态性能已大致相同,而价格却低廉得多。

图 5.63 所示为先导式比例方向控制阀的结构简图和实物图。当比例电磁铁 1 收到信号时,在先导阀的工作油口 B 产生一个恒定的压力,B 口的油液压力通过控制油道作用在主阀芯的右端,推动主阀芯左移直至与主阀芯的弹簧力相平衡。主阀芯上所开的节流槽相对于主阀体上的控制台阶有一定的开口量,连续地给比例电磁铁 1 输入电信号,就会使主阀的 P 口到 A 口、B 口到 O 口成比例地输出流量。

若给比例电磁铁 2 输入电信号,就会使主阀的 P 口到 B 口、A 口到 O 口成比例地输出流量。

比例阀是介于普通阀与伺服阀之间的控制阀。与普通阀相比,它能提高系统参数的控制水平,虽不如伺服阀的性能好,但成本低,对系统的污染要求比伺服系统低。为此,它广泛应用于要求对液压参数进行连续远距控制或程序控制,但对控制精度和动态特性要求不太高的系统。

如系统的液压参数的设定值超过三个,使用比例阀对其进行控制是最恰当的。此外,利用斜坡信号作用在比例方向阀上,可以对机构的加速和减速实现有效的控制;利用比例方向阀和压力

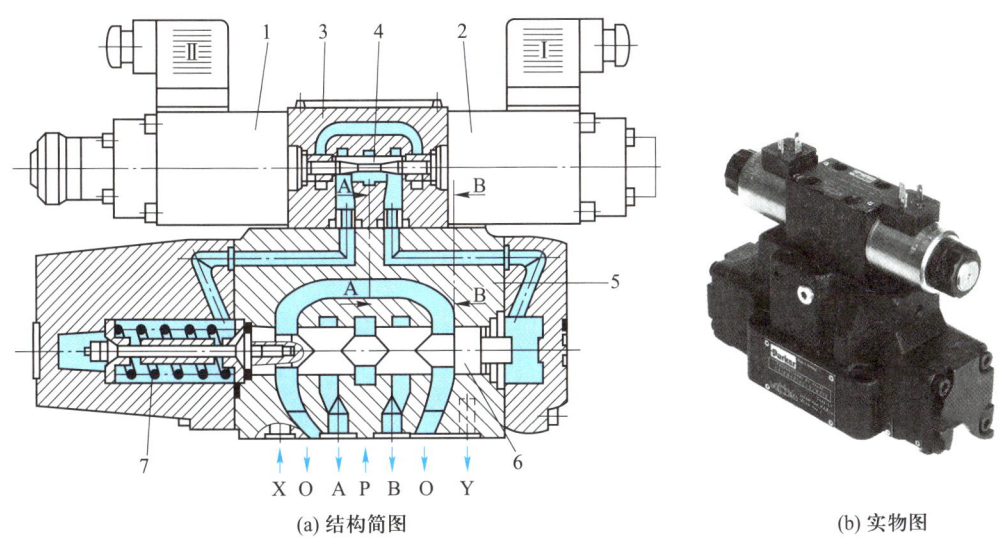

(a) 结构简图   (b) 实物图

1、2—比例电磁铁;3—先导阀体;4—先导阀芯;5—主阀体;6—主阀芯;7—主阀弹簧

图 5.63 　先导式比例方向控制阀结构简图和实物图

补偿器实现负载补偿,便可精确地控制机构的运动速度而不受负载影响。

2. 比例压力阀

液压比例压力阀按用途不同,有比例溢流阀、比例减压阀、比例顺序阀之分。按结构特点分为直动式比例压力阀和先导式比例压力阀。

图 5.64 所示为直动锥阀式比例溢流阀结构简图、图形符号和实物图。比例电磁铁 1 通电后产生吸力,经推杆 2 和传力弹簧 3 作用在锥阀上,当锥阀底面的液压力大于电磁吸力时,锥阀被顶开而溢流,连续地改变控制电流的大小,即可连续地按比例地控制锥阀的开启压力。

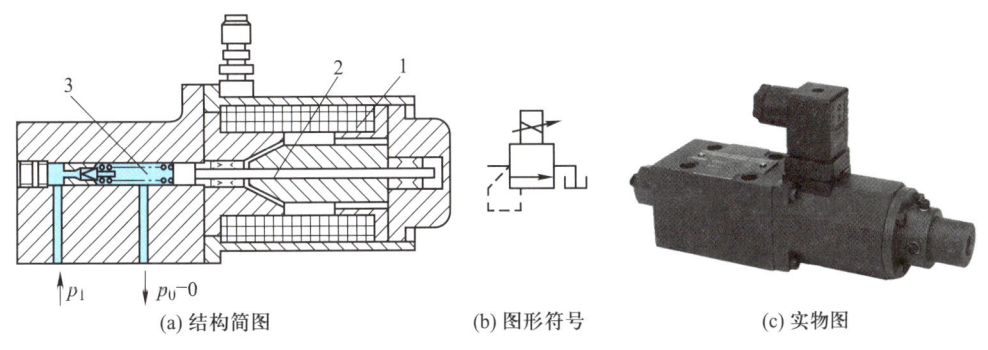

(a) 结构简图   (b) 图形符号   (c) 实物图

1—比例电磁铁;2—推杆;3—传力弹簧

图 5.64 　直动锥阀式比例溢流阀结构简图、图形符号和实物图

图 5.65 所示为先导锥阀式比例溢流阀结构简图、图形符号和实物图。其下部主阀与普通溢流阀相同。上部为先导压力阀。该阀还附有一个手动调整的先导阀 9,用于限制比例溢流阀的最高压力,以避免因电子仪器发生故障使得控制电流过大,压力超过系统允许最大压力的可能性。

如将比例先导压力阀的回油及先导阀 9 的回油都与主阀回油分开,则可作比例顺序阀使用。

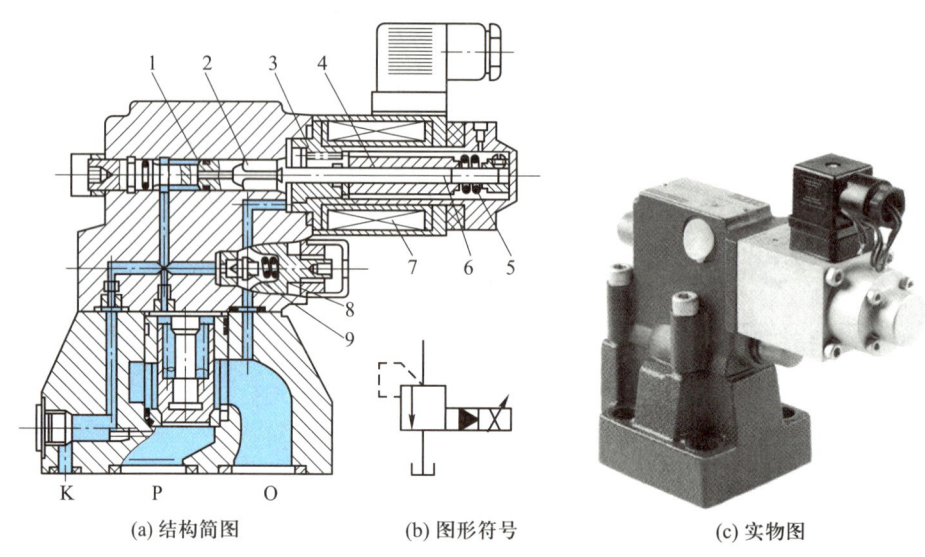

(a) 结构简图   (b) 图形符号   (c) 实物图

1—阀座;2—先导锥阀;3—轭铁;4—衔铁;5、8—弹簧;6—推杆;7—线圈;9—先导阀

图 5.65　先导锥阀式比例溢流阀结构简图、图形符号和实物图

图 5.66 所示为先导式比例减压阀结构简图和图形符号。动圈式力马达推杆 3 的端部起挡板作用,挡板的位移与输入的控制电流成比例,从而改变喷嘴挡板之间的可变液阻,控制了喷嘴 5 前的先导压力。

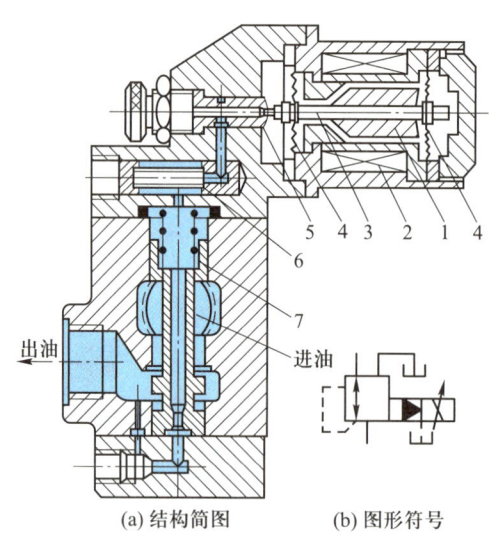

(a) 结构简图   (b) 图形符号

1—衔铁;2—线圈;3—推杆(挡板);4—铍青铜片;5—喷嘴;6—精过滤器;7—主阀

图 5.66　先导喷嘴挡板式比例减压阀结构简图和图形符号

3. 比例流量阀

比例流量阀通过控制比例电磁铁线圈中的电流来改变阀芯的开度(有效通流截面面积),实现对输出流量的连续成比例控制。其外观和结构与压力阀相似。所不同的是压力阀的阀芯具有

调压特性,靠先导压力与比例电磁力相平衡,来调节先导压力的大小;而流量阀的阀芯具有节流特性,靠弹簧力与比例电磁力相平衡,来调节流量的大小和流通方向。按通道数的不同,比例流量阀又有二通和三通之分。比例流量阀主要应用于缸或马达的位置或速度控制。

比例流量阀有比例节流阀和比例调速阀两大类。它们由电-机械比例转换器与流量阀组合而成。

比例节流阀是在普通节流阀的基础上,利用电-机械比例转换器对节流阀口进行控制而组成比例节流阀。

比例调速阀如图 5.67 所示。比例电磁铁 1 的输出力作用在节流阀芯 2 上,与弹簧力、液动力、摩擦力相平衡,一定的控制电流对应一定的节流阀开度。通过改变输入电流的大小,即可改变通过调速阀的流量。

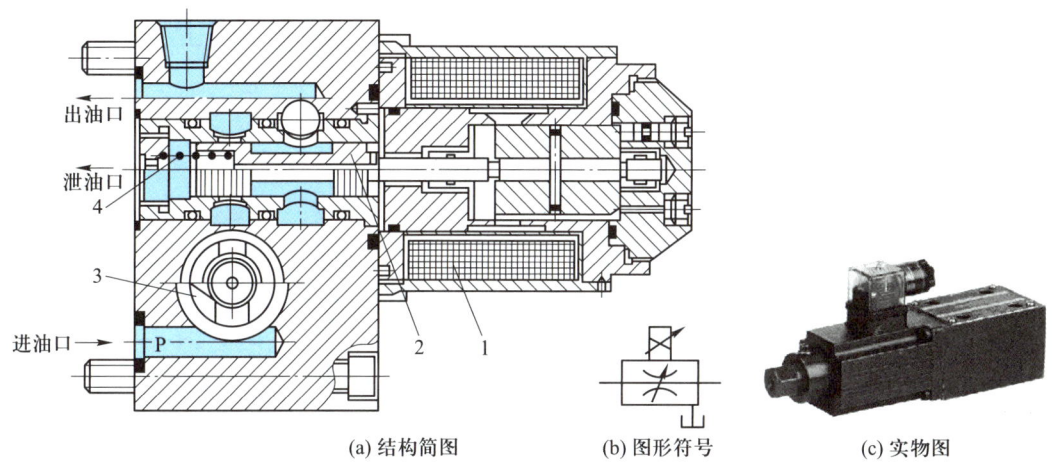

(a) 结构简图　　　　　(b) 图形符号　　　　　(c) 实物图

1—比例电磁铁;2—节流阀芯;3—定差减压阀;4—弹簧

图 5.67　比例调速阀结构简图、图形符号和实物图

思考题和习题

5-1　画出下列方向阀的图形符号:二位四通电磁换向阀、三位四通 Y 型中位机能电液换向阀、双向液压锁、二位五通电控气阀、三位五通电控气阀。

5-2　分别说明 O 型、M 型、P 型和 H 型三位四通换向阀在中间位置(中位机能)时的性能特点。

5-3　现有一个二位三通阀和一个二位四通阀,如图 5.68 所示,请通过堵塞阀口的办法将它们改为二位二通阀。(1) 改为常开型的,用符号表示;(2) 改为常闭型的,用符号表示。(应该指出:由于结构上的原因,一般二位四通阀的回油口 O 不可堵塞,改作二通阀后,原 O 口应作为泄油口单独接管引回油箱。)

5-4　两腔面积相差很大的单杆活塞缸用二位四通阀换向。有杆腔进油时,无杆腔回油流量很大,为避免使用大通径二位四通阀,可用一个液控单向阀分流,画出其回路图。

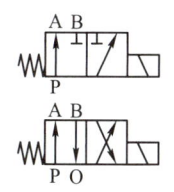

图 5.68　题 5-3 图

5-5　气动换向阀与液压换向阀有哪几个主要方面的区别?

5-6 球阀式换向阀与滑阀式换向阀相比,有哪些优点?

5-7 用先导式溢流阀调节液压泵的压力,但不论如何调节手轮,压力表显示的泵压都很低。把阀拆下检查,看到各零件都完好无损,试分析液压泵压力低的原因。如果压力表显示的泵压都很高,分析液压泵压力高的原因。(分析时参见先导式溢流阀的工作原理图5.69。)

5-8 图5.70中溢流阀的调定压力为5 MPa,减压阀的调定压力为2.5 MPa,设液压缸的无杆腔面积 $A=$ 50 cm^2,液流通过单向阀和非工作状态下的减压阀时,其压力损失分别为0.2 MPa和0.3 MPa。问:当负载分别为 0 kN、7.5 kN 和 30 kN 时,(1) 液压缸能否移动?(2) A、B 和 C 三点压力数值各为多少?

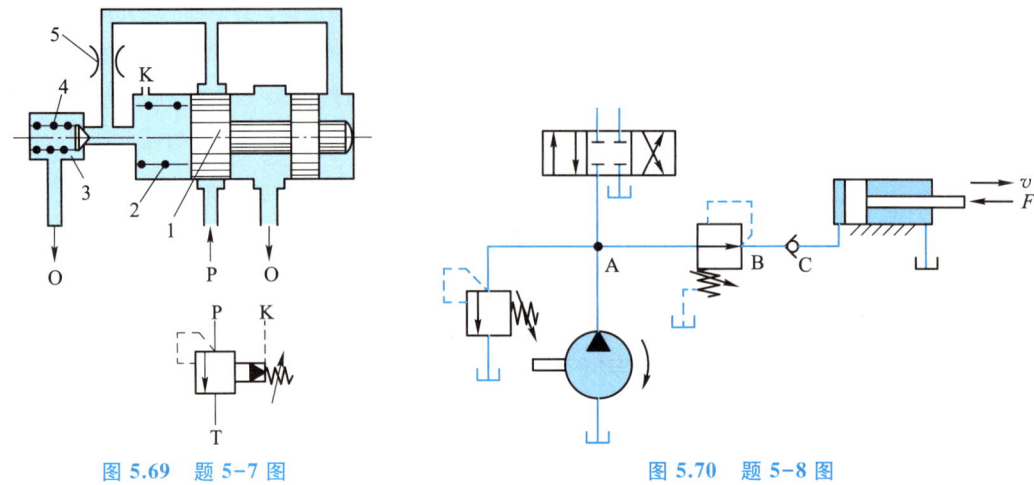

图5.69 题5-7图   图5.70 题5-8图

5-9 如图5.71所示的液压传动系统中,各溢流阀的调定压力分别为 $p_A=4$ MPa、$p_B=3$ MPa 和 $p_C=2$ MPa。求在系统的负载趋于无限大时液压泵的工作压力。

5-10 在图5.72所示的液压传动系统中,溢流阀的调定压力为4 MPa,如果阀芯阻尼小孔造成的损失不计,判断下列情况下压力表的读数:(1) YA断电,负载为无穷大;(2) YA断电,负载压力为2 MPa;(3) YA通电;负载压力为2 MPa。

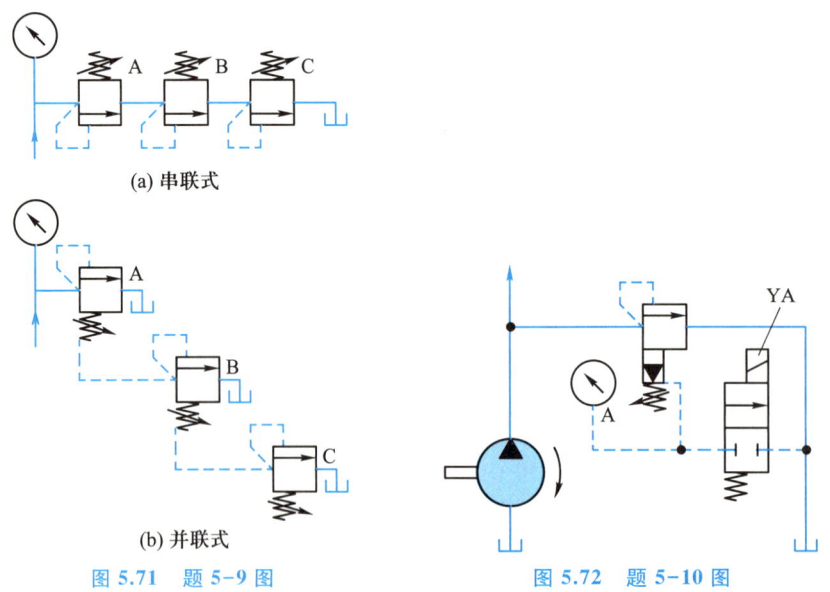

(a) 串联式

(b) 并联式

图5.71 题5-9图   图5.72 题5-10图

5-11 如图 5.73 所示,顺序阀的调整压力 $p_x = 3$ MPa,溢流阀的调整压力 $p_y = 5$ MPa,求在下列情况下 A、B 点的压力:(1)液压缸运动时,负载压力 $p_L = 4$ MPa;(2)负载压力 $p_L = 1$ MPa;(3)活塞运动到右端时。

5-12 如图 5.74 所示两阀组中,设两减压阀调定压力一大一小($p_A > p_B$),并且所在支路有足够的负载。说明支路的出口压力取决于哪个减压阀?为什么?

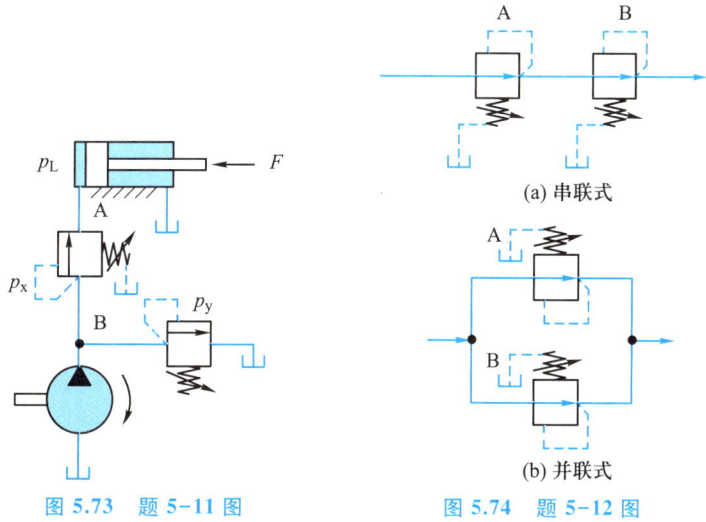

图 5.73　题 5-11 图　　　　图 5.74　题 5-12 图

5-13 在系统有足够负载的情况下,先导式溢流阀、减压阀及调速阀的进、出油口可否对调工作?若对调会出现什么现象?

5-14 分析比较溢流阀、减压阀和顺序阀的作用及差别。

5-15 现有两个压力阀,由于铭牌失落,分不清哪个是溢流阀,哪个是减压阀,又不希望将阀拆开,如何根据其特点作出正确判断?

5-16 若减压阀调压弹簧预调压力为 5 MPa,而减压阀前的一次压力为 4 MPa,问经减压阀后的二次压力是多少?

5-17 说明定值器的工作原理。简述定值器与普通减压阀的差别。

5-18 溢流阀和节流阀都能做背压阀使用,其差别何在?

5-19 若把先导式溢流阀的远程控制口当成泄漏口接回油箱,这时系统会发生什么现象?为什么?

5-20 将调速阀中的定差减压阀改为定值减压阀,是否仍能保证执行元件速度的稳定?为什么?

5-21 在节流调速系统中,如果调速阀的进出口接反了,将会出现怎样的情况,根据调速阀的工作原理进行分析。

5-22 比例阀与普通开关阀比较,有何特点?

5-23 按用途分比例阀有哪几类?各有何功能?

5-24 插装阀由哪几部分组成?与普通相比有何优缺点?

5-25 分别绘出插装溢流阀、插装节流阀的原理图。

第6章 液压与气压传动系统辅助元件

液压与气压传动系统辅助元件有蓄能器、过滤器、油箱、热交换器、压力表及压力表开关、压缩空气净化设备、气动辅件、管件、密封件等。除油箱通常需要自行设计外,其余皆为标准件。液压与气压系统辅助元件与其他所介绍过的元件一样,都是系统中不可缺少的组成部分。它们对系统的性能、效率、温升、噪声和寿命等的影响很大,应给以充分重视。

6.1 蓄能器

6.1.1 蓄能器的功能

微视频6-1:液压蓄能器功能与分类

在液压传动系统中,蓄能器用来储存和释放液体的压力能。它的基本作用是,当系统的压力高于蓄能器内液体的压力时,系统中的液体充进蓄能器内,直到蓄能器内外压力相等;反之,当蓄能器内液体的压力高于系统的压力时,蓄能器内的液体流到系统中去,直到蓄能器内外压力平衡。因此,蓄能器可以在短时间内向系统提供压力液体,也可以吸收系统的压力脉动和减小压力冲击等。

6.1.2 蓄能器的类型

如图6.1所示,蓄能器的结构形式主要有重力式、弹簧式和充气式三种类型。

1. 重力式蓄能器

重力式蓄能器的结构简图如图6.2所示。它利用重物的势能来储存、释放液压能。当压力油充入蓄能器时,油液推动柱塞2上升,在重物1的作用下以一定压力储存起来。这种蓄能器的特点是结构简单,容量大,在释放压力能的过程中,压力稳定。但其结构尺寸大而笨重,运动

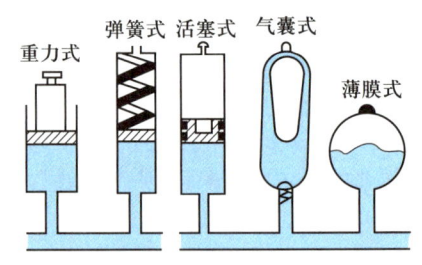

图6.1 各种形式的蓄能器

惯性大,反应不灵敏,易漏油,有摩擦损失。因此,重力式蓄能器只供蓄能用,常用作大型固定设备的第二油源。

2. 弹簧式蓄能器

弹簧式蓄能器的结构简图和实物图如图6.3所示。它利用弹簧的压缩和伸长来储存和释放压力能,弹簧2和压力油之间由活塞3隔开。它的结构简单,反应尚还灵敏。但容量小,易内泄

并有压力损失,不适于高压和高频动作的场合,一般可用于小容量、低压($p < 12$ MPa)系统,用作蓄能和缓冲。

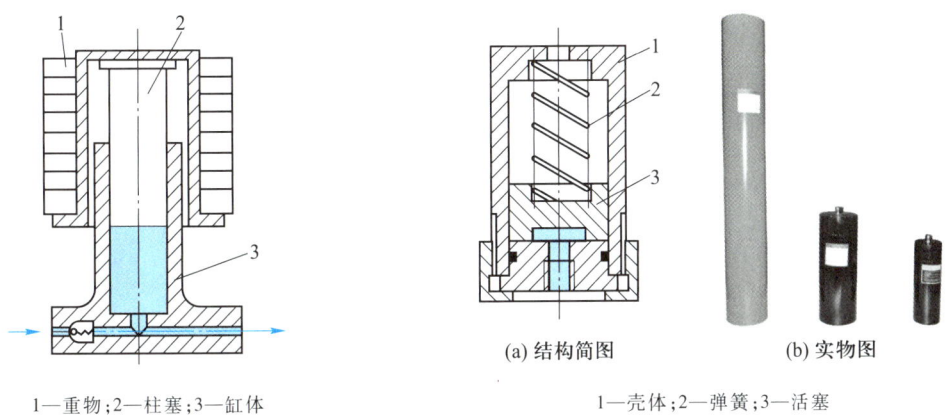

1—重物;2—柱塞;3—缸体

图 6.2　重力式蓄能器结构简图

(a) 结构简图　　(b) 实物图

1—壳体;2—弹簧;3—活塞

图 6.3　弹簧式蓄能器结构简图和实物图

3. 充气式蓄能器

充气式蓄能器是利用密封气体的压缩膨胀来储存、释放能量的,主要有气瓶式、活塞式和气囊式三种。

（1）气瓶式蓄能器

如图 6.4a 所示,这种蓄能器又叫直接接触式蓄能器。气体 1 和油液 2 在蓄能器中是直接接触的。它的特点是容量大,但由于气体与油液接触能够使气体混入油液中,影响系统工作的平稳性,而且耗气量大,需经常补气,因此仅适用于中、低压大流量的液压传动系统。

（2）活塞式蓄能器

如图 6.4b 所示,蓄能器中的气体 1 与油液 3 由一个浮动的活塞 2 隔开。活塞的上部为压缩空气,气体由气阀充入,其下部经油孔通向系统。活塞随下部压力油的储存和释放而在缸筒内来回滑动。为防止活塞上下两腔互通而使气液混合,在活塞上装有 O 形密封圈。这种蓄能器结构简单,工作可靠、寿命长,它主要用在液压传动系统中大流量的工作场合;但因活塞有一定的惯性和 O 形密封圈存在有较大摩擦力,所以反应不够灵敏。因此只适用于储存能量,或在中、高压系统中吸收压力脉动。另外,密封件磨损后,会使气液混合,影响系统的工作稳定性。

（3）气囊式蓄能器

这种蓄能器目前应用最为广泛,其结构如图 6.4c 所示,实物图如图 6.4d 所示。它主要由充气阀 1、壳体 2、皮囊 3 和进油阀 4 组成。气体和油液由皮囊隔开,皮囊用耐油橡胶制成,固定在耐高压的壳体上部,皮囊内充入惰性气体(一般为氮气)。壳体下端的进油阀是一个用弹簧加载的菌形阀,它能使油液进出蓄能器时皮囊不会挤出油口。充气阀在蓄能器工作前为皮囊充气,充气完毕将自动关闭。另外,充气阀处可作检查皮囊内气压大小的接表口。这种蓄能器的结构保证了气液的密封可靠,其主要特点是皮囊惯性小,反应灵敏,结构尺寸小,安装容易,克服了活塞式蓄能器的缺点。因此,它的应用广泛,但工艺性较差。

4. 薄膜式蓄能器

薄膜式蓄能器(图 6.5)利用薄膜的弹性来储存、释放压力能,主要用于小体积和小流量工作

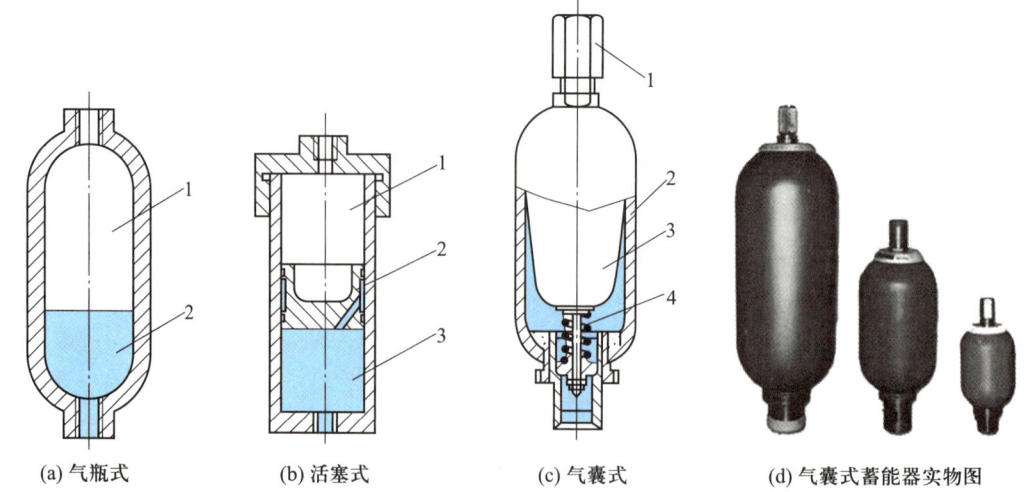

(a) 气瓶式　　　　(b) 活塞式　　　　(c) 气囊式　　　　(d) 气囊式蓄能器实物图

1—气体;2—油液　　1—气体;2—活塞;3—油液　　1—充气阀;2—壳体;3—皮囊;4—进油阀

图 6.4　充气式蓄能器结构简图和气囊式蓄能器实物图

情况,如用作减振器、缓冲器和用于控制油液的循环等。

图 6.5　薄膜式蓄能器实物图

5. 蓄能器的图形符号

蓄能器的图形符号如表 6.1 所示。

表 6.1　蓄能器图形符号

囊式蓄能器	气隔膜蓄能器	活塞式蓄能器	气瓶

微视频 6-2:
液压蓄能器
的容量计算
与使用

6.1.3　蓄能器的容量计算

　　容量是选用蓄能器的依据,其大小视用途而异。在选用蓄能器时,要根据液压传动系统的最高工作压力、最低工作压力和执行元件所需耗油量来确定。合理地选择蓄能器将会提高其容积利用率。现以气囊式蓄能器为例加以说明。

1. 作辅助动力源时的容量计算

这时的蓄能器储存和释放压力油的容量和气囊中气体体积的变化量相等,而气体状态的变化应符合玻意耳定律,即:

$$pV^n = p_1 V_1^n = p_2 V_2^n = 常数 \tag{6.1}$$

式中:p——气囊的充气压力,Pa;

V——气囊的充气体积(即蓄能器容量,这时气囊应充满壳体内腔),m^3;

p_1——系统最高工作压力(即泵对蓄能器储油结束时的压力),Pa;

V_1——气囊被压缩后相应于 p_1 时的气体体积,m^3;

p_2——系统最低工作压力(即蓄能器向系统供油结束时的压力),Pa;

V_2——气体膨胀后相应于 p_2 时的气体体积,m^3;

n——多变指数。

当蓄能器用于保压和补偿泄漏时,气体膨胀过程缓慢,与外界热交换进行得充分,可认为是等温变化过程,$n=1$;当蓄能器作辅助或应急动力源时,释放液体的时间短,气体快速膨胀,热交换不充分,这时可视为等熵过程,$n=1.4$。蓄能器 $p-V$ 曲线如图 6.6 所示。在实际工作中的状态变化在等熵过程和等温过程之间,因此 $1<n<1.4$。

体积差 $\Delta V(=V_2-V_1)$ 为供给系统的油液体积,代入式(6.1),便可求得蓄能器容量 V,即:

$$V = \left(\frac{p_2}{p_0}\right)^{\frac{1}{n}} V_2 = \left(\frac{p_2}{p}\right)^{\frac{1}{n}} (V_1 + \Delta V) = \left(\frac{p_2}{p}\right)^{\frac{1}{n}} \left[\left(\frac{p}{p_1}\right)^{\frac{1}{n}} V + \Delta V\right]$$

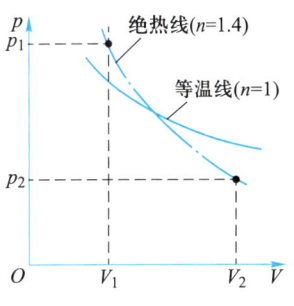

图 6.6 蓄能器的 $p-V$ 曲线

由此得:

$$V = \frac{\Delta V \left(\frac{p_2}{p}\right)^{\frac{1}{n}}}{1 - \left(\frac{p_2}{p_1}\right)^{\frac{1}{n}}} \tag{6.2}$$

充气压力 p 在理论上可与 p_2 相等,但为保证在压力为 p_2 时蓄能器仍有能力补偿系统泄漏,应使 $p<p_2$,一般取 $p=(0.8\sim0.85)p_2$ 或 $0.9p_2>p>0.25p_1$。在实际选用时,蓄能器的总容积 V 比理论计算值大 5% 为宜,具体可查有关手册和资料。如已知 V,也可反过来求出蓄能时的供油体积,即:

$$\Delta V = p^{\frac{1}{n}} V \left[\left(\frac{1}{p_2}\right)^{\frac{1}{n}} - \left(\frac{1}{p_1}\right)^{\frac{1}{n}}\right] \tag{6.3}$$

2. 作吸收冲击用时的容量计算

这时准确计算比较困难,因其与管路布置、液体流态、阻尼情况及泄漏大小等因素有关。一般按经验公式计算缓和最大冲击压力时所需的蓄能器最小容量,即:

$$V = \frac{0.004 q p_2 (0.016\ 4L - t)}{p_2 - p_1} \tag{6.4}$$

式中:q——阀口关闭前管内流量,L/min;

p_2——系统允许的最大冲击压力(一般取 $p_2 \approx 1.5p_1$),Pa;

L——发生冲击的管长(即压力油源到阀口的管道长度),m;

t——阀口由开到关的时间(突然关闭时取 $t=0$),s;

p_1——阀口开、闭前管内工作压力,Pa。

本式只适用于在数值上 $t<0.016\ 4L$ 的情况。

6.1.4 蓄能器的应用

蓄能器在液压传动系统中的用途很多,主要用作辅助动力源、液体泄漏补偿装置、应急动力源、系统保压装置、脉动阻尼器及液压冲击吸收器等。

1. 辅助动力源

蓄能器最常见的用途是作为辅助动力源。图 6.7 所示为简化后的压力机液压传动系统,是蓄能器用作辅助动力源的一个案例。在工作循环中,当液压缸慢进和保压时,蓄能器把液压泵输出的压力油储存起来,达到设定压力后,卸荷阀打开,泵卸荷;当液压缸在快速进退时,蓄能器与泵一起向液压缸供油,完成一个工作循环。这里,蓄能器的容量要选成其提供的流量加上液压泵的流量能够满足工作循环的流量要求,并能在循环之间重新充够油液。因此,在系统设计时可按平均流量选用较小流量规格的泵。

2. 应急动力源

当液压传动系统工作时,由于泵或电源的故障,液压泵突然停止供油,会引起事故。对于重要的系统,为了确保工作安全,就需用一适当容量的蓄能器作为应急动力源。图 6.8 所示为用蓄能器作应急动力源的液压传动系统,当液压泵突然停止供油时,蓄能器便将其储存的压力油放出,使系统继续在一段时间内获得压力油。

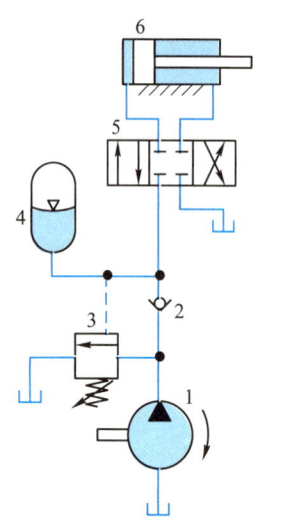

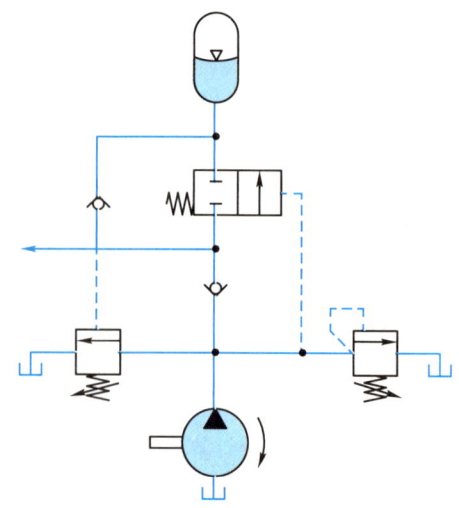

1—液压泵;2—单向阀;3—卸荷阀;

4—液压蓄能器;5—换向阀;6—液压缸

图 6.7　蓄能器作辅助动力源　　　　图 6.8　蓄能器作应急动力源

3. 系统保压装置

应用蓄能器使液压传动系统保持压力,从而使液压泵卸荷以降低功率的消耗。图 6.9a 和图 6.9b 所示为这种回路,系统的压力可由蓄能器来保持。当系统压力达到所需的数值时,通过压力继电器 A 使液压泵卸荷,或通过顺序阀 C 控制二位二通阀 B 和卸荷溢流阀使液压泵卸荷。

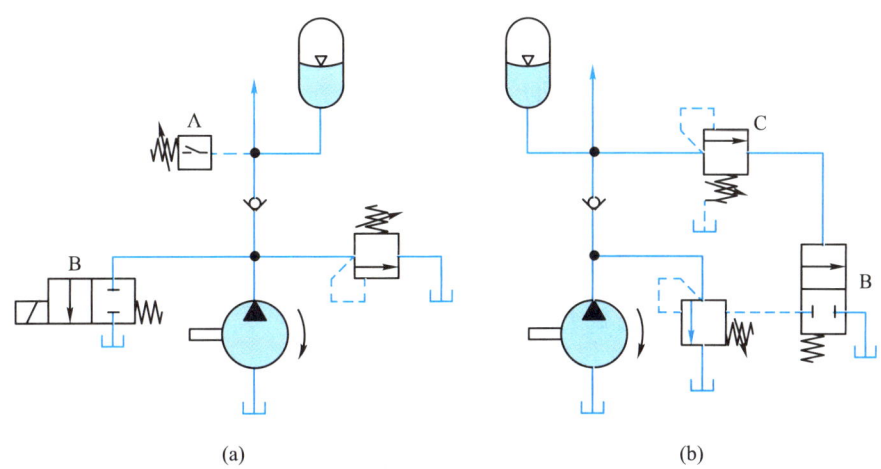

(a)   (b)

图 6.9　蓄能器作保压装置

4. 脉动阻尼和液压冲击吸收器

在液压传动系统中安装蓄能器,可以吸收和减小压力脉动峰值,这是防止振动与噪声的措施之一。图 6.10 所示即为吸收压力脉动用蓄能器回路。在高压、大流量管路内,若在靠近快速关闭的阀门管路上安装蓄能器,能够使液体的流速变化减小,冲击压力得到缓冲,从而消除系统中的管路和工作元件遭受损坏的危险。图 6.11 所示为装有作为吸收冲击用的蓄能器回路。

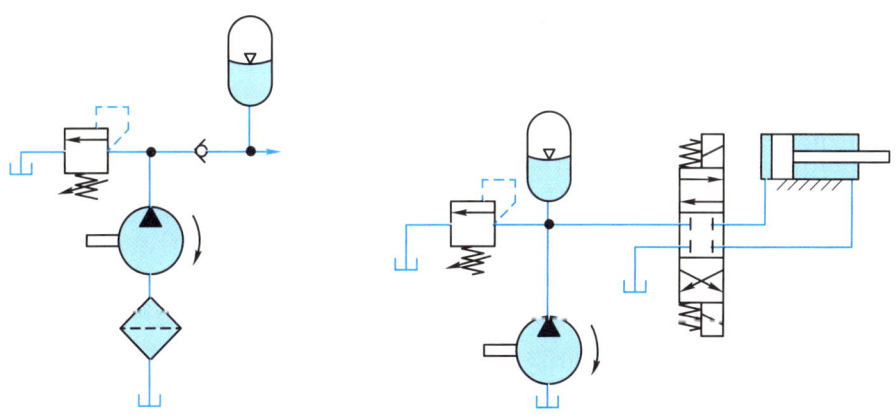

图 6.10　蓄能器作脉动阻尼器　　　　图 6.11　蓄能器作液压冲击吸收器

6.2　过滤器

液压与气压传动系统的大多数故障是由于工作介质被污染而造成的,因此保持工作介质清洁是系统正常工作的必要条件。工作介质中的污染物会使液压动力元件、执行元件和控制调节元件等内部相对运动部分的表面划伤,加速磨损或卡死运动件,堵塞阀口,腐蚀元件,使系统工作可靠性下降,寿命降低。如果杂质将节流阀口或溢流阀阻尼孔堵塞,则会造成系统故障。在适当的部位上安装过滤器可以截留工作介质中不可溶的污染物,使油液保持清洁,保证液压传动系统正常工作。

过滤器的主要性能指标是过滤精度。过滤器的过滤精度是指其能从工作介质中过滤掉的杂质颗粒尺寸大小。过滤器按过滤精度可以分为粗过滤器、普通过滤器和精过滤器。它们分别能滤掉工作介质中尺寸为 100 μm 以上、10～100 μm 和 10 μm 以下的杂质颗粒。

液压传动系统所要求的油液过滤精度是杂质的颗粒尺寸小于液压元件运动表面间隙。这样就可以避免杂质颗粒使运动件卡住或者急剧磨损。另外,杂质颗粒尺寸应该小于液压传动系统中节流口或缝隙的最小间隙,以免造成堵塞。

6.2.1　过滤器的类型和结构

在液压传动系统中,常见的过滤器按滤芯的材料和结构形式的不同可分为网式、线隙式、纸质式、烧结式及磁性过滤器等;按过滤器的连接方式可分为管式、法兰式和板式等;按过滤器安放的位置不同,还可以分为吸滤器、压滤器和回流过滤器。有的过滤器还带有污染堵塞发信装置。

1. 网式过滤器

网式过滤器为粗过滤器,图 6.12a 为两种不同安装方式过滤器的结构简图,图 6.12b 为实物图。在周围开有很多窗孔的塑料或金属筒形骨架上,包着一层或两层铜丝网。过滤精度由网孔大小和层数决定,有 80 μm、100 μm 和 180 μm 三个等级。

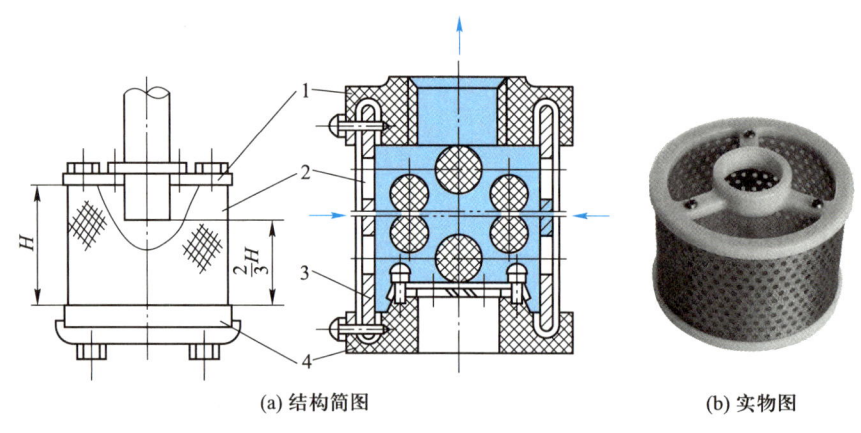

(a) 结构简图　　　　　　　　　　(b) 实物图

1—上盖;2—铜丝网;3—骨架;4—下盖

图 6.12　网式过滤器结构简图和实物图

由于网式过滤器阻力损失小,过滤精度不高,通常安装在液压泵的吸油口,以防止较大的杂质颗粒进入泵内。目前常用的网式过滤器,当网孔直径为 0.18～0.88 mm 时,其压力损失不超过 $0.25×10^5$ Pa;当网孔直径为 0.13～0.4 mm 时,其压力损失不超过 $0.04×10^5$ Pa。选择过滤器时,应选择过滤通流能力是液压泵流量的两倍以上的过滤器,以保证液压泵吸油充分,防止液压泵泵口吸油阻力过大而产生气蚀。

网式过滤器结构简单、清洗方便、通流能力大,但过滤精度低,常用作吸油管路的吸滤器,对油液进行粗滤。

2. 线隙式过滤器

线隙式过滤器是一种普通过滤器。它用铜线或铝线密绕在筒形芯架的外部来组成滤芯,并装在壳体内(用于吸油管路上的过滤器无壳体)。油液经线间间隙和芯架槽孔流入过滤器内,再从孔道流出。其过滤精度有 0.03 mm 和 0.08 mm 两种。图 6.13a 所示为回流线隙式过滤器的结构简图,该过滤器由端盖 2、壳体 3、筒形芯架 4 和绕在芯架外部的铜线圈 5 组成。油液从孔 a 进入过滤器内,经过线间的缝隙进入滤芯内部再由孔 b 流出。图 6.13b 所示为吸油线隙式过滤器的结构简图,该过滤器过滤原理是由绕线间隙过滤掉油液中杂质。

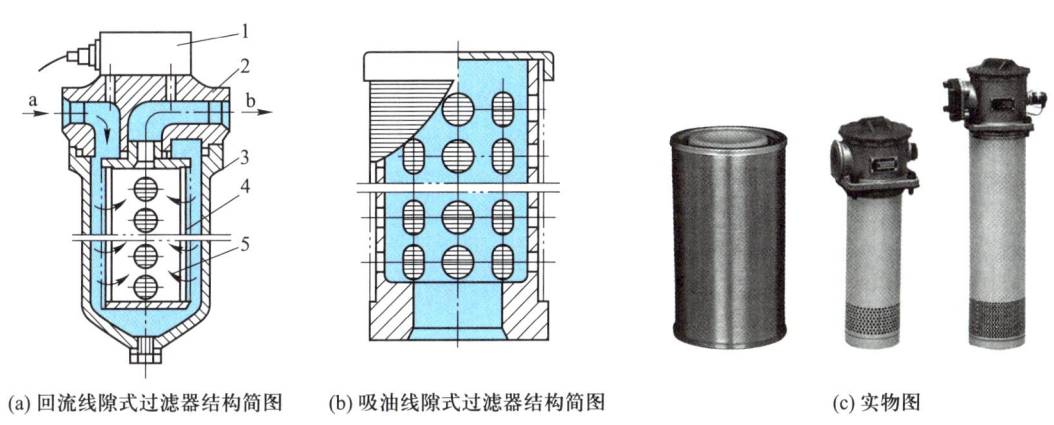

(a) 回流线隙式过滤器结构简图 (b) 吸油线隙式过滤器结构简图 (c) 实物图

1—发信装置;2—端盖;3—壳体;4—筒形芯架;5—铜线圈

图 6.13 线隙式过滤器结构简图和实物图

这种过滤器结构简单、通流能力大、过滤精度适中,一般常用于压力低于 2.5 MPa 的回路或液压泵吸油管路中,可用作吸滤器或回流过滤器,但不易清洗。

3. 金属烧结式过滤器

金属烧结式过滤器的结构形状较多,图 6.14 所示为其中一种。它由端盖 1、壳体 2 和滤芯 3 等零件组成。油液从进油口进入过滤器,通过滤芯后从出油口流出。滤芯一般由颗粒状青铜压

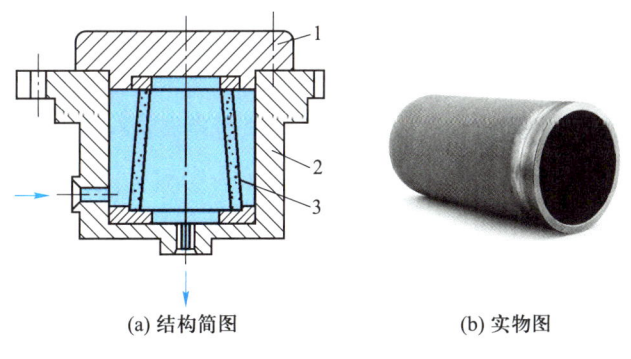

(a) 结构简图 (b) 实物图

1—端盖;2—壳体;3—滤芯

图 6.14 金属烧结式过滤器结构简图和实物图

制、烧结而成。它是利用铜颗粒之间的微孔来过滤杂质的。选择不同粒度的粉末制成不同壁厚的滤芯就能获得不同精度的过滤效果。通常其过滤精度为 0.01～0.1 mm，压力损失为 $0.3×10^5～2×10^5$ Pa。它的主要特点是滤芯可按需要烧结成各种不同的形状，如杯状、管状等，其强度高，承受热应力和抗冲击性能好，可以在较高温度下工作，有良好的抗腐蚀性，制造简单，过滤精度较高，可用在不同的位置。其缺点是易堵塞，难清洗，烧结颗粒在使用中可能会脱落，再次造成油液的污染。

4. 纸质过滤器

纸质过滤器又称纸芯式过滤器，目前应用最为广泛，如图 6.15 所示。它的结构与线隙式过滤器基本相同，只是滤芯采用了纸芯。纸芯由厚为 0.35～0.7 mm 的平纹或皱纹的酚醛树脂或木浆微孔滤纸组成。为了增大滤芯强度，滤芯一般分为三层，外层采用粗眼钢板网，中层为纸质滤芯，折叠成图 6.14b 所示形状以增大过滤面积，里层由金属丝网与滤纸一并折叠在一起，滤芯的中央还装有支承弹簧。这样就提高了滤芯强度，延长了寿命。纸质过滤器的过滤精度高（5～30 μm），通常有 0.01 mm 和 0.02 mm 两种。其压力损失为 $0.1×10^5～0.4×10^5$ Pa，可在高压（38 MPa）下工作。由于较小的壳体中可装入表面积很大的滤纸芯，因此其结构紧凑、通流能力大，一般配备壳体后用作压滤器。其缺点是无法清洗，为一次性使用，需经常更换滤芯。

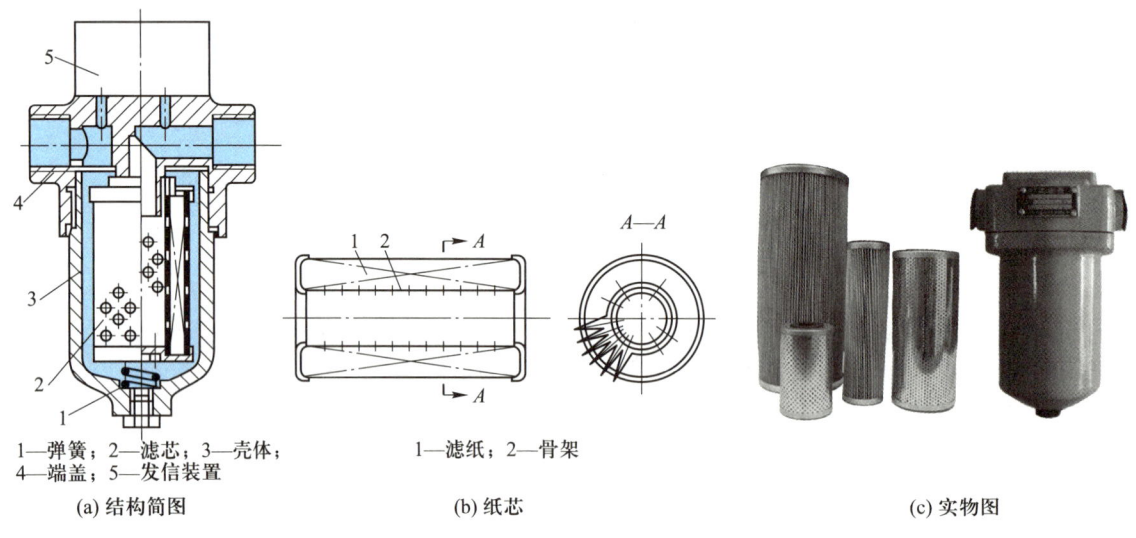

1—弹簧；2—滤芯；3—壳体；
4—端盖；5—发信装置

(a) 结构简图

1—滤纸；2—骨架

(b) 纸芯

(c) 实物图

图 6.15　纸质过滤器结构简图、纸芯和实物图

纸质过滤器的滤芯能承受的压力差较小（0.35 MPa），为了保证过滤器能正常工作，不致因杂质逐渐聚积在滤芯上引起压差增大而压破纸芯，故过滤器顶部装有堵塞状态发信装置。

5. 磁性过滤器

磁性过滤器的工作原理是利用磁铁吸附油液中的铁质微粒。但一般结构的磁性过滤器对其他污染物不起作用，通常用作回流过滤器。它常被用作复式过滤器的一部分。

6. 复合过滤器

复合过滤器即上述几类过滤器的组合。例如在图 6.14 所示的滤芯中间，再套入一组磁环即成为磁性烧结式过滤器。复合过滤器性能更为完善，一般设有多种结构原理的堵塞状态发信装置，有的还设有安全阀。当过滤杂质逐渐将滤芯堵塞时，滤芯进出油口的压力差增大，若超过所调定的发信压力,发信装置便会发出堵塞信号。如不及时清洗或更换滤芯,当压差达到所调定的安全压力时,类似于直动式溢流阀的安全阀便会打开,以保护滤芯免遭损坏。

安装在回油路上的纸质磁性过滤器,适用于对铁质微粒要求去除干净的液压传动系统。

7. 过滤器发信装置

过滤器长期工作,油液中的杂质积聚在滤芯表面,使得通流面积逐渐减小,通流阻力逐渐上升。为了保证过滤器能够正常工作,需要过滤器带有堵塞发信装置。

过滤器发信装置与过滤器并联,其结构如图 6.16 所示。它的工作原理是:其 P_1 口(压力为 p_1)与过滤器进油口相通,P_2 口(压力为 p_2)与出油口相通;过滤器进、出油口两端的压力差 $\Delta p(=p_1-p_2)$ 在发信装置活塞 2 上产生的作用力与弹簧 5 的弹簧力相平衡;油液杂质逐渐堵塞过滤器,使压力 p_1 上升,压力差 Δp 达到一定数值时,压力差作用力大于弹簧力,推动活塞及永久磁铁 4 右移。这时,干簧管 6 受磁性作用吸合触点,接通电路,使接线柱 1 连接的电路报警,提醒操作人员更换滤芯。电路上若增设延时继电器,还可在发信一定时间后实现自动停机保护。

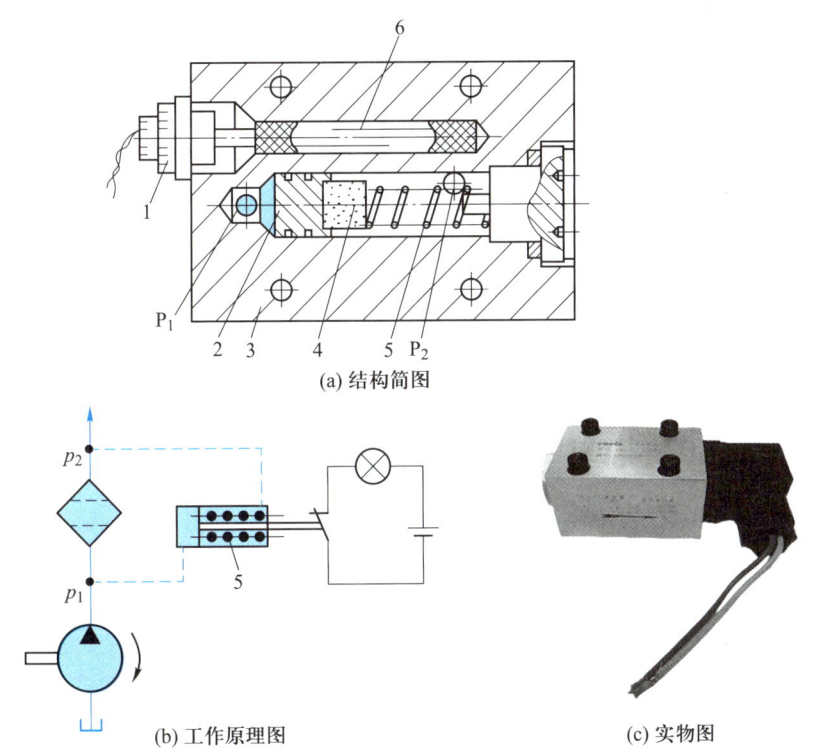

(a) 结构简图

(b) 工作原理图

(c) 实物图

1—接线柱;2—活塞;3—阀体;4—永久磁铁;5—弹簧;6—干簧管

图 6.16　用于压油管路的过滤器堵塞状态发信装置结构简图、工作原理图和实物图

通常,过滤器堵塞报警压力差值为 0.3 MPa 左右。

8. 过滤器的图形符号

根据国家标准,过滤器的图形符号见表 6.2。

表 6.2　过滤器的图形符号

过滤器	带有磁性滤芯的过滤器	通气过滤器	带有光学阻塞指示器的过滤器	带有压力表的过滤器

6.2.2　过滤器的选用

过滤器按其过滤精度（滤去杂质颗粒的大小）的不同，有粗过滤器、普通过滤器、精密过滤器和特精过滤器四种。不同的液压传动系统有不同的过滤精度要求，具体要求见表 6.3。

表 6.3　各种液压传动系统的过滤精度要求

系统类别	润滑系统	传动系统			伺服系统
工作压力 p/MPa	0~2.5	<14	14~32	>32	≤21
精度 d/μm	≤100	25~50	≤25	≤10	≤5

过滤器的选用应考虑下列因素：

（1）有足够的过滤能力。过滤能力即一定压降下允许通过过滤器的最大流量。不同类型的过滤器可通过的流量值有一定的限制，需要时可查阅有关样本和手册。

（2）能承受一定的工作压力。过滤器壳体应具有耐压能力，能承受其所在管路的工作压力。液压传动系统中的管路工作压力各有不同，应根据工作压力选取相应的过滤器。

（3）有足够的过滤精度。过滤精度是指通过滤芯的最大尖硬颗粒的大小，以其直径 d 的公称尺寸（单位 μm）表示。其颗粒越小，精度越高。精度分粗（$d \geqslant 100$ μm）、普通（$d \geqslant 10 \sim 100$ μm）、精（$d \geqslant 5 \sim 10$ μm）和特精（$d \geqslant 1 \sim 5$ μm）四个等级。

应该指出，近年来有一种推广使用高精度过滤器的观点。研究表明，液压元件相对运动表面的间隙尺寸大多为 1~5 μm。因而工作中首先是这个尺寸范围内的污染颗粒进入运动间隙，引起磨损，扩大间隙，进而更大颗粒进入，造成表面磨损的一系列反应。因此，若能有效地控制 1~5 μm 的污染颗粒，则这种系列反应就不会发生。试验和严格的检测证实了这种观点。实践证明，采用高精度过滤器，液压泵和液压马达的寿命可延长 4~10 倍，可基本消除阀的污染、卡紧和堵塞故障，并可延长液压油液和过滤器本身的寿命。

（4）过滤器滤芯应易于清洗和更换。

（5）在一定的温度下，过滤器应有足够长的工作寿命。

6.2.3　过滤器的安装

在液压传动系统中，过滤器的作用与其在管路中的安装位置有关。通常有以下几种情况。

微视频 6-4：
过滤器安装

1. 安装在泵的吸油管路上

如图 6.17a 所示,这种安装方式主要用来保护泵不致吸入较大的机械杂质,一般都采用过滤精度较低的粗过滤器或普通精度过滤器。因为泵从油箱吸油,为了不影响泵的吸油性能,吸油阻力应尽可能小,否则将造成液压泵吸油不畅或出现空穴现象并产生强烈噪声。这时过滤器的通流能力应大于液压泵流量的两倍以上,压力损失不得超过 0.01~0.035 MPa。必要时,泵的吸入口应置于油箱液面以下。

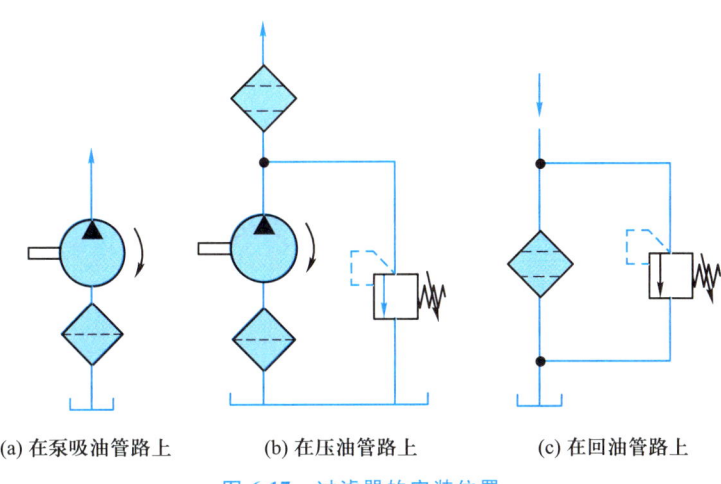

     (a) 在泵吸油管路上   (b) 在压油管路上   (c) 在回油管路上

图 6.17　过滤器的安装位置

2. 安装在泵的压油管路上

如图 6.17b 所示,这种安装方式主要用来滤除可能侵入阀类元件的污染物,保护除泵以外的其他液压元件。一般采用 10~15 μm 过滤精度的过滤器。由于过滤器在高压下工作,壳体应能承受系统工作压力和冲击压力。过滤阻力不应超过 0.35 MPa,以减小因过滤所引起的压力损失和滤芯所受的液压力,并应有安全阀或堵塞状态发信装置,以防泵过载和滤芯损坏。为了防止过滤器堵塞时引起液压泵过载或滤芯裂损,可在压力油路上设置一旁通阀,其阀的开启压力应略低于过滤器的最大允许压力差。

3. 安装在回油管路上

如图 6.17c 所示,这种安装方式可滤去油液流入油箱以前的污染物,为泵提供清洁的油液。由于回油路上压力低,可采用强度和刚度较低但过滤精度较高的精过滤器进行回油过滤,并允许过滤器有较大的压力降,保证油箱回油的清洁,间接地保护了系统。与过滤器并联的溢流阀起着旁通阀的作用,也可简单地并联一单向阀作为安全阀,以防堵塞或低温启动时高黏度油液流过过滤器所引起的系统压力的升高。

4. 安装在系统的分支油管路上

当泵流量较大时,若仍采用上述各种油路进行过滤,过滤器可能过大。为此可在只有泵流量 20%~30% 的支路上安装一小规格过滤器,对油液起过滤作用。

5. 单独过滤系统

单独过滤系统是由专用液压泵和过滤器单独组成一个独立于液压传动系统之外的过滤回路,用于滤除油液中的杂质,以保护主系统。过滤系统连续运转,可以滤掉油箱中油液的杂质,适用于大型机械设备中的液压传动系统,如图 6.18 所示的系统。滤油车也可起此作用。研究表明,在压力和流量波动下,过滤器的功能会大幅度降低,系统外的过滤回路不受系统压力的影响,故过滤效果较好。

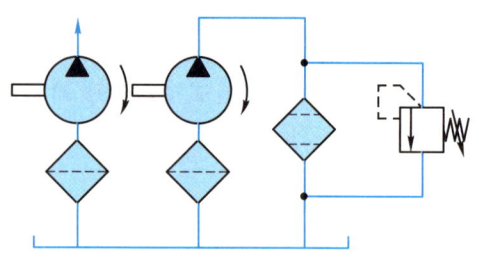

安装过滤器时应注意,一般过滤器只能单向使用,进出油口不可反用。因此,过滤器不要安装在液流方向可能变换的油路上。必要时可将单向阀和过滤器进行组合,来组成可以进行双向过滤的过滤装置,以保证双向过滤,作为过滤器的新进展,目前双向过滤器也已出现。

图 6.18　单独过滤系统

6.3　油箱、热交换器、压力表及压力表开关

6.3.1　油箱

油箱的作用主要是储油。此外,油箱有一定的表面积,能够散发油液工作时产生的热量,沉淀油液中的污物,逸出渗入油液中的空气,有时它还兼作液压元件和阀块的安装平台。

微视频 6-5:
油箱

按油箱液面是否与大气相通,可分为开式油箱和闭式油箱。开式油箱广泛用于一般的液压传动系统,闭式油箱则用于水下和高空无稳定气压及对工作稳定性或噪声有严格要求的场合(空气混入油液是工作不稳定和产生噪声的主要原因)。这里仅介绍开式油箱。

在初步设计油箱时,其有效容量可按下述经验公式确定,即:

$$V = mq_{\mathrm{p}} \tag{6.5}$$

式中:m——系数,低压系统时 $m=2\sim4$,中压系统时 $m=5\sim7$,中、高压或高压大功率系统时 $m=6\sim12$;

q_{p}——液压泵的流量,L/min。

对功率较大且连续工作的液压传动系统,必要时还应进行热平衡计算,以最后确定油箱容量。

下面结合图 6.19 的油箱结构简图,分述设计要点如下。

(1)基本结构

为了在相同的容量下得到最大的散热面积,油箱外形以立方体或长六面体为宜。油箱的顶盖上一般要安放泵和电动机(也有的置于油箱旁边或油箱下面)以及阀的集成装置等,据此可基本确定箱盖的尺寸;另外,最高液面只允许达到箱高的 80%,这样就可基本确定箱高的尺寸。油箱一般用厚度为 2.5~4 mm 的钢板焊成,顶盖要适当加厚并用螺钉通过焊在箱体上的角钢加以固定。顶盖可以是整体的,也可分为几块。泵、电动机和阀的集成装置可直接固定在顶盖上,也可固定在安装板上,安装板与顶盖间应垫上橡胶板以缓和振动。油箱底脚高度应在 150 mm 以上,以便散热、搬移和放油。油箱要有吊耳,以便吊装和运输。油箱应有足够的刚度,大容量,较高的油箱要采用骨架式结构。

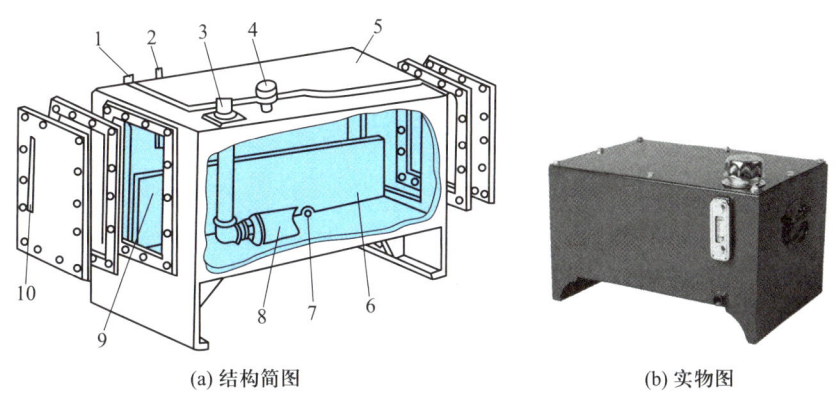

(a) 结构简图　　　　　　　　　　　(b) 实物图

1—回油管;2—泄油管;3—吸油管;4—空气滤清器;5—安装板;
6—隔板;7—放油口;8—过滤器;9—清洗窗;10—液位计

图 6.19　油箱结构简图和实物图

（2）吸油管、回油管和泄油管的设置

泵的吸油管与系统回油管管口之间的距离应尽可能远些,并且都应插在最低液面之下。吸油管应采用容易将过滤器从油箱内取出的连接方式,所安装过滤器的安装位置要在液面以下较深的部位,距油箱底面不得小于 50 mm,这是因为油箱底部有沉淀物,安装太低时容易把杂质吸入泵内。吸油管离箱壁要有 3 倍管径的距离,以便四面进油;回油管管口应加工成 45°斜口形状,以增大通流截面,并面向箱壁,以利散热和沉淀杂质。回油管口在最低液面以下以防止回油时带入空气,这样可使大流量油液返回油箱时不会剧烈地扰动液面,从而可以防止气泡混入油液中,并能使高温油液迅速流向易于散热的油箱四壁,但离箱底要大于管径的 2~3 倍,以免飞溅起泡。阀的泄油管管口应在液面之上,以免产生背压;液压马达和液压泵的泄油管则应引入液面之下,以免吸入空气。为防止油箱表面泄油落地,必要时要在油箱下面或顶盖四周设盛油盘。

（3）隔板的设置

在油箱中设置隔板的目的是将吸、回油隔开,迫使油液循环流动,分离回油带进来的气泡与杂质,利于散热和沉淀。一般设置一到两个隔板,高度约为最低允许工作液面高度的 2/3。为了使散热效果好,应使液流在油箱中有较长的流程,如果与四壁都接触,效果更佳。油箱底面应有适当的倾斜度,并在最低处设置放油口。

（4）空气滤清器与液位计的设置

空气滤清器的作用是使油箱与大气相通,保证泵的自吸能力,滤除空气中的灰尘杂物,兼作加油口用。它的容量大小可根据液压泵输出油量的大小进行选择,当油箱内的液面发生剧烈变化时,可保证油箱内不出现负压情况。它一般布置在顶盖上靠近油箱边缘处。

液位计用于监测液面高度,故其窗口尺寸应能满足对最高与最低液位的观察,有的油箱要求低油位报警,有的油箱要求高位报警,还有的油箱要求高低位报警。这些皆为标准件,可按需要选用。

（5）放油口与清洗窗的设置

图 6.19 所示油箱底面做成斜面,在最低处设放油口,平时用螺塞或放油阀堵住,换油时将其

打开放走污油。

换油时为便于清洗油箱,大容量的油箱一般均在侧壁设清洗窗,其位置安排应便于吸油过滤器的装拆。

（6）防污密封

油箱盖板和窗口连接处均需加密封垫,各进、出油管通过的孔都需要装有密封垫。

（7）油温控制

油箱正常工作温度应在 15~65 ℃ 之间,必要时应安装温度计、温控器和热交换器。

（8）油箱内壁加工

新油箱经喷丸、酸洗和表面清洁后,四壁可喷涂一层与工作液不相溶的塑料薄膜。如果油箱用不锈钢板焊制时,可不必涂层。

（9）较大的油箱应设置手孔或人孔,便于维护。

6.3.2 热交换器

微视频 6-6:
热交换器类型与工作原理

在液压传动系统中,热交换器包括冷却器和加热器。

液压传动系统工作时,动力元件和执行元件的容积损失和机械损失,控制调节元件和管路的压力损失以及液体摩擦损失等消耗的能量几乎全部转化为热量。这些热量将使液压传动系统油温升高。如果油液温度过高,将严重影响系统的正常工作。因此,需用冷却器对油液进行降温。

液压传动系统工作前,如果油液温度低于 10 ℃,油液黏度较大,使液压泵吸油困难。为保证系统正常工作,必须设置加热器以提高油液温度。

冷却器和加热器的作用在于控制液压传动系统油液的正常工作温度,保证液压传动系统的正常工作。

1. 冷却器

根据冷却介质的不同,冷却器分为水冷式和风冷式两类。

（1）水冷式冷却器

水冷式冷却器分为蛇形管式、多管式和板式等形式。

1）蛇形管式冷却器　如图 6.20 所示,在油箱中安放水冷蛇形管式冷却器进行冷却是最简单的方法。它制造容易、装设方便,但冷却效率低,耗水量大,故不常使用。

2）多管式冷却器　常见的多管式冷却器的结构简图和实物图如图 6.21 所示,它主要由外壳 1、挡板 2、铜管 3 和隔板 4 等零件组成。工作时,冷却水从管内通过,高温油从壳体内管间流过形成热交换。隔板将铜管束分成两部分,使冷却水每次只能从一部分管子通过,待流到一端后,再进入另一部分管子流出,这样可以增大冷却水的流速,提高水的传热效率。

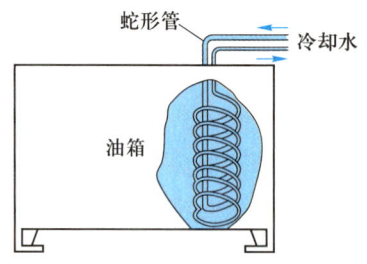

图 6.20　蛇形管式冷却器结构简图

为了增加油液在管间的流动速度,提高油的传热效率,使油液得到充分的冷却,还设置了适当数量的挡板,挡板与铜管竖直安装。这种冷却器由于采用强制对流的方式,散热效率较高、结构紧凑,因此应用较普遍。

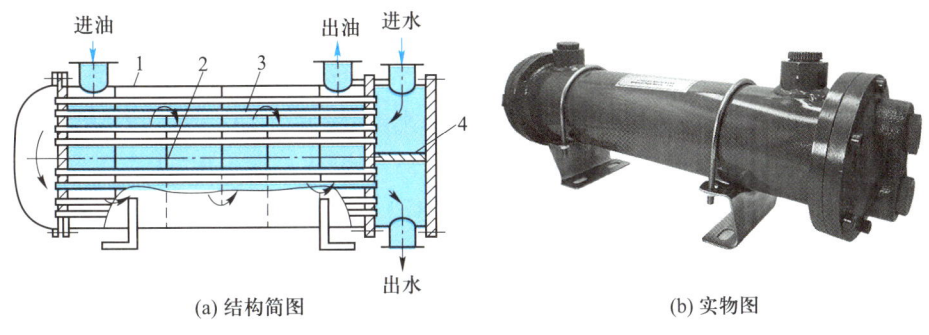

(a) 结构简图   (b) 实物图

1—外壳；2—挡板；3—铜管；4—隔板

图 6.21 　多管式冷却器结构简图和实物图

（2）风冷式冷却器

风冷式冷却器适用于缺水或不使用水的液压装置，如工程机械等。冷却方式可采用风扇强制吹风冷却，也可采用自然风冷却。风冷式冷却器有管式、板式、翅管式和翅片式等形式。这里仅介绍翅片式风冷却器。

图 6.22 所示为翅片式风冷却器，每两层通油板之间设置波浪形的翅片板，因此可以大大提高传热系数。如果加上强制通风，冷却效果将更好。它的结构紧凑，体积小，但易堵塞，难清洗。

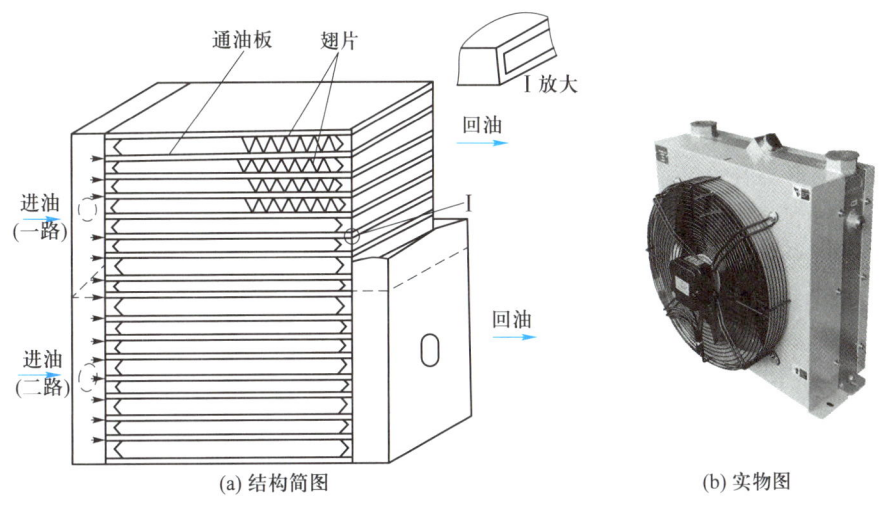

(a) 结构简图   (b) 实物图

图 6.22 　翅片式风冷却器结构简图和实物图

冷却器通常安装在液压传动系统的回油路上，这样可以对已经发热的油在回油箱之前进行冷却。另外，也有单设一台泵仅供冷却器换热用的安装形式。

（3）冷却器的计算

冷却器的计算主要是根据热交换量确定需要的散热面积和冷却水量。

1）散热面积

冷却器散热面积的确定应根据发热功率来计算。冷却器必需的散热面积 A 为：

$$A = \frac{P}{h \Delta T_{\mathrm{m}}} \tag{6.6}$$

式中:P——发热功率,W;

    h——冷却器的表面传热系数〔推荐值为:蛇形管式水冷 $h = 110 \sim 175$ W/($\mathrm{m}^2 \cdot ℃$),多管式水冷 $h = 116$ W/($\mathrm{m}^2 \cdot ℃$),强制风冷 $h = 35 \sim 350$ W/($\mathrm{m}^2 \cdot ℃$)〕;

    ΔT_{m}——油和水之间的平均温差。

$$\Delta t_{\mathrm{m}} = \frac{T_1 + T_2}{2} - \frac{T_1' + T_2'}{2} \tag{6.7}$$

式中:T_1——液压油进口温度,K;

    T_2——液压油出口温度,K;

    T_1'——冷却介质进口温度,K;

    T_2'——冷却介质出口温度,K。

2)需要的冷却水量

为了平衡油温,冷却器冷却水的吸热量应等于液压油放出的热量,即:

$$c' q' \rho' (T_2' - T_1') = cq\rho (T_2 - T_1) \tag{6.8}$$

因此需要的冷却水量:

$$q' = \frac{c\rho (T_2 - T_1)}{c' \rho' (T_2' - T_1')} q \tag{6.9}$$

式中:c'、c——水、油的比热容,J/($\mathrm{kg} \cdot \mathrm{K}$),$c' = 4\,186.8$ J/($\mathrm{kg} \cdot \mathrm{K}$),$c = 1\,675 \sim 2\,093$ J/($\mathrm{kg} \cdot \mathrm{K}$);

    q'、q——水、油的流量,L/min;

    ρ'、ρ——水、油的密度,$\mathrm{kg/m}^3$,$\rho' = 1\,000$ $\mathrm{kg/m}^3$,$\rho = 900$ $\mathrm{kg/m}^3$。

冷却水在冷却器内的流速应不超过 1.2 m/s,压力损失在 0.05~0.08 MPa 之间。

2. 加热器

加热器的作用是低温启动时将油液温度升高到适当的值。目前,最常用的是电加热器,其安装示意图和实物图如图 6.23 所示。

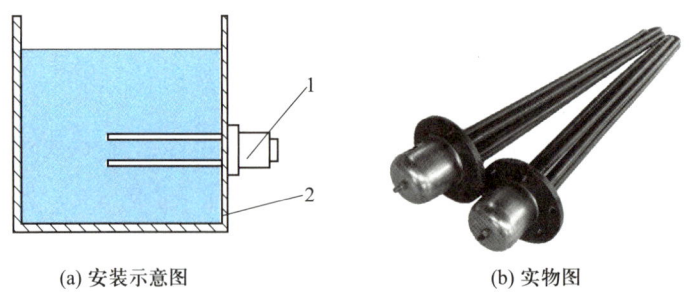

(a) 安装示意图   (b) 实物图

1—电加热器;2—油箱

图 6.23　电加热器的安装示意图和实物图

电加热器的发热功率 P 可按下式估算:

$$P \geqslant \frac{c\rho V \Delta T}{t\eta} \tag{6.10}$$

式中:c——油液的比热容,J/(kg·K),$c = 1\ 675 \sim 2\ 093$ J/(kg·K);

ρ——油液的密度,kg/m³,$\rho = 900$ kg/m³;

V——油箱的容积,m³;

ΔT——油液温升,K;

t——加热时间,s;

η——热效率,一般取 $\eta = 0.6 \sim 0.8$。

6.3.3　压力表及压力表开关

1. 压力表

液压传动系统和各局部回路的压力大小可通过压力表观测,以便调整和控制液压传动系统各工作点的压力。常用的压力表是弹簧弯管式,如图 6.24 所示。它由放大机构 1、弹簧弯管 2、指针 3、基座 4 等零件组成。当弹簧弯管受压力作用发生伸张变形后,通过放大机构的杠杆、扇轮和小齿轮使指针偏转,压力越高,指针偏转越大。

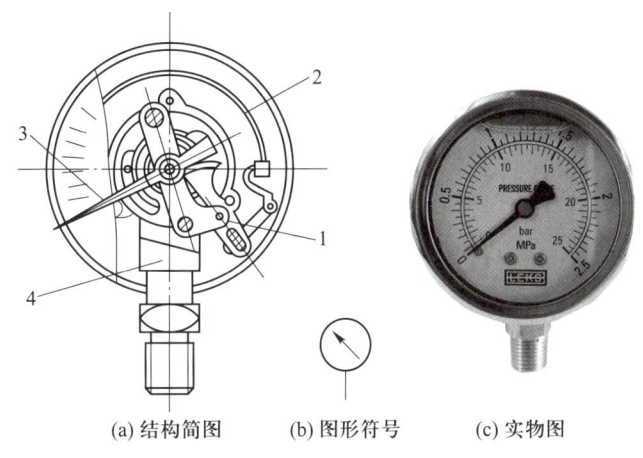

(a) 结构简图　　(b) 图形符号　　(c) 实物图

1—放大机构;2—弹簧弯管;3—指针;4—基座

图 6.24　压力表结构简图、图形符号和实物图

压力表有各种精度等级,它的精度等级就是该表误差占量程的百分数。选用压力表应使它的量程大于系统的最高压力。在压力稳定的系统中,压力表量程一般为最高工作压力的1.5倍。压力波动较大系统的压力表量程应为最大工作压力的 2 倍,或者选用带油阻尼耐振压力表。

2. 压力表开关

压力表与系统的连接需要通过压力表开关。最常见的压力表开关为 KF 型,其结构如图 6.25 所示。旋转手轮 3 可打开或关闭压力表油路,也可适当调节手轮由针阀 2 调节油路开口大小,起到阻尼缓冲作用,使压力表指针动作平稳。还有一些其他类型的压力表开关,这里不多介绍。

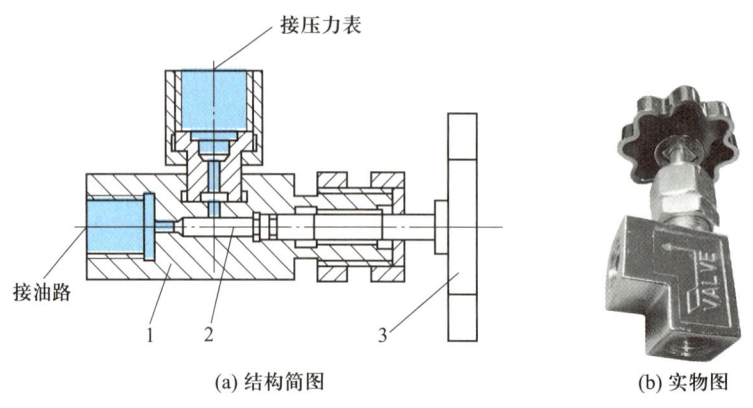

接压力表

接油路

1—压力表开关体;2—针阀;3—手轮

(a) 结构简图

(b) 实物图

图 6.25　压力表开关结构简图和实物图

6.4　压缩空气净化设备的组成和布置

气压传动系统主要以压缩空气为工作介质。气压传动系统对压缩空气的要求见 3.6.1 节。

由空气压缩机产生的压缩空气,必须经过降温、净化、减压和稳压等一系列处理,才能供给控制元件(阀、逻辑元件等)及执行元件(缸、马达等)使用。

一般压缩空气站的设备组成和布置参见第 3 章的图 3.44 所示。下面分别介绍主要元件的功用。

1. 后冷却器

后冷却器的作用是将空气压缩机排出的压缩空气温度由 $80 \sim 200$ ℃降到 $40 \sim 50$ ℃,促使其中水汽和油雾大部分凝聚成水滴和油滴,以便经油水分离器析出。

后冷却器有风冷式和水冷式两种。风冷式不需冷却设备,不用担心断水或水冻结。其占地面积小、重量轻、紧凑、运转成本低、易维修,但只适用于入口温度低于 100 ℃,且处理空气量较少的场合。水冷式热交换均匀,分水效率高,故适用于入口空气温度低于 200 ℃,且处理空气量较大的湿度大、尘埃多的场合。

后冷却器一般使用水冷换热器。其结构形式有多管式、散热片式、套管式和蛇形管式等。最常用的是蛇形管式和多管式后冷却器,其结构与液压冷却器类似,热的压缩空气由管内流过,冷却水从管外水套中流动以进行冷却。

2. 主路过滤器

在储气罐后应装一个大容量的主路过滤器,除去从压缩机中带来的油雾和空气中的水分等杂质。过滤器必须保证最小的压降,并能除去压缩机中带来的油雾,以避免冷凝物在管道中的乳化作用。它没有那种标准空气过滤器中的导流板,而装在内部的自动排水器或接上外部的自动排水器能确保排出聚积的水。

这种过滤器的滤芯一般是可快速更换的筒形滤芯,过滤精度一般为 $3 \sim 5$ μm。滤芯由合成纤维制造,由于纤维以矩阵形式排列,气体需经过迂回才能离开滤芯,以此实现过滤效能。

3. 油水分离器

油水分离器的作用是分离压缩空气中凝聚的水分和油分等杂质,使压缩空气得到初步净化。其结构形式有环形回转式、撞击折回式、离心旋转式、水浴式以及以上几种形式进行组合所形成的组合式油水分离器等。油水分离器主要利用回转离心、撞击、水洗等方法使水滴、油滴等杂质颗粒从压缩空气中分离出来。图 6.26 所示为撞击折回并环形回转式油水分离器;图 6.27 为水浴并旋转离心串联式油水分离器。

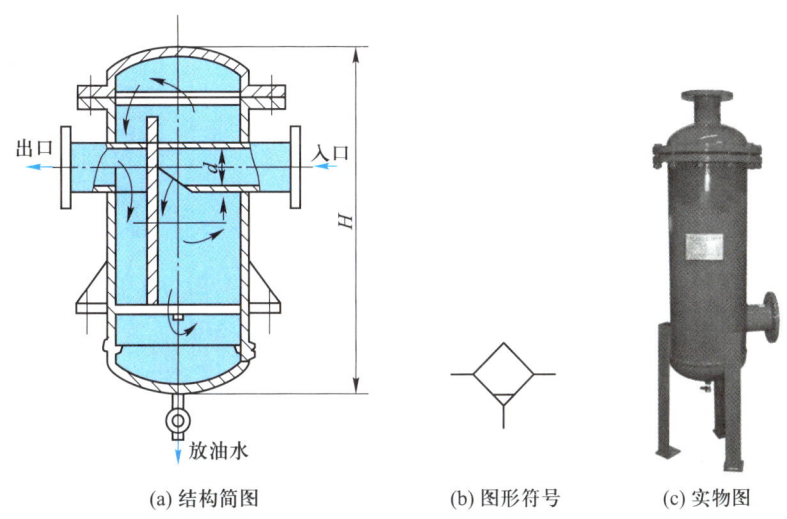

(a) 结构简图　　　　　　(b) 图形符号　　　　(c) 实物图

图 6.26　撞击折回并环形回转式油水分离器结构简图、图形符号和实物图

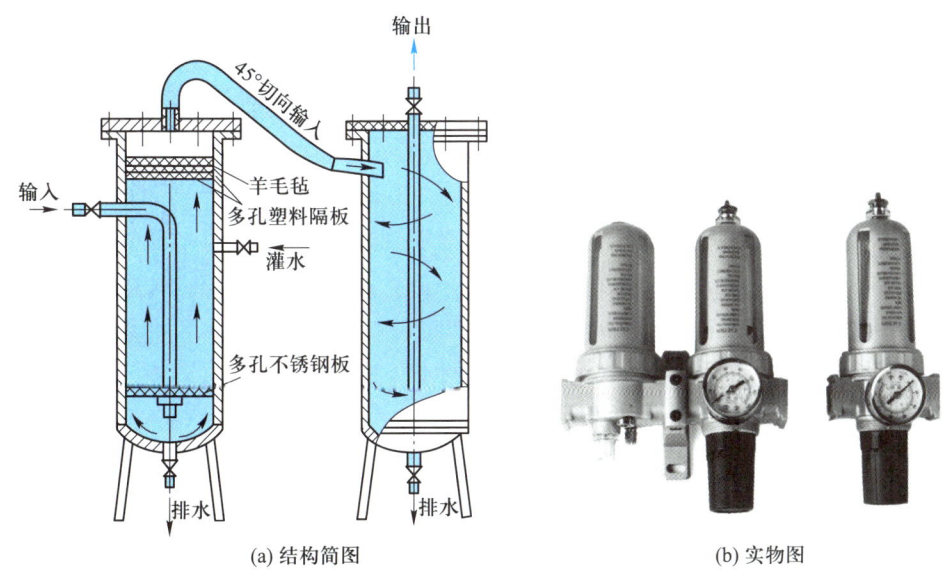

(a) 结构简图　　　　　　　　　　(b) 实物图

图 6.27　水浴并旋转离心串联式油水分离器结构简图和实物图

在图 6.26 所示的油水分离器中,气流回转后上升速度应尽量缓慢,这样油水分离效果才好。一般上升速度不超过 0.3~0.5 m/s。选用或设计这种分离器时,其内径应满足:

$$D \geq \sqrt{v}\, d \qquad\qquad (6.11)$$

式中: v ——气体入口管道内的流速, m/s;

d ——气体入口管道直径, m。

一般油水分离器的高度应设计或选为:

$$H=(3.5 \sim 4)D \qquad (6.12)$$

4. 储气罐

储气罐(图6.28)的作用是:消除压力波动,保证输出气流的连续性;储存一定量的压缩空气,调节用气量或以备发生故障和临时需要应急使用;进一步分离压缩空气中的水分和油分。储气罐一般采用焊接结构,以立式居多。一般储气罐进气口在下,出气口在上,两气口距离尽可能加大,罐上应设有安全阀、压力表、清洗用孔或工具操作孔及排放油水的管阀。

选择储气罐容积 V_C 时,若以消除压力波动为目的,可根据空气压缩机的自由空气排气量值 q,参考以下经验选取:

$q<6$ m³/min 时, $V_C=0.2\,q$;

$q=6 \sim 30$ m³/min 时, $V_C=0.15\,q$;

$q>30$ m³/min 时, $V_C=0.1\,q$ 。

若以储存压缩空气、调节用气量为目的,储气罐容积 V_C 则应按实际所需储存和调气量来设计。储气罐的高度可为内径的 $2 \sim 3$ 倍。

5. 干燥器

压缩空气经后冷却器、油水分离器的初步净化后已满足一般气压传动系统的需要,对于某些要求较高的气压仪表、射流装置等,还必须经过干燥、过滤等装置进一步净化。

目前使用的干燥方法主要是吸附法和冷冻法。吸附法利用硅胶、铝胶、分子筛、焦炭等吸附剂吸收压缩空气中的水分,使压缩空气得到干燥。吸附法除水效果很好,采用焦炭作吸附剂相对效果较差,但成本低,还可以吸附油分。冷冻法利用制冷设备使空气冷却到露点,析出空气中超过饱和水蒸气压部分的水分,降低其含湿量,增加空气的干燥程度。吸附法应用较为普遍。图6.29所示为吸附式干燥器的一种,其工作原理是使压缩空气通过栅板、干燥吸附剂(如焦炭、硅胶、铝胶和分子筛等)滤网等,从而达到干燥、过滤的目的。

图 6.28　储气罐实物图

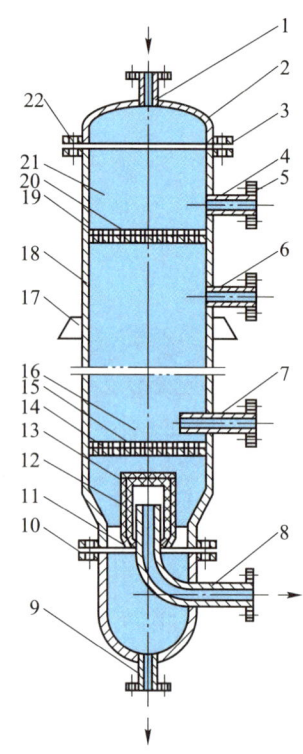

1—湿空气进气管;2—顶盖;3、5、10—法兰;
4、6—再生空气排气管;7—再生空气进气管;
8—干燥空气输出管;9—排水管;11、22—密封垫;
12、15、20—铜丝过滤网;13—毛毡;14—下栅板;
16、21—吸附剂层;17—支撑板;18—筒体;19—上栅板

图 6.29　吸附式干燥器

冷冻式干燥器是利用冷介质与压缩空气进行热交换,把压缩空气冷却至 2~10 ℃ 的范围,以去除压缩空气中的水分。冷冻式干燥处理可达到的露点为 2~5 ℃。尽管在一般应用中压缩空气的温度达到 5 ℃ 就足够了,然而用现代方法使输出温度达到 2 ℃ 是可能的。压缩空气温度较高时,干燥前应进行预冷以得到较低输入温度,这样是比较经济的。一般来说,用这种方法干燥空气的费用为压缩空气费用的 10%~20%。

由于干燥器要全年使用,环境温度变化很大,为保证干燥器正常运行,应使蒸发器内的空气温度维持在 0~10 ℃。干燥器的进气温度高,环境温度高,都不利于充分进行热交换,也就不利于干燥器性能的发挥。当环境温度低于 2 ℃,冷凝水就会开始冻结,故进气温应该控制在 40 ℃ 以下,可在前面设置后冷却器等。

干燥器的进气压力越高越好(在耐压强度允许的条件下)。空气压力高则水蒸气含量减少,有利于干燥器性能的发挥。干燥器前应设置过滤器和油水分离器,以防止大量灰尘、冷凝水和油污等进入干燥器内,黏附在热交换器上,使效率降低。空气处理量不能超过干燥器的处理能力,否则干燥器出口的压缩空气达不到应有的干燥程度。

干燥器应安置在通风良好、无尘埃、无振动、无腐蚀性气体的平稳地面或台架上。周围应留足够空间,以便通风和保养检修。安放在室外的,要防日晒雨淋。

气源装置中的后冷却器、油水分离器、储气罐、干燥器及过滤器等,均属受压容器。为确保安全,需按有关标准做水压实验。一般实验压力 $p_r > 1.5p$(工作压力)。

6.5 气动辅件

气动辅件包括分水滤气器、油雾器和消声器等,它们也是气压传动系统不可缺少的组成部分。

6.5.1 分水滤气器

常见的分水滤气器的结构简图、图形符号和实物图如图 6.30 所示。其工作原理是:压缩空气从输入口进入后,被引入旋风叶轮 1,旋风叶轮上有许多呈一定角度的缺口,迫使空气沿切线方向产生强烈旋转;这样夹杂在空气中的较大水滴、油滴、灰尘等便获得较大的离心力,其高速运动与存水杯 2 内壁碰撞,从气体中分离出来,沉淀落到存水杯底部;然后,气体通过中间的滤芯 4,部分杂质、灰尘被拦截而滤掉,洁净的空气便从输出口输出。

为防止气体旋转的旋涡将存水杯底部积存的污水卷起,往往在其滤芯下装设挡水板。为保证分水滤气器正常工作,必须及时将存水杯中的污水通过排水阀放掉。图 6.30 所示的分水滤气器采用手动排水阀。为能保证及时排水,可采用自动排水式分水滤气器。

自动排水式分水滤气器的分水、过滤部分的结构与上述普通型分水滤气器相同,不同的是在存水杯下部装有自动排水阀。其原理是:积水增加到一定高度时,利用浮筒打开放水阀,排出积水;存水不多时,气压作用于膜片,使放水阀关闭。自动排水阀常备有手动装置,必要时可手动排水。

存水杯由透明材料制成,便于观察其工作情况、污水高度和滤芯污染程度。分水滤气器的滤芯可用多种材料制成,目前多采用铜颗粒烧结成形,如发现油泥过多,可拆卸下来用酒精清洗,干

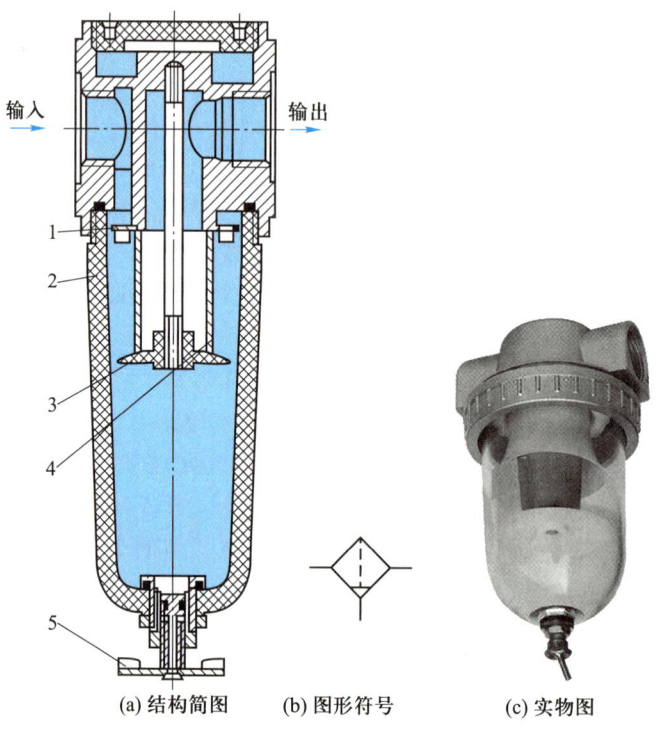

(a) 结构简图　　　(b) 图形符号　　　(c) 实物图

1—旋风叶轮；2—存水杯；3—挡水板；4—滤芯；5—手动排水阀

图 6.30　分水滤气器结构简图、图形符号和实物图

燥后装好，继续使用。分水滤气器主要根据气压传动系统所需要的过滤精度和所用空气流量选择相应的滤芯和通径的产品。

滤芯的过滤精度按其所能滤除的最小微粒尺寸分为 5 μm、10 μm、25 μm 和 40 μm 四挡，可根据空气质量的要求选定。

分水滤气器必须竖直安装，并将放水阀朝下，壳体上箭头所示为气流方向，不可装反。分水滤气器可以单独使用，大多数情况下与减压阀、油雾器组合使用。若组合使用时，其安装次序从进气方向起应是分水滤气器在前，减压阀居中，油雾器在后，设置在每台气压设备的近处。

6.5.2　油雾器

1. 油雾器产生油雾的原理

引射原理是：从喷管喷出的一股流体，由于质点的相互摩擦、碰撞，使它具有卷吸周围静止流体的作用(图 6.31a)，主射流将自身的一部分能量传给周围流体，从而夹带着周围一部分流体一起向前运动。

如果在喷管外部套一个比喷管尺寸大的套管，如图 6.31b 所示，这样便限制了射流与外界的接触。这时，由喷管喷出来的射流，还是要卷吸一部分周围流体向前运动，于是在射流的周围形成低压区，套管中流体便被卷吸进来，与喷管喷出的流体混合后，经出口流出。这种利用一股较高速度的流体射流将另一股流体(静止或低速的流体)吸入并相互混合后一起流动的现象称为

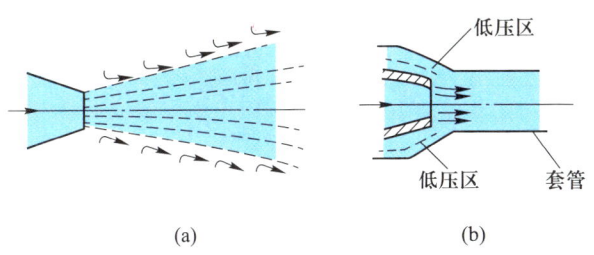

低压区

低压区　套管

(a)　　　　　　　(b)

图 6.31　射流的卷吸和引射

引射现象。

当射流从油杯中将油引射出来时,气流绕过油滴(球体),油滴表面压力分布不匀,出现局部低压区(相对来流压力),此低压力的作用正好与油滴表面张力相反,低压力的作用使油滴膨胀,表面张力的作用使油滴紧缩,当低压力的作用大于油滴表面张力时,油滴膨胀并被撕裂成许多大颗粒油球,油球表面压力分布也存在低压区,同样道理,大颗粒油球又再被撕裂成更小油珠。这样便使油发生雾化。由上述引射过程可见,引射流体的速度(即来流速度)越高,则油滴表面形成负压越大,越易将油滴撕裂,即越易使油雾化。

雾化过程是在油滴被引入高速气流后的瞬间完成的,气流的速度和压力越高,雾化的油粒越小。

2. 油雾器的原理、性能及使用

油雾器有一次油雾器(普通油雾器)和二次油雾器之分,常用的是一次油雾器。一次油雾器的应用很广,润滑油在油雾器中只经过一次雾化,油雾粒径为 20~35 μm,一次输送距离在 5 m 以内,适用于一般气动元件的润滑。

图 6.32 所示为普通一次油雾器。压缩空气从输入口进入,在油雾器的气流通道中有一个立杆 1,立杆 1 有两个通道口,上面背向气流的是喷油口 B,下面正对气流的是油面加压通道口 A。一小部分进入油面加压通道口 A 的气流经过加压通道流到截止阀 2(图 6.33),在压缩空气刚进入时,钢球被压在阀座上,但钢球与阀座密封不严,有点漏气,可使储油杯上腔的压力逐渐升高,将截止阀 2 打开,使杯内油面受压,迫使储油杯内的油液经吸油管 4、单向阀 5 和调节针阀 6 滴入透明的视油器 7 内,然后从喷油口 B 被主气道中的气流引射出来,在气流的气压力和油黏性力对油滴的作用下,雾化后随气流从输出口流出。视油器上部可调针阀用来调节滴油量,滴油量为 0~200 滴/min。关闭针阀即停止滴油喷雾。

这种油雾器可以在不停气的情况下加油。当没有气流输入时,截止阀 2 中的弹簧把钢球顶起,封住加压通道,阀处于截止状态,见图 6.33a。正常工作时,压力气体推开钢球进入油杯,油杯内气体的压力加上弹簧的弹力使钢球处于中间位置,截止阀处于打开状态,见图 6.33b。当进行不停气加油时,松开加油孔的油塞 8,储油杯中的气压降至大气压,输入的气体把钢球压到下限位置,使截止阀处于反关闭状态,见图 6.33c。这样便封住了油杯的进气道,保证在不停气的情况下可以从油孔加油。油塞 8 的螺纹部分开有半截小孔,当拧开油塞加油时,不等油塞全部旋开小孔已先与大气相通,油杯中的压缩空气通过小孔逐渐排空,这样不致造成油、气从加油孔冲出来。

二次油雾器使油滴在油雾器中进行两次雾化,使油雾粒度更小(约 5 μm),更均匀,输送距离

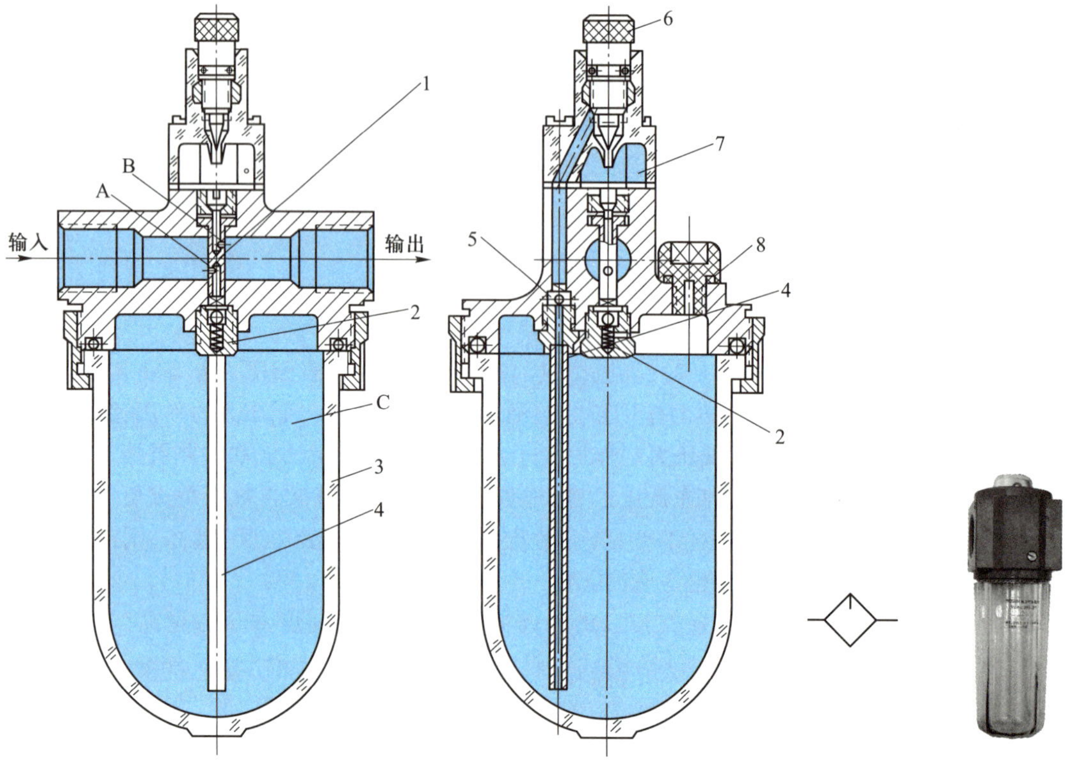

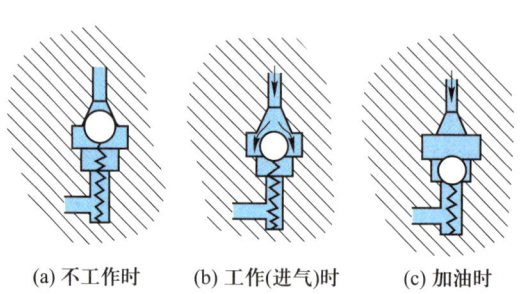

(a) 结构简图　　　　　　　　　　　　　(b) 图形符号　　(c) 实物图

1—立杆；2—截止阀；3—储油杯；4—吸油管；5—单向阀；6—调节针阀；7—视油器；8—油塞

图 6.32　普通一次油雾器结构简图、图形符号和实物图

(a) 不工作时　　　(b) 工作(进气)时　　　(c) 加油时

图 6.33　截止阀(特殊单向阀)的工作情况

更远；用于气压轴承、气动马达等润滑。

　　油雾器的选用主要根据气压传动系统所需气体流量(选定通径)及油雾粒径大小来确定。一次油雾器的油雾粒径为 $20\sim35~\mu m$，二次油雾器油雾粒径约达 $5~\mu m$。

　　油雾器一般安装在分水滤气器、减压阀之后，尽量靠近换向阀，与阀的距离不应超过 5 m。油雾器和换向阀之间的管道容积应不超过气缸行程容积的 80%，当通道中有节流装置时上述容积比例应减半。

安装时注意进、出口不能装错，竖直设置，不可倒置或倾斜。保持正常油面，不应过高或过低。

油雾器供油量根据使用条件的不同而不同，一般以 $10\ \text{m}^3$ 自由空气（标准状态下）供给 $1\ \text{mL}$ 的油量为基准，在使用中，可根据实际情况适当调节滴油量。

通常来讲，分水滤气器与减压阀、油雾器一起被称为气动三大件，它们依次无管化连成的组件一般称为三联件，是多数气压设备中必不可少的装置。

6.5.3 消声器

气缸、气动马达及气阀等排出的气体速度较高，气体直接排入大气，气体体积急剧膨胀，引起气体振动，产生强烈的排气噪声。排气速度和功率越大，产生的噪声也越大，有时可达 $100\sim120\ \text{dB}$。噪声是一种公害，为了保护人体健康，噪声高于 $90\ \text{dB}$ 时必须设法降低。消声器就是通过增加阻尼或排气面积等方法降低排气速度和功率，达到降低噪声目的的。常用的消声器有三种类型：吸收型（图 6.34）、膨胀干涉型和膨胀干涉吸收型。

吸收型消声器　这种消声器是依靠吸声材料来消声的。吸声材料有玻璃纤维、毛毡、泡沫塑料、烧结材料等。将这些材料装于消声器体内，使气流通过时受到阻力，声波被吸收，一部分转化为热能，可使气流噪声降低约 $20\ \text{dB}$，主要用于消除中、高频噪声。这种消声器在气动装置中广为应用。

图 6.34　吸收型消声器实物图

膨胀干涉型消声器　这种消声器的结构很简单，相当一段比排气孔口径大的管件。当气流通过时，让气流在其内部扩散、膨胀、碰壁撞击、反射、互相干涉而消声。其主要用于消除中、低频噪声，尤其是低频噪声。

膨胀干涉吸收型消声器　它是上述两种消声器的组合，也称混合型消声器。气流由斜孔引入，气流束互相冲撞、干涉，进一步减速，再通过敷设在消声器内壁的吸声材料排向大气。此种消声器消声效果好，低频可消声约 $20\ \text{dB}$，高频可消声约 $45\ \text{dB}$。

消声器的选择主要依据是排气孔口直径的大小及噪声频率范围。

6.6　管件

管件包括管道和管接头。管件的选用原则是要保证管道中油液作层流流动，管道应尽量短，以减小损失；要根据工作压力、安装位置确定管材与连接结构；与泵、阀等连接的管件应由其接口尺寸决定管径。

微视频 6-9：液压管件分类与安装

6.6.1　管道

1. 管道的种类及用途

液压和气压传动系统常用的管道分金属管、橡胶软管和尼龙管等三大类。金属管包括无缝钢管、紫铜管及铝管；橡胶软管有钢丝编织缠绕橡胶软管和棉绳编织橡胶软管两种；尼龙管一般只在气压传动系统中使用，其性质柔软宜于弯曲，布管方便。

常用管道的用途及优缺点见表6.4。

表 6.4　常用管道的用途及优缺点

种类	用途	优缺点
钢管	常在装拆方便处用作压力管道。中压以上用无缝钢管,常用的有 10 号、15 号冷拔无缝钢管,低压用焊接钢管	能承受高压、耐油、抗腐、不易氧化、刚性好,价格低廉,但装配时不易弯曲成形
紫铜管	在中、低压液压传动系统中采用,机床中应用较多,常配以扩口管接头,可用于仪表和装配不便处	装配时弯曲方便,价高、抗振能力差、易使液压油氧化,但易弯曲成形
尼龙管	在液压中、低压和气压传动系统中使用,承压能力因材料而异,其值为 2.8 ~ 8 MPa,最高耐压可达 16 MPa,目前气压传动系统常用	乳白色半透明,可观察流动情况。能代替部分紫铜管,价格低廉,加热后可任意弯曲成形和扩口,冷却后即定形;但寿命较低
橡胶软管	高压软管是由耐油橡胶夹以 1~4 层钢丝编织网或钢丝缠绕层做成,适用于中、高压液压传动系统。低压胶管由耐油橡胶夹帆布制成,用于回油管道	用于相对运动间的连接,分高压和低压两种。装接方便,能减轻液压传动系统的冲击,价格高,寿命低

2. 管道尺寸的确定

（1）液压管道尺寸的确定

液压传动系统油管的选择与计算主要是计算管子的内径和壁厚。

1）液压油管内径的确定

油管的内径根据管内允许流速和所通过的流量来确定,即:

$$d = \sqrt{\frac{4q}{\pi v_0}} \tag{6.13}$$

式中:q——通过油管的流量,L/min;

v_0——油管中允许流速,m/s。

在吸油管道内液体的流速取 $v_0 \leqslant 1.5$ m/s,在压力管道内的流速取 $v_0 = 5$ m/s 左右为宜。

由计算所得的油管内径,应按标准管径尺寸相近的油管进行圆整。

2）液压油管壁厚的计算

油管的壁厚可按下式计算:

$$\delta = \frac{pd}{2[\sigma]} \tag{6.14}$$

式中:p——管内油液的最大工作压力,Pa;

d——油管内径,m;

$[\sigma]$——油管材料的许用应力,Pa。

对钢管　　　　　　　　　　　　$$[\sigma] = \frac{\sigma_b}{n}$$

式中:σ_b——材料抗拉强度,Pa;

　　n——安全系数(当 $p<7$ MPa 时,取 $n=8$;$p\leqslant17.5$ MPa 时,取 $n=6$;$p>17.5$ MPa 时,取 $n=4$)。

对铜管
$$[\sigma]\leqslant25 \text{ MPa}$$

选择油管壁厚时,还应考虑到加工螺纹对强度的影响。

（2）气压管道尺寸的确定

气压管道主要根据流量和流速要求及允许的压力损失确定管径,管壁可按薄壁容器强度公式确定。

1）管道内径

$$d=\sqrt{4q/(3\,600\pi v)} \tag{6.15}$$

式中:q——管道内的压缩空气流量,L/min;

　　v——管道内的压缩空气流速,m/s。

一般压缩空气在厂区管道的流速采用 $8\sim10$ m/s,在用气车间的流速可用 $10\sim15$ m/s。为避免过大的压力损失,限定压缩空气管内流速在 25 m/s 以下,最大不得超过 30 m/s。

2）管道壁厚 δ 可按薄壁容器强度公式来确定:

$$\delta=\frac{\sigma_b}{n} \tag{6.16}$$

式中:σ_b——材料抗拉强度,MPa;

　　n——安全系数,一般取 $n=6\sim8$。

3. 安装要求

（1）管道应尽量短,最好横平竖直,转弯少。为避免管道皱褶,减少压力损失,管道装配时的弯曲半径要足够大(见表 6.5)。管道悬伸较长时要适当设置管夹(也是标准件)。

表 6.5　硬管装配时允许的弯曲半径

管子外径 D/mm	10	14	18	22	28	34	42	50	63
弯曲半径 R/mm	50	70	75	80	90	100	130	150	190

（2）管道尽量避免交叉,平行管间距要大于 100 mm,以防接触振动并便于安装管接头。

（3）软管直线安装时要有 30 % 左右的余量,以适应油温变化、受拉和振动的需要。弯曲半径要大于 9 倍的软管外径,弯曲处到管接头的距离至少等于 6 倍外径。

6.6.2　管接头

管接头是管道和管道、管道和其他元件(如泵、阀和集成块等)之间的可拆卸连接件。管接头与其他元件之间可采用普通细牙螺纹连接或锥螺纹连接(多用于中低压)。管接头除端直通形式外,还有二通、三通、四通和铰接等数种形式,供不同情况下选用,具体可查阅有关手册。

1. 硬管接头

按管接头和管道的连接方式分类,硬管接头有扩口式管接头、卡套式管接头和焊接式管接头三种。

（1）扩口式管接头

扩口式管接头如图 6.35 所示，它适用于铜管、铝管或薄壁钢管，也可用来连接尼龙管等低压管道。接管 2 穿入导套 4 后扩成喇叭口（74°～90°），再用螺母 3 把导套连同接管一起压紧在接头体 1 的锥面上形成密封。目前已有用于高压管道的扩孔工艺，具有一定的优点。

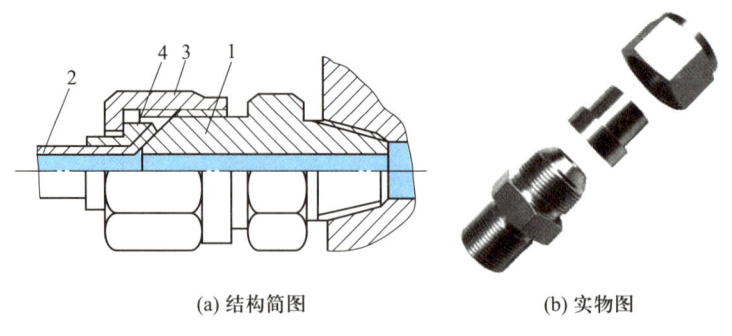

(a) 结构简图   (b) 实物图

1—接头体；2—接管；3—螺母；4—导套

图 6.35 **扩口式管接头结构简图和实物图**

（2）卡套式管接头

卡套式管接头如图 6.36 所示，它由接头体 1、卡套 4 和螺母 3 这三个基本零件组成。卡套是一个在内圆端部带有锋利刃口的金属环，刃口是在装配时切入被连接的油管而起连接和密封作用。这种管接头轴向尺寸要求不严、拆装方便，不需焊接或扩口；但对油管的径向尺寸精度要求较高。采用冷拔无缝钢管，使用压力可达 32 MPa。油管外径一般不超过 42 mm。

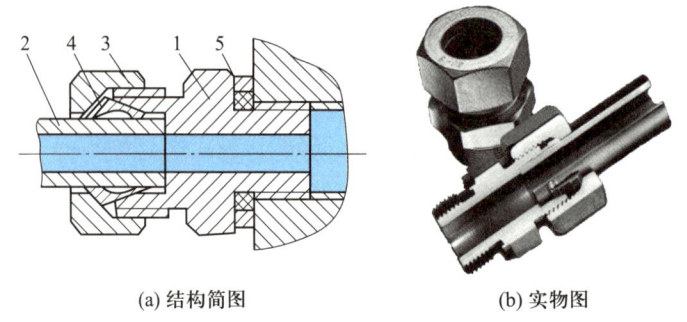

(a) 结构简图   (b) 实物图

1—接头体；2—接管；3—螺母；4—卡套；5—组合垫圈

图 6.36 **卡套式管接头结构简图和实物图**

（3）焊接式管接头

焊接式管接头如图 6.37 所示，它是把相连管子的一端与管接头的接管 2 焊接在一起，通过螺母 3 将接管 2 与接头体 1 压紧。接管与接头体间的密封方式有球面与锥面接触密封和平面加 O 形密封圈 4 密封两种形式，前者有自位性，安装时位置要求不很严格，但密封可靠性稍差，适用于工作压力不高的液压传动系统（约 8 MPa 以下的系统）；后者可用于高压系统。接头体与液压件的连接，有圆锥螺纹和圆柱螺纹两种形式，后者要用组合垫圈 5 加以密封。焊接管接头制造工艺简单，工作可靠，安装方便，对被连接的油管尺寸及表面精度要求不高，工作压力可达 32 MPa 以上，是目前应用最广泛的一种形式。

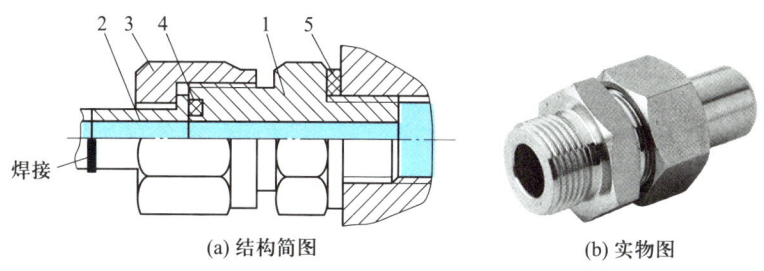

(a) 结构简图   (b) 实物图

焊接

1—接头体；2—接管；3—螺母；4—O 形密封圈；5—组合垫圈

图 6.37 焊接式管接头结构简图和实物图

2. 插入快换式接头

插入快换式接头是气压管路专用接头。它用于微型气动元件、逻辑元件的小直径软管连接。如图 6.38 所示，使用时将软管 1 插入接头体 3，管子插到端面后向外拉动，卡头 2 即把管子卡紧，这样就可实现管子的快速连接。当需要拆下管子时，向里推动卡头，同时向外拉管子可将管子拔出。

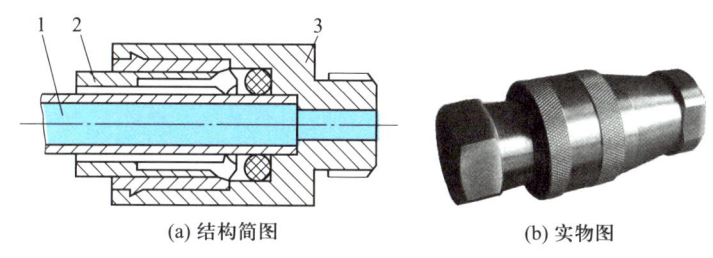

(a) 结构简图   (b) 实物图

1—软管；2—卡头；3—接头体

图 6.38 插入快换式接头结构简图和实物图

3. 胶管接头

胶管接头有可拆式和扣压式两种，各有 A、B、C 三种类型。随管径不同可用于工作压力为 6~40 MPa 的系统。扣压式管接头是高压胶管接头常用的一种形式。图 6.39a 所示为 A 型扣压式胶管接头，装配时须剥离外胶层，然后在专门设备上扣压而成，它由接头外套和接头心组成。软管装好再用模具扣压，使其具有较好的抗拔脱和密封性能。

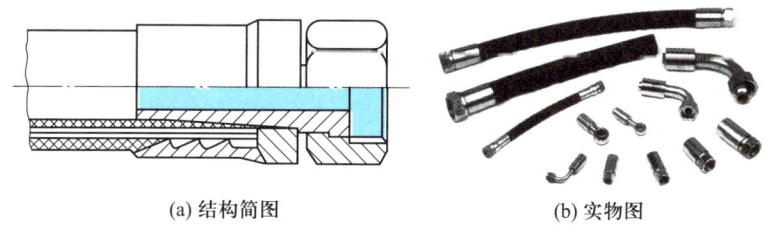

(a) 结构简图   (b) 实物图

图 6.39 扣压式胶管接头

4. 快速接头

当系统中某一局部不需要经常供油时，或是执行元件的连接管路要经常拆卸时，往往采用快速接头与高压软管配合使用。图 6.40 是快速接头的结构简图和实物图,各零件的位置为油路接通位置,外套 6 把钢球 8 压入槽底使接头体 10 和 2 连接起来,单向阀 4 和 11 互相推挤使油路接通。1 为挡圈,5 为 O 形密封圈,9 为弹簧卡圈。当需要断开时,可用力将外套向左推,同时拉出接头体 10,油路断开。与此同时,单向阀 4 和单向阀 11 的阀芯在各自弹簧 3 和 12 的作用下外伸,顶在接头体 2 和 10 的阀座上,使两个管内的油封闭在管中,弹簧 7 使外套 6 复位。这种接头在液压和气压传动系统中均有应用。

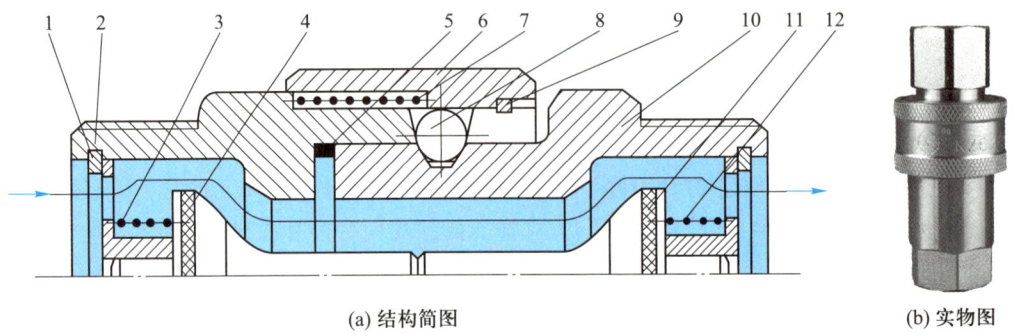

(a) 结构简图　　　　　　　　　　　　　　(b) 实物图

1—挡圈;2、10—接头体;3、7、12—弹簧;4、11—单向阀;5—O 形密封圈;6—外套;8—钢球;9—弹簧卡圈

图 6.40　快速接头结构简图和实物图

6.7　密封装置

　　密封是保证液压与气压系统正常工作的最基本也是最重要的装置。密封装置主要用来防止液体或气体的泄漏。良好的密封是液压与气压传动系统能够传递动力、正常工作的保证。如果密封不好,将会造成系统和元件的泄漏加大,使系统压力和容积效率降低,浪费能量,严重时将导致系统不能正常工作。对于液压传动系统,密封不良导致油液外泄污染环境,因此正确地使用密封装置是非常重要的。

微视频 6-10:
液压密封类
型与材料

　　根据两个需要密封的耦合面间有无相对运动,可把密封分为动密封和静密封两大类。

6.7.1　对密封装置的要求

　　(1)具有良好的密封性,即有适宜的弹性,能补偿所密封表面在制造上的误差与工作中的磨损,并随压力的增大自动地提高密封程度。

　　(2)具有良好的安定性,即油液浸泡对其形状尺寸的变化影响要小,温度对其弹性和硬度的变化影响也要小。

　　(3)摩擦力小,运动灵活,工作寿命长。

　　(4)结构简单,制造、使用、维修简便。

6.7.2　密封件材料

　　常用的液压传动系统密封材料有以下几种:

（1）丁腈橡胶　这是一种最常用的耐油橡胶，具有良好的弹性与耐磨性，工作温度一般为 $-20\sim100$ ℃，有一定的强度，摩擦系数较大。

（2）聚氨酯　它的耐油性能比丁腈橡胶好，既具有高强度又具有高弹性。抗拉强度比一般橡胶高。它有很好的耐磨性，目前被广泛用作动密封的密封材料，适应温度范围为 $-30\sim90$ ℃。

（3）氟橡胶　它耐磨性强，防水性能优异，环保性好，在 300 ℃的温度下可以工作，在 -20 ℃左右仍能保持弹性，因此适用于各种温度的环境。

6.7.3　常见密封方法

1. 间隙密封

间隙密封是一种常用的密封方法，它依靠相对运动零件配合面间的微小间隙来防止泄漏。由第 2 章中圆环缝隙流量公式［式（2.49）］可知泄漏量与间隙的三次方成正比，因此可用减小间隙的办法来减小泄漏。一般间隙为 $0.01\sim0.05$ mm，这就要求配合面加工有很高的精度。

在活塞的外圆表面一般开几道宽 $0.3\sim0.5$ mm、深 $0.5\sim1$ mm、间距 $2\sim5$ mm 的环形沟槽，称为平衡槽，其作用如下。

（1）由于活塞的几何形状和同轴度误差，工作中具有压力的液体或气体在密封间隙中的不对称分布将形成一个径向不平衡力，称为卡紧力，它使摩擦力增大。开平衡槽后，间隙的差别减小，各向压力趋于平衡，使活塞能够自动对中，减小了摩擦力。

（2）增大工作介质泄漏的阻力，减小偏心量，提高了密封性能。

（3）对于液压缸来说可储存油液，使活塞能自动润滑。

间隙密封的特点是结构简单、摩擦力小、耐用，但对零件的加工精度要求较高，且难以完全消除泄漏，故只适用于低压、小直径的快速缸中。

2. 活塞环密封

活塞环密封依靠装在活塞环形槽内的弹性金属环紧贴缸筒内壁实现密封，如图 6.41 所示。它的密封效果比间隙密封好，适应的压力和温度范围很宽，能自动补偿磨损和温度变化的影响，能在高速场合中工作，摩擦力小，工作可靠，寿命长，但不能完全密封。活塞环的加工复杂，缸筒内表面加工精度要求高，一般用于高压、高速和高温的场合。

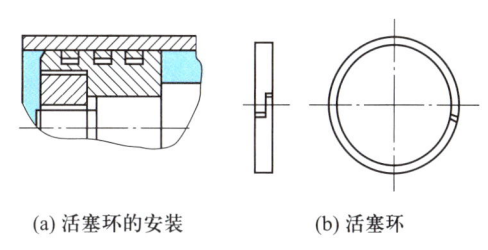

(a) 活塞环的安装　　(b) 活塞环

图 6.41　活塞环密封

3. 密封圈密封

密封圈密封是液压和气压系统中应用最广泛的一种密封。密封圈有 O 形、V 形、Y 形及组合式等几种，其材料为耐油橡胶、尼龙等。

6.7.4　密封件的类型

1. O 形密封圈

O 形密封圈的截面为圆形，具有结构简单、截面尺寸小、密封性能好、摩擦系数小、容易制造等特点，主要用于静密封和滑动密封（转动密封用得较少）。其结构简单紧凑，摩擦力较其他密封圈小，安装方便，价格低廉，可在 $-40\sim120$ ℃温度范围内工作。但与唇形密封圈（如 Y 形密封圈)相比,其寿命较短,密封装置机械部分的精度要求高,启动阻力较大。O 形密封圈的使用速度范围为 0.005~0.3 m/s。

O 形密封圈密封原理和实物如图 6.42 所示。O 形密封圈装入密封槽后,其截面受到压缩后变形。在无压力时,靠 O 形密封圈的弹性对接触面产生预接触压力,实现初始密封;当密封腔充入有压工作介质后,在压力的作用下,O 形密封圈挤向沟槽一侧,密封面上的接触压力上升,提高了密封效果。

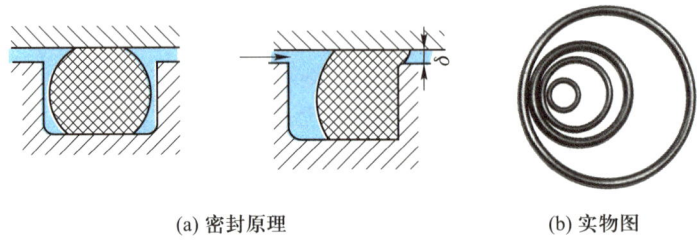

(a) 密封原理　　　　　　　　(b) 实物图

图 6.42　O 形密封圈密封原理和实物图

任何形状的密封圈在安装时,必须保证适当的预压缩量,过小不能密封,过大则摩擦力增大,且易于损坏。因此,安装密封圈的沟槽尺寸和表面精度必须按有关手册给出的数据严格保证。在动密封中,当压力大于 10 MPa 时,O 形密封圈就会被挤入间隙中而损坏,为此需在 O 形密封圈低压侧设置聚四氟乙烯或尼龙制成的挡圈,如图 6.43 所示,其厚度为 1.25~2.5 mm。双向受高压时,两侧都要加挡圈。

2. 唇形密封圈

Y 形密封圈的截面为 Y 形,属唇形密封圈。它是一种密封性、稳定性和耐压性较好,摩擦阻力小,寿命较长的密封圈,故应用也很普遍。Y 形密封圈主要用于往复运动的密封,如液压缸活塞和活塞杆处的动密封。根据截面长宽比例的不同,Y 形密封圈可分为宽截面和窄截面两种形式,图 6.44 所示为宽截面 Y 形密封圈。因受油压的作用,工作时 Y 形密封圈的两唇边紧紧地贴压缸筒和活塞壁上而起密封作用。

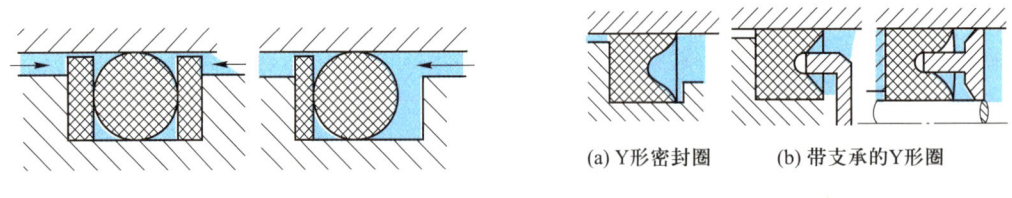

图 6.43　O 形密封圈密封挡圈设置　　　　(a) Y形密封圈　　(b) 带支承的Y形圈

图 6.44　宽截面 Y 形密封圈

Y 形密封圈的密封作用依赖于它的唇边与耦合面的紧密接触,并在压力作用下产生较大的接触压力,达到密封目的。当压力升高时,唇边与耦合面贴得更紧,接触压力更高,密封性能更好。

Y 形密封圈安装时,唇口端应对着压力高的一侧。当压力变化较大、滑动速度较高时,要使用支承环,以固定密封圈,如图 6.44b 所示。

宽截面 Y 形密封圈一般适用于工作压力 $p \leqslant 20$ MPa、工作温度为 $-30 \sim 100$ ℃、使用速度

≤0.5 m/s的场合。

窄截面Y形密封圈如图6.45所示。窄截面Y形密封圈是宽截面Y形密封圈的改型产品,其截面的长宽比为2以上,因而不易翻转,稳定性好,它有等高唇Y形密封圈和不等高唇Y形密封圈两种。后者又有孔用和轴用之分,其短唇与密封面接触,滑动摩擦阻力小,耐磨性好,寿命长;长唇与非运动表面有较大的预压缩量,摩擦阻力大,工作时不窜动。

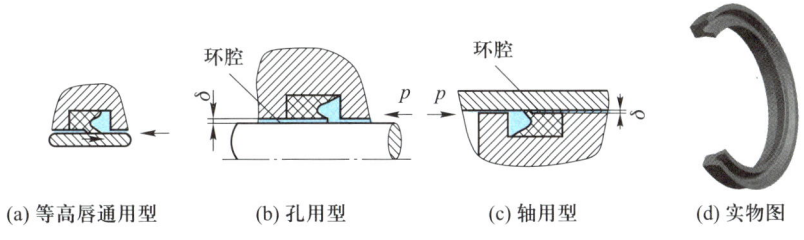

(a) 等高唇通用型　　(b) 孔用型　　(c) 轴用型　　(d) 实物图

图 6.45　窄截面 Y 形密封圈

窄截面Y形密封圈一般适用于工作压力$p \leqslant 32$ MPa、使用温度为$-30 \sim 100$ ℃的场合。

此外,还有Y形密封圈的改造型Yx形密封圈,它分轴用密封和孔用密封,目前应用得也较普遍。

3. V形密封圈

如图6.46所示的V形密封圈截面形状为V形,它有夹织物橡胶和聚氯乙烯两种制品。V形夹织物橡胶密封圈由多层涂胶织物压制而成。它由形状不同的支承环、密封环和压环三种密封件组合在一起来使用,多用于液压缸端盖与活塞杆之间的动密封。当工作压力高于10 MPa时,可增加V形密封圈的数量,提高密封效果。安装时,V形密封圈的开口应面向压力高的一侧。

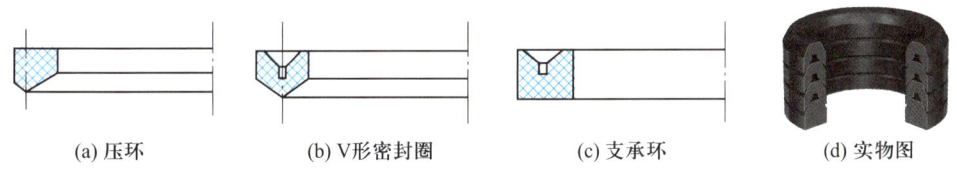

(a) 压环　　　(b) V形密封圈　　　(c) 支承环　　　(d) 实物图

图 6.46　V 形密封圈

V形密封圈密封性能良好,耐高压,寿命长,通过调节压紧力,可获得最佳的密封效果,但V形密封装置的摩擦阻力及结构尺寸较大。它适宜在工作压力$p \leqslant 50$ MPa、温度为$-40 \sim 80$ ℃的条件下工作。

4. 组合式密封

上述各种形状的密封圈和各种不同的密封材料均有其各自的优点。组合式密封就是基于其各自优点而制成的。例如,聚四氟乙烯是一种新型塑料材料,它的摩擦系数极低,耐磨性好,但是弹性差;而丁腈橡胶弹性很好。将两者结合起来,互相取长补短,构成新式的组合式密封,如图6.47所示。活塞4在缸筒1中往复运动时,聚四氟乙烯密封环2与缸筒内壁发生摩擦,丁腈橡胶O形密封圈3对聚四氟乙烯密封环起增加弹力的作用,因此这种密封结构可以耐高压,而且摩擦力很小。

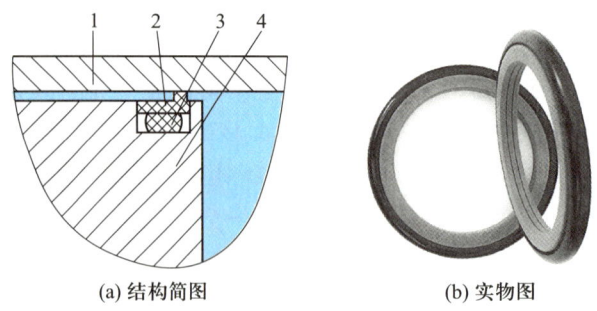

(a) 结构简图　　　　　　　(b) 实物图

1—缸筒;2—聚四氟乙烯密封环;3—丁腈橡胶 O 形密封圈;4—活塞

图 6.47　组合式密封结构简图和实物图

近年来,出现了一些新型组合密封结构,其密封效果和工作性能与传统密封相比更佳。

6.8　其他辅助元件

6.8.1　测压排气装置

在液压系统中,要了解某些部位的工作压力而又不想安装太多的压力表,可以在这些部位设置测压点。这些测压点是一些微型接口,平时系统工作时它们处于关闭状态,当需要了解该处工作压力时,将压力表插头接到测压接口上即可读出压力数值。如图 6.48 所示为测压排气装置结构简图和实物图,在有些部位,液压传动系统需要排气。也可使用这种微型接口排出气体而没有油耗。测压排气接头可以接在液压管路中,也可接在液压阀块上。

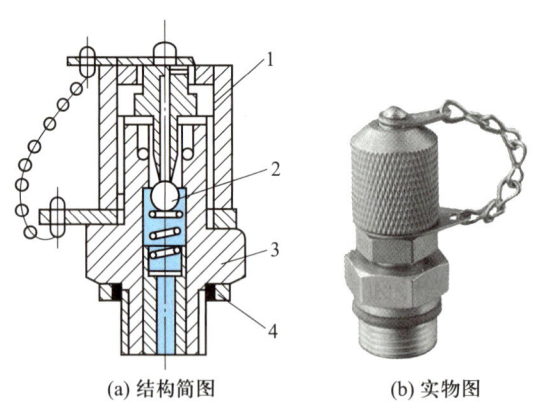

(a) 结构简图　　　　　　　(b) 实物图

1—保护罩;2—钢球;3—接头体;4—组合垫圈

图 6.48　测压排气装置结构简图和实物图

6.8.2　液压管夹

液压传动系统应使用管夹来固定管道,这样既可以使管道布置得美观又可以减小管道的振动。其结构简图和实物图如图 6.49 所示,具体结构尺寸可查有关液压及气压传动设计手册。

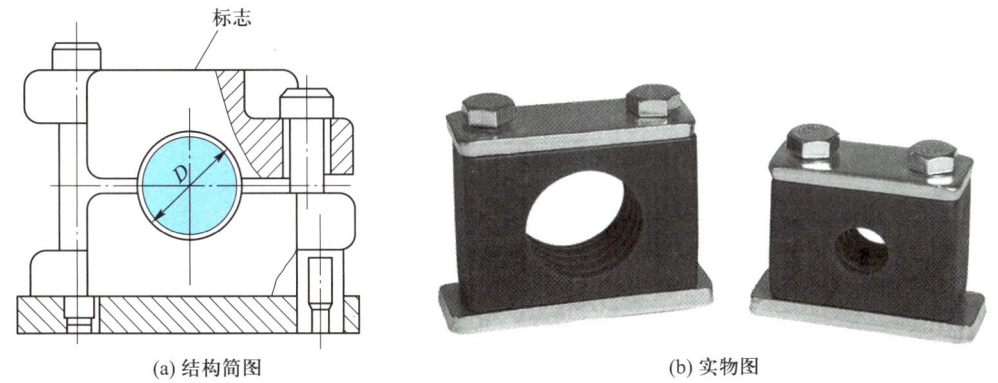

(a) 结构简图　　　　　　　　　　　　　　　(b) 实物图

图 6.49　液压管夹结构简图和实物图

思考题和习题

6-1　蓄能器有哪些功用?

6-2　气囊式蓄能器容量为 2.5 L,气体的充气压力为 2.5 MPa,当工作压力从 $p_1 = 7$ MPa 变化至 $p_2 = 4$ MPa 时,求蓄能器所能输出的油液体积。

6-3　某气囊式蓄能器用作动力源,容量为 3 L,充气压力 $p_0 = 3.2$ MPa。系统最高和最低工作压力分别为 7 MPa 和 4 MPa。求蓄能器能够输出的油液体积。

6-4　液压传动系统最高和最低工作压力各为 7 MPa 和 5.6 MPa。其执行元件每隔 30 s 需要供油一次,每次输油 1 L,时间为 0.5 s。(1) 若用液压泵供油,该泵应有多大流量?(2) 若改用气囊式蓄能器(充气压力为 5 MPa)完成此工作,则蓄能器应有多大容量?(3) 向蓄能器充液的泵应有多大流量?

6-5　举出过滤器的三种可能的安装位置,说明怎样考虑各安装位置上过滤器的精度。

6-6　油箱有哪些作用?

6-7　一单杆液压缸,活塞直径 $D = 10$ cm,活塞杆直径 $d = 5.6$ cm,行程 $L = 50$ cm。现从有杆腔进油,无杆腔回油。问由于活塞的移动使有效底面积为 2 000 cm^2 的油箱液面高度发生多大变化?

6-8　根据液压系统的实际工作压力,如何选择压力表量程?

6-9　简述油水分离器的性能和工作原理。

6-10　简述分水滤气器的性能和工作原理。

6-11　油雾器的性能是什么?

6-12　说明油雾器工作依据的原理。

6-13　油管与接头有几种形式?它们的使用范围有何不同?

6-14　有一液压泵向系统供油,工作压力为 6.3 MPa,流量为 40 L/min,试选定供油管尺寸。

6-15　比较各种密封装置的密封原理和结构特点,并说明它们各用在什么场合较为合理。

第7章 液压与气压传动回路

7.1 概述

任何机械设备的液压或气压传动系统,都是由一些基本回路组成的。所谓基本回路,就是由相关元件组成的用来完成特定功能的典型管路结构。它是液压与气压传动系统的基本组成单元。通常来讲,一个液压或气压传动系统由若干个基本回路组成。

一般按功能对液压与气压传动基本回路进行分类。用来控制执行元件运动方向的称为方向控制回路;用来控制系统或某支路压力的称为压力控制回路;用来控制执行元件运动速度的称为速度控制回路(也称调速回路);用来控制多缸运动的称为多缸运动回路等。

熟悉和掌握液压与气压传动基本回路的组成结构、工作原理及其性能特点,对分析、掌握和设计液压与气压传动系统是非常必要的。本章分别介绍这些基本回路,并主要讲述调速回路和多缸运动回路。

7.2 方向控制回路

方向控制回路的作用是利用各种方向阀来控制流体的通断和变向,以便使执行元件启动、停止和换向。

微视频 7-1:
换向和锁紧
回路

7.2.1 一般方向控制回路

一般方向控制回路只需在动力元件与执行元件之间采用普通换向阀。

图 7.1 所示为双作用液压缸的换向回路。由三位四通 M 型电磁换向阀控制液压缸换向,电磁铁 1YA 通电时,液压力推动活塞向右运动;电磁铁 2YA 通电时,液压力推动活塞向左运动;换向阀在中位时,液压缸停止,液压泵卸荷。

图 7.2 所示为双作用气缸的换向回路。由二位五通电磁换向阀控制气缸换向,电磁铁 1YA 通电时,气压力推动活塞向左运动;电磁铁 2YA 通电时,气压力推动活塞向右运动。

7.2.2 复杂方向控制回路

当需要频繁连续动作且对换向过程有很多附加要求时,需采用复杂方向控制回路。

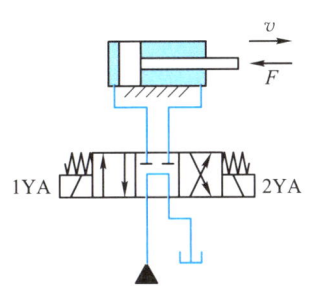

图 7.1 双作用液压缸换向回路

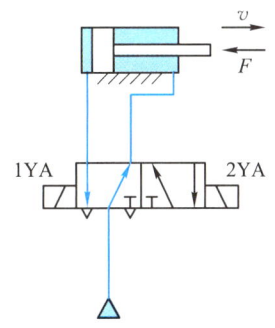

图 7.2 双作用气缸换向回路

1. 时间控制制动式换向回路

图 7.3 所示为液压用时间控制制动式换向回路。回路中的主油路只受换向阀 3 控制。在图示工作状态,液压泵输出驱动液压缸的油液经换向阀进入液压缸左腔,液压缸活塞向右运动;右腔的回油经换向阀、节流阀 1 回油箱。换向时,活塞杆上的拨块拨动先导阀 2 移向左端,液压泵输出的控制油(虚线所示)经单向阀 I_2 通至换向阀的右端,换向阀左端的回油经节流阀 J_1 流回油箱,换向阀的阀芯向左移动,阀芯上的制动锥面逐渐关小回油通道,活塞速度 v 逐渐减慢,并在换向阀阀芯移过 l 距离后将通道闭死,使活塞停止运动。换向阀阀芯移过距离 l 所需的时间(使液压缸制动所需时间)取决于节流阀 J_1 的开口度,当节流阀 J_1 的开口度确定后,制动时间就确定不变。因此这种换向回路称为时间控制制动式换向回路。

这种回路主要用于工作部件运动速度较高,要求换向平稳,无冲击,但换向精度要求不高的场合。

2. 行程控制制动式换向回路

图 7.4 所示为液压用行程控制制动式换向回路,回路中的主油路除受换向阀 3 的控制外,还受先导阀 2 控制。在图示工作状态,液压泵输出驱动液压缸的油液经换向阀进入液压缸左腔,液压缸活塞向右运动;液压缸右腔的回油经换向阀、先导阀、节流阀 1 回油箱。换向时,活塞杆上的

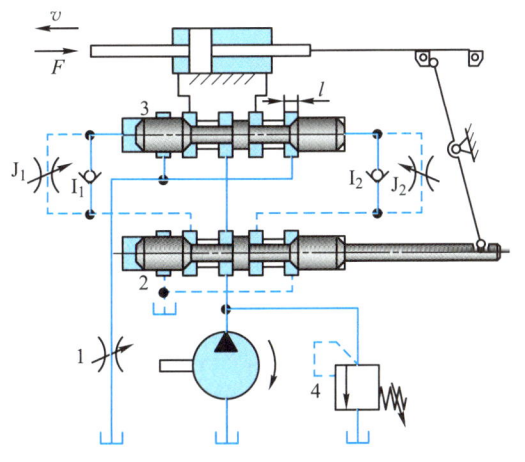

1—节流阀;2—(二位四通)先导阀;
3—换向阀;4—溢流阀

图 7.3 时间控制制动式换向回路

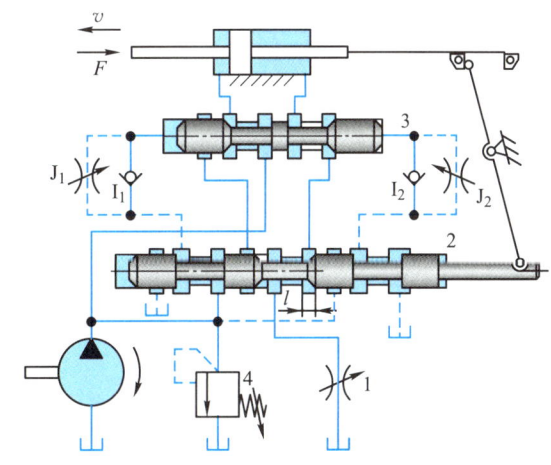

1—节流阀 2—(二位七通)先导阀;
3—换向阀;4—溢流阀

图 7.4 行程控制制动式换向回路

拨块拨动先导阀阀芯移向左端,当先导阀在换向过程中向左移动时,先导阀的阀芯右制动锥将液压缸右腔的回油通道逐渐关小,对活塞进行预制动,使活塞速度 v 逐渐减慢。当回油通道被关得很小、活塞速度 v 变得很慢时,换向阀的控制油路(虚线所示)才开始切换,液压泵输出的控制油经单向阀 I_2 通向换向阀的右端,换向阀左端的回油经节流阀 J_1 流回油箱,换向阀阀芯向左移动,切断主油路,使活塞停止运动,并随即使它在相反的方向启动。不论运动部件原来的速度 v 快慢如何,先导阀总是要先移动一段固定行程 l,使工作部件先进行预制动后,再由换向阀来使它换向,合理地选择制动锥的角度后能使制动平稳。

这种回路由于先导阀的制动行程恒定不变,所以换向精度较高,但运动部件速度快时制动时间短,换向冲击大,所以主要用于工作部件运动速度不大但换向精度要求较高的场合。

7.3　压力控制回路

压力控制回路是利用压力控制阀来控制系统或系统某一部分的压力。压力控制回路主要有调压回路、减压回路、增压回路、保压回路、卸荷回路、平衡回路和释压回路等。

微视频 7-2:
压力回路

微视频 7-3:
调压回路

7.3.1　调压回路

调压回路的作用是使系统整体或某一部分的压力保持恒定或不超过某个数值。

图 7.5 所示为单级液压调压回路。在液压泵出口处并联一个溢流阀来调定系统的压力。

如果将图 7.5 中的溢流阀换为比例溢流阀,则这种调压回路成为比例调压回路。通过比例溢流阀的输入电流来实现回路的无级调压,还可实现系统的远距离控制或程控。

图 7.6 所示为多级液压调压回路。在液压泵 1 出口处并联一个先导溢流阀 2,

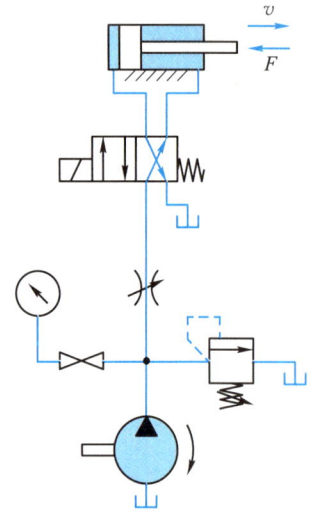

图 7.5　单级液压调压回路

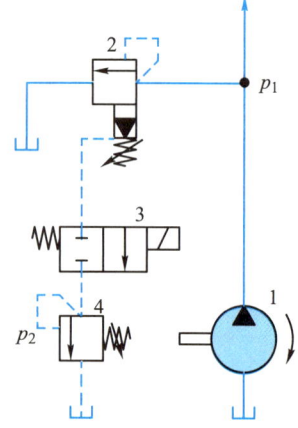

1—液压泵;2—先导溢流阀;3—二位二通电磁换向阀;4—远程调压阀

图 7.6　多级液压调压回路

其远程控制口串接二位二通电磁换向阀 3 和远程调压阀 4。当先导溢流阀的调定压力 p_1 和远程调压阀的调定压力 p_2 符合 $p_1>p_2$ 时,系统可通过电磁换向阀的左位和右位分别得到 p_1 和 p_2 两种系统调定压力。通过在溢流阀的远程控制口处接入多位换向阀的不同油口,并联多个调压阀,即可构成多级调压回路。

7.3.2 减压回路

微视频 7-4:
减压回路

减压回路的作用是使系统中某一部分具有较低的稳定压力。

图 7.7 所示为减压回路,图中液压缸 5 的工作压力比液压缸 4 的工作压力高,为使液压缸 4 正常工作,在回路中并联了一个减压阀 2,使液压缸 4 得到比溢流阀调定压力低的稳定压力。若将减压阀按前述图 7.6 中溢流阀的类似安装方法可得到两级或多级的减压回路。

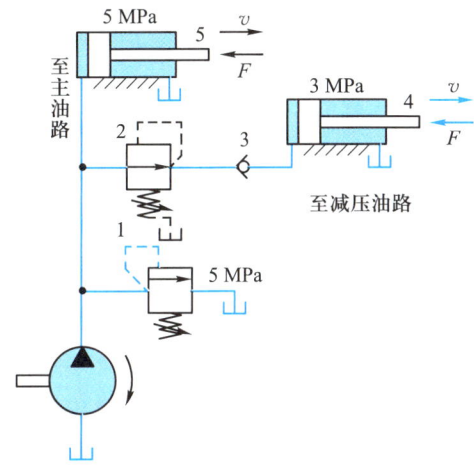

1—溢流阀;2—减压阀;3—单向阀;4、5—液压缸

图 7.7　减压回路

为使减压回路工作可靠,减压阀的最低调整压力不应低于 0.5 MPa,最高调整压力至少比系统压力低 0.5 MPa。当减压回路中的执行元件需要调速时,调速元件应放在减压阀后面,以免减压阀的泄漏影响调速。单向阀 3 的作用是当液压缸 5 的压力小于减压阀调定的压力时,阻止液压缸 4 的压力油倒流。

7.3.3 增压回路

微视频 7-5:
增压回路

增压回路的作用是使系统中某一部分具有较高的稳定压力。它能使系统中的局部压力高于液压泵的输出压力。

图 7.8 所示是用于液压传动系统的增压回路,压力为 p_1 的油液进入增压缸的大活塞腔,这时在小活塞腔则可得到压力为 p_2 的高压油液,增压的倍数是大小活塞的工作面积之比。图 7.9 所示为气液增压缸的增压回路,该回路利用气液增压缸 1 把较低的气压变为液压缸 2 中较高的液压力,提高了气液增压缸的输出力。

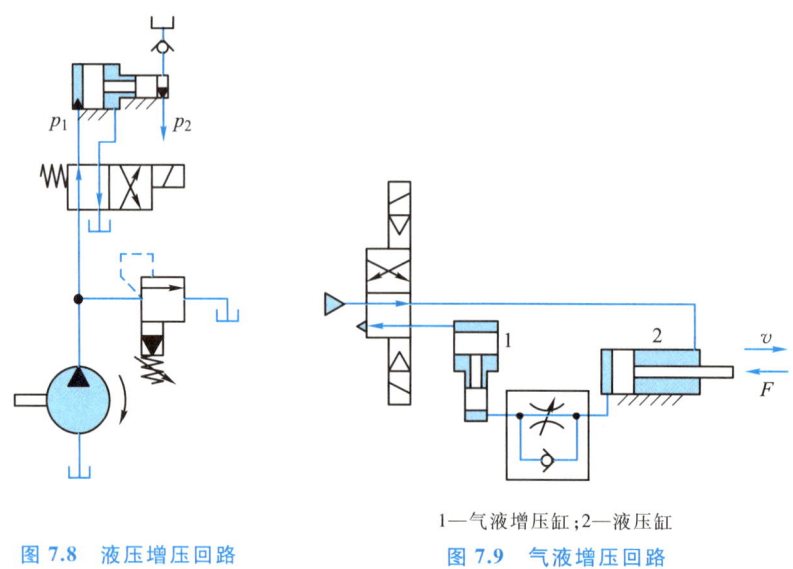

图 7.8　液压增压回路

1—气液增压缸；2—液压缸

图 7.9　气液增压回路

7.3.4　保压回路

执行元件在工作循环的某一阶段内，需要保持一定压力时，则应采用保压回路。保压回路有几种形式，下面分别简单介绍。

（1）利用液压蓄能器保压的回路　除了在 6.1.4 节中所介绍的保压回路外，图 7.10 所示为一用液压蓄能器保压的夹紧液压缸工作回路。当主换向阀的左位工作时，液压缸向右移动进行夹紧工作，当压力升至调定值时，压力继电器发信号使二位二通电磁换向阀通电，液压泵卸荷，液压缸则由液压蓄能器进行保压。

（2）用液压泵的保压回路　如图 7.11 所示，当系统压力较低时，低压大流量液压泵 1 和高压小流量液压泵 2 同时向系统供油。当系统压力升高到卸荷阀 4 的调定压力时，低压液压泵卸荷，此时高压液压泵起保压作用，溢流阀 3 调定系统压力。

（3）用液控单向阀的保压回路　图 7.12 所示为采用液控单向阀和电接点压力表的自动补油式保压回路。当电磁铁 1YA 通电时，换向阀左位工作，液压缸下腔进油，液压缸上腔的油液经液控单向阀回油箱，使液压缸向上运动；当电磁铁 2YA 通电时，换向阀右位工作，液压缸上腔压力升至电接点压力表调定的上限压力值时发信号，电磁铁 2YA 失电，换向阀处于中位，液压泵卸荷，液压缸由液控单向阀保压。当液压缸压力下降到下限值时，电接点压力表发信号，电磁铁 2YA 通电，换向阀再次右位工作，液压泵给系

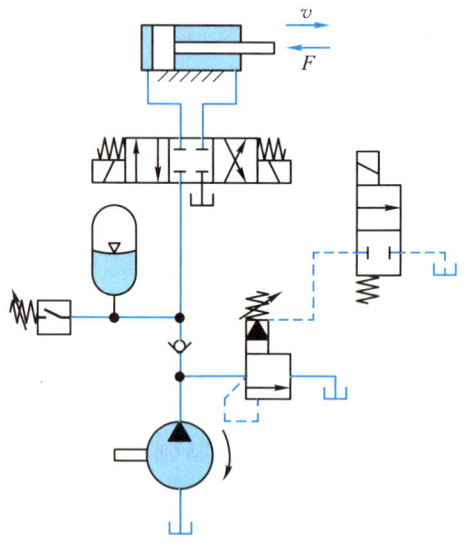

图 7.10　用液压蓄能器的保压回路

统补油,压力上升。如此工作过程自动地保持液压缸的压力在调定值范围内。

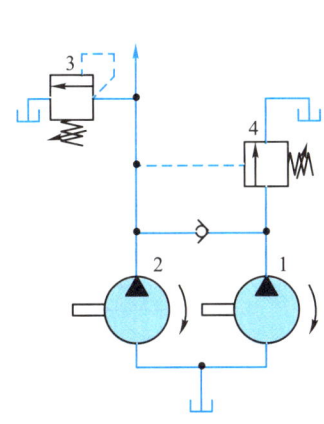

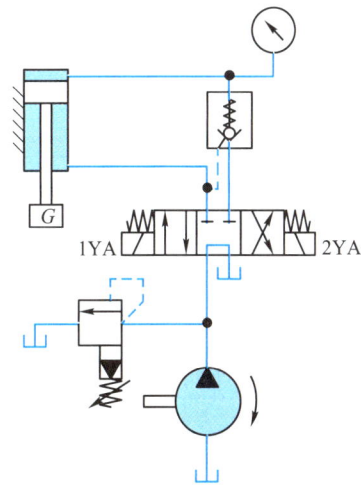

1—低压大流量液压泵;2—高压小流量液压泵;

3—溢流阀;4—卸荷阀

图 7.11　用液压泵的保压回路　　　　　　**图 7.12　用液控单向阀的保压回路**

7.3.5　卸荷回路

卸荷回路的作用是使液压泵在接近零压的工况下运转,以减少功率损失和系统发热,延长液压泵和电动机的使用寿命。

微视频 7-7:
卸荷回路

(1)用电磁溢流阀的卸荷回路　如图 7.10 所示,当电磁溢流阀中的二位二通电磁换向阀得电时,溢流阀的远程控制口接油箱,溢流阀打开溢流,液压泵卸荷。

(2)用三位换向阀的卸荷回路　图 7.12 所示的三位四通 M 型换向阀处于中位时,液压泵便可卸荷。

7.3.6　平衡回路

为了防止竖直液压缸及其工作部件因自重自行下落或下行运动中因自重造成的失控失速,常设平衡回路。通常用平衡阀(单向顺序阀)和液控单向阀来实现平衡控制。

微视频 7-8:
平衡回路

图 7.13 所示为用单向顺序阀组成的平衡回路。在液压缸的下腔油路上加一个单向顺序阀,使液压缸下腔形成一个与液压缸运动部分重量相平衡的压力,可防止其因自重下降,只有当液压泵向液压缸上腔供液压油对活塞施加压力,使液压缸下腔产生的压力高于顺序阀设定的压力时,液压缸才能下行。

图 7.14 所示为用液控单向阀锁紧的平衡回路,采用单向节流阀限速。

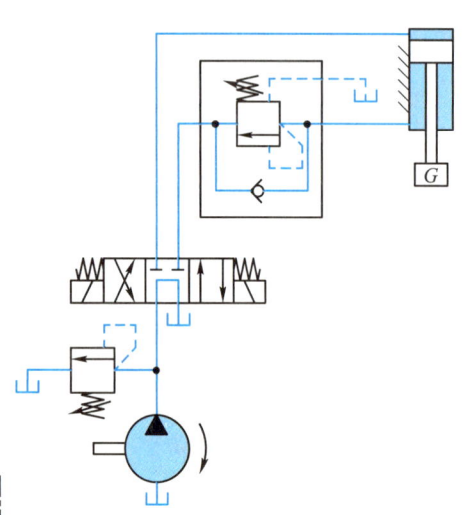

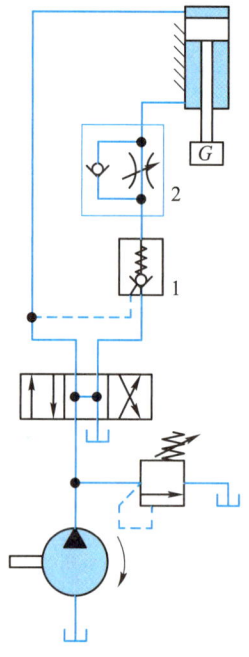

图 7.13　单向顺序阀组成的平衡回路

1—液控单向阀；2—单向节流阀
图 7.14　用液控单向阀锁紧的平衡回路

7.3.7　释压回路

为使高压大容量液压缸中存储的能量缓慢释放，以免在突然释放时产生很大的液压冲击，可采用释压回路。一般在液压缸的直径较大、压力较高时，其高压油腔在排油前就需释压，例如压力机液压传动系统。

图 7.15 为使用节流阀的释压回路。由图可见，液压缸上腔的高压油在换向阀 4 处于中位（液压泵卸荷）时通过节流阀 5、单向阀 6 和换向阀 4 释压，释压快慢由节流阀 5 调节。当上腔压力降至压力继电器 3 的调定压力时，换向阀切换至左位，液控单向阀 1 打开，使液压缸上腔的液体通过该阀排到液压缸顶部的副油箱 2 中去。这种释压回路无法在释压前保压，释压前有保压要求时换向阀也可用 M 型中位机能，并另配相应的元件。

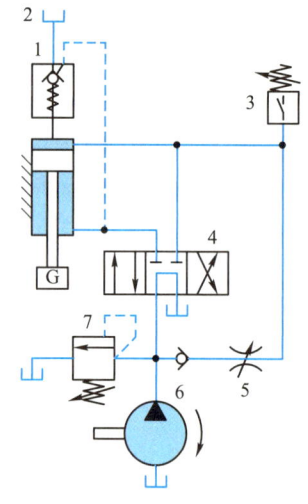

1—液控单向阀；2—副油箱；3—压力继电器；
4—换向阀；5—节流阀；6—单向阀；7—溢流阀
图 7.15　用节流阀的释压回路

7.4　速度控制回路

在液压和气压传动系统中，调速回路占有重要地位。例如，在机床液压传动系统中，用于主运动和进给运动的调速回路对机床加工质量有着重要的影响，而且，它对其他液压回路的选择起着决定性的作用。

在不考虑泄漏的情况下,缸的运动速度 v 由进入(或流出)缸的流量 q 及其有效作用面积 A 决定,即:

$$v = \frac{q}{A} \tag{7.1}$$

同样,马达的转速 n 由进入马达的流量 q 和马达的排量 V 决定:

$$n = \frac{q}{V} \tag{7.2}$$

由上述两式可知,改变流入(或流出)执行元件的流量 q,或改变缸的有效作用面积 A、马达的排量 V,均可调节执行元件的运动速度。一般来说,改变缸的有效作用面积(或定量马达的排量)比较困难,常常通过改变流量 q 或排量 V 来调节执行元件速度,并且,以此可构成不同方式的调速回路。改变流量有两种方法,一是通过流量控制阀调节,二是通过控制变量泵或马达的排量调节。综合上述分析,调速回路按改变流量的方法不同可分为三类:节流调速回路、容积调速回路和容积节流调速回路。

微视频 7-10:
节流调速系
统实验装置
介绍

微视频 7-11:
节流调速系
统实验

7.4.1 节流调速回路

节流调速回路是由定量泵和流量阀组成的调速回路,可以通过调节流量阀通流截面面积的大小来控制流入或流出执行元件的流量,以此来调节执行元件的运动速度。

节流调速回路有不同的分类方法。按流量阀在回路中位置的不同,可分为进口节流调速回路、出口节流调速回路、进出口节流调速回路和旁路节流调速回路。按流量阀的类型不同可分为普通节流阀式节流调速回路和调速阀式节流调速回路。按定量泵输出的压力是否随负载变化,又可分为定压式节流调速回路和变压式节流调速回路等。下面按流量阀在回路中位置的不同分别进行介绍。

1. 进口节流阀式节流调速回路

(1)回路结构和调速原理

节流阀串联在泵与执行元件之间的进油路上,回路结构如图 7.16 所示。它由定量液压泵、溢流阀、节流阀及液压缸(或液压马达)组成。通过改变节流阀的开口量(即通流截面面积 A_T)的大小,来调节进入液压缸的流量 q_1,进而改变液压缸的运动速度。定量液压泵输出的多余流量由溢流阀溢回油箱。因此,为了完成调速功能,不仅节流阀的开口量能够调节,而且必须使溢流阀始终处于开启溢流状态,两者缺一不可。在该调速回路中,溢流阀的作用一是调整并基本使系统的工作压力保持恒定;二是将液压泵输出的多余流量溢回油箱。

在不考虑泄漏的情况下,进口节流阀式节流调速回路中液压泵

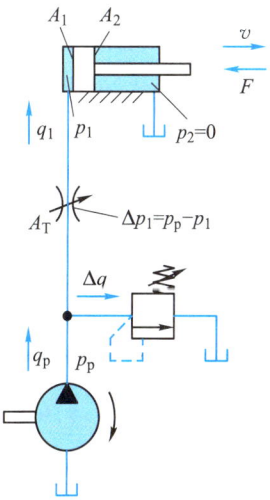

图 7.16　进口节流阀式节流调速回路

的输出流量为：

$$q_p = q_{1max} + \Delta q_{min} = A_1 v_{max} + \Delta q_{min} \tag{7.3}$$

式中：q_{1max}——与液压缸最大速度 v_{max} 相对应的通过节流阀的最大流量，L/min；

Δq_{min}——通过溢流阀的最小溢流量，L/min；

v_{max}——液压缸最大速度，m/s；

A_1——液压缸大腔的有效作用面积，m^2。

式(7.3)说明液压缸以不同速度运行时，通过溢流阀的溢流量 Δq 随其改变。为了保证调速正常进行，当液压缸以最大速度运行时，通过溢流阀的流量不能小于溢流阀能稳定其阀前压力的最小溢流量 Δq_{min}。要求稳定精度高时可取大些，否则可取小些。建议取 Δq_{min} 为溢流阀额定流量的 5% 左右。例如在机床进给系统中，一般为 0.05 L/s(3 L/min)。

在不考虑系统管路压力损失和液压缸背压腔(回油腔)压力的情况下，进口节流阀式节流调速回路中液压泵的工作压力为：

$$p_p = \frac{F_{max}}{A_1} + \Delta p_{Tmin} \tag{7.4}$$

式中：F_{max}——液压缸最大负载，N；

Δp_{Tmin}——节流阀最小工作压差，Pa。

式(7.4)说明，为了保证液压回路能始终驱动负载而正常工作，液压泵的工作压力 p_p 应足够大。也就是说，当负载 F 为最大值 F_{max} 时，节流阀的工作压差(即节流阀进出口之间压力差)也不应小于 Δp_{Tmin}。一般取节流阀的最小工作压差为 0.3～0.4 MPa，调速阀的最小工作压差为 0.4～0.5 MPa。

当液压泵的压力按式(7.4)所确定的值由溢流阀调定后，在回路工作过程中，不管执行元件的速度 v 及负载 F 是否变化，液压泵的输出压力 p_p 不再改变。因此，这类回路可称为定压节流阀式节流调速回路。但是当负载变化时，节流阀的工作压差将随之变化。负载增大，节流阀工作压差减小；反之则增大。

在进口节流阀式节流调速回路中，当液压缸的负载改变时，会导致节流阀两端压差的变化。这样使通过节流阀的流量 q_1 发生变化，从而导致液压缸速度变化。在不考虑管路压力损失和泄漏的情况下，液压缸的速度用下式表示：

$$v = \frac{q_1}{A_1} = \frac{CA_T(p_pA_1 - F)^\varphi}{A_1^{1+\varphi}} \tag{7.5}$$

式中：C——节流阀系数；

A_T——节流阀通流截面面积，m^2；

F——液压缸负载，N；

φ——节流阀指数。

改变节流阀通流截面面积 A_T 就改变了液压缸速度。

（2）速度-负载特性

调速回路的速度-负载特性也称为机械特性，是在回路中调速元件的调定值不变的情况下，负载变化所引起速度变化的性能。

根据式(7.5)按不同的 A_T 值作图，可得到一组速度-负载特性曲线，如图 7.17 所示。

由式(7.5)及图 7.17 均可看出，液压缸速度 v 随负载 F 的加大而减小。当 $F = p_pA_1$ 时，液压缸的速度为零。此时,节流阀的工作压差为零。由此又进一步可知,为了保证该回路正常工作,必须使泵的工作压力 p_p 大于负载压力 $p_\text{L}(p_\text{L}=F/A_1)$,以保证节流阀上的工作压差大于零,即满足式(7.4)。另外,各曲线在速度为零时,都汇交到同一负载点上,说明该回路的承载能力不受节流阀通流截面面积变化的影响。

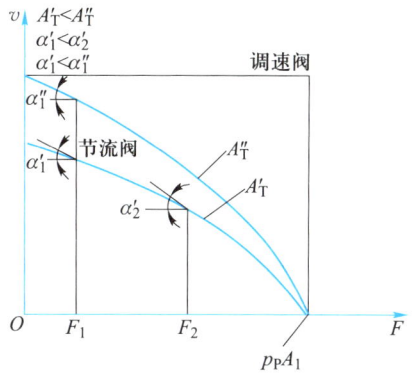

图 7.17 进口节流阀式节流调速回路速度-负载特性

液压缸运动速度受负载影响的程度,可用回路速度刚度 k_v 来评定。速度刚度用下式表示:

$$k_v=-\frac{\partial F}{\partial v}=-\frac{1}{\tan\alpha}\qquad(7.6)$$

回路速度刚度 k_v 的物理意义是:引起单位速度变化时负载的变化量。它是速度-负载特性曲线(图 7.17)上某点处斜率的倒数。在特性曲线上某处斜率越小(机械特性硬),速度刚度就越大,液压缸运动速度受负载波动的影响就越小,运动平稳性好;反之会使运动平稳性变坏。

由式(7.5)和式(7.6)可求出进口节流阀式节流调速回路的速度刚度为

$$k_v=-\frac{\partial F}{\partial v}=\frac{A_1^{1+\varphi}}{CA_\text{T}(p_\text{p}A_1-F)^{\varphi-1}\varphi}=\frac{p_\text{p}A_1-F}{v\varphi}\qquad(7.7)$$

由式(7.7)和图 7.17 均可看出,当节流阀通流截面面积不变时(图中的同一曲线),负载越小,速度刚度越大。负载一定时,节流阀通流截面面积越小,速度刚度越大。因此,进口节流阀式节流调速回路的速度稳定性,在低速小负载的情况下,比高速大负载时好。从式(7.7)还可看出回路中其他参数对速度刚度的影响。例如,提高溢流阀的调定压力,增大液压缸的有效作用面积,减小节流阀指数等,均可提高调速回路的速度刚度,但是这些参数的变动,常常受其他条件的限制。此外,进口节流阀式节流调速回路的速度刚度不受液压泵泄漏的影响。

(3)功率特性

调速回路的功率特性包括回路的输入功率、输出功率、功率损失和回路效率,不包括液压泵、液压元件和管路中的功率损失。这样,便于对不同调速回路的功率利用情况进行比较。

进口节流阀式节流调速回路的输入功率,即液压泵的输出功率 P_p 为:

$$P_\text{p}=p_\text{p}q_\text{p}=\text{常量}\qquad(7.8)$$

该调速回路的输出功率,即液压缸的输入功率,也就是回路的有效功率 P_1 为:

$$P_1=p_1q_1\qquad(7.9)$$

回路的功率损失 ΔP 为:

$$\Delta P=p_\text{p}q_\text{p}-p_1q_1=p_\text{p}(q_1+\Delta q)-(p_\text{p}-\Delta p_\text{T})q_1=p_\text{p}\Delta q+\Delta p_\text{T}q_1\qquad(7.10)$$

式(7.10)表明,该回路的功率损失由两部分组成:一是溢流损失 $\Delta P_1=p_\text{p}\Delta q=p_\text{p}(q_\text{p}-vA_1)$,它是在泵的输出压力 p_p 下,流量 Δq 流经溢流阀产生的功率损失;二是节流损失 $\Delta P_2=\Delta p_\text{T}q_1=\Delta p_\text{T}vA_1$,它是流量 q_1 在压差 Δp_T 下流经节流阀产生的功率损失,其值与速度 v 成正比。这两部分损失都变成热量使油温升高。

回路的效率 η_{Ci} 为:

$$\eta_{\text{Ci}} = \frac{P_1}{P_p} = \frac{p_1 q_1}{p_p q_p} \tag{7.11}$$

由于存在上述两部分功率损失,所以回路效率较低。据有关资料介绍,当负载 F 恒定或变化很小时,$\eta_{\text{Ci}} = 0.2 \sim 0.6$。

在恒定负载条件下,回路的功率及效率特性曲线如图 7.18 所示。回路在恒定负载情况下工作时,液压缸的工作压力 p_1,液压泵的输出压力 p_p,节流阀的工作压差 Δp_T 等均为定值。因此,有效功率及回路效率随工作速度的提高而增大。回路在变负载下工作时,液压泵的工作压力需要按照最大负载的需求来调定,而泵的流量又必须大于液压执行元件在最大速度时所需要的流量。这样,工作在低速小负载情况下时,回路的效率很低。因此,从功率利用率的角度看,这种调速回路不宜用在负载变化范围大的场合。

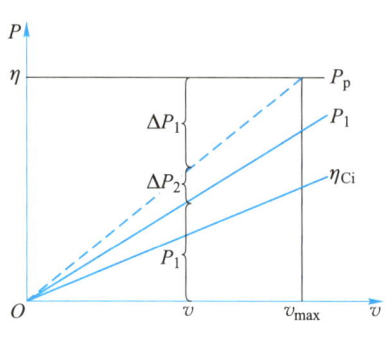

图 7.18　恒载条件下功率及效率特性曲线

（4）调速特性

调速回路的调速特性是以其所驱动的液压缸在某个负载下可能得到的最大工作速度和最小工作速度之比（调速范围）来表示的。按式（7.5）可求得进口节流阀式节流调速回路的调速范围为:

$$R_{\text{Ci}} = \frac{v_{\max}}{v_{\min}} = \frac{A_{\text{T1max}}}{A_{\text{T1min}}} = R_{\text{T1}}$$

式中,R_{Ci} 和 R_{T1} 分别为调速回路和节流阀的调速范围;$v_{\max}$ 和 $v_{\min}$ 分别为液压缸活塞可能得到的最大和最小工作速度;A_{T1max} 和 A_{T1min} 分别为节流阀可能的最大和最小通流截面面积。

2. 出口节流阀式节流调速回路

微视频 7-12:
出口节流调速回路

出口节流阀式节流调速回路如图 7.19 所示。其工作原理及其性能与进口节流阀式节流调速回路类同。

（1）回路结构和调速原理

由节流阀组成的出口节流调速回路在不考虑系统泄漏和管路压力损失的情况下,液压泵的输出流量 q_p 应为:

$$q_p = A_1 v_{\max} + \Delta q_{\text{Tmin}} \tag{7.12}$$

液压泵的输出压力 p_p 为:

$$p_p = \frac{F_{\max}}{A_1} + \frac{A_2}{A_1} \Delta p_{\text{Tmin}}, \quad \Delta p_T = p_2 \tag{7.13}$$

当液压泵的输出压力按上式确定的值调定后,在回路工作过程中,该压力就不再变化,故这种调速回路也称为定压节流阀式节流调速回路。当负载变化时,会引起节流阀前后工作压差 Δp_T 的变化。

（2）速度-负载特性

在不计管路压力损失和泄漏的情况下,回路中液压缸的速度表达式为:

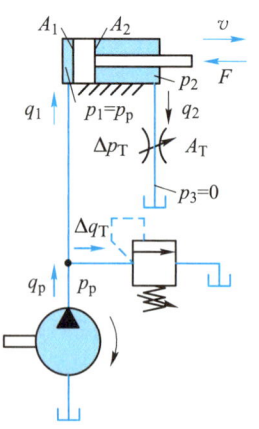

图 7.19　出口节流阀式节流调速回路

$$v = \frac{q_2}{A_2} = \frac{CA_T(p_p A_1 - F)^{\varphi}}{A_2^{1+\varphi}} \tag{7.14}$$

其速度−负载特性曲线与图 7.17 类同。

回路速度刚度 k_v 为：

$$k_v = \frac{A_2^{1+\varphi}}{CA_T(p_p A_1 - F)^{\varphi - 1}\varphi} = \frac{p_p A_1 - F}{v\varphi} \tag{7.15}$$

（3）功率特性

液压泵输出功率 P_p 为：

$$P_p = p_p q_p = 常量 \tag{7.16}$$

有效功率 P_1 为：

$$P_1 = \left(p_p - \frac{A_2}{A_1}p_2\right)q_1 = \left(p_p\frac{A_1}{A_2} - p_2\right)q_2 \tag{7.17}$$

功率损失 ΔP 为：

$$\Delta P = p_p \Delta q_T + \Delta p_T q_2 = \Delta P_1 + \Delta P_2 \tag{7.18}$$

回路效率 η_{Ci} 为：

$$\eta_{Ci} = \frac{P_1}{P_p} = \frac{\left(p_p - \frac{A_2}{A_1}\Delta p_T\right)q_1}{p_p q_p} = \frac{\left(p_p\frac{A_1}{A_2} - \Delta p_T\right)q_2}{p_p q_p}, \quad \Delta p_T = p_2 \tag{7.19}$$

出口节流阀式节流调速回路的调速范围也取决于节流阀的调节范围。

与进口节流阀式节流调速回路相比较，出口节流阀式节流调速回路中的节流阀能使液压缸回油腔形成一定背压，因而，它能承受负值负载（与液压缸运动方向相同的负载）；而进口节流阀式节流调速回路只有在液压缸回油路上设置背压阀后，才能承受负值负载；但是，这样要增加进口节流阀式节流调速回路的功率损失。在出口节流阀式节流调速回路中，流经节流阀而发热的油液，直接流回油箱冷却；而进口节流阀式节流调速回路中流经节流阀而发热的油液，还要进入液压缸，对热变形有严格要求的精密设备会产生不利影响。对于单出杆液压缸来说，在出口节流阀式节流调速回路中，当负载变为零时，液压缸的背腔压力（有杆腔），将会升高很大，其值为 $p_2 = p_p\frac{A_1}{A_2}$，这样对密封不利。同一节流阀放在进口可使液压缸得到比出口更低的速度。除此之外，出口节流阀式节流调速回路与进口节流阀式节流调速回路的性能相同。

综上所述，使用节流阀的进口、出口节流调速回路结构简单，造价低廉，但效率低，机械特性软，宜用在负载变化不大、低速小功率的场合，如平面磨床、外圆磨床的工作台往复运动系统等。

另外，在液压缸的进、出油路上，也可同时设置节流阀，两个节流阀的开口能联动调节。这就构成了进出口节流阀式节流调速回路。由伺服阀控制的液压伺服系统和有些磨床的液压系统就采用了这种调速回路。

3. 旁路节流阀式节流调速回路

（1）回路结构和调速原理

在定量液压泵至液压缸进油路的分支油路上，接一个节流阀，便构成了旁路节流阀式节流调速回路（图7.20）。改变节流阀的通流截面面积，调节排回油箱的流量 Δq_T，间接地控制进入液压缸的流量 q_1，便可实现对液压缸速度的调节。

在不考虑系统管路压力损失及泄漏情况下，液压泵的输出流量为：

$$q_p = q_{1max} + \Delta q_{Tmin} \tag{7.20}$$

当液压缸的背压腔压力 p_2 为零时，液压泵的输出压力为：

$$p_p = p_1 = \frac{F}{A_1} \tag{7.21}$$

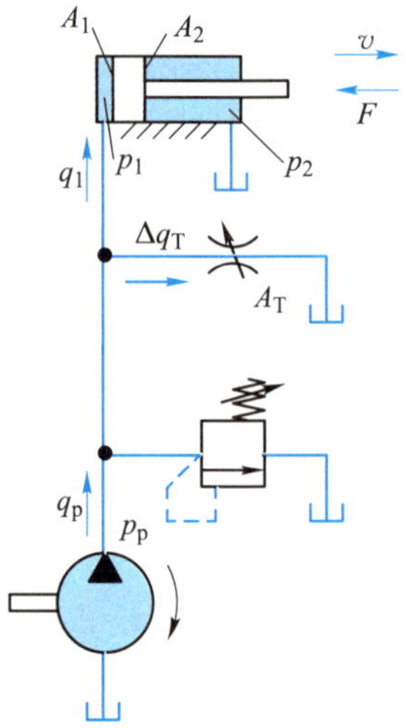

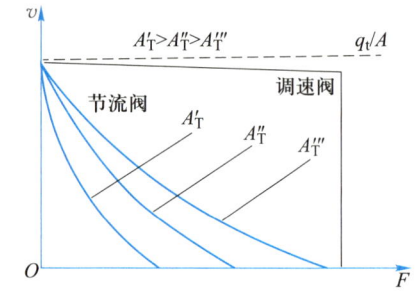

图7.20 旁路节流阀式
节流调速回路

由式（7.21）可看出，在旁路节流阀式节流调速回路中，液压泵的工作压力是随负载而变化的，因此，这种回路也称为变压式节流调速回路。为了防止油路过载损坏，同时并联一个溢流阀起安全阀的作用。当回路正常工作时，溢流阀不打开，只有过载时才开启溢流。

（2）速度-负载特性

旁路节流阀式节流调速回路液压缸的速度为：

$$v = \frac{q_p - \Delta q_T}{A_1} = \frac{q_1 - k_1\left(\dfrac{F}{A_1}\right) - CA_T\left(\dfrac{F}{A_1}\right)^{\varphi}}{A_1} \tag{7.22}$$

式中：q_1——液压泵的理论流量，L/min；

k_1——液压泵的泄漏系数。

其他符号意义同前。

依据式（7.22），按不同的 A_T 值作图，得一组速度-负载特性曲线，如图7.21所示。式（7.22）和图7.21表明：在节流阀通流截面面积不变的情况下，液压缸的速度因负载增大而明显减小，速度-负载特性很软。主要原因有两点：一是当负载增大后，节流阀前后的压差也增大，从而使通过节流阀的流量增加，这样会减少进入液压缸的流量，降低液压缸的速度；二是当负载增大后，液压泵出口压力也增大，从而使液压泵的内泄漏增加，使液压泵的实际输出流量减少，液压缸速度随着减小。当负载增大到某一数值时，液压缸停止不动；而且节流阀通流截面面积越大（即液压缸速度越小），液压缸停止运动的负载就越小。因此，在旁路节流阀式节流调速回路中，当节流阀开口大时（即低速时），承载能力很差。为了在低速下驱动足够大的负载，就必须减小节流阀的通流截面面积，使这种调速回路的调速范围变小。

图7.21 旁路节流阀式节流调速回路速度-负载特性曲线

旁路节流阀式节流调速回路的速度刚度为：

$$k_{\mathrm{r}} = -\frac{1}{\dfrac{\partial v}{\partial F}} = -\frac{1}{\dfrac{\partial\left[\dfrac{q_1 - k_1\dfrac{F}{A_1} - CA_{\mathrm{T}}\left(\dfrac{F}{A_1}\right)^{\varphi}}{A_1}\right]}{\partial F}}$$

$$= \frac{A_1}{\dfrac{k_1}{A_1} + \dfrac{CA_{\mathrm{T}}}{A_1}\left(\dfrac{F}{A_1}\right)^{\varphi-1}\varphi} = \frac{A_1 F}{k_1\dfrac{F}{A_1} + CA_{\mathrm{T}}\varphi\left(\dfrac{F}{A_1}\right)^{\varphi}}$$

$$= \frac{A_1 F}{\varphi\left[k_1\dfrac{F}{A_1} + CA_{\mathrm{T}}\left(\dfrac{F}{A_1}\right)^{\varphi}\right] + \left[k_1\dfrac{F}{A_1} - \varphi k_1\dfrac{F}{A_1}\right]}$$

$$= \frac{A_1 F}{\varphi(q_1 - A_1 v) + (1-\varphi)k_1\dfrac{F}{A_1}} \tag{7.23}$$

由式(7.23)及图7.21均可看出，旁路节流阀式调速回路的速度刚度是很低的。特别在低速小负载的情况下，其速度刚度更低。因此，这种回路只能用于负载较大、速度较高，但对速度稳定性要求不高的场合，或者用于负载变化不大的情况。另外，从式(7.23)还可看出，液压泵的泄漏也对速度稳定性有直接影响，泄漏系数越大，速度刚度越低。

（3）功率特性

在不考虑管路压力损失及其泄漏的情况下，对旁路节流阀式调速回路的功率特性分析如下：

液压泵输出功率 P_{p} 当负载不变时为：

$$P_{\mathrm{p}} = p_{\mathrm{p}}q_{\mathrm{p}} = p_1 q_{\mathrm{p}} = 常量 \tag{7.24}$$

有效功率 P_1 为：

$$P_1 = p_1 q_1 = p_1 v A_1 \tag{7.25}$$

功率损失 ΔP 为：

$$\Delta P = P_{\mathrm{p}} - P_1 = p_1(q_{\mathrm{p}} - q_1) = p_1\Delta q_{\mathrm{T}} = p_1(q_{\mathrm{p}} - vA_1) \tag{7.26}$$

回路效率 η_{Ci} 为：

$$\eta_{\mathrm{Ci}} = \frac{P_1}{P_{\mathrm{p}}} = \frac{p_1 q_1}{p_{\mathrm{p}} q_{\mathrm{p}}} = \frac{q_1}{q_{\mathrm{p}}} = 1 - \frac{\Delta q_{\mathrm{T}}}{q_{\mathrm{p}}} = 1 - \frac{CA_{\mathrm{T}}p_{\mathrm{p}}^{\varphi}}{q_1 - k_1 p_{\mathrm{p}}} \tag{7.27}$$

由式(7.26)可看出，旁路节流阀式节流调速回路的功率损失只有一项，即节流损失 $p_1\Delta q_{\mathrm{T}}$，没有溢流损失。因此，与进口和出口节流阀式节流调速回路相比，旁路节流阀式节流调速回路的效率比较高。由于在该回路中液压泵的输出压力与负载相适应，没有压力损失，因此，在高速和变载的情况下效率更高，从式(7.27)也可以看出这一点。

（4）调速范围

这种调速回路的调速范围不仅与节流阀的调速范围有关，而且还与负载、液压缸的泄漏有

关。因此其数值要比进口、出口节流阀式节流调速回路的调速范围要小。

7.4.2　调速阀式节流调速回路

在上述的进口、出口和旁路节流阀式节流调速回路中,当负载变化时,会引起节流阀前后工作压差的变化。对于开口量一定的节流阀来说,当工作压差变化时,通过其的流量必然变化,这就导致了液压执行元件运动速度的变化。因此可以说,上述三种节流阀式调速回路速度平稳性差的根本原因是采用了节流阀。

如果在上述节流阀式节流调速回路中,用调速阀代替节流阀,便构成了进口、出口和旁路调速阀式节流调速回路,其速度平稳性大为改善。因为只要调速阀的工作压差超过它的最小压差值,一般为 0.4~0.5 MPa,则通过调速阀的流量便不随压差而变化。

由调速阀组成的进口节流调速回路和出口节流调速回路的速度-负载特性如图 7.22 所示。当液压缸的负载在 $0 \sim F_A$ 之间变化时,其速度不会随之变化。当负载大于 F_A 时,由于调速阀的工作压差已小于调速阀正常工作的最小压差,其输出特性与节流阀式节流调速回路相同,因此其速度随负载的增大而减小;当负载增大到 F_B 时,液压缸停止运动($F_B = p_p A_1$)。

由调速阀构成的进口和出口节流调速回路的其他特性与相应的节流阀式进口和出口节流调速回路类同。在计算和分析时可参照前述相应公式。

由调速阀构成的旁路节流调速回路的速度-负载特性如图 7.23 所示。当液压缸的负载在 $F_A \sim F_B$ 区间时,负载增大,速度有所减小,但幅度不大,这是由定量泵泄漏造成的。液压泵的泄漏量随负载增大而增多,当负载增大到 F_B 时,安全阀开启,液压缸停止运动。当负载小于 F_A 时,由于调速阀的工作压差小于它正常工作的最小压差,其输出特性与节流阀相同,所以该段曲线与采用节流阀式旁路节流调速回路的速度-负载特性曲线的相应段一样。调速阀式旁路节流调速回路的其他特性与节流阀式旁路节流调速回路类同,在计算和分析时可参照前述相应公式。

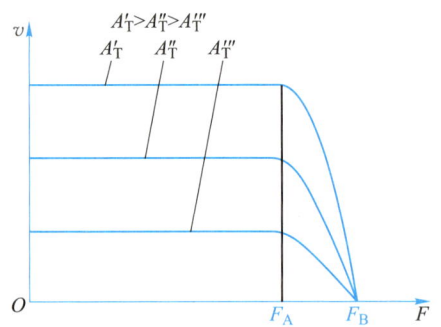

图 7.22　进、出口调速阀式节流调速回路
速度-负载特性曲线

采用调速阀的节流调速回路在机床的中、低压小功率进给系统中得到了广泛的应用,例如组合机床液压动力滑台系统、液压六角车床及液压多刀半自动车床等。

图 7.24 所示为采用溢流节流阀的进口节流调速回路。由于溢流节流阀中的差压式溢流阀具有自动调节节流阀两端压力差恒定的作用,因此当液压缸负载变化时,节流阀工作压差不变,通过的流量也不变,使液压缸的速度稳定。该回路的速度-负载特性与进口调速阀式节流调速回路的基本相同(图 7.22)。在该回路中,泵的工作压力与负载相适应,其大小随负载而变化。因此,在变负载下工作时,这种回路比进口和出口调速阀式节流调速回路的效率高。这时的溢流节流阀只能置于液压缸的进油路上,不能设置在出油路和旁油路上。溢流节流阀中的溢流阀不能起过载保护作用,因此,该回路需另外设置安全阀。

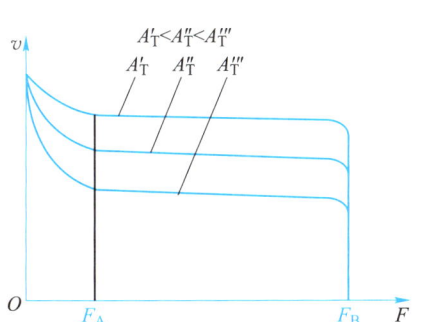

图 7.23　旁路调速阀式节流调速回路速度-负载特性曲线

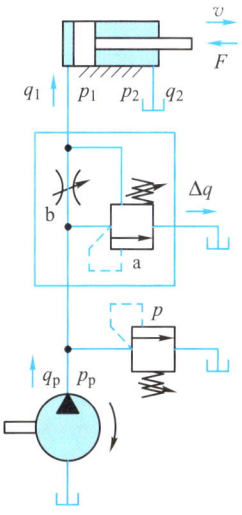

图 7.24　溢流节流阀式进口节流调速回路

7.4.3　容积调速回路

节流调速回路由于存在着节流损失和溢流损失,回路效率低,发热量大,因此只用于小功率调速系统。在大功率的调速系统中,多采用回路效率高的容积式调速回路。

容积调速回路是通过改变变量泵或变量马达的排量来调节执行元件的运动速度的。在容积调速回路中,液压泵输出的液压油全部直接进入液压缸或液压马达,无溢流损失和节流损失,而且液压泵的工作压力随负载的变化而变化,因此这种调速回路效率高,发热量少。容积调速回路多用于工程机械、矿山机械、农业机械和大型机床等大功率的调速系统中。

按液压执行元件的不同,容积调速回路可分为泵-缸式和泵-马达式两类容积调速回路。绝大部分泵-缸式容积调速回路和泵-马达式容积调速回路的油液循环采用闭式循环方式。

微视频 7-14:
容积调速回路

微视频 7-15:
泵-缸式容积调速回路

1. 泵-缸式容积调速回路

泵-缸式容积调速回路的开式循环回路结构如图 7.25 所示,由变量泵、液压缸和起安全作用的溢流阀组成。通过改变液压泵的排量 V_p,便可调节液压缸的运动速度 v。

当不考虑管路、液压缸的泄漏和压力损失时,液压缸的速度为:

$$v = \frac{q_p}{A_1} = \frac{q_1 - k_1 \dfrac{F}{A_1}}{A_1} = \frac{V_p n_p - k_1 \dfrac{F}{A_1}}{A_1} \tag{7.28}$$

据式(7.28)按不同 V_p 值作图,可得一组速度-负载特性曲线,如图 7.26 所示。由于变量泵的泄漏系数 k_1 较大,当负载增大时,液压缸的速度按线性规律下降;这样,当液压泵以小排量(低速)工作时,回路的承载能力变差。

263

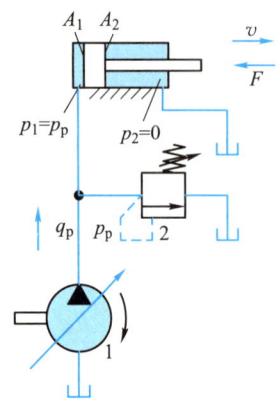

1—变量泵；2—溢流阀

图 7.25 泵-缸开式容积调速回路

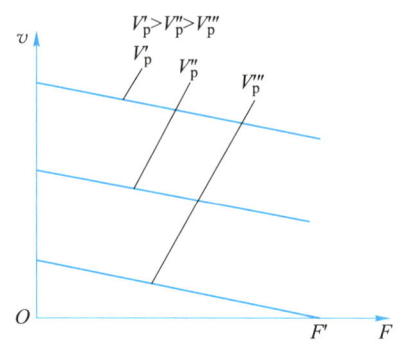

图 7.26 泵-缸开式容积调速回路速度-负载特性曲线

由式(7.28)可得出该回路的速度刚度为：

$$k_v = \frac{A_1^2}{k_1} \tag{7.29}$$

式(7.29)说明该回路的速度刚度只与回路自身参数 A_1 和 k_1 有关，不受负载和速度大小等工作参数的影响（这与节流阀式节流调速回路不同）。加大液压缸的有效作用面积 A_1 和减小泵的泄漏系数 k_1 均可提高回路的速度刚度。

图 7.27 所示为闭式循环的泵-缸式容积调速回路。液压缸由双向变量泵 7 供油驱动，泵与缸之间组成闭式循环回路。改变泵的排量可调节液压缸的速度，改变泵油液的输出方向，可使液压缸运动换向。该回路设有补油和运动换向装置。当机动换向阀 3 和液动换向阀 4 处于图示位置时，变量泵的油口 c 为压油口，液压缸活塞向右运动。补油泵 1 输出的低压油经机动换向阀和液动换向阀的右位，向变量泵的吸油口 d 补油。当机动换向阀变换位置使左位接入系统时，补油泵输出的压力油一方面使液动换向阀的左位接入系统，同时作用在变量泵的控制液压缸 a 上，使变量泵改变输油方向，这时 d 为压油口，c 为吸油口；另一方面经液动换向阀的左位向变量泵的吸油口 c 补油。溢流阀 2 用来调节补油泵的工作压力（也就是液压缸回油腔和变量泵吸油口压力），同时将补油泵输出的多余油液溢回油

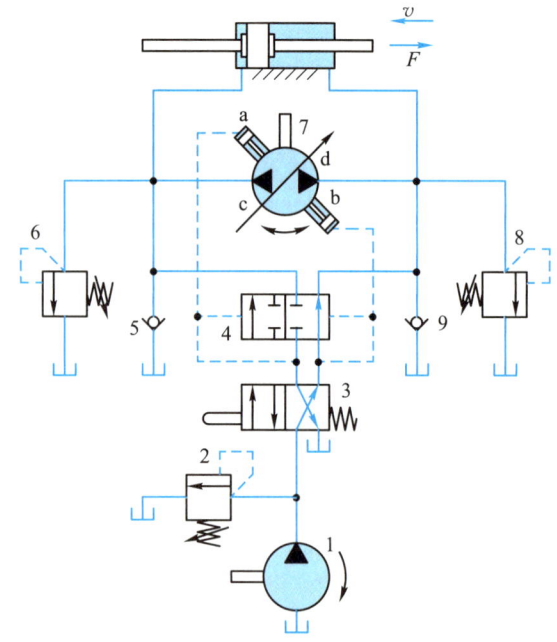

1—补油泵；2—溢流阀；3—机动换向阀；
4—液动换向阀；5、9—单向阀；
6、8—安全阀；7—变量泵

图 7.27 泵-缸闭式容积调速回路

264

箱。变量泵只在换向过程中经单向阀5或9从油箱中吸油。两个安全阀6和8用以限定回路在每个方向上的最高压力,起过载保护作用。

该闭式循环泵-缸式容积调速回路的工作特性与上述开式循环回路完全相同。

2. 泵-马达式容积调速回路

泵-马达式容积调速回路有变量泵-定量马达、定量泵-变量马达和变量泵-变量马达三种组合形式。它们普遍用于工程机械、行走机构、矿山机械以及静压无级变速装置中,但在机床等设备上却很少使用。

(1) 变量泵-定量马达式容积调速回路

图7.28所示为闭式循环的变量泵-定量马达式容积调速回路。回路由补油泵1、溢流阀2、单向阀3、变量泵4、安全阀5和定量马达6等组成。改变变量泵的排量V_p,即可以调节定量马达的转速n_m。安全阀用来限定回路的最高压力,起过载保护作用。补油泵用以补充由泄漏等因素造成的变量泵吸油流量的不足部分。溢流阀调定补油泵的输出压力,并将其多余的流量溢回油箱。

在不考虑管路压力损失和泄漏时,马达转速为:

$$n_m = \frac{q_p}{V_m} = \frac{V_p n_p - k_1 \dfrac{2\pi T_m}{V_m}}{V_m} \tag{7.30}$$

式中:n_p、n_m——液压泵、液压马达的转速,r/min;

V_p、V_m——液压泵、液压马达的排量,mL/r;

k_1——泵和马达泄漏系数之和;

T_m——液压马达负载转矩,N·m。

将式(7.30)按不同的V_p值作图,得一组速度-负载特性曲线,如图7.29所示。由图可知,由

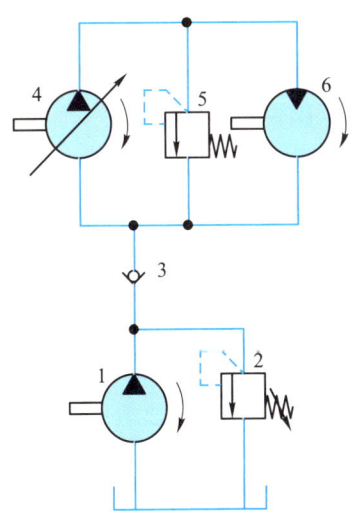

1—补油泵;2—溢流阀;3—单向阀;
4—变量泵;5—安全阀;6—定量马达

图7.28 变量泵-定量马达容积调速回路

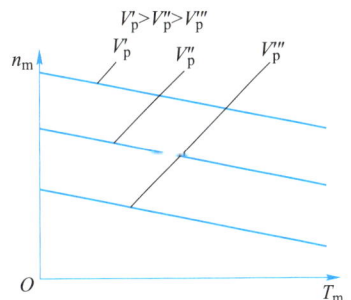

图7.29 变量泵-定量马达容积
调速回路速度-负载特性曲线

265

于变量泵和液压马达的泄漏量,马达转速随着负载转矩的增大而减小。当泵的排量 V_p 很小时,负载转矩不太大,马达就停止转动,这说明泵在小排量时(低转速)回路承载能力差。由式(7.30)可以导出回路的速度刚度为:

$$k_v = \frac{V_m^2}{2\pi k_1} \tag{7.31}$$

由此可知,加大马达排量 V_m 和减小泄漏系数 k_1 都可提高这种回路的速度刚度。

在正常工作条件下(除了 V_p 过小而不能承受负载的工况外),回路输出转矩与实际的负载转矩相等。回路的工作压力由负载转矩决定。因此,当负载转矩大时,回路的工作压力自动增大,负载转矩小时,回路的工作压力自动减小。当回路的工作压力随负载增大到安全阀调定的压力 p_s 时,负载转矩如果再增大,回路就无力驱动负载,则马达停止转动。这样,安全阀的调定压力就决定了这种回路输出转矩的最大能力。该回路输出的最大转矩为:

$$T_{mmax} = \frac{\Delta p V_m}{2\pi} \eta_{mm} \tag{7.32}$$

其中,$\Delta p = p_s - p_0$,p_0 为补油压力。由式(7.32)看出,该回路的最大输出转矩不受变量泵排量 V_p 的影响,而且与速度无关,在高速和低速时回路输出的最大转矩相同,并且是个恒定值,故称这个回路为恒转矩调速回路。

该回路的输出功率由实际负载功率决定。在不考虑管路泄漏和压力损失的情况下,当回路以最大转矩输出时,回路输出的最大功率为:

$$P_{mmax} = 2\pi T_{mmax} n_m = \Delta p V_m n_m \eta_{mm} = p_s n_p V_p \eta_{mm} \tag{7.33}$$

式(7.33)表明该回路输出的最大功率随马达转速的提高而增大。

综上所述,该回路的工作特性($n_m - V_p$,$T_m - V_p$,$P_m - V_p$)曲线如图7.30所示。变量泵−定量马达容积调速回路的调速范围可达40左右。当回路中的液压泵和液压马达都能双向作用时,液压马达可以实现平稳地反向。这种回路在小型内燃机车、液压起重机、船用绞车等有关装置上都得到了应用。

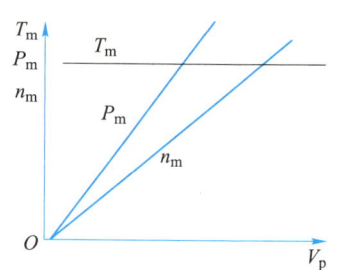

图 7.30　变量泵−定量马达式容积调速回路工作特性曲线

（2）定量泵−变量马达式容积调速回路

微视频 7−17:
定量泵 − 变量马达容积调速回路

带有辅助泵补油装置的定量泵−变量马达式容积调速回路类似图7.28所示,只是变量泵4改为定量泵,定量马达6改为变量马达。马达的转速通过改变它自身的排量 V_m 进行调节。若不计管路泄漏及压力损失,马达的转速为:

$$n_m = \frac{n_p V_p - k_1 \dfrac{2\pi T_m}{V_m}}{V_m} \tag{7.34}$$

由式(7.34)可知,减小马达排量 V_m 可使转速增加。根据式(7.34)按不同的 V_m 值作图,可得一组速度−负载特性曲线(曲线形如图7.29所示)。

由式(7.34)可导出该回路的速度刚度为：

$$k_r = \frac{V_m^2}{2\pi k_1} \qquad (7.35)$$

式(7.35)说明这种调速回路的速度刚度也是与马达排量 V_m 的平方成正比。因此，当高速（V_m 较小）时，回路的速度刚度很低，运动平稳性差。

在正常工作条件下，回路的输出转矩与负载转矩相等，工作压力由负载转矩决定。回路能输出的最大转矩受安全阀调定压力限定，并且与马达排量成正比。其最大输出转矩同式(7.32)。

回路输出的最大转矩表明，受调速参数 V_m 的影响，在低速（V_m 大）时输出转矩的能力大，高速（V_m 小）时输出转矩能力小。当 V_m 小到一定程度时，马达会突然停转，说明这种回路高速承载能力差。

该回路输出功率的最大值同式(7.33)。

由此可看出，定量泵-变量马达式容积调速回路输出功率的最大能力与调速参数 V_m 无关。即回路能输出的最大功率是恒定的，不受转速高低的影响。因此，称这种回路为恒功率调速回路。

综上所述，定量泵-变量马达式容积调速回路的速度-负载特性曲线（n_m-V_m，T_m-V_m，P_m-V_m）如图 7.31 所示。

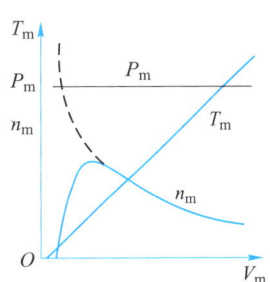

图 7.31　定量泵-变量马达式容积调速回路速度-负载特性曲线

由于液压泵和液压马达存在着泄漏和摩擦等损失，在 $V_m = 0$ 处附近，n_m、T_m、P_m 也都等于零。

这种调速回路的调速范围很小，一般不大于 3。这是因为将液压马达的排量 V_m 调节得过小，其输出转矩 T_m 将降至很小值，甚至带不动负载，使高转速受到限制；而低转速时又由于马达及泵泄漏使其承载能力差，故其转速不能太小。

这种调速回路的应用不如上述回路广泛。在造纸、纺织等行业的卷曲装置中得到了应用，它能使卷件在不断加大直径的情况下，基本上保持被卷材料的线速度和拉力恒定不变。

（3）变量泵-变量马达式容积调速回路

图 7.32 所示为带有补油装置的闭式循环双向变量泵-变量马达式容积调速回路。改变双向变量泵 1 的供油方向，可使双向变量马达 2 正向或反向转换。左侧的两个单向阀 6 和 8 保证补油泵能双向地向变量泵的吸油腔补油，补油压力由补油泵 4 左侧的溢流阀 5 调定。右侧两个单向阀 7 和 9 使溢流阀 3 在变量马达 2 的正反向都能起过载保护作用。

微视频 7-18：变量泵-变量马达容积调速回路

该回路马达转速的调节可分成低速和高速两段进行。在低速段，使变量马达的排量最大，通过调节变量泵的排量来改变马达的转速。所以，这一速度段为变量泵-定量马达式容积调速回路的工作特性。在高速段，将变量泵的排量调至最大后，改变液压马达的排量来调节马达转速。所以，这一速度段为定量泵-变量马达式容积调速回路的工作特性。图 7.33 为该回路的输出转矩和功率特性曲线。这种回路的调速范围是变量泵的调节范围 R_p 与变量马达调节范围 R_m 之积。因此，调速范围大（可达 100 左右）。

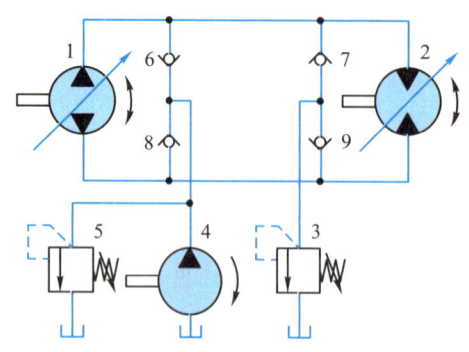

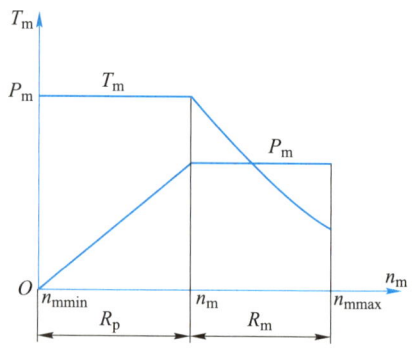

1—变量泵;2—变量马达;3、5—溢流阀;
4—补油泵;6、7、8、9—单向阀

图 7.32　变量泵–变量马达式容积调速回路

图 7.33　变量泵–变量马达式容积调速回路输出转矩和功率特性曲线

这种回路适宜于大功率液压传动系统,如港口起重运输机械、矿山采掘机械等。

7.4.4　容积节流调速回路

容积调速回路虽然效率高,发热少,但仍存在速度–负载特性软的问题。调速阀式节流调速回路的速度–负载特性好,但回路效率低。容积节流调速回路的效率虽然没有单纯的容积调速回路高,但它的速度–负载特性好。因此,在低速稳定性要求高的机床进给系统得到了普遍的应用。

容积节流调速回路是采用压力补偿型变量泵供油,通过对节流元件的调整来改变流入或流出液压缸的流量用以调节液压缸的速度,而液压泵输出的流量自动地与液压缸所需流量相适应。这种回路虽然有节流损失,但没有溢流损失,效率较高。常见的容积节流调速回路有下述两种。

1. 限压式变量叶片泵–调速阀式容积节流调速回路

图 7.34 所示为限压式变量叶片泵–调速阀式容积节流调速回路。它由限压式变量叶片泵、调速阀和液压缸等主要元件组成。调速阀安装在进油路或回油路上均可。液压缸的运动速度由调速阀控制,变量泵输出的流量 q_p 与进入液压缸的流量 q_1 相适应。其原理是:在节流阀通流截面面积 A_T 调定后,通过调速阀的流量 q_1 是恒定不变的。因此,当 $q_p>q_1$ 时,泵的出口压力上升,压力的反馈作用(见 3.3.4 节中限压式变量叶片泵工作原理)使限压式变量叶片泵的流量自动减小到 $q_p≈q_1$;反之,当 $q_p<q_1$ 时,泵的出口压力下降,压力反馈作用又会使其流量自动增大到 $q_p≈q_1$。可见调速阀在这里的作用不仅是使进入液压缸的流量保持恒定,而且还使泵的输出流量恒定并与液压缸流量相匹配。这样,泵的供油压力基本恒

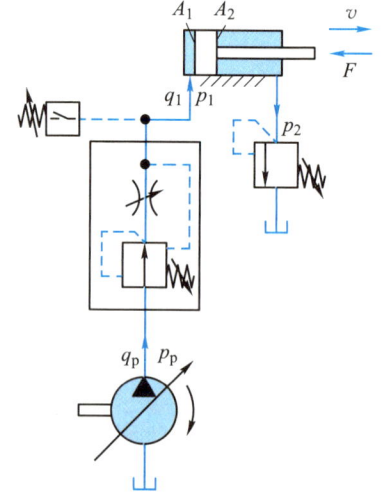

图 7.34　限压式变量叶片泵–调速阀式容积节流调速回路

定不变,故又称为定压式容积节流调速回路。

这种调速回路的速度刚性、运动平稳性、承载能力和调速范围都和与它对应的节流调速回路相同。

图 7.35 所示为这种调速回路的调速特性曲线。由图可见,这种回路虽然没有溢流损失,但仍然有节流损失,其损失的大小与液压缸的工作腔压力 p_1 有关。当进入液压缸的流量为 q_1 时,液压泵的供油流量应为 $q_p = q_1$,供油压力为 p_p。很明显,液压缸工作腔压力的正常工作范围是:

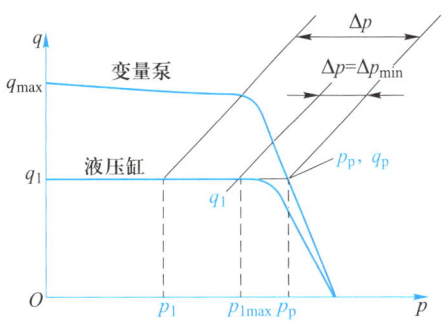

图 7.35 限压式变量叶片泵-调速阀式容积节流调速回路的调速特性曲线

$$p_2 \frac{A_2}{A_1} \leqslant p_1 \leqslant (p_p - \Delta p_{min}) \qquad (7.36)$$

式中,Δp_{min} 是为保证调速阀正常工作的最小压差,一般为 0.5 MPa 左右,其他符号意义同前。

当 $p_1 = p_{1max}$ 时,回路中的节流损失最小;p_1 越小,节流损失越大。当液压缸回油腔(背压腔)压力 $p_2 = 0$ 时,回路的效率为:

$$\eta_{Ci} = \frac{p_1}{p_p} \qquad (7.37)$$

当 $p_2 \neq 0$ 时,回路的效率为:

$$\eta_{Ci} = \frac{p_1 - p_2 \dfrac{A_2}{A_1}}{p_p} \qquad (7.38)$$

2. 稳流量泵-节流阀式容积节流调速回路

稳流量泵-节流阀式容积节流调速回路如图 7.36 所示。它由稳流量式变量叶片泵、节流阀、安全阀和液压缸等基本元件组成。稳流量泵的定子左右侧各有一控制液压缸,左侧缸柱塞面积 A_{p1} 与右侧缸活塞杆的面积相等。节流阀的进油口与左侧缸和右侧缸的有杆腔相通;节流阀的出口与右侧缸的无杆腔相通。右侧缸无杆腔的面积为 A_{p2},由压力 p_1 和压缩弹簧 R 产生的推力可使定子左移,增加偏心量 e,从而使液压泵的排量增大。左侧缸及右侧缸有杆腔压力 p_p 产生的推力,可使定子右移,减小偏心量 e 来使液压泵的排量减小。

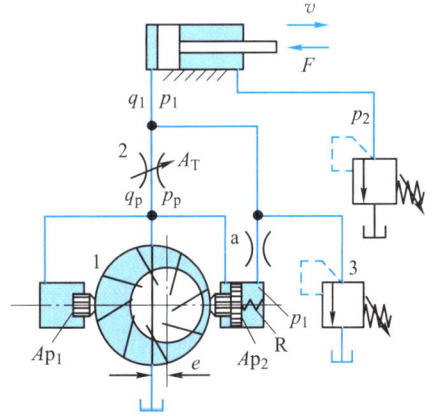

1—稳流量泵;2—节流阀;3—安全阀

图 7.36 稳流量泵-节流阀式容积节流调速回路

该回路中液压缸的速度通过改变节流阀通流截面面积 A_T,控制进入液压缸的流量 q_1 来调节。当 A_T 调定后,液压泵输出流量 q_p 就自动地与通过节流阀的流量 q_1 相匹配。若某时刻 $q_p > q_1$,泵出口压力 p_p 升高,则控制液压缸作用在定子左侧的推力大于右侧的推力,定子右移,使泵的排量减小,直至 $q_p = q_1$;反之,当 $q_p < q_1$ 时,p_p 减小,定子左移,使泵的排量增大,直到 $q_p = q_1$。由此可见,$q_p = q_1$ 的过程是一个自动调节过程。在这个自动调节过程中,为了防止控制缸左右振动,在控制油路中设有阻尼孔 a,用以增加控制系统的阻尼,提高稳定性。

在这种回路中,当节流阀开口量调定后,输入液压缸的流量 q_1 基本不受负载变化的影响而保持恒定。这是因为稳流量泵的控制回路能保证节流阀的工作压差不变,并且具有自动补偿泄漏的功能。依据控制缸液压力对定子作用力的静态平衡方程可以导出节流阀工作压差 Δp 为:

$$p_p A_{p1} + p_p (A_{p2} - A_{p1}) = p_1 A_{p2} + F_s$$

$$\Delta p = p_p - p_1 = \frac{F_s}{A_{p2}} \qquad (7.39)$$

由式(7.39)可知,节流阀的工作压差 Δp 由弹簧 R 的推力 F_s 决定。由于该弹簧刚度较低,工作中压缩量的变化又很小,所以 F_s 基本恒定,使节流阀的工作压差不受负载变化的影响,具有调速阀的功能。其自动调节的过程是:当负载变大使 p_1 增大时,在泵的排量及输出压力 p_p 未变的瞬间,由于节流阀的工作压差减小,通过节流阀的流量 q_1 也减小;但是,在 p_1 增大的同时,控制液压缸右腔的压力也增大,推动定子左移,增大泵的排量使 p_p 随之增大,维持 Δp 基本不变。在这一自动调节过程中,泵所增加的理论流量,正好补偿了由于 p_p 提高所增加的内泄漏,因此泵的输出流量基本未变。反之,当负载变小从而使 p_1 减小时,控制液压缸右腔的压力也减小,则定子右移,使排量减小,导致 p_p 减小,维持 Δp 不变。在这个调节过程中,泵减小的理论流量与 p_p 降低所减少的泄漏量相当,因此泵输出的流量基本未变。

由上述可知,这种回路的速度刚性、运动平稳性和承载能力都和限压式变量叶片泵–调速阀式容积节流调速回路相当,它的调速范围也只取决于节流阀的调速范围。该回路中液压泵的输出压力跟随负载而变化,因此又称它为变压式容积节流调速回路。为了防止回路过载,在阻尼孔 a 前并联一溢流阀起安全保护作用。

这种回路只有节流损失,无溢流损失,而且由于泵的输出压力随负载的变化而增减,节流阀工作压差不变。故在变载情况下,节流损失比限压式变量叶片泵–调速阀式容积节流调速回路小得多,因此回路效率高,发热少。

当液压缸回油腔压力为零时,回路效率为:

$$\eta_{Ci} = \frac{p_1 q_1}{p_p q_p} = \frac{p_1}{p_1 + \Delta p} \qquad (7.40)$$

这种回路宜用于负载变化大、速度较低的中、小功率场合,如某些组合机床的进给系统。

7.4.5 直驱式容积调速回路

前述调速回路共同的特点是液压泵的旋转速度基本保持恒定,这主要取决于驱动它的电动机特性。由于液压泵的输出流量取决于泵的转速和排量,因此如果能够控制电动机转速的变化,也就间接地实现了液压系统的调速功能。采用这种方式进行调速的液压回路称为直驱式容积调速回路,如图 7.37 所示。

直驱式容积调速回路中采用定量泵作为液压油源,电动机的转速决定泵的输出流量,电动机的转向决定执行元件的运动方向。在液压回路正常工作时,油液不流经具有节流作用的阀类元件,因此也被称为无(伺服)阀系统。该回路多采用控制性能较好的伺服电动机作为动力源,出于成本考虑,也可采用交流变频调速技术。

直驱式容积调速回路短,压力损失小,发热少,体积小,可靠性高,但其频率响应相对较低(通常小于 3 Hz)。

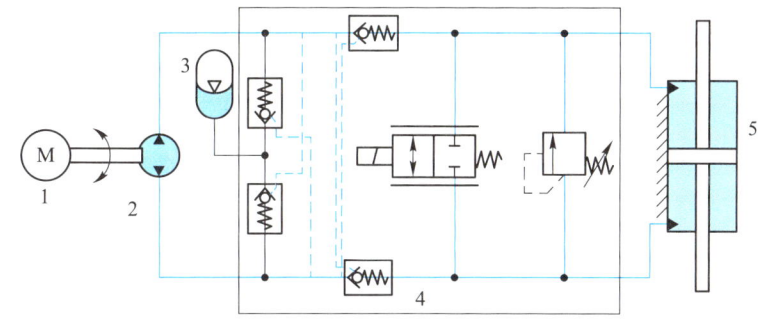

(a) 直驱式容积调速回路系统图

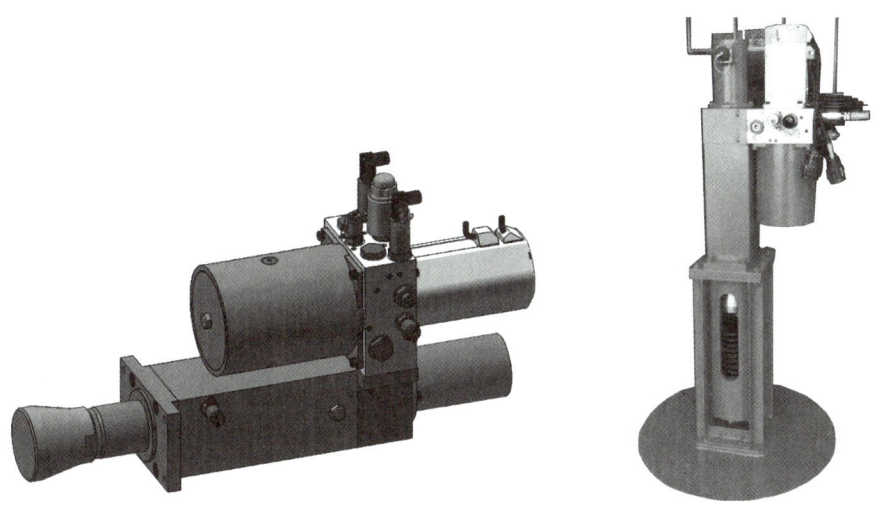

(b) 直驱式容积调速装置三维图　　　　(c) 带有加载装置的实物图

1—交流变频电动机;2—双向液压泵;3—密闭压力油罐;4—集成阀组;5—执行机构
图 7.37　直驱式容积调速回路系统图、三维图和实物图

微视频 7-21:
快 速 运 动
回路

7.4.6　快速运动回路

工作机构在一个工作循环过程中,空行程速度一般较高,常在不同的工作阶段要求有不同的运动速度和承受不同的负载。因此在液压传动系统中常根据不同工作阶段要求的运动速度和承受的负载来决定液压泵的流量和压力,然后在不增加功率消耗的情况下,采用快速运动回路来提高工作机构的空行程速度。快速运动回路的特点是负载小(压力小),流量大。常用的快速运动回路分述如下。

1. 液压缸差动连接快速运动回路

图 7.38 所示的液压缸差动连接快速运动回路,是利用液压缸的差动连接来实现的。当二位三通电磁换向阀处于右位时,液压缸呈差动连接。液压泵输出的油液和液压缸有杆腔返回的油液合流,进入液压缸的无杆腔,实现活塞的快速运动。当液压缸两端的有效作用面积比为 2:1 时,快进速度将是非差动连接无杆腔进油时的 2 倍。

2. 液压蓄能器辅助供油快速运动回路

图 7.39 所示为液压蓄能器辅助供油的快速运动回路。这种回路采用一个大容量的液压蓄能器使液压缸快速运动。当换向阀处于左位或右位时,液压泵和液压蓄能器同时向液压缸供油,实现快速运动。当换向阀处于中位时,液压缸停止运动,液压泵经单向阀向液压蓄能器充液,随着液压蓄能器内油量的增加,液压蓄能器的压力升高到液控顺序阀的调定压力时,液压泵卸荷。

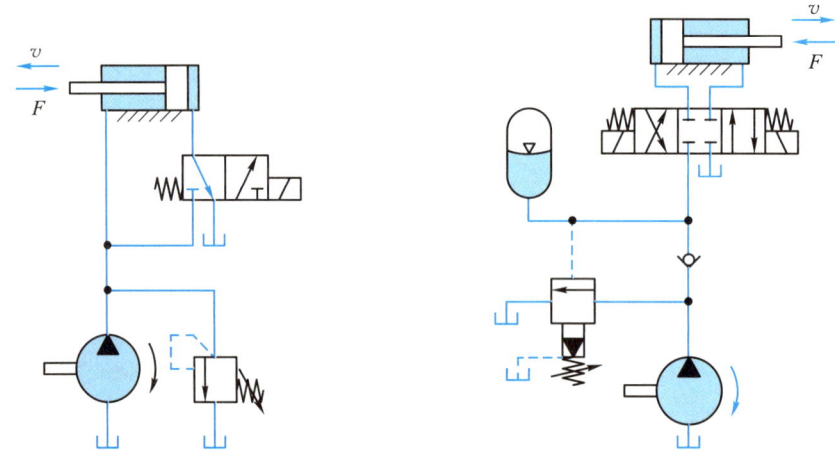

图 7.38 液压缸差动连接快速运动回路   图 7.39 液压蓄能器辅助供油的快速运动回路

这种回路适用于短时间内需要大流量的场合,并可用小流量的液压泵使液压缸获得较大的运动速度。需注意的是,在液压缸的一个工作循环内,须有足够的停歇时间使液压蓄能器充液。

3. 双液压泵供油快速运动回路

图 7.40 所示为双液压泵供油的快速运动回路。图中的低压大流量液压泵 1 和高压小流量液压泵 2 并联,它们同时向系统供油时可实现液压缸的快速运动;进入工作行程时,系统压力升高,液控顺序阀(卸荷阀)打开,使大流量液压泵卸荷,仅由小流量液压泵向系统供油,液压缸的运动变为慢进(工进)工作行程。

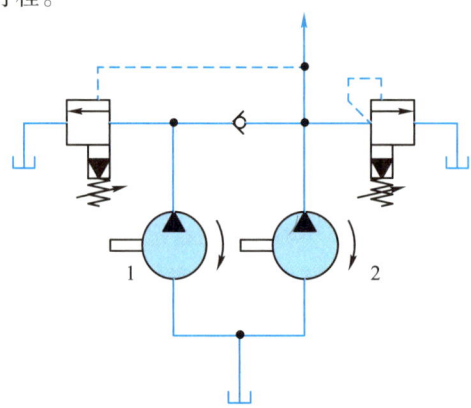

1—低压大流量液压泵;2—高压小流量液压泵

图 7.40 双液压泵供油的快速运动回路

7.4.7 速度换接回路

微视频 7-22:
速度换接
回路

速度换接回路主要用于使执行元件在一个工作循环中,从一种速度变换到另一种速度,如两种进给速度换接回路等。

1. 快速与慢速换接回路

图 7.41 所示为用行程阀控制的快慢速换接回路。在图示状态时,液压缸活塞快进;当活塞杆上的挡块压下行程阀时,液压缸右腔的油液经节流阀回油箱,液压缸活塞转为慢速工进;当换向阀左位接入回路时,液压缸活塞快速返回。此换接过程比较平稳,换接点的位置精度高,但行程阀的安装位置不能任意布置。

图 7.42 所示为用行程开关控制的快慢速换接气动回路。当撞块压下行程开关时,发出信号,使二位二通电磁阀换向,改变排气通路,从而改变气缸速度。

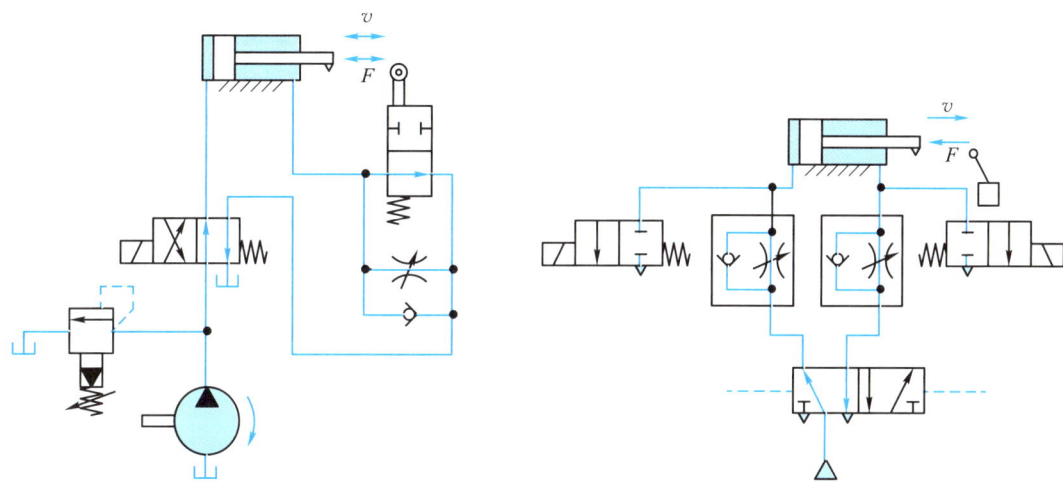

图 7.41　行程阀控制的快慢速换接回路　　　　图 7.42　行程开关控制的快慢速换接气动回路

2. 两种进给速度的换接回路

由 7.43 所示为用两调速阀并联来实现两种进给速度的换接回路。两个调速阀由二位三通换向阀换接。它们各自独立调节流量,互不影响,一个工作时,另一个没有油液通过。在速度换接过程中,由于原来没有参与工作的调速阀处于最大开口位置,速度换接时大量油液通过该阀,将使执行元件突然前冲,一般用于速度预选的场合。

图 7.44 所示为用两调速阀串联来实现两种不同速度的换接回路,第二个调速阀的开口比第一个调速阀的开口小,电磁阀断电时液压缸速度由调速阀 1 调定,电磁阀通电时液压缸速度由调速阀 2 调定。该回路的速度换接平稳性比上述回路好。

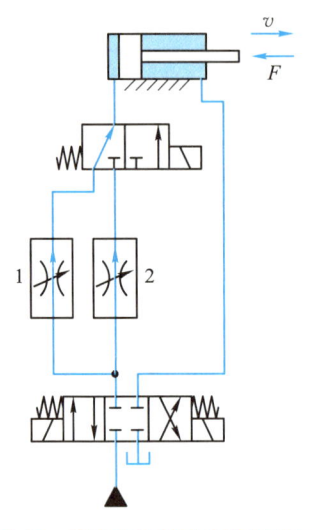

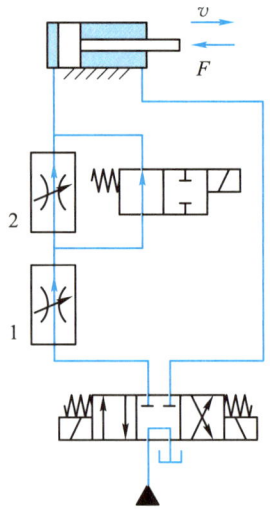

图 7.43　两调速阀并联速度换接回路　　　　图 7.44　两调速阀串联速度换接回路

7.5　多缸运动控制回路

微视频 7-23：
多缸动作回路

微视频 7-24：
顺序动作回路

　　在液压与气压传动系统中,用一个能量源向两个或多个缸(或马达)提供液压油或压缩空气,按各缸之间运动关系的要求进行控制,完成预定功能的回路,称为多缸运动回路。多缸运动回路分为顺序运动回路、同步运动回路和互不干扰回路等。

7.5.1　顺序运动回路

　　缸严格地按给定顺序运动的回路称为顺序运动回路。这种回路在机械制造等行业的液压传动系统中得到了普遍应用。如组合机床回转工作台的抬起和转位,夹紧机构的定位和夹紧等,都必须按固定的顺序运动。顺序运动回路的控制方式有三种,即行程控制、压力控制和时间控制。

　　1. 行程控制顺序运动回路

　　行程控制是利用执行元件运动到一定位置(或行程)时,发出控制信号,使下一执行元件开始运动。

　　图 7.45 所示是用行程换向阀(又称机动换向阀)控制的顺序运动回路。电磁换向阀 3 和行程换向阀 4 处于图示状态时,左液压缸 1 和右液压缸 2 的活塞都处于左端位置(原位)。当电磁换向阀 3 的电磁铁通电后,左液压缸 1 的活塞按箭头①的方向右行。当液压缸右行到预定的位置时,挡块 5 压下行程换向阀 4,使其上位接入系统,则右液压缸 2 的活塞按箭头②的方向右行。当电磁换向阀 3 的电磁铁断电后,左液压缸 1 的活塞按箭头③的方向左行。当挡块 5 离开行程换向阀 4 后,右液压缸 2 按箭头④的方向左行退回原位。

　　该回路中的运动顺序①与②和③与④之间的转换,是依靠机械挡块推压行程换向阀的阀芯使其位置变换实现的,因此动作可靠。但是行程换向阀必须安装在液压缸附近,而且改变运动顺

274

序较困难。

图 7.46 所示是用行程开关和电磁换向阀控制的顺序运动回路。左电磁换向阀 7 的电磁铁通电后，左液压缸 6 按箭头①的方向右行。当它右行到预定位置时，挡块压下行程开关 2，发出信号使右电磁换向阀 8 的电磁铁通电，则右液压缸 5 按箭头②的方向右行。当它运行到预定位置时，挡块压下行程开关 4，发出信号使左电磁换向阀 7 的电磁铁断电，则左液压缸 6 按箭头③的方向左行。当它左行到原位时，挡块压下行程开关 1，使右电磁换向阀 8 的电磁铁断电，则右液压缸 5 按箭头④的方向左行，当它左行到原位时，挡块压下行程开关 3，发出信号表明工作循环结束。

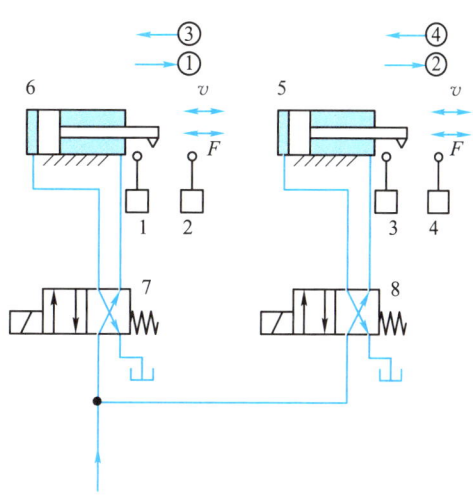

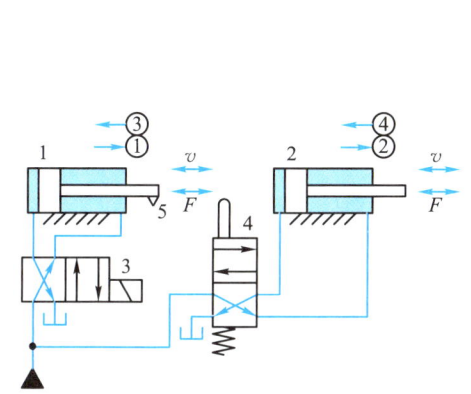

1、2—液压缸；3—电磁换向阀；4—行程换向阀；5—挡块

图 7.45　行程换向阀控制顺序运动回路

1、2、3、4—电气行程开关；5、6—液压缸；7、8—电磁换向阀

图 7.46　行程开关和电磁阀控制的顺序运动回路

这种用电信号控制转换的顺序运动回路，使用调整方便，便于更改动作顺序，因此，应用较广泛。回路工作的可靠性取决于电器元件的质量。目前还可采用 PLC（可编程控制器）利用编程来改变行程控制，这是一个发展趋势。

2. 压力控制顺序运动回路

图 7.47 所示为使用顺序阀来实现两个液压缸顺序运动的回路。当三位四通换向阀右位接入回路且顺序阀 D 的调定压力大于液压缸 A 的最大前进工作压力时，压力油先进入液压缸 A 左腔，实现动作①；液压缸运动至终点后压力上升，压力油打开顺序阀 D 进入液压缸 B 的左腔，实现动作②；同样地，当三位四通换向阀左位接入回路且顺序阀 C 的调定压力大于液压缸 B 的最大返回工作压力时，两液压缸按③和④的顺序返回。

3. 时间控制顺序运动回路

时间控制的顺序运动回路，是在一个执行

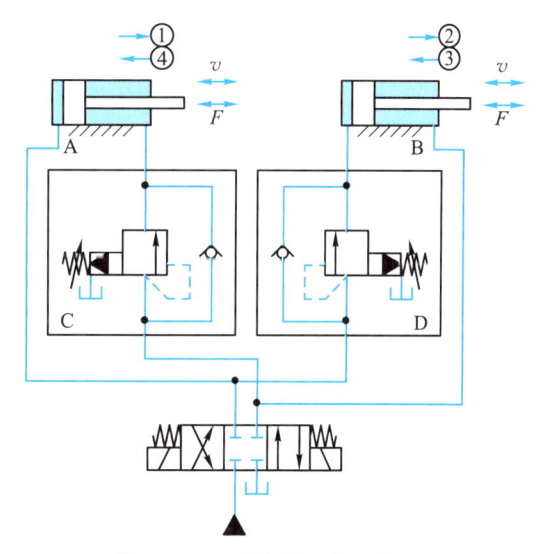

图 7.47　压力控制顺序运动回路

275

元件开始运动后,经过预先设定的一段时间,另一个执行元件再开始运动的回路。时间控制可利用时间继电器、延时继电器或延时阀等实现。

图 7.48 所示是采用延时阀进行时间控制的顺序运动回路。

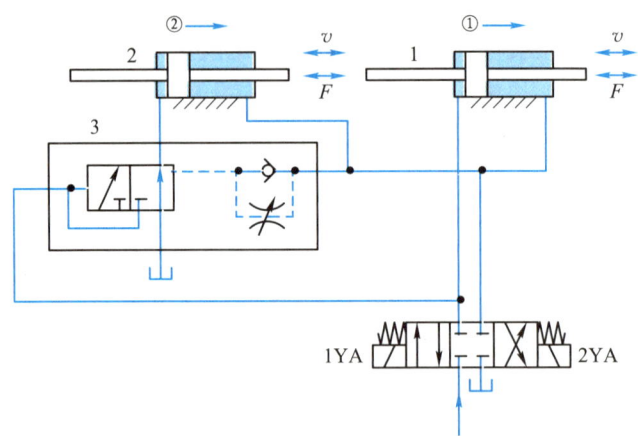

图 7.48　延时阀控制顺序运动回路

延时阀由单向节流阀和二位三通液动换向阀组成。当电磁铁 1YA 通电时,右液压缸 1 向右运行。同时,液压油进入延时阀中液动换向阀的左端腔,推动阀芯右移,该阀右端腔的液压油经节流阀回油箱。这样,经过一定时间后,延时阀中的二位三通换向阀左位接入系统。然后,压力油经该阀左位进入左液压缸 2 的左腔,使其向右运行。右液压缸 1 和左液压缸 2 向右运行开始的时间间隔可用延时阀中的节流阀调节。当电磁铁 2YA 通电后,右液压缸 1 与左液压缸 2 一起快速左行返回原位。同时,压力油进入延时阀的右端腔,使延时阀中的二位三通阀阀芯左移复位。由于延时阀所设定的时间易受油温的影响,常在一定范围内波动,因此很少单独使用,往往采用行程−时间复合控制方式。

7.5.2　同步运动回路

微视频 7−25：同步控制回路

同步运动回路是用于保证系统中的两个或多个执行元件在运动中以相同的位移或速度运动,也可以按一定的速比运动的回路。影响同步运动精度的因素很多,如外负载、泄漏、摩擦阻力、变形及液体中含有气体等都会使执行元件运动不同步。为此,同步运动回路应尽量克服或减少上述因素的影响。

有些液压传动系统,要求两个或多个液压缸同步运动。同步运动分为位置同步和速度同步两种。所谓位置同步,就是在每一瞬间,各液压缸的相对位置保持固定不变。对于开环控制系统,严格地做到每一瞬间的位置同步是困难的,因此常常采用速度同步控制方式。如果能严格地保证每一瞬间的速度同步,也就保证了位置同步,然而做到这一点也是困难的。为了获得高精度的位置同步运动,需要采用位置闭环控制措施。本节所介绍的几种同步运动回路都是开环控制的,同步精度不高。

1. 容积式同步运动回路

容积式同步运动回路主要是用相同的液压泵、执行元件(缸或马达)或机械连接的方法来实现的。

  图 7.49 所示为用两个同轴等排量的液压泵分别向两液压缸供油,实现两液压缸同步运动的回路。

  图 7.50 所示为用两个尺寸相同的双杆液压缸连接的同步液压缸 3,来实现液压缸 1 和液压缸 2 同步运动的回路。当同步液压缸的活塞左移时,油腔 a 与 b 中的油液使液压缸 1 和液压缸 2 同步上升。若液压缸 1 的活塞先到终点,则油腔 a 的剩余油液经单向阀 5 和安全阀 6 排回油箱,油腔 b 的油液继续进入液压缸 2 的下腔,使之到达终点。同理,若液压缸 2 的活塞先到达终点,也可使液压缸 1 的活塞相继到终点。

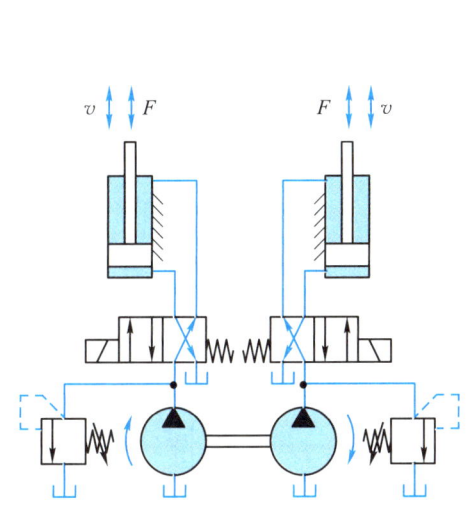

图 7.49   同步液压泵同步运动回路

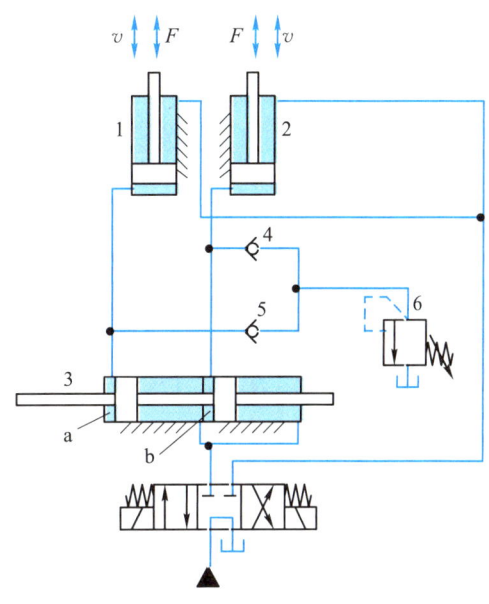

1、2—液压缸;3—同步液压缸;4、5—单向阀;6—安全阀

图 7.50   同步液压缸同步运动回路

  图 7.51 和图 7.52 所示为用机械连接来实现的同步运动回路。这种回路是用刚性梁(图 7.51)或齿轮齿条(图 7.52)等机械零件使两液压缸的活塞杆间建立刚性的运动连接,实现位置同步。

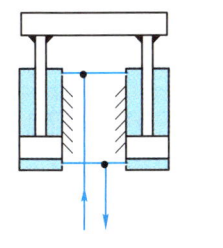

图 7.51   刚性梁连接的同步回路

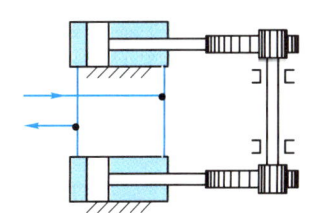

图 7.52   齿轮齿条连接的同步回路

2. 节流式同步运动回路

  节流式同步运动回路是采用节流方式(如分流阀、比例阀或伺服阀)实现同步运动的。

（1）用分流阀控制的同步回路

图 7.53 所示为用分流阀控制两个并联液压缸同步运动的回路。两个尺寸相同的液压缸的进油路上，串接分流阀。该分流阀能保证进入两液压缸的流量相等，从而实现同步运动。其工作原理如下：分流阀 8 中左右两个固定节流口的尺寸和特性相同，阀芯可依据液压缸负载变化自由地轴向移动，来调节 a、b 两节流口的开度，保证阀芯左端压力 p_1 与右端压力 p_2 相等；这样，可保持左固定节流口 4 两端压力差（$p_p - p_1$）与右固定节流口 5 两端压力差（$p_p - p_2$）相等，从而使进入两液压缸的流量相同，来实现两缸速度同步运动。例如，当阀芯处于某一平衡位置（$p_1 = p_2$）时，若左液压缸的负载增大，p_1 也会随之增大。但是，p_1 在增大时，由于 $p_1 > p_2$，阀芯右移，节流口 a 变大，b 变小，结果使 p_1 减小，p_2 增大，直到 $p_1 = p_2$ 时阀芯停留在新的平衡位置。只要 $p_1 = p_2$，左右两固定节流口上的工作压差相等，流过节流阀的流量就相等，保证了两缸的速度同步。两缸反向时，它们分别通过各自的单向阀回油，不受分流阀控制。

该回路采用分流阀自动调节进入两液压缸的流量，保证其同步。与采用调速阀控制的同步回路相比，该回路使用方便，精度较高，可达 2%～5%。但是，其分流阀的制造精度及造价均较高。

（2）用电液比例阀控制的同步运动回路

图 7.54 所示为电液比例阀同步运动回路。该回路中使用了一个普通调速阀和一个电液比例调速阀，分别用来控制液压缸 3 和液压缸 4 的运动。当两液压缸出现位置误差时，检测装置就会发出信号，以调节比例阀的开度，实现同步。

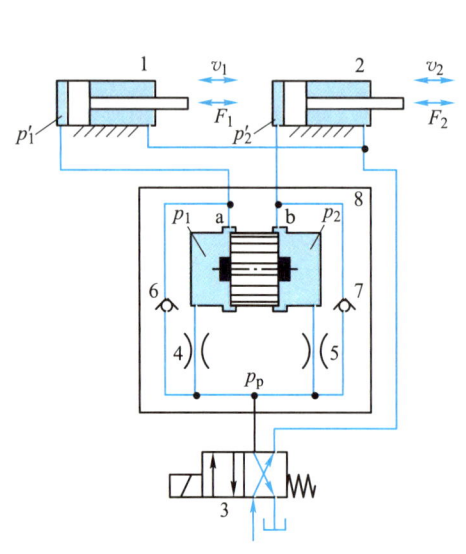

1、2—液压缸；3—电磁换向阀；4、5—固定节流口；
6、7—单向阀；8—分流阀

图 7.53　分流阀同步运动回路

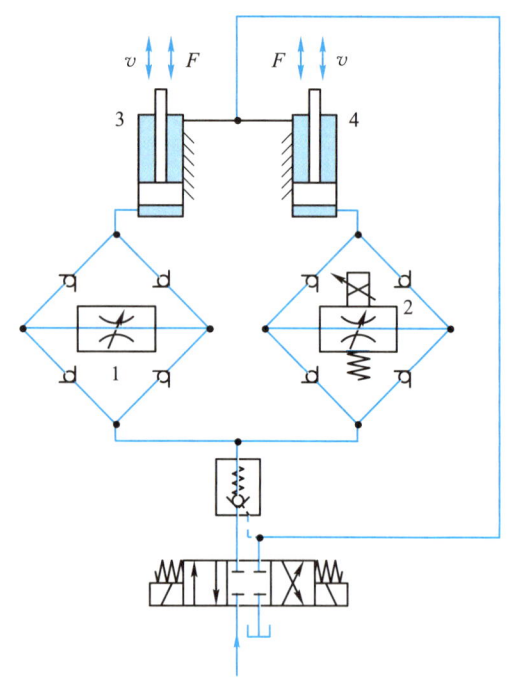

1—调速阀；2—电液比例调速阀；
3、4—液压缸

图 7.54　电液比例调速阀同步运动回路

如想使两液压缸在任何时候的位置误差都不超过 0.05～0.2 mm,则只能使用电液伺服阀控制的同步回路。伺服阀和位移传感器的反馈信号持续不断地控制阀的开口度,使通过的流量相同,实现两液压缸运动同步。

7.5.3　运动互不干扰回路

微视频 7-26:
互 不 干 扰
回路

在多缸液压传动系统中,各液压缸运动时的负载压力是不相等的。这样,在负载压力小的液压缸运动期间,负载压力大的液压缸就不能运动。例如,在组合机床液压传动系统中,如果用同一个液压泵供油,当某液压缸快速前进(或后退)时,因其负载压力小,使其他液压缸就不能工作进给(因为工进时负载压力大),这种现象称为各缸之间运动的相互干扰。下面介绍排除这种干扰的回路。

图 7.55 所示为双泵供油的快慢速互不干扰回路。各液压缸(1 和 2)工进时(工作压力大),由左侧的小流量液压泵 5 供油,用调速阀 3 调节液压缸 1 的工进速度,用调速阀 4 调节液压缸 2 的工进速度。快进时(工作压力小),由右侧大流量液压泵 6 供油。两个液压泵的输出油路,由二位五通换向阀隔离,互不相混,从而避免了因工作压力不同引起的运动干扰,使各液压缸均可单独实现快进→工进→快退的工作循环。

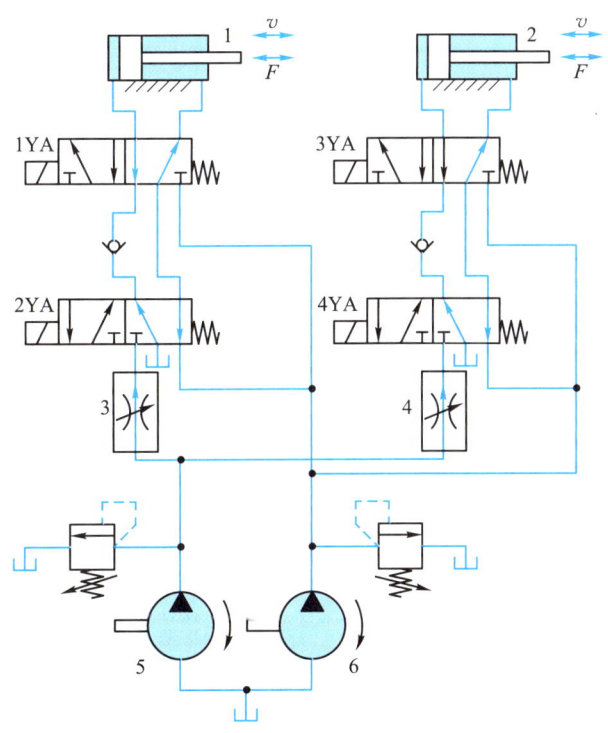

1、2—液压缸;3、4—调速阀;5、6—液压泵

图 7.55　双泵供油的快慢速互不干扰回路

通过电磁铁动作表(表 7.1),可以看出自动工作循环各个阶段油路走向及换向状态。

表 7.1　电磁铁动作表

	1YA、3YA	2YA、4YA
快进	+	−
工进	−	+
快退	+	+
原停	−	−

注:"+"通电;"−"断电。

7.6　其他控制回路

7.6.1　气压延时回路

微视频 7-27:
其他控制
回路

延时回路通常用在气压传动系统中。图 7.56 所示为延时接通回路。当有信号 K 输入时,阀 A 换向,此时气源经节流阀缓慢向气容 C 充气,经一段时间 t 延时后,气容内压力升高到预定值,使主阀 B 换向,气缸开始右行;当信号 K 消失后,气容 C 中的气体可经单向阀迅速排出,主阀 B 立即复位,气缸返回。如将图 7.56 中的单向节流阀反接,就改为延时断开回路(图 7.57 所示),其作用正好与上述回路相反,延时时间由节流阀调节。

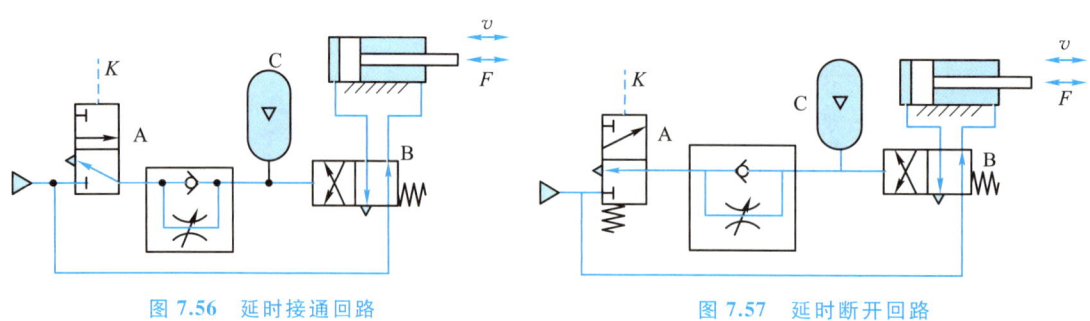

图 7.56　延时接通回路　　　　　　图 7.57　延时断开回路

7.6.2　气压往复运动回路

往复运动回路通常用在气压传动系统中。图 7.58 所示为行程阀控制的单往复回路。按下手动换向阀 1 的手柄,主阀 3 切换,气缸右行;当撞块碰下行程阀 2 时,主阀复位,气缸自动返回。

图 7.59 所示为行程阀控制的连续往复运动回路。按下手动换向阀 1 的手柄,主阀 4 切换,气缸右行;此时由于二位二通机动换向阀 3 复位而将控制气路断开,主阀不能复位。当气缸活塞前行至终点,撞块碰下二位二通行程换向阀 2 时,主阀的控制气体经阀排出,主阀在弹簧作用下复位,气缸自动返回。当气缸活塞返回到终点压下机动换向阀 3 时,主阀切换,重复上述循环运动,只有断开手动换向阀 1,方可使这一连续往复运动在活塞返回到原位置时停止。

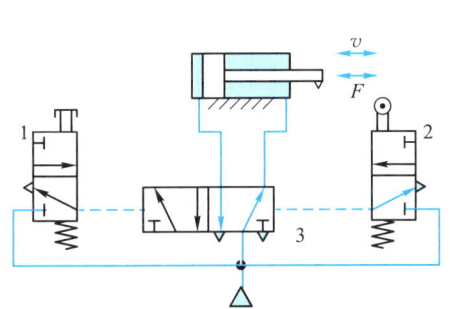

1—手动换向阀；2—行程阀；3—主阀

图 7.58 行程阀控制的单往复回路

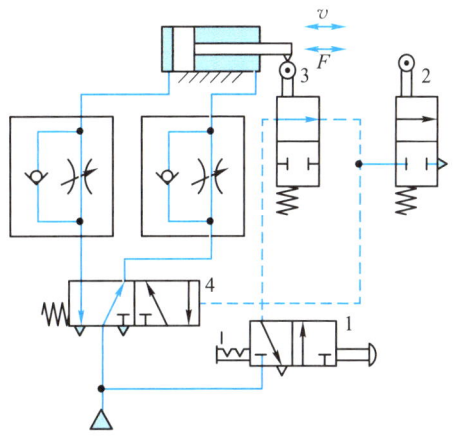

1—手动换向阀；2、3—行程换向阀；4—主阀

图 7.59 行程阀控制的连续往复动作回路

思考题和习题

7-1 减压回路有何功用？

7-2 在什么情况下需要应用保压回路？绘出使用蓄能器的保压回路。

7-3 卸荷回路的功用是什么？绘出两种不同的卸荷回路。

7-4 什么是平衡回路？平衡阀的调定压力如何确定？

7-5 进口节流阀式节流调速回路有何特点？

7-6 出口节流阀式节流调速回路有何特点？

7-7 旁路节流阀式调速回路有何特点？

7-8 为什么采用调速阀能提高调速性能？

7-9 分析比较三种容积调速回路的特性。

7-10 绘出三种不同的快速运动回路。

7-11 什么叫差动回路？

7-12 如何利用行程阀实现两种不同速度的换接？

7-13 如何利用两个调速阀实现两种不同速度的换接？

7-14 如何使用行程阀实现执行元件的顺序动作？

7-15 如何使用顺序阀实现执行元件的顺序动作？

7-16 如何使用延时阀实现执行元件的时间控制顺序动作？

7-17 绘出两种不同的容积式同步回路。

7-18 怎样实现串联液压缸同步？

7-19 怎样实现并联液压缸同步？

7-20 绘出机械连接的同步回路。

7-21 如何利用分流阀使执行元件实现同步？

7-22 如何利用电液比例阀使执行元件实现同步？

7-23 如何利用电液伺服阀使两个机构实现同步？

7-24 设计一个手控气缸往复运动回路。

7-25 设计一个可使双作用气缸快速返回的回路。

7-26 如图 7.60 所示，液压泵输出流量 $q_p = 10$ L/min，液压缸无杆腔面积 $A_1 = 50$ cm^2，液压缸有杆腔面积 $A_2 = 25$ cm^2，溢流阀的调定压力 $p_Y = 2.4$ MPa，负载 $F = 10$ kN，节流阀口视为薄壁孔，流量系数 $C_q = 0.62$，油液密度 $\rho = 900$ kg/m^3。求：(1) 节流阀口通流面积 $A_T = 0.05$ cm^2 和 $A_T = 0.01$ cm^2 时的液压缸速度 v、液压泵压力 p_p、溢流阀功率损失 Δp_Y 和回路效率 η_{Ci}；(2) 当 $A_T = 0.01$ cm^2 时，若负载 $F = 0$ N，液压泵的压力 p_p 和液压缸两腔压力 p_1 和 p_2 各为多少？(3) 当 $F = 10$ kN 时，若节流阀最小稳定流量 $q_{min} = 50 \times 10^{-3}$ L/min，所对应的 A_T 和液压缸速度 v_{min} 是多少？若将回路改为进口节流调速回路，则 A_T 和 v_{min} 为多少？把两种结果相比较能说明什么问题？

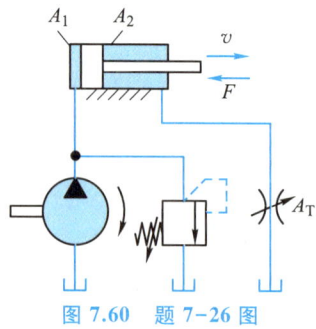

图 7.60　题 7-26 图

7-27 如图 7.61 所示，各液压缸完全相同，负载 $F_2 > F_1$，判断在图 a 和图 b 的两个液压回路中，哪个液压缸先动？哪个液压缸速度快？说明道理。

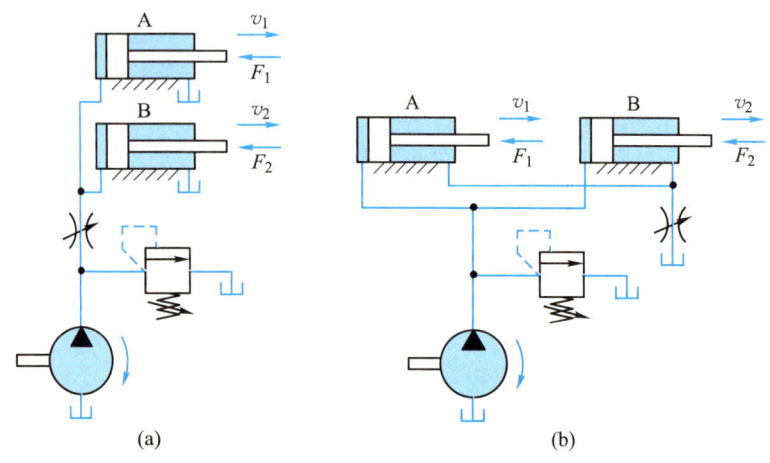

(a) (b)

图 7.61　题 7-27 图

7-28 图 7.62 所示为采用调速阀的进口节流加背压阀的调速回路。负载 $F = 9\,000$ N。液压缸两腔面积 $A_1 = 50$ cm^2，$A_2 = 20$ cm^2，背压阀的调定压力 $p_b = 0.5$ MPa，液压泵的供油流量 $q = 30$ L/min。不计管道和换向阀的压力损失。问：(1) 欲使液压缸速度恒定，不计调速偏差，溢流阀最小调定压力 p_Y 应为多少？(2) 卸荷时的能量损失有多少？(3) 若背压阀增加了 Δp_b，溢流阀调定压力的增量 Δp_Y 应有多少？

7-29 如图 7.63 所示，双泵供油，差动快速-工进速度换接回路有关参数如下：液压泵的输出流量 $q_1 = 16$ L/min，$q_2 = 4$ L/min，油液密度 $\rho = 900$ kg/m^3，运动黏度 $\nu = 20 \times 10^{-6}$ m^2/s，液压缸两腔面积 $A_1 = 100$ cm^2，$A_2 = 60$ cm^2，快进时的负载 $F = 1$ kN，油液流过方向阀时的压力损失 $\Delta p = 0.25$ MPa，连接液压缸两腔的油管 $ABCD$ 的内径为 $d = 1.8$ cm，其中 ABC 段较长（$L = 3$ m），计算时需考虑其沿程损失，其他损失及由速度、高度变化形成的影响皆可忽略。求：(1) 快进时液压缸的速度 v 和压力表读数；(2) 工进时如果压力表读数为 8 MPa，此时回路承受载荷能力有多大（因流量很小，可不计损失）？液控顺序阀的调定压力宜选多大？

7-30 如图 7.64 所示的调速回路，液压泵的排量 $V_p = 105$ mL/r，转速 $n_p = 1\,000$ r/min，容积效率 $\eta_{pv} = 0.95$，溢流阀调定压力 $p_Y = 7$ MPa，液压马达排量 $V_m = 160$ mL/r，容积效率 $\eta_{mv} = 0.95$，机械效率 $\eta_{mm} = 0.8$，负载转矩 $T = 16$ N·m。节流阀最大开度 $A_{Tmax} = 0.2$ cm^2（可视为薄壁孔口），其流量系数 $C_q = 0.62$，油液密度 $\rho = 900$ kg/m^3。不计其他损失。求：(1) 通过节流阀的流量和液压马达的最大转速 n_{mmax}、输出功率 P 和回路效率 η_{Ci}，并解释为何

效率很低?(2)如果将 p_Y 提高到 8.5 MPa 时, η_{mmax} 将为多少?

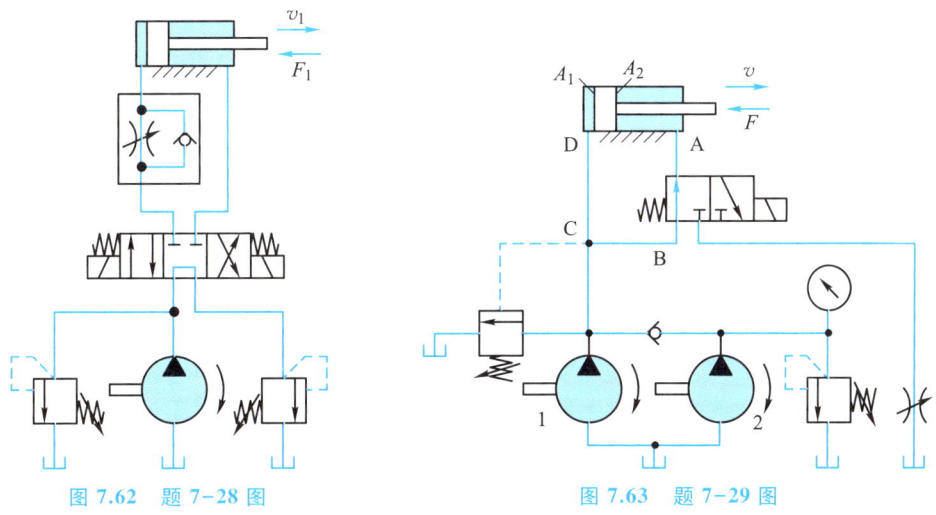

图 7.62　题 7-28 图　　　　　　图 7.63　题 7-29 图

7-31　说明图 7.65 所示容积调速回路中单向阀 A 和 B 的功用。在液压缸正反向移动时,为了向系统提供过载保护,安全阀应如何接?作图表示。

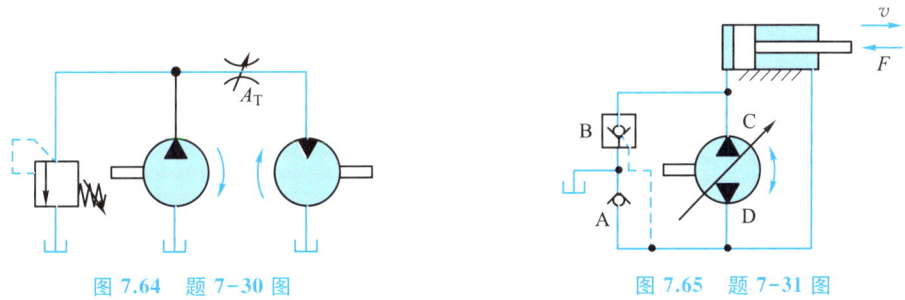

图 7.64　题 7-30 图　　　　　　图 7.65　题 7-31 图

7-32　如图 7.66 所示的液压回路,限压式变量叶片泵调定后的流量压力特性曲线如图所示,调速阀的调定流量为 2.5 L/min,液压缸两腔的有效面积 $A_1 = 2A_2 = 50$ cm²,不计管路损失。求:(1)液压缸的大腔压力 p_1 是多少;(2)当负载 $F = 0$ N 和 $F = 9\,000$ N 时的小腔压力 p_2 是多少;(3)设液压泵的总效率为 0.75,液压系统的总效率是多少。

7-33　如图 7.67 所示的液压回路,如果液压泵的输出流量 $q_p = 10$ L/min,溢流阀的调整压力 $p_Y = 2$ MPa,两个薄壁孔型节流阀的流量系数都是 $C_q = 0.67$,开口面积 $A_{T1} = 0.02$ cm², $A_{T2} = 0.01$ cm²,油液密度 $\rho = 900$ kg/m³。求:在不考虑溢流阀的调压偏差时,(1)液压缸大腔的最高工作压力是多少;(2)溢流阀可能出现的最大溢流量是多少?

7-34　列表说明图 7.68 所示压力继电器式顺序动作回路是怎样实现①→②→③→④顺序动作的?在元件数目不增加的情况下,排列位置容许变更,如何实现①→②→④→③的顺序动作,画出变动顺序后的液压回路图。

7-35　如图 7.69 所示的液压回路,它能否实现"夹紧缸Ⅰ先夹紧工件,然后进给缸Ⅱ再移动"的要求(夹紧缸Ⅰ的速度必须能调节)?为什么?应该怎么办?

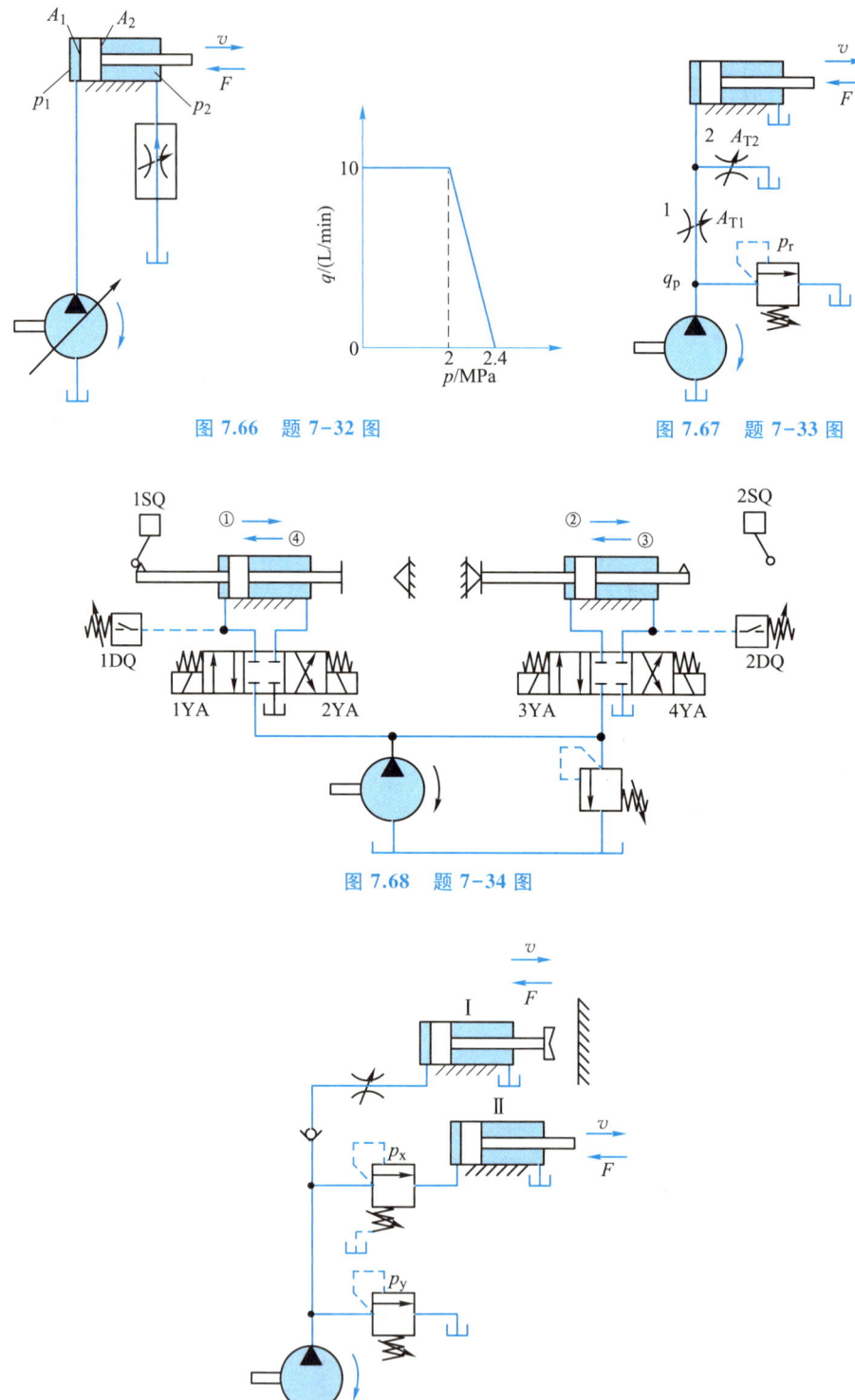

图 7.66 题 7-32 图

图 7.67 题 7-33 图

图 7.68 题 7-34 图

图 7.69 题 7-35 图

7-36 如图 7.70 所示的液压回路是可以实现"快进→工进→快退"动作的回路(活塞右行为"进",左行为"退")。如果设置压力继电器的目的是控制活塞的换向,问:图中有哪些错误?为什么是错误的?应该如何改正?

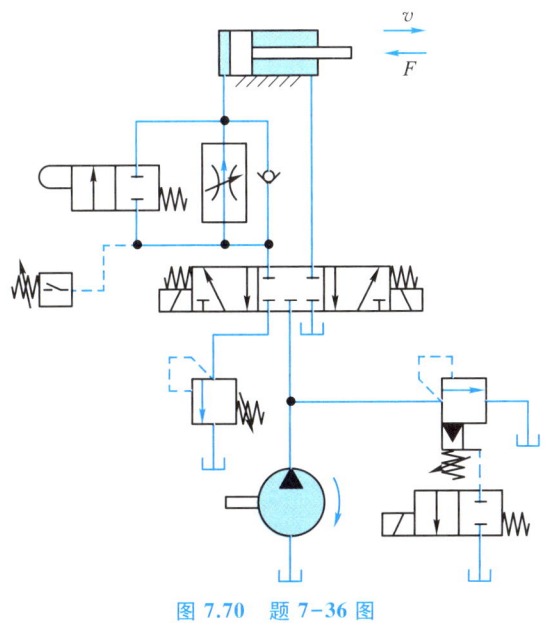

图 7.70 题 7-36 图

第8章　典型液压与气压传动系统

通常,机器或机械设备中的液压或气压传动部分称为液压或气压传动系统。当机器或设备的工作主体是用液压或气压来传动时,则它被称为液压或气压设备。本章介绍的典型液压与气压传动系统是在现有的液压与气压设备中,选出的几个有代表性的液压与气压传动系统。学习本章的目的主要是在掌握前述液压与气压传动知识及基本原理的基础上,在明确某机械设备工作要求的前提下,了解并掌握其液压与气压传动是怎样实现的,即掌握几种典型的液压与气压传动系统的工作原理。同时,通过对典型系统的学习和分析,掌握阅读液压与气压传动系统图的方法,为分析和设计液压与气压传动系统打下必要的基础。

阅读和分析液压与气压传动系统图的大致步骤和方法如下。

(1) 了解设备的用途及对液压或气压传动系统的要求。

(2) 初步浏览各执行元件的工作循环过程,所含元件的类型、规格、性能、功用和各元件之间的关系。

(3) 对与每一执行元件有关的泵、阀所组成的子系统进行分析,搞清楚其中包含哪些基本回路,然后针对各执行元件的动作要求,参照动作顺序表读懂子系统。

(4) 根据液压或气压传动系统中各执行元件的互锁、同步和防干扰等要求,分析各子系统之间的联系,并进一步读懂在系统中是如何实现这些要求的。

(5) 在全面读懂系统的基础上,归纳总结整个系统的特点,以便加深对系统的理解。

阅读分析系统图的能力必须在实践中多学习、多读、多看和多练的基础上才能提高。

8.1　YT4543 型组合机床动力滑台液压传动系统

8.1.1　概述

组合机床是适用于大批大量零件加工的一种金属切削机床。在机械制造业的生产线或自动线中,它是不可缺少的设备。它经常是选用事先设计好的标准化、通用化的零部件及按零件加工形状、加工工艺要求而设计的少量专用部件组合而成的高效、专用、自动化程度较高的机床。动力滑台就是组合机床用来实现进给运动的通用部件,根据加工工艺要求,可在滑台台面上安装配置动力箱、主轴箱及各种专用切削头等动力部件,以完成钻、扩、铰、铣、镗和攻螺纹等加工工序以及完成多种复杂进给工作循环。

动力滑台有机械式和液压式两类。由于液压动力滑台（见图 8.1）的机械结构简单,配上电器后实现进给运动的自动工作循环容易,又可以很方便地对工进速度进行调节,因此它的应用比较广泛。

图 8.1　YT4543 型液压动力滑台实物图

8.1.2　液压传动系统的工作原理

现以 YT4543 型动力滑台为例来分析其液压传动系统。该滑台的工作压力为 4~5 MPa,最大进给力为 4.5×10^4 N,进给工作速度为 6.6~660 mm/min。图 8.2 和表 8.1 分别为 YT4543 型动力滑台液压传动系统图及电磁铁、压力继电器和行程阀的动作顺序表。该系统由限压式变量叶片泵、单杆活塞式液压缸及相应的液压元件等组成,在机、电、液的联合控制下能实现的工作循环是快进→第一次工进→第二次工进→死挡块停留→快退→原位停止。该动力滑台对液压传动系统的主要要求是速度换接平稳,进给速度可调且稳定,功率利用合理,系统效率高,发热少。其工作情况如下。

1. 快进

按下启动按钮,使电磁铁 1YA 得电吸合,先导电磁阀 11 左位接入系统,限压式变量叶片泵 14 输出的压力油经先导电磁阀进入液动换向阀 12 的左端油腔,液动换向阀右端油腔的油液经节流器 16 和先导电磁阀的左位流回油箱。液动换向阀左位接入系统工作,其油路为

进油路:过滤器→限压式变量叶片泵 14→单向阀 13→液动换向阀 12 左位→行程阀（机动换向阀）8（接通）→液压缸 7 左腔。

回油路:液压缸 7 右腔→液动换向阀 12 左位→单向阀 3→行程阀 8→液压缸 7 左腔。

由于动力滑台空载,系统工作压力低,液控顺

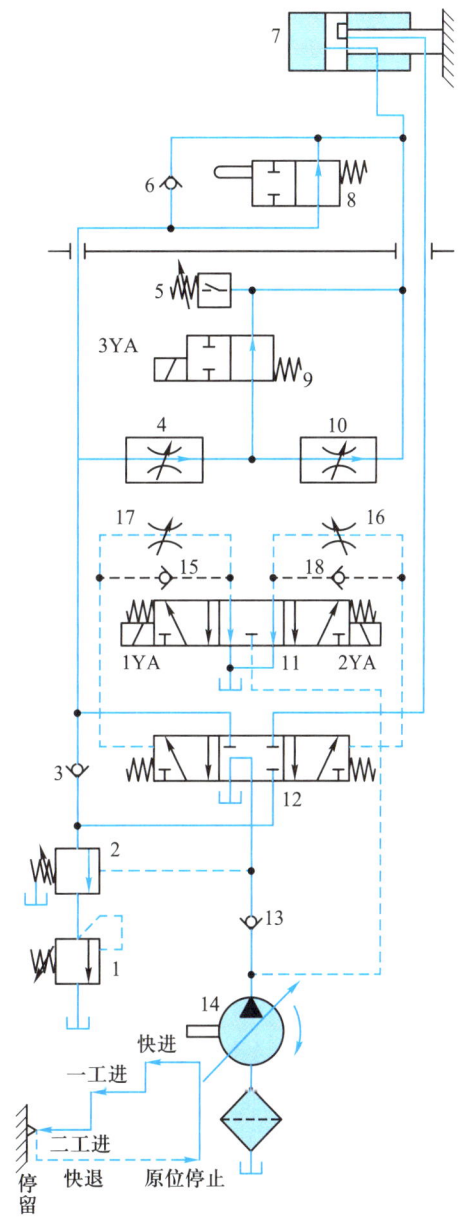

1—背压阀;2—液控顺序阀;3、6、13、15、18—单向阀;
4、10—调速阀;5—压力继电器;7—液压缸;
8—行程阀;9—电磁换向阀;11—先导电磁阀;
12—液动换向阀;14—限压式变量叶片泵;16、17—节流器

图 8.2　YT4543 型动力滑台液压传动系统图

序阀 2 关闭,液压缸实现差动连接,根据限压式变量叶片泵的特性,这时泵有最大流量,所以滑台向左快进。(注:活塞杆固定,缸体移动,滑台固定在缸体上)

2. 第一次工作进给

当快进到指定位置时,滑台上的行程挡块压下行程阀,切断原来进入液压缸无杆腔快速运动的油路。此时电磁换向阀的电磁铁 3YA 处于断电状态,压力油只能经过调速阀 4 和电磁换向阀 9 的右位进入液压缸 7 左腔;油液经调速阀 4 而使系统压力升高,限压式变量叶片泵 14 的流量减少,一直到与调速阀 4 所通过流量相同为止,这时进入液压缸 7 无杆腔的流量由调速阀 4 开口大小决定;同时打开液控顺序阀 2,使液压缸 7 右腔的油液通过液控顺序阀 2、背压阀 1 流回油箱。这样滑台的快速运动转换为第一次工作进给运动,其油路为

进油路:过滤器→限压式变量叶片泵 14→单向阀 13→液动换向阀 12 左位→调速阀 4→电磁换向阀 9 右位→液压缸 7 左腔。

回油路:液压缸 7 右腔→液动换向阀 12 左位→液控顺序阀 2→背压阀 1→油箱。

表 8.1　电磁铁、压力继电器和行程阀动作顺序表

动作	电磁铁			压力继电器 5	行程阀 8
	1YA	2YA	3YA		
快进(差动)	+	−	−	−	接通
第一次工进	+	−	−	−	切断
第二次工进	+	−	+	−	切断
死挡块停留	+	−	+	+	切断
快　退	−	+	−		切断→接通
原位停止	−	−	−	±	接通

注:"+"表示通电,"−"表示断电。

3. 第二次工作进给

第二次工作进给的油路基本上和第一次工作进给油路相同,所不同的是当第一次工作进给到指定位置时,滑台上行程挡块压下行程开关,发出电信号使电磁铁 3YA 得电,电磁换向阀 9 左位接入油路,这时液压油必须通过调速阀 4 和调速阀 10 进入液压缸 7 的左腔。回油路和第一次工作进给完全相同。由于调速阀 4 和调速阀 10 是串联连接的,阀 10 的开口要比阀 4 小,故滑台的进给速度进一步减小,其速度的减少是由调速阀 10 的开口决定的。

4. 死挡块停留

当滑台完成第二次工作进给后,碰上死挡块,滑台停止运动,使液压缸 7 左腔压力升高,当压力升高到根据工艺要求的压力继电器 5 的调定值时,压力继电器发出信号给时间继电器,使滑台在死挡块停留一定时间后再开始下一动作。停留时间由时间继电器来调定。设置滑台死挡块停留,主要是满足加工零件的轴肩孔深及孔端面的轴向尺寸精度和表面粗糙度的要求。由于滑台

在死挡块停留时,液压泵的供油压力升高,流量减少,直到限压式变量叶片泵的流量减少到仅能满足补偿泵和系统的泄漏量为止,此时系统处于保压和流量近似为零的状态。

5. 快退

滑台停留时间结束后,时间继电器发出滑台快退信号,使电磁铁 1YA 断电,2YA 通电,先导电磁阀右位接入系统,液动换向阀右位也接入系统。因滑台快退时负载小,系统压力低,限压式变量叶片泵的流量自动恢复到最大,滑台快速退回,其油路为

进油路:过滤器→限压式变量叶片泵 14→单向阀 13→液动换向阀 12 右位→液压缸 7 右腔。

回油路:液压缸 7 左腔→单向阀 6→液动换向阀 12 右位→油箱。

6. 原位停止

滑台快速退回到原位,挡块压下行程开关,发出信号,使电磁铁 1YA、2YA 和 3YA 全部断电,先导电磁阀 11 和液动换向阀 12 处在中位,滑台停止运动。此时液压泵输出的液压油经单向阀 13 和液动换向阀 12 中位流回油箱,在低压下卸荷(维持低压是为了下次启动时能使液动换向阀 12 动作)。

8.1.3 液压传动系统的特点

该动力滑台液压传动系统主要有以下特点。

(1)采用了限压式变量叶片泵和调速阀组成的进口容积节流调速回路,并在回路中设置了背压阀。这样,能保证系统调速范围大,低速稳定性好的要求。

(2)采用限压式变量叶片泵和液压缸差动连接实现快进,工进时断开液压缸差动连接,这样既能得到较高的快进速度,又保证了系统的效率不致过低。动力滑台调速范围大($R \approx 100$),由于泵的流量能自动变化,在快速行程时输出最大流量,工进时仅输出与液压缸需要相适应的流量,死挡块停留时只输出补偿系统泄漏所需的流量,使系统无溢流功率损失,系统效率较高。

(3)采用行程阀和液控顺序阀使系统由快进转换为工进,不仅简化了机床电路,而且转换动作平稳可靠,转换的位置精度比较高。由于滑台的运动速度比较低,又采用安装方便的电磁换向阀,完全能保证两种工进速度的转换精度要求。

(4)采用三位五通、中位为 M 型机能的电液换向阀,提高了滑台换向平稳性,并且滑台在原位停止时能使液压泵处于卸荷状态,功率消耗小。另外,由于采用三位五通换向阀,回路容易形成差动连接,简化了回路。

8.2 M1432A 型万能外圆磨床液压传动系统

8.2.1 概述

万能外圆磨床(图 8.3)是工业生产中应用极为广泛的一种精加工机床。主要用途是磨削零件各种圆柱表面、圆锥表面及阶梯轴肩等。利用内圆磨头附件还可以磨削内圆和内锥孔表面等。该机床的最大磨削直径为 320 mm,当磨削内圆时,最大磨削直径是 100 mm。磨削外圆最大长度有 1 000 mm、1 500 mm、2 000 mm 三种。成品表面粗糙度 Ra 值为 0.63~0.16 μm。为了完成零件

的上述加工,万能外圆磨床必须有以下动作:砂轮旋转,工件旋转,工作台带动工件的直线往复运动,砂轮架的周期切入运动,砂轮架的快速进退和尾座顶尖的伸缩等辅助运动。根据磨削工艺的特点,工作台往复运动性能对磨削零件加工精度影响最大。

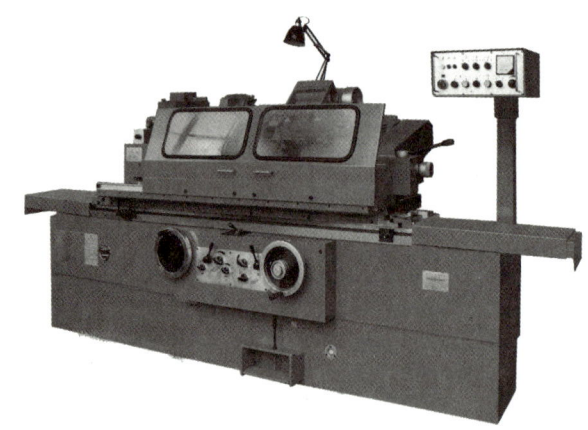

图 8.3　万能外圆磨床

对外圆磨床工作台往复运动的要求如下。

(1) 工作台运动速度能在 0.05~4 m/min 范围内实现无级调速,运动平稳,低速运动应无爬行。

(2) 工作台在工作速度范围内能完成自动换向,换向过程要平稳和无冲击,而启动、停止要迅速。

(3) 换向精度要高,在同一速度下换向点变动量(同速换向精度)应不大于 0.02 mm。速度由最小增至最大时换向点变动量(异速换向精度)不大于 0.2 mm。

(4) 换向前工作台在两端能够停留。因为磨削时砂轮在工件两端一般不越出工件,为了避免工件两端因磨削时间较短而引起外圆尺寸偏大(磨削内孔时尺寸偏小),故在换向时要求在两端有停留,其停留时间在 0~5 s 内可调。

(5) 工作台可作抖动。在切入磨削时,工作台能实现高频(100~500 次/min)短行程(1~3 mm)换向(通常称为抖动),以提高磨削表面粗糙度和磨削效率,并使砂轮磨损均匀。

从以上要求看出,在外圆磨床液压传动系统中,工作台往复运动的要求很严格,而换向问题是往复运动中的重点。

8.2.2　往复直线运动换向回路

磨床对换向性能要求很高,磨床液压传动系统的核心问题是换向回路的选择和如何实现高性能换向精度的要求。实现工作台换向的方法很多,如采用手动换向阀换向,这种换向方法虽然可靠,但不能实现工作台的自动往复运动。若采用机动换向阀换向,可用工作机构的行程挡块碰触换向拨杆,由拨杆拨动换向阀的阀芯实现自动换向(见图8.4)。但当工作台运动速度较低时,换向阀阀芯的移动速度也较低。当挡块、拨杆拨动使换向阀阀芯处在中位时,阀芯有可能将阀的A、B油孔封闭或互通(图8.4是封闭状况),使液压缸两腔闭死或者是互通,结果使工作台失去动力而停止运动,出现所谓换向"死点"现象。若工作台运动速度较高,虽然能克服死点,但因换向时间短,由运动惯性引起换向冲击,这也不能满足磨床换向性能的要求。若采用电磁换向阀换向,由于换向时间短(0.08~0.15 s),同样会产生换向冲击。采用机-液动换向阀换向是磨床工作台换向回路中经常采用的一种换向形式。采用机-液动换向阀换向回路按照制动原理不同,分为时间控制制动式和行程控制制动式两种,如7.2.2节所述。

一般来说,时间控制制动式换向回路用于平面磨床液压传动系统,行程控制制动式换向回路用于外圆磨床液压传动系统。

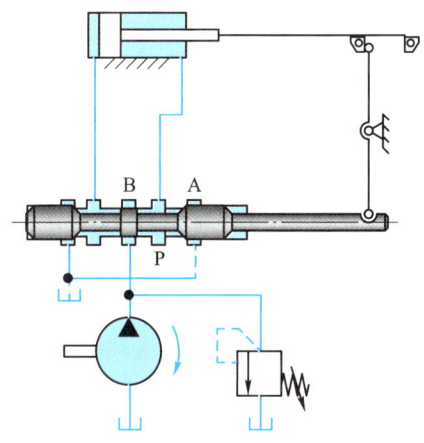

图 8.4 机动换向阀的换向(O 型机能)

8.2.3 液压传动系统的工作原理

该 M1432A 型机床的液压传动系统能够完成的主要运动是工作台的往复运动,砂轮架的横向快速进、退和周期进给运动,尾架顶尖的自动松开及机床导轨润滑等。图 8.5 为 M1432A 型万能外圆磨床液压传动系统。

M1432A 型万能外圆磨床液压传动系统的各种运动的工作原理如下。

1. 工作台的往复运动

在 M1432A 型万能外圆磨床液压传动系统中,液压缸为活塞杆固定、缸筒移动的双杆活塞式液压缸。图中开停阀 3 处于右位(即"开"的位置),先导阀 1 和换向阀 2 都处在右端位置,工作台向右运动,其主油路如下。

进油路:过滤器→泵→换向阀 2→工作台液压缸右腔。

回油路:工作台液压缸左腔→换向阀 2→先导阀 1→开停阀 3 右位→节流阀 5→油箱。

当工作台向右运动到预定位置时,工作台上左挡块拨动先导阀 1,使它向左移动,并使它最终处于左端位置上。这时控制油路 a_2 点接通压力油,a_1 点接通油箱,使换向阀也处于左端位置,于是工作台向左运动,其主油路变为

进油路:过滤器→泵→换向阀 2→工作台液压缸左腔。

回油路:工作台液压缸右腔→换向阀 2→先导阀 1→开停阀 3 右位→节流阀 5→油箱。

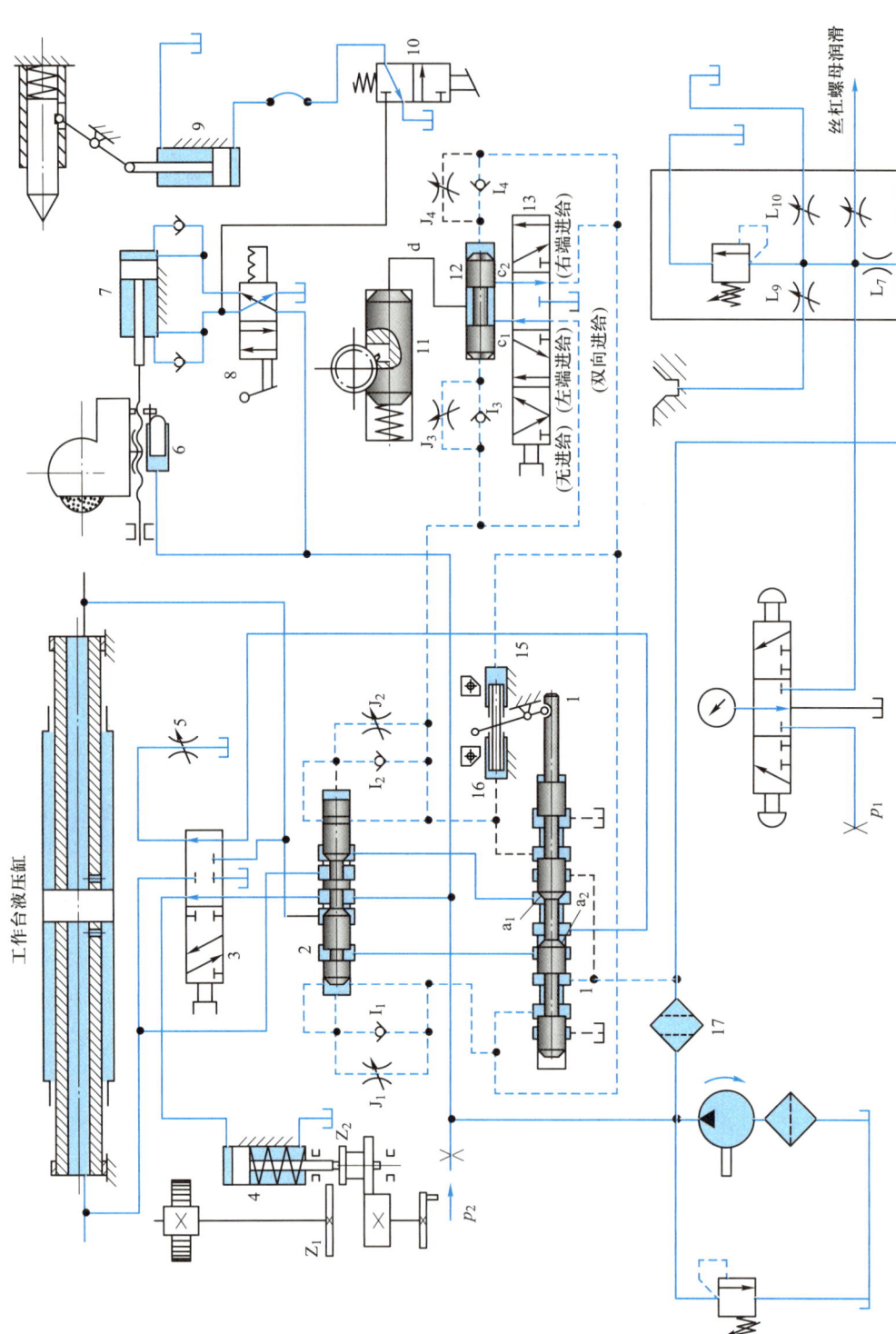

图 8.5 M1432A 型万能外圆磨床液压传动系统

1—先导阀;2—换向阀;3—开停阀;4—互锁缸;5—节流阀;6—闸缸;7—快动缸;8—快动阀;9—尾架缸;10—尾架阀;
11—进给缸;12—进给阀;13—进给阀;14—选择阀;15—润滑稳定器;16—挡块;17—精过滤器;

当工作台向左运动到预定位置时,工作台上右挡块碰触先导阀拨杆后发生与上述相反的变换,使工作台又改变方向向右运动。如此不停地反复进行,直到开停阀拨到左位(即"停"的位置)才使运动停止。

2. 工作台的换向过程

工作台换向时,先导阀先由挡块碰触拨杆而移动,换向阀的控制回油先后三次改变通道,使换向阀的阀芯产生第一次快跳、慢移和第二次快跳等过程。这样就使工作台的换向经历了预制动、终制动、端点停留和迅速反向启动等四个阶段,其具体情况如下。

当图 8.3 所示的先导阀 1 被拨杆推着向左移动时,先导阀中的右制动锥逐渐将通向节流阀 5 的通道关小,使工作台减速,实现预制动。

当工作台挡块推动先导阀 1 直到其阀芯右部环形槽使 a_2 接通压力油,左部环形槽使 a_1 点接通油箱时,换向阀 2 的控制油路为

进油路:过滤器→液压泵→精过滤器 17→先导阀 1→a_2→单向阀 I_2→换向阀 2 阀芯右端。

换向阀阀芯左端通向油箱的回油路先后出现了三种连通方式,开始阶段为如图 8.3 所示状态,回油路为

回油路:换向阀 2 阀芯左端→a_1→先导阀 1→油箱。

因换向阀的回油路畅通无阻,阀芯移动速度很大,换向阀产生第一次快跳,使换向阀阀芯中部的台肩移到阀体中间沉割槽处,液压缸两腔油路相通,造成工作台停止运动。换向阀的快跳缩短了制动时间,提高了换向精度。

为了防止先导阀落后于换向阀,利用左抖动缸推动先导阀向左快跳,其控制油路为

进油路:过滤器→液压泵→精过滤器 17→先导阀 1→a_2→抖动缸 15 的左缸。

回油路:抖动缸 15 的右缸→a_1→先导阀 1→油箱。

随后,由于换向阀阀芯在压力油作用下继续左移,切断了左端直通油箱的通道,回油路改为

回油路:换向阀 2 阀芯左端→节流阀 J_1→a_1→先导阀 1→油箱。

此时换向阀阀芯按节流阀 J_1(也称停留阀)调定的速度慢速移动。由于换向阀体沉割槽宽度大于阀芯中部台肩的宽度,液压缸两腔油路在阀芯慢移过程中继续保持相通,使工作台停留持续一段时间(可在 0~5 s 内调整),以满足磨削工艺要求,这就是工作台反向运动前的端点停留阶段。

最后,当阀芯慢移到其左部环形槽将通道 b_1 和直通油箱的通道相连时,回油路又改变为

回油路:换向阀 2 阀芯左端→通道 b_1→换向阀 2 左部环形槽→a_1→先导阀 1→油箱。

此时,回油路又畅通无阻,换向阀阀芯出现第二次快跳,使主油路被迅速切换,工作台迅速反向启动,提高了生产率,最终完成了全部换向过程。

在反向时,先导阀和换向阀从左向右移动的换向过程与上述相同,此时只是 a_2 点接通油箱而 a_1 点接通压力油。调节节流阀 5 的开口,可使工作台在 0.05~4 m/min 之间无级调速。

3. 工作台液动与手动的互锁

为了保证操作安全,工作台运动时手摇工作台机构应当失效,以免手轮转动伤人。只有在工作台停止自动往复运动时,才能摇动手轮使工作台移动。实现工作台液动与手动互锁是由互锁缸 4 来实现的。当开停阀处于图示位置时(相当于开停阀"开"的位置),互锁缸内通入压力油,推动活塞使齿轮 Z_1 和 Z_2 脱开,工作台运动时就不会带动手轮转动。当开停阀处于左位(相当于

开停阀"停"的位置)接入系统时,使压力油同时与工作台液压缸左右两腔相连,工作台处于停止状态。此时,互锁缸接通油箱,在弹簧作用下,使互锁缸的活塞向上移动,齿轮 Z_1 和 Z_2 啮合,这样工作台就可以通过摇动手轮来移动。

4. 砂轮架的横向快速进、退和周期进给运动

砂轮架的横向快速进、退是操纵快动阀 8 并由快动缸 7 来实现的。在图示状态下,快动阀右位工作,使砂轮架横向快速前进到最前端位置,该位置是靠活塞与缸盖的接触来保证的。为防止砂轮架快速运动到终点引起冲击和提高快进到终点的重复定位精度,在快动缸两端设有缓冲装置,并设有抵住砂轮架的闸缸 6,用以消除丝杠螺母的间隙。

砂轮架的周期进给运动是通过进给阀 12 操纵,由砂轮架的进给缸 11 通过其活塞上的拨爪、棘轮、齿轮、丝杠螺母等传动副来实现的。砂轮架的周期进给运动可以在工作台左端停留或右端停留时进行,也可以在工作台两端停留时进行,还可以选择无进给运动,这些都由选择阀 13 的位置来决定。在图示状态下,选择阀选定的是"双向进给",进给阀在控制油路 a_1 和 a_2 点每次相互变换压力时,向左或向右移动一次(因为通道 d 与通道 c_1 和 c_2 各接通一次),于是砂轮架便作一次间歇进给,进给量大小由拨爪棘轮机构调整,进给快慢及平稳性通过调整节流阀 J_3、J_4 来保证。

5. 尾架顶尖自动松开

尾架顶尖平时靠弹簧力来顶紧工件,在砂轮架处于退出位置时,尾架顶尖才能松开。为了操纵方便采用脚踏式二位三通尾架阀 10 进行控制。当砂轮架处于快退工况时,若脚踏尾架阀 10 使右位接入系统工作,这时压力油路为

进油路:过滤器→液压泵→快动阀 8 左位→尾架阀 10 右位→尾架缸 9 下腔,使活塞上移。通过杠杆机构使顶尖向右退回。

若松开脚踏板,尾架阀复位,尾架缸下腔通过尾架阀左位与油箱接通,尾架顶尖在弹簧力的作用下将工件顶紧。

为了确保工作安全,砂轮架的快进与顶尖松开应当是连锁的。图示状态是砂轮架快进的位置,由于快动阀处在右位工作,尾架缸下腔无压力油通入,所以如误踏尾架阀,尾架顶尖也不会松开。

6. 机床的润滑

液压泵输出油的一部分经精过滤器 17 到润滑稳定器 14 的阻尼孔 L_7 和节流器 L_8、L_9、L_{10} 分别通至丝杠螺母副、V 形导轨及平导轨等处供润滑用。润滑油路的压力由润滑稳定器中的压力阀调节,各润滑点上所需的流量分别由各自的节流器来调节。

8.2.4 液压传动系统的特点

该万能外圆磨床液压传动系统主要有以下特点:

(1)用活塞杆固定的双杆液压缸,既保证了左、右两个方向运动速度的一致,又减少了机床的占地面积。

(2)采用了结构简单、价格便宜而压力损失又小的简单出口节流阀调节速回路,它适合应用在负载小且基本恒定的磨床工作台往复运动系统。另外由于出口节流阀节流调速使液压缸回油腔产生背压,有利于工作台运动平稳和工作台的制动。

（3）此液压传动系统采用行程控制制动式换向回路为主,兼备了时间控制制动式换向回路的特点,使工作台换向精度和换向性能都比较好,满足了万能外圆磨床的工作要求。

（4）采用了把先导阀、换向阀和开停阀制成在一个共同阀体内的液压操纵箱式结构。它能显著地缩小液压元件的总体积,缩短阀间通道长度,减少油管及管接头的数目,使结构紧凑,操纵方便。

（5）设置了抖动缸,可实现工作台抖动,并保证了换向的可靠性。

8.3 剪板机液压传动系统

8.3.1 概述

剪板机（图 8.6）主要用于剪裁金属板,目前大、中型剪板机主传动系统一般均采用液压传动。剪板机的主要动作是主液压缸带动剪刀片运动对板料进行剪切。其辅助动作有压料脚压住板料,防止剪切时产生的力矩使钢板翘起,剪切后托料球抬起,以减小送料时的摩擦力等。带动刀架运动的两个主液压缸的活塞杆均与刀架固接,或连接在有固定转轴的摆式刀架上,用机械的方法保证两液压缸运动的同步。这里介绍一种采用液压插装阀组成传动系统的剪板机。它的特点是,因为使用插装阀,剪板机动作快,冲击小,油液泄漏小。

图 8.6 剪板机

8.3.2 液压传动系统的工作原理

图 8.7 所示为用液压插装阀组成的剪板机液压传动系统。

在剪板机液压传动系统中,先导调压阀 8 用来设定剪切的最大工作压力,先导调压阀 11 用来调节轻压对线时的压力,电磁换向阀 10 用来选择不同的压力级和使插装阀 1 开启,液压泵卸荷。插装阀 2、3、4、5 共同构成一个四通阀,控制主缸、压料脚和托料球的动作。插装阀 6 和单向阀 7 构成单向顺序阀,保证托料球缩回和压料脚压住板料后,再由主缸带动刀架下行进行剪切。

液压泵启动时,电磁换向阀 10 处于中位,使插装阀 1 控制腔接通油箱,插装阀 1 升启,以保证液压泵空载启动。

当电磁铁 2YA 和 3YA 通电时,插装阀 1 关闭,为系统升压做准备;同时插装阀 3 开启,压力油使托料球缩回,压料脚压下,压住待剪切的板料。系统压力随即进一步上升。当系统压力达到插装阀 6 的先导调压阀 16 的调定压力时,插装阀 6 开启,压力油进入两主缸的上腔。两缸下腔的回油在先导调压阀 15（此处用来调定系统回油背压）的控制下经插装阀 5 流回油箱。两缸带动刀架空程向下。

刀架下行到使刀片接触到被剪板料时,主油路进一步升压,通过压力继电器 18 发出信号,电

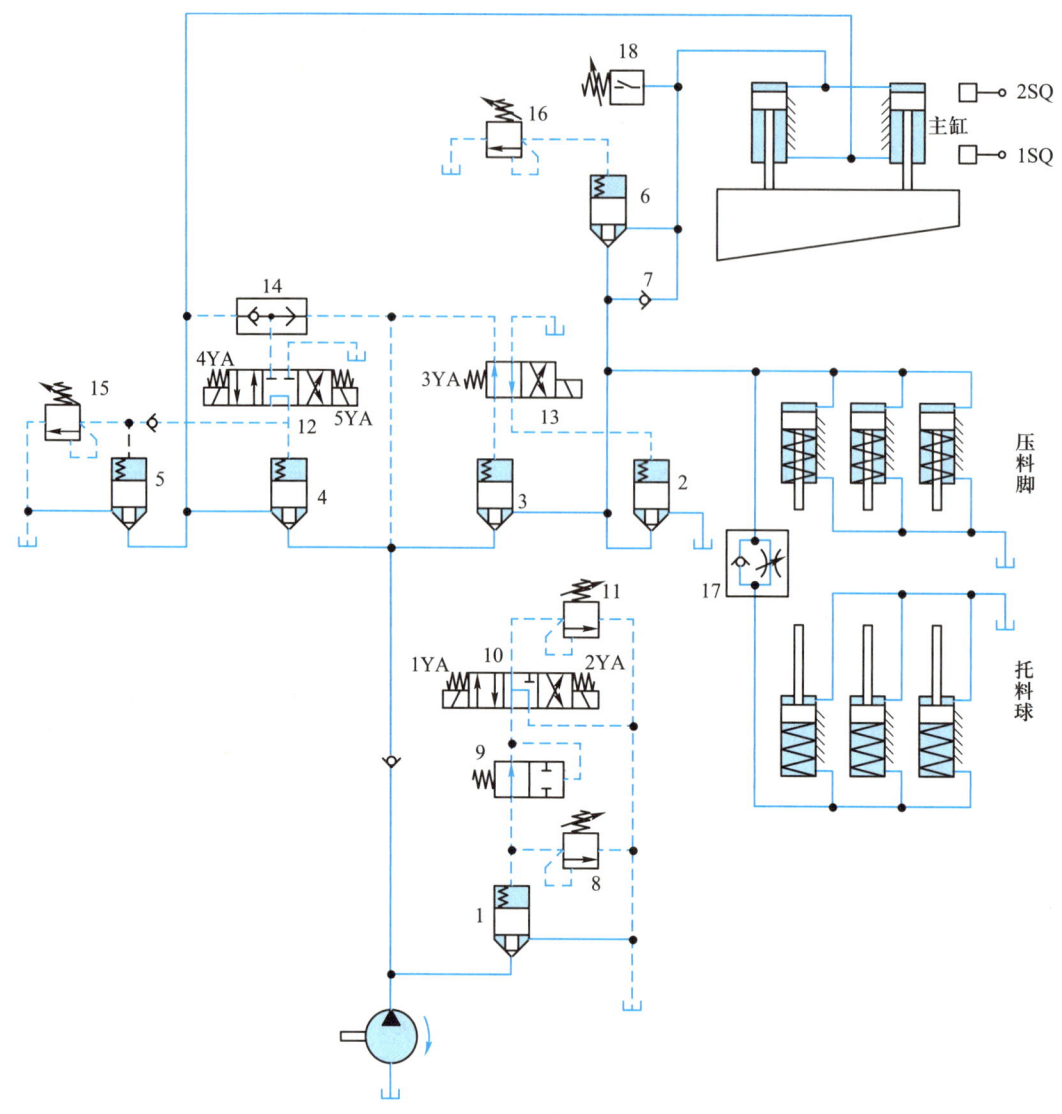

1、2、3、4、5、6—插装阀；7—单向阀；8、11、15、16—先导调压阀；9—液动换向阀；10、12、13—电磁换向阀；
14—梭阀；17—单向节流阀；18—压力继电器；1SQ、2SQ—行程开关

图 8.7 剪板机液压传动系统

磁铁 4YA 通电,使液压缸下腔卸荷,以充分发挥液压缸的最大剪切力,也减少系统的发热。主油路压力继续上升,对板料进行剪切。板料被切断时,主缸的负载立即消失。为了防止液压缸上腔突然失压而引起冲击,液压缸上腔的压力下降使压力继电器复位,电磁铁 4YA 即断电,插装阀 5 关闭;主缸下腔的背压由先导调压阀 15 确定,以保证刀架平稳地继续下行。

刀架降至下限,压下行程开关 1SQ,使电磁铁 2YA 和 5YA 通电,3YA 断电,插装阀 3 关闭,插装阀 4 开启,主缸下腔进油,上腔的油液经单向阀 7 和已开启的插装阀 2 流回油箱,刀架回程。同时压料脚和托料球的油液也经插装阀 2 直接流回油箱,在弹簧力的作用下压料脚抬起,托料球凸出。

刀架回程到达行程上限,压下行程开关 2SQ,使所有电磁铁均断电,主缸上腔油液通过插装

阀 2 直接流回油箱,主缸及刀架的自重依靠插装阀 5 在下腔油路上的背压来支承。刀架停止运动,泵通过插装阀 1 卸荷。

剪切前需要对线时,通过按钮使电磁铁 1YA 和 3YA 通电,与空程下行一样,托料球缩回,压料脚压下,刀架下行。这时系统工作压力由先导调压阀 11 调定,即使刀片接触被剪工件,由于压力较低剪不动板料,避免了对线时板料被剪断。

另外,在板料不需要全长剪断的情况下,刀架可在剪切过程中剪到所需的位置就立即回程。为了调整设备的需要,剪板机的刀架还可以上、下点动。

表 8.2 给出了剪板机液压传动系统的电磁铁动作顺序情况。

表 8.2　电磁铁动作顺序表

动作		电磁铁				
		1YA	2YA	3YA	4YA	5YA
启动	液压泵空载启动	−	−	−	−	−
下行	空程	−	+	+	−	−
	剪切	−	+	+	+	−
	缓冲	−	−	+	−	−
回程	快速回程	−	+	−	−	+
辅助动作	轻压对线	+	−	+	−	−
	剪切中途回程	−	−	+	−	−
	点动上	−	+	−	−	+
	点动下	−	+	+	−	−

注:"+"表示通电,"−"表示断电。

8.3.3　液压传动系统的特点

剪板机液压传动系统主要有以下特点。

(1)液压传动系统采用了插装阀控制,使系统结构紧凑,剪板机动作快,冲击小,适用于大功率剪板机,而且液压传动系统的效率高,油液泄漏少。

(2)在压力控制回路中,采用了两级调压回路,并可实现液压传动系统的卸荷,节省功率。

为了减轻剪切结束时的液压冲击现象,液压传动系统设置了背压回路,当主缸的回油压力超过先导调压阀 15 的调压值时,插装阀 5 才能打开,起到了缓冲作用。

(3)由四组插装阀和电磁换向阀组成的换向回路可实现一个三位五通换向阀的功能。

8.4　YB32−200 型液压机液压传动系统

8.4.1　概述

液压机(见图 8.8)是一种利用液体静压力来加工金属、塑料、橡胶、木材、粉末

微视频 8-3:
YB32-200 型
压力机液压
传动系统

等制品的机械,通常用于压制工艺和压制成形工艺,如锻造、冲压、冷挤、校直、弯曲、翻边、薄板拉深、粉末冶金、压装等。

液压机有多种型号规格,其压制力从几十吨到上万吨。用乳化液作为工作介质的液压机,称为水压机,产生的压制力很大,多用于重型机械厂和造船厂等。用矿物油型液压油作为工作介质的液压机称为油压机,产生的压制力比水压机小,在许多工业部门得到广泛应用。

液压机多为立式,其中以四柱式液压机的结构布局最为典型,应用也最广泛。图8.9所示为液压机结构简图,它主要由充液筒1、上横梁2、上液压缸3、上滑块4、立柱5、下滑块6、下液压缸7等零部件组成。这种液压机有4个立柱,在4个立柱之间安置上、下两个液压缸3和7。上液压缸驱动上滑块4,下液压缸驱动下滑块6。为了满足大多数压制工艺的要求,上滑块应能实现快速下行→慢速加压→保压延时→快速返回→原位停止的自动工作循环。下滑块应能实现向上顶出→停留→向下退回→原位停止的工作循环(图8.10)。上、下滑块的运动依次进行,不能同时动作。

图 8.8　液压机实物图

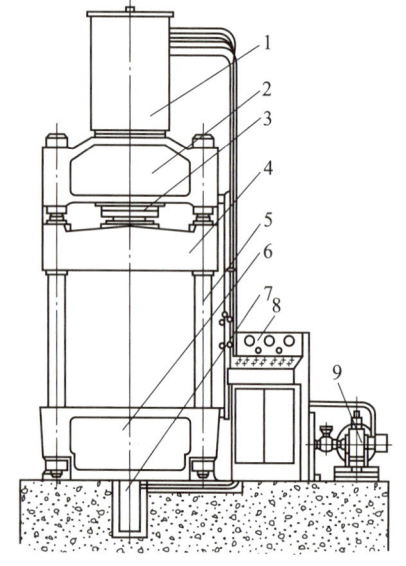

1—充液筒;2—上横梁;3—上液压缸;
4—上滑块;5—立柱;6—下滑块;
7—下液压缸;8—电气操纵箱;9—动力机构

图 8.9　液压机结构简图

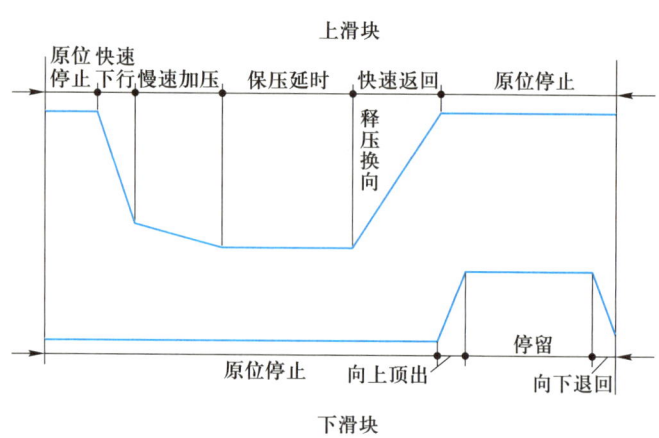

图 8.10　YB32-200 型液压机动作循环图

8.4.2　液压传动系统的工作原理

四柱式 YB32-200 型液压机液压传动系统如图8.11所示,电磁铁动作顺序见表8.3。该液压传动系统由高压轴向柱塞变量泵供油,上、下两个滑块分别由上、下液压缸带动,实现上述各种循环,其原理如下。

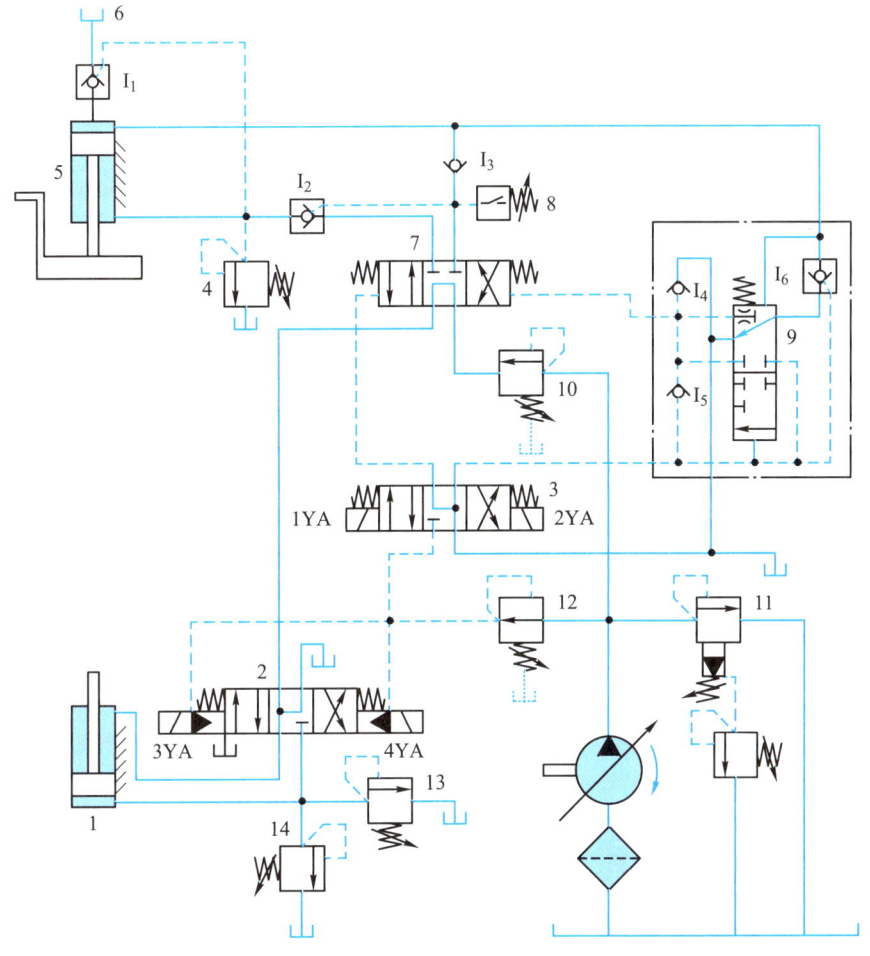

1—下液压缸;2—下缸换向阀;3—先导阀;4、11、13、14—溢流阀;5—上液压缸;
6—充液筒;7—上缸换向阀;8—压力继电器;9—预释压阀;10—顺序阀;
12—减压阀;I_1、I_2、I_6—液控单向阀;I_3、I_4、I_5—单向阀

图 8.11 YB32-200 型液压机液压系统

1. 上滑块工作循环

（1）快速下行 当电磁铁 1YA 通电后,先导阀 3 和上缸换向阀 7 左位接入系统,液控单向阀 I_2 被打开。系统主油路为

进油路:液压泵→顺序阀 10→上缸换向阀 7 左位→单向阀 I_3→上液压缸 5 上腔。

表 8.3　YB32-200 型液压机电磁铁动作顺序表

动作顺序		1YA	2YA	3YA	4YA
上缸滑块	快速下行	+	−	−	−
	慢速加压	+	−	−	−
	保压延时	−	−	−	−
	快速返回	−	+	−	−
	原位停止	−	−	−	−
下缸滑块	向上顶出	−	−	−	+
	停留	−	−	−	−
	向下退回	−	−	+	−

注:"+"表示通电,"−"表示断电。

回油路:上液压缸 5 下腔→液控单向阀 I_2→上缸换向阀 7 左位→下缸换向阀 2 中位→油箱。

上滑块在自重作用下快速下行。这时,上液压缸上腔所需流量较大,而液压泵的流量又较小,其不足部分由充液筒 6(副油箱)经液控单向阀 I_1 向液压缸上腔补油。

(2)慢速加压　当上滑块下行到接触工件后,因受阻力而减速,液控单向阀 I_1 关闭,液压缸上腔压力升高实现慢速加压。这时的油路走向与快速下行时相同。

(3)保压延时　当上液压缸上腔压力升高到使压力继电器 8 动作时,压力继电器发出信号,使电磁铁 1YA 断电,则先导阀 3 和上缸换向阀 7 处于中位,保压开始。保压时间由时间继电器(图中未画出)控制,可在 0~24 min 内调节。

(4)快速返回　在保压延时结束时,时间继电器使电磁铁 2YA 通电,先导阀 3 右位接入系统,使控制压力油推动预释压阀 9,并将上缸换向阀右位接入系统。这时,液控单向阀 I_1 被打开,其主油路为

进油路:液压泵→顺序阀 10→上缸换向阀 7 右位→液控单向阀 I_2→上液压缸 5 下腔。

回油路:上液压缸 5 上腔→液控单向阀 I_1→充液筒(副油箱)。

这时上滑块快速返回,返回速度由液压泵流量决定。当充液筒内液面超过预定位置时,多余的油液由溢流管流回油箱。

(5)原位停止　当上滑块返回上升到挡块压下行程开关时,行程开关发出信号,使电磁铁 2YA 断电,先导阀和上、下缸换向阀都处于中位,则上滑块在原位停止不动。这时,液压泵处于低压卸荷状态,其油路为

液压泵→顺序阀 10→上缸换向阀 7 中位→下缸换向阀 2 中位→油箱。

2. 下滑块工作循环

(1)向上顶出　当电磁铁 4YA 通电使下缸换向阀右位接入系统时,下液压缸 2 带动下滑块向上顶出。其主油路为

进油路:液压泵→顺序阀 10→上缸换向阀 7 中位→下缸换向阀 2 右位→下液压缸 1 下腔。

回油路:下液压缸 1 上腔→下缸换向阀 2 右位→油箱。

（2）停留　当下滑块上移至下液压缸活塞碰到上缸盖时,便停留在这个位置上。此时,液压缸下腔压力由下缸溢流阀调定。

（3）向下退回　使电磁铁 4YA 断电,3YA 通电,液压缸快速退回。此时的油路为

进油路:液压泵→顺序阀 10→上缸换向阀 7 中位→下缸换向阀 2 左位→下液压缸 1 上腔。

回油路:下液压缸 1 下腔→下缸换向阀 2 左位→油箱。

（4）原位停止　原位停止是在电磁铁 3YA、4YA 都断电,下缸换向阀处于中位的情况下得到的。

8.4.3　液压传动系统的特点

该液压机液压传动系统有以下特点:

为了获得大的压制力,除采用高压泵提高系统压力之外,还常常采用大直径的液压缸,这样才能产生大的输出力。但是,当上滑块快速下行时,需要大量的油液进入液压缸上腔,假若此流量全部由液压泵提供,则泵的规格太大,这不仅造价高,而且在慢速加压、保压和原位停止阶段,功率损失加大。该系统采用充液筒来补充快速下行时液压泵供油的不足,这样使系统功率利用更加合理。

保压延时是液压机常有的工作状态。该系统采用液控单向阀 I_1、I_6 和单向阀 I_3 的密封性以及液压管路和油液的弹性来保压。此方案结构简单,造价低,比用泵保压节省功率。但要求液压缸等元件密封性好。

通常的液压机液压传动系统属于高压系统。对于高压系统,在液压缸以很高压力进行保压的情况下,若立即启动换向阀使液压缸反向快速退回时,将会产生液压冲击。为防止这种现象发生,应对换向过程进行控制,先使高压腔压力释放以后再切换油路。该系统采用预释压阀 9,先使液压缸上腔压力释放降低后,再使主油路换向。其原理是在保压阶段,预释压阀的上位接入系统。当电磁铁 2YA 通电后,控制压力油经减压阀和先导阀右位进入预释压阀的下端腔和液控单向阀 I_6 的控制口。由于预释压阀上腔与液压缸上腔油路连通,压力很高,其下腔的控制压力油不能使阀芯向上移动。但是,液控单向阀 I_6 可以在控制压力油作用下打开。I_6 被打开后,液压缸上腔油液经液控单向阀 I_6、预释压阀上位泄至油箱。这时,压力被释放降低,直至预释压阀的阀芯被推移到使下位接入系统。然后,控制压力油经预释压阀下位进入上缸换向阀的右腔,使其右位接入系统,切换主油路,实现液压缸快速退回。

系统中的上、下两液压缸动作的协调是由两个换向阀的互锁来保证的。只有当上缸换向阀处于中位时,下缸换向阀 2 才能接通压力油。这样,就保证了两个液压缸不可能同时接通压力油而动作。在拉伸操作中,为了实现"压边"工步,要求下液压缸活塞升到一定位置后,既保持一定的压力,又能随上缸滑块的下降而下降,这样,上液压缸活塞必须推着下液压缸活塞移动,这时,上液压缸下腔油液进入下液压缸下腔,而下液压缸下腔油液经下液压缸溢流阀流回油箱。其中,溢流阀 13 作为背压阀改变浮动压边力,而溢流阀 14 是下缸下腔的安全阀。

该系统利用换向阀中位实现液压泵的卸荷。为了保证对上下缸换向阀(电液动)进行控制,在液压泵出口至上缸换向阀的主油路上设有顺序阀,用来保证在换向阀处于中位时控制油路仍有足够的压力,并且用减压阀来调节控制油路压力(2 MPa)。但是,在卸荷油路上设置顺序阀,

提高了液压泵的卸荷压力(2.5 MPa),增大了液压泵卸荷时的功率损失,这是不利之处。

8.5　Q2-8 型汽车起重机液压传动系统

8.5.1　概述

图 8.12 是 Q2-8 型汽车起重机的外形图和实物图。它由汽车 1、转台 2、支腿 3、吊臂变幅液压缸 4、基本臂 5、伸缩臂 6、起升机构 7 等组成。

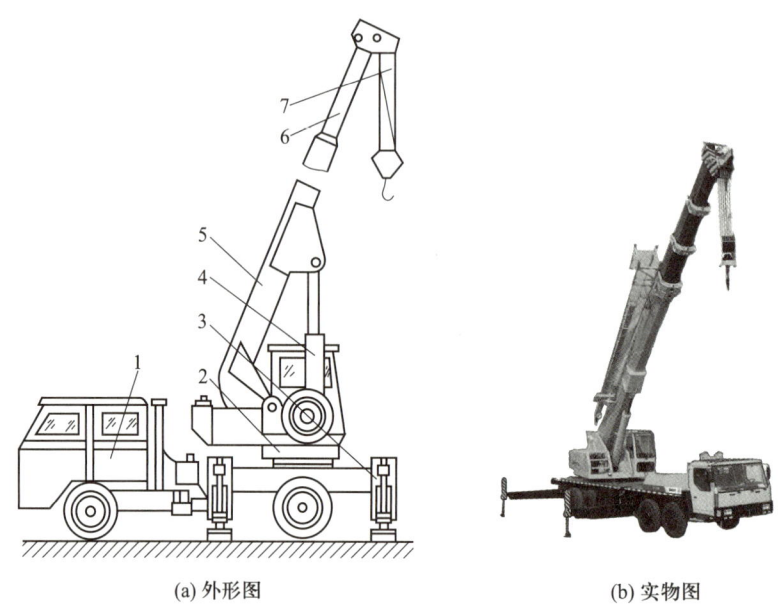

(a) 外形图　　　　　　　　　　　(b) 实物图

1—汽车;2—转台;3—支腿;4—吊臂变幅液压缸;
5—基本臂;6—伸缩臂;7—起升机构

图 8.12　Q2-8 型汽车起重机外形图

这种类型的起重机采用液压传动,最大起重量为80 kN(幅度为 3 m 时),最大起重高度为 11.5 m,起重装置可连续回转。由于该汽车起重机有较高的行走速度,可以和运输车队编队行驶,机动性好,用途广泛。当装上附加臂后(图中未表示),可用于建筑工地吊装预制件,吊装的最大高度为 6 m。该起重机亦可在有冲击、振动、温差变化大和环境较差的条件下工作。作为起重用的汽车起重机属于工程机械,它所要求的动作比较简单,对于位置精度要求也不太高,因此可采用手动控制,但要求液压传动系统具有很高的安全可靠性。

8.5.2　液压传动系统的工作原理

图 8.13 为 Q2-8 型汽车起重机液压传动系统原理图。

该系统属于中高压系统,采用一个额定压力为21 MPa的轴向柱塞泵作动力源,由汽车发动机通过装在汽车底盘变速箱上的取力箱传动。液压泵通过中心回转接头 9、截止阀 10 和过滤器

11,从油箱吸油,输出的压力油经手动阀组 1 和 2 串联地输送到各个执行元件。安全阀 3 用于防止系统过载,调整压力为 19 MPa,实际系统工作压力由压力表 12 读取。这是一个单泵、开式、串联(串联式多路阀)液压传动系统。该系统分上车和下车两部分布置,液压泵、安全阀、阀组 1 及支腿部分装在下车部分,其余液压元件都装在可回转的上车部分。其中油箱也在上车部分,兼作配重。上车和下车部分的油路通过中心回转接头连通。

起重机液压传动系统包括支腿收放、转台回转、吊臂伸缩、吊臂变幅和吊重起升等五个部分。其中,前、后支腿收放回路的换向阀 A、B 组成一个阀组 1,其余四条支回路的换向阀 C、D、E、F 组成一个阀组 2。各换向阀均为 M 型中位机能三位四通手动换向阀,相互串联组合,可实现多缸卸荷。根据起重工作的具体要求,操纵各阀不仅可以分别控制各执行元件的运动方向,还可以通过控制阀芯的位移量来实现节流调速。

1. 支腿收放回路

由于汽车轮胎支承能力有限,且有弹性体变形,作业时很不安全,故在起重作业前必须放下前、后支腿,使汽车轮胎架空,用支腿承重。在行驶时又必须将前、后支腿收起,轮胎着地。为此,汽车的前、后端各设置两条支腿,每条支腿均配有液压缸。两条前支腿用一个三位四通手动换向阀组 A 控制收、放,而两条后支腿用另一个三位四通换向阀组 B 控制。每个支腿液压缸的油路都装一个由两个液控单向阀组成的双向液压锁,以保证支腿可靠地锁住,防止在起重作业过程中发生"软腿"现象(由液压缸上腔油路泄漏引起)或行车过程中液压支腿自行下落现象(由液压缸下腔油路泄漏引起)。当换向阀组 A 在左位工作时,前支腿放下,其油路为

进油路:液压泵→换向阀 A 左位→液控单向阀 4→前支腿液压缸无杆腔。

回油路:前支腿有杆腔→液控单向阀 4→换向阀 A 左位→换向阀 B 中位→换向阀 C 中位→换向阀 D 中位→换向阀 E 中位→换向阀 F 中位→油箱。

当换向阀 A 在右位工作时,前支腿收回,油路基本上同前支腿放下,只不过压力油进入前支腿液压缸有杆腔。

后支腿收、放液压缸用换向阀 B 控制,其油路路线与前支腿回路相同。

2. 回转机构回路

回转机构采用一个液压马达,它通过齿轮、蜗轮减速箱和开式小齿轮(与转盘上的内齿轮啮合)来驱动转盘回转,转盘可获得 1~3 r/min 的低速。手动换向阀 C 控制马达的正转、反转、停转三种不同工况,其油路为

进油路:液压泵→换向阀 A 中位→换向阀 B 中位→换向阀 C $\begin{cases} \text{左位→液压马达反转} \\ \text{中位→液压马达停转} \\ \text{右位→液压马达正转} \end{cases}$

回油路:回转液压马达→换向阀 C $\begin{cases} \text{左位} \\ \text{中位} \\ \text{右位} \end{cases}$ →换向阀 D 中位→换向阀 E 中位→换向阀 F 中位→油箱

3. 吊臂伸缩回路

吊臂由基本臂和伸缩臂组成,伸缩臂套装在基本臂中,吊臂的伸缩运动是由伸缩液压缸来驱

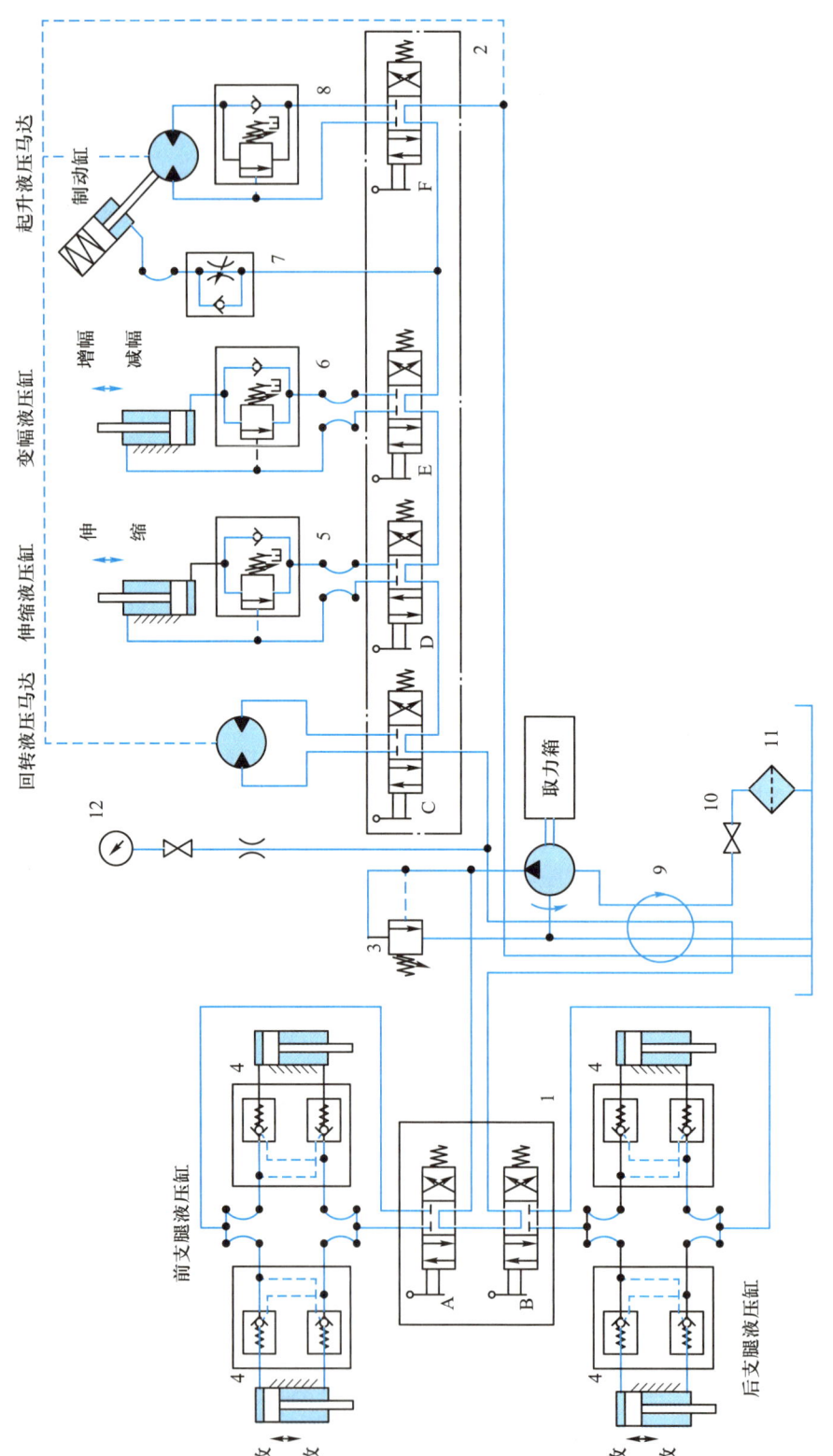

图 8.13　Q2-8 型汽车起重机液压系统原理

1—手动阀组 1；2—手动阀组 2；3—溢流（安全）阀；4—液控单向阀组；5，6，8—平衡阀；7—单向节流阀；
9—中心回转接头；10—截止阀；11—过滤器；12—压力表

动的。为防止吊臂在停止阶段因自重作用而下滑,在吊臂伸缩回路中设置平衡阀5(属于外控式单向顺序阀)。吊臂的伸缩由换向阀 D 来控制伸缩臂的伸出、缩回和停止三种工况。例如,当换向阀 D 在左位工作时,吊臂缩回,其油路为

进油路:液压泵→换向阀 A 中位→换向阀 B 中位→换向阀 C 中位→换向阀 D 左位→伸缩液压缸有杆腔。

回油路:伸缩液压缸无杆腔→平衡阀5中顺序阀→换向阀 D 左位→换向阀 E 中位→换向阀 F 中位→油箱。

4. 吊臂变幅回路

吊臂变幅就是由液压缸来改变吊臂的起落角度。变幅工作也要防止因自重下降而造成的工作不安全,故在油路中也设置了平衡阀6。换向阀 E 控制吊臂的增幅、减幅和停止三种工况。其油路路线类同于吊臂伸缩回路。

5. 吊重起升回路

吊重起升回路是起重机液压传动系统中的主要工作回路。吊重的提升和落下是由一个大转矩液压马达带动卷扬机来完成的。换向阀 F 控制液压马达的正、反转。液压马达的转速可通过改变发动机的转速来进行调节。油路设置平衡阀8,用以防止重物因自重而下落。由于液压马达的内泄漏比较大,当重物吊在空中时,尽管油路中设有平衡阀,重物仍会向下缓慢下移。为此,在液压马达的驱动轴上设置制动缸,当液压马达停转时,用制动缸的弹簧使闸块将驱动轴锁住;当起升机构工作时,在系统油压作用下,制动缸使闸块松开。当重物在悬空停止后再次起升时,若制动缸立即松闸,由于液压马达进油路来不及立刻达到足够的油压,造成重物短时间拖动马达反转而失控下滑。为了避免这种现象的产生,在制动缸油路设置单向节流阀7,使液压马达停转时,制动缸的弹簧使闸块迅速抱闸,而在起升机构工作时,制动缸松闸能缓慢进行(松闸时间用节流阀7调节),这就是使制动器制动快、松闸慢的回路。

重物起升油路为

进油路:液压泵→换向阀 A 中位→换向阀 B 中位→换向阀 C 中位→

换向阀 D 中位→换向阀 E 中位→$\begin{cases} \text{单向节流阀7→制动缸下腔,制动器松开} \\ \text{换向阀 F 右位→平衡阀8→起升液压马达正转,重物起升} \end{cases}$

回油路:起升液压马达→换向阀 F 右位→油箱。

重物下落油路为

进油路:液压泵→换向阀 A 中位→换向阀 B 中位→换向阀 C 中位→换向阀 D 中位→换向阀 E 中位,$\begin{cases} \text{单向节流阀7→制动缸下腔,制动器松开} \\ \text{换向阀 F 左位→起升液压马达反转,重物下落} \end{cases}$

回油路:起升液压马达→平衡阀8→换向阀 F 左位→油箱。

8.5.3 液压传动系统的特点

该汽车起重机液压传动系统有以下特点:

(1)该系统采用中位机能为 M 型的三位四通手动换向阀,能使系统卸荷,减少功率损失,适于起重机间歇工作。

(2)系统中采用了平衡回路、制动回路和锁紧回路,保证了起重机操作安全,工作可靠和运

动平稳。

（3）采用了手动换向阀串联组合，不仅可以灵活方便地控制各机构换向动作，还可通过手柄操纵来控制流量，以实现节流调速。在起升工作中，将此节流调速方法与控制发动机转速方法相结合，可以实现各工作部件微速动作。另外在空载或轻载吊重作业时，可实现各机构任意组合并同时动作，以提高生产率。

8.6 SZ-250A 型塑料注射成形机液压传动系统

8.6.1 概述

塑料注射成形机简称注塑机。它将颗粒的塑料加热熔化到流动状态，以高压快速注入模腔，经过一定时间的保压，冷却凝固成为一定形状的塑料制品。由于注塑机具有成形周期短，对各种塑料的加工适应性强，可以制造外形各异、复杂、尺寸较精确或带有金属镶嵌件的制品以及自动化程度高等优点，所以注塑机得到了广泛应用。

图 8.14 为塑料注射成形机外形图和实物图。

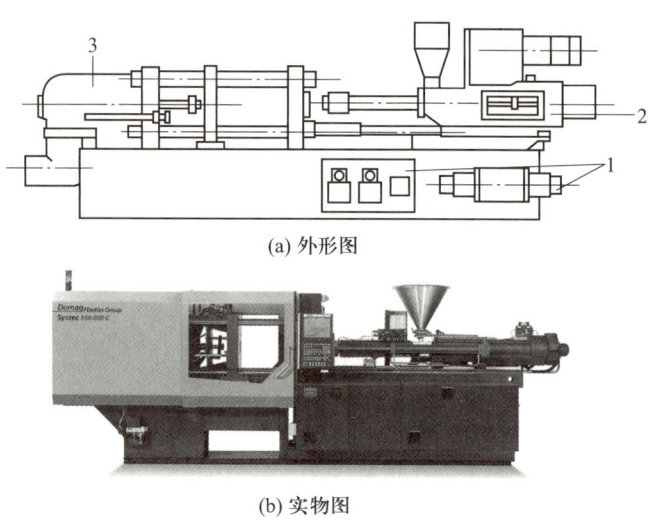

(a) 外形图

(b) 实物图

1—液压传动系统；2—注射部件；3—合模部件

图 8.14　塑料注射成形机外形图和实物图

塑料注射成形机主要由三大部分组成。

（1）液压传动及电气控制系统　它安装在机身内外腔上，是注塑机的动力和操纵控制部件。主要由液压泵、液压阀、电动机、电气元件及控制仪表等组成。

（2）注射部件　它是注塑机的塑化部件。主要由加料装置、料筒、螺杆、喷嘴、预塑装置、注射缸和注射座移动缸等组成。

（3）合模部件　它是安装模具用的成形部件。主要由定模板、动模板、合模机构、合模缸和顶出装置等组成。

根据注射成形工艺，注塑机应按预定工作循环工作，如图 8.15 所示。

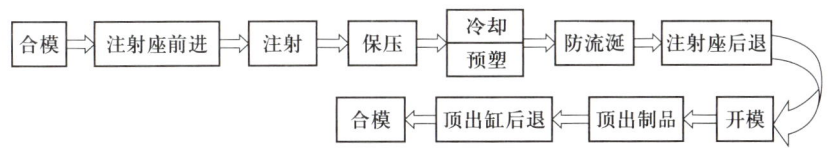

图 8.15　注塑机工作循环示意图

SZ-250A 型塑料注射成形机属于中小型注塑机,每次最大注射容量为 250 cm³。该注塑机对液压传动系统的要求是:

(1) 要有足够的合模力　熔融的塑料通常以 4~15 MPa 的高压注入模腔,因此合模缸必须有足够的合模力,否则在注射时导致模具离缝而产生塑料制品的溢边现象。

(2) 开、合模的速度可调节　在开、合模过程中,要求合模缸有慢、快、慢的速度变化,其目的是缩短空程时间,提高生产率和保证制品质量,并避免产生冲击。

(3) 足够的注射座移动液压缸推力　其目的是保证喷嘴与模具浇口紧密接触。

(4) 注射压力和速度可以调节　这是为了适应不同的塑料品种、注射成形制品几何形状和模具浇注系统的要求。

(5) 保压功能　其目的是使塑料注满紧贴模腔获得精确形状,另外在冷却凝固收缩过程中,熔融塑料可不断补入模腔,避免产生废品。另外,根据需要保压压力可以调节。

(6) 预塑过程可调节　在模腔熔体冷却凝固阶段,在料斗内的塑料颗粒通过筒内螺杆的回转卷入料筒,连续向喷嘴方向推移,同时加热塑化、搅拌和挤压为熔体。在注塑成形加工中,通常将料筒每小时塑化的重量(称塑化能力)作为生产力指标。当料筒的结构尺寸确定后,随塑料的熔点、流动性和制品不同,螺杆转速可以变化,以便使预塑过程的塑化能力可以调节。

(7) 顶出制品　顶出制品除了要求有足够的顶力外,还要求顶出速度平稳、可调。

8.6.2　液压传动系统的工作原理

图 8.16 为 SZ-250A 型注塑机液压传动系统图。在注塑机中各执行部件动作循环的电磁铁动作顺序如表 8.4 所示。该注塑机采用了液压-机械式合模机构,合模液压缸通过具有增力和自锁作用的对称式五连杆机构推动模板进行开、合模,依靠连杆变形所产生的预应力来保证所需合模力,使模具可靠锁紧,并且使合模液压缸直径减小,节省功率,也易于实现高速。该注塑机液压传动系统的多种速度是靠双联泵和节流阀组合而获得的;多级压力是靠电磁阀与远程调压阀组合获得的。

注塑机液压传动系统的工作原理如下。

1. 合模

为了保证操作安全,注塑机上装有安全门。只有关闭安全门,合模缸才能工作,开始整个动作循环,此时行程换向阀 6 恢复常位(下位),控制油液才能进入电液换向阀 5 右位控制腔。

合模过程中,动模板慢速启动、快速前移,当接近定模板时,液压传动系统转为低压、慢速,确认模具内没有硬质异物存在后,系统采用高压合模。具体动作如下。

(1) 慢速合模

电磁铁 2YA、3YA 得电,大流量液压泵 1 通过电磁溢流阀 3 卸荷,小流量液压泵 2 的压力由电磁溢流阀 4 调定,泵 2 的压力油经电液换向阀 5 右位进入合模缸左腔,推动活塞带动连杆机构慢速合模,合模缸右腔油液经电液换向阀 5 和冷却器(图中未画出)回油箱。

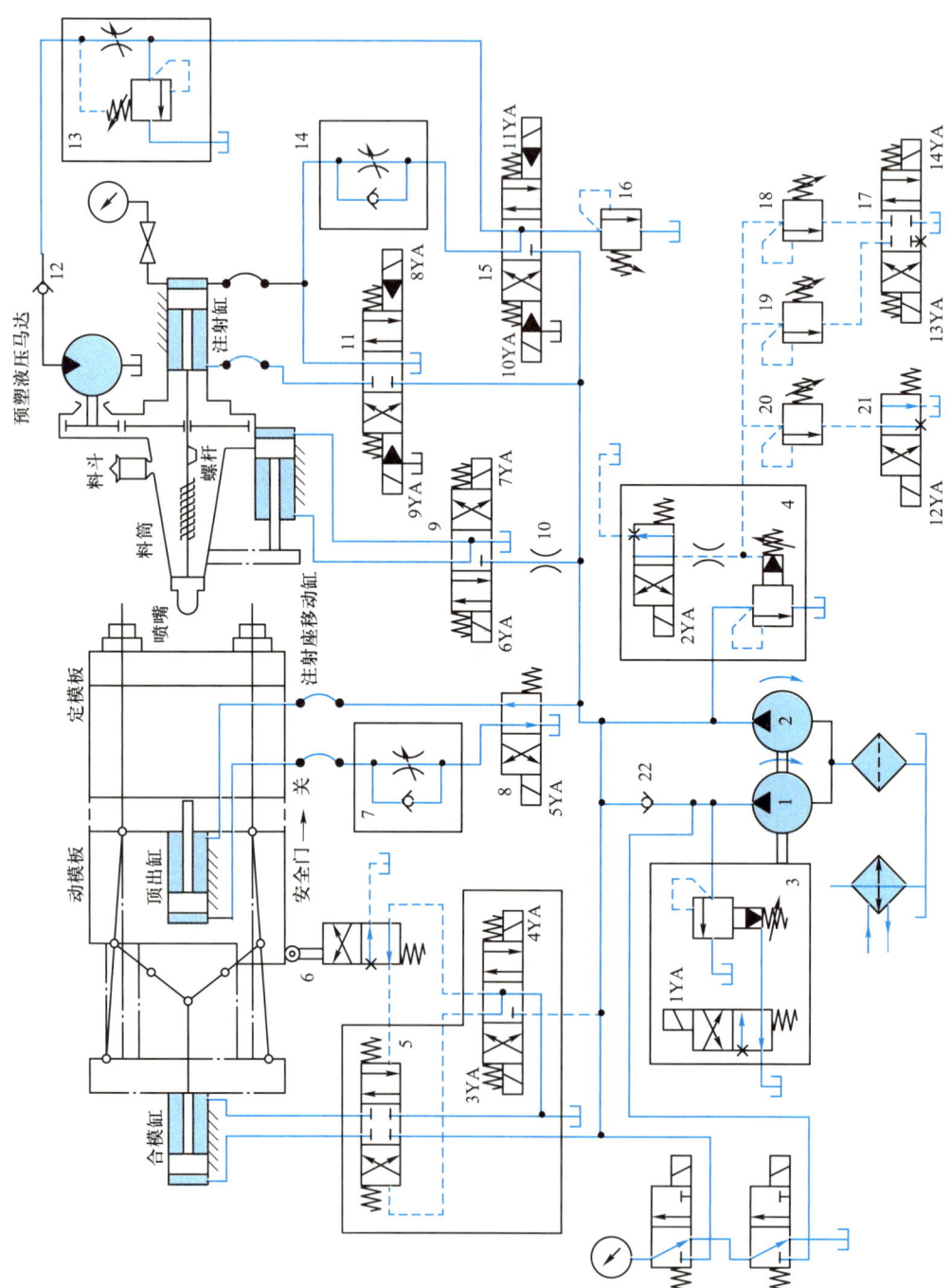

图 8.16 SZ-250A 型注塑机液压传动系统

1—大流量液压泵；2—小流量液压泵；3、4—电磁溢流阀；5、11、15—电液换向阀；6—行程换向阀；7、14—单向节流阀；8、21—二位四通电磁换向阀；9、17—三位四通电磁换向阀；10—固定节流阀；12、22—单向阀；13—溢流节流阀；16—背压阀；18、19、20—远程调压阀；

308

表 8.4　SZ-250A 型注塑机电磁铁动作顺序表

动作循环		电磁铁													
		1YA	2YA	3YA	4YA	5YA	6YA	7YA	8YA	9YA	10YA	11YA	12YA	13YA	14YA
合模	慢速	−	+	+	−	−	−	−	−	−	−	−	−	−	−
合模	快速	+	+	+	−	−	−	−	−	−	−	−	−	−	−
合模	低压慢速合模	−	+	+	−	−	−	−	−	−	−	−	−	+	−
合模	高压合模	−	+	+	−	−	−	−	−	−	−	−	−	−	−
注射座整体前移		−	+	−	−	−	−	+	−	−	−	−	−	−	−
注射	慢速注射	+	+	−	−	−	−	+	−	−	+	−	+	−	−
注射	快速注射	+	+	−	−	−	+	+	+	−	+	−	+	−	−
保压		−	+	−	−	−	−	+	−	−	+	−	−	−	+
预塑		+	+	−	−	−	−	−	−	−	−	+	−	−	−
防流涎		−	+	−	−	−	−	+	−	+	−	−	−	−	−
注射座整体后退		−	+	−	−	−	+	−	−	−	−	−	−	−	−
开模	慢速	−	+	−	+	−	−	−	−	−	−	−	−	−	−
开模	快速	+	+	−	+	−	−	−	−	−	−	−	−	−	−
开模	慢速	+	−	−	+	−	−	−	−	−	−	−	−	−	−
顶出	前进	−	+	−	−	+	−	−	−	−	−	−	−	−	−
顶出	后退	−	+	−	−	−	−	−	−	−	−	−	−	−	−
螺杆前进		−	+	−	−	−	−	−	+	−	−	−	−	−	−
螺杆后退		−	+	−	−	−	−	−	−	+	−	−	−	−	−

注:"+"表示通电,"−"表示断电。

（2）快速合模

当慢速合模转为快速合模时,行程开关发出指令使电磁铁 1YA 得电(此前电磁铁 2YA 和 3YA 得电),泵 1 不再卸荷,其输出压力油与泵 2 一起双泵供油给合模缸,实现快速合模,其供油压力由电磁溢流阀 3 调定。

（3）低压慢速合模

电磁铁 2YA、3YA 和 13YA 得电。泵 1 卸荷,泵 2 的压力由远程调压阀 18 控制,因远程调压阀 18 压力调得较低,同时由于只有泵 2 供油,所以合模缸在低压下慢速合模,这样即使两个模板间有硬质异物,也不致损坏模具,起到了保护模具的作用。

（4）高压合模

当动模板越过保护段,压下高压锁模行程开关时,电磁铁 13YA 失电(电磁铁 2YA 和 3YA 得电)。泵 1 卸荷,泵 2 供油,系统压力由高压电磁溢流阀 4 控制进行高压合模,并使连杆产生弹性变形,模具牢固锁紧。

2. 注射座整体前移

电磁铁 2YA 和 7YA 得电,泵 2 的压力油经电磁换向阀 9 右位进入注射座移动缸右腔,使注射座整体向前移动,这样使喷嘴与模具贴紧,缸的左腔油经电磁换向阀 9 回油箱。

3. 注射

根据制品和注射工艺条件,注射螺杆以一定压力和速度将料筒前端的熔料经喷嘴注入模腔,其速度分慢速注射和快速注射两种。

（1）慢速注射

电磁铁 1YA、2YA、7YA、10YA 和 12YA 得电,泵 1、2 的压力油经电液换向阀 15 左位和单向节流阀 14 进入注射缸右腔,其注射速度可由单向节流阀 14 调节。注射缸左腔油液经电液换向阀 11 中位流回油箱。

（2）快速注射

电磁铁 1YA、2YA、7YA、8YA、10YA 和 12YA 得电,泵 1、2 的压力油经电液换向阀 11 右位而不经过单向节流阀 14 进入注射缸右腔,使注射速度加快。快、慢速注射时的压力均由远程调压阀 20 来控制。

4. 保压

电磁铁 2YA、7YA、10YA 和 14YA 得电,泵 1 卸荷,泵 2 供油,其仅用于补充保压时泄漏量,使注射缸对模腔内保压并进行补塑。保压压力由远程调压阀 19 调节,泵 2 供油的多余油液从电磁溢流阀 4 溢回油箱。

5. 预塑

电磁铁 1YA、2YA、7YA 和 11YA 得电,泵 1、2 双泵供油,压力油经电液换向阀 15 右位、溢流节流阀 13 和单向阀 12 进入驱动螺杆的预塑液压马达,将料斗中塑料颗粒卷入料筒,塑料颗粒被转动的螺杆带到料筒前端加热预塑,并形成一定压力,螺杆转速由溢流节流阀调节。当螺杆头部熔料压力达到能克服注射缸活塞退回的阻力时,也就是螺杆的反推力大于注射缸活塞退回的阻力时,与注射缸活塞连在一起的螺杆向后移,注射缸右腔的油液经背压阀 16 流回油箱,同时注射缸左腔产生局部真空,油箱的油液在大气作用下经电液换向阀 11 的中位进入注射缸左腔。当螺杆向后移到预定位置,即螺杆头部熔料达到下次注射所需量时,螺杆便停止转动,准备下次注射。与此同时,模腔内的制品处于冷却成形阶段。

6. 防流涎

电磁铁 2YA、7YA 和 9YA 得电。泵 1 卸荷,泵 2 的压力油一方面经电磁换向阀 9 的右位进入注射座移动缸右腔,使喷嘴与模具保持接触,另一方面压力油经电液换向阀 11 的左位进入注射缸左腔,使螺杆强制向后移,减少料筒前端压力,防止在注射座整体后退时喷嘴端部物料流出。注射缸右腔和注射座移动缸左腔油液分别经电液换向阀 11 的左位和电磁换向阀 9 的右位流回油箱。

7. 注射座整体后退

当保压、冷却和预塑结束时,电磁铁 2YA 和 6YA 得电,泵 1 卸荷,泵 2 的压力油经电磁换向阀 9 的左位使注射座整体后退。注射座液压缸右腔的油液经电磁换向阀 9 左位流回油箱,固定节流阀 10 是用来限制后退速度的。

8. 开模

（1）慢速开模

电磁铁 2YA 和 4YA 得电，泵 1 卸荷，泵 2 的压力油经电液换向阀 5 左位进入合模缸右腔，而左腔油液经电液换向阀 5 左位流回油箱，这样得到一种慢速开模。若电磁铁 1YA 和 4YA 得电，则泵 2 卸荷，泵 1 供油又可得另一种慢速开模。

（2）快速开模

电磁铁 1YA、2YA 和 4YA 得电，泵 1、2 双泵供油，经电液换向阀 5 的左位进入合模缸右腔，使开模速度提高，合模缸左腔的油经电液换向阀 5 的左位流回油箱。

9. 顶出

（1）顶出缸前进

电磁铁 2YA 和 5YA 得电，泵 1 卸荷，泵 2 的压力油经电磁换向阀 8 的左位、单向节流阀 7 进入顶出缸左腔，推动顶出杆顶出制品，其运动速度由单向节流阀 7 调节，此时压力由电磁溢流阀 4 调节。顶出缸右腔的油则经阀 8 的左位流回油箱。

（2）顶出缸后退

电磁铁 2YA 得电，泵 2 的压力油经电磁换向阀 8 的右位进入顶出缸右腔，使顶出缸活塞杆后退，顶出缸左腔的油则经电磁换向阀 8 的右位流回油箱。

10. 螺杆前进和后退

在拆卸和清洗螺杆时，螺杆要退出，此时电磁铁 2YA 和 9YA 得电。泵 2 的压力油经电液换向阀 11 的左位进入注射缸左腔，使螺杆后退。当电磁铁 2YA 和 8YA 得电时，螺杆前进。

8.6.3　液压传动系统的特点

该注塑机液压传动系统有以下特点。

（1）为了保证有足够的合模力，防止高压注射时模具因离缝而产生塑料溢边，该注塑机采用了液压-机械增力合模机构，并且使模具锁紧可靠和减少合模缸缸径尺寸。

（2）注塑机液压传动系统动作较多，并且各动作之间有严格的顺序。该系统采用以行程控制为主实现顺序动作，通过电气行程开关与电磁阀来保证动作顺序可靠。

（3）根据塑料注射成形工艺，注塑机工作循环中的各个阶段要求流量和压力各不相同并且经常是变化的。一般多采用若干定量泵（双泵供油）和节流阀的不同组合方式来调节流量；由多个远程调压阀并联来控制压力，以便满足工艺要求。但在这种情况下，系统所用元件较多，能量利用不够合理，系统发热较大（为此有时需设置冷却系统），压力与速度变换过程中冲击和噪声较大，系统稳定性差。

随着液压技术的发展和自动化水平的提高，近年来，注塑机（特别是大型注塑机）采用数控或微机控制插装阀、电液比例液压传动系统，简化了传统的液压传动系统，液压元件大大减少，优化了注塑工艺，降低了压力及速度变换过程中的冲击和噪声。液压能源采用负载适应泵代替定量泵，使之进一步提高系统效率，减少了功率损耗。

8.7　香皂装箱机气压传动系统

8.7.1　概述

香皂装箱机的工作过程是将每 480 块香皂装入一个纸箱内,其组成结构如图 8.17 所示。香皂装箱的全部动作由托箱气缸 A、装箱气缸 B、托皂气缸 C 和计数气缸 D 完成。其气压传动系统工作原理如图 8.18 所示,A、B、C 三个气缸都是普通型双作用气缸,但计数气缸是单作用气缸,并且它的气源由托皂气缸 C 直接供给,气压推动活塞伸出,活塞的返回靠弹簧作用来实现。

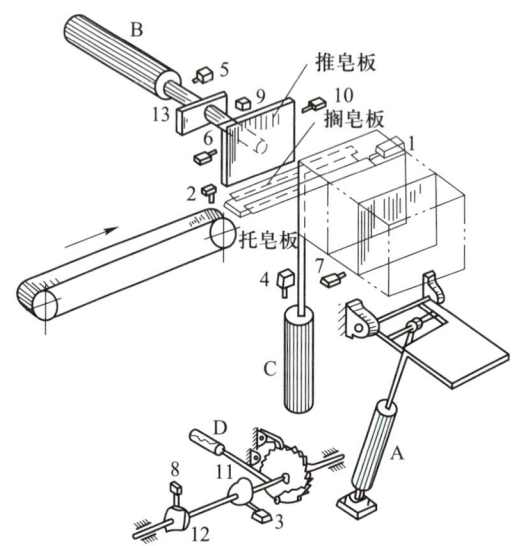

1、2、3、4、5、6、7、8、9、10—行程开关;11、12—凸轮;13—挡板

图 8.17　香皂装箱机结构图

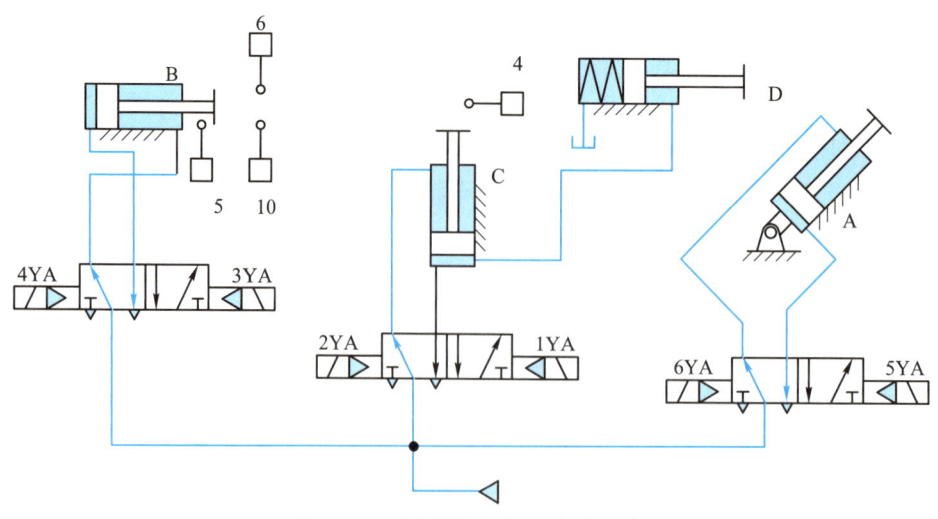

图 8.18　香皂装箱机气压传动系统

8.7.2　气压传动系统的工作原理

香皂装箱机工作时,首先由人工把纸箱套在装箱框上,这时触动行程开关 7,使输送带的电路接通,输送带将香皂运送过来。这样,香皂排列在托皂板上,每排满 12 块,碰到行程开关 1 后使输送带停止运转,同时电磁铁 1YA 通电,托皂气缸 C 将托皂板托起,使香皂通过搁皂板后就搁在搁皂板上(搁皂板只能向上翻,不能向下翻)。这时行程开关 1 已被松开,输送带继续运送香皂,这个动作每满 12 块,托皂气缸 C 就上下一次,并通过计数气缸 D 将棘轮转过一齿。棘轮圆周上共有 40 个齿,在棘轮同一轴上还有两个凸轮 11 和 12,凸轮 11 有 4 个缺口,凸轮 12 有两个缺口,凸轮的圆周各压住一个行程开关。

托皂板每升起 10 次,棘轮就转过 10 个齿,这时行程开关 3 刚好落入凸轮 11 的缺口而松开。由此发出的信号使电磁铁 3YA 通电,装箱气缸 B 推动装箱板,将叠成 10 层的一摞 120 块香皂推到装箱台上,推动的距离由行程开关 9 决定。当装箱气缸 B 活塞杆上的挡板 13 碰到行程开关 9 时,气缸就退回。

当托皂气缸 C 上下 20 次之后,装皂台上存有两摞 240 块香皂,这时凸轮 12 上的缺口正好对正行程开关 8,它发出信号,一方面使行程开关 9 断开,同时又将电磁铁 3YA 再次接通,因此装箱气缸 B 再次前进,直到其活塞杆上的挡板碰到行程开关 6 才退回。此时,电磁铁 5YA 接通,托箱气缸 A 活塞杆伸出,使托板托住箱底。这样重复上述过程,直到将四摞 480 块香皂都通过装箱框装进纸箱内,这时托板又起来托住箱底,将装有香皂的纸箱送到输送带上,再由人工贴上封箱条,至此完成一次循环操作。

8.7.3　气压传动系统的特点

该香皂装箱机气压传动系统有以下特点。

(1)系统采用凸轮与行程开关相结合的机-电控制,来实现气缸的顺序动作,既可任意调整气缸的行程,动作又可靠。

(2)三个动作气缸均采用二位五通电磁阀作为主控阀,各行程信号由行程开关获取,使系统结构简单,调整方便。

(3)计数气缸由托皂气缸供气,两气缸连锁,且采用棘轮和凸轮联合计数,计数准确,可靠性好。

8.8　气压传动机械手气压传动系统

8.8.1　概述

气压传动在工业机械手,特别在高速机械手中应用较多。它的压力一般为 0.4~0.6 MPa,个别的气压传动系统的压力可达 0.8~1.0 MPa,其臂力压力一般小于 3.0 MPa。下面介绍 160 t 冷挤压机上气压传动机械手的气压传动系统。

8.8.2　气压传动系统的工作原理

160 t 冷挤压机用于生产活塞销,采用冷挤压的方法直接将毛坯挤压成形。挤压机两侧分别装有上料和下料两台机械手。

机械手采用行程开关式固定程序控制,控制系统与挤压机控制系统配合,由上料机械手控制挤压机滑块的下压和原料补充,下料机械手则由挤压机滑块的回升来控制。

图 8.19 所示是上料机械手气压传动系统工作原理。气缸 1 推动齿条 2,带动齿轮 3 和锥齿轮 12,同时带动立柱 11 旋转。这样,固定在立柱上的压料气缸 10 及手臂随之旋转。而锥齿轮 12 则经锥齿轮 4 带动手臂使其绕手臂轴 5 自转,从而使工件轴心线由水平位置转成竖直位置。然后手臂伸缩气缸 6 推动手臂伸出,使工件轴心线对正机器轴心线。压料气缸 10 随后推动压臂,将工件压入模孔,完成上料任务。最后各气缸反向动作复原,手臂伸缩气缸伸出手爪 7 抓料并退回,至此完成一个循环动作。上料机械手的气压系统原理见图 8.20。

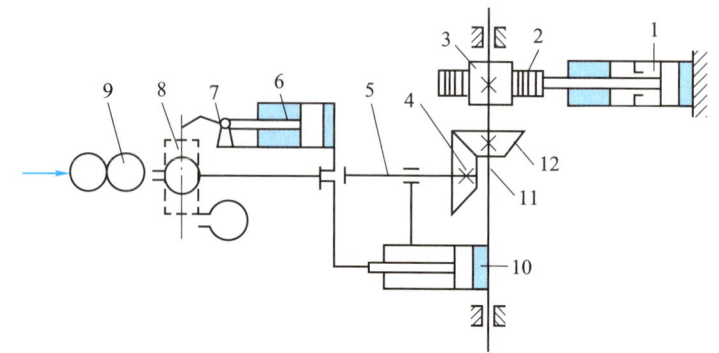

1—气缸;2—齿条;3—齿轮;4、12—锥齿轮;5—手臂轴;6—手臂伸缩气缸;
7—手爪;8—模具;9—工件;10—压料气缸;11—立柱

图 8.19　160 t 冷挤压机上料机械手气压传动系统工作原理

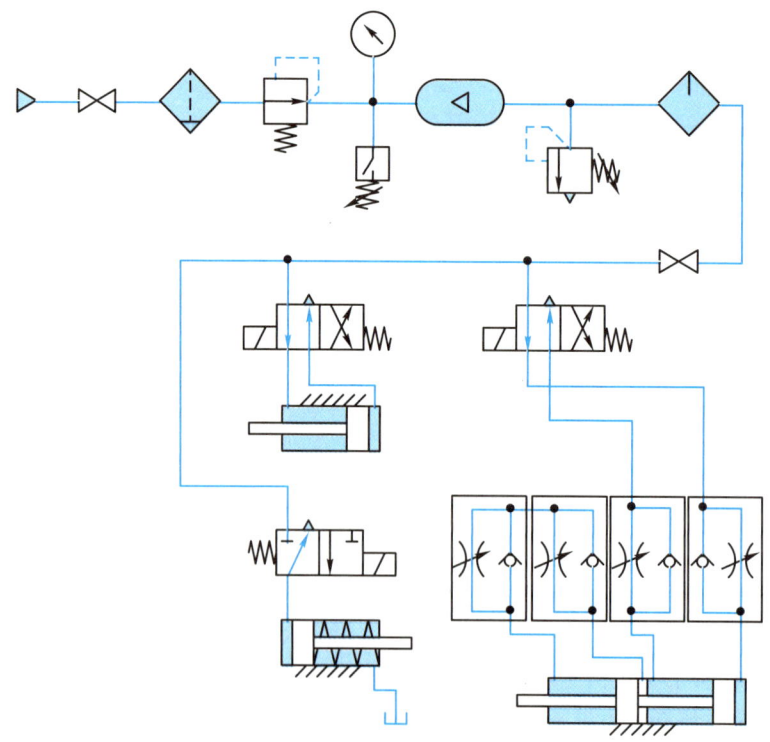

图 8.20　上料机械手气压系统原理图

下料机械手共有两个伸缩气缸,一个使手臂伸缩,另一个夹放料,放料时工件从料槽滑入料箱,该过程比较简单,在此不再说明。

8.8.3　气压传动系统的特点

该气压传动机械手气压传动系统有以下特点。

(1) 不用增速机构即能获得较高的运动速度,使其能快速自动完成上料、下料动作。

(2) 结构简单,刚性好,成本低。

(3) 空气泄漏对环境无污染,对管路要求低。

(4) 驱动立柱旋转的气缸 1 采用气液联动缸。以气压缸为动力,液压缸起阻尼作用。为保证机械手速度均匀、动作协调,系统中需增设一定的气动辅助元件,如蓄压器、压力继电器等。

8.9　2ZZ8625 型射芯机气压传动系统

8.9.1　概述

射芯机是铸造生产中广泛采用的一种制造砂芯的机器,有许多种类型。这里介绍国产 2ZZ8625 型两工位全自动热芯盒射芯机主机部分(射芯工位)的气压传动系统。该机由一台热芯盒射芯机(主机)和两台取芯机(辅机)组合而成,有射芯和取芯两个工位。射芯工位动作程序是工作台上升→芯盒夹紧→射砂→排气→工作台下降→打开加砂闸门→加砂→关闭加砂闸门。芯盒进出主机是借助工作台小车在射芯机和取芯机之间的往复运动来完成的。

8.9.2　气压传动系统的工作原理

该系统采用由电气元件和气动元件组成的电磁-气混合控制系统,在生产过程自动化中应用相当广泛,实现自动、半自动和手动三种工作方式。射芯机(主机)的气压传动系统工作原理如图 8.21 所示。

射芯机在原始状态时,加砂闸门 18 和环形薄膜快速射砂阀 16 关闭,射砂筒 19 内装满芯砂。按照射芯机的动作程序,其气压传动系统的工作过程分为四个步骤。

1. 工作台上升和芯盒夹紧

空芯盒随同工作台被小车送到顶升缸 9 的上方并压合行程开关 1SQ,使电磁铁 2YA 通电,电磁换向阀 6 换向。经电磁换向阀 6 出来的气流分为三路:第一路经快速排气阀 15 进入闸门密封圈 17 的下腔,用以提高密封圈的密封性能;第二路经快速排气阀 8 进入顶升缸 9,升起工作台,使芯盒压紧在射砂头 12 的下面,将芯盒压紧;当顶升缸中的活塞上升到顶点后,管路中气压升高,达到 0.5 MPa 时单向顺序阀 7 开启,使第三路气流进入夹紧缸 11 和 22,将芯盒水平夹紧。

2. 射砂

当夹紧缸 11、22 内的气压大于 0.5 MPa 后,压力继电器 10 压合,电磁铁 3YA 得电,使电磁换向阀 23 换向,排气阀 21 进气,将其关闭,同时使环形薄膜快速射砂阀 16 的上腔排气。此时,储气包 13 中的压缩空气将顶起快速射砂阀 16 的薄膜,使储气包的压缩空气快速进入射砂筒进行射砂。射砂时间的长短由时间继电器控制。射砂结束后,电磁铁 3YA 失电,电磁换向阀 23 复

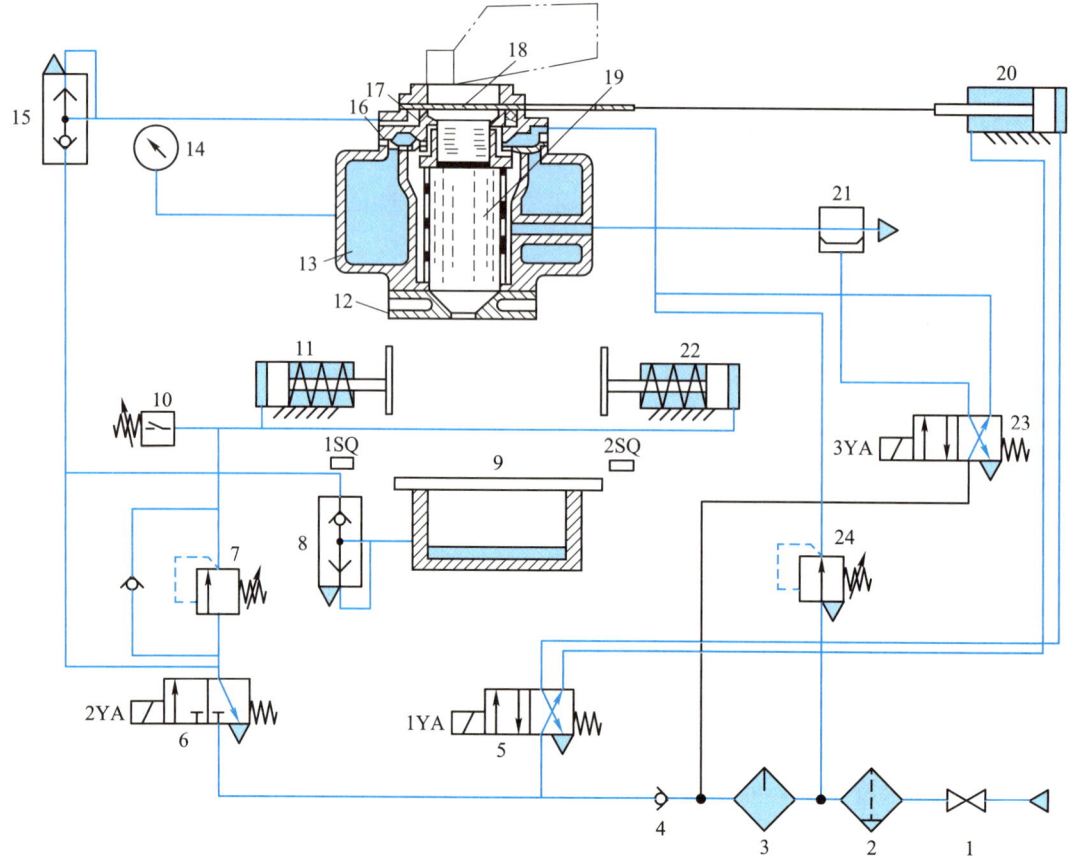

1—总阀；2—分水滤气器；3—油雾器；4—单向阀；5、6、23—电磁换向阀；7—单向顺序阀；8、15—快速排气阀；
9—顶升缸；10—压力继电器；11、22—夹紧缸；12—射砂头；13—储气包；14—压力表；16—快速射砂阀；
17—闸门密封圈；18—加砂闸门；19—射砂筒；20—闸门气缸；21—排气阀；24—调压阀；1SQ、2SQ—行程开关

图 8.21 2ZZ8625 型射芯机（射芯工位）气压传动系统

位,使快速射砂阀 16 关闭,排气阀 21 打开,排出射砂筒内的余气。

3. 工作台下降

射砂筒排气后,电磁铁 2YA 失电,电磁换向阀 6 复位,使顶升缸靠重力下降；夹紧缸 11 和 22 同时退回原位,并使闸门密封圈 17 下腔排气。当顶升缸下降到最低位置后,射好砂芯的芯盒由工作台小车带动与工作台一起被送到取芯机处完成硬化与起模工序。

4. 加砂

当工作台下降到终点压合行程开关 2SQ 时,电磁铁 1YA 得电,电磁换向阀 5 换向,闸门气缸 20 左行使加砂闸门打开,砂斗向射砂筒内加砂,加砂的时间长短由时间继电器控制。到达预定时间时,电磁铁 1YA 失电,电磁换向阀 5 复位,闸门气缸右行,使加砂停止。

至此,射芯机完成一个工作循环,其动作程序及循环时间参看表 8.5。

表 8.5　2ZZ8625 型热芯盒射芯机动作程序表

序号	动作名称	发令元件	电磁铁			动作时间/s													
			1YA	2YA	3YA	1	2	3	4	5	6	7	8	9	10	11	12	13	14
1	工作台上升	1SQ	−	+	−	√	√												
2	芯盒夹紧	单向顺序阀	−	+	−			√											
3	射砂	压力继电器	−	+	+				√										
4	排气	时间继电器	−	+	−					√									
5	工作台下降	时间继电器	−	−	−						√	√							
6	加砂	2SQ	+	−	−								√	√	√	√	√		
7	停止加砂	时间继电器	−	−	−													√	√

注:"+"表示通电,"−"表示断电。

8.9.3 气压传动系统的特点

该射芯机气压传动系统是由快速排气回路、顺序控制回路、电磁换向回路和调压回路等基本回路组成。此系统采用电磁-气混合控制系统,具有自动化程度高、动作互锁、安全保护完善和系统简单等优点。

思考题和习题

8-1 在图 8.2 所示的 YT4543 型动力滑台液压系统中,单向阀 3、6、13 在油路中起什么作用?

8-2 将图 8.2 所示的 YT4543 型动力滑台液压系统由限压式变量叶片泵供油改为双联泵和单定量泵供油。分别画出其液压系统原理图,并比较分析采用限压式变量叶片泵、双联泵和单定量泵时,系统的不同点。

8-3 图 8.22 所示的是组合机床动力滑台上使用的一种液压系统。写出其动作顺序表并说明桥式油路结构的作用。

8-4 写出图 8.23 所示液压系统的动作顺序表,并评述这个液压系统的特点。

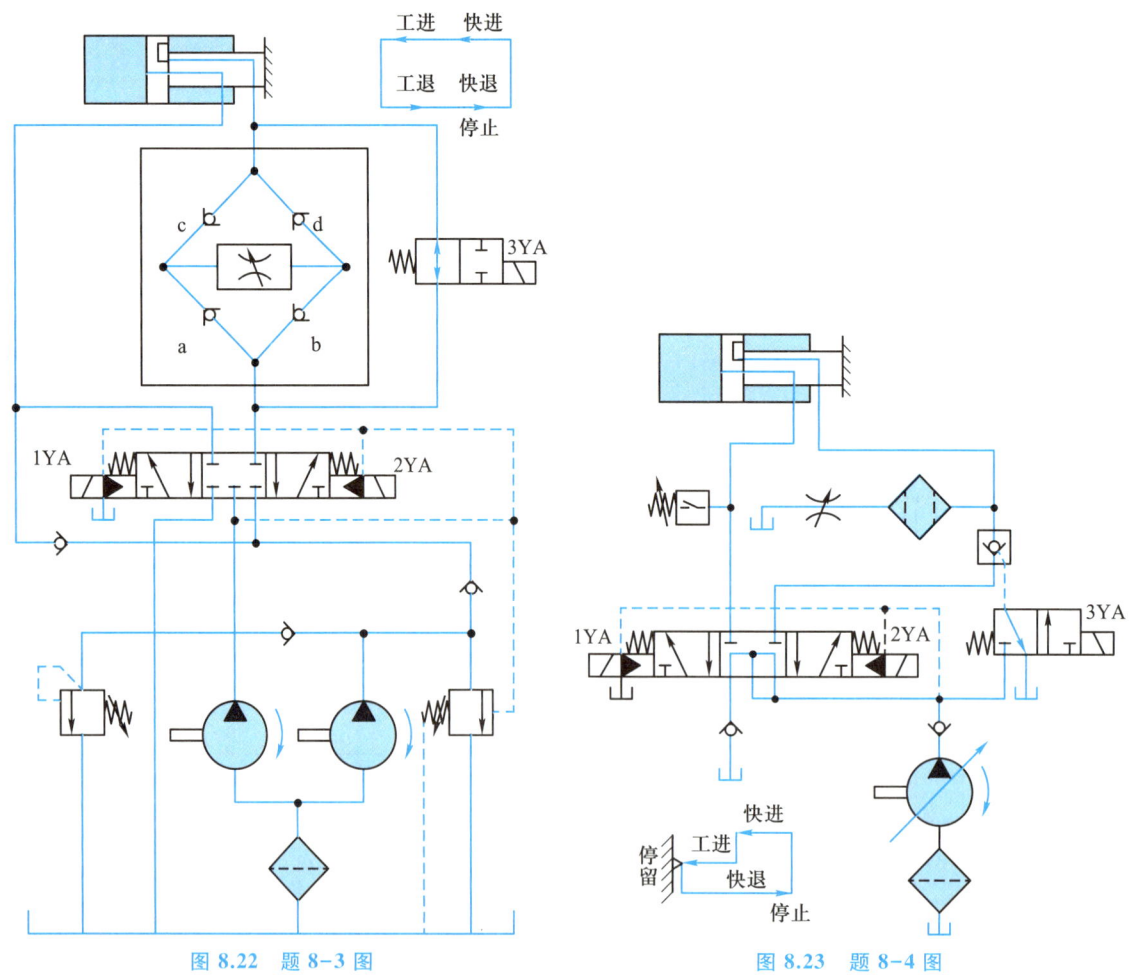

图 8.22 题 8-3 图　　　　图 8.23 题 8-4 图

8-5 读懂图 8.24 所示的液压系统,并说明:(1) 快进时油液流动路线;(2) 液压系统的特点。

8-6 图 8.5 所示的外圆磨床液压传动系统为什么要采用行程控制制动式换向回路?根据图示的外圆磨床液压传动系统说明工作台换向的阶段和各阶段的作用。

8-7 简述在图 8.7 所示的剪板机液压传动系统中采用插装阀的优点。

8-8 简述图 8.11 所示的 YB32-200 型液压机液压传动系统中高压腔的释压过程。

8-9 在图 8.13 所示 Q2-8 型汽车起重机液压传动系统中,为什么采用弹簧复位式手动换向阀控制各执行元件动作?

8-10 指出图 8.16 所示 SZ-250A 型注塑机液压传动系统中各压力阀分别用于哪些工作阶段。

8-11 图 8.25 为卧轴矩台精密平面磨床液压传动系统。图中的工作台液压缸 7,一方面可由手动双向变量泵供油并换向,另一方面行程阀 11 由工作台行程撞块(图中未表示)改变阀芯位置,从而实现机动改变泵 1 的供油方向。此时工作台换向时间由阀 12、13 调节。表述油路工作原理,并回答:(1) 回路形式及调速方式;(2) 换向过程中冲击消除方式;(3) 系统如何补油及哪个阀是安全阀。

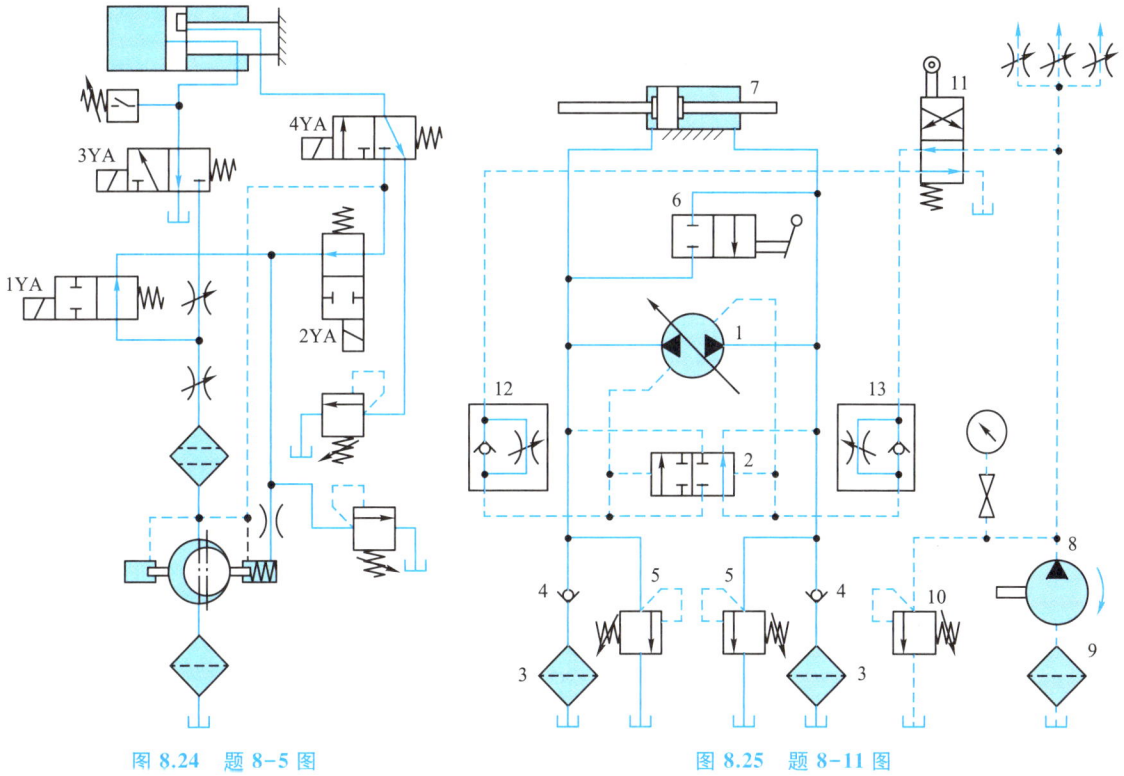

图 8.24　题 8-5 图　　　　　　　　　图 8.25　题 8-11 图

8-12 将图 8.26 所示液压系统图中的动作顺序表填写完整,并分析讨论系统的特点。

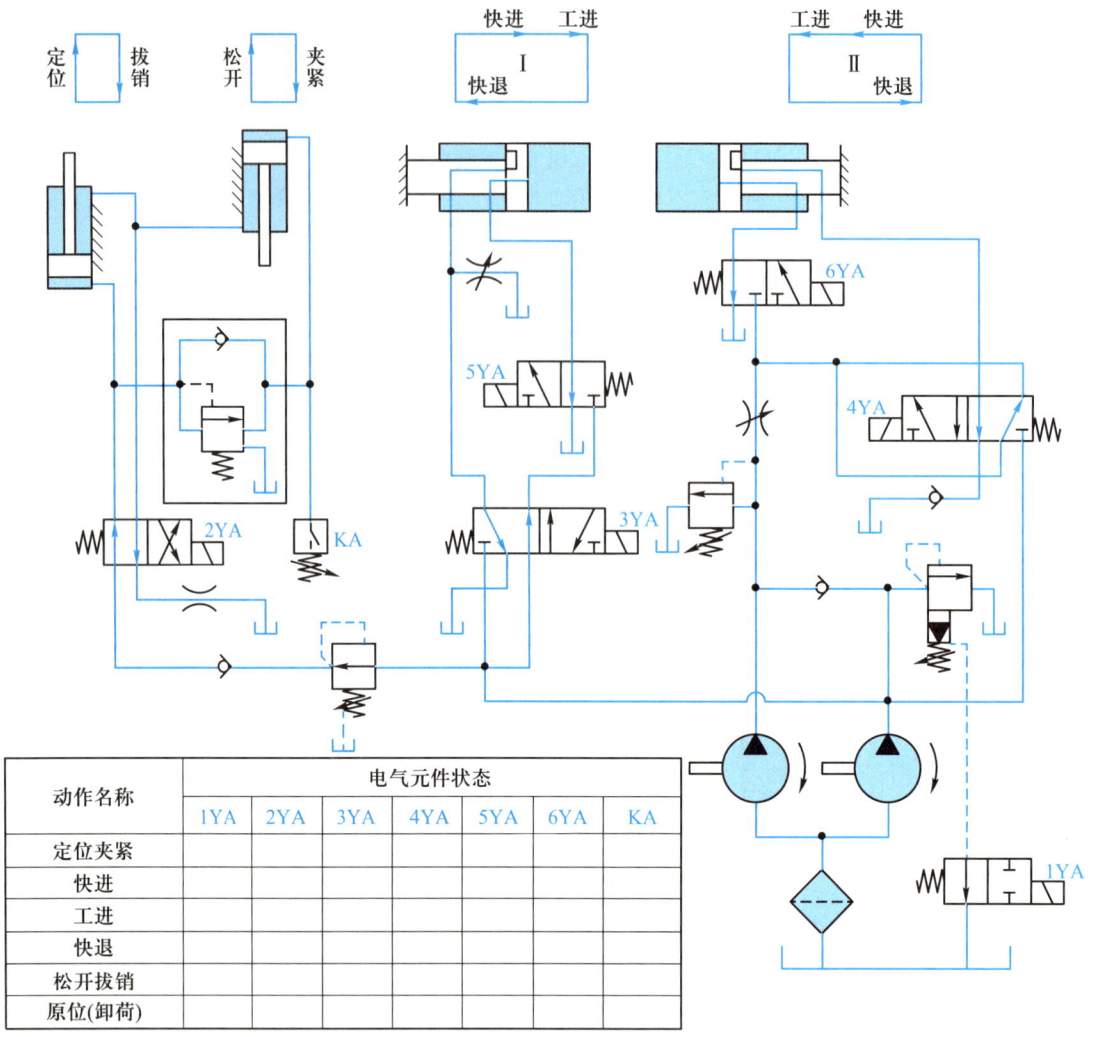

动作名称	电气元件状态						
	1YA	2YA	3YA	4YA	5YA	6YA	KA
定位夹紧							
快进							
工进							
快退							
松开拔销							
原位(卸荷)							

图 8.26　题 8-12 图

第9章 液压与气压传动系统的设计计算

液压与气压传动系统的设计是整机设计的一部分,它除了应符合主机动作循环和静、动态性能等方面的要求外,还应当满足结构简单、工作安全可靠、效率高、寿命长、经济性好、使用维护方便等条件。

液压与气压传动系统的设计没有固定的统一步骤,根据系统的简繁、借鉴的多寡和设计人员经验的不同,在做法上有所差异。各部分的设计有时还要交替进行,甚至要经过多次反复才能完成。图 9.1 所示为液压与气压传动系统设计的基本内容和一般流程。在本章中以液压传动系统设计计算为主,兼顾气压传动系统的设计计算,如无特殊说明均指对液压传动系统的设计计算,但其过程可推广到气压传动系统的设计计算。

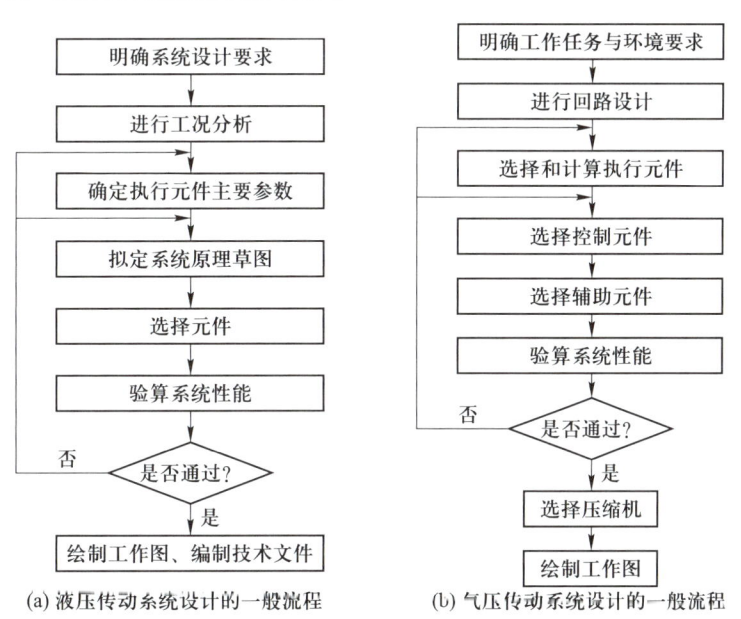

微视频 9-1:
液压传动系
统设计

(a) 液压传动系统设计的一般流程　　(b) 气压传动系统设计的一般流程

图 9.1　液压与气压传动系统设计的一般流程

9.1　明确设计要求、进行工况分析

9.1.1　明确设计要求

设计要求是进行设计的依据。液压或气压传动系统设计时要明确系统的动作和性能要求,

一般需要考虑以下几方面：

（1）该设备中，哪些运动需要液压传动或气压传动完成，各执行机构的运动形式及动作幅度；

（2）对液压或气压装置的空间布置、安装形式、重量、外形尺寸的限制等；

（3）执行机构载荷形式和大小；

（4）执行机构的运动速度、速度变化范围以及对运动平稳性的要求；

（5）各执行机构的动作顺序、彼此之间的连锁关系、实现这些运动的操作或控制方式；

（6）自动化程度、效率、温升、安全保护、制造成本等方面的要求；

（7）工作环境方面的要求，如温度、湿度、振动、冲击、防尘、防腐、阻燃性能等。

另外对主机的功能、用途、工艺流程也必须了解清楚，力求设计的系统更加切合实际。

9.1.2 执行元件的工况分析

对执行元件的工况进行分析，就是查明每个执行元件在各自工作过程中的速度和负载的变化规律。通常是求出执行元件一个工作循环内各阶段的速度和负载值并列表表示，必要时还应作出速度、负载随时间（或位移）变化的曲线图（称为速度循环图、负载循环图和功率循环图）。

在一般情况下，液压传动系统中液压缸承受的负载由六部分组成，即工作负载、导轨摩擦负载、惯性负载、重力负载、密封负载和背压负载，前五项构成了液压缸所要克服的机械总负载。

1. 工作负载 F_w

工作负载是指执行元件在运动方向上的负载，不同的机器有不同的工作负载。对于金属切削机床来说，沿液压缸轴线方向的切削力即为工作负载；对液压机来说，工件的压制抗力即为工作负载。工作负载 F_w 与液压缸运动方向相反时为正值，方向相同时为负值（如顺铣加工的切削力）。工作负载既可以为恒值，也可以为变值，其大小要根据具体情况加以计算，有时还要由样机实测确定。

2. 导轨摩擦负载 F_f

导轨摩擦负载是指液压缸驱动运动部件所受的导轨摩擦阻力，其值与运动部件的导轨形式、放置情况及运动状态有关。各种形式导轨的摩擦负载计算公式可查阅有关手册。机床上常用平导轨和 V 形导轨支承运动部件，其摩擦负载值的计算公式（导轨水平放置时）为：

平导轨

$$F_f = f(G + F_N) \tag{9.1}$$

V 形导轨

$$F_f = f\frac{G + F_N}{\sin\dfrac{\alpha}{2}} \tag{9.2}$$

式中：f——摩擦系数，其中，静摩擦系数 f_s 和动摩擦系数 f_k 值参考表 9.1；

G——运动部件的重力，N；

F_N——垂直于导轨的工作负载，N；

α——V 形导轨面的夹角，（°），一般 $\alpha = 90°$。

表 9.1　导轨摩擦系数

导轨种类	导轨材料	工作状态	摩擦系数
滑动导轨	铸铁对铸铁	启动	0.16～0.2
		低速运动	0.1～0.22
		高速运动	0.05～0.08
滚动导轨	铸铁导轨对滚动体		0.005～0.02
	淬火钢导轨对滚动体		0.003～0.006
静压导轨	铸铁对铸铁		0.000 5

3. 惯性负载 F_i

惯性负载是运动部件在启动加速或制动减速时的惯性力,其值可按牛顿第二定律求出,即:

$$F_i = ma = \frac{G}{g} \frac{\Delta v}{\Delta t} \tag{9.3}$$

式中:g——重力加速度,m/s^2;

Δv——Δt 时间内的速度变化值,m/s;

Δt——启动、制动或速度转换时间(可取 $\Delta t = 0.01～0.5$ s,轻载低速时取较小值),s。

4. 重力负载 F_g

竖直或倾斜放置的运动部件,在没有平衡的情况下,其自重也成为一种负载。倾斜放置时,只计算重力在运动方向上的分力。液压缸上行时重力取正值,反之取负值。

5. 密封负载 F_s

密封负载是指密封装置的摩擦力,其值与密封装置的类型和尺寸、液压缸的制造质量和油液的工作压力有关,F_s 的计算公式详见有关手册。在未完成液压传动系统设计之前,不知道密封装置的参数,F_s 无法计算,一般用液压缸的机械效率 η_{cm} 加以考虑,常取 $\eta_{cm} = 0.90～0.97$。

6. 背压负载 F_b

背压负载是指液压缸回油腔背压所造成的阻力。在系统方案及液压缸结构尚未确定之前,F_b 也无法计算,在负载计算时可暂不考虑。

液压缸各个主要工作阶段的机械总负载 F 可按下列公式计算:

启动阶段

$$F = (F_s \pm F_g)/\eta_{cm} \tag{9.4}$$

加速阶段

$$F = (F_k + F_i \pm F_g)/\eta_{cm} \tag{9.5}$$

快速阶段

$$F = (F_k \pm F_g)/\eta_{cm} \tag{9.6}$$

工进阶段

$$F = (F_k \pm F_w \pm F_g)/\eta_{cm} \tag{9.7}$$

制动减速阶段

$$F = (F_k \pm F_w - F_i \pm F_g)/\eta_{cm} \tag{9.8}$$

式中，F_k 为液压缸的动摩擦力。

以液压马达为执行元件时，其转矩负载值的计算类同于液压缸。

9.2 执行元件主要参数的确定

执行元件的主要参数是指其工作压力和最大流量。液压传动系统采用的执行元件形式可视主机所要实现的运动种类和性质而定，见表9.2。

表 9.2 执行元件形式的选择

运动形式	往复直线运动		回转运动		往复摆动
	短行程	长行程	高速	低速	
建议采用的执行元件形式	活塞缸	柱塞缸 液压马达+齿轮齿条机构 液压马达+丝杠螺母机构	高速液压马达	低速液压马达 高速液压马达+减速机构	摆动马达

9.2.1 初选执行元件的工作压力

工作压力是确定执行元件结构参数的主要依据，它的大小影响执行元件的尺寸和成本，乃至整个系统的性能。工作压力选得高，执行元件和系统的结构紧凑，但对元件的强度、刚度及密封要求高，且要采用较高压力的液压泵；反之，如果工作压力选得低，就会增大执行元件及整个系统的尺寸，使结构变得庞大。所以，应根据实际情况选取适当的工作压力。执行元件工作压力可以根据总负载的大小或主机设备类型选取，具体选择时，可参考表9.3和表9.4。

气压传动系统的工作压力一般为 0.5 MPa 左右。

表 9.3 按负载选择工作压力

负载/kN	<5	5~10	10~20	20~30	30~50	>50
工作压力/MPa	0.8~1	1.5~2	2.5~3	3~4	4~5	5~7

表 9.4 各种设备常用系统工作压力

设备类型	磨床	车、铣、镗床	组合机床	龙门刨床、拉床	汽车、矿山机械、农业机械	大中型挖掘机械、起重运输机械、液压机
工作压力/MPa	0.8~2	2~4	3~5	≤10	10~16	20~30

9.2.2 确定执行元件的主要结构参数

1. 液压缸主要结构尺寸的确定

在这里，需要确定的主要结构尺寸是指液压缸的缸筒直径 D 和活塞杆直径 d。计算和确定

D 和 d 的一般方法见 4.1.1 节。例如，对于单杆液压缸，可按相应的公式及 D、d 之间的取值关系计算缸筒直径 D 和活塞杆直径 d，并按系列标准值圆整到相近的标准直径 D 和 d。一般情况下，当活塞杆在受拉状态下工作时，取 $d/D=0.3\sim0.5$，工作压力高取大值；当活塞杆在受压状态下工作时，取 $d/D=0.5\sim0.7$。采用差动连接并要求往返速度相等时，应取 $d=0.707D$。液压缸的机械效率一般取 $\eta_m=0.9\sim0.97$。

对有低速运动要求的系统（如精镗机床的进给液压传动系统），还需对液压缸的有效作用面积 A 进行验算，即应保证：

$$A \geqslant \frac{q_{min}}{v_{min}} \tag{9.9}$$

式中：q_{min}——控制执行元件速度的流量阀的最小稳定流量，L/min，可从液压阀产品样本上查得；

v_{min}——液压缸要求达到的最低工作速度，m/s。

验算结果若不能满足式（9.9），则说明按所设计的结构尺寸和方案达不到所需的低速，必须修改设计。

2. 液压马达主要参数的确定

液压马达所需排量 V 可按下式计算

$$V = \frac{2\pi T}{\Delta p \eta_{mm}} \tag{9.10}$$

式中：T——液压马达的负载转矩，N·m；

Δp——液压马达的两腔工作压差，Pa；

η_{mm}——液压马达的机械效率，一般取 $\eta_{mm}=0.9\sim0.97$。

求得排量 V 值后，从产品样本中选择液压马达的型号。计算出的液压马达的排量 V 也需满足最低稳定速度的要求。

9.2.3 复算执行元件的工作压力

当液压缸的主要尺寸 D、d 和马达的排量 V 计算出来以后，要按各自的系列标准圆整，经过圆整的标准值与计算值之间一般都存在一定的差别，因此有必要根据圆整值对工作压力进行一次复算。

还需看到，在按上述方法确定工作压力的过程中，没有计算回油路的背压，因此所确定的工作压力只是执行元件为了克服机械总负载所需的那部分压力。在结构参数 D、d 及 V 确定之后，若选取适当的背压估算值（如表 9.5），即可求出执行元件工作腔的压力 p_1。液压缸差动连接时另行考虑。

对于单杆液压缸，其工作压力 p_1 可按下列公式复算：

差动快进阶段

$$p_1 = \frac{F}{A_1 - A_2} + \frac{A_2}{A_1 - A_2} p_b \tag{9.11}$$

无杆腔进油工进阶段

$$p_1 = \frac{F}{A_1} + \frac{A_2}{A_1} p_b \tag{9.12}$$

表 9.5　执行元件背压的估计值

系统类型		背压 p_b/MPa
中、低压系统 0~8 MPa	简单系统,一般轻载节流调速系统	0.2~0.5
	出口带调速阀的调速系统	0.5~0.8
	出口带背压阀	0.5~1.5
	带补油泵的闭式回路	0.8~1.5
中、高压系统 8~16 MPa	同上	比中低压系统高 50%~100%
高压系统 16~32 MPa	如锻压机械等	初算时背压可忽略不计

有杆腔进油快退阶段

$$p_1 = \frac{F}{A_2} + \frac{A_1}{A_2} p_b \tag{9.13}$$

式中:F——液压缸在各工作阶段的最大机械总负载,N;

A_1、A_2——液压缸无杆腔和有杆腔的有效作用面积,m²;

p_b——液压缸出口的背压,Pa(在系统设计完成之前无法准确计算,可先按表 9.5 估计)。

根据执行元件的运动速度 v 或转速 n 以及确定的液压缸有效作用面积 A 或液压马达的排量 V,计算出液压执行元件实际所需流量。

9.2.4　执行元件的工况图

各执行元件的主要参数确定之后,不但可以复算执行元件在工作循环各阶段的工作压力,还可求出需要输入的流量和功率。这时就可作出系统中各执行元件在其工作过程中的工况图,即执行元件在一个工作循环中的压力、流量、功率与时间(或位移)的变化曲线图(图 9.2 为某一机床进给液压缸工况图)。将系统中各执行元件的工况图加以合并,便得到整个系统的工况图。系统的工况图可以显示整个工作循环中的系统压力、流量和功率的最大值及其分布情况,为后续设计步骤中选择元件、选择回路或修正设计提供合理的依据。

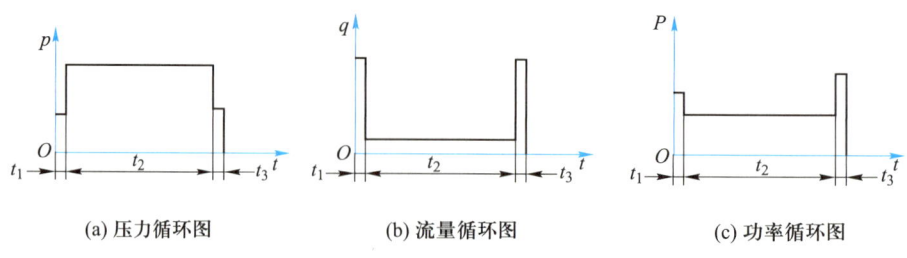

(a) 压力循环图　　　　(b) 流量循环图　　　　(c) 功率循环图

t_1—快进时间;t_2—工进时间;t_3—快退时间

图 9.2　机床进给液压缸工况图

1. 压力循环图(p-t 图)

根据最后确定的执行元件结构尺寸和负载循环图反求出执行元件在其工作循环各阶段的工作压力,然后把它们绘制成 p-t 图。

2. 流量循环图(q-t 图)

根据缸实际有效作用面积或马达排量以及工作循环各阶段的运动速度,计算出执行元件在工作循环各阶段中所需的流量,然后绘制成 q-t 图。若系统中有多个执行元件时,要把各自的流量循环图叠加起来,绘出总的流量循环图。

3. 功率循环图(P-t 图)

有了 p-t 图和 q-t 图后,根据 $P=pq$ 的关系即可求出相应的执行元件所需功率在工作循环各阶段的变化规律,并绘制出 P-t 图。

对于单个执行元件的系统或某些简单系统,其工况图的绘制可以省略,而仅将计算出的各阶段压力、流量和功率值列表表示。

9.3 系统原理图的拟定

系统原理图是表示系统的组成和工作原理的图样。拟定系统原理图是设计系统的关键,它对系统的性能及设计方案的合理性、经济性具有决定性的影响。

拟定系统原理图包含两项内容:一是通过分析、对比选出合适的基本回路;二是把选出的基本回路进行有机组合,构成完整的系统原理图。

1. 确定执行元件的形式

液压或气压传动系统中的执行元件主要有液压缸(气缸)和液压马达(气动马达),根据主机动作机构的运动要求来具体选用哪种形式。通常直线运动机构采用液压缸(气缸)驱动,旋转运动机构采用液压马达(气动马达)驱动,但也不尽然。总之,要合理地选择执行元件,综合考虑液(气)-机-电各种传动方式的相互配合,使所设计的液压(气压)传动系统更加简单、高效。

2. 确定回路类型

一般具有较大空间可以存放油箱且不另设散热装置的系统,都采用开式回路;凡允许采用辅助泵进行补油并借此进行冷却油交换来达到冷却目的的系统,都采用闭式回路。通常节流调速系统采用开式回路,容积调速系统采用闭式回路。

3. 选择合适回路

在拟定系统原理图时,应根据各类主机的工作特点和性能要求,首先确定对土机主要性能起决定性影响的主要回路。例如,对于机床液压传动系统,调速和速度换接回路是主要回路;对于压力机液压传动系统,调压回路是主要回路。然后再考虑其他辅助回路,有垂直运动部件的系统要考虑平衡回路,有多个执行元件的系统要考虑顺序动作、同步或互不干扰回路,有空载运行要求的系统要考虑卸荷回路等。

(1)制订调速控制方案

根据执行元件工况图上压力、流量和功率的大小以及系统对温升、工作平稳性等方面的要求选择调速回路。

对于负载功率小、运动速度低的系统,采用节流调速回路。工作平稳性要求不高的执行元件,宜采用节流阀式节流调速回路;负载变化较大、速度稳定性要求较高的场合,宜采用调速阀式节流调速回路。

对于负载功率大的执行元件,一般采用容积调速回路,即由变量泵供油,避免过多的溢流损失,提高系统的效率;如果对速度稳定性要求较高,也可采用容积-节流调速回路。

调速方式确定之后,回路的循环形式也随之而定。节流调速、容积-节流调速一般采用开式回路,容积调速大多采用闭式回路。

（2）制订压力控制方案

选择各种压力控制回路时,应仔细推敲各种回路在选用时所需注意的问题以及特点和适用场合。例如卸荷回路,选择时要考虑卸荷所造成的功率损失,温升、流量和压力的瞬时变化等。

恒压系统(如进口节流和出口节流调速回路等)一般采用溢流阀起稳压溢流作用,同时也限定了系统的最高压力。定压容积节流调速回路本身能够定压,不需压力控制阀。另外,还可采用恒压变量泵加安全阀的方式。对非恒压系统,如旁路节流调速、容积调速和非定压容积-节流调速,其系统的最高压力由安全阀限定。对系统中某一个支路要求比油源压力低的稳压输出,可采用减压阀实现。

（3）制订顺序动作控制方案

主机各执行机构的顺序动作,根据设备类型的不同,有的按固定程序进行,有的则是随机的或人为的。对于工程机械,操纵机构多为手动,一般用手动多路换向阀控制;对于加工机械,各液压执行元件的顺序动作多数采用行程控制,行程控制普遍采用行程开关实现,因其信号传输方便,而行程阀由于涉及油路的连接,只适用于管路安装较紧凑的场合。

另外,还有时间控制、压力控制和可编程序控制等。

4. 编制整机的系统原理图

整机的系统图主要由以上所确定的各回路组合而成,将挑选出来的各个回路合并整理,增加必要的元件或辅助回路,加以综合,构成一个完整的系统。在满足工作机构运动要求及生产效率的前提下,力求所设计的系统结构简单、工作安全可靠、动作平稳、效率高、调整和维修保养方便。

编制整机的系统原理图时应注意以下几个方面的问题。

（1）去掉重复多余的元件,力求使系统结构简单,同时要仔细斟酌,避免由于某个元件的去掉或并用而引起的相互干扰。

（2）增设安全装置,确保设备及操作者的人身安全。如挤压机、注塑机控制油路上设置行程阀,只有安全门关闭时才能接通控制油路。

（3）工作介质的净化必须予以足够的重视。特别是比较精密、重要的设备,可以单设一套自循环的油液过滤系统。

（4）对于大型的贵重设备,为确保生产的连续性,在液压传动系统的关键部位要加设必要的备用回路或备用元件。

（5）为便于系统的安装、维修、检查、管理,在回路上要适当装设一些截止阀、测压点。

（6）尽量选用标准元件和定型的液压装置。

9.4　元件的计算和选择

9.4.1　动力元件的选择

执行元件的尺寸规格及其工作压力与流量确定后,再结合所拟定的液压传动系统原理图,就可以对系统中的其他元件进行选择或设计。

首先根据设计要求和系统工况确定液压泵的类型,然后根据液压泵的最大供油量来选择液压泵的规格。

1. 确定液压泵的最高供油压力 p_p

对于执行元件在行程终了才需要最高压力的工况(此时执行元件本身只需要压力不需要流量,但液压泵仍需向系统提供一定的流量,以满足泄漏的需要),可取执行元件的最高压力作为泵的最大工作压力。对于执行元件在工作过程中需要最大工作压力的情况,可按下式确定:

$$p_p \geq p_1 + \sum \Delta p_1 \tag{9.14}$$

式中: p_1 ——执行元件的最高工作压力,Pa;

$\sum \Delta p_1$ ——从液压泵出口到执行元件入口之间总的压力损失,Pa。

该值较为准确的计算需要管路和元件的布置图确定后才能进行,初步计算时可按经验数据选取。对简单系统流速较小时,取 $\sum \Delta p_1 = 0.2 \sim 0.5$ MPa,对复杂系统流速较大时,取 $\sum \Delta p_1 = 0.5 \sim 1.5$ MPa。

2. 确定液压泵的最大供油量 q_p

液压泵的最大供油量为:

$$q_p \geq k_1 \sum q_{max} \tag{9.15}$$

式中: k_1 ——系统的泄漏修正系数(一般取 $k_1 = 1.1 \sim 1.3$,大流量取小值,小流量取大值);

$\sum q_{max}$ ——同时动作的各执行元件所需流量之和的最大值(对于工作中始终需要溢流的系统,尚需加上溢流阀的最小溢流量,溢流阀的最小溢流量可取其额定流量的 10%),m^3/s。

系统中采用蓄能器供油时,q_p 由系统一个工作周期 T 中的平均流量确定:

$$q_p \geq \frac{k_1 \sum q_i}{T} \tag{9.16}$$

式中: q_i ——系统在整个周期中第 i 个阶段内的流量,m^3/s。

如果液压泵的供油量是按工进工况选取时(如双泵供油方案,其中小流量泵是供给工进工况流量的),其供油量应考虑溢流阀的最小溢流量。

3. 选择液压泵的规格型号

根据以上计算所得的液压泵的最大工作压力和最大输出流量以及系统中拟定的液压泵的形式,查阅有关手册或产品样本即可确定液压泵的规格型号。但要注意,选择的液压泵的额定流量要大于或等于前面计算所得的液压泵的最大输出流量,并且尽可能接近计算值;所选泵的额定压力应大于或等于计算所得的最大工作压力。有时尚需考虑一定的压力储备,使所选泵的额定压力高出计算所得的最大工作压力 25% ~ 60%。泵的额定流量则宜与 q_p 相当,不要超过太多,以免造成过大的功率损失。

4. 选择驱动液压泵的电动机

驱动液压泵的电动机根据驱动功率和泵的转速来选择。

（1）在整个工作循环中，若液压泵的压力和流量比较恒定，即工况图 p-t 和 q-t 曲线或 P-t 曲线变化比较平稳时，则驱动泵的电动机功率 P 为：

$$P = \frac{p_{pmax} q_p}{\eta_p} \tag{9.17}$$

式中：p_{pmax}——液压泵的最高供油压力，Pa；

q_p——液压泵的实际输出流量，L/min；

η_p——液压泵的总效率（数值可见产品样本，一般有上下限。规格大的取上限，变量泵取下限，定量泵取上限）。

（2）限压式变量叶片泵的驱动功率，可按泵的实际压力-流量特性曲线拐点处功率来计算。

（3）在工作循环中，泵的压力和流量变化较大时，即工况图 p-t 和 q-t 曲线或 P-t 曲线变化比较大时，可分别计算出工作循环中各个阶段所需的驱动功率，然后求其方均根值 P_{cp}：

$$P_{cp} = \sqrt{\frac{P_1^2 t_1 + P_2^2 t_2 + \cdots + P_n^2 t_n}{t_1 + t_2 + \cdots + t_n}} \tag{9.18}$$

式中：P_1、P_2、$\cdots$、P_n——一个工作循环中各阶段所需的驱动功率，W；

t_1、t_2、$\cdots$、t_n——一个工作循环中各阶段所需的时间，s。

在选择电动机时，应将求得的 P_{cp} 值与各工作阶段的最大功率值比较，若最大功率符合电动机短时超载 25% 的范围，则按平均功率选择电动机；否则应按最大功率选择电动机。

应该指出，确定液压泵的原动机时，一定要同时考虑功率和转速两个因素。对电动机来说，除电动机功率满足泵的需要外，电动机的同步转速不应高出泵的额定转速。例如，泵的额定转速为 1 000 r/min，则电动机的同步转速亦应为 1 000 r/min，当然，若选择同步转速为 750 r/min 的电动机，并且泵的流量能满足系统需要时是可以的。同理，对内燃机来说，也不要使泵的实际转速高于其额定转速。

9.4.2　阀类元件的选择

各种阀类元件的规格型号，按液压传动系统原理图和系统工况图中提供的情况从产品样本中选取。各种阀的额定压力和额定流量，一般应与其工作压力和最大通过流量相接近，必要时，可允许其最大通过流量超过额定流量 20%。

具体选择时，注意溢流阀应使其能通过液压泵的全部流量。另外，对所有压力阀来说，都有合适的调压范围问题，不要使该阀的额定工作压力高出使用压力太多。流量阀要注意该阀的最小稳定流量能够满足液压传动系统执行元件最低稳定速度的需要。在选用分流集流阀（同步阀）等控制阀时，不要使实际流量低于阀的额定流量太多，以免分流（或集流）误差过大。单杆缸系统若无杆腔有效作用面积为有杆腔有效作用面积的 n 倍，当有杆腔进油时，则回油流量为进油流量的 n 倍，因此应以 n 倍的流量来选择通过的阀类元件。考虑到应使换向阀的压力损失不要过大，换向阀必要时可使实际流量最多高出其额定流量 20%。

9.4.3 辅助元件的选择

1. 蓄能器的选择

在液压传动系统中,蓄能器的作用是储存压力能,减小液压冲击和吸收压力脉动。在选择时可根据蓄能器在液压传动系统中所起作用,相应地确定其容量;具体可参阅本教材的第6章液压与气压传动辅助元件相关内容和相关手册。

2. 过滤器的选择

过滤器是保持工作介质清洁,使系统正常工作所不可缺少的辅助元件。过滤器应根据其在系统中所处部位及被保护元件对工作介质的过滤精度要求、工作压力、过流能力及其他性能要求而定,通常应注意以下几点。

(1)其过滤精度要满足被保护元件或系统对工作介质清洁度的要求。

(2)过流能力应大于或等于实际通过流量的2倍。

(3)过滤器的耐压应大于其安装部位的系统压力。

(4)适用的场合一般按产品样本上的说明。

3. 油箱的设计

液压传动系统中油箱的作用是:储油,保证供给系统充分的油液;散热,液压传动系统中由于能量损失所转换的热量大部分由油箱表面散逸;沉淀油液中的杂质;分离油中的气泡,净化油液。在油箱的设计中具体可参阅本教材的第6章液压与气压传动辅助元件相关内容和相关手册。

4. 冷却器的选择

液压系统如果依靠自然冷却不能保证油温维持在限定的最高温度之下,就需装设冷却器进行强制冷却。

冷却器有水冷和风冷两种。对冷却器的选择主要是根据其热交换量来确定其散热面积及其所需的冷却介质。具体可参阅本教材的第6章液压与气压传动辅助元件相关内容和相关手册。

5. 加热器的选择

环境温度过低,使油温低于正常工作温度的下限,则需安装加热器。具体加热方法有蒸汽加热、电加热、管道加热。通常采用电加热器。

使用电加热器时,单个加热器的容量不能选得太大;如功率不够,可多装几个加热器,且加热管部分应全部浸入油液中。

根据油液的温升和加热时间及有关参数可计算出加热器的发热功率,然后求出所需电加热器的功率。具体可参阅本教材的第6章液压与气压传动辅助元件相关内容和相关手册。

6. 管件的选择

管件包括管道和管接头。管件选择是否得当,直接关系到系统能否正常工作和能量损失的大小,一般从强度和允许流速两个方面考虑。

液压传动系统中所用的管道,主要有钢管、紫铜管、钢丝编织或缠绕橡胶软管、尼龙管和塑料管等。管道的规格尺寸大多由所连接的液压元件接口处尺寸决定,只对一些重要的管道才验算其内径和壁厚。具体可参阅本教材的第6章液压与气压传动辅助元件相关内容和相关手册。

在选择管接头时,除考虑其有合适的通流能力和较小的压力损失外,还要考虑到装卸维修方便,连接牢固,密封可靠,支承元件的管道要有相应的强度。另外还要考虑使其结构紧凑、体积小、重量轻。

9.4.4 阀类元件配置形式的选择

对于固定式的液压设备,常将液压传动系统的动力源、阀类元件(包括某些辅助元件)集中安装在主机外的液压站上。这样能使安装与维修方便,并消除了动力源振动与油温变化对主机工作精度的影响。而阀类元件在液压站上的配置也有多种形式可供选择。配置形式不同,液压传动系统的压力损失和元件的连接安装结构也有所不同。阀类元件的配置形式目前广泛采用集成化配置,具体有下列四种:板式配置、集成块式集成配置、叠加阀式集成配置和插装式配置。

1. 板式配置

将标准元件与其底板用螺钉固定在竖立着的平板正面上,底板上的油路用管道接通。这种配置方式的优点在于可按需要连接成各种形式的系统,安装维修方便,缺点是当液压传动系统的管道较多、较复杂时,管道的连接工作很不方便。图9.3为板式配置示意图。

2. 集成块式集成配置

根据典型液压传动系统的各种基本回路做成通用化的集成块,用它们来拼搭出各种液压传动系统。集成块的上下两面为块与块之间的连接面,块内由钻孔形成油路,四周除一面安装管接头通向执行元件外,其余都供固定标准元件用。一般一块就是一个常用的典型基本回路。一个系统所需集成块的数目视其复杂程度而定,一般常需数块组成。总进油口与总回油口开在底板上,通过集成块的公共孔道直接通顶盖。这种配置形式的优点是结构紧凑、管道少、可标准化、便于设计与制造、更改设计方便、油路压力损失小,如图9.4所示。

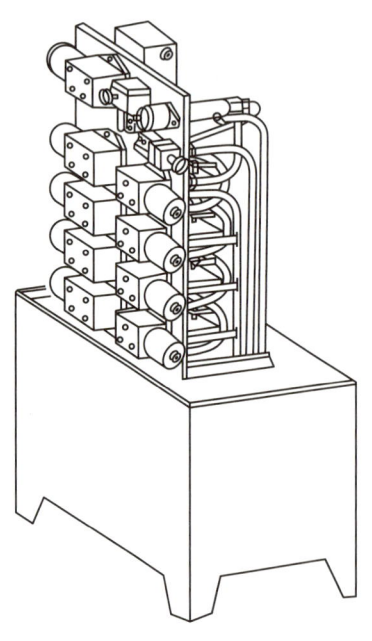

图 9.3　液压元件的板式配置

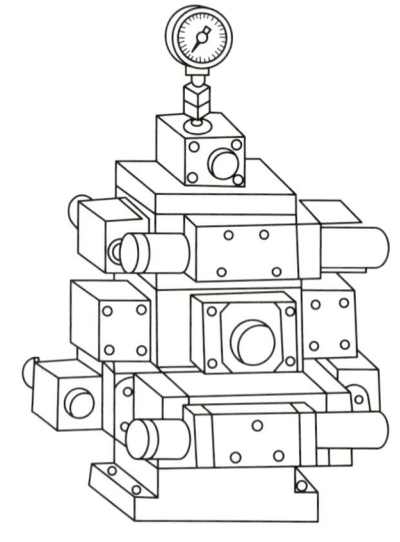

图 9.4　集成块式集成装置

3. 叠加阀式集成配置

叠加阀式与一般管式、板式标准元件相比,其工作原理没有多大差别,但具体结构却不相同。它是采用标准化的液压元件或零件,通过螺钉将阀体叠加在一起,组成一个系统。每个叠加阀既起控制阀作用,又起通道体作用。这种配置形式的优点是结构紧凑、管道少、体积小、重量轻、不需设计专用的连接块、油路的压力损失很小,目前应用越来越普遍,如图9.5所示。

4. 插装式配置

插装式配置形式需要一个或多个阀块作为载体,与其他形式不同的是,插装阀直接装入集成块的阀孔中实现各种控制阀的功能,阀块表面只露出管道接头、电气、机械接口或其他辅件(如图9.6所示)。这种配置形式最为紧凑,最大允许流量大,基本无外泄漏,压力损失小,但阀块设计难度相对较大,适用于较为成熟的批量生产情况下使用。有时出于性能和成本等方面考虑,可将插装式与其他形式结合起来,在设计时可以根据实际情况灵活运用。

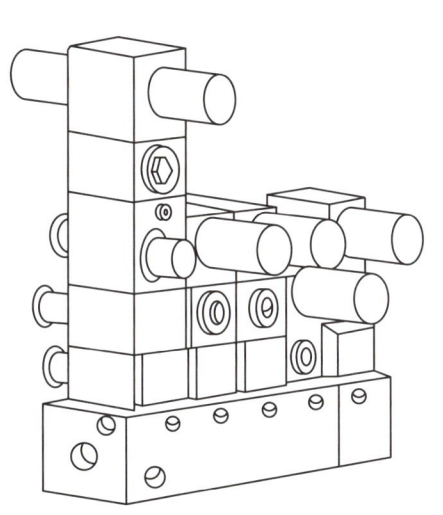

图 9.5　液压元件叠加阀式集成配置

图 9.6　插装式配置实物图

9.5　系统性能验算

当回路的形式、元件及连接管道等完全确定后,可针对实际情况对所设计的系统进行各项性能分析和主要性能验算,以便评判其设计质量,并改进和完善系统。对一般的系统,主要是进一步确切地计算系统的压力损失、容积损失、效率、压力冲击及发热温升等。根据分析计算发现问题,对某些不合理的设计进行调整,或采取其他必要的措施。下面说明系统压力损失及发热温升的验算方法。

9.5.1　系统压力损失的验算

绘出管道装配草图后,即可计算管道的沿程压力损失 Δp_{λ} 和局部压力损失 Δp_{ξ},它们的计算公式详见第2章。管道总的压力损失为:

$$\sum \Delta p = \sum \Delta p_\lambda + \sum \Delta p_\zeta \tag{9.19}$$

应按系统工作循环的不同阶段,对进油(气)路和回油(气)路分别计算压力损失。

但是,在系统的具体管道布置情况没有明确之前,$\sum \Delta p_\lambda$ 和 $\sum \Delta p_\zeta$ 仍无法计算。为了尽早地评估系统的主要性能,避免后面的设计工作出现大的反复,在系统方案初步确定之后,通常用液流通过阀类元件的局部压力损失 $\sum \Delta p_v$[见式(2.36)]来对管道的压力损失进行概略的估算,因为这部分损失在系统的整个压力损失中占很大的比重。

在对进、回油(气)路分别计算出 $\sum \Delta p_\lambda$ 和验算 $\sum \Delta p_\zeta$ 后,将此计算和验算值与前述设计过程中初步选取的进、回油(气)路压力损失经验值相比较。若验算值较大,一般应对原设计进行必要的修改,重新调整有关阀类元件的规格和管道尺寸等,以降低系统的压力损失。

需要指出,实践证明,对于较简单的液压传动系统,压力损失验算可以省略。

9.5.2 系统发热温升的验算

系统在工作时,有压力损失、容积损失和机械损失,这些损失所消耗的能量多数转化为热能。特别是液压传动系统,系统发热使油温升高,导致油液的黏度下降、油液变质,影响正常工作。为此,必须控制温升在允许范围内,如一般机床 $\Delta t = 25 \sim 30$ ℃;数控机床 $\Delta t \leqslant 25$ ℃;粗加工机械、工程机械和机车车辆 $\Delta t = 35 \sim 40$ ℃。

假设功率损失全部变成热量使油温升高,单位时间的发热量 $\phi(\mathrm{kW})$ 为:

$$\phi = P_1 - P_2 \tag{9.20}$$

式中:P_1——系统的输入功率,W;

P_2——系统的输出功率,W。

若在一个工作循环中有几个工作阶段,则可根据各阶段的发热量求出系统的平均发热量,即:

$$\phi = \frac{1}{T} \sum_{i=1}^{n} (P_{1i} - P_{2i}) t_i \tag{9.21}$$

式中:T——工作循环周期,s;

i——工作阶段的序号;

t_i——各工作阶段的持续时间,s。

液压传动系统在工作中产生的热量,经过所有元件的表面散发到空气中去,现假设全部热量都是由油箱散发的。油箱在单位时间内的散热量可按下式计算:

$$\phi' = hA\Delta t \tag{9.22}$$

式中:h——油箱的表面传热系数[当自然冷却通风很差时,$h = (8 \sim 9) \times 10^{-3} \mathrm{kW/(m^2 \cdot ℃)}$,当自然冷却通风良好时,$h = 15 \times 10^{-3} \mathrm{kW/(m^2 \cdot ℃)}$;用风扇冷却时,$h = 23 \times 10^{-3} \mathrm{kW/(m^2 \cdot ℃)}$,用循环水冷却时,$h = (110 \sim 170) \times 10^{-3} \mathrm{kW/(m^2 \cdot ℃)}$],$\mathrm{kW/(m^2 \cdot ℃)}$;

A——油箱的散热面积,$\mathrm{m^2}$;

Δt——液压传动系统的温升,℃。

当液压系统的散热量等于发热量时,$\phi' = \phi$,系统达到了热平衡,这时系统的温升为:

$$\Delta t = \frac{\phi}{hA} \tag{9.23}$$

如果油箱三个边长的比例在 $1:1:1$ 到 $1:2:3$ 范围内,且油面高度为油箱高度的 80%,其散热面积 A 近似为:

$$A = 6.5 \times 10^{-4} \sqrt[3]{V^2} \tag{9.24}$$

式中:V——油箱有效容积,m^3。

按式(9.23)算出的温升值如果超过允许数值时,系统必须采取适当的冷却措施或修改液压传动系统图。

9.6 绘制正式工作图和编制技术文件

所设计的液压传动系统经过验算后,即可对初步拟定的系统进行修改,并绘制正式工作图和编制技术文件。

1. 绘制正式工作图

正式工作图包括按国家标准绘制正规的系统原理图,系统装配图,阀块等非标准元件、辅件的装配图及零件图。

系统原理图中应附有元件明细表,表中标明各元件的规格、型号和压力、流量调整值。一般还应绘出各执行元件的工作循环图和电磁铁动作顺序表。

系统装配图是系统布置全貌的总布置图和管道施工图(管道布置图),对液压传动系统应包括油箱装配图、液压泵站装配图、集成油路块装配图和管路安装图等。在管路安装图中应画出各管道的走向、固定装置结构、各种管接头的形式和规格等。

标准元件、辅件和连接件的清单,通常以表格形式给出:同时给出工作介质的品牌、数量及系统对其他配置(如厂房、电源、电线布置、基础施工条件等)的要求。

2. 编制技术文件

必须明确设计任务书,据此检查、考核液压传动系统是否达到设计要求。

技术文件一般包括系统设计计算说明书,系统使用及维护技术说明书,零部件明细表及标准件、通用件及外购件明细表等,系统有关的其他注意事项。

9.7 系统设计计算举例

下面以一台钻镗两用组合机床液压传动系统的设计计算为例,对液压传动系统的设计计算进行说明,所要设计的液压传动系统,要完成 8 个 $\phi14$ mm 孔的加工进给传动。其设计过程如下。

9.7.1 明确系统设计要求

根据加工需要,该系统的工作循环是:快速前进→工作进给→快速退回→原位停止。

调查研究及计算结果表明,快进、快退速度约为 4.5 m/min,工进速度应能在 20~120 mm/min 范围内无级调速,最大行程为 400 mm(其中工进行程为 180 mm),在进给方向最大切削力 18 kN,运动部件自重为 25 kN,启动换向时间 $\Delta t = 0.05$ s,采用水平放置的平导轨,静摩擦系数 $f_s = 0.2$,动摩擦

系数 $f_k = 0.1$，液压缸机械效率 η_{cm} 取 0.9。

9.7.2　分析系统工况

液压缸在工作过程各阶段的负载为：

启动加速阶段

$$F = (F_s + F_i)\frac{1}{\eta_{cm}} = \left(f_s G + \frac{G}{g}\frac{\Delta v}{\Delta t}\right)\frac{1}{\eta_{cm}}$$

$$= \left(0.2 \times 25\ 000 + \frac{25\ 000}{9.8} \times \frac{0.075}{0.05}\right)\frac{1}{0.9}\ \text{N} = 9\ 807\ \text{N}$$

快进或快退阶段

$$F = \frac{F_f}{\eta_{cm}} = \frac{f_k G}{\eta_{cm}} = \frac{0.1 \times 25\ 000}{0.9}\ \text{N} = 2\ 778\ \text{N}$$

工进阶段

$$F = \frac{F_w + F_f}{\eta_{cm}} = \frac{F_w + f_k G}{\eta_{cm}} = 22\ 778\ \text{N}$$

将液压缸在各阶段的速度和负载值列于表 9.6 中。

表 9.6　液压缸在各阶段的速度和负载值

工作阶段	速度 $v/(\text{m/s})$	负载 F/N	工作阶段	速度 $v/(\text{m/s})$	负载 F/N
启动加速		9 807	工进	0.000 3 ~ 0.002	22 778
快进	0.075	2 778	快退	0.075	2 778

9.7.3　确定执行元件的工作压力

1. 初选液压缸的工作压力

由负载值大小查表 9.3，参考同类型组合机床，取液压缸工作压力 $p = 3\ \text{MPa}$。

2. 确定液压缸的主要结构参数

由表 9.6 看出，最大负载为工进阶段的负载 $F = 22\ 778\ \text{N}$，则有：

$$D = \sqrt{\frac{4F}{\pi p}} = \sqrt{\frac{4 \times 22\ 778}{3.14 \times 3 \times 10^6}}\ \text{m} = 9.83 \times 10^{-2}\ \text{m}$$

查设计手册，按液压缸内径系列将以上计算值圆整为标准直径，取 $D = 100\ \text{mm}$。

为了实现快进速度与快退速度相等，采用差动连接，则 $d = 0.707\ D$，所以 $d = 0.707 \times 100\ \text{mm} = 70\ \text{mm}$。

同样圆整成标准系列活塞杆直径，取 $d = 70\ \text{mm}$。由 $D = 100\ \text{mm}$，$d = 70\ \text{mm}$ 计算出液压缸无杆腔有效作用面积为 $A_1 = 78.5\ \text{cm}^2$，有杆腔有效作用面积为 $A_2 = 40.1\ \text{cm}^2$。

工进若采用调速阀调速，查产品样本，调速阀最小稳定流量 $q_{min} = 0.05\ \text{L/min}$，因最小工进速度 $v_{min} = 20\ \text{mm/min}$，则：

$$\frac{q_{\min}}{v_{\min}} = \frac{0.05 \times 10^3}{20 \times 10^{-1}} \text{ cm}^2 = 25 \text{ cm}^2 < A_2 < A_1$$

因此能满足低速稳定性要求。

3. 计算液压缸的工作压力、流量和功率

（1）计算工作压力 根据表9.5，该系统的背压估计值可在0.5～0.8 MPa范围内选取，故暂定：工进时 $p_b = 0.8$ MPa；快速运动时 $p_b = 0.5$ MPa。液压缸在工作循环各阶段的工作压力 p_1 即可按式（9.11）、式（9.12）或式（9.13）计算：

差动快进阶段

$$p_1 = \frac{F}{A_1 - A_2} + \frac{A_2}{A_1 - A_2} p_b = \frac{2\,778}{(78.5 - 40.1) \times 10^{-4}} \text{ Pa} + \frac{40.1 \times 10^{-4} \times 0.5 \times 10^6}{(78.5 - 40.1) \times 10^{-4}} \text{ Pa}$$

$$= 1.24 \times 10^6 \text{ Pa} = 1.24 \text{ MPa}$$

工作进给阶段

$$p_1 = \frac{F}{A_1} + \frac{A_2}{A_1} p_b = \frac{22\,778}{78.5 \times 10^{-4}} \text{ Pa} + \frac{40.1 \times 10^{-4}}{78.5 \times 10^{-4}} \times 0.8 \times 10^6 \text{ Pa} = 3.31 \times 10^6 \text{ Pa} = 3.31 \text{ MPa}$$

快速退回阶段

$$p_1 = \frac{F}{A_2} + \frac{A_1}{A_2} p_b = \frac{2\,778}{40.1 \times 10^{-4}} \text{ Pa} + \frac{78.5 \times 10^{-4}}{40.1 \times 10^{-4}} \times 0.5 \times 10^6 \text{ Pa} = 1.67 \times 10^6 \text{ Pa} = 1.67 \text{ MPa}$$

（2）计算液压缸的输入流量 因快进快退速度 $v_1 = 0.075$ m/s，最大工进速度 $v_2 = 0.002$ m/s，则液压缸各阶段的输入流量为：

快进阶段

$$q_1 = (A_1 - A_2)v_1 = (78.5 - 40.1) \times 10^{-4} \times 0.075 \text{ m}^3/\text{s} = 0.29 \times 10^{-3} \text{ m}^3/\text{s} = 17.4 \text{ L/min}$$

工进阶段

$$q_1 = A_1 v_2 = 78.5 \times 10^{-4} \times 0.002 \text{ m}^3/\text{s} = 0.016 \times 10^{-3} \text{ m}^3/\text{s} = 0.96 \text{ L/min}$$

快退阶段

$$q_1 = A_2 v_1 = 40.1 \times 10^{-4} \times 0.075 \text{ m}^3/\text{s} = 0.3 \times 10^{-3} \text{ m}^3/\text{s} = 18 \text{ L/min}$$

（3）计算液压缸的输入功率

快进阶段

$$P = p_1 q_1 = 1.24 \times 10^6 \times 0.29 \times 10^{-3} \text{ W} = 360 \text{ W} = 0.36 \text{ kW}$$

工进阶段

$$P = p_1 q_1 = 3.31 \times 10^6 \times 0.016 \times 10^{-3} \text{ W} = 50 \text{ W} = 0.05 \text{ kW}$$

快退阶段

$$P = p_1 q_1 = 1.67 \times 10^6 \times 0.3 \times 10^{-3} \text{ W} = 500 \text{ W} = 0.5 \text{ kW}$$

将以上计算的压力、流量和功率值列于表9.7。

表 9.7　液压缸在各工作阶段的压力、流量和功率

工作阶段	工作压力 p_1/MPa	输入流量 q_1/(L/min)	输入功率 P/kW
快速进给	1.24	17.4	0.36
工作进给	3.31	0.96	0.05
快速退回	1.67	18	0.5

9.7.4　拟定系统原理图

根据钻镗两用组合机床的设计任务和工况分析,该机床对调速范围、低速稳定性有一定要求,因此速度控制是该机床要解决的主要问题。速度的换接、稳定性和调速是该机床液压传动系统设计的核心。

1. 速度控制回路的选择

该机床的进给运动要求有较好的低速稳定性和速度负载特性,故采用调速阀调速。有三种方案可供选择,即进口节流调速、出口节流调速、限压式变量泵加调速阀的调速。该系统为小功率系统,效率和发热问题并不突出;钻镗属于连续切削加工,切削力变化不大,而且是正负载,在其他条件相同的情况下,进口节流调速比出口节流调速能获得更低的稳定速度,故该机床液压传动系统采用调速阀式进口节流调速回路。为防止孔钻通时发生前冲,在回油路上应加背压阀。

由表 9.7 得知,液压传动系统的供油主要为低压大流量和高压小流量两个阶段,若采用单个定量泵,显然系统的功率损失大、效率低。为了提高系统效率和节约能源,采用双泵供油回路。

由于选定了节流调速方案,所以油路采用开式循环回路。

2. 换向和速度换接回路的选择

该系统对换向平稳性的要求不很高,所以选用价格较低的电磁换向阀控制换向回路。为便于差动连接,选用三位五通电磁换向阀。为了调整方便和便于增设液压夹紧支路,选用 Y 型中位机能。由计算可知,当滑台从快进转为工进时,进入液压缸的流量由 17.4 L/min 降为 0.96 L/min,可选二位二通行程换向阀来进行速度换接,以减少液压冲击。由工进转为快退时,在回路上并联了一个单向阀以实现速度换接。为了控制轴向加工尺寸,提高换向位置精度,采用死挡块加压力继电器的行程终点转换控制。

3. 压力控制回路的选择

由于采用双泵供油回路,故用液控顺序阀实现低压大流量泵卸荷,用溢流阀调整高压小流量泵的供油压力。为了便于观察和调整压力,在液压泵的出口处、背压阀和液压缸无杆腔进口处设测压点。

将上述所选定的液压基本回路组合成液压传动系统,并根据需要作必要的修改调整,最后画出液压传动系统原理图如图 9.7 所示,图中双联泵左侧为大流量泵,右侧为小流量泵。

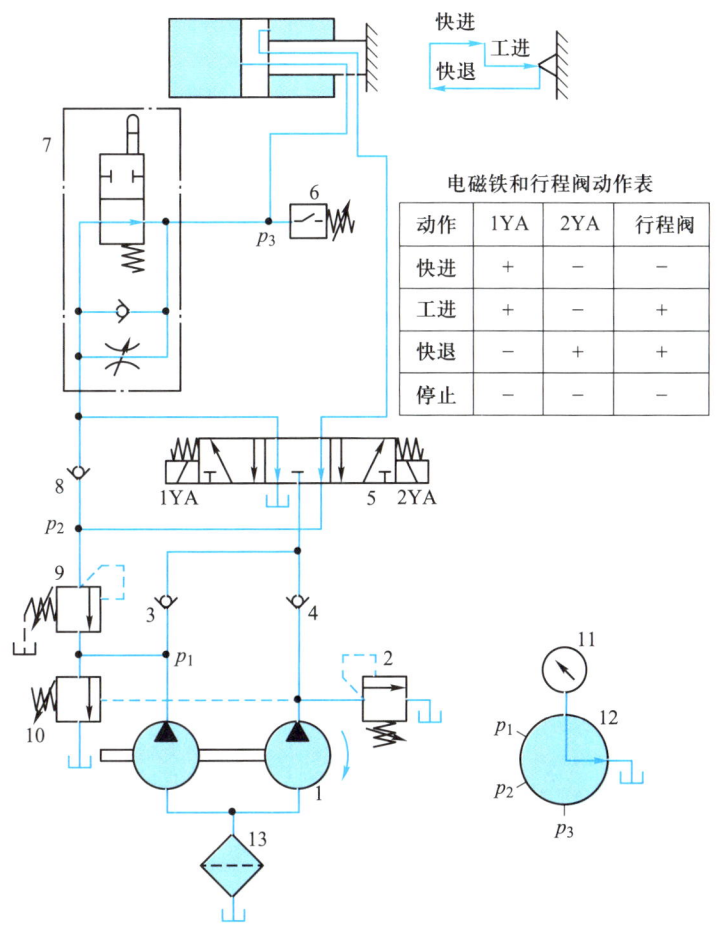

電磁鉄和行程閥動作表

動作	1YA	2YA	行程閥
快進	+	−	−
工進	+	−	+
快退	−	+	+
停止	−	−	−

1—双联叶片泵;2—溢流阀;3、4、8—单向阀;5—三位五通电磁换向阀;6—压力继电器;
7—单向行程调速阀;9—背压阀;10—外控顺序阀;11—压力表;12—压力表开关;13—过滤器

图 9.7 液压系统原理图

9.7.5 选择元件

1. 选择液压泵

由表 9.7 可知,工进阶段液压缸工作压力最大,如果取进油路总的压力损失 $\sum \Delta p_1 = 0.5$ MPa, 则液压泵最高工作压力可按式(9.14)计算:

$$p_p \geq p_1 + \sum \Delta p_1 = (3.31 + 0.5) \text{ MPa} = 3.81 \text{ MPa}$$

因此,液压泵的额定压力可以取为 $(3.81 + 3.81 \times 25\%)$ MPa $= 4.76$ MPa。

将表 9.7 中的流量值代入式(9.15),可分别求出快速以及工进阶段的供油流量。

快进、快退时泵的流量为:

$$q_p \geq k_1 q_1 = 1.1 \times 18 \text{ L/min} = 19.8 \text{ L/min}$$

工进时泵的流量为:

$$q_p \geq k_1 q_1 = 1.1 \times 0.96 \text{ L/min} = 1.06 \text{ L/min}$$

考虑到节流调速系统中溢流阀的性能特点,尚需加上溢流阀稳定工作的最小溢流量,一般取为 3 L/min,所以小流量泵的流量为:

$$q_p = (1.06 + 3) \text{ L/min} = 4.06 \text{ L/min}$$

查产品样本,选用小泵排量 $V_1 = 6$ mL/r,大泵排量 $V_2 = 16$ mL/r 的 YB_1 型双联叶片泵,其额定转速 $n = 960$ r/min,容积效率 $\eta_{pv} = 0.95$,则小泵的流量为:

$$q_{p1} = V_1 n \eta_{pv} = 6 \times 10^{-3} \times 960 \times 0.95 \text{ L/min} = 5.47 \text{ L/min}$$

所需大流量泵的流量为:

$$q_{p2} = (19.8 - 5.47) \text{ L/min} = 14.33 \text{ L/min}$$

而大泵的额定流量为:

$$q_{p2} = V_2 n \eta_{pv} = 16 \times 10^{-3} \times 960 \times 0.95 \text{ L/min} = 14.59 \text{ L/min}$$

由于 $q_{p1} + q_{p2} = 20.06$ L/min > 19.8 L/min,可以满足要求。故本系统选用一台 YB_1-16/6 型双联叶片泵。

由表 9.7 可见,快退阶段的功率最大,故按快退阶段估算电动机的功率。若取快退时进油路的压力损失 $\sum \Delta p_1 = 0.2$ MPa,液压泵的总效率 $\eta_p = 0.7$,则电动机的功率为:

$$P_p = \frac{p_p q_p}{\eta_p} = \frac{(p_1 + \sum \Delta p_1) q_p}{\eta_p} = \frac{(1.67 + 0.2) \times 10^6 \times (5.47 + 14.59) \times 10^{-3}}{60 \times 0.7} \text{ W} = 893 \text{ W}$$

查电动机产品样本,选用 Y90L-6 型异步电动机,$P = 1.1$ kW,$n = 960$ r/min。

2. 选择液压阀

根据所拟定的液压传动系统原理图,计算分析通过各液压阀油液的最高压力和最大流量,选择各液压阀的型号规格,列于表 9.8 中。

3. 选择辅助元件

油管内径一般可参照所选元件油口尺寸确定,也可按道路允许流速进行计算,本系统油管选 $\phi 18 \times 1.6$ 无缝钢管。

油箱容量按 6.3.1 节确定,即:

$$V = m q_p = (5 \sim 7) \times 20 \text{ L} = 100 \sim 140 \text{ L}$$

其他辅助元件型号规格按广州机械科学研究院系列产品选取,也列于表 9.8 中。

表 9.8　液压元件的型号规格

序号	元件名称	通过流量 q/(L/min)	型号规格	序号	元件名称	通过流量 q/(L/min)	型号规格
1	双联叶片泵	20.06	YB_1-16/6	8	单向阀	10.03	I-10B
2	溢流阀	5.47	Y_1-10B	9	背压阀	0.48	B-10B
3	单向阀	14.59	I-25B	10	外控顺序阀	15.07	XY-25B
4	单向阀	5.47	I-10B	11	压力表		Y-100T
5	三位五通电磁换向阀	40.12	35E-40B	12	压力表开关		KF_3-E3B
6	压力继电器		DP_1-63B	13	过滤器	20.06	WU-63X180
7	单向行程调速阀	40.12,20.06,1.06	QCI-40B				

9.7.6 系统性能验算

由于该液压传动系统比较简单,压力损失验算可以忽略。又由于系统采用双泵供油方式,在液压缸工进阶段,大流量泵卸荷,功率使用合理;同时油箱容量已选取较大值,系统发热温升不大,故不必进行系统温升的验算。

思考题和习题

9-1 设计液压系统一般应有哪些步骤? 要明确哪些要求?

9-2 设计液压系统要进行哪些方面的计算?

9-3 对换向阀来说,必要时可使实际流量最多高出其额定流量 20% 而不能高出太多,为什么?

9-4 如果有两个定量泵分别自油箱吸油,其出口分别与液压缸和液压马达相接,液压缸和液压马达的回油则分别与油箱相通。若液压缸和液压马达的外负载均为零,上述两个泵都启动后,各会发生什么情况,为什么?

9-5 如果液压泵的额定压力、额定流量、额定转速、所需的工作压力和流量均为已知,问应当如何确定该泵的原动机。

9-6 有许多液压元件或辅件有单独的泄油口,进行液压传动系统的配管时,如果将泄油管直接和液压传动系统的主回油管接在一起,可能会带来什么问题? 举例说明。

9-7 对图 9.8 所示立式组合机床的液压传动系统进行载荷分析并绘制其工况图。已知切削负载为 28 000 N,滑台工进速度为 50 mm/min,快进和快退速度为 6 m/min,滑台(包括动力头)的质量为 1 500 kg,滑台在导轨面上的法向作用力估计为 1 500 N,往复运动的加速(减速)时间为 $\Delta t = 0.05$ s,滑台用平面导轨 $f_s = 0.2$, $f_k = 0.1$,快进行程为 100 mm,工进行程为 50 mm。

9-8 设计一台卧式单面多轴钻孔组合机床液压传动系统,要求它完成:(1) 工件的定位与夹紧,所需夹紧力不超过 6 000 N;(2) 机床进给系统的工作循环为快进→工进→快退→停止。机床快进、快退速度为 6 m/min,工进速度为 30~120 mm/min,快进行程为 200 mm,工进行程为 50 mm,最大切削力为 25 000 N;运动部件总重量为 15 000 N,加速(减速)时间为 0.1 s,采用平导轨,静摩擦系数为 0.2,动摩擦系数为 0.1。(注:不考虑各种损失)

9-9 现有一台专用铣床,铣头驱动电动机功率为 7.5 kW,铣刀直径为 120 mm,转速为 350 r/min。工作台、工件和夹具的总重量为 5 500 N,工作台行程为 400 mm,快进、快退速度为 4.5 m/min,工进速度为 60~1 000 mm/min,加速(减速)时间为 0.05 s,工作台采用平导轨,静摩擦系数为 0.2,动摩擦系数为 0.1,设计该机床的液压传动系统(不考虑各种损失)。

9-10 设计一台小型液压机的液压传动系统,要求实现快速空程下行→慢速加压→保压→快速回程→停止的工作循环。快速往返速度为 3 m/min,加压速度为 40~250 mm/min,压制力为 200 000 N,运动部件总重量为 20 000 N(不考虑各种损失)。

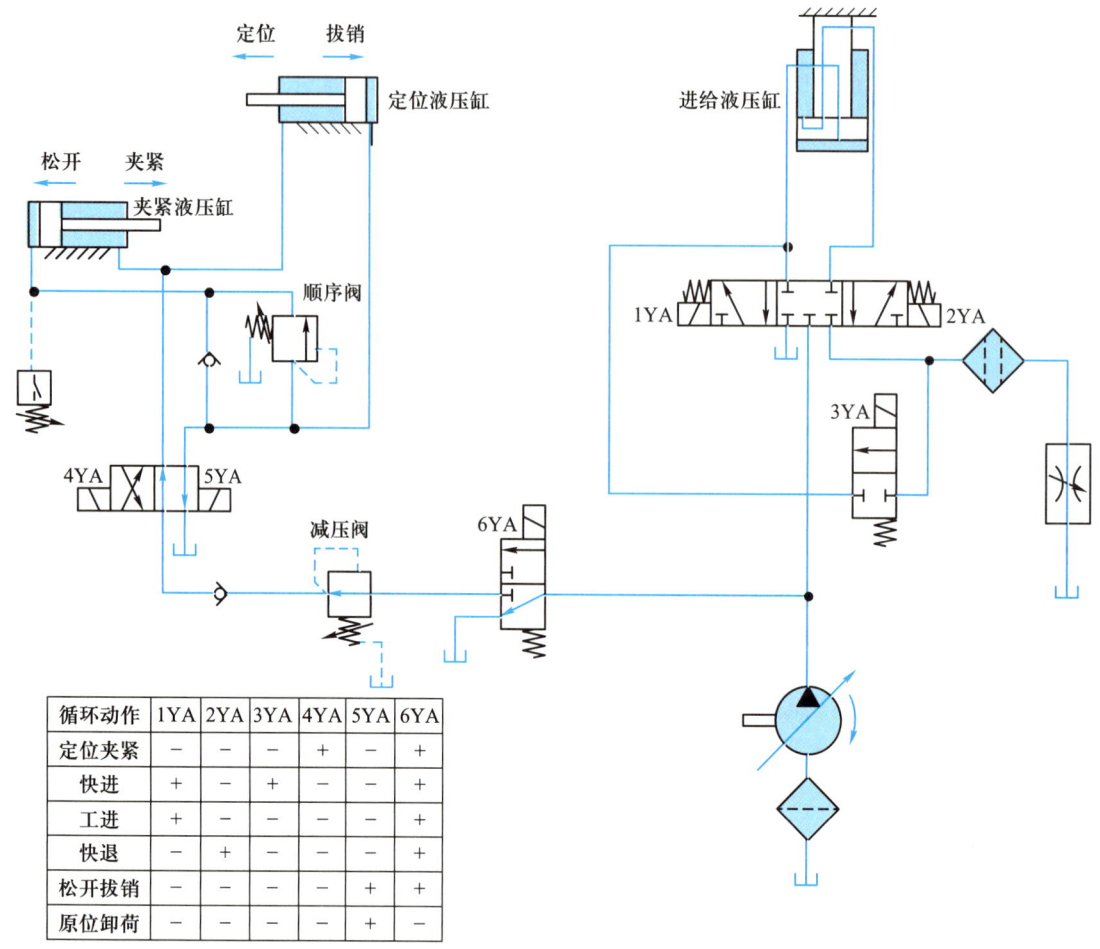

循环动作	1YA	2YA	3YA	4YA	5YA	6YA
定位夹紧	−	−	−	+	−	+
快进	+	−	+	−	−	+
工进	+	−	−	−	−	+
快退	−	+	−	−	−	+
松开拔销	−	−	−	−	+	+
原位卸荷	−	−	−	−	+	−

图 9.8　题 9-7 图

第 10 章 液压与气压伺服系统

伺服系统又称为随动系统或跟踪系统,是一种自动控制系统。在这种系统中,执行元件能以一定的精度自动地按照输入信号的变化规律动作。液压或气压伺服系统是由液压元件或气动元件组成的伺服系统。

10.1 概述

10.1.1 伺服系统的工作原理和特点

图 10.1 是一种液压进口节流阀式节流调速回路。在这种回路中,调定节流阀的开口量后,液压缸就以某一调定速度运动。通过前述章节分析可知,当负载、油温等参数发生变化时,这种回路将无法保证原有的运动速度。

可以将节流阀的开口大小定义为输入量,将液压缸的运动速度定义为输出量或被调节量。在上述回路中,当负载、油温等参数的变化而引起输出量变化时,这个变化并不影响或改变输入量,这种输出量不影响输入量的控制系统称为开环控制系统。开环控制系统不能修正由于外界干扰(如负载、油温等)变化而引起的输出量或被调节量的变化,因此控制精度较低。

为了提高这种回路的控制精度,可以设想节流阀由操作者来调节。在调节过程中,操作者不断地观察液压缸的测速装置所测出的实际速度,并比较这一实际速度与所希望的速度之间的差别。然后,操作者按这一差别来调节节流阀的开口量,以减少这一差值(偏差)。例如,由于负载增大而使液压缸的速度低于希望值时,操作者就相应地加大节流阀的开口量,从而使液压缸的速度达到希望值。这一调节过程可用图 10.2 表示。

由图 10.2 中可以看出,输出量(液压缸速度)通过操作者的眼、脑和手来影响输入量(节流阀的开口量),这种作用称为反馈。在实际系统中,为了实现自动控制,必须以电器、机械等装置代替人来判断比较,这就是反馈装置。由于反馈的存在,控制作用形成了一个闭合回路,这种带有反馈装置的控制系统,称为闭环

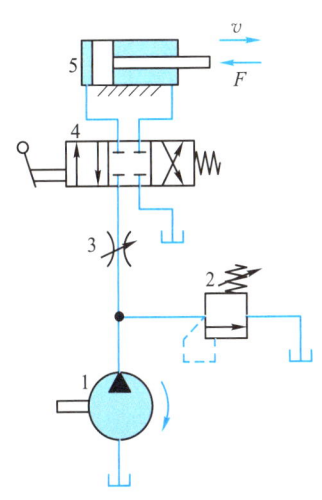

1—液压泵;2—溢流阀;
3—节流阀;4—换向阀;
5—液压缸

图 10.1 液压进口节流阀式节流调速回路

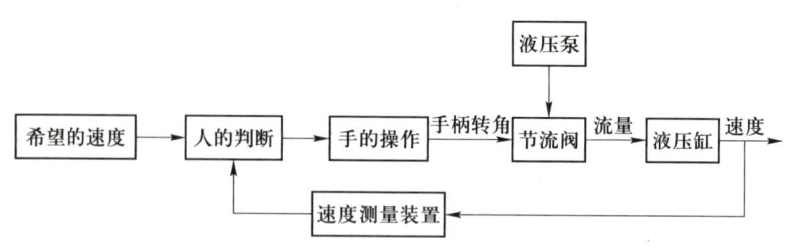

图 10.2　液压缸速度调节过程图

控制系统。图 10.3 所示为采用电液伺服阀控制的液压缸速度闭环控制系统。这一系统不仅使液压缸速度能任意调节,而且在外界干扰很大(如负载突变)的工况下,仍能使系统的实际输出速度与设定速度十分接近,即具有很高的控制精度和很快的响应性能。

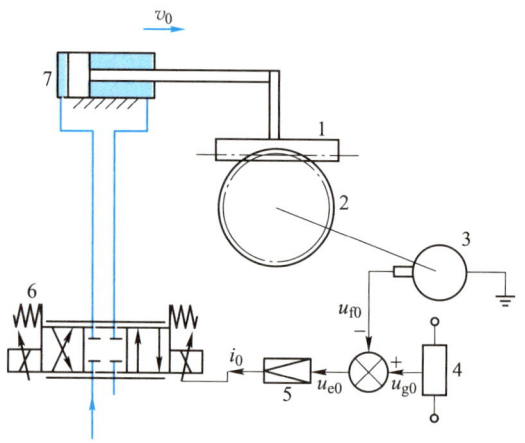

1—齿条;2—齿轮;3—测速发电机;4—给定电位器;5—积分放大器;6—电液伺服阀;7—液压缸

图 10.3　阀控液压缸闭环控制系统

上述系统的工作原理如下:在某一稳定状态下,液压缸速度由测速装置测得(齿条 1、齿轮 2 和测速发电机 3)并转换为电压 u_{f0}。这一电压与给定电位器 4 输入的电压信号 u_{g0} 进行比较。其差 $u_{e0} = u_{g0} - u_{f0}$ 值经积分放大器放大后,以电流 i_0 输入给电液伺服阀 6。电液伺服阀按输入电流的大小和方向自动地调节其开口量的大小和运动方向,控制输出液压油液的流量大小和方向。对应所输入的电流 i_0,电液伺服阀的开口量稳定地维持在 x_0,伺服阀的输出流量为 q_0,液压缸速度保持为恒值 v_0。如果由于干扰的作用引起液压缸速度增大,则测速装置的输出电压 $u_f > u_{f0}$,而使 $u_e = u_{g0} - u_f < u_{e0}$,放大器输出电流 $i < i_0$。电液伺服阀开口量相应减小,使液压缸速度降低,直到 $v = v_0$ 时,调节过程结束。按照同样原理,当输入给定信号电压连续变化时,液压缸速度也随之连续地按同样规律变化,即输出自动跟踪输入。

通过分析上述伺服系统的工作原理,可以看出伺服系统的特点如下。

(1)它是反馈系统　把输出量的一部分或全部按一定方式回送到输入端,并和输入信号比较,这就是反馈作用。在上例中,反馈电压和给定电压是异号的,即反馈信号不断地抵消输入信号,这就是负反馈。自动控制系统中大多数反馈是负反馈。

（2）靠偏差工作　要使执行元件输出一定的力和速度,伺服阀必须有一定的开口量,因此输入和输出之间必须有偏差信号。执行元件运动的结果又试图消除这个偏差。但在伺服系统工作的任何时刻都不能完全消除这一偏差,伺服系统正是依靠这一偏差信号进行工作的。

（3）它是放大系统　执行元件输出的力和功率远远大于输入信号的力和功率。其输出的能量是液压能源供给的。

（4）它是跟踪系统　液压缸的输出量完全跟踪输入信号的变化。

10.1.2　伺服系统职能框图和系统的组成环节

图 10.4 是上述速度伺服控制系统的职能框图。图中一个方框表示一个元件,方框中的文字表明该元件的职能。带有箭头的线段表示元件之间的相互作用,即系统中信号的传递方向。职能框图明确地表示了系统的组成元件、各元件的职能以及系统中各元件的相互关系。因此,职能框图是用来表示自动控制系统工作过程的。

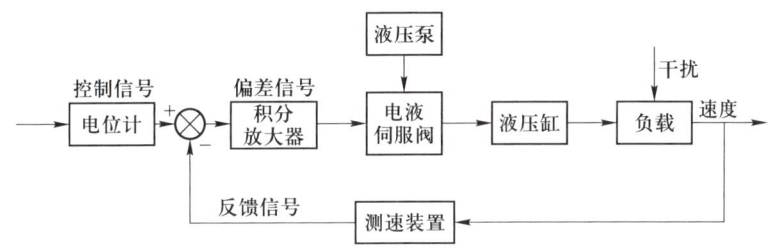

图 10.4　速度伺服控制系统职能框图

由职能框图可以看出,上述速度伺服控制系统是由输入元件、比较元件、放大转换元件、执行元件、检测反馈元件和控制对象组成的。实际上,任何一个伺服控制系统都是由这些元件组成的,如图 10.5 所示。

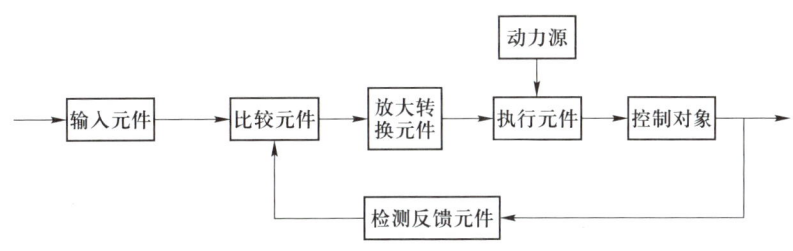

图 10.5　伺服控制系统的组成环节

下面对图 10.5 中各元件做一些说明:

（1）输入元件　通过输入元件,给出必要的输入信号。如前面的例子中由电位器给出一定电压,作为系统的控制信号。

（2）检测反馈元件　它随时测量输出量的大小,并将其转换成相应的反馈信号送回到比较元件。图 10.3 给出的例子是由测速发电机测得液压缸的运动速度,并将其转换成相应的电压作为反馈信号。

（3）比较元件　将输入信号和反馈信号进行比较,并将其差值作为放大转换元件的输入。

有时系统中不一定有单独的比较元件,而是由反馈元件、输入元件或放大元件的一部分来实现比较的功能。

(4) 放大转换元件 将偏差信号放大并转换后,控制执行元件动作。如图 10.3 给出的例子中的电液伺服阀。

(5) 执行元件 直接带动控制对象动作的元件。如图 10.3 给出的例子中的液压缸。

(6) 控制对象 机器直接工作的部分,如工作台、刀架等。

10.1.3　伺服系统的分类

伺服系统可以从下面不同的角度加以分类。

(1) 按输入信号的变化规律分类 有定值控制系统、程序控制系统和伺服控制系统三类。

当系统输入信号为定值时,称为定值控制系统,其基本任务是提高系统的抗干扰能力。当系统的输入信号按预先给定的规律变化时,称为程序控制系统。伺服系统也称为随动系统,其输入信号是时间的未知函数,输出量能够准确、迅速地复现输入量的变化规律。

(2) 按输入信号的不同分类 有机液伺服系统、电液伺服系统、气液伺服系统等。

(3) 按输出的物理量分类 有位置伺服系统、速度伺服系统、力(或压力)伺服系统等。

在液压伺服系统中还可以按控制元件分为阀控系统和泵控系统两类,而阀控系统应用较多,故本章重点介绍阀控伺服系统。

10.1.4　伺服系统的优缺点

液压与气压伺服系统除具有液压与气压传动系统所固有的一系列优点外,还具有控制精度高、响应速度快、自动化程度高等优点。

但是,伺服元件加工精度高,因此价格较贵,特别是液压伺服系统对工作介质的污染比较敏感,因此可靠性受到影响;在小功率系统中,液压伺服控制不如电器控制灵活。随着科学技术的发展,液压与气压伺服系统的缺点将不断地得到克服。在自动化技术领域中,液压与气压伺服控制有着广泛的应用前景。

10.2　典型伺服控制元件

伺服控制元件是液压与气压伺服系统中最重要、最基本的组成部分,它起着信号转换、功率放大及反馈等控制作用。常用的伺服控制元件有力矩马达、力马达、滑阀、射流管阀和喷嘴挡板阀等,下面简要介绍它们的结构原理及特点。

10.2.1　力矩马达和力马达

力矩马达是一种具有旋转运动功能的电-机械转换器,力马达是一种具有直线运动功能的电-机械转换器。它们在阀中的作用是将电控信号转换成转角(力矩马达)或直线位移(力马达),用来作为液压放大器的输入信号,它们的具体介绍参见 5.7.1 节。

10.2.2 滑阀

根据滑阀控制边数（起控制作用的阀口数）的不同，有单边控制、双边控制和四边控制三种类型的滑阀。

图 10.6 所示为单边控制滑阀的工作原理。滑阀控制边的开口 x_s 控制着液压缸右腔的压力和流量，从而控制液压缸运动的速度和方向。来自泵的压力油 p_s 进入单杆液压缸的有杆腔，通过活塞上小孔 a 进入无杆腔，压力由 p_s 降为 p_1，再通过控制滑阀唯一的节流边流回油箱。在液压缸不受外载作用的条件下，$p_1A_1 = p_sA_2$。当阀芯根据输入信号向左移动时，开口 x_s 增大，无杆腔压力减小，于是 $p_1A_1 < p_sA_2$，缸体向左移动。因为缸体和阀体连接成一个整体，故阀体左移又使开口 x_s 减小（负反馈），直至平衡。

图 10.7 所示为双边控制滑阀的工作原理。压力油一路直接进入液压缸有杆腔，另一路经滑阀左控制边的开口 x_{s1} 和液压缸无杆腔相通，并经滑阀右控制边的开口 x_{s2} 流回油箱。当滑阀向左移动时，x_{s1} 减小，x_{s2} 增大，液压缸无杆腔压力 p_1 减小，两腔受力不平衡，缸体向左移动。反之缸体向右移动。双边控制滑阀比单边控制滑阀的调节灵敏度高、工作精度高。

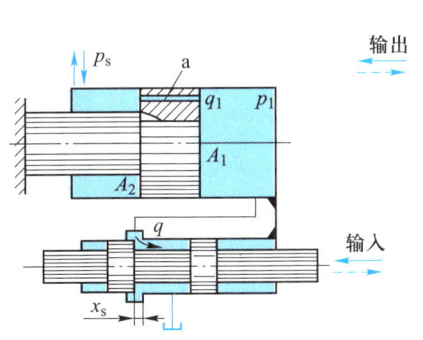

图 10.6 单边控制滑阀的工作原理

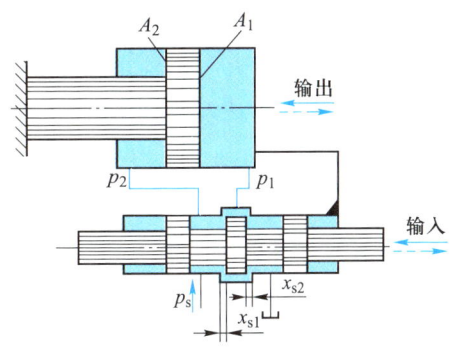

图 10.7 双边控制滑阀的工作原理

图 10.8 所示为四边控制滑阀的工作原理。滑阀有四个控制边，开口 x_{s1}、x_{s2} 分别控制进入液压缸两腔的压力油，开口 x_{s3}、x_{s4} 分别控制液压缸两腔的回油。当滑阀向左移动时，液压缸左腔的进油口 x_{s1} 减小，回油口 x_{s3} 增大，使 p_1 迅速减小；与此同时，液压缸右腔的进油口 x_{s2} 增大，回油口 x_{s4} 减小，使 p_2 迅速增大。这样就使活塞迅速左移。与双边控制滑阀相比，四边控制滑阀同时控制液压缸两腔的压力和流量，故调节灵敏度高，工作精度也高。

由上述可知，单边、双边和四边控制滑阀的控制作用是相同的，均起到换向和调节的作用。控制边数越多，控制质量越好，但其制造工艺性差。在通常情况下，四边控制滑阀多用于精度要求较高的系统，单边、双边控制滑阀用于一般精度系统。

四边控制滑阀在初始平衡的状态下，其开口有三种形式，即负开口（$x_s < 0$）、零开口（$x_s = 0$）和正开口（$x_s > 0$），如图 10.9 所示。具有零开口的控制滑阀，其工作精度最高；负开口控制滑阀有较大的不灵敏区，较少采用；具有正开口的控制滑阀，工作精度较负开口高，但功率损耗大，稳定性也差。

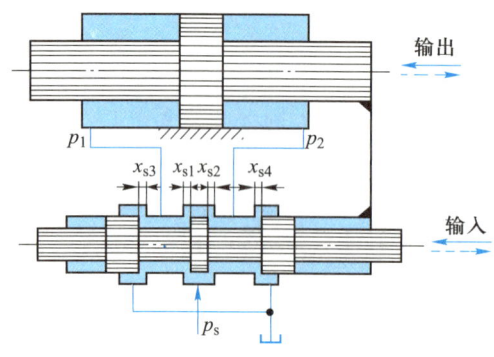

图 10.8　四边控制滑阀的工作原理

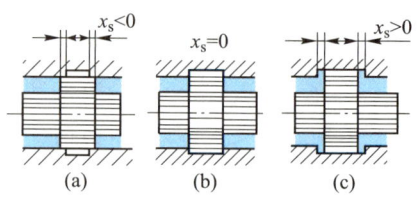

图 10.9　控制滑阀的三种开口形式

10.2.3　射流管阀

图 10.10 所示为射流管阀的结构简图和实物图。射流管阀由射流管 1 和接收板 2 组成。射流管可绕 O 轴左右摆动一个不大的角度，接收板上有两个并列的接收孔 a、b，它们分别与液压缸两腔相通。压力油液从管道进入射流管后从喷嘴射出，经接收孔进入液压缸两腔。当射流管处于两接收孔的中间位置时，两接收孔内液压油的压力相等，液压缸不动。当输入信号使射流管绕 O 轴向左摆动一小角度时，进入孔 b 的液压油液压力就比进入孔 a 的液压油液压力大，在液压缸两腔压力差的作用下，液压缸向左移动。由于接收板和缸体连接在一起，接收板也向左移动，形成负反馈，当射流管又处于两接受孔中间位置时，液压缸停止运动。

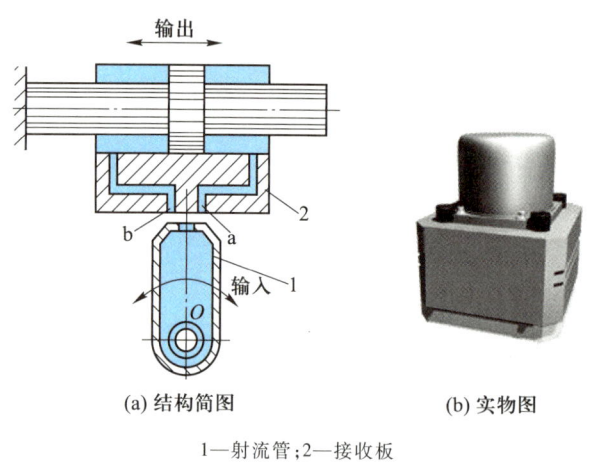

(a) 结构简图　　　(b) 实物图

1—射流管；2—接收板

图 10.10　射流管阀的结构简图和实物图

射流管阀的优点是结构简单、动作灵敏、工作可靠。它的缺点是射流管运动部件惯性较大、工作性能较差；射流能量损耗大、效率较低；供油压力过高时易引起振动。这种控制只适用于低压小功率场合。

10.2.4　喷嘴挡板阀

喷嘴挡板阀有单喷嘴和双喷嘴两种，两者的工作原理基本相同。图 10.11 所示为双喷嘴挡板阀的结构简图和实物图，它主要由挡板 1、喷嘴 2 和 3、固定节流小孔 4 和 5 等元件组成。挡板和两个喷嘴之间形成两个可变的节流缝隙 δ_1 和 δ_2。当挡板处于中间位置时，两缝隙所形成的节流阻力相等，两喷嘴腔内的液压油液压力相等，即 $p_1 = p_2$，液压缸不动。压力油液经孔道 4 和 5、缝隙 δ_1 和 δ_2 流回油箱。当输入信号使挡板向左偏摆时，可变缝隙 δ_1 变小，δ_2 变大，p_1 上升，p_2 下降，液压缸缸体向左移动。因负反馈作用，当喷嘴跟随缸体移动到挡板两边对称位置时，液压缸停止运动。

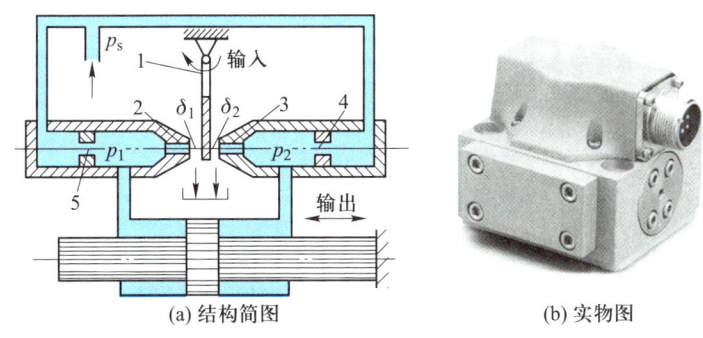

(a) 结构简图　　　　　　　　(b) 实物图

1—挡板；2、3—喷嘴；4、5—节流小孔

图 10.11　喷嘴挡板阀的结构简图和实物图

　　喷嘴挡板阀的优点是结构简单、加工方便、运动部件惯性小、反应快、精度和灵敏度高；缺点是能量损耗大、抗污染能力差。喷嘴挡板阀常用作多级放大伺服控制元件中的前置级。

10.3　伺服阀

　　液压与气压用伺服阀是电液或电气联合控制的多级伺服元件，它能将微弱的电气输入信号放大成大功率的液压或气压能量输出，以实现对流量和压力的控制。它接收一种模拟量电控信号，输出随电控信号的大小及极性变化的液压或气压模拟量。电液或电气伺服阀具有控制精度高和放大倍数大等优点，在液压与气压控制系统中得到了广泛的应用。

10.3.1　液压伺服阀的分类、结构和工作原理

1. 液压伺服阀的分类

　　液压伺服阀主要指电液伺服阀，它在接收电气模拟信号后，相应地输出调制的流量和压力。它既是电液转换元件，也是功率放大元件，能够将小功率的微弱电气输入信号转换为大功率的液压能（流量和压力）输出。在电液伺服系统中，电液伺服阀将电气部分与液压部分连接起来，实现电液信号的转换与液压放大，是电液伺服系统控制的核心。

　　电液伺服阀广泛地应用于电液位置、速度、加速度、力伺服系统，以及伺服振动发生器中。它具有体积小、结构紧凑、功率放大系数高、控制精度高、直线性好、死区小、灵敏度高、动态性能好以及响应速度快等优点。

　　电液伺服阀按用途、性能和结构特征可分为通用型和专用型；按输出量可分为流量控制伺服阀和压力控制伺服阀；按液压放大级数可分为单级、两级和三级伺服阀；按电气-机械转换后动作方式可分为力矩马达式（输出转角）和力马达式（输出直线位移）；按电气-机械转换装置可分为动铁式（一般为衔铁转动）与动圈式和干式与湿式；按液压前置级的结构形式可分为单喷嘴挡板式、双喷嘴挡板式、四喷嘴挡板式、射流管式、偏转板射流式和滑阀式；按反馈形式可分为位置反馈、负载流量反馈和负载压力反馈；按输入信号形式可分为连续控制式和脉宽调制式。

　　通用型流量伺服阀的分类情况见图 10.12。

　　专用型流量伺服阀是为满足系统的某些特殊要求而特殊制造的伺服阀。它通常是按特殊的

性能、附加控制作用、安装尺寸及形式、工作环境、实验方法、质量保证措施、电气接插头、材料、工作介质以及其他特殊要求等分类。

通用型压力伺服阀一般按液压控制阀的级数及压力反馈原理来分类。通用型压力伺服阀的分类情况见图 10.13。

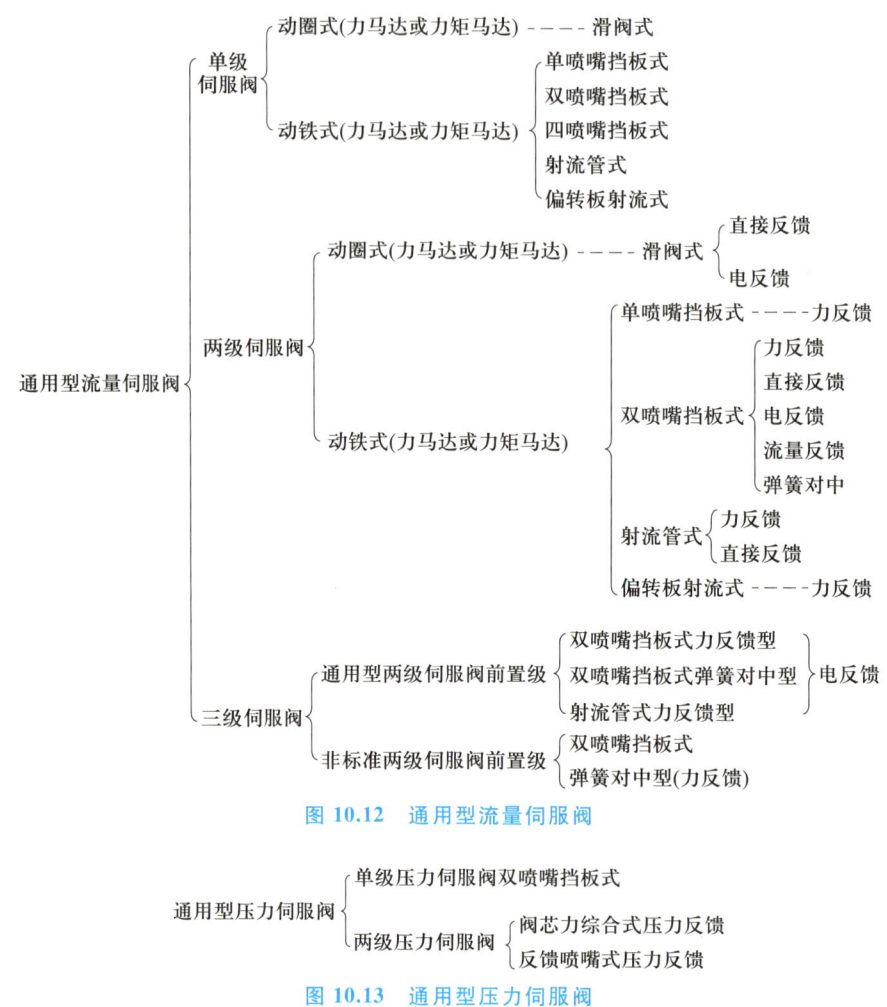

图 10.12　通用型流量伺服阀

图 10.13　通用型压力伺服阀

在伺服阀中采用不同的反馈形式可以得到不同的伺服阀输出特性。利用位置反馈和负载流量反馈可实现流量控制,利用负载压力反馈可实现压力控制。而连续控制式伺服阀的输入信号是连续变化的信号,脉宽调制式伺服阀的输入信号是脉宽调制的脉冲信号。连续控制式伺服阀多用于模拟调制的伺服系统中,脉宽调制式伺服阀多用于计算机控制的系统中。

专用型压力伺服阀一般是按其特殊的压力控制特性、特殊的安装结构及其他特殊因素来分类的。

2. 液压伺服阀的组成

伺服阀通常由电-机械转换器(力马达或力矩马达)、液压放大器和反馈或平衡机构等三部分组成。其中,已经介绍过电-机械转换器(力马达或力矩马达)和液压放大器,而伺服阀的输出级所采用的反馈或平衡机构可使伺服阀获得输出流量或输出压力与输入电控信号成比例的特性。平衡机构通常用圆柱螺旋弹簧或片弹簧等。反馈常采用力反馈、位置反馈、电反馈和压力反馈等形式。具体结构原理在典型伺服阀的结构中阐述。

3. 典型伺服阀的结构和工作原理

（1）滑阀式伺服阀

滑阀式伺服阀又称动圈伺服阀。图10.14所示为滑阀式直接反馈两级电液伺服阀。

它由永磁动圈式力马达、一对固定节流口、预开口双边滑阀式前置液压放大器和三通滑阀式功率级组成。前置控制滑阀的两个预开口节流控制边与两个固定节流口组成一个液压桥路。滑阀副的阀芯直接与马达的动圈骨架相连，在阀套内滑动。前置级的阀套又是功率级滑阀放大器的阀芯。

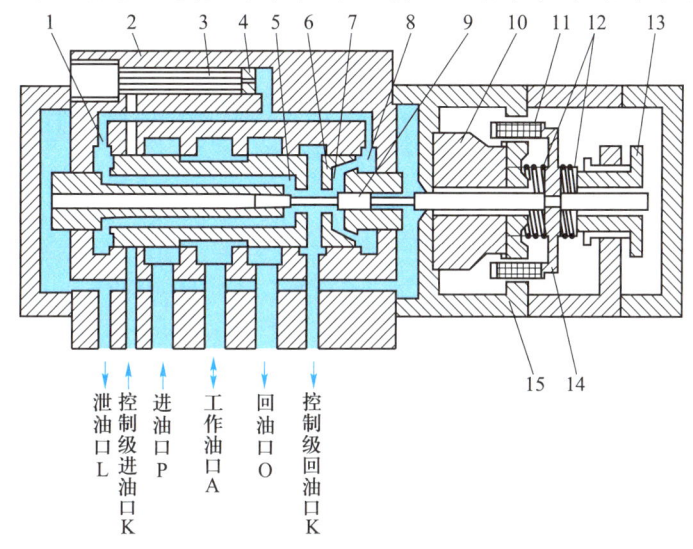

1—左节流口；2—壳体；3—过滤器；4—减压孔板；5—滑阀左腔控制口；6—功率级滑阀阀芯（前置级阀套）；
7—滑阀右腔控制口；8—右节流口；9—前置级控制阀芯；10—磁钢（永久磁铁）；11—动圈；
12—对中弹簧；13—调节螺钉；14—内导磁体；15—外导磁体

图 10.14　滑阀式两级三通电液伺服阀

输入控制电流使力马达动圈产生的电磁力与对中弹簧的弹簧力相平衡，使动圈和前置级（控制级）阀芯移动，其位移量与动圈电流成正比。前置级控制阀芯9若向右移动，则滑阀右腔控制口7面积增大，右腔控制压力降低；左侧控制口面积减小，左腔控制压力升高。该压力差作用在功率级滑阀阀芯6（前置级阀套）的两端上，使功率级滑阀阀芯6向右移动，也就是前置级滑阀的阀套向右移动，逐渐减小右侧控制孔的面积，直至停留在某一位置。在此位置上，前置级滑阀副的两个可变节流控制孔的面积相等，功率级滑阀阀芯两端的压力相等。这种直接反馈的作用，使功率级滑阀阀芯跟随前置级滑阀阀芯运动，功率级滑阀阀芯的位移与动圈输入电流大小成正比。

这种阀的优点是：采用动圈式力马达，结构简单，功率放大系数较大，滞环小和工作行程大；固定节流口尺寸大，不易被污物堵塞；主滑阀两端控制油压作用面积大，从而加大了驱动力，使滑阀不易卡死，工作可靠。

（2）喷嘴挡板式伺服阀

图10.15所示为喷嘴挡板式两级四通力反馈电液伺服阀的结构示意图。图中上半部为衔铁式力矩马达，下半部为喷嘴挡板式和滑阀式液压放大器。衔铁3与挡板5和反馈弹簧杆11连接

在一起,由固定在阀体 10 上的弹簧管 12 支承。反馈弹簧杆 11 下端为一球头,嵌放在滑阀 9 的凹槽内,永久磁铁 1 和导磁体 2、4 形成一个固定磁场。当线圈 13 中没有电流通过时,衔铁 3 和导磁体 2、4 间的四个气隙中的磁通相等,且方向相同,衔铁 3 与挡板 5 都处于中间位置,因此滑阀没有油液输出。当有控制电流流入线圈 13 时,一组对角方向气隙中的磁通增加,另一组对角方向气隙中的磁通减小,于是衔铁 3 在磁力作用下克服弹簧管 12 的弹性反作用力而以弹簧管 12 中的某一点为支点偏转 θ 角,并偏转到磁力所产生的转矩与弹簧管的弹性反作用力产生的反转矩平衡时为止。这时滑阀 9 尚未移动,而挡板 5 因随衔铁 3 偏转而发生挠曲,改变了它与两个喷嘴 6 之间的间隙,一个间隙减小,另一个间隙增大。

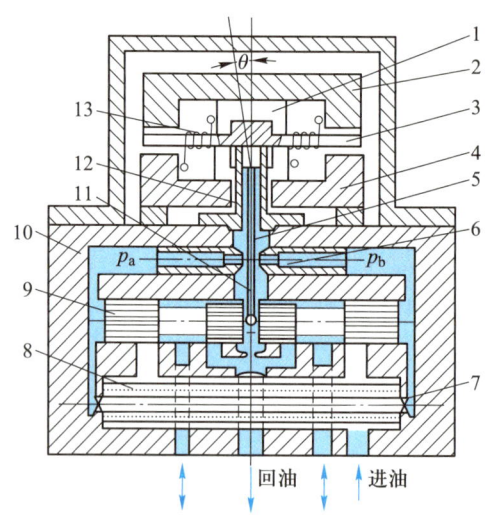

1—永久磁铁;2、4—导磁体;3—衔铁;5—挡板;6—喷嘴;
7—固定节流口;8—过滤器;9—滑阀;10—阀体;
11—反馈弹簧杆;12—弹簧管;13—线圈

图 10.15 喷嘴挡板式两级四通电液伺服阀图

通入伺服阀的压力油液经过滤器 8、两个对称的固定节流口 7 和左右喷嘴 6 流出,通向回油口。当挡板 5 挠曲,喷嘴挡板的两个间隙不相等时,两喷嘴后侧的压力 p_a 和 p_b 就不相等,它们作用在滑阀 9 的左右端面上,使滑阀 9 向相应方向移动一段距离,压力油液就通过滑阀 9 上的一个阀口输出给执行元件,由执行元件回来的油液经滑阀 9 上另一个阀口通向回油口。滑阀 9 移动时,弹簧杆 11 下端球头跟着移动,在衔铁挡板组件上产生转矩,使衔铁 3 向相应方向偏转,并使挡板 5 在两喷嘴间的偏移量减少,这就是所谓的力反馈。反馈作用的结果,使滑阀 9 两端的压差减小。当滑阀 9 通过弹簧杆 11 作用于挡板 5 的力矩、喷嘴作用于挡板的力矩以及弹簧管反力矩之和等于力矩马达产生的电磁力矩时,滑阀 9 不再移动,并一直使其阀口保持在这一开度上。通入线圈 13 的控制电流越大,使衔铁 3 偏转的转矩、弹簧杆 11 的挠曲变形、滑阀 9 两端的压差以及滑阀 9 的偏移量就越大,伺服阀输出的流量也就越大。由于滑阀 9 的位移,喷嘴 6 与挡板之间的间隙,衔铁 3 的转角都依次和输入电流成正比,因此这种阀的输出流量也和输入电流成正比。输入电流反向时,输出流量也反向。

这种伺服阀,由于力反馈的存在,使得力矩马达在其零点附近工作,即衔铁偏转角 θ 很小,故线性度好。此外,改变反馈弹簧杆 11 的刚度,就能在输入相同电流时改变滑阀的位移量。

这种伺服阀结构紧凑,外形尺寸小,响应快。但喷嘴挡板的工作间隙较小,对油液的清洁度要求较高。

（3）射流管式伺服阀

图 10.16 所示为射流管式伺服阀的结构示意图。该阀采用衔铁式力矩马达带动射流管,两个接收孔直接和主阀两端面连接,控制主阀运动。主阀靠一个板

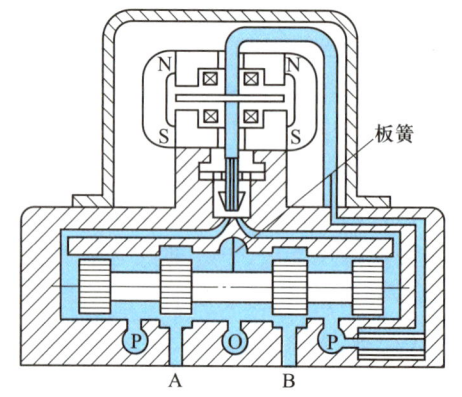

图 10.16 射流管式两级四通电液伺服阀

簧定位,其位移与主阀两端压力差成比例。这种阀的最小通流尺寸(射流管口尺寸)比喷嘴挡板的工作间隙大 4~10 倍,故对油液的清洁度要求较低。缺点是零位泄漏量大;受油液黏度变化影响显著,低温特性差;力矩马达带动射流管,负载惯量大,响应速度低于喷嘴挡板阀。

10.3.2 液压伺服阀的选用

伺服阀的控制精度高,响应速度快,所以在航空、冶金、机械、船舶和化工等工业部门得到广泛的应用。它常用于实现位置、速度、加速度和力的控制。

伺服阀的选用应考虑以下几个方面。

(1)伺服阀对油液的清洁度要求较高,要考虑工作环境,采取较好的过滤措施。

(2)为了改善伺服系统的动态性能,一般要尽量缩短阀和执行元件间的连接管道,常将阀直接固定在执行元件上,这时要注意阀的外形尺寸是否妨碍机器设备的布局。

(3)伺服阀的价格高,要考虑到用户的承受能力。

(4)伺服阀规格选择与普通阀有些不同,一般按下列程序进行。

1)根据负载参数或负载轨迹求出最大负载功率。

2)由最大负载功率时的力 F_{Lm}(或转矩 T_{Lm})计算负载压力 p_L 及执行元件所需流量 q。

执行元件为液压缸时:

$$p_L = \frac{F_{Lm}}{A_p}$$

$$q = A_p v_{max}$$

执行元件为液压马达时:

$$p_L = \frac{T_{Lm}}{V}$$

$$q = V\omega$$

式中:A_p——缸承载腔的有效作用面积,m^2;

$\quad v_{max}$——最大功率时液压缸的速度,m/s;

$\quad V$——马达弧度排量,mL/rad;

$\quad \omega$——最大功率时的角速度,rad/s。

3)计算供油压力 p_s。

$$p_s = \frac{3}{2}(p_L + \Delta p)$$

式中:Δp——阀到执行元件的压力损失,Pa。

4)伺服阀的输出流量 q_L。

$$q_L = (1.15 \sim 1.30)q$$

5)计算伺服阀的压降 p_v。

$$p_v = p_s - p_L - \Delta p$$

6)根据 q_L、p_v 从产品样本中的压降-负载流量曲线,找出合适的阀。把阀的额定流量选得大到能使压力-流量特性曲线上对应最大电流的那条曲线能包住工作循环中负载流量和负载压力的所有各点,并且确保 $p_L < \frac{2}{3}p_s$,这就保证所有负载都在伺服阀的能力范围内。

7)根据系统执行元件的频率选择伺服阀的频宽,使之高于执行元件-负载环节的频宽。

10.3.3 气动伺服阀

在气动控制系统中,除了用气动伺服阀控制的气动伺服系统外,还有用比例阀控制的气压比例控制系统,比例控制阀结构简单,价格便宜,维修方便,它是介于普通的开关式控制阀和伺服控制阀之间的控制元件。

比例控制阀与伺服控制阀的区别并不明显。一般认为,比例控制阀消耗的电流大、响应慢、精度低、价廉和抗污染能力强;而伺服阀则相反,但随着科学的发展和技术的进步,比例阀和伺服阀的差距会越来越小。另外,通常来讲,比例控制阀适用于开环控制,而伺服控制阀则适用于闭环控制。由于比例/伺服控制阀正处于不断的开发和完善中,新类型较多。下面仅就目前相对成熟的气动比例/伺服控制阀的类型及特性作简单介绍。

初期的气动伺服阀是仿照液压喷嘴挡板式伺服阀加工而成的,不仅价格贵,而且控制精度低,一直未能得到推广与应用。随着微电子、材料、传感器等科学技术的发展,现代控制理论和传感器很容易被组合利用,使其价廉地实现伺服功能。气动伺服控制系统实现的可能性重新得到认识,新型气动伺服阀的开发和研究工作再度活跃起来。一般来讲,直动式气动伺服阀主要由力马达、阀芯位移检测传感器、控制电路和主阀等构成。阀芯由力马达直接驱动,其位移由传感器检测,形成阀芯位移的局部负反馈,从而提高了响应速度和控制精度。其电源电压为直流 24 V,输入电压为 0~10 V。

图 10.17 所示的输入电压-输出流量的特性曲线中,不同的输入电压对应着不同的阀芯开口面积和位置,也即不同的流量和流动方向。电压为 5 V 时,阀芯处于中位;0~5 V 时,P 口与 A 口相通;5~10 V 时,P 口与 B 口相通。突然停电时,阀芯返回到中位,气缸原位停止,提高了系统的安全性。该阀具有良好的静、动态特性。

这类伺服阀在使用中可用计算机作为控制器,通过数/模转换器直接驱动。可使用标准气缸和位置传感器来组成价廉的伺服控制系统。但对于控制性能要求较高的自动化设备,应该使用厂家提供的伺服控制系统,如图 10.18 所示。它包括伺服阀、位移传感器、内置气缸、SPC 型控制器。在图中,目标值以程序或模拟量的方式输入给控制器,由控制器向伺服阀发出控制信号,实现对气缸的运动控制。气缸的位移由位移传感器检测,并反馈到控制器。控制器以气缸位移反馈

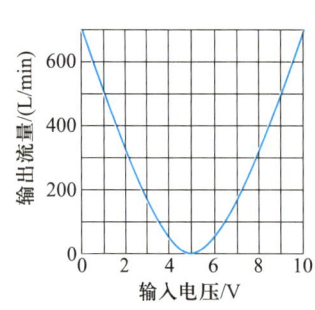

图 10.17　气动伺服阀输入电压-
输出流量特性曲线

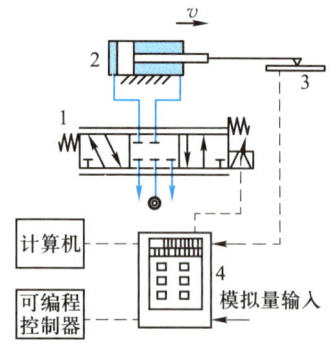

1—伺服阀;2—气缸;3—位移传感器;4—SPC 型控制器

图 10.18　伺服控制系统的组成

量为基础,计算出速度、加速度反馈量,再根据运行条件(负载质量、缸径、行程及伺服阀尺寸等),自动计算出控制信号的最优值,并作用于伺服阀,从而实现闭环控制。控制器与微机相连后,使用厂家提供的系统管理软件,可实现程序管理、条件设定、远距离操作、动特性分析等多项功能。控制器也可与可编程控制器相连接,从而实现与其他系统的顺序动作、多轴运行等功能。

气动伺服阀有多种规格。主要根据执行元件所需的流量来确定阀的规格。

10.4 液压伺服系统

本节介绍车床液压仿形刀架、机械手伸缩运动伺服系统和钢带液压张力控制系统,它们分别代表不同类型的液压伺服系统。

10.4.1 车床液压仿形刀架

车床液压仿形刀架是机液伺服系统。下面结合图 10.19 来说明它的工作原理和特点。液压仿形刀架倾斜安装在车床溜板 5 上,工作时随溜板纵向移动。样板 12 安装在床身后侧支架上固定不动。液压泵站置于车床附近。仿形刀架液压缸的活塞杆固定在刀架 3 的底座上,缸体 6、阀体 7 和刀架连成一体,可在刀架底座的导轨 4 上沿液压缸轴向移动。滑阀阀芯 10 在弹簧的作用下通过支杆 9 使杠杆 8 的触销 11 紧压在样板上。

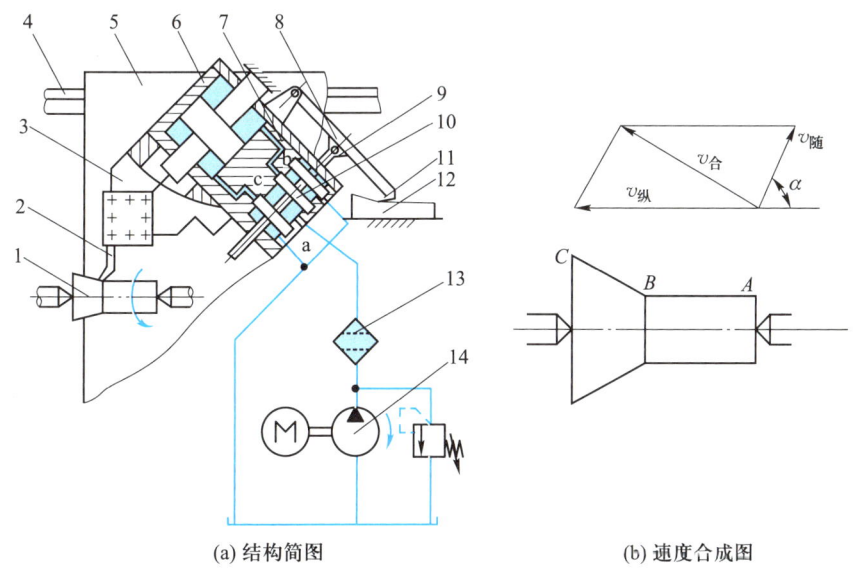

(a) 结构简图　　　　(b) 速度合成图

1—工件;2—车刀;3—刀架;4—导轨;5—溜板;6—缸体;7—阀体;8—杠杆;
9—支杆;10—阀芯;11—触销;12—样板;13—过滤器;14—液压泵

图 10.19　车床液压仿形刀架的结构简图和速度合成图

在车削圆柱面时,溜板 5 沿床身导轨 4 纵向移动。杠杆触销在样板的圆柱段内水平滑动,滑阀阀口不打开,刀架只能随溜板一起纵向移动,刀架在工件 1 上车出 AB 段圆柱面。

车削圆锥面时,触销沿样板的圆锥段滑动,使杠杆向上偏摆,从而带动阀芯上移,打开阀口,压力油液进入液压缸上腔,推动缸体连同阀体和刀架轴向后退。阀体后退又逐渐使阀口关小,直至关闭为止。在溜板不断地作纵向运动的同时,触销在样板的圆锥段上不断抬起,刀架也就不断地作轴向后退运动,此两运动的合成就使刀具在工件上车出 BC 段圆锥面。

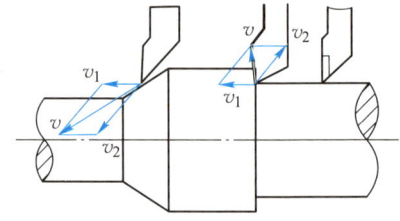

图 10.20　进给运动合成示意图

其他曲面形状或凸肩也都是这样合成切削来形成的。如图 10.20 所示,图中 v_1、v_2 和 v 分别表示溜板带动刀架的纵向运动速度、刀具沿液压缸轴向的运动速度和刀具的实际合成速度。

从仿形刀架的工作过程可以看出,刀架液压缸(执行元件)是以一定的仿形精度按照触销输入位移信号的变化规律而动作的,所以仿形刀架液压系统是机液伺服系统。

10.4.2　机械手伸缩运动伺服系统

一般液压机械手能实现机械手的伸缩、回转、升降和手腕的动作,每一个动作都是由液压伺服系统驱动的,其原理相同。现仅以伸缩伺服系统为例,介绍它的工作原理。

图 10.21 所示是机械手伸缩运动伺服系统。它主要由电液伺服阀 1、液压缸 2、活塞杆带动的机械手手臂 3、齿轮齿条机构 4、电位器 5、步进电动机 6 和放大器 7 等元件组成,是电液位置伺服系统。当电位器的触头处在中位时,触头上没有电压输出。当它偏离这个位置时,由于产生了偏差就会输出相应的电压。电位器触头产生的微弱电压,经放大器放大后对电液伺服阀进行控制。电位器触头由步进电动机带动旋转,步进电动机的角位移和角速度由数字控制装置发出的脉冲数和脉冲频率控制。齿条固定在机械手手臂上,电位器壳体固定在齿轮上,所以当手臂带动齿轮转动时,电位器壳体同齿轮一起转动,形成负反馈。

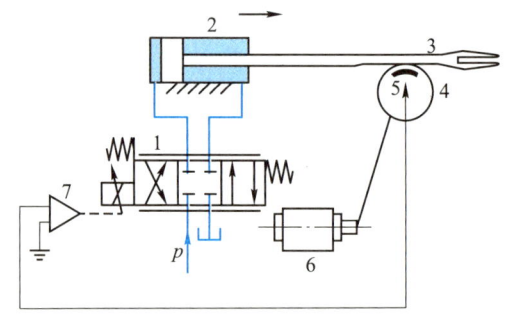

1—电液伺服阀;2—液压缸;3—机械手手臂;4—齿轮齿条机构;5—电位器;6—步进电动机;7—放大器

图 10.21　机械手伸缩运动伺服系统

机械手伸缩系统的工作原理如下。

由数字控制装置发出一定数量的脉冲,使步进电动机 6 带动电位器 5 的动触头转过一定的角度 θ_i(假定为顺时针方向转动),动触头偏离电位器中位,产生微弱电压 u_1,经放大器 7 放大并转换成电流 i 后,输入给电液伺服阀 1 的控制线圈,使伺服阀产生一定的开口量。这时压力油液经阀的开口进入液压缸的左腔,推动活塞连同机械手手臂一起向右移动,行程为 x_v;液压缸右腔的回油经伺服阀流回油箱。由于齿轮和机械手手臂上齿条相啮合,手臂向右移动时,电位器随着作顺时针方向转动。当电位器的中位和触头重合时,偏差为零,则动触头输出电压为零,电液伺服阀失去信号,阀口关闭,手臂停止移动。手臂移动的行程取决于脉冲数量,速度取决于脉冲频率。当数字控制装置发出反向脉冲时,步进电动机逆时针方向转动,手臂缩回。

图 10.22 为机械手伸缩运动伺服系统框图。

10.4.3　钢带液压张力控制系统

在带钢生产过程中,经常要求控制钢带的张力(例如在热处理炉内进行热处理时),因此对

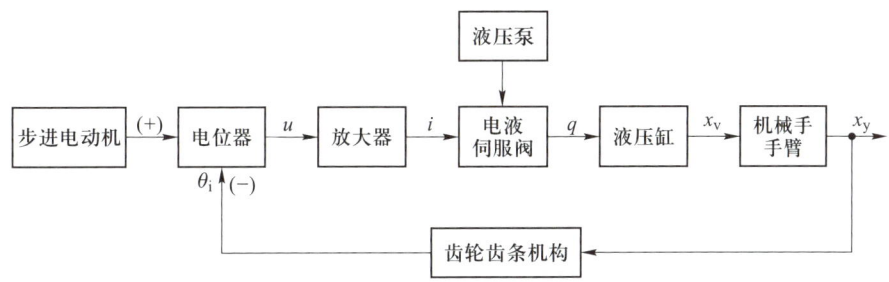

图 10.22 机械手伸缩运动伺服系统框图

薄带材的连续生产提出了高精度恒张力控制要求。

图 10.23 给出了钢带张力控制液压伺服系统的原理。

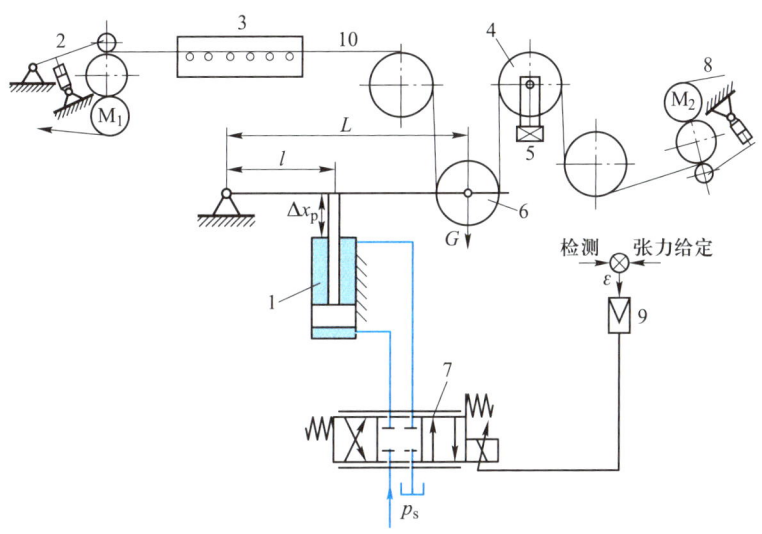

1—液压缸;2—牵引辊组;3—热处理炉;4—转向辊;5—力传感器;6—浮动辊;
7—电液伺服阀;8—加载辊组;9—放大器;10—钢带

图 10.23 钢带液压张力控制系统原理

在钢带张力控制液压伺服系统中,热处理炉内的钢带张力由钢带牵引辊组 2 和钢带加载辊组 8 来确定。用直流电动机 M_1 作牵引,直流电动机 M_2 作为负载,以造成所需张力。如果用调节系统中某一部件的位置来控制张力,由于在系统中各部件惯量大,时间滞后大,控制精度低,不能满足要求,故在两辊组之间设置一液压伺服张力控制系统来控制精度。其工作原理是:在转向辊 4 左右两侧下方各设置力传感器作为检测装置,两传感器检测所得信号的平均值与给定信号值相比较,当出现偏差信号时,信号经放大器放大后输入给电液伺服阀。如果实际张力与给定值相等,则偏差信号为零,电液伺服阀没有输出,液压缸保持不动,浮动辊不动。当张力增大时,偏差信号使电液伺服阀有一定的开口量,供给一定的流量,使液压缸向上移动,浮动辊上移,使张力减小到一定值。反之,当张力减小时,产生的偏差信号使电液伺服阀控制液压缸向下移动,浮动辊下移,使张力增大到一定值。因此,该系统是一个恒值力控制系统,保证了钢带的张力符合要求,提高了钢材的质量。张力控制系统的职能框图如图 10.24 所示。

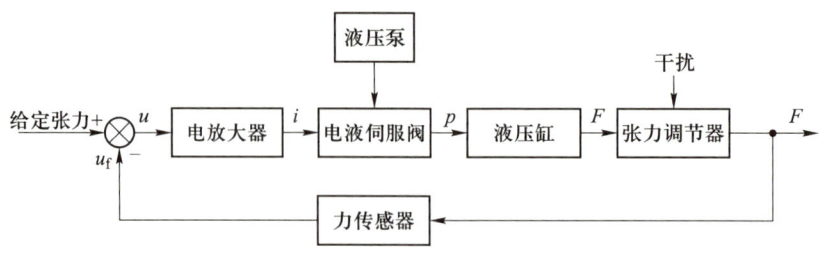

图 10.24　液压张力控制系统职能框图

10.4.4　电液速度伺服控制系统的分析

假设液压马达只带简单的惯性负载,阀控马达的速度控制传递函数为:

$$\frac{\dot{\theta}_{\mathrm{m}}}{Q_{L_0}} = \frac{\dfrac{1}{D_{\mathrm{m}}}}{\dfrac{s^2}{\omega_{\mathrm{n}}^2} + \dfrac{2\zeta_{\mathrm{n}}}{\omega_{\mathrm{n}}}s + 1}$$

式中: ω_{n}——液压固有频率,rad/s;

  ζ_{n}——液压阻尼比;

  D_{m}——马达排量,mL/r。

速度传感器的传递函数为:

$$\frac{u_{\mathrm{s}}}{\dot{\theta}_{\mathrm{m}}} = K_{\mathrm{fv}}$$

式中: u_{s}——速度传感器反馈电压,V;

  K_{fv}——速度传感器比例增益,V/(rad/s)。

其他环节的传递函数同位置伺服系统,即

伺服放大器:看作比例环节,增益 K_{ea};

伺服阀:视系统频宽及伺服阀频宽而定,看作比例环节,增益 $K_{\mathrm{sv}} = \dfrac{Q}{I}$。

速度控制系统的框图如图 10.25 所示。

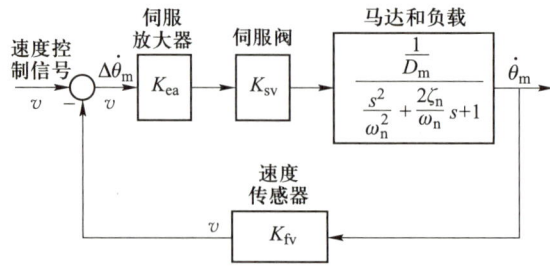

图 10.25　阀控液压马达速度控制系统框图

开环传递函数:

$$G(s)H(s) = \cfrac{K_v}{\cfrac{s^2}{\omega_n^2} + \cfrac{2\zeta_n}{\omega_n}s + 1}$$

式中,开环增益 $K_v = \dfrac{K_{ea}K_{sv}K_{fv}}{D_m}$。

10.5 气压伺服系统

本节简单介绍气压力控制伺服系统、张力控制伺服系统和加压控制伺服系统,它们分别代表不同类型的气压伺服系统。

气压控制系统与液压控制系统相比,最大的不同点在于空气与油液的压缩性和黏性的不同。空气的压缩性大、黏性小,有利于构成柔软型驱动机构和实现高速运动。但是,压缩性大会带来压力响应的滞后;黏性小意味着系统阻尼小或衰减不足,易引起系统的振动。另外,由于阻尼小,系统的增益不可能高,系统的稳定性易受外部干扰和系统参数变化的影响,难以实现高精度控制。所以,过去人们一直认为气压控制系统只能用于气缸行程两端的开关控制,难以满足对位置或力连续可调的高精度控制要求。因此,在设计伺服控制系统时,除了一些特殊的应用场合,很少选择气压伺服控制系统。但是,随着新型的气压比例/伺服控制阀的开发和现代控制理论的引入,气压比例/伺服控制系统的控制性能得到了极大的提高。再加上气压系统所具有的重量轻、价格低、抗电磁干扰和过载保护能力等优点,气压比例/伺服控制系统越来越受到设计者的重视,其应用领域正在不断地扩大。

比例控制技术在液压控制系统中已得到广泛的应用,并已取得了显著的经济效益。而在气压控制系统中,由于上述同样的原因,气压伺服系统有固有频率低、刚度弱、非线性严重及不易稳定等缺点,使比例控制技术在气压领域上的应用受到了限制,研究进展速度相对缓慢。但随着相关技术的不断发展和工程实际需求,比例控制技术在气压领域上的应用将越来越多。

10.5.1 力控制伺服系统

气压比例/伺服控制系统非常适合应用于汽车部件、橡胶制品、轴承等产品的中、小型疲劳实验机中。图 10.26 为汽车方向盘疲劳实验机的气压伺服控制系统。该实验机主要由试件 1(方向盘)、负载传感器 2、气缸 3、位移传感器 4、伺服控制阀 5 和伺服控制器及计算机等组成。要求向试件方向盘的轴向、径向和螺旋方向,单独或复合(两轴同时)地施加正弦变化的负载,然后检测其寿命。在图中,根据系统的要求,输入一定幅值和频率的信号。由负载传感器检测出实际气缸的施加力,经伺服控制放大器放大、滤波和模/数(A/D)转换后,与给定值进行比较,从而产生控制信号,再经数/模(D/A)转换后由伺服控制器产生驱动伺服阀的电流,从而使气缸跟踪输入信号产生加载所需要的负载。该实验机的特点是:精度和简单性兼顾;在两轴同时加载时,不易形成相互干涉。

10.5.2 张力控制伺服系统

在印刷、纺织、造纸等许多工业领域中,张力控制是不可缺少的工艺手段。带材或板材(纸张、胶片、电线、金属薄板等)的卷绕机。在卷绕过程中,为了保证产品的质量,都要求卷筒张力保持一定。由于气压制动器具有价廉、维修简单、制动力矩范围变更方便等特点,所以在各种卷绕机中得到了广泛的应用。图 10.27 所示为采用比例压力阀组成的张力控制系统,它主要由卷筒 1、带材或板材 2、张力传感器 3、比例压力阀 4 和气压制动器 5 等组成。系统工作时,高速运动的带材或板材的张力由张力传感器检测,并输入到控制器,控制器以张力反馈值与输入值的偏差为基础,采用一定的控制算法,输出控制量到比例压力阀,从而调整气压制动器的制动压力,以保证带材的张力恒定。在张力控制中,控制精度比响应速度要求高,应该选用控制精度较高的喷嘴挡板式比例压力阀。

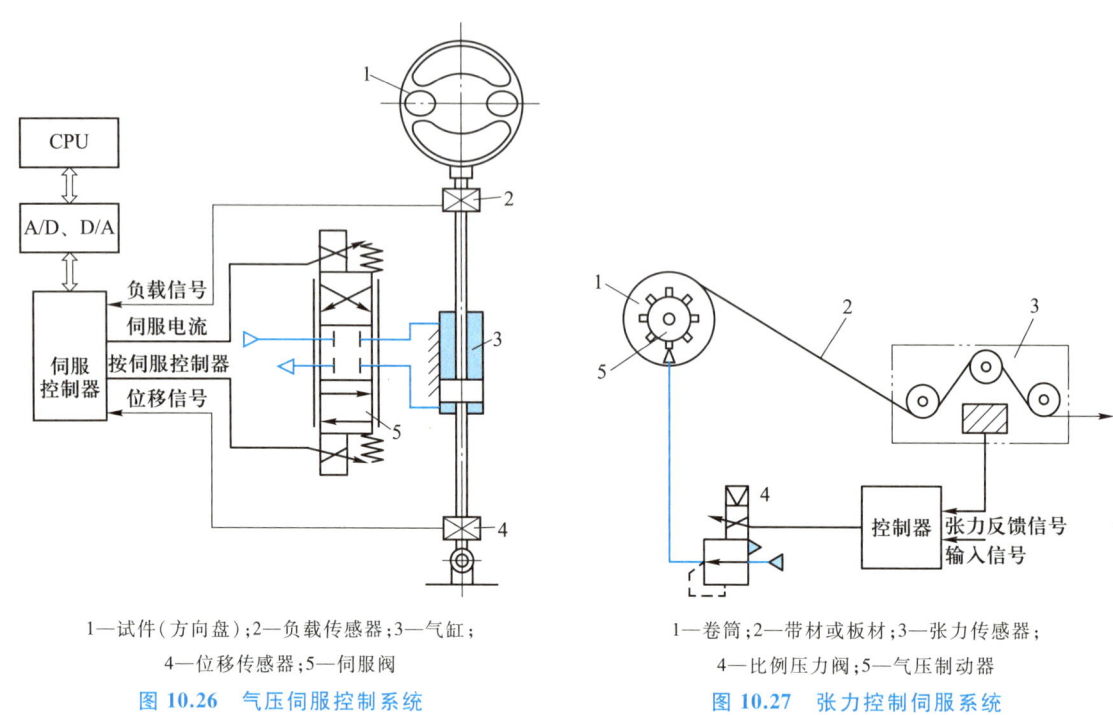

1—试件(方向盘);2—负载传感器;3—气缸;
4—位移传感器;5—伺服阀

图 10.26　气压伺服控制系统

1—卷筒;2—带材或板材;3—张力传感器;
4—比例压力阀;5—气压制动器

图 10.27　张力控制伺服系统

10.5.3　加压控制伺服系统

图 10.28 所示为磨床中的加压控制伺服系统。在这种应用场合下,控制精度比响应速度要求高,同样应选用控制精度较高的喷嘴挡板式或开关电磁式比例压力阀。值得注意的是,加压控制的精度不仅取决于比例压力阀的精度,气缸的摩擦阻力特性影响也很大。标准气缸的摩擦阻力随着工作压力、运动速度等因素变化,难以实现平稳加压控制。所以在此应用场合下,应该选用低速、恒摩擦阻力气缸。该系统主要由比例压力阀 1、气缸 2、夹具 3、磨石 4 和减压阀 5 等组成,系统中减压阀的作用是向气缸有杆腔加一恒压,以平衡活塞杆和夹具机构的自重。在工作过程中,首先关闭比例压力阀,调整减压阀的压力值,使气缸下腔作用在活塞上的力与活塞杆以及夹具机构的自重相平衡。然后根据磨削所需要的力控制比例压力阀,使气缸产生所需的力施加于工件上。

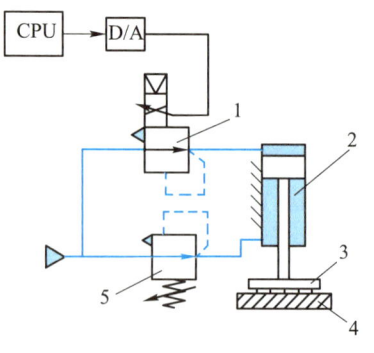

1—比例压力阀;2—气缸;
3—夹具;4—磨石;5—减压阀

图 10.28　加压控制伺服系统

思考题和习题

10-1 什么是伺服系统？举例说明伺服系统是如何构成反馈控制的。

10-2 伺服系统分为几类？都由哪些部分组成？

10-3 伺服系统有什么特点？

10-4 车床上的液压仿形刀架是如何工作的？

10-5 若将液压仿形刀架上的控制滑阀与液压缸分开，成为一个系统中的两个独立部分，仿形刀架能工作吗？作分析说明。

10-6 液压伺服阀的功能是什么？常用的伺服阀有哪些种类？

10-7 滑阀式伺服阀按工作边数可分为几类？哪种控制性能最好？

10-8 什么是滑阀式伺服阀的正开口和负开口？各有何特点？

10-9 简述喷嘴挡板式电液伺服阀的工作原理。

10-10 简述射流管式电液伺服阀的工作原理。

第 11 章　气压逻辑回路与控制系统

11.1　逻辑代数

逻辑学是研究思维形式和规律的科学。逻辑代数也称为布尔代数,是英国数学家布尔创建的一个数学分支,是数学方法在逻辑领域中的应用。它用符号和由符号构成的数学式来表示逻辑名词、逻辑判断和逻辑推理。逻辑代数包括"与""或"和"非"三种基本运算,由这些基本运算引出了一系列的基本定律或定理公式。

在气压控制系统中,大部分的控制系统属于逻辑控制系统或行程程序控制系统,例如气压报警装置、汽车自动装配线等。系统执行元件是按某逻辑关系或人们事先编好的程序工作的。因此,设计这些系统时,应用逻辑代数来分析和设计逻辑控制系统。分析逻辑控制系统是由已知的逻辑控制系统线路,写出系统的逻辑函数和相应的真值表、卡诺图或状态图,以便正确认识系统的逻辑功能。设计逻辑系统是从实际要求出发,写出真值表,画出卡诺图或状态图,求其逻辑函数,从而设计出合理的逻辑控制系统。应用逻辑运算规律设计逻辑控制系统,既可使逻辑控制系统满足逻辑控制要求,又可使系统得到一定的简化,实现采用最少控制元件的目的。

11.1.1　三种基本逻辑运算及其恒等式

1. 逻辑或(加)运算

$$s = a + b \tag{11.1}$$

式中:s——因变量,也称为逻辑函数,是逻辑元件的输出;

a、b——自变量,是逻辑元件的输入。

逻辑或(加)的运算规则是 a、b 中的一个为真("1")时,则 s 为真("1")。其恒等式为:

$$a + 0 = a, \quad a + 1 = 1, \quad a + a = a$$

用数值表示的运算规律为:

$$0 + 0 = 0, \qquad 0 + 1 = 1$$
$$1 + 0 = 1, \qquad 1 + 1 = 1$$

2. 逻辑与(乘)运算

$$s = a \cdot b \tag{11.2}$$

逻辑与(乘)的运算规则是仅当 a、b 均为真("1")时,s 才为真("1")。其恒等式为:

$$a \cdot 0 = 0, \quad a \cdot 1 = a, \quad a \cdot a = a$$

用数值表示的运算规则为:

$$0 \cdot 0 = 0, \qquad 0 \cdot 1 = 0$$
$$1 \cdot 0 = 0, \qquad 1 \cdot 1 = 1$$

3. 逻辑非(否)运算

$$s = \bar{a} \tag{11.3}$$

它的运算规则是 a 为假("0")时,s 为真("1"),a 为真时 s 为假,s 和 a 的值总处于相反状态。数值运算规则为:

$$\bar{0} = 1, \qquad \bar{1} = 0$$
$$\bar{\bar{0}} = 0, \qquad \bar{\bar{1}} = 1$$

11.1.2　基本定律

基本定律有交换律、结合律和分配律三个,它的运算规则与普通代数相同。

1. 交换律

$$\left. \begin{array}{l} a+b = b+a \\ a \cdot b = b \cdot a \end{array} \right\} \tag{11.4}$$

2. 结合律

$$\left. \begin{array}{l} a+(b+c) = (a+b)+c \\ a \cdot (b \cdot c) = (a \cdot b) \cdot c \end{array} \right\} \tag{11.5}$$

3. 分配律

$$\left. \begin{array}{l} a(b+c) = ab+ac \\ (a+b)(c+d) = ac+ad+bc+bd \end{array} \right\} \tag{11.6}$$

11.1.3　形式定律

形式定律也是逻辑运算中常用的运算定律,通过形式定律和基本定律可化简逻辑函数。为了便于区别,给以不同的命名。

1. 吸收律

$$\left. \begin{array}{l} a+(a \cdot b) = a \\ a \cdot (a+b) = a \end{array} \right\} \tag{11.7}$$

2. 展开律

$$\left. \begin{array}{l} (a+b)(a+\bar{b}) = a \\ a \cdot b + a \cdot \bar{b} = a \end{array} \right\} \tag{11.8}$$

3. 反映律

$$\left. \begin{array}{l} a+\bar{a} \cdot b = a+b \\ a \cdot (\bar{a}+b) = a \cdot b \end{array} \right\} \tag{11.9}$$

4. 狄摩根定律

$$\left. \begin{array}{l} \overline{a \cdot b} = \bar{a}+\bar{b} \\ \overline{a+b} = \bar{a} \cdot \bar{b} \end{array} \right\} \tag{11.10}$$

5. 过渡律

$$ab+\overline{a}c+bc=ab+\overline{a}c$$
$$\left.\begin{array}{l}(a+b)(\overline{a}+c)(b+c)=(a+b)(\overline{a}+c)\end{array}\right\}$$

（11.11）

6. 交叉换位律

$$(a+b)(\overline{a}+c)=ac+\overline{a}b$$
$$\left.\begin{array}{l}a \cdot b+\overline{a} \cdot c=(a+c)(\overline{a}+b)\end{array}\right\}$$

（11.12）

上述形式定律可以通过基本定律及恒等式得到证明,也可通过真值表得到证明。

11.1.4　逻辑运算规则和对偶定理

1. 逻辑运算规则

在逻辑代数运算中,运算规则是按非、与、或,先括号内后括号外的顺序进行,不影响运算顺序的括号可以去掉。

2. 对偶定理

分析上述基本定律和形式定律可知,逻辑代数运算中存在或、与,0、1 对偶互换性。也就是说,在某一逻辑公式中进行或、与互换,0、1 互换,得到新的逻辑公式也成立,这种性质称为对偶性。对偶定理可作如下叙述。

对偶定理:若某个由基本定律导出的逻辑公式,则其对偶公式也成立。

11.1.5　逻辑函数、真值表、基本逻辑门和逻辑图

1. 逻辑函数

由逻辑自变量及其逻辑关系组成的逻辑代数式称为逻辑函数,记作

$$s=f(a,b,\cdots)$$

（11.13）

式中: s——逻辑因变量;

f——表示逻辑因变量与逻辑自变量之间的逻辑关系;

$a,b,\cdots$——逻辑自变量。

2. 真值表

逻辑函数及其自变量之间的全部数值用一张表表示,则称此表为真值表,例如逻辑函数 $f=ab+bc+ac$,其真值表可用表 11.1 表示。

表 11.1　真　值　表

a	0	0	0	0	1	1	1	1
b	0	0	1	1	0	0	1	1
c	0	1	0	1	0	1	0	1
f	0	0	0	1	0	1	1	1

3. 基本逻辑门

具有基本逻辑功能的元器件称为基本逻辑门,每个基本逻辑门都对应相应的逻辑函数和真值表,任意的逻辑函数都可以通过基本逻辑门构成。基本逻辑门包括与门、或门和非门三种。表

11.2 列出了基本逻辑门的逻辑符号、逻辑关系、真值表及其运算式。

表 11.2　基本逻辑门的逻辑符号、逻辑关系、真值表及其运算式

名称	逻辑符号和逻辑关系	气动基本逻辑门	真值表			运算式
逻辑与	$f=ab$	$f=a\cdot b$	a	b	f	$0\cdot0=0$ $0\cdot1=0$ $1\cdot0=0$ $1\cdot1=1$
			0	0	0	
			0	1	0	
			1	0	0	
			1	1	1	
逻辑或	$f=a+b$	$f=a+b$	a	b	f	$0+0=0$ $0+1=1$ $1+0=1$ $1+1=1$
			0	0	0	
			0	1	1	
			1	0	1	
			1	1	1	
逻辑非	$f=\bar a$	$f=\bar a$	a		f	$\bar 0=1$ $\bar 1=0$
			0		1	
			1		0	

用气动元件实现的逻辑与是当信号 a、b 同时存在时，气压回路的输出 $f=a\cdot b$ 气压存在。逻辑或是当信号 a 或 b 中，有一个存在时，气压回路即有输出，即气压回路输出 $f=a+b$ 气压存在。用气动元件实现逻辑非是当气压信号 a 不存在时，气压回路有输出；气压信号 a 存在时，气压回路无输出。

4. 逻辑图

任一逻辑函数，无论多么复杂，都可以用相应的逻辑图表示。构成逻辑图的方法是将逻辑函数分解成若干基本逻辑门，根据逻辑函数关系连接而成。逻辑函数中每一个自变量均为基本逻辑门的输入，基本逻辑门的输出可以是下一个基本逻辑门的输入，最后一个逻辑门的输出是逻辑函数的输出。

例如逻辑函数 $f=\bar a\bar c+\bar b\bar c$，由于它有三个自变量 a、b、c。根据逻辑函数可知，该逻辑函数可由三个非门、两个与门、一个或门构成，如图 11.1 所示。

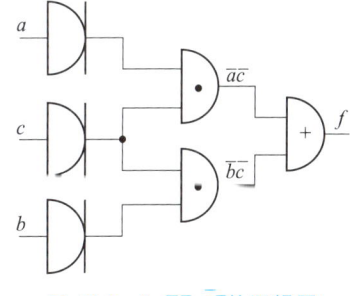

图 11.1　$f=\bar a\bar c+\bar b\bar c$ 的逻辑图

11.2　气压逻辑基本功能单元

气压逻辑基本功能单元是把气压回路按照逻辑关系组合而成的基本功能单元。按照逻辑关

系可把气压信号组成"是""或""与""非"等逻辑基本功能单元。用这些逻辑基本功能单元进行信号变换,有助于控制系统的设计。

表 11.3 中介绍了几种常见的逻辑基本功能单元,表中右边的"真值表"即逻辑基本功能单元的动作说明表。a、b 为输入信号,s 为输出信号。

表 11.3　阀类元件组成的逻辑基本功能单元

名称	基本功能单元图	逻辑符号及表达式	动作说明(真值表)			
是回路		$s=a$	a	s		有信号 a 则 s 有输出,无信号 a 则 s 无输出
			0	0		
			1	1		
非回路		$s=\overline{a}$	a	s		有信号 a 则 s 无输出,无信号 a 则 s 有输出
			0	1		
			1	0		
或回路		$s=a+b$	a	b	s	有 a 或 b 任一个信号,s 就有输出
			0	0	0	
			0	1	1	
			1	0	1	
			1	1	1	
或非回路	(a)　(b)	$s=\overline{a+b}$	a	b	s	有 a 或 b 任一个信号,s 就无输出
			0	0	1	
			0	1	0	
			1	0	0	
			1	1	0	
与回路	(a) 无源　(b) 有源	$s=a \cdot b$	a	b	s	只有当信号 a 和 b 同时存在时,s 才有输出
			0	0	0	
			1	0	0	
			0	1	0	
			1	1	1	

名称	基本功能单元图	逻辑符号及表达式	动作说明(真值表)			
与非回路		$s=\overline{a \cdot b}$	a	b	s	只有当信号 a 和 b 同时存在时，s 才无输出
			0	0	1	
			1	0	1	
			0	1	1	
			1	1	0	
禁回路	(a) 无源　　(b) 有源	$s=\bar{a} \cdot b$	a	b	s	有信号 a 时，s 无输出(a 禁止了 s 有)；当无信号 a，有信号 b 时，s 才有输出
			0	0	0	
			0	1	1	
			1	0	0	
			1	1	0	
记忆回路	(a) 双稳　　(b) 单记忆	(a) $s_1=K_b^a$　(b) $s_2=K_a^b$	a	b	s_1	s_2
			1	0	1	0
			0	0	*	*
			0	1	0	1
			0	0	*	*

记忆回路 动作说明：有信号 a 时，s_1 有输出；a 消失，s_1 仍有输出，直到有 b 信号时，s_1 才无输出，s_2 有输出。记忆回路要求 a、b 不能同时加入。*表示保持原值

名称	基本功能单元图	逻辑符号及表达式	动作说明(真值表)
脉冲回路		a ⊓ s	回路可把长信号 a 变为一脉冲信号 s 输出，脉冲宽度可由气阻 R、气容 C 调节。回路要求 a 的持续时间大于脉冲宽度 t
延时回路		a-t-s	当有信号 a 时，需延时 t 时间后 s 才有输出，调节气阻 R、气容 C 可调节 t。回路要求 a 的持续时间大于 t

11.3 逻辑回路的设计

由与、或、非三种基本逻辑门构成的无反馈连接的线路称为逻辑回路。常用的逻辑回路设计方法有两种,即代数法和图解法(卡诺图法)。由于图解法是建立在逻辑代数的理论基础上的,因而两种方法无本质上的区别。

11.3.1 逻辑代数法

应用逻辑代数法设计逻辑回路,其基本步骤如下:

(1)数学化实际问题,列出输入输出真值表;

(2)由真值表列写逻辑函数;

(3)化逻辑函数为最简逻辑函数;

(4)根据最简逻辑函数作逻辑原理图及气压逻辑回路图。

为说明问题,这里先研究逻辑函数

$$f = a(\overline{b+c}) = a(\overline{\overline{bc}}) = \overline{a} + b + c$$

它有三个不同形式,且是等效的。由此可知,每个逻辑函数都唯一地对应着一个真值表,而在同一个真值表中,却对应着若干个形式不同的等效逻辑函数。因此,真值表唯一地确定了回路的逻辑功能。

如果变量的数目为 n 个,则在真值表中变量的值只可能有 2^n 个组合。例如在上述函数中,由于变量的数目 $n=3$,因此变量值只有 8 种组合,如表 11.4 所示。而这 8 种组合恰好是用二进制数码(0,1)表示的 8 个十进制数 0、1、…、7,而这 8 个数又可以用来表示组合的组号。

由于同一逻辑函数可用多种形式表示,为此需要规定一个标准形式,而这个标准形可以用 n 个变量的最大项或最小项来表示。下面先定义最小项 m 与最大项 M。

表 11.4 变量值的组合

序号	a	b	c	f	十进制	二进制	最小项	最大项
0	0	0	0	1	0	000	$m_0 = m_{000} = \overline{a}\overline{b}\overline{c}$	$M_7 = M_{111} = a+b+c$
1	0	0	1	1	1	001	$m_1 = m_{001} = \overline{a}\overline{b}c$	$M_6 = M_{110} = a+b+\overline{c}$
2	0	1	0	1	2	010	$m_2 = m_{010} = \overline{a}b\overline{c}$	$M_5 = M_{101} = a+\overline{b}+c$
3	0	1	1	1	3	011	$m_3 = m_{011} = \overline{a}bc$	$M_4 = M_{100} = a+\overline{b}+\overline{c}$
4	1	0	0	0	4	100	$m_4 = m_{100} = a\overline{b}\overline{c}$	$M_3 = M_{011} = \overline{a}+b+c$
5	1	0	1	1	5	101	$m_5 = m_{101} = a\overline{b}c$	$M_2 = M_{010} = \overline{a}+b+\overline{c}$
6	1	1	0	1	6	110	$m_6 = m_{110} = ab\overline{c}$	$M_1 = M_{001} = \overline{a}+\overline{b}+c$
7	1	1	1	1	7	111	$m_7 = m_{111} = abc$	$M_0 = M_{000} = \overline{a}+\overline{b}+\overline{c}$

1. 最小项和最大项

最小项是 n 个变量(或变量非)的积,且每个最小项中各变量只出现一次,n 个变量的逻辑函

数有 2^n 个最小项。例如自变量 a、b、c，有三个变量，即 $n=3$，因此函数有 8 个最小项，记作：

$$m_0 = \overline{a}\,\overline{b}\,\overline{c} = m_{000}, \qquad m_1 = \overline{a}\,\overline{b}c = m_{001}$$
$$m_2 = \overline{a}b\overline{c} = m_{010}, \qquad m_3 = \overline{a}bc = m_{011}$$
$$m_4 = a\overline{b}\,\overline{c} = m_{100}, \qquad m_5 = a\overline{b}c = m_{101}$$
$$m_6 = ab\overline{c} = m_{110}, \qquad m_7 = abc = m_{111}$$

式中最小项 m 的下标为组合的组号，也可用二进制表示。最小项中的因子按如下规则写出：变量的值为"1"，写原变量，变量的值为"0"，写变量的非，例如最小项 $m_{101} = a\,\overline{b}\,c$，$m_{011} = \overline{a}bc$ 等。

最大项是 n 个变量（或变量非）的和，且每个最大项中各变量只出现一次，n 个变量的逻辑函数有 2^n 个最大项。最大项 M 的下标按下述规则写出：将最小项的二进制下标作 0,1 对偶变换，例如，$m_{010} \to M_{101}$，则得相应的最大项，例如变量 a、b、c，相应的 8 个最大项为：

$$M_7 = M_{111} = a+b+c, \quad M_6 = M_{110} = a+b+\overline{c}$$
$$M_5 = M_{101} = a+\overline{b}+c, \quad M_4 = M_{100} = a+\overline{b}+\overline{c}$$
$$M_3 = M_{011} = \overline{a}+b+c, \quad M_2 = M_{010} = \overline{a}+b+\overline{c}$$
$$M_1 = M_{001} = \overline{a}+\overline{b}+c, \quad M_0 = M_{000} = \overline{a}+\overline{b}+\overline{c}$$

2. 与-或式标准型逻辑函数

定理：任一逻辑函数 f，可唯一地写成它的最小项标准形：

$$f = \sum_{i=0}^{2^n-1} f_i m_i \tag{11.14}$$

式中：n——变量的数目；

$\sum$——求逻辑和符号；

i——最小项下标；

f_i——第 i 最小项的函数值；

m_i——第 i 最小项。

此定理说明，若已知真值表，逻辑函数的标准形可以写成各函数与相对应的最小项乘积之和。

例 11.1 某逻辑函数，其真值表如表 11.5 所示，写出最小项（与-或式）标准形。

表 11.5 真 值 表

序号	a	b	c	f	最大项	最小项
0	0	0	0	0	M_{111}	
1	0	0	1	1		m_{001}
2	0	1	0	0	M_{101}	
3	0	1	1	1		m_{011}
4	1	0	0	0	M_{011}	
5	1	0	1	1		m_{101}
6	1	1	0	1		m_{110}
7	1	1	1	1		m_{111}

解　由定理式(11.14)可得出逻辑函数最小项(与-或式)标准形为:

$$f(a,b,c)=0 \cdot m_0+1 \cdot m_1+0 \cdot m_2+1 \cdot m_3+0 \cdot m_4+1 \cdot m_5+1 \cdot m_6+1 \cdot m_7$$

$$=m_1+m_3+m_5+m_6+m_7$$

$$=\bar{a}\bar{b}c+\bar{a}bc+a\bar{b}c+ab\bar{c}+abc$$

由此可知,当逻辑函数为 0 时,所对应的最小项不出现在标准形中。因此,上述定理也可以改述为:逻辑函数的与-或式标准形等于函数值为 1 的那些最小项之和。

3. 或-与式标准形逻辑函数

逻辑函数的或-与式(最大项)标准形可由下述定理叙述。

定理:逻辑函数的或-与式标准形等于对应于函数值为 0 的那些最大项之积。

此定理实际上是与-或式标准形定理的对偶定理。

例 11.2　求表 11.5 所示函数的或-与式标准形。

解　根据定理及表 11.5 可得

$$f(a,b,c)=M_7 \cdot M_5 \cdot M_3$$

$$=(a+b+c)(a+\bar{b}+c)(\bar{a}+b+c)$$

4. 逻辑函数化简

由上述可知,由于逻辑函数的表现形式不是唯一的,且在一般情况下,函数的标准形式通常不是最简的,要使逻辑回路中所用的基本逻辑元件最少,需通过基本定理和形式定理进行化简。

例 11.3　试将例 11.1 中得到的标准形

$$f=\bar{a}\bar{b}c+\bar{a}bc+a\bar{b}c+ab\bar{c}+abc$$

化成最简与-或式。

解

$$f=\bar{a}\bar{b}c+\bar{a}bc+a\bar{b}c+ab\bar{c}+abc$$

$$=\bar{a}\bar{b}c+\bar{a}bc+abc+ab\bar{c}+a\bar{b}c+abc$$

$$=\bar{a}c(\bar{b}+b)+ab(\bar{c}+c)+ac(\bar{b}+b)$$

$$=\bar{a}c+ac+ab$$

$$=c(\bar{a}+a)+ab$$

$$=c+ab$$

由最简与-或式可作出逻辑原理图和气压逻辑线路图,如图 11.2 所示。

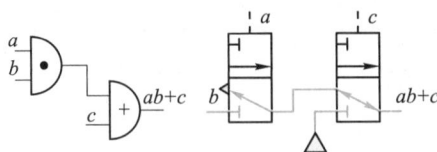

图 11.2　逻辑原理图和气压逻辑线路图

用气动元件表示最简与-或式时,是当气压信号 a、b 同时存在或气压信号 c 存在时,气动元件有输出,即 $f=ab+c$。

例 **11.4**　将具有或-与式标准形逻辑函数

$$f=(a+b+c)(a+\overline{b}+c)(\overline{a}+b+c)$$

化成最简或-与式。

解　根据基本定律及形式定律可得：

$$f(a,b,c)=(a+b+c)(a+\overline{b}+c)(\overline{a}+b+c)$$

$$=[(a+c)+b][(a+c)+\overline{b}][\overline{a}+(b+c)][a+(b+c)]$$

$$=(a+c)(b+c)$$

由此可作出其逻辑原理图如图 11.3 所示。

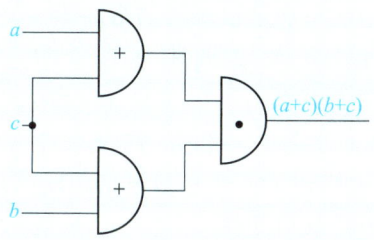

图 11.3　$f=(a+c)(b+c)$ 逻辑原理图

11.3.2　卡诺图法

1. 用卡诺图化简逻辑函数

用卡诺图化简逻辑函数是一种既简单又直观的方法。卡诺图是真值表的一种变换,它比真值表更明确地表示出逻辑函数的内在联系。使用卡诺图可以直接写出最简逻辑函数,避免了繁琐的逻辑代数运算。

卡诺图是一个如同救生圈状的立体图形,为了便于观察和研究,将它沿内圈剖开,然后横向切断展开成一个矩形图形。

若自变量为一个,则卡诺图上有两个方格;自变量为两个,则卡诺图上有四个方格;若自变量为三个,则卡诺图上有八个方格,……。方格数是自变量的可能排列组合数,即方格数为 2^n 个,其中 n 为自变量的个数。图 11.4 作出了自变量为 1~4 个的卡诺图。

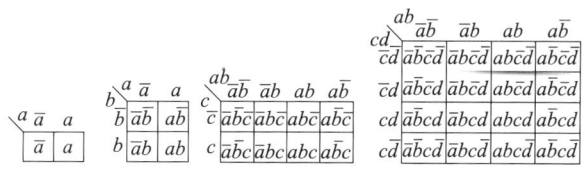

图 11.4　自变量为 1~4 个的卡诺图

由逻辑函数填写卡诺图的方法是:先将函数化成与-或式,在卡诺图方格中,属于函数式之与项的格子填上"1",不属于函数式之与项的格子填入"0"。

例 11.5 作逻辑函数 $f=a\,\overline{bc}+ab\,\overline{c}+abc$ 的卡诺图。

解 由逻辑函数 $f=a\overline{b}\,\overline{c}+ab\,\overline{c}+abc$ 可知,该逻辑函数有三个自变量,所以卡诺图应有 8 个格子,按上述填写卡诺图的方法,可作出卡诺图如图 11.5 所示。

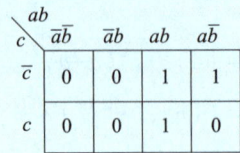

图 11.5 逻辑函数 $f=a\,\overline{bc}+ab\,\overline{c}+abc$ 的卡诺图

有了卡诺图,便可直接由卡诺图写出逻辑函数的最简形式。在卡诺图上列写最简逻辑函数式时,也有两种方法,即"与-或"和"或-与"式两种。

（1）由卡诺图写"与-或"式逻辑函数

1）将卡诺图上值为"1"的格子分成若干组,分组的办法有以下几种。

① 相邻的方格可划为一组,这里相邻方格是指方格边线共用。应当指出,卡诺图上下两边是一条线切开的,两端边线也是一条线切开的。

② 每组取的方格数应按"2^n"的规律选取,且必须组成矩形（也包括正方形）。

③ 每组方格数应尽量按上述规定多取,卡诺图中的任一方格均可被若干不同的组重复使用。每组方格取得越多,函数的逻辑表达式就越简单。

2）确定每组的"与"函数。确定的办法是:凡是在该组中取不同值的自变量均被消去,余下的自变量若和格内值相同的取原变量,若与格内值不同的取反码,把这些自变量的取码相乘,便得出该组的"与"式。

3）把各组写成的"与"式相加,就得到逻辑函数的最简"与-或"式。

根据上述原则,将上述例 11.5 的卡诺图 11.5 分成两组,如图 11.6 所示。第一组"与"式为 $a\,\overline{c}$,第二组"与"式为 ab,最后得最简逻辑函数为:

$$f=a\,\overline{c}+ab$$

（2）由卡诺图写最简"或-与"式逻辑函数

由卡诺图写最简"或-与"式逻辑函数的方法与写"与-或"式逻辑函数的方法基本类似,其方法如下。

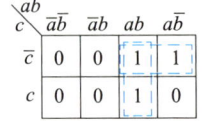

图 11.6 逻辑函数
$f=a\,\overline{bc}+ab\,\overline{c}+abc$ 的卡诺图

1）把卡诺图中具有"0"的格子按上述原则分组。

2）写出每组的"或"式,在同一组中自变量取相反值的消去,自变量取相同值且与格内值相同的取原码,与格内值不同的取反码,将这些自变量的取码相加,得到该组的"或"式,再将各组"或"式相乘,就得到逻辑函数的最简"或-与"式。

按上述方法,将卡诺图 11.5 分成两组,如图 11.7 所示。第一组"或"式为 a,第二组"或"式为 $b+\overline{c}$,相乘后得最简"或-与"式逻辑函数为:

$$f=a(b+\overline{c})$$

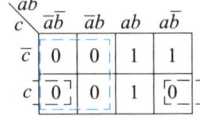

图 11.7 逻辑函数
$f=a\,\overline{bc}+ab\overline{c}+abc$ 的卡诺图

2. 卡诺图法在逻辑回路设计中的应用

逻辑代数是设计逻辑回路的重要数学工具,而卡诺图为逻辑函数化简提供了简便方法。对于逻辑控制系统而言,不但需要必要的逻辑控制元件,还需要有例如启动信号（手动或自动）、主

控阀(双气控制换向阀)及执行机构等,才能构成较为完整的逻辑控制系统。

下面举例说明应用卡诺图法设计逻辑控制系统中的问题。

例 11.6 设某逻辑控制系统,它由两个气缸 A、B 及四个按钮 a、b、c、d 构成,其动作需求为:

(1)按钮 a 接通　A 缸进,B 缸退;

(2)按钮 b 接通　B 缸进,A 缸退;

(3)按钮 c 接通　A 缸进,B 缸进;

(4)按钮 d 接通　A 缸退,B 缸退;

(5)按钮 a、b 都接通　A、B 缸都退;

(6)按钮 a、b、c、d 都不通　A、B 两缸保持原状态。

解 根据上述设计动作要求,可列出它们相互关系的真值表,如表 11.6 所示。

表 11.6　真　值　表

输入				输出			
a	b	c	d	A_0	A_1	B_0	B_1
1	0	0	0	0	1	1	0
0	1	0	0	1	0	0	1
0	0	1	0	0	1	0	1
0	0	0	1	1	0	1	0
1	1	0	0	1	0	1	0
0	0	0	0	0	0	0	0

注:A_0、B_0 分别表示 A、B 缸退,A_1、B_1 分别表示 A、B 缸进。

由真值表可知,四个逻辑函数 A_1、A_0、B_1、B_0 都包含四个自变量 a、b、c、d,即:

$$A_1 = f_1(a,b,c,d)$$
$$A_0 = f_2(a,b,c,d)$$
$$B_1 = f_3(a,b,c,d)$$
$$B_0 = f_4(a,b,c,d)$$

为利用卡诺图设计逻辑回路,先根据真值表作出卡诺图,如图 11.8 所示。

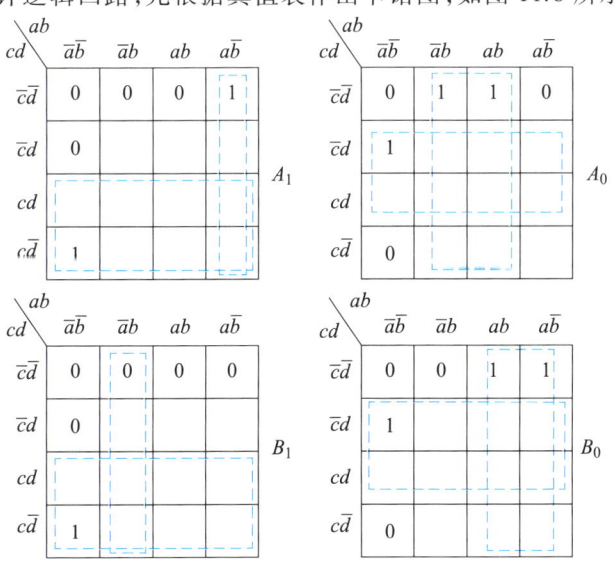

图 11.8　卡诺图

373

用"与–或"法，由卡诺图写出最简逻辑函数为：

$$A_0 = b + d, \qquad A_1 = a\bar{b} + c$$

$$B_0 = a + d, \qquad B_1 = c + \bar{a}b$$

需要指出，卡诺图中没有确定值的空格，是生产中不可能出现的情况，因而可以任意假定该空格的值。

根据列写出来的四个逻辑函数，可以作出气压逻辑回路，如图 11.9 所示。图 11.10 是用逻辑控制元件构成的逻辑控制系统。

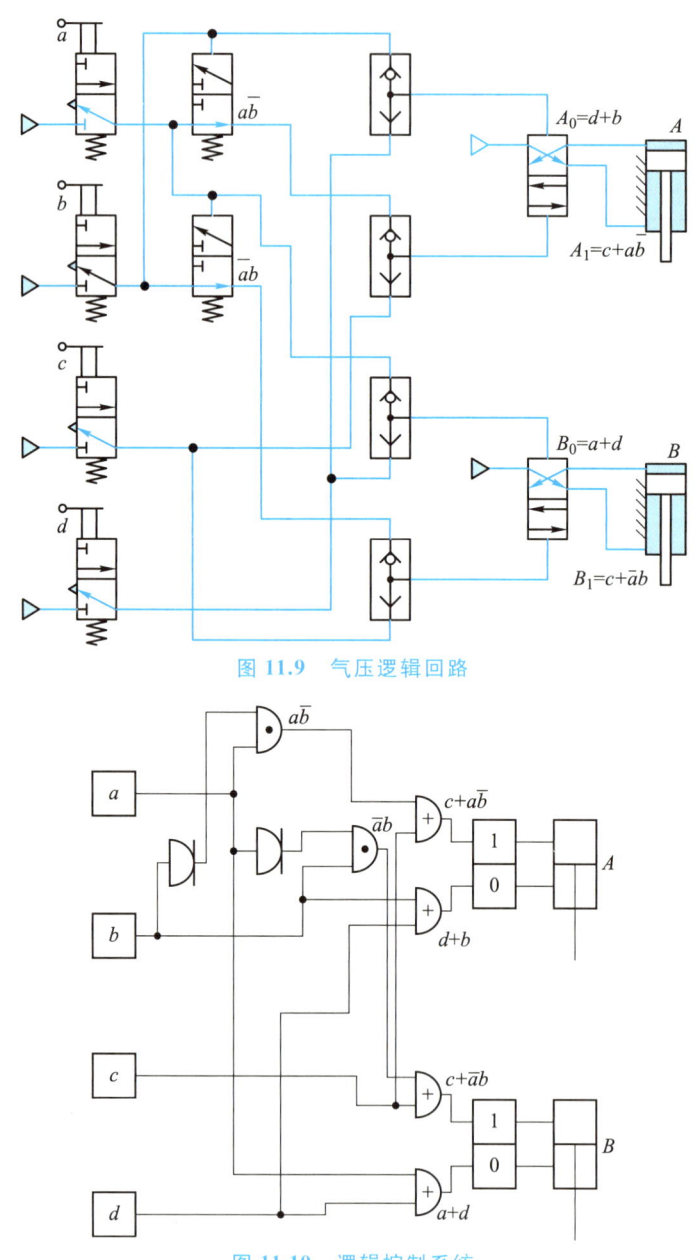

图 11.9　气压逻辑回路

图 11.10　逻辑控制系统

例 11.7　某电厂水处理车间,有四个气动阀门 A、B、C、D。它们在生产过程中可能出现如下八种情况(如表 11.7 所示)。其中①、④、⑥为危险工作状态,需要自动报警。设计汽笛报警逻辑控制回路。

表 11.7　气动阀门工作情况真值表

编号	A	B	C	D	报警	组号	A	B	C	D	f
①	关	开	开	开	有	7	0	1	1	1	1
②	开	关	关	关	无	8	1	0	0	0	0
③	关	开	关	开	无	5	0	1	0	1	0
④	关	关	开	关	有	2	0	0	1	0	1
⑤	开	关	开	开	无	11	1	0	1	1	0
⑥	开	开	关	关	有	12	1	1	0	0	1
⑦	关	关	关	开	无	1	0	0	0	1	0
⑧	开	开	开	关	无	14	1	1	1	0	0

解　如果在阀门开启位置分别安装四个发信装置,则阀门 A 开启时,$A=1$,关闭时 $A=0$。B、C、D 阀门与 A 阀门相同。设报警信号为 f,则有报警信号时,$f=1$,无报警信号时 $f=0$。因此可以认为 f 是自变量 A、B、C、D 的逻辑函数。这样就把设计报警逻辑控制问题转化成寻求最简逻辑函数 f 的问题。

根据真值表 11.7,可直接作出卡诺图,如图 11.11 所示。

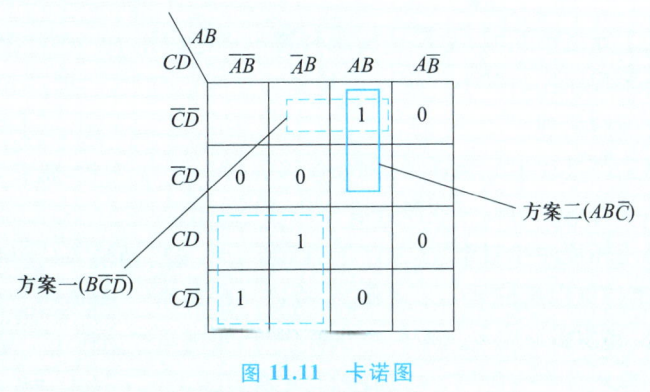

图 11.11　卡诺图

根据"与-或"法,由卡诺图写出最简逻辑函数为:

$$f=B\overline{C}\,\overline{D}+\overline{A}C \qquad\qquad (方案一)$$

或

$$f=AB\overline{C}+\overline{A}C \qquad\qquad (方案二)$$

由于方案二的自变量比方案一的自变量少。因此,选择方案二作为报警逻辑控制系统的设计依据。由此,可作出报警系统的逻辑原理图和气压逻辑线路图,如图 11.12 所示。图中,Q/D 为气、电转换装置。

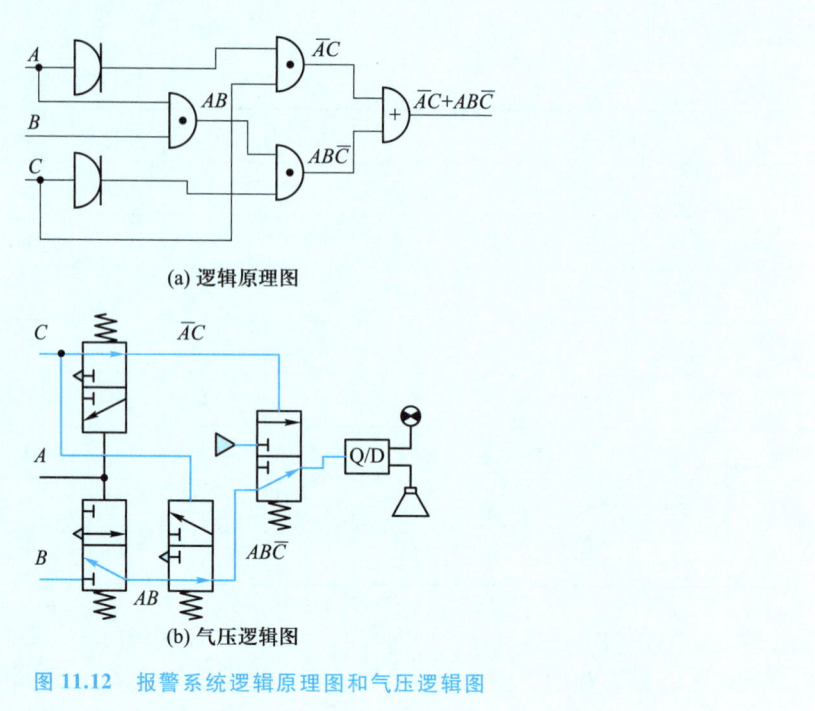

(a) 逻辑原理图

(b) 气压逻辑图

图 11.12 报警系统逻辑原理图和气压逻辑图

11.4 程序控制系统

程序控制系统是工业生产领域,尤其是气压装置中广泛应用的一种控制系统。程序控制包括数字程序控制和简单程序控制两类。按发信装置和控制信号不同,简单程序控制可分为行程程序控制和时间程序控制两种。

程序控制是根据生产过程中的物理量,例如位移、时间、压力、温度、液位等的变化,使被控对象的各执行元件按照预先给定的程序或条件有序协调地工作。

行程程序控制是闭环程序控制系统,如图 11.13 所示。当启动输入信号发出后,逻辑回路将发出执行信号,控制执行机构执行第一步动作,完成第一步动作后,触发行程阀或行程开关,发出气的或电的行程信号,经逻辑回路发出第二个执行信号,实现第二动作……整个系统将按预先给定的程序循环工作。显然只有完成第一步动作后,才有可能进行下一步动作,这种控制方式具有连续的控制作用,安全可靠,是气压设备上应用最广泛的一种控制方式。

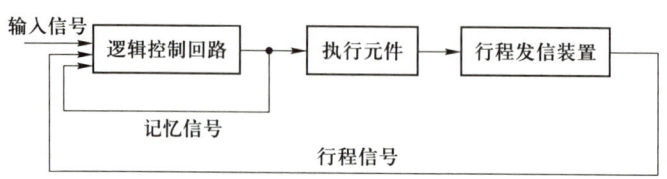

图 11.13 行程程序控制系统

行程程序控制系统包括发信装置、执行元件、逻辑控制回路、动力源等。发信装置通常是行程阀、行程开关等,力、压力、温度等的传感器也可用来作为发信装置。执行元件和它联动的机构称为执行机构,常用的执行元件有气缸、气马达、气阀等。逻辑控制回路是根据系统程序控制要求,由气动方向阀、气动逻辑元件或电气逻辑元件等构成。动力源由空气压缩机、油水分离器、干燥器、储气罐、调压阀、油雾器等组成。

根据气缸在工作运行一个周期中往复动作的次数,行程程序控制系统分为单往复和多往复两种。为适应生产的需要,程序系统可设计成可以选择的程序控制,程序的选择可以是预先选定,也可以在运行过程中根据某种条件自动选定;也可根据需要设计成压力控制、时间控制系统。

11.4.1 气压控制系统中常用的电气电路

在气压控制系统中,许多系统的控制线路是由电气元件组成的。为了更好地理解、设计和使用电气控制的气压控制系统,这里简单介绍几个气压控制系统中的常用电气控制回路。

1. 控制继电器

常用的控制继电器包括时间继电器、压力继电器、热继电器、温度继电器等。控制继电器广泛地应用于电力拖动、程序控制、自动调节与自动检测系统中。图 11.14 为控制继电器的工作原理图。它由按钮开关、电磁铁线圈、触点、接线柱等构成。通过按钮开关,控制回路闭合通电,使电磁铁线圈通电励磁,触点吸合。

2. 串联电路

串联电路也称逻辑"与"电路。一台设备需几个人进行操作时,为保证安全,需要每个操作者控制一个设备启动开关,只有当每个操作者都按下自己控制的启动开关时,设备才能开始运行。图 11.15 为串联电路一例。由图可知,只有当 SB_1、SB_2、SB_3 均被按下闭合时,电磁阀线圈 YA 才能通电励磁。具有这种功能的电路称为串联电路。

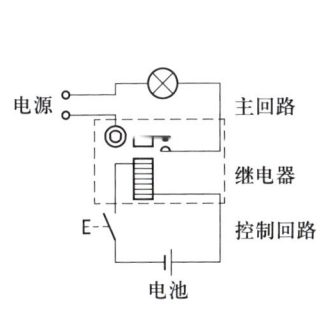

图 11.14 继电器工作原理图

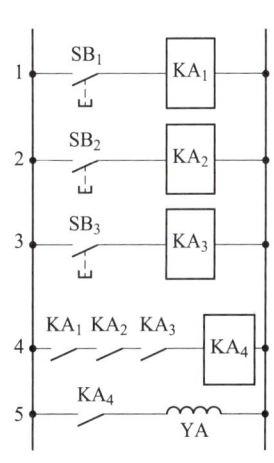

图 11.15 串联电路图

3. 并联电路

并联电路也称为逻辑"或"电路。一台设备几个人同时操作时,为确保安全,也需要每个操作者都控制一个设备停止按钮,只要其中任一操作者按下自己控制的设备停止按钮,设备即刻停止运行。具有这种控制功能的回路可由并联电路来实现,如图 11.16 所示。由图可知,开关按钮 SB_1、SB_2、SB_3 中,任何一个开关闭合时,电磁阀线圈 YA 即失电断开。

4. 自保持电路

自保持电路也称为记忆电路,由于常用的按钮通常是动合按钮,是一个短时间信号。欲使电路保持通电信号,需要保持电路来维持。图 11.17 所示为保持电路的一种,KA_{k1} ~ KA_{k3} 为 KA 的 1-3 路输出触点。由图可知,只需开关按钮 SB_1 动作一次,灯 A 将继续保持灯灭状态,灯 B 将继续保持灯亮状态。因此称此电路为自保持电路。

要解除电路的自保持,可在继电器 KA 前加入一个动断按钮开关 SB_2,如图 11.18 所示。当按下开关按钮 SB_1 后,电路进入自保持状态。当按下停止按钮 SB_2 时,自保持状态将被解除。

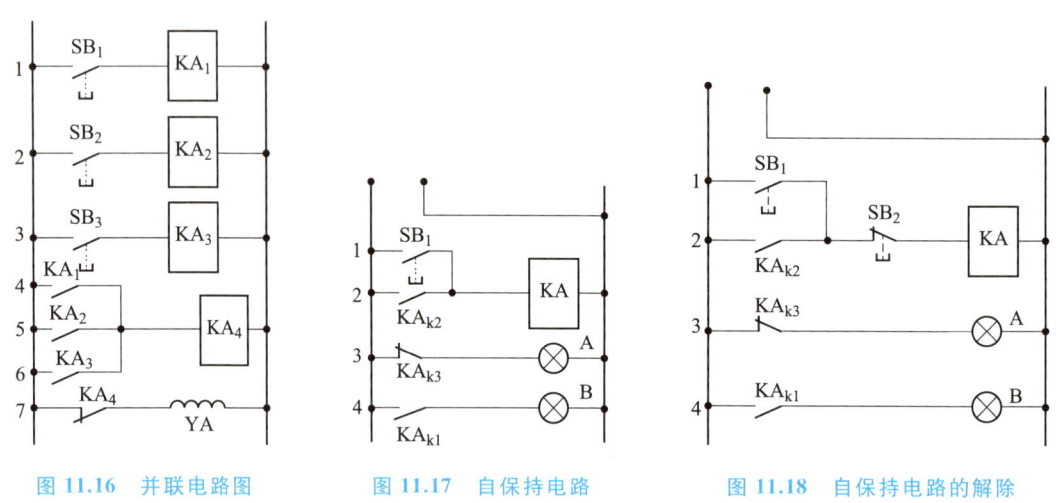

图 11.16　并联电路图　　　　图 11.17　自保持电路　　　　图 11.18　自保持电路的解除

5. 延时电路

由于现代气压自动化设备所能完成的工艺过程越来越复杂,各工序之间需按一定时间紧密配合,要求工艺过程时间可随人们的要求在某一范围内调整。为此,需要利用延时电路加以实现。

图 11.19 所示为延时电路。图 11.19a 所示为延时闭合电路,延时时间由定时器 KT 确定。当按下启动按钮 SB,定时器 KT 开始计数,经过规定时间后定时器触点 KT 接通,电灯 XD 亮。图 11.19b 所示为延时断开电路。当按下 SB 时,定时器触点 KT 同时接通,电灯 XD 亮,放开 SB,定时器开始计数,到规定时间后定时器触点 KT 才断开,XD 灯灭。

6. 优先电路

所谓优先电路,是指当得到相互矛盾的动作信号时,使先加入信号优先动作,而后加入信号不起作用的电路。通常具有这种功能的电路称为先入信号优先电路。为说明问题,下面先分析一个例子。

图 11.20a 所示为双电磁铁中位封闭式三位四通阀控气缸,图 11.20b 所示为控制它的电

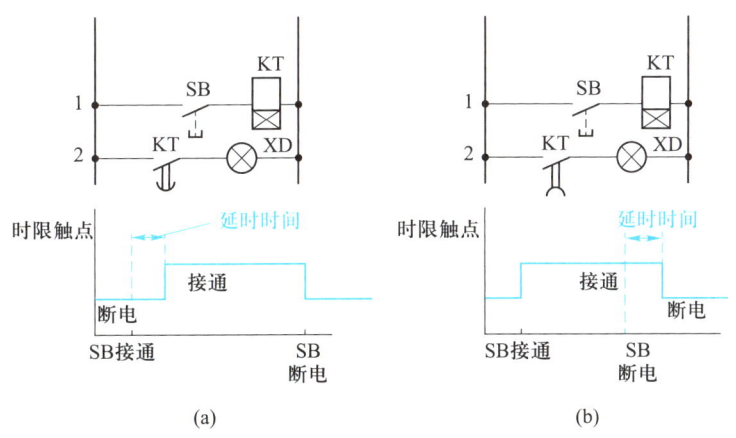

图 11.19　延时电路

路。工作开始时,按下按钮 SB_1,继电器 KA_1 通电励磁,并进入自保持状态,列号 5 的继电器触点 KA_1 闭合通电,电磁阀线圈 YA_1 励磁,换向阀换向,气缸前进,当活塞杆前端与限位开关 SQ_1 接触后,继电器 KA_1 自保持状态被解除,线圈 YA_1 消磁,换向阀复位,气缸停止前进。按下按钮 SB_2,继电器 KA_2 通电励磁并进入自保持状态,列号 6 继电器触点 KA_2 闭合,线圈 YA_2 励磁,换向阀换向,气缸后退,当活塞杆前端与限位开关 SQ_2 接触,继电器 KA_2 自保持状态被解除,YA_2 同时也被消磁,换向阀复位,气缸停止运动。乍看起来,上述电路似乎可以没有问题地完成气缸往复运动。

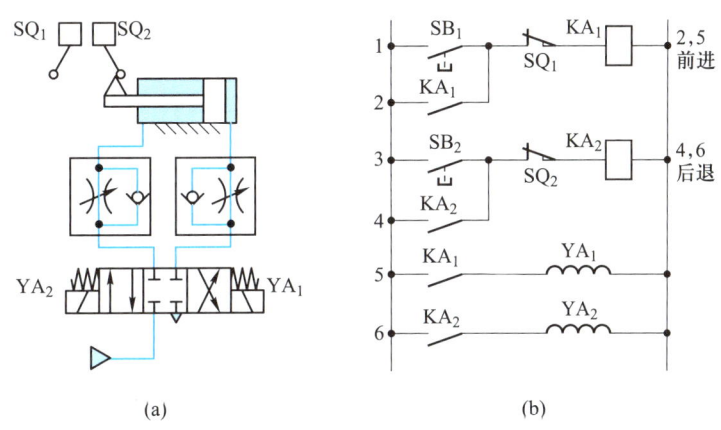

图 11.20　气缸往复运动回路及其操作电路

但当活塞处于中间位置,限位开关 SQ_1、SQ_2 均处于闭合状态,同时或先后按下 SB_1 和 SB_2(SQ_1 压开前),此时继电器 KA_1、KA_2 均进入自保持状态,YA_1、YA_2 均被励磁,换向阀无法进入正常工作,导致电磁铁过热或烧坏。为使该系统能正常工作,需采用优先电路加以控制。图 11.21 为先入优先连锁电路。若 SB_1 先按下,则 KA_1 吸合。此时即使按下 SB_2,KA_2 也不会吸合,从而避免 YA_1 和 YA_2 同时得电,实现了优先连锁作用。

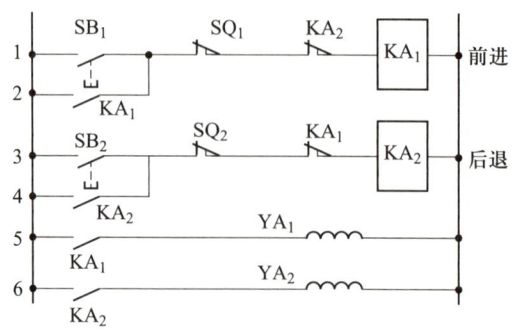

图 11.21　先入优先连锁电路

11.4.2　行程程序控制系统的设计

行程程序控制系统通常包括单往复行程程序控制系统、多往复行程程序控制系统、选择程序控制系统等。常用的行程程序控制系统的设计方法有信号-动作线图法(X-D 状态线图法)、卡诺图法、程序控制线图法等。这里介绍其中的设计方法——X-D 状态线图法。

1. 单往复行程程序控制系统的设计

在给定的行程程序一次循环过程中,系统中各执行元件只作一次往复运动的系统称为单往复行程程序控制系统。应用 X-D 状态线图法设计行程程序控制系统的步骤如下。

(1)根据事先给定的行程程序绘制 X-D 状态线图。

(2)由 X-D 状态线图判别障碍信号。

(3)寻求消除障碍信号的方式,确定执行信号。

(4)作程序控制逻辑原理图及气压控制线路图。

下面通过实际例子加以说明。

例 11.8　设已知给定工作程序如图 11.22 所示:

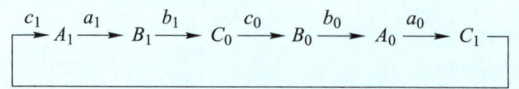

图 11.22　单往复行程程序

设计该行程程序控制系统。

解　根据预先给定的行程程序,可作出 X-D 状态线图如图 11.23 所示。

其具体作法为:

(1)作 X-D 状态图图框

根据已给程序 $A_1B_1C_0B_0A_0C_1$ 在框图中从左而右填入节拍序号,第二行填写程序本身,最前一列按给定程序列出信号和动作符号,最后一列留作填写执行信号。控制信号括号内注明被控动作,例如 $c_1(A_1)$,表示控制信号为 c_1,被控动作为 A_1。

(2)作动作状态线

用粗实线表示执行元件动作状态线,动作状态线起始于其程序图框纵横大写字母相同,且字母下标(0 或 1)也相同的方格左端,终止于纵横大写字母相同,而下标不同的方格左端。例如 A_1 从节拍①开始到节拍⑤前结束。在这里需要说明的是:

1) 节拍间的纵向分界线为主控阀的切换时间线。

2) 任一主控阀,它的两个输出总是互为反相,例如 $A_1 = \overline{A_0}$。系统按程序运行时,任一时刻总有两个输出信号之一存在,两个输出状态线可水平地连接成一闭合直线。因此,当画出其中一条状态线时,可根据互为反相性质作出另一条状态线。

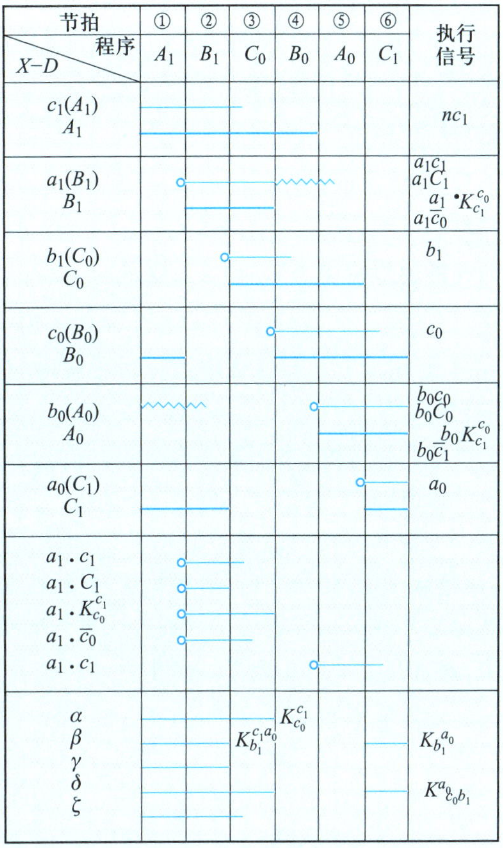

(3) 作控制信号线

用细实线表示控制信号线。这里信号线指的是气缸活塞运动到终端时产生的机控信号,由于固定在活塞杆上的凸轮有一定长度,控制信号在行程终端前就已产生,而在活塞开始退回后才消失。因此,控制信号线应从符号相同的行程末端开始到符号不同的行程开始后的前端结束。控制信号线不以纵向分界线分界,其两端有出头,控制信号比动作状态线提前产生的出头部分是使主控阀切换命令的有效部分,称之为执行段,在 $X-D$ 状态图中用小圆圈"○"表示。一旦主控阀切换,由于气动阀的记忆作用,控制信号的其他部分可视为多余信号,而可变为可有可无。

X-D \ 节拍 程序	① A_1	② B_1	③ C_0	④ B_0	⑤ A_0	⑥ C_1	执行信号
$c_1(A_1)$ / A_1							nc_1
$a_1(B_1)$ / B_1							a_1c_1 / a_1C_1 / $a_1 \cdot K^{c_0}_{c_1}$ / $a_1\overline{c_0}$
$b_1(C_0)$ / C_0							b_1
$c_0(B_0)$ / B_0							c_0
$b_0(A_0)$ / A_0							b_0c_0 / $b_0 K^{c_0}_{c_1}$ / $b_0\overline{c_1}$
$a_0(C_1)$ / C_1							a_0
$a_1 \cdot c_1$ / $a_1 \cdot C_1$ / $a_1 \cdot K^{c_1}_{c_0}$ / $a_1 \cdot \overline{c_0}$ / $a_1 \cdot c_1$							
α / β / γ / δ / ζ		$K^{c_1 a_0}_{b_1}$	$K^{c_1}_{c_0}$				$K^{a_0}_{b_1}$ / $K^{a}_{c_0 b_1}$

图 11.23 程序 $A_1 B_1 C_0 B_0 A_0 C_1$ 的 $X-D$ 图

(4) 确定执行信号

有了 $X-D$ 状态线图,就可根据 $X-D$ 状态线图判别障碍信号。所谓障碍信号是在同一时刻,主控阀两端控制口同时存在控制信号,妨碍主控制阀按预定程序换向。为保证行程程序控制系统按预先给定的程序协调地工作,必须找出障碍信号并设法消除。

障碍信号的判别方法有 $X-D$ 状态图判别法、区间直观判别法等。用 $X-D$ 状态图判别障碍的方法很简单。在 $X-D$ 状态图上,控制信号线比它所控制的动作状态线短,即没有障碍,比它所控制的动作状态线长为有障碍,它表示在某行程段上有两个控制信号同时作用于一个主控阀上,比它所控制动作状态线长的那部分控制信号线妨碍反向动作,在 $X-D$ 图中用波浪线表示。根据图 11.23,可知 $a_1(B_1)$、$b_0(A_0)$ 为有障碍信号,应设法消除。消除障碍信号通常有下述四种方法。

1) 选择别的控制信号作为制约信号

由图可知,满足制约条件的信号有 c_1 和 c_0,用 c_1 作为 $a_1(B_1)$ 的制约信号,用 c_0 作为 $b_0(A_0)$ 的制约信号,即:

$$a_1^*(B_1) = a_1 \cdot c_1, \qquad b_0^*(A_0) = b_0 \cdot c_0$$

2）选择控制阀输出作为制约信号

由图 11.23 可知，控制阀 C 的一个输出 C_1 可作为 $a_1(B_1)$ 的制约信号，而另一个输出 C_0 可当作 $b_0(A_0)$ 的制约信号，即：

$$a_1^*(B_1) = a_1 \cdot C_1 = a_1 \cdot K_{b_1}^{a_0}, \qquad b_0^*(A_0) = b_0 \cdot C_0 = b_0 \cdot K_{a_0}^{b_1}$$

3）另设辅助元件的输出作为制约信号

由图可知，控制信号满足 $c_1 \cdot c_0 = 0$ 的逻辑关系，可作为新增设辅助阀的"通""断"信号，则辅助阀的两个输出为 $K_{c_0}^{c_1}$ 和 $K_{c_1}^{c_0}$，则此时，执行信号为：

$$a_1^*(B_1) = a_1 \cdot K_{c_0}^{c_1}, \qquad b_0^*(A_0) = b_0 \cdot K_{c_1}^{c_0}$$

4）利用现有信号经逻辑运算后所获得的新信号作为制约信号：

$$a_1^*(B_1) = a_1 \cdot \overline{c_0}, \qquad b_0^*(A_0) = b_0 \cdot \overline{c_1}$$

由上分析可知，对于某个有障控制信号，可以有数个执行信号的逻辑表达式，而它们之间是等效的，设计时只要选择其中一个即可。

（5）绘制逻辑原理图

在确定执行信号之后，可根据 $X\text{-}D$ 状态图作逻辑原理图。图 11.24 是根据图 11.23，选择另设辅助元件的输出作制约信号而作出的逻辑原理图。图中，启动信号 n 对控制信号 c_1 起着开关作用，通过开关 n 可实现系统的半自动和全自动控制。无论何种操作，总把 n 设计成与第一节拍的控制信号成逻辑"与"关系。

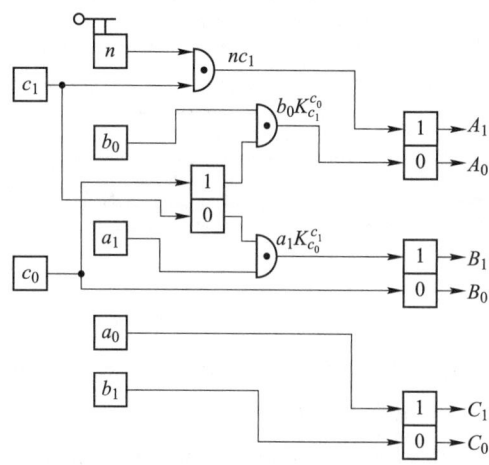

图 11.24　程序 $A_1B_1C_0B_0A_0C_1$ 的逻辑原理图

逻辑原理图是 $X\text{-}D$ 状态图转换成气压控制图的中间桥梁，对于熟练的设计者可以省略。

（6）绘制气压控制线路图

气压控制线路图的绘制是系统设计工作的最后一步，是系统设计的核心。气压线路图中应包括所有的控制阀、行程阀、执行元件及其他控制元件。根据需要，还可以有和逻辑控制有关的速度控制、压力控制、时间控制等回路。气压控制线路图应表示系统处于静止时的状态，通常规定工作程序最后节拍终了时刻为静止位置，其中包括静止时气缸活塞位置、线路信号线的连接等。按上述规定及注意事项，由 $X\text{-}D$ 图可作出程序 $A_1B_1C_0B_0A_0C_1$ 的气压控制线路图，如图 11.25 所示。

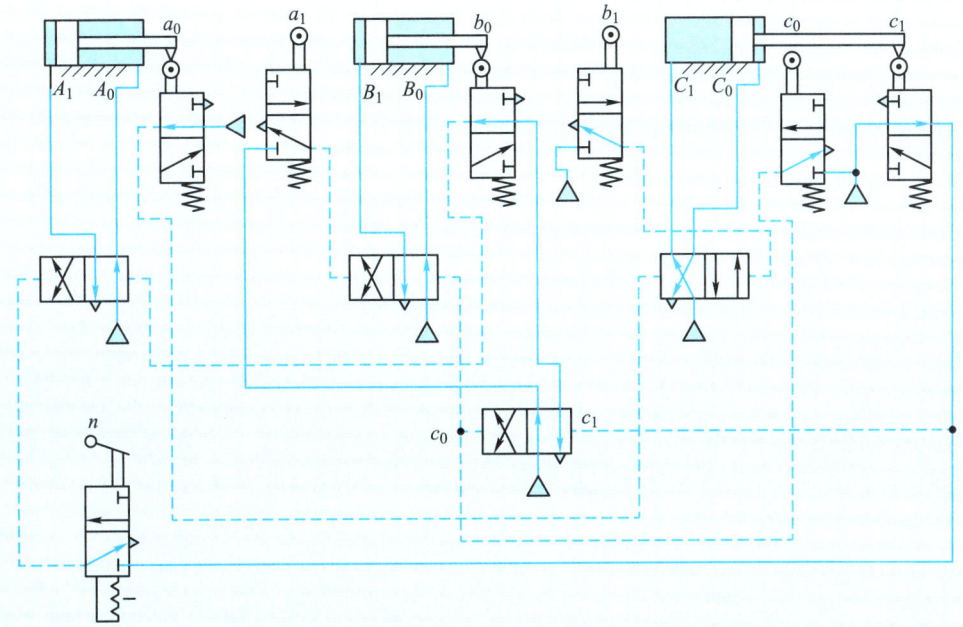

图 11.25　程序 $A_1 B_1 C_0 B_0 A_0 C_1$ 的气压控制线路图

　　为安全和方便起见,气压线路图中还可以设计自动控制、手动控制、复位、启动、刹车、连锁保护、压力调节等回路。还需要有显示、报警装置等。

　　为适应生产过程自动化的需要,行程程序控制系统也常用电气控制。图 11.26 为程序 $A_1 B_1 C_0 B_0 A_0 C_1$ 的电气控制行程程序线路图。

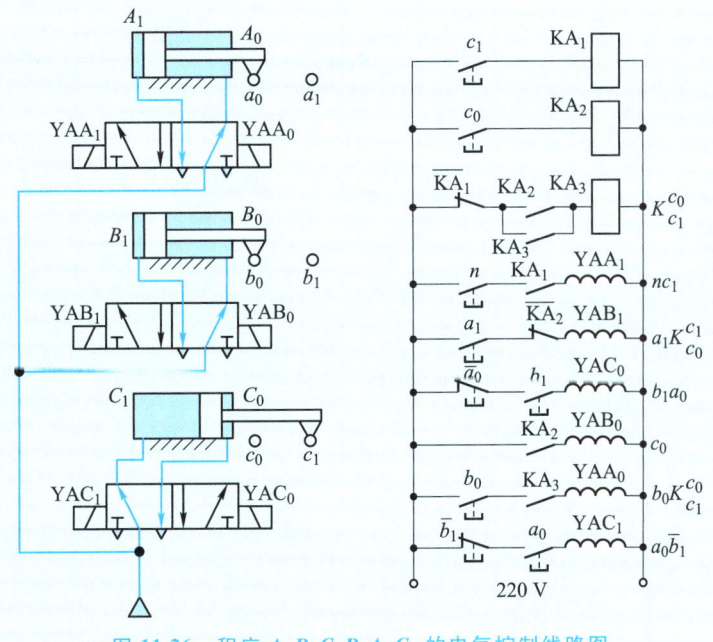

图 11.26　程序 $A_1 B_1 C_0 B_0 A_0 C_1$ 的电气控制线路图

2. 多往复行程程序控制系统的设计

多往复行程程序是指程序运行一个循环中，至少有一个气缸作一次以上的往复运动。下面通过典型例子，说明其设计方法。

例 11.9 设多往复行程程序如图 11.27 所示：

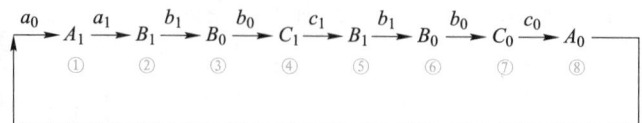

图 11.27　多往复行程程序

设计该行程程序控制系统。

解

（1）多往复行程程序的特点

1）在多往复程序中，其多往复的气缸的多次动作在不同时刻可能受不同的信号控制。

2）在多往复气缸的多次动作中，终端行程阀发出的多次信号，在不同时刻可能控制不同的动作。

在该例中，气缸 B 的动作 B_1 在节拍②和节拍⑤分别由控制信号 a_1 和 c_1 控制。要实现这一要求，可将由 a_1 和 c_1 得到的执行信号通过梭阀（或门）接到主控阀 B 的 B_1 端。气缸 B 的动作 B_0 使终端行程阀 b_0 发出的多次控制信号 b_0 在节拍④和节拍⑦上分别控制 C_1 和 C_0，它将造成障碍，这将在 $X-D$ 线图中表现得特别明显。

（2）多往复行程程序的 $X-D$ 状态线图

图 11.28 为程序 $A_1B_1B_0C_1B_1B_0C_0A_0$ 的 $X-D$ 状态线图，它有如下特点。

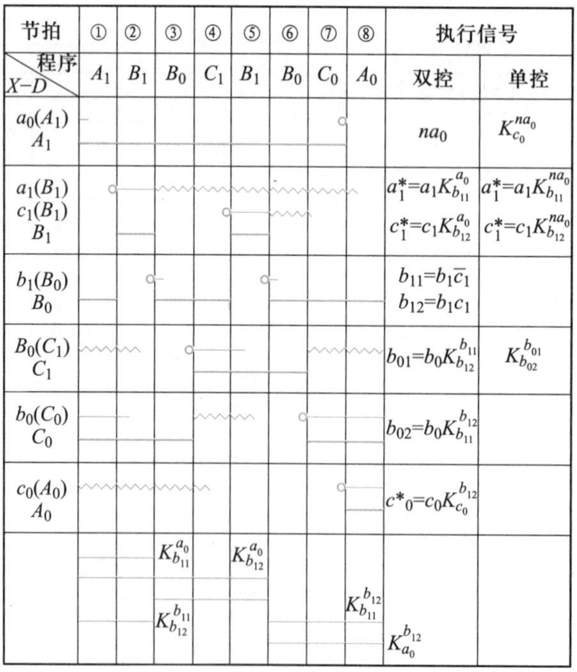

节拍 程序 $X-D$	① A_1	② B_1	③ B_0	④ C_1	⑤ B_1	⑥ B_0	⑦ C_0	⑧ A_0	执行信号 双控	执行信号 单控
$a_0(A_1)$ A_1									na_0	$K_{c_0}^{na_0}$
$a_1(B_1)$ $c_1(B_1)$ B_1									$a_1^*=a_1K_{b_{11}}^{a_0}$ $c_1^*=c_1K_{b_{12}}^{a_0}$	$a_1^*=a_1K_{b_{11}}^{na_0}$ $c_1^*=c_1K_{b_{12}}^{na_0}$
$b_1(B_0)$ B_0									$b_{11}=b_1\bar{c_1}$ $b_{12}=b_1c_1$	
$B_0(C_1)$ C_1									$b_{01}=b_0K_{b_{12}}^{b_{11}}$	$K_{b_{02}}^{b_{01}}$
$b_0(C_0)$ C_0									$b_{02}=b_0K_{b_{11}}^{b_{12}}$	
$c_0(A_0)$ A_0									$c^*_0=c_0K_{c_0}^{b_{12}}$	
		$K_{b_{11}}^{a_0}$ $K_{b_{12}}^{b_{11}}$	$K_{b_{12}}^{a_0}$			$K_{b_{11}}^{b_{12}}$	$K_{a_0}^{b_{12}}$			

图 11.28　程序 $A_1B_1B_0C_1B_1B_0C_0A_0$ 的 $X-D$ 线图

1）多往复气缸的多次动作状态线是多次断续出现的线段。

2）多往复气缸多次产生的控制信号线也是多次断续出现的。

3）多次出现的行程阀控制信号，有时可能成为障碍段，例如节拍④前的控制信号 b_0 对动作 C_1 为执行信号，而对动作 C_0 来说，为障碍信号。节拍⑦前的控制信号 b_0 对动作 C_0 为执行信号，而对 C_1 为障碍信号，这种障碍称为 A 型障碍。

（3）障碍的判别与消除

障碍的判别方法与单往复行程程序控制系统一样，即控制信号线比它所控制的动作线长的部分即为障碍，图中仍用波浪线表示。

为消除障碍，多往复行程程序线路设计中常采用一种技巧，即把多次出现的行程信号变成若干个独立的信号，而用这些脉冲信号作 K_R^S 中的通信号 S 和断信号 R，并取 K_R^S 作为制约信号消除障碍。例如用 $\overline{C_1}$ 和 C_1 可以将 b_1 变成两个独立的脉冲信号 b_{11} 和 b_{12}，其中 $b_{11} = b_1 \overline{c_1}$，$b_{12} = b_1 c_1$，而后转化为制约信号 $K_{b_{11}}^{a_0}$、$K_{b_{12}}^{a_0}$、$K_{b_{12}}^{b_{11}}$ 等。在 $X\text{-}D$ 线图中分别写出单控和双控执行信号的逻辑表达式。

（4）作行程程序控制线图

图 11.29、图 11.30 分别画出了程序 $A_1 B_1 B_0 C_1 B_1 B_0 C_0 A_0$ 的双气控气压控制线路图和单控电气控制线路图。

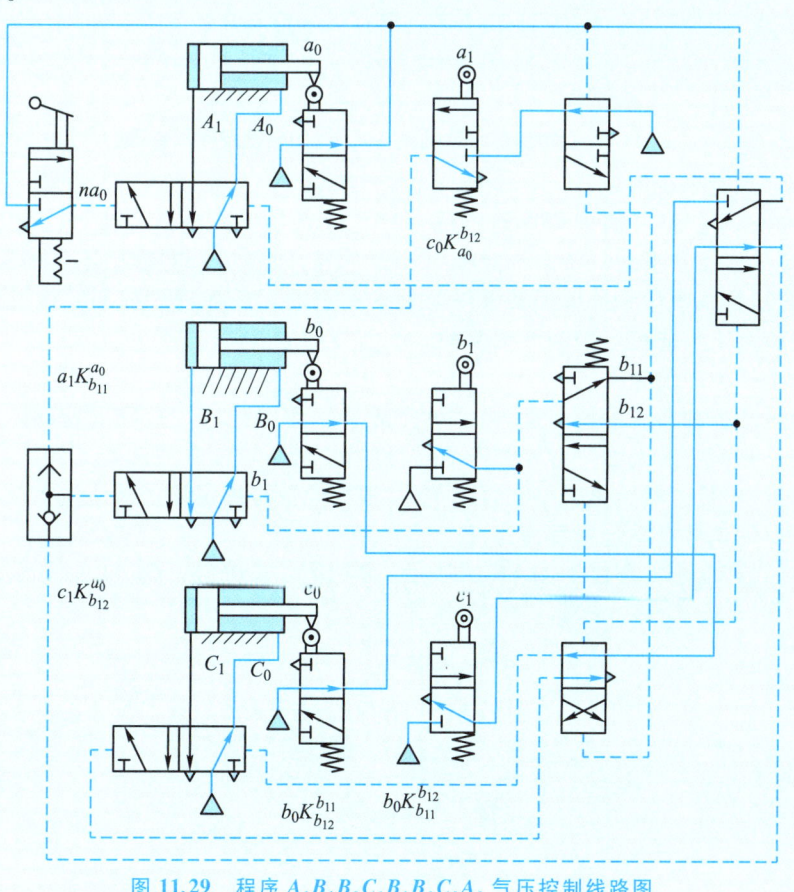

图 11.29　程序 $A_1 B_1 B_0 C_1 B_1 B_0 C_0 A_0$ 气压控制线路图

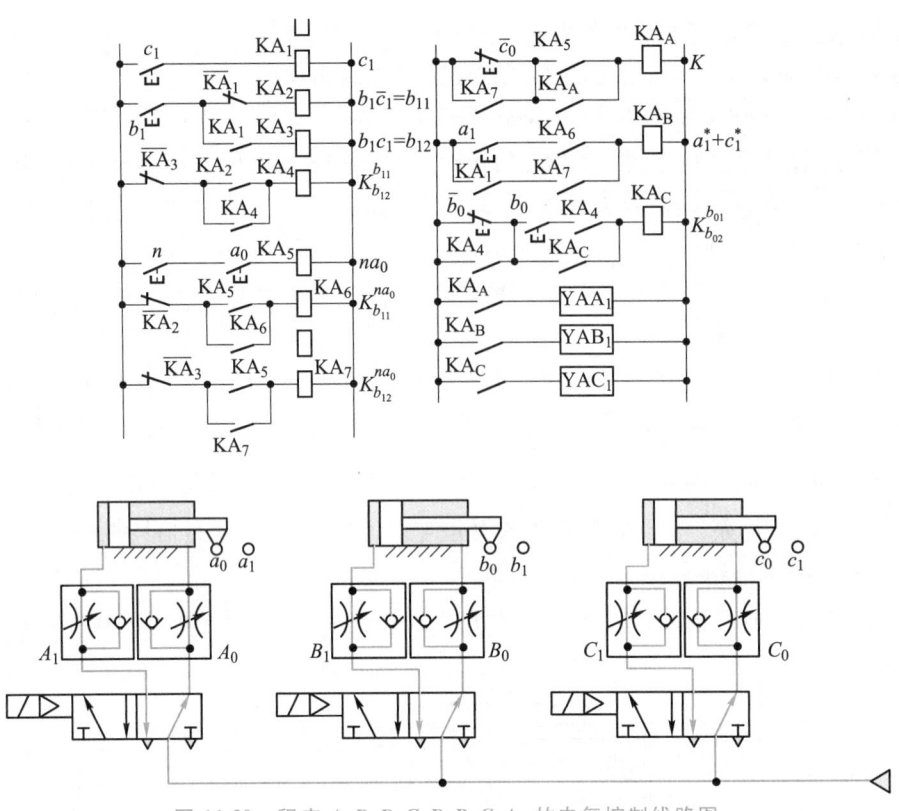

图 11.30　程序 $A_1 B_1 B_0 C_1 B_1 B_0 C_0 A_0$ 的电气控制线路图

3. 选择程序控制系统的设计

前面介绍的都是按某一固定程序运行的程序控制系统。但为适应生产工艺提出的不同要求,需要有选择程序控制系统。所谓选择程序控制系统,即所运行的程序不是固定的,而是由多个程序组成,要执行哪个程序是根据某条件或要求确定的。选择程序控制系统可分为自动选择程序控制系统和人工预选程序控制系统两种。下面分别加以讨论。

（1）自动选择程序控制系统

自动选择程序控制系统的特点是,当系统完成某一动作后,下一步应执行哪一动作,要根据检测元件的信号来确定。例如一台检测产品质量的设备,不可能事先知道某件产品合格与否,必须根据检测结果,由传感器给出合格与否的信号,根据此信号决定该产品应送入成品库还是废品库。即由传感器的信号自动选择程序运行。

例 11.10　设产品选择程序如图 11.31 所示,其中 A_0、A_1、B_0、B_1、C_0 和 C_1 分别为气缸缩回与伸出动作。

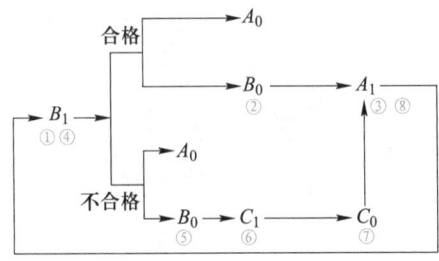

图 11.31　产品选择程序

设计产品自动选择程序控制系统。

解 分析题给程序可知,产品检测可能出现下述三种闭合程序,用节拍号表示。

（1）合格产品与不合格产品交替出现,其程序为:

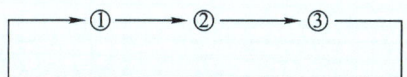

（2）合格产品重复出现,其程序为:

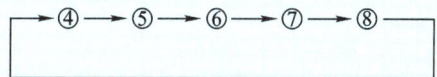

（3）不合格产品重复出现,其程序为:

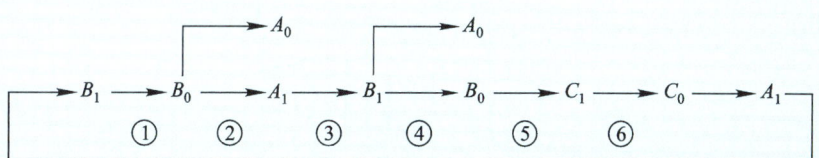

对于这样的程控系统,可以先按第一种程序进行设计,然后再验证所设计的程序控制系统是否也适用于后两种情况。对于第一种情况,其具体程序为:

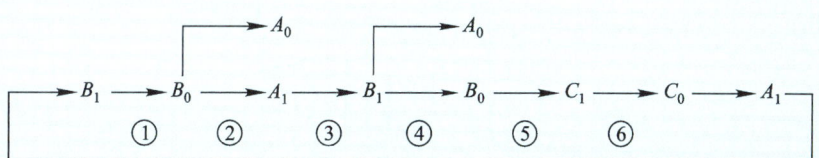

由该程序可知,它是一个多往复程控系统,可以按多往复程控系统作 X-D 线图,如图11.32所示。表中 a_1、b_1 和 c_1 分别表示气缸伸出到位信号,b_0 和 c_0 分别表示气缸缩回到位信号,m 和 n 分别表示产品检测合格与不合格。

由图11.32可知,信号 a_1 存在脉冲障碍,只要 $A_0 = 1$,此脉冲障碍自行消失。为使所设计的线路更可靠地适用于后两种情况,需逐次核对,核对的目的是检查消除障碍信号的制约信号是否仍有效。实际上,用主令信号作制约信号是不必校核的,因为只利用它们在各节拍当时的状态。但记忆信号 K_R^S 则必须检查。如果记忆信号的通信号 S 和断信号 R 分别属于两个程序,因回路在某种情况下,只按一种程序运行,则记忆信号 K_R^S 或恒为逻辑0或恒为逻辑1,这样的 S 和 R 是不满足要求的。因此,选择记忆信号 K_R^S 的通断信号时,应在同一程序中选择。本例中的制约信号 $K_n^{c_1}$ 的 C_1、n 同属第3种程序,因此满足要求。由 X-D 状态线图11.32可作出本例题的自动选择程序气压控制回路如图11.33。

节拍	①	②	③	④	⑤	⑥	⑦	⑧	执行信号
程序 X-D	B_1	A_0 B_0	A_1	B_1	A_0 B_0	C_1	C_0	A_1	
$a_1(B_1)$ B_1									a_1b_0N
$m(A_0)$ $n(A_0)$ A_0									
$m(B_0)$ $n(B_0)$ B_0									
$b_0(A_1)$ $c_0(A_1)$ A_1									$b_0c_0K_n^{c_1}$ $c_0b_0K_n^{c_1}$
$b_0(C_1)$ C_1									$b_0c_0K_{c_1}^n$
$c_1(C_0)$ C_0									

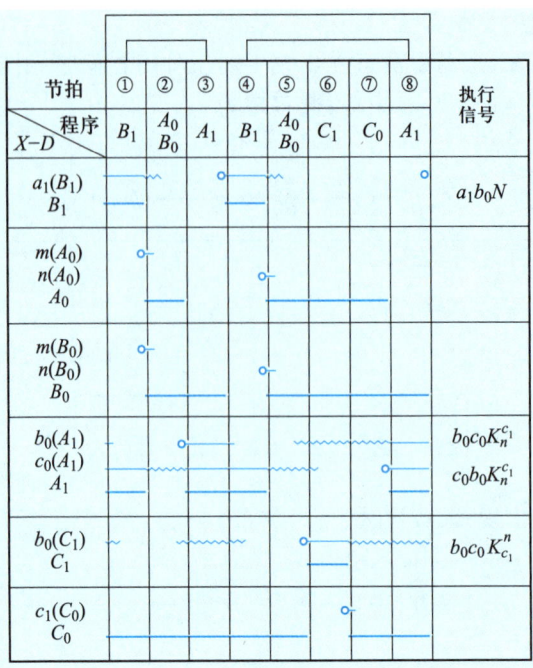

图 11.32　产品选择程序的 $X-D$ 线图

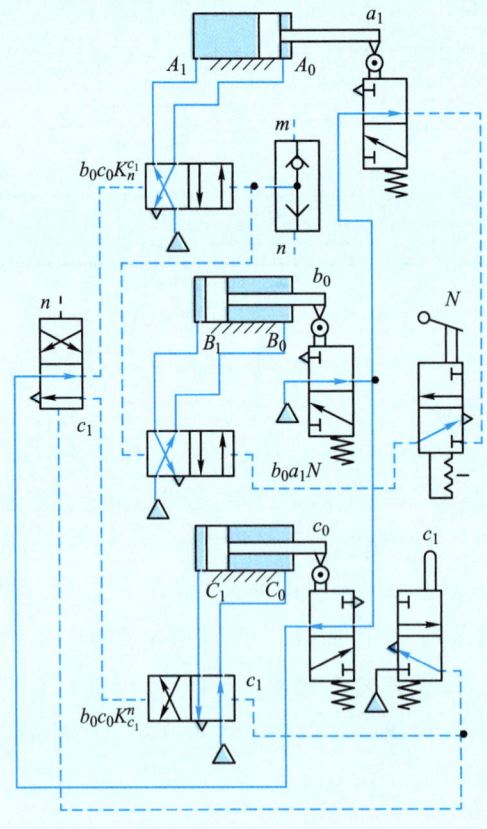

图 11.33　自动选择程序的气压控制线路图

（2）人工预选程序

人工预选程序是在系统运行前由操作者根据需要，通过"程序预选阀"事先选择好所要的执行程序。

例 11.11　设有选择程序如图 11.34 所示：

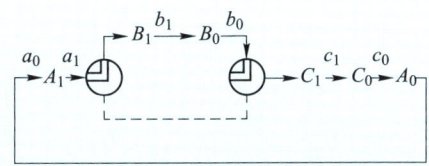

图 11.34　某选择程序

按人工预选程序设计程序控制系统。

解　由题给选择程序可知，该系统通过回转式程序预选阀预选，使程序变成如下两个独立程序，即① $A_1 B_1 B_0 C_1 C_0 A_0$，② $A_1 C_1 C_0 A_0$ 两个程序，为判别和消除障碍，可做成两个独立的 $X\text{-}D$ 状态线图，如图 11.35 所示。

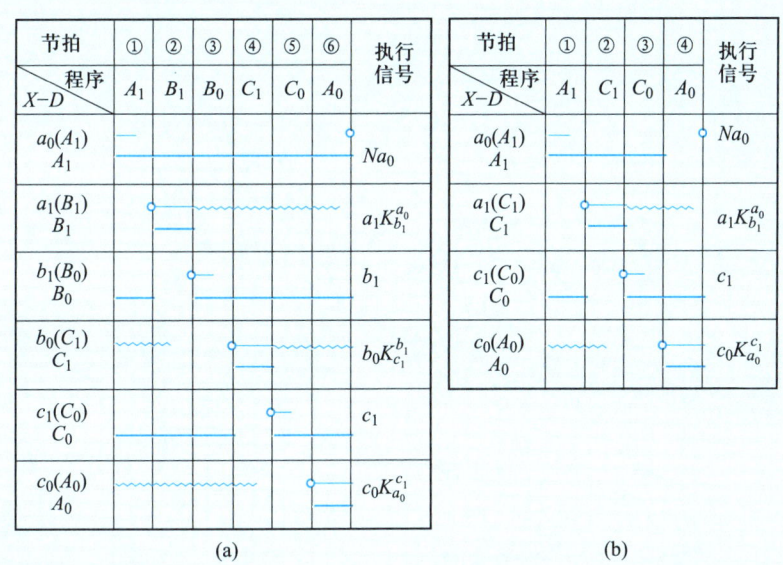

(a)　　　　　　　　　　　　　(b)

图 11.35　人工预选程序 $X\text{-}D$ 线图

分析上述两个程序可知，它们之间的差别在于 B 缸是否参与运行，控制信号 a_1 在不同程序中分别控制 B_1 和 C_1。执行信号分别为 $a_1^*(B_1) = a_1 K_{b_1}^{a_0}$，$a_1^*(C_1) = a_1 K_{c_1}^{a_0}$，如果使 $a_1^* = a_1 K_{b_1+c_1}^{a_0}$，并通过两个预选阀，将这一综合后的信号连接到 B 缸和 C 缸的主控阀输入端，如图 11.36 所示，则可实现程序预定的目的。当系统运行在程序②时，则有 $K_{b_1+c_1}^{a_0} = K_{c_1}^{a_0}$，选择程序①时，$b_1$、$c_1$ 都出现，但从 $X\text{-}D$ 线图看，$K_{b_1+c_1}^{a_0} = K_{b_1}^{a_0}$。由此可知，$K_{b_1+c_1}^{a_0}$ 作为制约信号是可行的。根据逻辑原理图分别作出电气控制线路图（图 11.37）和气压控制线路图（图 11.38）。

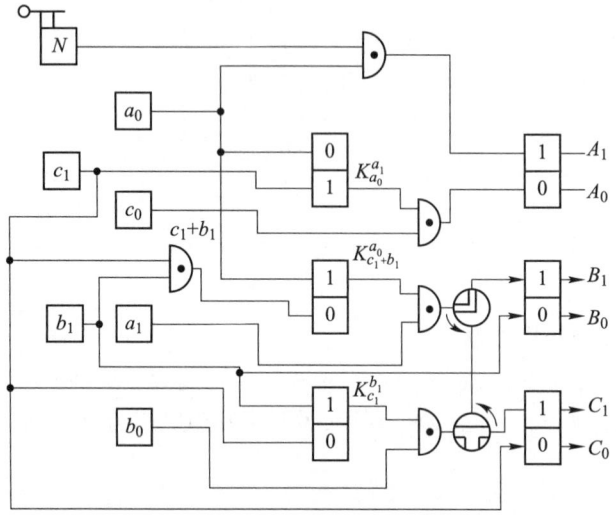

图 11.36 逻辑原理图

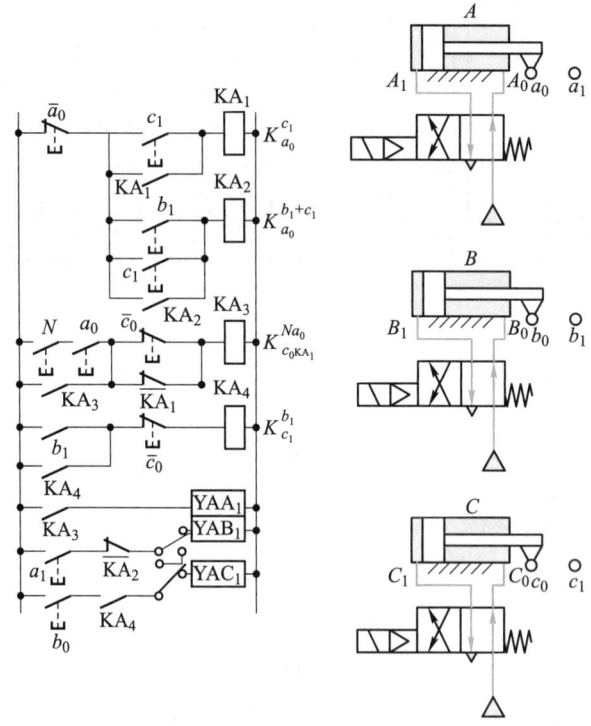

图 11.37 电气控制线路图

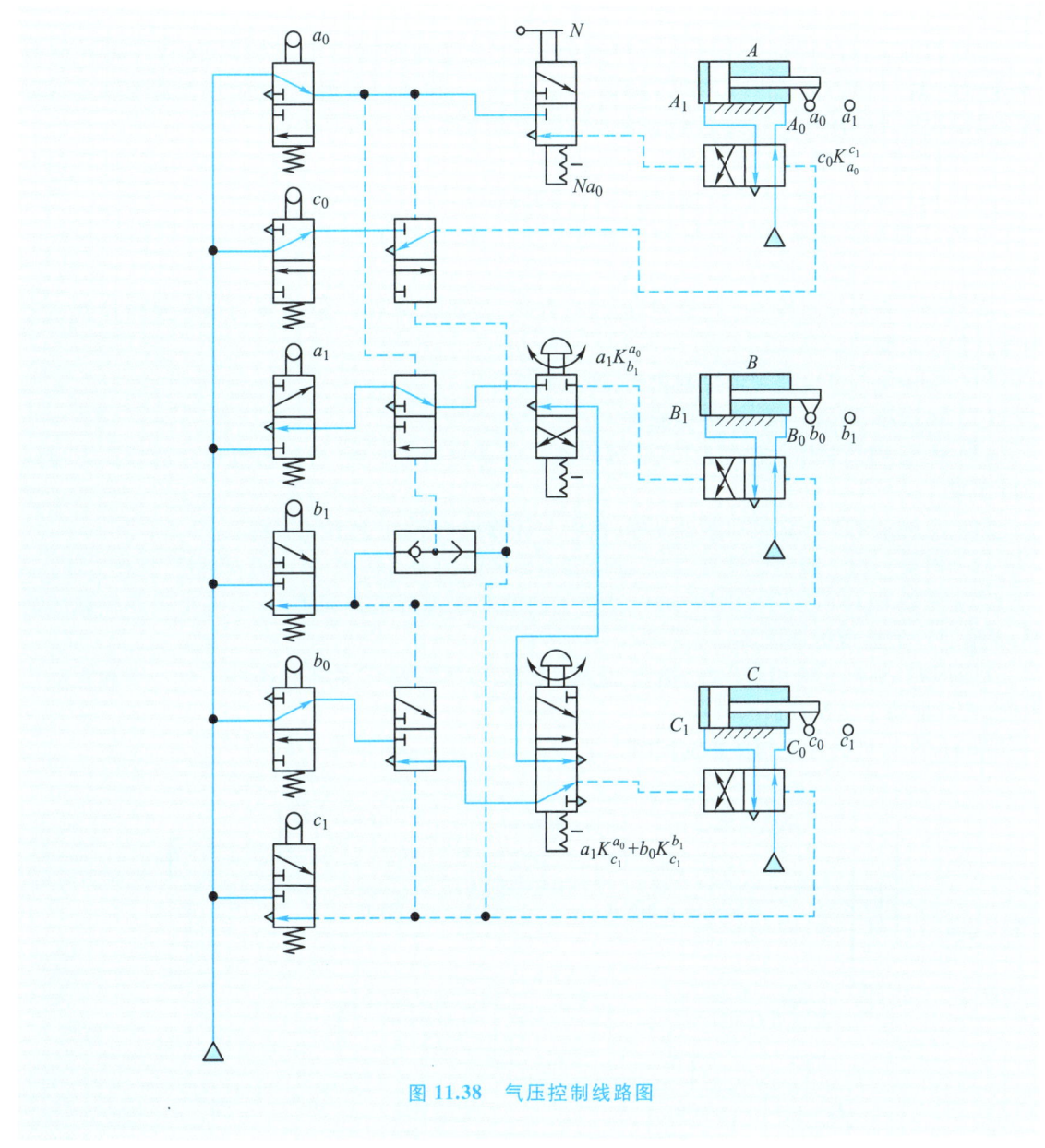

图 11.38　气压控制线路图

11.5　可编程控制器及其应用

　　可编程控制器(programmable controller)问世于 1969 年,经多年发展已成熟并广泛应用于各类控制系统。尽管可编程控制器品种繁多,但都无一例外地采用微处理器(CPU)、只读存储器(ROM)、随机存取存储器(RAM),或以单片微型计算机作为装置的核心,充分发挥计算软件的优势,使可编程控制器装置和技术日臻完善。

　　可编程控制器装置形式多样,功能各不相同,按其功能和容量大致可分为低、中、高三个档次。

低档的可编程控制器是以开关量控制为主,即以逻辑控制为主,称为可编程逻辑控制器(programmable logic controller),简称为PLC。它的输入、输出点适用继电器、接触器控制或直接驱动电磁阀等元件动作。其内部继电器并非电磁继电器,而是内存中的一个单元,可以起到记忆、作中间状态的作用,内部继电器相当于电系统中的中间继电器,不能直接驱动电磁阀、接触器等。低档PLC价格低廉、体积小,适用于行程程序控制。

中档可编程控制器有开关量和模拟量控制功能,适用于开关逻辑控制和过程参数检测及调节。

高档的可编程控制器与工控机相近,具有计算、控制和调节功能,它是可编程逻辑控制和可编程过程控制器的结合。

PLC与传统的继电器逻辑控制相比,具有如下优点。

(1)体积小,可靠性高,逻辑功能强。

(2)由于PLC采用软件编程控制,因而随着要求的随时变更,可以通过程序的修改方便地加以实现。

PLC虽然采用了计算机和微处理器,但它与计算机相比,又具有如下特点。

(1)PLC采用了面向逻辑语言,以继电器逻辑梯形图为表达式,因而简单易懂,操作方便。

(2)一般PLC具有模块结构,可以针对不同的对象进行组合和扩展,以满足工业控制的需要,具有良好的性能价格比。

目前PLC被广泛应用于机械、冶金、化工、电力、轻纺等领域,它不仅提高了生产率和自动化程度,而且推动了工业革命的进程。

图11.39为可编程控制器系统框图。

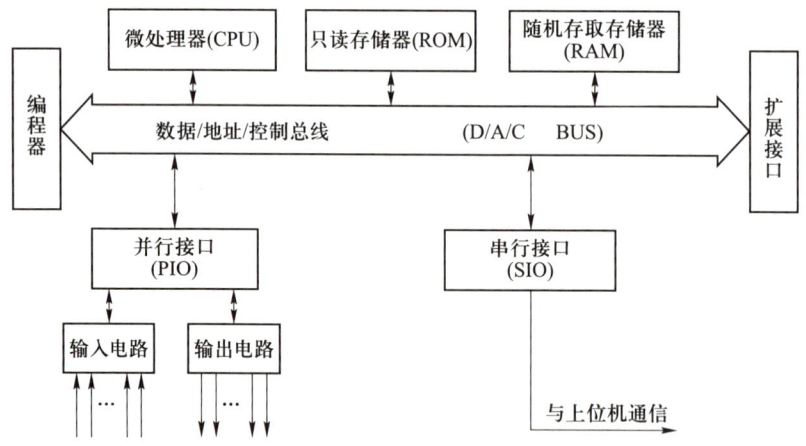

图11.39 可编程控制器系统框图

11.5.1 指令系统及编程

可编程控制器通过程序确定控制对象的动作,而程序是由一系列语句构成的。尽管各可编程控制器指令不尽相同,但其基本含义相近,理解这些指令,可以建立起编程的基本概念。

可编程控制器是为取代传统的继电器逻辑控制而设计的,可以直接沿用继电器原理图或梯形图的编程方法,用与、或、非等指令替代串联、并联、常开、常闭等,因而极易掌握。下面以FLEX-PC、NB 富士可编程控制器为例,介绍基本指令系统。

1. 触点指令

触点指令包括运算开始、串联连接、并联连接。指令操作符为 LD、LDI、AND、ANI、OR、ORI 等,梯形图中画法如图 11.40 所示。

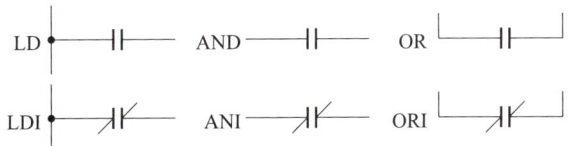

图 11.40 触点指令画法

其中:LD 取   取支路起始段的动合(常开)触点;
     LDI 取反   取支路起始段的动断(常闭)触点;
     AND 与   动合(常开)触点的串联;
     ANI 与反   动断(常闭)触点的串联;
     OR 或   动合(常开)触点的并联;
     ORI 或反   动断(常闭)触点的并联。

例如,图 11.41 所示的梯形图,其程序见表 11.8。

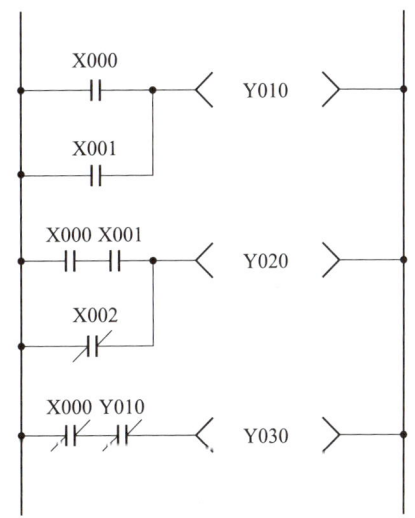

图 11.41 触点指令梯形图

表 11.8 触点指令程序表

步数	指令	输入或输出装置
0	LD	X000
1	OR	X001

步数	指令	输入或输出装置
2	OUT	Y010
3	LD	X000
4	AND	X001
5	ORI	X002
6	OUT	Y020
7	LDI	X000
8	ANI	Y010
9	OUT	Y030

2. 块指令

块指令包括回路块串联与并联指令,指令操作符为 ANB、ORB。梯形图中画法如图 11.42 所示。

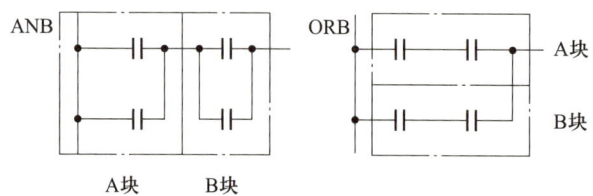

图 11.42　块指令画法

其中:ANB 块与　A 块和 B 块串联运算。

　　　ORB 块或　A 块和 B 块并联运算。

例如,图 11.43 所示的梯形图,其程序见表 11.9。

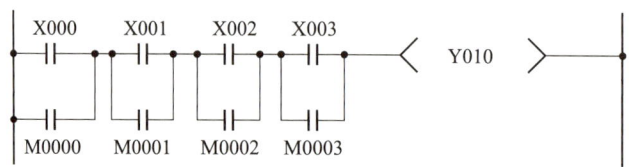

图 11.43　块指令梯形图(一)

表 11.9　块指令程序表(一)

步数	指令	输入或输出装置
0	LD	X000
1	OR	M0000
2	LD	X001
3	OR	M0001
4	ANB	

步数	指令	输入或输出装置
5	LD	X002
6	OR	M0002
7	ANB	
8	LD	X003
9	OR	M0003
10	ANB	
11	OUT	Y010

例如,图 11.44 所示的梯形图,其程序见表 11.10。

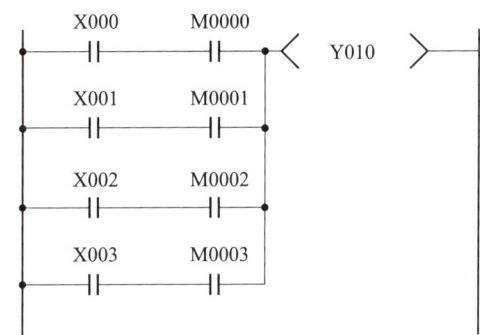

图 11.44　块指令梯形图（二）

表 11.10　块指令程序表

步数	指令	输入或输出装置
0	LD	X000
1	AND	M0000
2	LD	X001
3	AND	M0001
4	ORB	
5	LD	X002
6	AND	M0002
7	ORB	
8	LD	X003
9	AND	M0003
10	ORB	
11	OUT	Y010

3. 输出指令

输出指令包括输出、直接输出等,指令操作符为 OUT、OUTD。其中 OUT 输出,将逻辑运算结果输出给指定装置,例如 OUT Y010。OUTD 直接输出,直接输出给指定输出继电器 Y 的输出模板。

4. 置位、复位指令

置位指令操作符为 SET,复位指令操作符为 RST,如图 11.45 所示的梯形图,其程序见表 11.11。

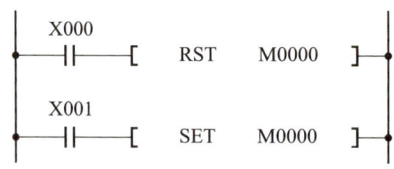

图 11.45　置位、复位指令梯形图

表 11.11　置位、复位指令程序表

步数	指令	输入或输出装置
0	LD	X000
1	RST	M0000
2	LD	X001
3	SET	M0000

当 X000 导通时,M0000 复位(OFF);当 X001 导通时,M0000 置位(ON)。

5. 直接置位、复位指令

直接置位、直接复位操作符分别为 SET　D、RST　D,如图 11.46 所示的梯形图,其程序见表 11.12。

图 11.46　直接置位、复位指令梯形图

表 11.12　直接置位、复位指令程序表

步数	指令	输入或输出装置
110	LD	X000
111	SET	DY010
113	LD	DX001
115	RST	DY010

当 X000 导通时,Y010 置位(ON);当 X001 导通时,Y010 复位(OFF)。

6. 定时器指令

定时器指令操作符为 OUT　T,如图 11.47 所示的梯形图,其程序见表 11.13。

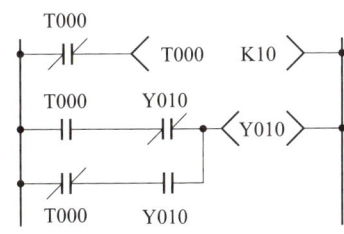

图 11.47　定时器指令梯形图

表 11.13　定时器指令程序表

步数	指令	输入或输出装置
0	LDI	T000
1	OUT	T000　#K10
2	LD	T000
3	ANI	Y010
4	LDI	T000
5	AND	Y010
6	ORB	
7	OUT	Y010

其中,T000 表示定时器号,K10 为定时器设定值的数据(K 后面的数值的百分之一为定值,以秒记),或存储数据的装置,K10 表示定时时间为 0.1 s。该程序为使定时器 T000 为 0.1 s 后 Y010 导通。

7. 步控制指令

步控制指令操作符为 SC,它是控制步(过程控制)的指令。使用这条指令,对过程控制复杂的系统也能简单地完成编程任务。对于一个过程控制,通常可表示成如图 11.48 所示的形式。

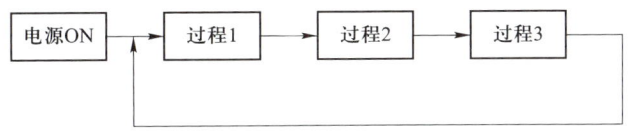

图 11.48　过程控制框图

应用步控制指令 SC,可作出如图 11.49 所示的梯形图。

图中 M8011 仅第一次扫描时置位(ON),在程序动作的第一次扫描时使 L0000 置位(ON),程序处于初始状态,同时使其他的继电器 L0001～L001F 均为复位(OFF)。如果 X000 置位(ON),由于 L0000 已经置位(ON),所以 L0001 也置位(ON),同时使 L0000 复位(OFF),过程 1 被执行。如果使 X001 置位(ON),由于 L0001 置位(ON),使 L0002 置位(ON),同时使 L0001 复位(OFF),过程 2 被执行。如果使 X002 置位(ON),由于 L0002 置位(ON),使 L0003 置位(ON),同时 L0002 复位(OFF),过程 3 被执行。如果 X003 置位(ON),由于 L0003 置位(ON),使 L0001 置位(ON),同时 L0003 复位(OFF),程序移向过程 1,如此循环下去。如果发生某事故或需要停止运行时,只要按下 X004,即使 X004 置位(ON),则此时 L001F 置位(ON),同时使其他的继电器 L0000～L0003 同时复位(OFF),实现紧急停止。

下面再以一个具体的过程控制例说明步控制指令 SC 的使用方法。

例如有一过程控制,其控制流程如图 11.50 所示。

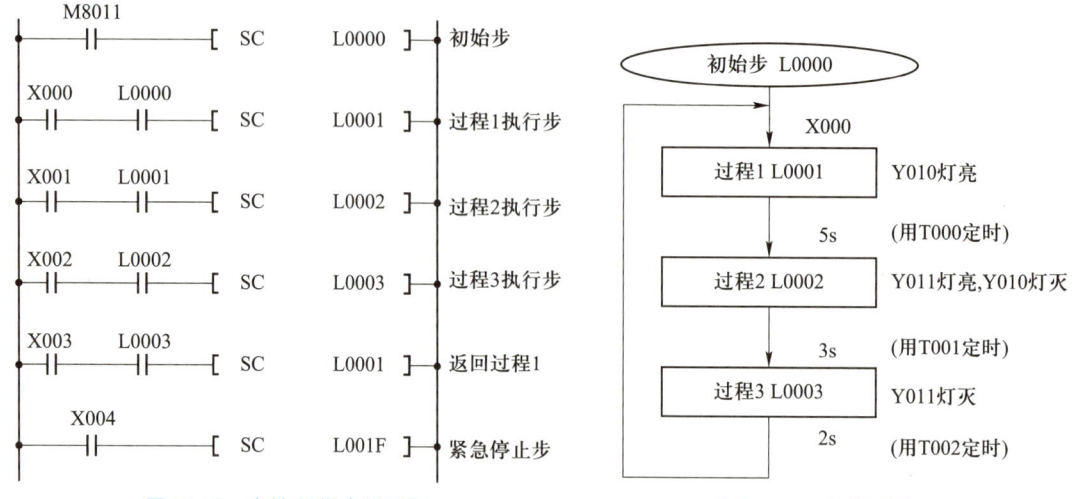

图 11.49　步控制指令梯形图　　　　　　　　　图 11.50　灯控制流程图

图中 X000 设为自动运行开始输入,另设 X001 为停止输入。根据上述灯控制流程图,可作出控制梯形图,如图 11.51 所示。

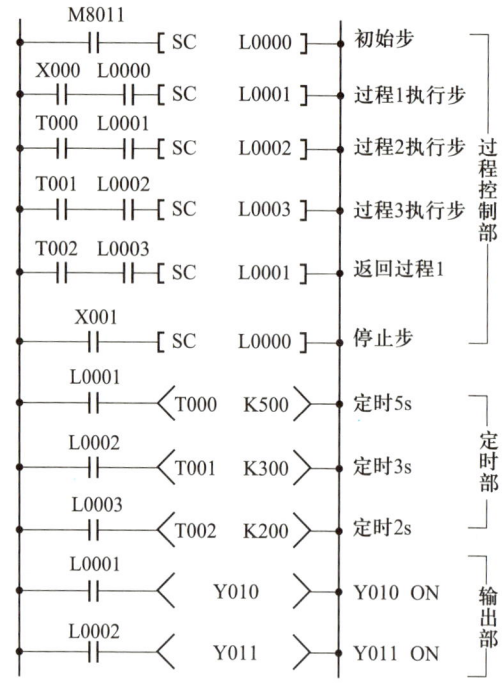

图 11.51　灯控制梯形图

由梯形图可知,程序分为三个部分,即过程控制部、定时部、输出执行部。其控制程序为:

LD　　　　　　　　　　　M8011
SC　　　　　　　　　　　60

398

	L0000	
LD	X000	
AND	L0000	
SC	60	
	L0001	
LD	T000	
AND	L0001	
SC	60	
	L0002	
LD	T001	
AND	L0002	
SC	60	
	L0003	
LD	T002	
AND	L0003	
SC	60	
	L0001	
LD	X001	
SC	60	
	L0000	
LD	L0001	
OUT	T000	
#	K500	(定时 5 s)
LD	L0002	
OUT	T001	
#	K300	(定时 3 s)
LD	L0003	
OUT	T002	
#	K200	(定时 2 s)
LD	L0001	
OUT	Y010	
LD	L0002	
OUT	Y011	
END		

控制程序中 SC 60 表示功能 FNC60。上述列举了 FLEX-PC、NB 富士可编程控制器的 16 条指令,这些指令是行程程序控制系统的常用指令,还有例如传送指令、比较指令、算术指令、交换指令、程序控制指令等。由于篇幅有限,不一一介绍,需要时请参阅富士可编程控制器 FLEX-PC、NB 系列用户手册(软件篇)。

11.5.2　可编程控制器在行程程序控制系统中的应用

利用可编程控制器控制行程程序控制系统,其设计大致可分为下述几个步骤。

（1）系统分析

根据设计任务要求,分析控制系统的工艺要求、控制对象。确定系统功率、输入输出点数等。

（2）机型选择

根据系统分析,明确控制对象和要求,选择恰当的可编程控制器的机型。

（3）I/O 地址分配

定义输入输出设备,对所有的输入输出设备进行编号,输入设备以 X、输出设备以 Y 打头进行编号,例如 X000、Y010 等。即给每个传感器、开关、按钮等输入设备和继电器、接触器、电磁阀等输出设备一个确定的、PLC 能够识别的内部地址编号。这个编号是以后程序编制、程序调试和修改等的重要依据,也是现场接线的依据。

（4）程序编写

根据工艺要求、系统运行程序,利用卡诺图法或 $X-D$ 状态线图法,作电气控制线路图。根据强电控制梯形图,作出适合于编程的可编程控制梯形图,即可编写控制程序。下面举例加以说明。

例 11.12　图 11.52 所示为一台带有浇注机械手的自动压铸机结构简图,它由上、下模板及浇注机械手等构成。工作过程如下:

（1）处于初始状态时,上模板抬起、下模板平放、机械手退回。相应的行程开关 2SQ、4SQ、6SQ 压合。

（2）有启动信号 SB,则机械手前进旋转,将铁水倒入模内,碰到 1SQ 后退回,退回碰到 2SQ 后停止运动。

（3）上模板向下运动压下,碰到行程开关 3SQ 后停止运动,并保持一定时间 Δt 后,上模板退回抬起,碰到行程开关 6SQ 后停止运动。

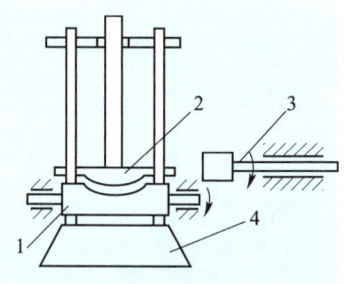

1—下模板;2—上模板;
3—浇注机械手;4—底座

图 11.52　自动压铸机结构简图

（4）下模板旋转倒出工件,碰到行程开关 5SQ 后反向旋转,反向旋转碰到行程开关 6SQ 后停止。系统回到初始状态。

（5）若系统处在连续工作状态,则系统自动进入下一循环;若是处在一个循环工作状态,则等待再次启动信号,进入第二循环。整个系统由气缸推动,主控阀为电磁换向阀,可由 PLC 输出继电器直接控制。

解　根据上述工作过程和工艺要求,可作出压铸机强电控制梯形图,如图 11.53 所示。

根据压铸机强电控制梯形图,可以作出适于编程的可编程控制梯形图,如图 11.54 所示。图中输入装置 X001~X006 对应于行程开关 1SQ~6SQ,X007 对应于启动按钮 SB,SB 为动合按钮。X008 对应于自动循环按钮 LSB,LSB 为锁定按钮。输出装置 Y011~Y016 对应于主控阀电磁铁 1YA~6YA。内部继电器 M0001~M0005,对应于继电器 KA_1~KA_5,时间继电器 T000 对应于 SKA。

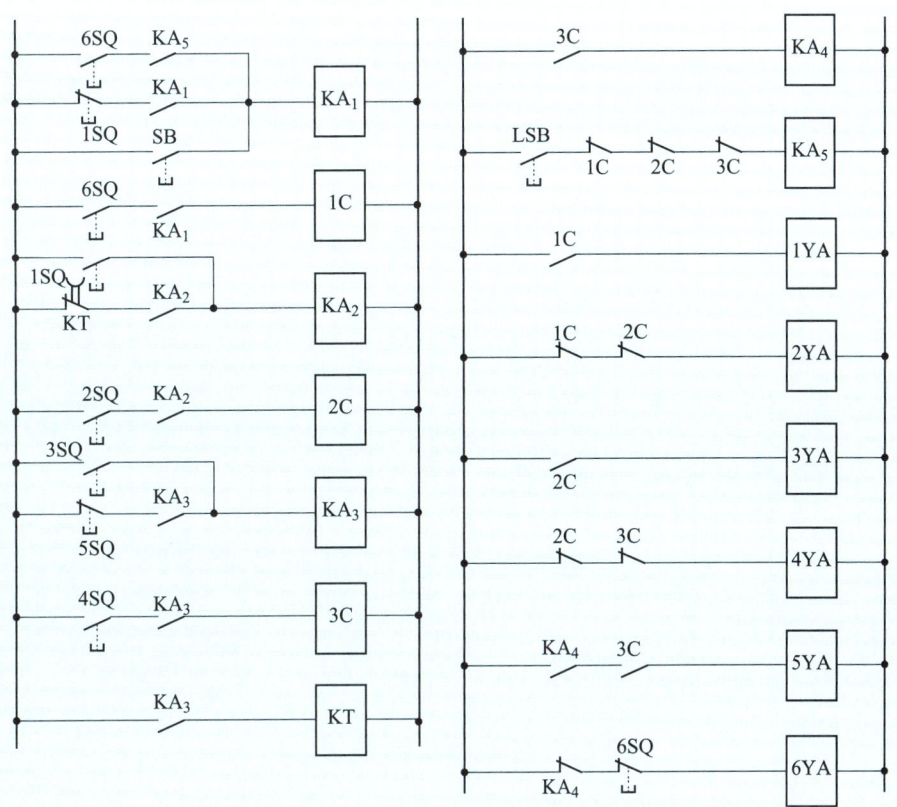

图 11.53　压铸机强电控制梯形图

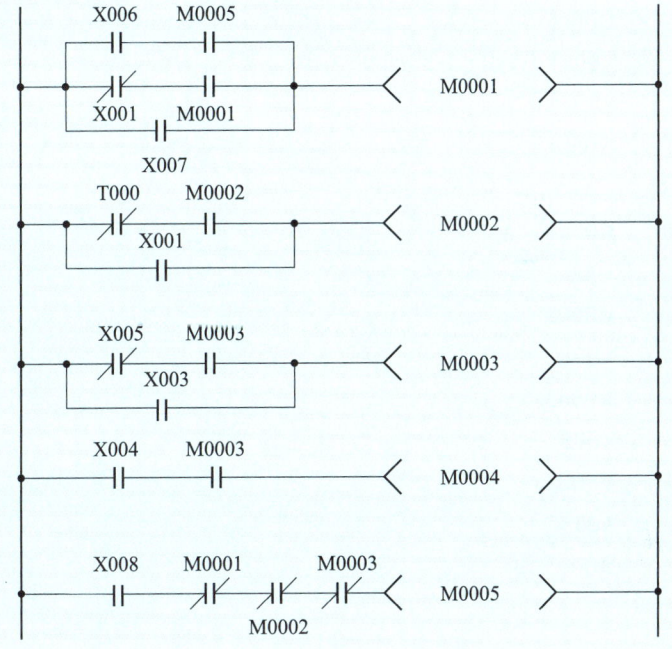

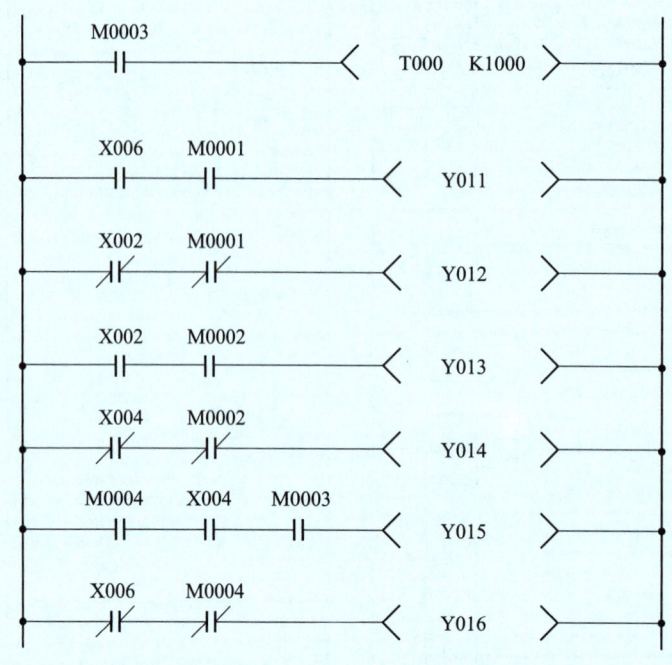

图 11.54 压铸机可编程控制梯形图

根据图 11.54 梯形图,可编写出系统控制程序如下。

压铸机控制程序:

LD	X006
AND	M0005
OR	X007
LDI	X001
AND	M0001
ORB	
OUT	M0001
LDI	T000
AND	M0002
OR	X001
OUT	M0002
LDI	X005
AND	M0003
OR	X003
OUT	M0003

LD	X004
AND	M0003
OUT	M0004
LD	X008
ANI	M0001
ANI	M0002
ANI	M0003
OUT	M0005
LD	M0003
OUT	T000
#	K1000　（延时 10 s）
LD	X006
AND	M0001
OUT	Y011
LDI	X002
ANI	M0001
OUT	Y012
LD	X002
AND	M0002
OUT	Y013
LDI	X004
ANI	M0002
OUT	Y014
LD	M0004
AND	X004
AND	M0003
OUT	Y015
LDI	X006
ANI	M0004
OUT	Y016
END	

例 11.13　编写例 11.8 的单往复行程程序控制系统的可编程控制程序。

解　根据图 11.26 线路图,可作出适于可编程控制器编程的梯形图,如图 11.55 所示。图中输入装置 X001 ～ X007 对应于行程开关 a_1、a_0、b_1、b_0、c_1、c_0、n。可编程控制器内部继电器 M0001 ～ M0003 分别对应于中间继电器 KA_1 ～ KA_3,输出装置对应于电磁铁 YAA_1、YAA_0、YAB_1、YAB_0、YAC_1、YAC_0。

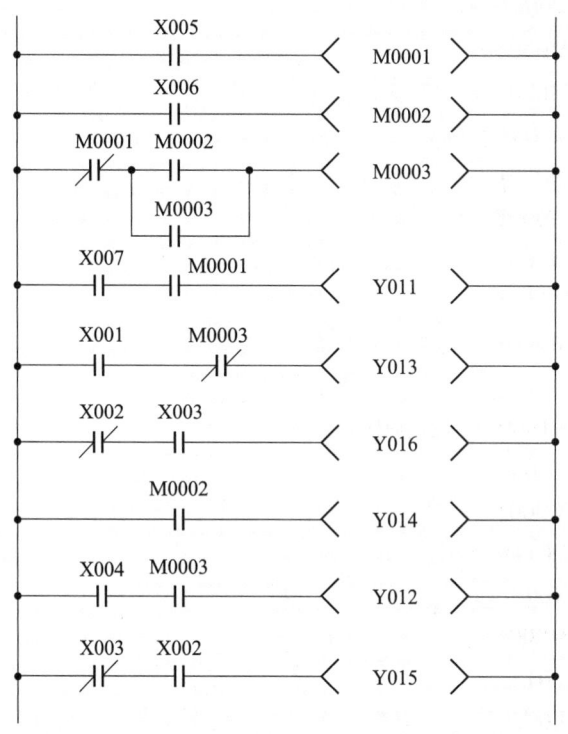

图 11.55 行程程序为 $A_1 B_1 C_0 B_0 A_0 C_1$ 可编程控制梯形图

其控制程序为：

LD	X005
OUT	M0001
LD	X006
OUT	M0002
LD	M0002
OR	M0003
ANI	M0001
OUT	M0003
LD	X007
AND	M0001
OUT	Y011
LD	X001
ANI	M0003
OUT	Y013
LDI	X002
AND	X003
OUT	Y016

```
LD          M0002
OUT         Y014
LD          X004
AND         M0003
OUT         Y012
LDI         X003
AND         X002
OUT         Y015
END
```

思考题和习题

11-1 应用基本定律及形式定律化简下列逻辑函数

（1）$\overline{A}\,\overline{C}+\overline{A}\,CD+\overline{A}\,\overline{B}+BC$

（2）$A\overline{B}+B\,\overline{C}+A\overline{B}\,\overline{C}+AB\,\overline{C}D$

（3）$A(A+B)(\overline{A}+C)(B+D)(A+C+E+F)(\overline{B}+F)(C+E+F)$

（4）$\overline{A}(\overline{A}+B)+B(B+C)+B$

11-2 应用逻辑线路图表示下列逻辑函数

（1）$f=a+\overline{b}\,\overline{c}+ab$

（2）$f=abc+\overline{a}b+a\,\overline{c}$

11-3 应用真值表表示逻辑函数

$$f=\overline{a}b+\overline{b}c+abc$$

11-4 作出逻辑函数

$$f=a\,b\,c\,d+a\,\overline{b}\,c\,\overline{d}+a\,b\,\overline{cd}$$

的卡诺图。

11-5 列写出图 11.56 卡诺图中的逻辑函数。

c\\ab	$\overline{a}\overline{b}$	$\overline{a}b$	ab	$a\overline{b}$
$\overline{c}$	1	0	1	0
c	0	0	0	0

f_1

c\\ab	$\overline{a}\overline{b}$	$\overline{a}b$	ab	$a\overline{b}$
$\overline{c}$	1	0	1	0
c	0	1	0	0

f_2

图 11.56　题 11-5 图

11-6 试根据卡诺图化

$$f=\overline{a}\overline{b}\,\overline{c}+\overline{a}b\,\overline{c}+a\,\overline{b}c$$

为最简"与-或"式和最简"或-与"式。

11-7 简述控制继电器的工作原理及其作用。

11-8 简述串联回路、并联回路、自保持回路在气压传动系统中的应用。

11-9 简述动作-信号状态图的画法。

11-10 什么是障碍信号？应如何判别和消除？

11-11 作出程序为 $A_1B_1B_0A_0$ 的信号-动作（X-D）状态图。

11-12 应用 X-D 状态线图法设计程序为

$$A_1B_1A_0B_0$$

行程程序控制系统。

11-13 应用 X-D 状态线图法设计程序为

$$A_1B_1C_1B_0A_0C_0$$

行程程序控制系统。

11-14 分别编写图 11.57a、b 梯形图的程序。

11-15 根据图 11.58 强电控制梯形图作出可编程控制梯形图，并写出可编程控制程序。

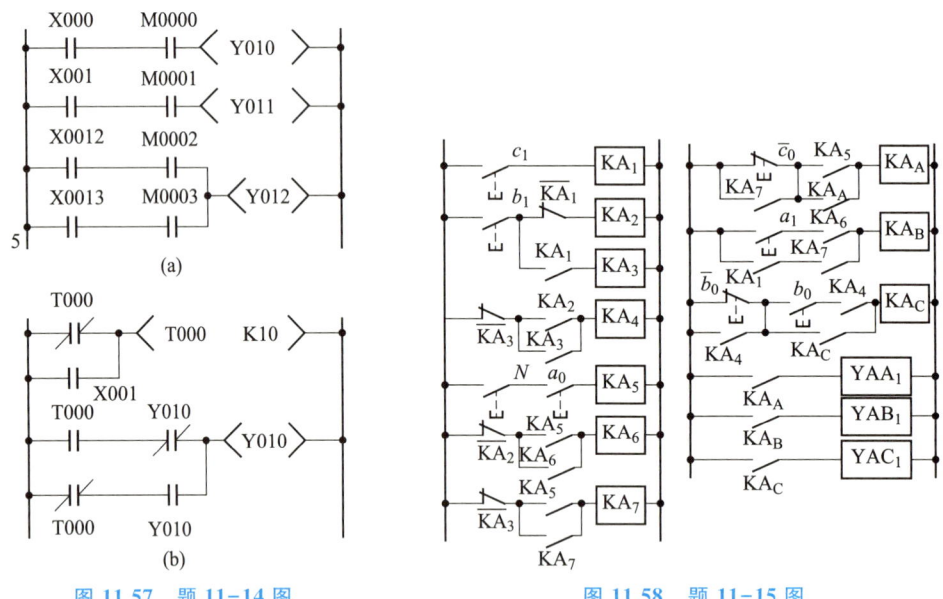

图 11.57　题 11-14 图　　　　　　　图 11.58　题 11-15 图

附录 部分常用液压气动图形符号（摘自 GB/T 786.1—2021）

1. 符号元素与功能要素

图形	描述	图形	描述
0.1M	供油/气管路、回油/气管路、元件框线、符号框线	0.1M	内部和外部先导（控制）管路、泄油管路、冲洗管路、排气管路
0.1M	组合元件框线	1M 1M 1M	液压力的作用方向
1M 1M 1M	气压力的作用方向	4M 4M 2M 30°	流体流过阀的通道和方向
30° 1M 3M 1M	可调节（如行程限制）	1M 1.5M 3M	预设置（如行程限制）
3M	温度指示	0.125M 1.25M 2.5M 2.5M	电动机
0.75M 0.5M	两个流体管路的连接		两条管路交叉但没有连接点，表明它们之间没有连接

407

2. 阀

2.1 控制机构

图形	描述	图形	描述
	带有可拆卸把手和锁定要素的控制机构		带有可调行程限位的推杆
	带有定位的推/拉控制机构		带有手动越权锁定控制机构
	带有5个锁定位置的旋转控制机构		用于单向行程控制的滚轮杠杆
	使用步进电动机的控制机构		带有一个线圈的电磁铁（动作指向阀芯）
	带有一个线圈的电磁铁（动作背离阀芯）		带有两个线圈的电气控制装置（一个动作指向阀芯，另一个动作背离阀芯）
	带有一个线圈的电磁铁（动作指向阀芯，连续控制）		带有一个线圈的电磁铁（动作背离阀芯，连续控制）
	带有两个线圈的电气控制装置（一个动作指向阀芯，另一个动作背离阀芯，连续控制）		电控气动先导控制机构
	外部供油的电液先导控制机构		机械反馈
	外部供油的带有两个线圈的电液两级先导控制机构（双向工作，连续控制）		气压复位（外部压力源）

2.2 方向控制阀

图形	描述	图形	描述
	二位二通方向控制阀（双向流动，推压控制，弹簧复位，常闭）		二位二通方向控制阀（电磁铁控制，弹簧复位，常开）

408

图形	描述	图形	描述
	二位四通方向控制阀（电磁铁控制，弹簧复位）		二位三通方向控制阀（带有挂锁）
	二位三通方向控制阀（单向行程的滚轮杠杆控制，弹簧复位）		二位三通方向控制阀（单电磁铁控制，弹簧复位）
	二位三通方向控制阀，（单电磁铁控制，弹簧复位，手动越权锁定）		二位四通方向控制阀（单电磁铁控制，弹簧复位，手动越权锁定）
	二位四通方向控制阀（双电磁铁控制，带有锁定机构，也称脉冲阀）		二位四通方向控制阀（电液先导控制，弹簧复位）
	三位四通方向控制阀（电液先导控制，先导级电气控制，主级液压控制，先导级和主级弹簧对中，外部先导供油，外部先导回油）		三位四通方向控制阀（双电磁铁控制，弹簧对中）
	二位四通方向控制阀（液压控制，弹簧复位）		三位四通方向控制阀（液压控制，弹簧对中）
	二位五通方向控制阀（双向踏板控制）		三位五通方向控制阀（手柄控制，带有定位机构）
	二位三通方向控制阀（电磁控制，无泄漏，带有位置开关）		二位三通方向控制阀（电磁控制，无泄漏）

2.3 压力控制阀

图形	描述	图形	描述
	溢流阀（直动式，开启压力由弹簧调节）		顺序阀（直动式，手动调节设定值）

图形	描述	图形	描述
	顺序阀（带有旁通单向阀）		二通减压阀（直动式，外泄型）
	二通减压阀（先导式，外泄型）		防气蚀溢流阀（用来保护两条供压管路）
	蓄能器充液阀		电磁溢流阀（由先导式溢流阀与电磁换向阀组成，通电建立压力，断电卸荷）
	三通减压阀（超过设定压力时，通向油箱的出口开启）		减压阀（内部流向可逆）

2.4 流量控制阀

图形	描述	图形	描述
	节流阀		单向节流阀
	流量控制阀（滚轮杠杆操纵，弹簧复位）		二通流量控制阀（开口度预设置，单向流动，流量特性基本与压降和黏度无关，带有旁路单向阀）

图形	描述	图形	描述
	三通流量控制阀(开口度可调节,将输入流量分成固定流量和剩余流量)		分流阀(将输入流量分成两路输出流量)
	集流阀(将两路输入流量合成一路输出流量)		

2.5　单向阀和梭阀

图形	描述	图形	描述
	单向阀(只能在一个方向自由流动)		单向阀(带有弹簧,只能在一个方向自由流动,常闭)
	液控单向阀(带有弹簧,先导压力控制,双向流动)		双液控单向阀
	梭阀(逻辑为"或",压力高的入口自动与出口接通)		快速排气阀(带消音器)

2.6　比例方向控制阀

图形	描述	图形	描述
	比例方向控制阀(直动式)		比例方向控制阀(直动式)
	比例方向控制阀(主级和先导级位置闭环控制,集成电子器件)		伺服阀(主级和先导级位置闭环控制,集成电子器件)

图形	描述	图形	描述
	伺服阀(先导级带双线圈电气控制机构,双向连续控制,阀芯位置机械反馈到先导级,集成电子器件)		伺服阀控缸(伺服阀由步进电动机控制,液压缸带有机械位置反馈)
	伺服阀(带有电源失效情况下的预留位置,电反馈,集成电子器件)		

2.7 比例压力控制阀

图形	描述	图形	描述
	比例溢流阀(直动式,通过电磁铁控制弹簧来控制)		比例溢流阀(直动式,电磁铁直接控制,集成电子器件)
	比例溢流阀(直动式,带有电磁铁位置闭环控制,集成电子器件)		比例溢流阀(带有电磁铁位置反馈的先导控制,外泄型)
	三通比例减压阀(带有电磁铁位置闭环控制,集成电子器件)		比例溢流阀(先导式,外泄型,带有集成电子器件,附加先导级以实现手动调节压力或最高压力下溢流功能)

2.8 比例流量控制阀

图形	描述	图形	描述
	比例流量控制阀(直动式)		比例流量控制阀(直动式,带有电磁铁位置闭环控制,集成电子器件)
	比例流量控制阀(先导式,主级和先导级位置控制,集成电子器件)		比例节流阀(不受黏度变化的影响)

2.9 插装阀

图形	描述	图形	描述
	压力控制和方向控制插装阀插件(锥阀结构,面积比1:1)		压力控制和方向控制插装阀插件(锥阀结构,常开,面积比1:1)
	方向控制插装阀插件(带节流端的锥阀结构,面积比≤0.7)		方向控制插装阀插件(带节流端的锥阀结构,面积比>0.7)
	方向控制插装阀插件(锥阀结构,面积比≤0.7)		方向控制插装阀插件(锥阀结构,面积比>0.7)
	主动方向控制插装阀插件(锥阀结构,先导压力控制)		主动方向控制插装阀插件(B端无面积差)
	方向控制阀插件(单向流动,锥阀结构,内部先导供油,带有可替换的节流孔)		溢流插装阀插件(滑阀结构,常闭)
	减压插装阀插件(滑阀结构,常闭,带有集成的单向阀)		减压插装阀插件(滑阀结构,常开,带有集成的单向阀)

3. 泵和马达

图形	描述	图形	描述
	变量泵(顺时针单向旋转)		变量泵(双向流动,带有外泄油路,顺时针单向旋转)
	变量泵/马达(双向流动,带有外泄油路,双向旋转)		定量泵/马达(顺时针单向旋转)

图形	描述	图形	描述
	手动泵（限制旋转角度，手柄控制）		摆动执行器/旋转驱动装置（带有限制旋转角度功能，双作用）
	摆动执行器/旋转驱动装置（单作用）		静液压传动装置（简化表达）；泵控马达闭式回路驱动单元（由一个单向旋转输入的双向变量泵和一个双向旋转输出的定量马达组成）
	变量泵（带有控制机构和调节元件，顺时针单向驱动，箭头尾端方框表示调节能力可扩展，控制机构和元件可连接箭头的任一端，＊＊＊是复杂控制器的简化标志）		连续增压器（将气体压力 p_1 转换为较高的液体压力 p_2）

4. 空气压缩机和马达

图形	描述	图形	描述
	摆动执行器/旋转驱动装置（带有限制旋转角度功能，双作用）		摆动执行器/旋转驱动装置（单作用）
	气马达		空气压缩机
	气马达（双向流通，固定排量，双向旋转）		真空泵

5. 缸

图形	描述	图形	描述
	单作用单杆缸（靠弹簧力回程，弹簧腔带连接油口）		双作用单杆缸

图形	描述	图形	描述
	双作用双杆缸（活塞杆直径不同，双侧缓冲，右侧缓冲带调节）		双作用膜片缸（带有预定行程限位器）
	单作用膜片缸（活塞杆终端带有缓冲，带排气口）		单作用柱塞缸
	单作用多级缸		双作用多级缸
	双作用带式无杆缸（活塞两端带有位置缓冲）		双作用绳索式无杆缸（活塞两端带有可调节位置缓冲）
	双作用磁性无杆缸（仅右边终端带有位置开关）		行程两端带有定位的双作用缸
	双作用双杆缸（左终点带有内部限位开关，内部机械控制，右终点带有外部限位开关，由活塞杆触发）		单作用气-液压力转换器（将气体压力转换为等值的液体压力）
p_1 p_2	单作用增压器（将气体压力 p_1 转换为更高的液体压力 p_2）		双作用单出杆缸（带有用于锁定活塞杆并通过在预定位置加压解锁的机构）

6. 附件

6.1 连接和管接头

图形	描述	图形	描述
	软管总成	$\frac{1}{2}$ $\frac{1}{3}$ $\frac{1}{2}$ $\frac{1}{3}$	三通旋转式接头
	快换接头（不带有单向阀，断开状态）		快换接头（带有一个单向阀，断开状态）

图形	描述	图形	描述
	快换接头(带有两个单向阀,断开状态)		快换接头(不带有单向阀,连接状态)
	快换接头(带有一个单向阀,连接状态)		快换接头(带有两个单向阀,连接状态)

6.2 电气装置

图形	描述	图形	描述
	压力开关(机械电子控制,可调节)		电调节压力开关(输出开关信号)
	压力传感器(输出模拟信号)		压电控制机构

6.3 测量仪和指示器

图形	描述	图形	描述
	光学指示器		数字显示器
	声音指示器		压力表
	压差表		带有选择功能的多点压力表
	温度计		电接点温度计(带有两个可调电气常闭触点)
	液位指示器(油标)		液位开关(带有四个常闭触点)

图形	描述	图形	描述
	电子液位监控器（带有模拟信号输出和数字显示功能）		流量指示器
	流量计		数字流量计
	转速计		扭矩仪
	定时开关		计数器
	在线颗粒计数器		

6.4 过滤器与分离器

图形	描述	图形	描述
	过滤器		通气过滤器
	带有磁性滤芯的过滤器		带有光学阻塞指示器的过滤器
	带有压力表的过滤器		带有旁路节流的过滤器
	带有旁路单向阀的过滤器		带有旁路单向阀和数字显示器的过滤器

图形	描述	图形	描述
	带有旁路单向阀、光学阻塞指示器和压力开关的过滤器		带有光学压差指示器的过滤器
	带有压差指示器和压力开关的过滤器		离心式分离器
	带有手动切换功能的双过滤器		手动排水分离器

6.5 热交换器

图形	描述	图形	描述
	不带有冷却方式指示的冷却器		采用液体冷却的冷却器
	采用电动风扇冷却的冷却器		加热器
	温度调节器		

6.6 蓄能器(压力容器、气瓶)与润滑点

图形	描述	图形	描述
	隔膜式蓄能器		囊式蓄能器
	活塞式蓄能器		气瓶
	带有气瓶的活塞式蓄能器	■	润滑点

部分习题参考答案

第 1 章

1-12 $V = 1.973$ L

1-13 $\mu = 6.12 \times 10^{-2}$ Pa·s；黏度为 9.4 °E

1-14 °E = 4.55；$\nu = 31.87 \times 10^{-6}$ m²/s；$\mu = 2.87 \times 10^{-2}$ Pa·s

第 2 章

2-5 $p_M = p_a + 0.5\rho_{Hg}g + 1.0\rho_{H_2O}g$

2-6 $p = p_a + \rho_{Hg}(c+e-b-d)g + \rho_{H_2O}(b-d+c-a)g$

2-7 （1）$p = 25.46$ MPa；（2）$F = 100$ N；（3）$S = 1$ mm

2-8 $\rho_2 = \dfrac{h_1}{h_2}\rho_1 = 800$ kg/m³

2-9 $F = 3\,949.66$ N

2-10 （1）$v_A = 6.0$ m/s；（2）水流方向为由 A 到 B；（3）压力损失为 1.69×10^4 Pa

2-11 a）$p = 6.37$ MPa；b）$p = 6.37$ MPa

2-12 握持力 $F' = 812.19$ N；握持力方向 $\theta = 14.04°$；（右下）

2-13 （1）$F_s = 431.97$ N；（2）$x_0 = 4.32$ mm

2-14 $q = 2.46 \times 10^{-3}$ m³/s

2-15 $n = 22.15$ 转

2-16 $p_{pV} = 100\,444.965$ Pa

2-17 $\Delta p = 2.426 \times 10^5$ Pa

2-18 $\Delta p = 70\,796.6$ Pa

2-19 $H_{max} = 1.696$ m

2-20 $q = 0.043\,5$ m³/s

2-21 $v = 149.2$ m/s

第 3 章

3-17 （1）$\eta_{pv} = 0.95$；（2）$q = 31.3$ L/min，$\eta'_{pv} = 0.86$；（3）$P_i = 4.907$ kW（$n = 1\,450$ r/min），$P_i = 1.692$ kW（$n = 500$ r/min）

3-18 $\eta_{pv} = 0.767$

3-19 $P_{快进} = 0.96$ kW；$P_{工进} = 0.812\,5$ kW；圆整后为 1 kW 的电动机

3-20 由快进时的压力和流量可得工作点 M，通过 M 点作 AB 的平行线 A，根据工进时压力和流量可得工作点

N,过 N 点作 BC 的平行线 DC',两线相交于 B' 点,则 $A'B'C'$ 即为调整后的泵的特性曲线,B' 点为拐点,在图上画出 B' 点对应压力和流量 $p = 3.25 \times 10^6 \, \text{Pa}, q = 19.5 \, \text{L/min}$。变量泵的最大驱动功率可认为在拐点附近,故泵的最大驱动功率近似为 $P = 1\,508$,$W = 1.5 \, \text{kW}$

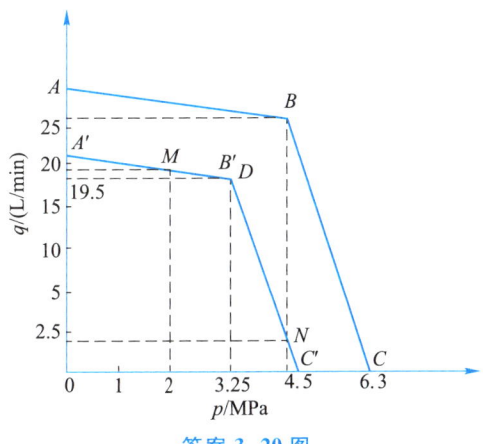

答案 3-20 图

第 4 章

4-6 (1) 无杆腔进油,$F_1 = 12\,762.5 \, \text{N}, v_1 = 0.021\,2 \, \text{m/s}$;(2)有杆腔进油,$F_2 = 7\,855 \, \text{N}, v_2 = 0.028\,3 \, \text{m/s}$

4-7 (1) $v = 0.173 \, \text{m/s}$;(2) $p = 1.04 \times 10^6 \, \text{Pa}$

4-8 $F = \dfrac{\pi}{4} d^2 p, v = \dfrac{q}{\pi d^2 / 4}$

4-9 (a) $F = \dfrac{\pi}{4} p (D^2 - d^2)$;$v = \dfrac{q}{\dfrac{\pi}{4}(D^2 - d^2)}$;缸体向左运动 (b) $F = \dfrac{\pi}{4} p d^2$;$v = \dfrac{q}{\dfrac{\pi}{4} d^2}$;缸体向右运动

(c) $F = \dfrac{\pi}{4} p d^2$;$v = \dfrac{q}{\dfrac{\pi}{4} d^2}$;缸体向右运动

4-10 a) $p_1 = 4.4 \times 10^6 \, \text{Pa}$;b) $p_1 = 5.5 \times 10^6 \, \text{Pa}$;c) $p_1 = 0$

4-11 $p_1 = \dfrac{F_1}{A_1} + \dfrac{F_2}{A_2}, p_2 = \dfrac{F_2}{A_2}, v_1 = \dfrac{q_p}{A_1}, v_2 = \dfrac{q_p}{A_2}$

4-12 $v_1 = 0, v_2 = \dfrac{q_p}{A_2}, p = \dfrac{F_2}{A_2}$

4-13 (1) $D = 0.103 \, \text{m}, d = 7.3 \times 10^{-2} \, \text{m}$;根据缸筒缸杆尺寸系列取 $D = 0.1 \, \text{m}, d = 0.07 \, \text{m}$;(2) $\delta \geqslant 0.001\,3 \, \text{m}$,根据冷拔精密无缝钢管系列,选取内径为 $\phi 100 \, \text{mm}$,壁厚为 $\delta = 2.5 \, \text{mm}$ 的无缝钢管

4-14 $T = 15\,360 \, \text{N} \cdot \text{m}, \omega = 1.09 \, (\text{r/s})$

4-15 最大行程时的耗气量 $q_1 = 0.003\,8 \, \text{m}^3/\text{s}$,回程时的耗气量 $q_2 = 0.003\,0 \, \text{m}^3/\text{s}$,总耗气量 $q = 0.008\,8 \, \text{m}^3/\text{s}$

4-16 $F = 1\,392.7 \, \text{N}$

4-17 (1) $T_m = 41.56 \, \text{N} \cdot \text{m}$;(2) $n_m = 1\,239.75 \, \text{r/min}$

第 5 章

5-8 0 kN 时,能;$p_A = 0.5 \, \text{MPa}, p_B = 0.2 \, \text{MPa}, p_C = 0 \, \text{MPa}$。7.5 kN 时,能;$p_A = 2 \, \text{MPa}, p_B = 1.7 \, \text{MPa}, p_C = 1.5 \, \text{MPa}$。

30 kN 时,不能;$p_A = 5$ MPa,$p_B = 2.5$ MPa,$p_C = 2.5$ MPa

5-9 a) $p_p = 9$ MPa; b) $p_p = 2$ MPa

5-10 (1) $p_A = 4$ MPa; (2) $p_A = 2$ MPa; (3) $p_A = 0$ MPa

5-11 (1) $p_A = 4$ MPa,$p_B = 4$ MPa; (2) $p_A = 1$ MPa,$p_B = 3$ MPa; (3) $p_A = 5$ MPa,$p_B = 5$ MPa

5-12 a) B 阀; b) A 阀

5-13 均不能对调

5-16 4 MPa

第 6 章

6-2 若蓄能器排油速度较慢,可按等温变化考虑,$\Delta V = 0.67$ L;若蓄能器排油速度较快,可按等熵变化($n = 1.4$)考虑,$\Delta V = 0.59$ L

6-4 (1) $q = 120$ L/min; (2) 按等熵变化($n = 1.4$),$V_0 = 7.36$ L; (3) $q = 14.72$ L/min

6-7 $H = 0.615\ 8$ cm

6-14 选取液压泵压油管流速 $v = 5$ m/s,选用无缝钢管 $\phi 18 \times 2.5$

第 7 章

7-26 (1) 当 $A_T = 0.05$ cm^2 时,$v = 0.033$ m/s $= 200$ cm/min,$p_p = 21 \times 10^5$ Pa $= 2.1$ MPa,$\Delta p = 3.25 \times 10^5$ Pa,$\eta_{ci} = 0.94$;

当 $A_T = 0.01$ cm^2 时,$v = 0.010\ 456$ m/s $= 62.7$ cm/min,$p_p = p_r = 2.4$ MPa,$\eta_{ci} = 0.26$;

(2) 当 $F = 0$,$A_T = 0.01$ cm^2 时,$p_p = p_r = p_1 = 24 \times 10^5$ Pa,$p_2 = \Delta p = 48 \times 10^5$ Pa $= 4.8$ MPa;

(3) 当 $F = 10$ kN,$A_T = 3.19 \times 10^{-8}$ m$^2 = 3.19 \times 10^{-4}$ cm^2,$v_{min} = 3.3 \times 10^{-4}$ m/s;改为进口节流调速回路后,$A_T = 4.5 \times 10^{-8}$ m$^2 = 0.045 \times 10^{-2}$ cm^2,$v_{min} = 0.000\ 17$ m/s

7-28 (1) $p_r = 2.5$ MPa; (2) $P = 0.25$ kW; (3) $\Delta p_r = \Delta p_1 = 0.4\ \Delta p_b$

7-29 (1) $v = 0.083$ m/s,$p_r = p_1 = 6.3 \times 10^5$ Pa; (2) $F = 80\ 000$ N, (3) 略大于 6.3×10^5 Pa

7-30 (1) $q_r = 14.57 \times 10^{-4}$ m^3/s,$n_{mmax} = 8.65$ r/s,$P = 869.6$ W,$\eta_{Ci} = 0.071$,回路效率低的原因是进油调速回路有两部分功率损失(溢流损失和节流损失); (2) $\eta_{mmax} = 0.065$

7-32 (1) $p_1 = 2.2$ MPa; (2) $F = 0$ 时,$p_2 = 4.4$ MPa,$F = 9\ 000$ N 时,$p_2 = 0.8$ MPa; (3) $\eta_c = 0.615$

7-33 (1) $p_2 = 1.6$ MPa; (2) $q_{rmax} = 7.6$ L/min

第 11 章

11-1 (1) $\bar{A} + BC$; (2) $A\bar{B} + B\bar{C}$; (3) $AC(B + D)(\bar{B} + F)$; (4) $\bar{A} + B$

11-3

真 值 表

a	0	0	0	0	1	1	1	1
b	0	0	1	1	0	0	1	1
c	0	1	0	1	0	1	0	1
f	0	1	1	1	0	1	0	1

11-5 $f_1 = \bar{a}\bar{b}\bar{c} + ab\bar{c}$,$f_2 = \bar{a}\bar{b}\bar{c} + ab\bar{c} + \bar{a}bc$

11-6 $\bar{a}b + bc$ 和 $b(\bar{a} + c)$

参考文献

[1]   俞启荣.机床液压传动[M].北京:机械工业出版社,1984.

[2]   盛敬超.工程流体力学[M].北京:机械工业出版社,1988.

[3]   王孝华,陆鑫盛编.气动元件[M].北京:机械工业出版社,1991.

[4]   李洪人.液压控制系统[M].北京:国防工业出版社,1990.

[5]   雷天觉.液压工程手册[M].北京:机械工业出版社,1990.

[6]   蔡文彦,詹永麒.液压传动系统[M].上海:上海交通大学出版社,1990.

[7]   黄谊,章宏甲.机床液压传动习题集[M].北京:机械工业出版社,1990.

[8]   常恒毅.可编程序控制器[M].北京:人民邮电出版社,1991.

[9]   郑洪生.气压传动及控制[M].北京:机械工业出版社,1988.

[10] 丁树模,姚如一.液压传动[M].北京:机械工业出版社,1992.

[11] 林文坡.气压传动及控制[M].西安:西安交通大学出版社,1992.

[12] 王明智,王春行.液压传动概论[M].北京:机械工业出版社,1992.

[13] 章宏甲,黄谊.液压传动[M].北京:机械工业出版社,1993.

[14] 毛信理.液压传动和液力传动[M].北京:冶金工业出版社,1993.

[15] 薛祖德.液压传动[M].北京:中央广播电视大学出版社,1995.

[16] 徐文灿.气动元件及系统设计[M].北京:机械工业出版社,1995.

[17] 吴丛,薄钟佑.液压与气动[M].北京:北京理工大学出版社,1995.

[18] 吴振顺.气压传动与控制[M].哈尔滨:哈尔滨工业大学出版社,1995.

[19] 气动工程手册编委会,气动工程手册[M].北京:国防工业出版社,1995.

[20] 张利平.液压气动系统设计手册[M].北京:机械工业出版社,1997.

[21] 全国液压气动标准化技术委员会.液压气动标准汇编[M].北京:中国标准出版社,1997.

[22] 雷天觉.新编液压工程手册[M].北京:北京理工大学出版社,1998.

[23] SMC(中国)有限公司.现代实用气动技术[M].北京:机械工业出版社,1998.

[24] 方昌林.液压、气压传动与控制[M].北京:机械工业出版社,2000.

[25] 何存兴,张铁华.液压传动与气压传动[M].武汉:华中科技大学出版社,2000.

[26] 陈奎生.液压与气压传动[M].武汉:武汉理工大学出版社,2001.

[27] 王积伟,章宏甲,黄谊.液压与气压传动[M].2版.北京:机械工业出版社,2005.

[28] 宋锦春,苏东海,张志伟.液压与气压传动[M].北京:科学出版社,2006.

[29] 吴晓明.现代气动元件与系统[M].北京:化学工业出版社,2014.

[30] 姜继海,胡志栋,王昕.液压传动[M].5版.哈尔滨:哈尔滨工业大学出版社,2015.

[31] 左键民.液压与气压传动[M].5版.北京:机械工业出版社,2016.

[32] 刘银水,许福玲.液压与气压传动[M].4版.北京:机械工业出版社,2016.

[33] 王积伟.液压与气压传动[M].3版.北京:机械工业出版社,2018.

[34] 刘延俊.液压与气压传动[M].4版.北京:机械工业出版社,2020.

[35] 彭熙伟,郑戍华.流体传动与控制基础[M].2版.北京:机械工业出版社,2020.

[36] 宋玉生.我国气动工具行业现状及发展趋势[J].凿岩机械气动工具,2020(01):40-46.

[37] 王亚东.液压与气动技术发展趋势探讨[J].中国设备工程,2020(05):158-159.

[38] 赵彤.与时俱进的气动技术与产业[J].液压气动与密封,2021,41(02):98-109.

[39] 张冬炜.气动系统组成及其技术应用前景[J].化纤与纺织技术,2021,50(12):111-113.

[40] 高业.气动技术在新型工业化进程中的应用[J].新型工业化,2022,12(03):117-119.

[41] 陈尧明,许福玲.液压与气压传动学习指导与习题集[M].3版.北京:机械工业出版社,2024.